AF524243

Anke Goldbach

Affinity Designer 2

Schritt für Schritt zu Vektorkunst, Illustration und Screendesign

Liebe Leserin, lieber Leser,

finden Sie es auch spannend, Affinity Designer von Serif unter die Lupe zu nehmen und zu schauen, was eine engagierte, junge Softwareschmiede anders macht als der alte Hase Adobe? Oder die Arbeit mit einem Vektorprogramm komplett neu zu entdecken? Affinity Designer ist vielversprechend, aber auch so komplex, dass man in manchen Bereichen nicht alleine zurechtkommt. Wie gut, wenn es dann ein Buch gibt, das einem Schritt für Schritt weiterhilft – nämlich dieses Workshop-Buch.

Anke Goldbach ist Kommunikationsdesignerin und seit der ersten Beta mit Affinity Designer vertraut. Sie erklärt Ihnen die Grundlagen der Software und zeigt ihre Besonderheiten. Für Anfänger extrem hilfreich sind die Exkurse, die auch ein grundlegendes Verständnis für Gestaltung und Illustration wecken.

Beachten Sie bei der Arbeit die Hinweis-Icons auf den Anfangsseiten der Workshops: Sie ordnen die Übungen verschiedenen Niveaus zu: Es gibt Workshops für Einsteiger (Niveau 1), Fortgeschrittene (Niveau 2) und Profis (Niveau 3). So wird sichergestellt, dass Sie sich nicht den falschen Workshop zumuten und alle Workshops mit einem Erfolgserlebnis abschließen können.

Bitte laden Sie sich zunächst die Beispieldateien des Buchs herunter: Auf unserer Website unter *www.rheinwerk-verlag.de/5708* finden Sie alle Informationen zu diesem Buch. Scrollen Sie bis zum Kasten »Materialien«. Halten Sie Ihr Buchexemplar bereit, damit Sie den Download freischalten können, denn Ihr Buch enthält Beispieldateien, die wir aus lizenzrechtlichen Gründen nicht öffentlich zugänglich machen dürfen, sondern ausschließlich Ihnen als Käufer des Buches zur Verfügung stellen.

Nun aber viel Spaß bei der Arbeit mit Affinity Designer! Sollten Sie Hinweise, Anregungen, Kritik oder Lob an uns weitergeben wollen, so freue ich mich über Ihre E-Mail.

Ihre Ruth Lahres
Lektorat Rheinwerk Design

ruth.lahres@rheinwerk-verlag.de
www.rheinwerk-verlag.de

Rheinwerk Verlag • Rheinwerkallee 4 • 53227 Bonn

Inhalt

Kapitel 1: Arbeitsbereich und Grundlagen

Kapitel 2: Designhilfen und Tipps

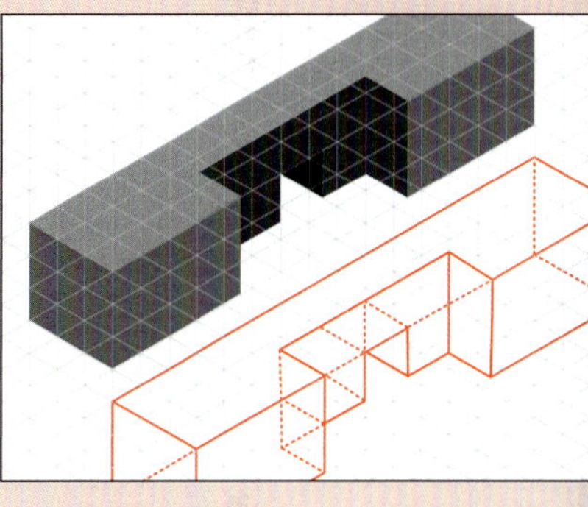

Kapitel 3: Kurven, Formen und Farben

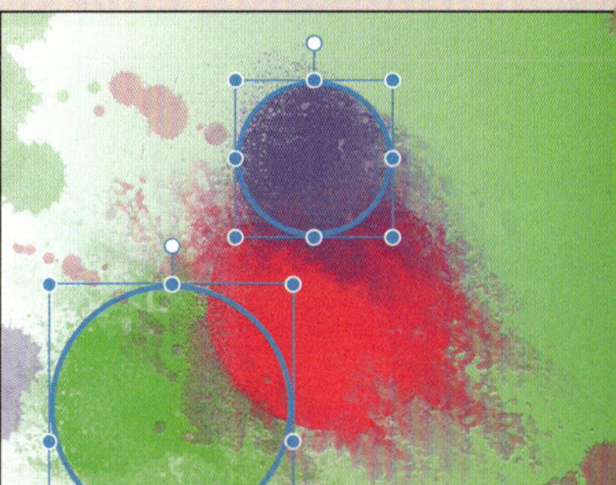

Kapitel 4: Objekte verarbeiten

Kapitel 5: Ebenen illustratorisch einbeziehen

Kapitel 6: Ebeneneffekte

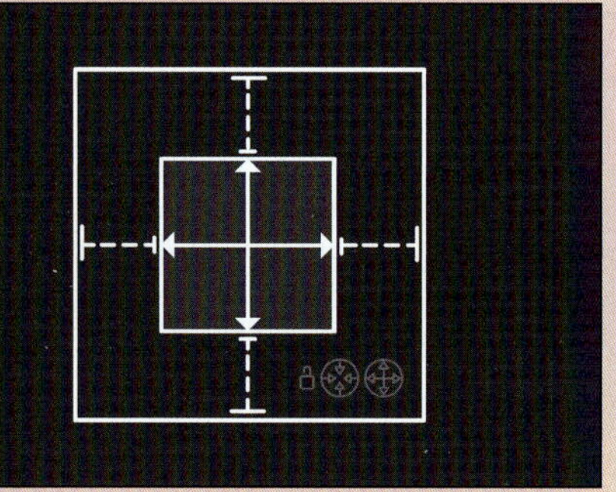

Kapitel 7: Illustrationen mit Pixel und Pinsel

Kapitel 8: Pixelauswahl und Freistellen

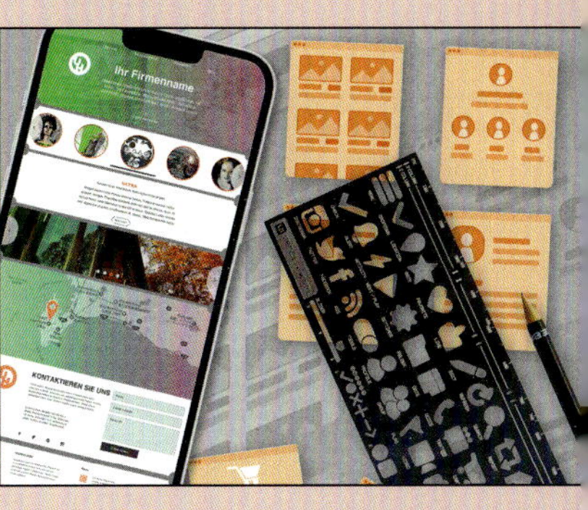

Kapitel 9: Typografie und Textwerkzeuge

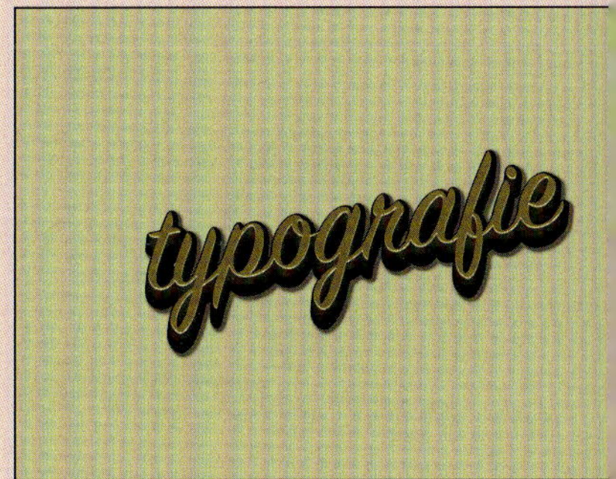

Kapitel 10: Responsives Webdesign

FLASCHENZUG

Kapitel 11: Affinity Designer auf dem iPad

Über dieses Buch

Affinity Designer ist eine beeindruckende Software und App, da das Mischen von Vektor- und Rasterkunst völlig unkompliziert ist. Es vereint essenzielle Anwendungen aus Adobe Illustrator und Photoshop und ist kompatibel für Desktop-Computer wie Windows oder Mac sowie dem iPad. Sie können in Affinity Designer bleiben und müssen nicht zwischen zwei Programmen wechseln. In der speziell für kreative Designer konzipierten Grafiksoftware finden Sie alle Voraussetzungen, die Sie für Ihre täglichen Illustrationen, multidisziplinären Design- und Webanwendungen brauchen. Dabei müssen Sie kein »Meister« sein.

Was macht Affinity Designer so besonders? Affinity Designer vereint drei intelligente Arbeitsumgebungen, »Personas«, für folgende Anwendungen: Vektorgrafiken, Pixelverarbeitungen und Dokumentexporte. In der Designer Persona erstellen Sie Vektorgrafiken. In der Pixel Persona verfeinern Sie Ihre Vektorgrafiken mit fotorealistischen Texturen oder malen mit Pixelpinseln. Die Export Persona ermöglicht Ihnen druckreife Exporte und pixelgenaue Dateiformate. In jeder dieser Personas stehen Ihnen andere Werkzeuge zur Verfügung.

Kann sich Affinity Designer gegenüber Adobe Illustrator und Photoshop behaupten? Die Frage ist nicht mit einem direkten Ja oder Nein zu beantworten. Affinity Designer bietet einen riesigen Funktionsumfang. Das Entwicklerteam von Serif arbeitet pausenlos an Updates und Verbesserungen. Dabei berücksichtigt Serif weltweite Anregungen aus Foren und sozialen Medien. Affinity Designer ist ein ernstzunehmender Konkurrent von Adobe. Ausschlaggebend sind die starken Verkaufszahlen und Auszeichnungen wie der »Apple Design Award« 2015 und »App des Jahres 2015« sowie der »Windows Developer Award« 2018 oder der »Creative Bloq Award« 2022. Die Entwickler von Affinity Designer gehen mit den neuesten Trends. Seit Juli 2019 ist Affinity Designer in Affinity Publisher integriert per StudioLink anwendbar.

Die Vektorbearbeitung wird vereinfacht durch Stabilisatoren. Das Angleichen von Attributen bietet eine schnelle Bearbeitung komplexer Arbeiten. Das Einrichten von Rastern, Hilfslinien und Projektionsebenen ist unkompliziert. Das typografische Angebot kann sich ebenfalls sehen lassen. Bei der Gestaltung Ihrer Texte punktet Affinity Designer dank der umfangreichen Ausrichtungsoptionen. Im Panel Typografie gibt es eine Live-Vorschau für OpenType-Features. Sie können Anwendungen von Sonderzeichen und Kapitälchen in der Textgestaltung nutzen. Über das Fenster Navigator wird Ihnen der Überblick erleichtert.

Sie werden auf eine unglaublich hohe Verarbeitungsgeschwindigkeit und Zoomtiefe treffen, die so noch nie da gewesen ist. Die intelligente Ebenenverwaltung unterscheidet unkompliziert zwischen Pixel- sowie Vektorebenen. Sie können Anpassungsebenen und Ebeneneffekte wie in Photoshop auf Vektorgrafiken anwenden. Und Sie können Ihre Daten genau wie bei den Adobe-Programmen in RGB, CMYK, Lab und im Graustufenformat exportieren.

Was macht Affinity Designer 2 so anders? Mit der Version 2 wurden die gesamte Oberfläche und alle Werkzeuge überarbeitet. Es gibt viele praktische Erweiterungen, mit denen sich Zeit sparen lässt und Ihr Workflow optimiert wird. Sie können zerstörungsfreie Vektorverzerrung auf Grafiken oder Texte legen, Vektoren zerschneiden sowie mit dem Formkonstrukteur unkompliziert Formen und Segmente addieren und subtrahieren. Die zweite Generation ist als Einzel- oder Universallizenz kostenpflichtig in der App-Suite weiterhin ohne monatliches Abo mit einem fairen Preis-Leistungs-Verhältnis erhältlich. Updates werden kostenfrei bleiben, bis die Version 3 von Affinity Designer erscheint. Ältere Versionen vor Affinity Designer 2 sind weiterhin nutzbar, werden jedoch nicht weiterentwickelt.

Das vorliegende Buch ist ein Schritt-für-Schritt-Anwendungskurs mit übersichtlichen Beschreibungen der vielen digitalen Hilfsmittel und Werkzeuge, die Affinity Designer so einzigartig machen. Die Workshops bieten sowohl Einsteigern als auch Aufsteigern und Überfliegern einen schnellen und einfachen Überblick über die Software. Ich werde alle Anwendungen für Sie in drei bis sechs Arbeitsschritten erklären. Das Buch bietet Ihnen praktische Einblicken in Illustration, Grafikdesign, Webdesign, Layout, Textverarbeitung sowie Typografie. Auch Einsteiger werden mit kleinen Tipps und Kniffen erstaunliche Illustrationen gestalten können. Machen Sie sich Ihr eigenes Bild!

Mein Name ist Anke Goldbach, ich bin diplomierte Kommunikationsdesignerin. Unter *www.portfolio-anke-tashiro.com* finden Sie eine Auswahl meiner Arbeiten. Seit 13 Jahren wende ich Adobe Photoshop und Illustrator an. Nach kurzer Erkundung von Affinity Designer wurde ich ein begeisterter Umsteiger. Mit dem Kauf dieser App werden Sie stolzer Besitzer einer intelligenten Software. Für alle Aktualisierungen und Informationen zu Affinity Designer besuchen Sie die Website *www.affinity.serif.com/de*. Dort finden Sie neueste Bekanntmachungen und begleitende Tutorials. Gerne können Sie mir auch direkt Fragen oder Anregungen unter *goldbach-art@hotmail.de* senden. Ich wünsche Ihnen viel Freude beim Lesen und Erkunden der Workshops und gestalterisch überzeugende Bildergebnisse!

Anke Goldbach
Berlin, März 2023

[*www.affinity.serif.com/de*]
[*portfolio-anke-tashiro.com*]

Arbeitsbereich und Grundlagen

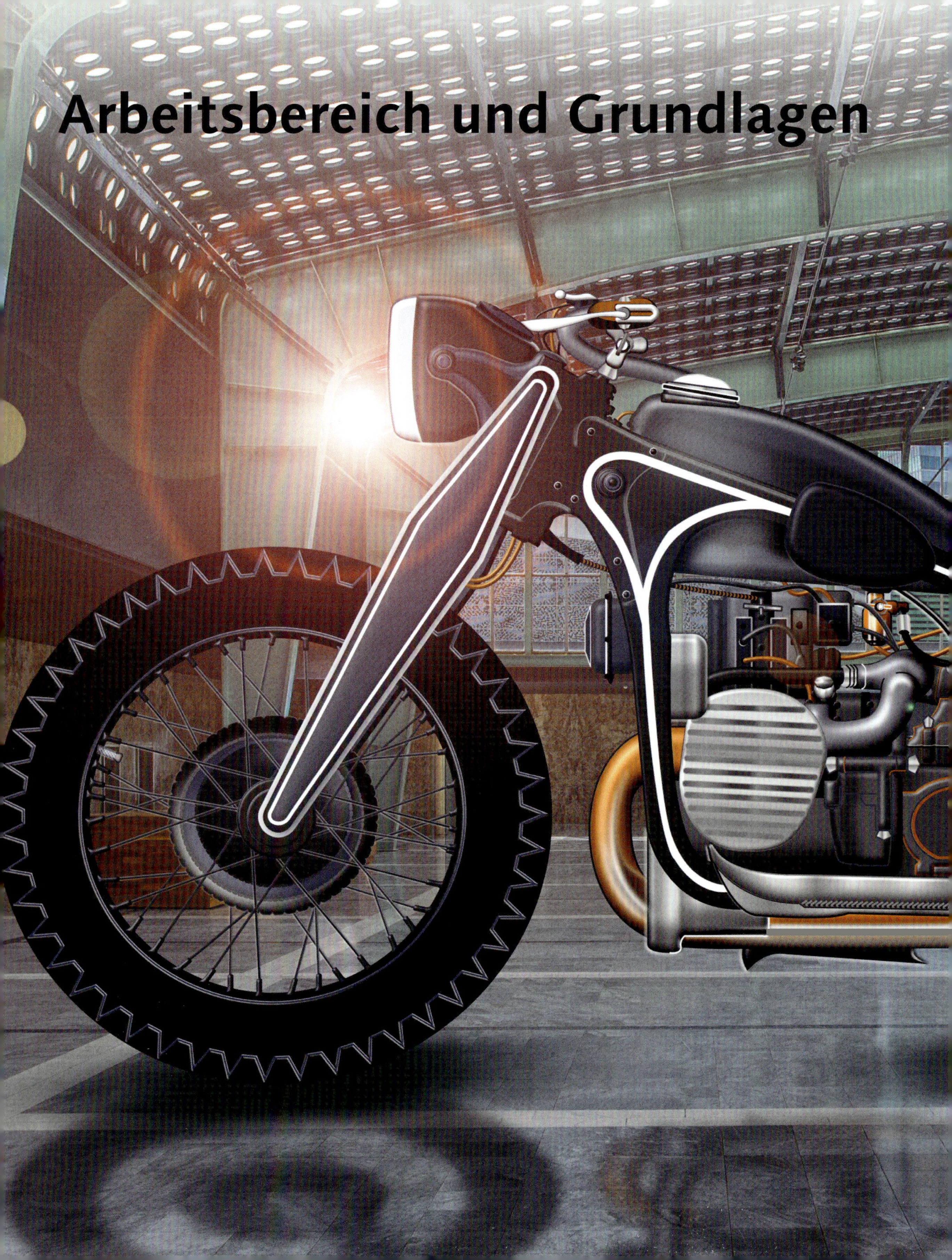

In diesem Kapitel werden Sie sich zunächst mit der Arbeitsoberfläche und den Bedienkonzepten von Affinity Designer vertraut machen. Sie werden sehen, wie leicht sich die Benutzeroberfläche Ihren Bedürfnissen anpassen lässt, und Sie definieren die ersten Farben für Ihre Dokumente.

Die drei Personas

Allgemeines zu Programmoberfläche und Arbeitsumgebung

Affinity Designer verbindet flexibles Vektordesign mit pixelbasierten Texturen und Retusche- sowie Exportfunktionen. Sie können mit professionellen Werkzeugen und Funktionen unglaublich schnell und extrem flexibel Ihr eigenes Design erstellen. Affinity Designer bietet Ihnen dazu drei *Personas*:

- Designs mit Vektorgrafiken entwerfen Sie in der **Designer Persona** ❶.
- Für Texturen und Farbstriche mit Pixelpinseln wechseln Sie in die **Pixel Persona** ❷.
- Für den Export und den Druck verwenden Sie die **Export Persona** ❸.

Per Symbol können Sie bequem zwischen den einzelnen Personas wechseln. Der Arbeitsbereich wird dann automatisch an die Anforderungen der jeweiligen Persona angepasst. Die Menüleiste ❹, die Symbolleiste ❺, die Werkzeugleiste ❽ und die praktische Kontextleiste ❻ unterscheiden sich von Persona zu Persona. Die Kontextleiste zeigt alle Befehle und Funktionen des aktiven Werkzeugs an. Sie ist immer eingeblendet, auch in der Vollbildansicht.

Tipp: Wenn Sie sich für die iPad-App von Affinity Designer interessieren: Informationen zur Oberfläche finden Sie ab Seite 304.

Die Designer Persona – Arbeiten mit Vektoren

In der Designer Persona können Sie jedes Dokument ❼ beliebig gestalten. Der Hauptaufgabebereich ist das Zeichnen von Linien und Formen, wie in der Abbildung links zu sehen. So können Sie

Vektordesign in der Designer Persona mit dem Zeichenstift

Vektorlinien und Vektorpinselstriche, Füllungen und Transparenzen oder Effekte verwenden. Auch Grafik- und Rahmentexte, Fotos oder Vektorbilder können Sie hier einfügen, transformieren oder skalieren und beschneiden.

Die Pixel Persona – Arbeiten mit Pixeln

Dank der Personas können Sie, ohne das Programm zu verlassen, im selben Dokument Vektor- und Pixelbearbeitung kombinieren! Zum Wechseln in die Pixel Persona klicken Sie lediglich auf das Icon ❷. In der Pixel Persona können Sie Rastertexturen und Pixelpinselstriche ❾ einfügen, zu sehen in der Abbildung unten. Es stehen Ihnen eine Reihe von Pixelpinseln für Texturen in hoher Qualität zur Verfügung, Pinselgrößen und Farben sind schnell geändert. Sie können Pinsel auch selbst definieren, importieren oder exportieren – inklusive des Imports von ABR-Dateien (die ABR-Endung kennzeichnet eine Datei, die »Brushes« für Adobe Photoshop enthält): ABR-Dateien lassen sich in Affinity Designer öffnen und einbinden. Es ist ebenfalls möglich, nur mit Pixelpinseln zu zeichnen, um Ihre Arbeiten eher analog wirken zu lassen (mehr zu Pinseln ab Seite 190).

Mit den praktischen Pixelwerkzeugen ❿ können Sie radieren oder mit verschiedenen Spezialwerkzeugen retuschieren. Retuschieren bedeutet hier nachbessern, also die nachträgliche Veränderung einer Oberfläche oder eines Fotos. So können Sie beispielsweise Farben, Kontraste, Helligkeiten oder Schärfe optimieren. Sie können Teile aus Fotos per Auswahl beschneiden oder freistellen, um diese in Grafiken einzuarbeiten. Um passende Bereiche Ihres Designs auszuwählen, können Sie eine Auswahl freihändig oder auf einer Form basierend sowie mit Pinselstrichen treffen (mehr zu Auswahlen ab Seite 216).

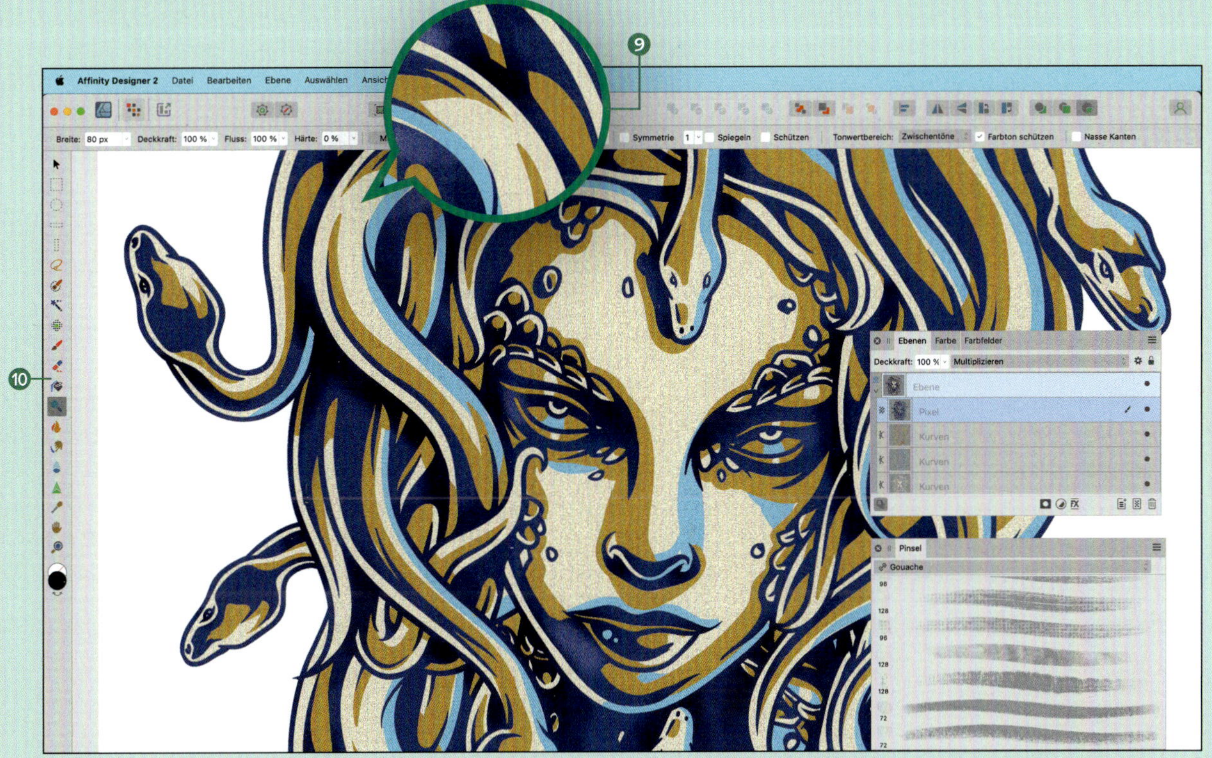

Tiefenwirkung in der Pixel Persona mit Pixelpinselstrichen und dem Abwedeln-Werkzeug

Corporate Design: © Stammgestalter GmbH

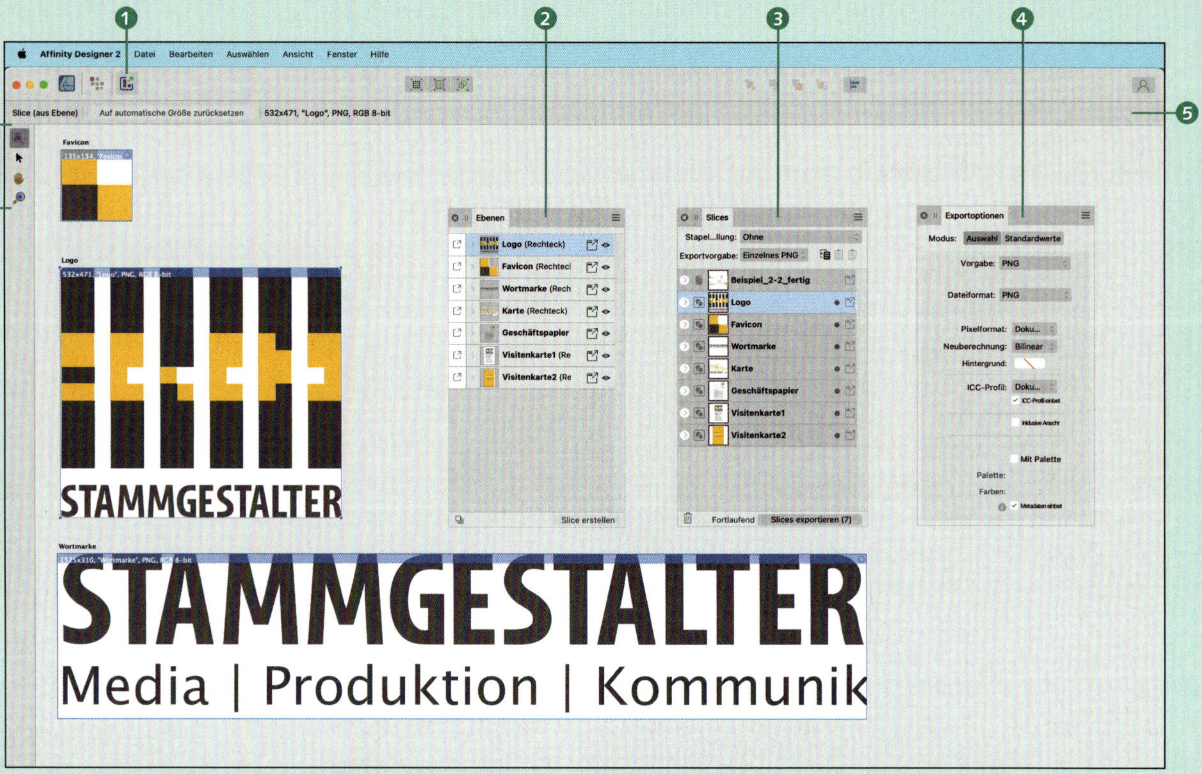

Die Export Persona

Mit Affinity Designer erstellte Dokumente werden mit der Endung ».afdesign« gespeichert. Um Ihre Arbeiten auch in anderen Programmen öffnen zu können, nutzen Sie das Export-Panel oder die Export Persona . Exportieren Sie Ihre Arbeiten in den Formaten PNG, JPEG, GIF, TIFF, PDF, PSD, SVG, EPS, EXR, HDR, TGA, WEBP und JPEG XL.

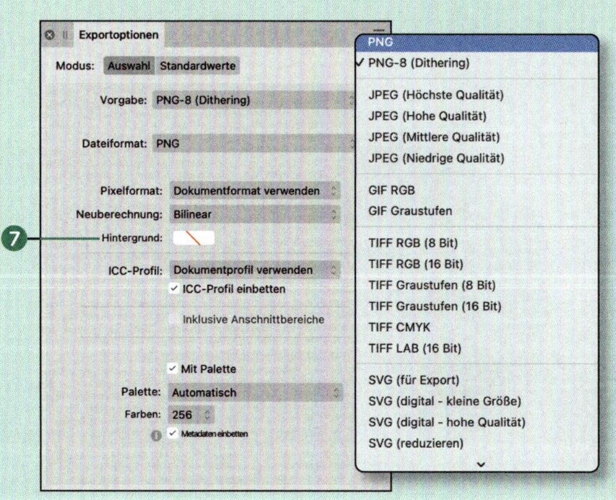

Sie wechseln in die Export Persona per Klick auf das Symbol ❶ oben in der Persona-Leiste. Diese Persona bietet Ihnen alle Exportwerkzeuge ❻, um einzelne Objekte, Bereiche, Gruppen, Ebenen ❷, ArtBoards und Slices ❸ zu exportieren. Mit Slices exportieren Sie markierte Bereiche. Die Kontextleiste ❺ zeigt auch hier alle wichtigen Befehle und individuellen Funktionen der genutzten Exportwerkzeuge an.

Anmerkung: Sie können im Panel Exportoptionen ❹ eine Auswahl mit oder ohne Hintergrund ❼ exportieren. Gehen Sie in das Menü Datei • Exportieren, können Sie die Option Ausgeblendete Ebenen nicht exportieren auswählen, es werden alle Ebenen von dem Export ausgeschlossen, die über das Ebenen-Panel ❷ ausgeblendet wurden. Über die Exportoptionen können Sie außerdem Farbprofile, Anschnittbereiche, Farbpaletten und Ihre Metadaten einbetten.

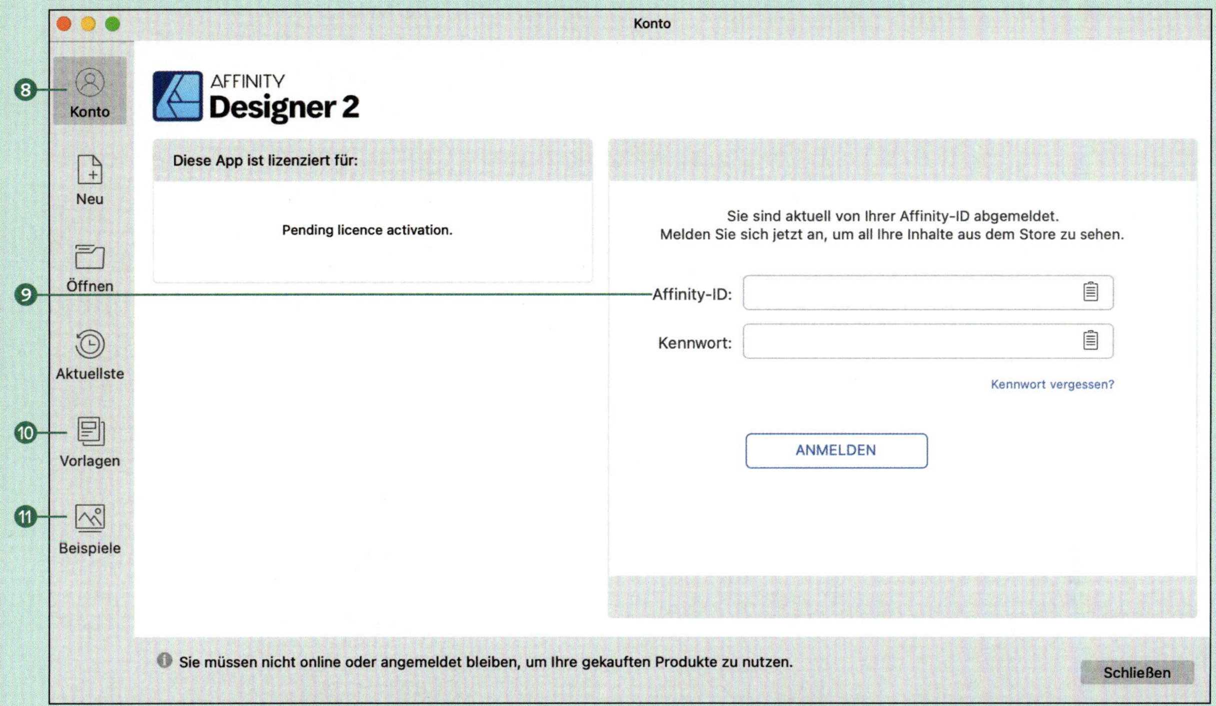

Registrierung und Synchronisation

Das Panel zur Registrierung können Sie im Menü Neu unter Mein Konto ❽ öffnen. Seit Affinity Designer 2 ist eine Affinity-ID ❾ erforderlich. Mit Ihrer ID können Sie Ihre Einkäufe aus dem Affinity Store verwalten, und gekaufte Inhalte wie zum Beispiel Pinsel und Assets lassen sich dann installieren und synchronisieren.

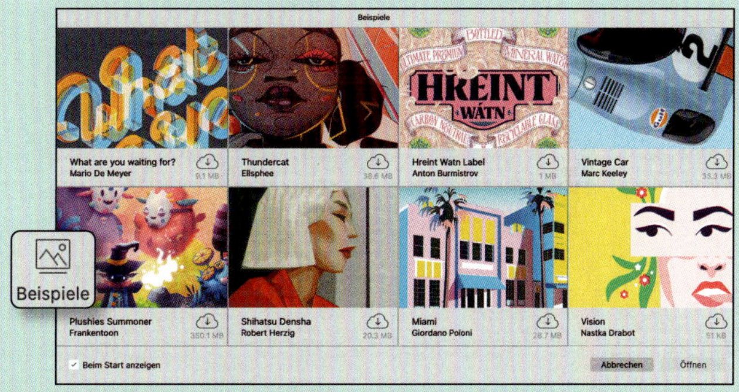

Vorlagen und Beispiele

Im Menü Beispiele ⓫ finden Sie bereits fertige Dateien, die Ihnen Affinity zur Verfügung stellt. Sehr praktisch ist es auch, Ihre eigenen Vorlagen ❿ zu erstellen: Sie enthalten Platzhalter, werden als ».aftemplate« gespeichert und können immer wieder neu befüllt werden. Verknüpfen Sie Textattribute, Objekteigenschaften, Kontur- und Füllungsfarbe, Lineal- und Spaltenhilfslinien sowie Rastereinstellungen mit einer Vorlage. Im Panel Neues Dokument werden die Vorlagen angezeigt.

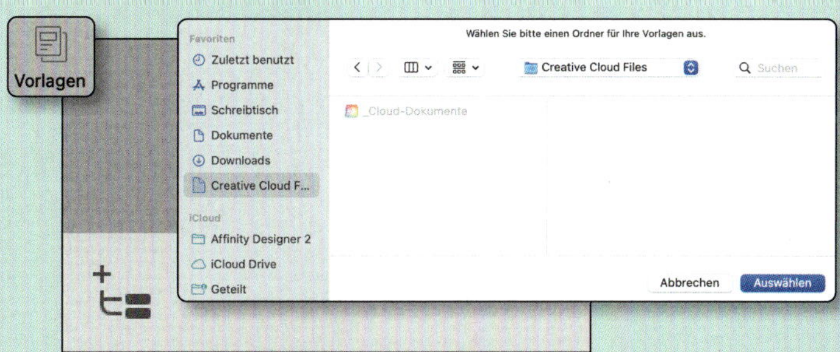

Arbeitsbereich einrichten

Oberflächen anpassen und Panels organisieren

Ihr Arbeitsbereich, auch Studio genannt, besteht aus mehreren eigenständigen Teilen. Jede Persona bietet spezielle Paletten bzw. Panels, die Sie ein- oder ausblenden können. Im Mittelpunkt sehen Sie die Ansicht Ihres Dokuments, das sogenannte ArtBoard. Dieser Workshop zeigt Ihnen, wie einfach Sie Ihren Arbeitsbereich einrichten können, die Helligkeit Ihrer Benutzeroberfläche optimieren, Ihre Werkzeuge anpassen und Ihre Panels verschieben und schließen. Möchten Sie Ihr Studio im ursprünglichen Zustand verwenden, gehen Sie in das Menü FENSTER • STUDIO und klicken STUDIO ZURÜCKSETZEN.

Foto Hintergrund: © Yuichiro Tashiro

Neu in diesem Workshop

- Helligkeit der Benutzeroberfläche optimieren
- Anordnung der Werkzeuge ändern
- Panels und Panelgruppen verschieben
- Panels ausblenden oder schließen

[Datei: »Beispiel_1-1.jpg«]

DESIGNER PERSONA
Für Vektorkunst

PIXEL PERSONA
Für Pixelkunst

EXPORT PERSONA
Für Exportausgabe

1 Aufhellen der Benutzeroberfläche

Öffnen Sie die Einstellungen im Menü Affinity Designer bzw. unter Windows im Menü Bearbeiten. Alternativ nutzen Sie den Shortcut `cmd`/`Strg` + `,`. Wählen Sie Oberfläche ❶ aus. Sie können unter Oberflächenstil ❸ mit Dunkel, Hell oder OS-Standard (nur Mac) die Helligkeit der Programmoberfläche anpassen. Ist Ihnen die Schriftdarstellung zu klein, wählen Sie Schriftgrösse • Gross ❷ (nur Mac). Unter Iconstil ❹ weisen Sie Icons Farbe oder monochrome Optik zu.

2 Anordnen der Werkzeuge

Sie können Ihre Werkzeuge in jeder Persona separat anpassen. Wählen Sie in der Designer Persona Ansicht • Werkzeuge anpassen, können Sie Ihre Werkzeuge beispielsweise durch Hineinziehen eines sehr feinen Trennstrichs ❺ in Gruppen aufteilen. Einzelne Werkzeuge sind durch einfaches Herausziehen löschbar ❻. Die Werkzeugleiste lässt sich hier in ein oder zwei Spalten ❼ anordnen. Anpassungen können Sie jederzeit zurücksetzen ❽. In den anderen Personas gehen Sie genauso vor.

3 Herauslösen von Panels

Standardmäßig werden alle Panels auf der rechten Seite angezeigt. Um Ihren Arbeitsfluss zu optimieren, lassen sich Panels auch herausnehmen. Wenn Sie beispielsweise schnell auf die Farbe zugreifen möchten, platzieren Sie das Farbe-Panel separat auf Ihrer Oberfläche. Sie können Ihre Panels frei schwebend dort platzieren, wo Sie sie brauchen. Für Linkshänder kann das Verschieben von Panels nach links sehr hilfreich sein! So richten Sie sich Ihre Wunschoberfläche ein.

Anmerkung: Herausgezogene Panels können Sie jederzeit wieder hineinziehen.

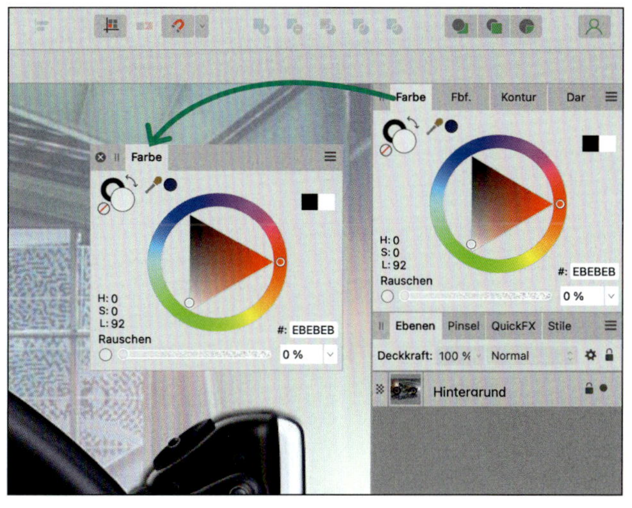

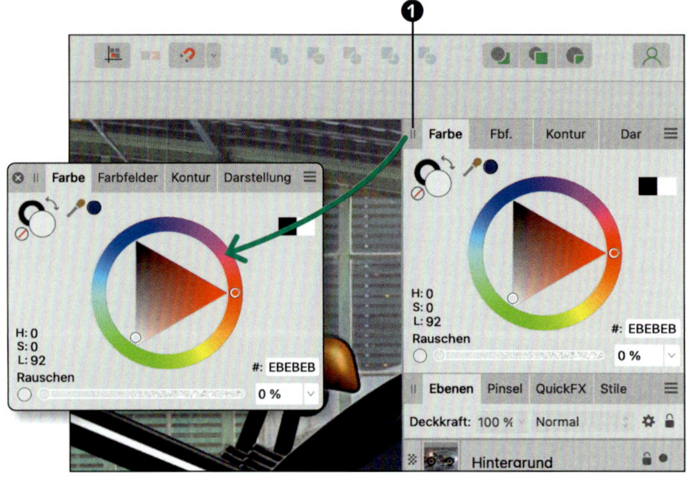

4 Verschieben von Panelgruppen

Panelgruppen fassen mehrere Panels wie in diesem Beispiel FARBE, FARBFELDER, KONTUR und DARSTELLUNG zusammen. Diese Gruppen lassen sich wie einzelne Panels verschieben. Dazu klicken Sie rechts neben die Panelgruppe ❶ und ziehen die gesamte Gruppe an Ihren Wunschplatz. Nehmen Sie sich Zeit, Ihre Arbeitsoberfläche an Ihre Bedürfnisse anzupassen! So können Sie Ihren Workflow optimieren und fühlen sich wohl.

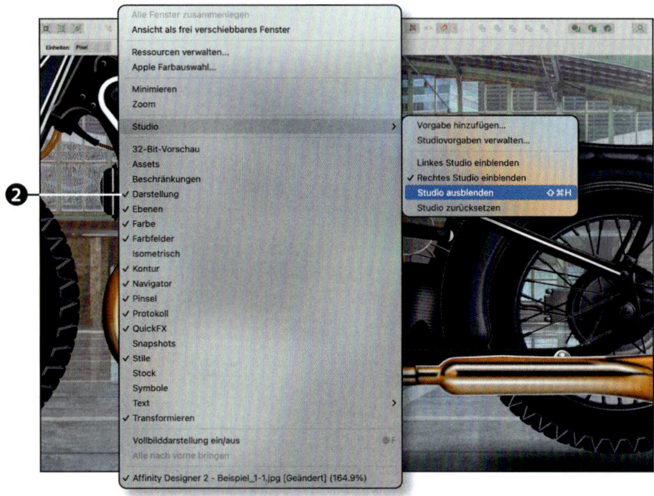

5 Panels komplett ausblenden

Alle Panels finden Sie in Affinity Designer im Menü FENSTER. Hier werden Ihre Panels ein- oder ausgeblendet. Wollen Sie nur bestimmte Panels nutzen, können Sie das Häkchen per Klick entfernen ❷. Sie können ebenfalls die Tastenkombination ⇧ + cmd / Strg + H nutzen, um alle Panels auszublenden. Das Ausblenden des Studios ist praktisch, um Ihre Bildansicht ungestört prüfen zu können.

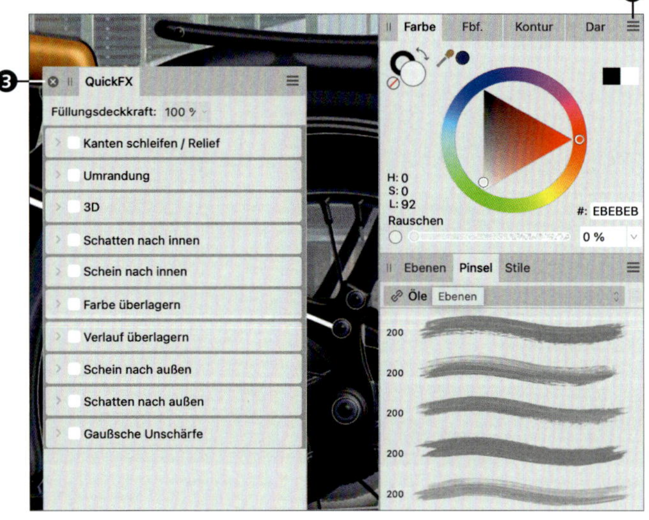

6 Schließen von Panels

Sie können einzelne Panels Ihrer Benutzeroberfläche auch manuell schließen. Dafür ziehen Sie Ihr Ziel-Panel aus der Panelgruppe auf die Arbeitsoberfläche. Mit einem Klick auf die kleine runde Schaltfläche ❸ (Windows: rechts ist ein ×) schließt sich das Panel. Ganze Panelgruppen schließen Sie über den Befehl im Optionsmenü ❹ Ihrer Panelgruppe. Alle geschlossenen Panels sind wieder über das Menü FENSTER zu öffnen.

Anmerkung: Wollen Sie auf die Grundeinstellungen des Studios zurückgreifen, wählen Sie FENSTER • STUDIO • STUDIO ZURÜCKSETZEN.

Dokumente anlegen

Dokumente erstellen, einbetten und Zwischenablage verwenden

In Affinity Designer können Sie Dokumente ganz leicht erstellen. Ihnen stehen hierfür verschiedene Dokumententypen für Print, Press Ready, Photo, Web Devices und Architectural zur Verfügung. Die Dokumentgrößen und Dokumentvorgaben sind dabei vordefiniert. Außerdem können Sie jede Art von Datei in Ihrem Dokument platzieren: Dateien aus Affinity Photo, Affinity Publisher, Photoshop und Illustrator wie PNG, JPEG, GIF, TIFF sowie SVG-, EPS- oder PDF-Dateien, EXR, HDR, TGA, WEBP und JPEG XL. Alternativ lässt sich ein neues Dokument auch aus dem Inhalt der Zwischenablage erstellen.

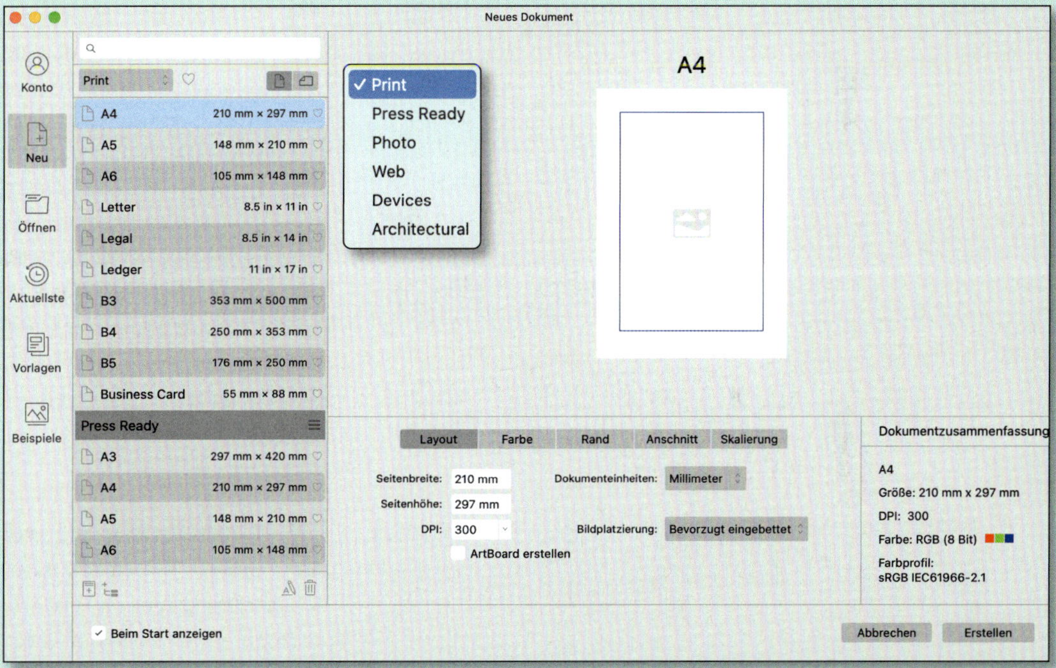

Neu in diesem Workshop

- Dokument neu anlegen für Print/Web
- Dokument nachträglich ändern
- Eingebettete Datei bearbeiten
- Dokument aus Zwischenablage erstellen

**[Dateien: »Beispiel_1-2.psd«
»Beispiel_1-3.ai«
»Beispiel_1-4_fertig.afdesign«]**

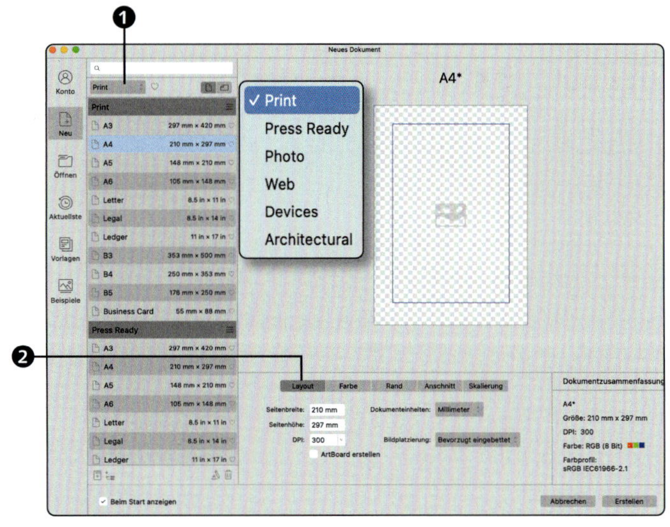

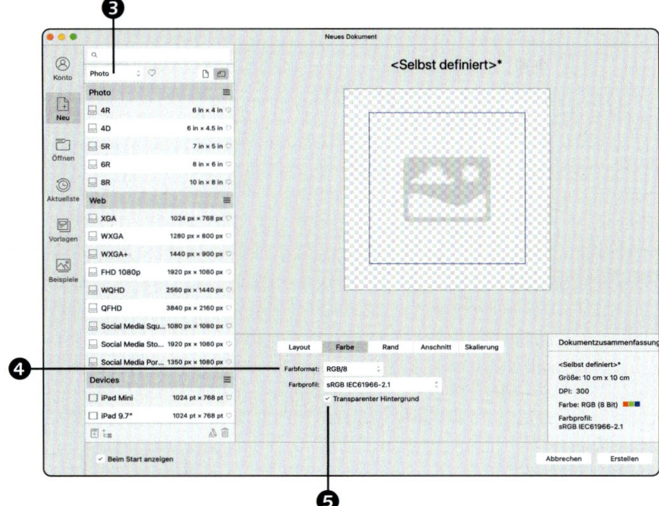

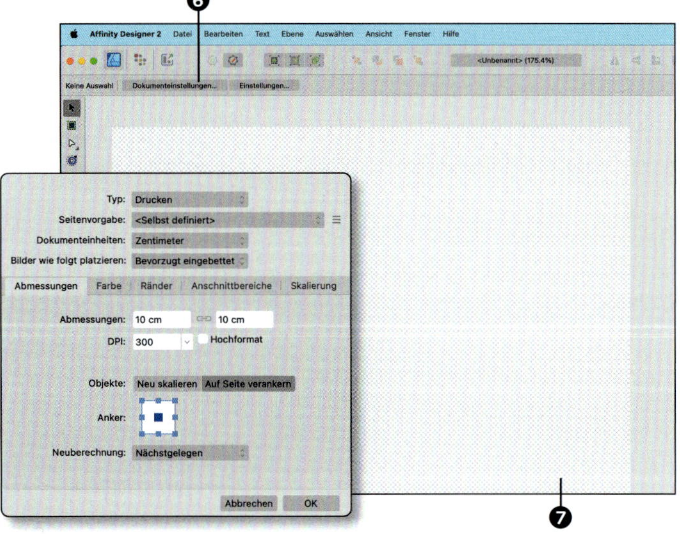

1 Dokument neu anlegen

Öffnen Sie Datei • Neu oder [cmd]/[Strg]+[N]. Im wichtigen Menü ❶ können Sie verschiedene Ausgabearten vorauswählen: Print steht für Heimdrucker, Press Ready (Druckerei) meint Groß- oder Online-Druckereien. Unter Layout ❷ sehen Sie die Breite und Höhe des Dokuments sowie unter DPI die Auflösung. Im Reiter Farbe daneben finden Sie die Farbformate und Farbprofile voreingestellt, die sich nach dem ausgewählten Dokumententyp richten. Unter Rand und Anschnitt finden Sie Layouthilfen (Seite 68).

2 Dokument für den Ausdruck

Möchten Sie Bilder selbst drucken, empfiehlt sich der Typ Photo ❸. Unter Farbformat ❹ im Reiter Farbe ist RGB/8 voreingestellt, das Format RGB wird von Online-Druckereien unterstützt, und Ihre Bildschirmfarben werden gut im Druck wiedergegeben. Wählen Sie Transparenter Hintergrund ❺, um keine Hintergrundfarbe im Dokument zu haben, das erleichtert das Einbetten von freigestellten Dateien. Im Reiter Layout legen Sie eigene Abmessungen an, hier z. B. 10 cm × 10 cm.

3 Dokumente nachträglich ändern

Öffnen Sie Affinity Designer oder legen Sie ein Dokument an, befinden Sie sich automatisch in der Designer Persona. Der transparente Hintergrund ❼ wird mit einem feinen Kachelmuster angezeigt. Nun können Sie mit dem Malen beginnen. Merken Sie, dass das Format zu klein oder zu groß ist, gehen Sie erneut in die Dokumenteinstellungen ❻ oder wählen [cmd]/[Strg]+[⇧]+[P]. Sie können jederzeit Typ, Seitenvorgaben, Größen und Farben oder Ränder sowie Anschnitte ändern. Der transparente Hintergrund kann ebenfalls deaktiviert werden.

4 Dateien in Dokument einbetten

Aktivieren Sie die MAGNETISCHE AUSRICHTUNG ❽, und klicken Sie auf DATEI • PLATZIEREN. Wählen Sie »Beispiel_1-2.psd« aus. Bewegen Sie nun den Mauszeiger über das Dokument. Treffen sich die Hilfslinien im Mittelpunkt ❾, wird die Datei per Klick mittig platziert. Platzieren Sie als Nächstes »Beispiel_1-3.ai« mit dem Werkzeug BILD PLATZIEREN. Achten Sie diesmal nicht auf die Hilfslinien, sondern klicken Sie stattdessen oben links ins Dokument, und ziehen Sie gleichzeitig die Figur größer.

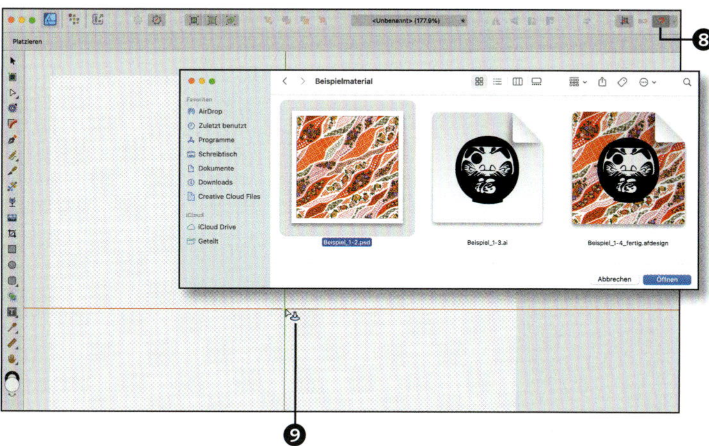

5 Eingebettete Datei bearbeiten

Sie können eingebettete Dateien direkt bearbeiten, ohne Affinity Designer verlassen zu müssen. Markieren Sie dafür mit dem Verschieben-Werkzeug die Ebene mit der Figur ❿. Sobald Sie nun im Dokument auf die Figur doppelklicken, wird sie in einem neuen Tab für weitere Bearbeitungen geöffnet ⓫. Hier können Sie z. B. die Vektorlinien mit dem Knotenwerkzeug verändern oder löschen. Speichern und schließen Sie das neue Dokument – die Änderungen werden automatisch im Ursprungsdokument übernommen.

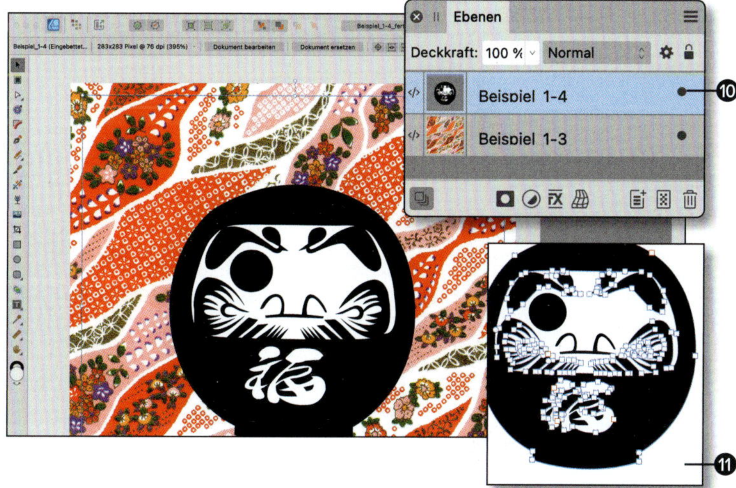

6 Dokument aus Zwischenablage

Sie können ein neues Dokument auch aus dem Inhalt der Zwischenablage erstellen.

Klicken Sie mit der rechten Maustaste auf die Ebene »Beispiel_1-2.psd« ⓬. Wählen Sie nun KOPIEREN. Alternativ können Sie auch per Klick mit dem Verschieben-Werkzeug in Ihrem Dokument das gewünschte Objekt auswählen. Öffnen Sie abschließend DATEI • NEU AUS ZWISCHENABLAGE. Daraufhin wird Ihr zuvor kopiertes Element aus der Zwischenablage in das Dokument eingefügt. Vergleichen Sie mit der fertigen Datei »Beispiel_1-4_fertig.afdesign«.

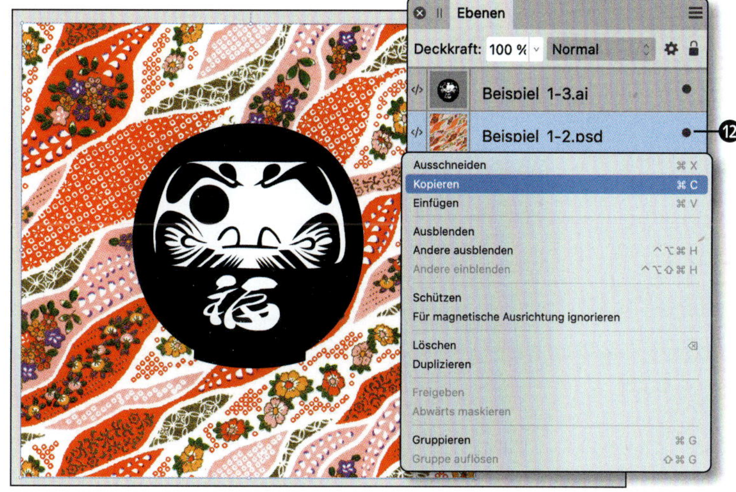

Auflösung einstellen und ändern

Bildauflösungen für Print, Press Ready, Web oder Devices

Vektordateien können ohne Qualitätsverlust beliebig groß oder klein skaliert werden. Bei Rasterbildern geht das nicht. Ziehen Sie beispielsweise ein 5 cm großes Bild doppelt so groß, verpixelt es. Ihr Bild sieht am Bildschirm gut aus, aber im Druck sehen Sie unerwünschte Pixeltreppen. Die Druckqualität wird durch exakte Bildabmessungen mit passender Bildauflösung garantiert. Die Auflösung in Affinity Designer wird über dpi, *dots per inch*, also Druckpunkte per Zoll, eingestellt. Der Betrachtungsabstand, mit dem Sie Druckerzeugnisse ansehen, beeinflusst die Auflösung ebenfalls.

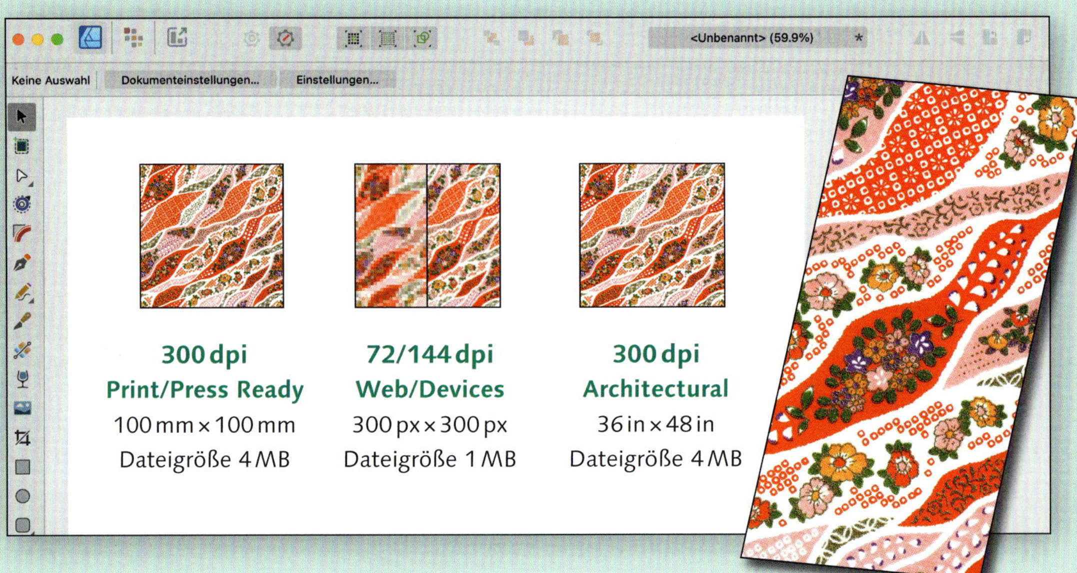

Faustregeln für die benötigte Bildauflösung (dpi) im Druck

Formatanwendung	Betrachtungsabstand	Bildauflösung
Flyer/Broschüre	ca. 30 cm	ca. 300 dpi
Poster/Plakat bis DIN A2	ca. 1 m	ca. 100 dpi
Plakate DIN A1, A0	ca. 2 m und mehr	ca. 50 dpi
Großflächenplakate	ca. 5 m und mehr	ca. 20 dpi

Neu in diesem Workshop

- Die Auflösung kennenlernen
- dpi für verschiedene Zwecke einstellen
- dpi für Architectural anwenden

1 dpi für Press Ready einstellen

Möchten Sie die dpi für einen Flyer in DIN A6 ❺ einstellen, legen Sie ein neues Dokument an. Wählen Sie Press Ready ❶, um ein druckfertiges Dokument mit Anschnitt zu erzeugen. Affinity Designer bietet dann unter Layout ❷ automatisch 300 dpi an. Die Dokumenteinheiten ❹ sollten in Millimeter angezeigt werden. Im Reiter Farbe ❸ wird automatisch CMYK/8 für eine Großdruckerei festgelegt. Wollen Sie Ihren Flyer mit einer Sonderfarbe drucken, fragen Sie nach passenden Farbformaten und Farbprofilen.

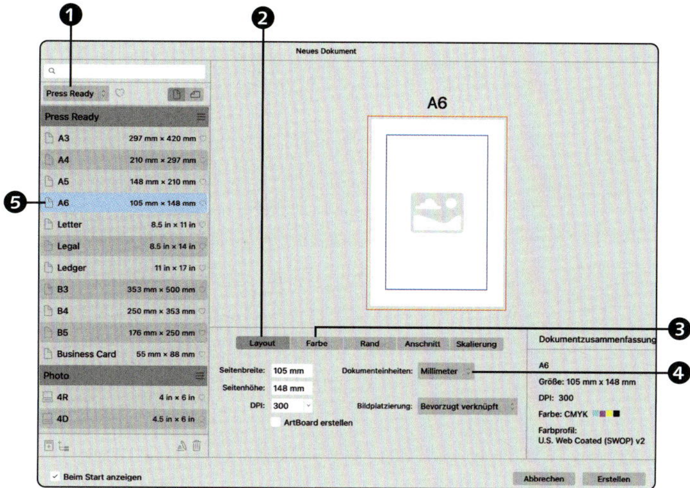

2 dpi für das Web oder Devices

Wollen Sie für eine Webseite beispielsweise eine Grafik erstellen, öffnen Sie Datei • Neu und wählen Web ❻. Wenn Sie beispielsweise XGA ❼ (Extended Graphics Array) mit 768 × 1 024 px wählen, wird Ihr Dokument direkt in Pixel und in RGB angelegt. Als beste Auflösung wird 72 dpi vorgegeben.

Unter Devices haben Sie bei iPad Mini ❽ mit der gleichen Größe von 768 × 1 024 px eine dpi von 144.

Tipp: 144 dpi für Retina-Bildschirme unterstützen Verläufe und Transparenzen.

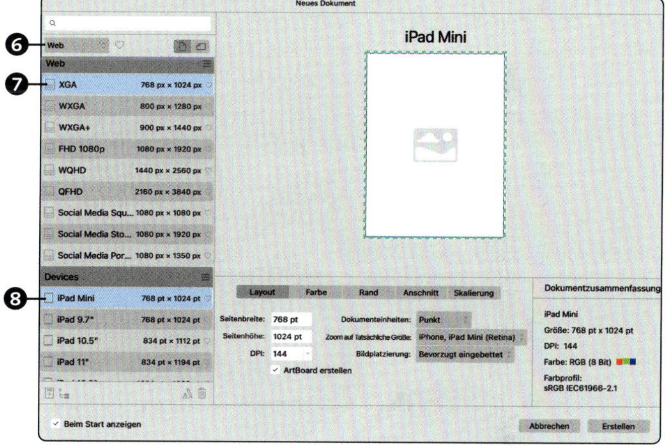

3 dpi für Architectural anwenden

Nehmen wir an, Sie wollen einen architektonischen Entwurf designen, dazu klicken Sie Architectural ❾ an. Wählen Sie Arch E ❿ mit 36 × 48 in (Zoll). Sie können sich statt Zoll unter Dokumenteinheiten auch die Einheiten Meter, Zentimeter oder Millimeter für das Arbeiten mit Maßstab anzeigen lassen. Die Farbe ist automatisch CMYK und die dpi-Zahl 300 dpi, da Architekturpläne beim Bau gedruckt Anwendung finden.

Tipp: Mehr zu Maßstab, Maßwerkzeug und Flächenwerkzeug finden Sie auf Seite 66.

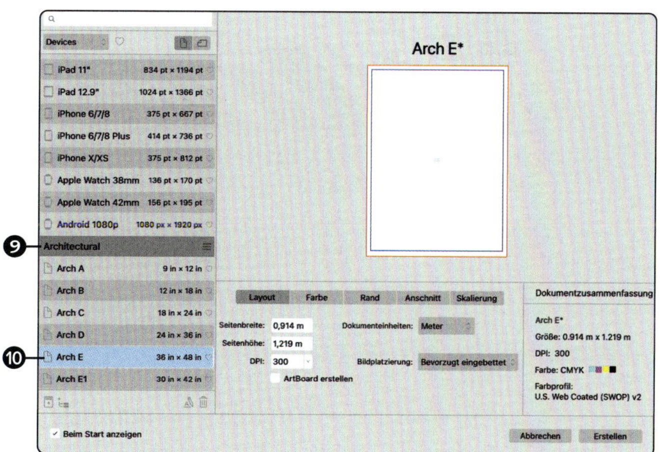

Darstellungsgröße ändern

Zoomfaktoren kennenlernen

Für ein effektives Gestalten ist der Zoom ein wichtiges Werkzeug. Mit ihm behalten Sie jedes Detail im Auge. Affinity Designer ermöglicht Ihnen mehrere Zoomvarianten: per Touch- und Trackpad, Zoomwerkzeug und Navigator oder über Ihr Mausrad bei gedrückter Alt-Taste. Im Menü ANSICHT • ZOOM gibt es Shortcuts, mit denen Sie bis zu 800 % hinein- oder auf die TATSÄCHLICHE GRÖSSE herauszoomen können.

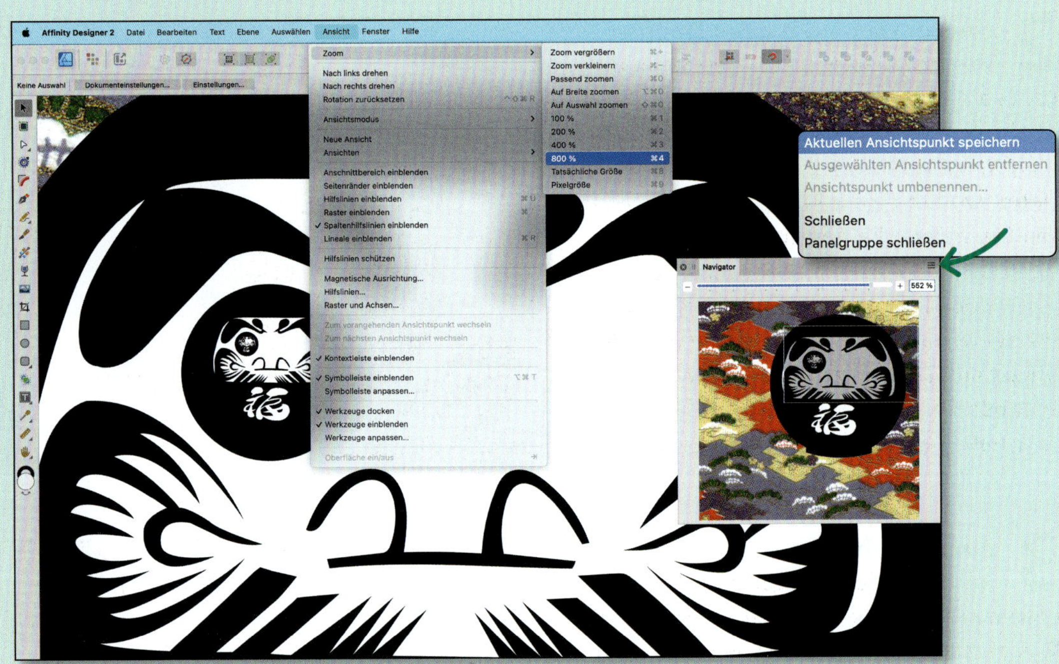

Neu in diesem Workshop

- Zoom vergrößern und verkleinern
- Zoomen per Auswahl
- Über den Navigator zoomen

[Datei: »Beispiel_1-5_fertig.afdesign«]

ZOOMWERKZEUG
Kleinere Details sehen

1 Zoom vergrößern und verkleinern

Halten Sie den Mauszeiger länger auf das Zoomwerkzeug ❶, werden Werkzeugname und Shortcut Z ❷ angezeigt. Per Klick wird die Anzeige schrittweise vergrößert. Klicken Sie mit Alt, wird die Anzeige schrittweise verkleinert. Ziehen Sie mit dem Zoomwerkzeug nach rechts, vergrößert sich die Ansicht, ziehen Sie nach links, verkleinert sie sich. Mit dem Mausrad und gedrückter Strg-Taste können Sie unter Windows bei jedem beliebigen Werkzeug zoomen.

2 Zoomen per Auswahlrahmen

Das Zoomwerkzeug können Sie in der Kontextleiste prozentual oder per Schieber ❸ regeln. Zudem ist die Maßeinheit änderbar.

Im Menü Ansicht • Zoom gibt es weitere Optionen. Mit einem Auswahlrahmen können Sie in Bereiche hineinzoomen ❹. Um einen Auswahlzoom zu erstellen, drücken Sie Alt, und klicken und ziehen Sie gleichzeitig mit der Maus den Auswahlrahmen über dem Objekt auf. Sie können Zoomstufen ebenfalls über den Shortcut cmd/Strg + + erhöhen oder mit cmd/Strg + - verringern.

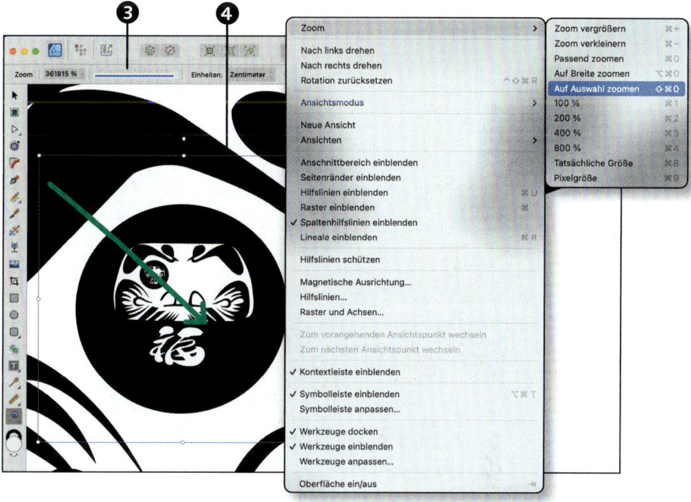

3 Über den Navigator zoomen

Öffnen Sie den Navigator über Fenster • Navigator. Hier können Sie per Schieber ❺ zoomen, der Zoombereich wird in Ihrem Dokument und bei großen Zoomstufen auch im Panel per Markierung ❻ angezeigt. Zudem können Sie hier Zoomstufen und Zoompositionen als Ansichtspunkte speichern, umbenennen und wieder löschen. Klicken Sie im Panelmenü auf Aktuellen Ansichtspunkt speichern. Nun können Sie bequem zwischen den Ansichtspunkten umschalten.

Anmerkung: Zoomen Sie bitte einmal auf das Auge der Figur. Die Zoomtiefe ist wirklich beeindruckend, finden Sie nicht auch?

In Bildansichten navigieren

Ansicht verschieben, scrollen und teilen

Standardmäßig finden Sie drei Ansichtsmodi in der Symbolleiste: Pixelansicht, Vektoransicht sowie die Drahtgitteransicht. Weitere Modi sind X-ray und Umriss oder Haarlinie. Gehen Sie dazu in das Menü Ansicht • Ansichtsmodus. Sehr praktisch ist auch Geteilte Ansicht für Pixel und Drahtgitter, sie ermöglicht ein paralleles Betrachten und Überprüfen des Designs. Das Drahtgitter wird nur gezeigt, wenn im Dokument Vektoren vorhanden sind. Immer in Gebrauch: Das Ansichtswerkzeug ermöglicht flottes Verschieben, Scrollen oder Navigieren im Dokument.

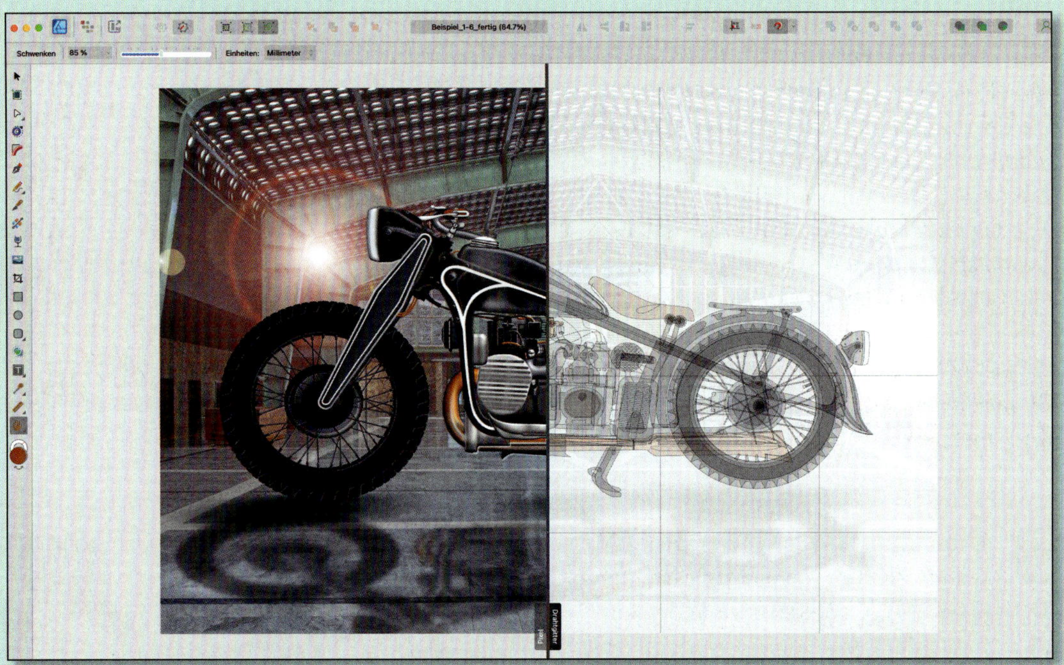

Neu in diesem Workshop

- Ansicht verschieben
- Ansicht scrollen
- Geteilte Ansicht Pixel und Drahtgitter

[Datei: »Beispiel_1-6_fertig.afdesign«]

PIXEL
Pixelansicht

RETINA-PIXEL
Pixelansicht für Retina-Displays

DRAHTGITTER
Vektor- und Pfadansicht, als X-ray, mit Umriss oder Haarlinie

1 Ansicht verschieben

Drücken Sie [H] zum Aktivieren des Ansichtwerkzeugs ❶. Der Mauszeiger wird zu einer Hand. Per Klick können Sie sehen, wie sich das Symbol zu einer »greifenden Geste« ❷ ändert. Durch Hin- und Herbewegen mit gedrückter Maustaste können Sie schnell den Bildausschnitt verschieben. Mit der Leertaste können Sie das Ansichtswerkzeug aus jedem beliebigen Werkzeug temporär nutzen, ohne es extra aktivieren zu müssen.

2 Ansicht scrollen

Affinity Designer bietet Ihnen mehrere Möglichkeiten, Bildansichten zu scrollen: per Touch- und Trackpad, über die Rollbalken unten ❹ und rechts ❸ am Dokumentfenster sowie per Grafiktablet mit Stift. Drücken Sie die [⇧]-Taste und rollen Sie mit dem Mausrad, verschieben Sie die Bildansicht nach links und rechts. Drücken Sie die Taste [cmd] und rollen Sie mit dem Mausrad, verschieben Sie die Bildansicht nach oben und unten (nur Mac). Wollen Sie zur gesamten Bildansicht zurück, drücken Sie [cmd]/[Strg]+[0] (=Null).

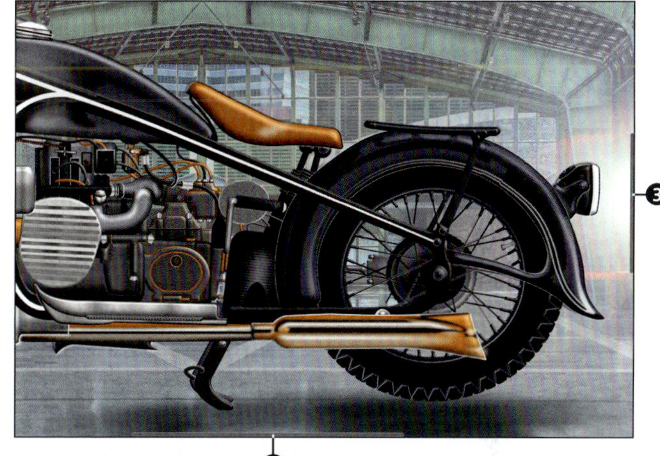

3 Ansicht in Pixel und Drahtgitter

Gehen Sie über das Menü Ansicht • Ansichtsmodus auf Geteilte Ansicht. Ihr Dokument wird darauf durch eine frei verschiebbare Trennlinie ❽ in zwei verschiedenen Ansichtsmodi angezeigt, hier Pixel ❻ und Drahtgitter ❼. Klicken Sie auf eine Seite der Trennlinie, wird die Bezeichnung an der Trennlinie für den ausgewählten Ansichtsmodus schwarz markiert, der nicht ausgewählte erscheint grau. Wählen Sie über die Symbolleiste ❺ die gewünschten Modi Pixel, Retina-Pixel, Vektor, Drahtgitter oder Haarlinie aus. Standardmäßig werden Vektoren und Pixel angezeigt.

Farbe definieren

Farben über RGB, CMYK oder HSL bestimmen

Affinity Designer unterstützt die Farbmodelle RGB, CMYK, Lab und Graustufen. Farben lassen sich mit nur wenigen Klicks festlegen. Wie, erfahren Sie hier. Über das Panel FARBE können Sie die Deckkraft und das Rauschen als Farbattribute in Ihren Arbeiten einsetzen. Um Farbe in Ihr Design zu bringen, können Sie das angezeigte HSL-Farbrad verwenden oder Farbschieber für RGB oder CMYK nutzen. Farbformate können Sie nachträglich in Ihrem Dokument ändern.

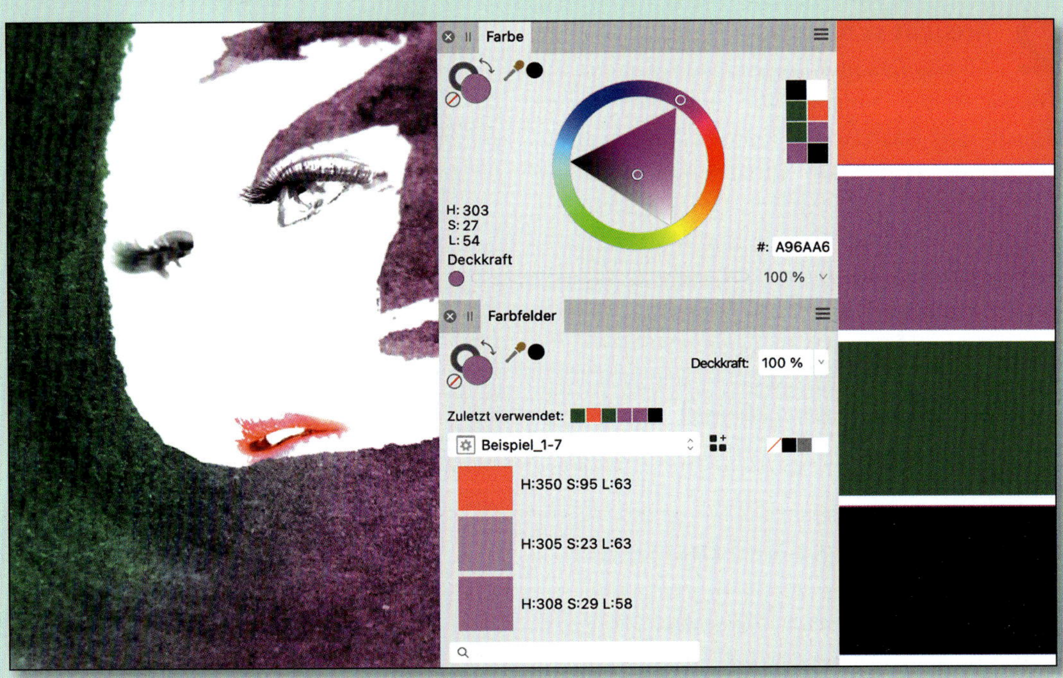

Neu in diesem Workshop

- Füll- und Konturfarbe einstellen
- Farbe-Panel und Farbauswahl
- RGB, CMYK oder HSL einstellen
- Farbformate im Dokument ändern

[Datei: »Beispiel_1-7.afdesign«]

RGB – ROT, GRÜN, BLAU
Bildschirmfarben für das Web

CMYK – CYAN, MAGENTA, YELLOW, KEY
Vierfarbendruck in Druckereien

HSL – HUE, SATURATION, LIGHTNESS
Farbton, Sättigung, Helligkeit

1 Füll- und Konturfarbe vergeben

Im »Beispiel_1-7.afdesign« markieren Sie eines der Farbquadrate mit dem Verschieben-Werkzeug. Im Panel FARBE sehen Sie den HSL-Farbkreis. Hier können Sie Ihr Objekt und seine Kontur mit Farben »füllen«. Die Farbanzeige und Farbwahl erfolgt über die Kreisregler ❸ und ❹. Die Füllung ❷ wird im Kreis, die Kontur ❶ im Ring angezeigt. Beide können Sie auch in der Werkzeugleiste und in der Kontextleiste einstellen. Klicken Sie den Ring der Konturfarbe an, kommt er nach oben, eine Umfärbung des Randes ist nun möglich.

2 Deckkraft und Rauschen

Klicken Sie die runde Fläche ❻ an, um zwischen der Deckkraft und dem Rauschen zu wechseln. Mithilfe des Schiebers oder der Prozentwerte können Sie beide beeinflussen. Auch Konturen können mit Rauschen belegt werden.

Der kleine durchgestrichene Kreis ❺ deaktiviert die Farben. Mit [X] wechseln Sie zwischen der Füll- und Konturfarbe hin und her.

Anmerkung: Eine zu geringe Deckkraft wirkt auf Heimdruckern unsauber.

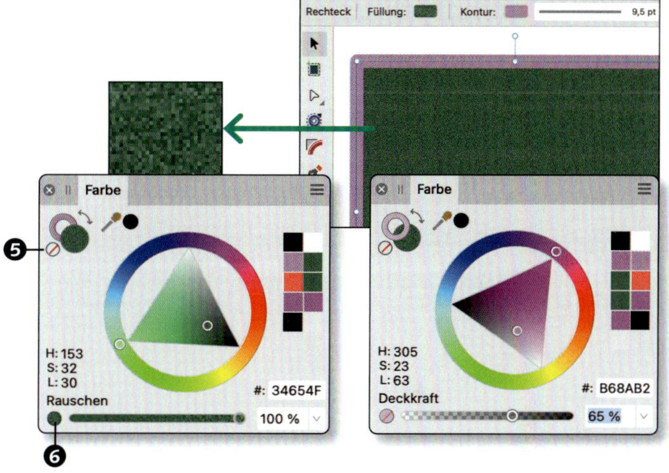

3 Farbauswahl und Farbmodell

Mit einem Doppelklick in die Farbe der Füllung ❷ oder Kontur ❶ öffnet sich das Fenster FARBAUSWAHL. Es wird der FARBTON ❼ angezeigt, den Sie per Doppelklick aktiviert haben. Die Schaltfläche ❽ bietet Farbmodelle wie RGB und HSL sowie CMYK. Dabei ändern Sie Farben über die Eingabe von Farbwerten oder durch Bewegen der Schieberegler ❾.

Anmerkung: Über HSL mischen Sie einen Farbton per Sättigung und mit Schwarz oder Weiß. So können Sie mit einem Farbton Farbnuancen für Schatten und Lichter erzeugen.

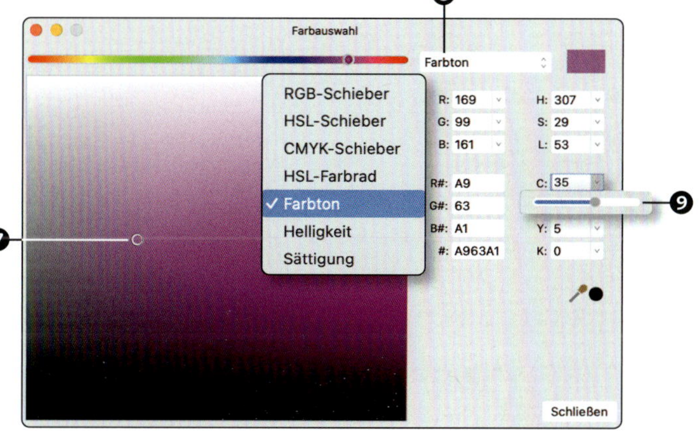

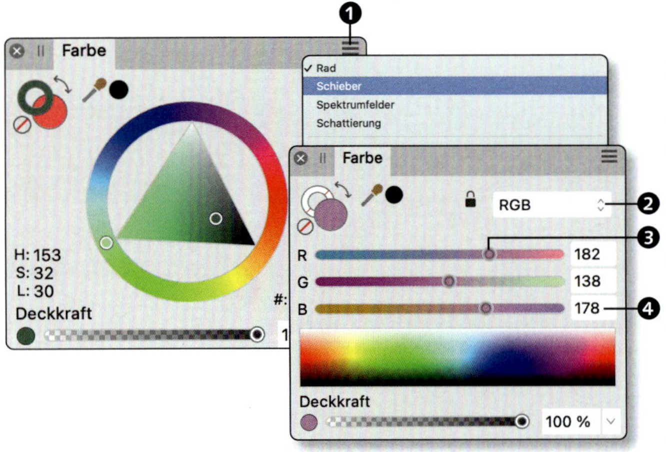

4 RGB-Schieber für Arbeit im Web

Die Arbeit im RGB-Farbraum eignet sich wunderbar für Bildschirmausgaben und das Web. Zum Einstellen des RGB-Farbraums klicken Sie im Farbe-Panel auf das Panelmenü ❶ und wählen SCHIEBER. Über die Schaltfläche ❷ kommen Sie zum RGB-Schieber. Die Schieber ermöglichen ein feines Abmischen der Farbtöne ❸ mit exakten Farbwerten ❹.

Anmerkung: Bildschirmfarben mit sehr hoher Sättigung und Helligkeit können schlecht gedruckt werden. Ein Testdruck ist hilfreich.

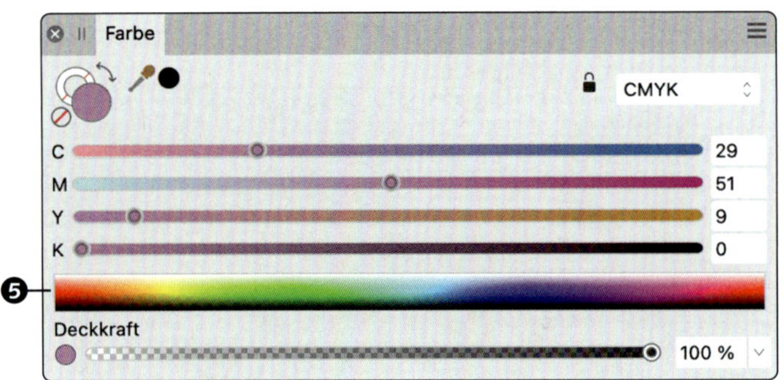

5 CMYK-Schieber für den Druck

Im Druckprozess großer Druckereien wird der Vierfarbendruck eingesetzt. Sie können Farben im CMYK-Schieber direkt aus dem Farbstreifen ❺ durch Hineinklicken aktivieren. Das kleine Schloss-Icon schützt Ihren ausgewählten Farbraum.

Wissen Sie noch nicht, welches Farbformat für Ihre Arbeit in Frage kommt, erstellen Sie Ihr neues Dokument neutral mit dem vorgegebenen Standardformat RGB/8. Sie können die Farbformate später ändern.

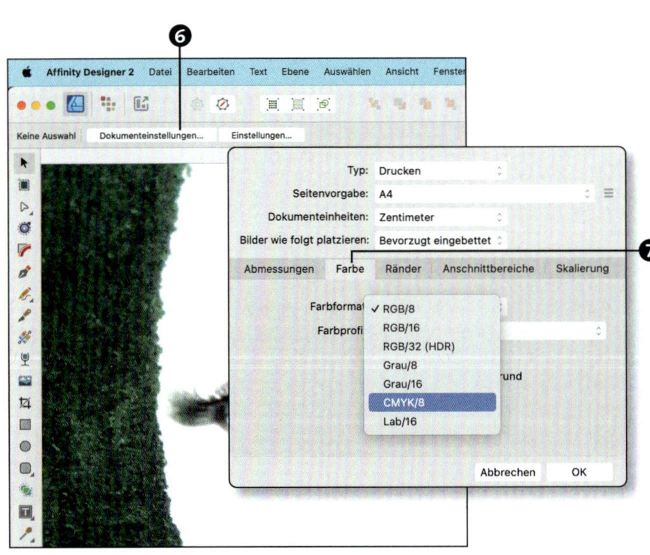

6 Farbformat im Dokument ändern

Sie zeichnen beispielsweise eine Illustration für eine Webseite. In Ihren DOKUMENTEINSTELLUNGEN haben Sie das Farbformat RGB/8 gewählt. Nach Fertigstellung entscheiden Sie, Ihre Arbeit in CMYK/8 zu drucken. Sie können nun im Nachhinein das Farbformat noch ändern. Gehen Sie dafür zum Menü DATEI • DOKUMENTEINSTELLUNGEN, oder drücken Sie `cmd`/`Strg` + `⇧` + `P`. Am schnellsten ist aber ein Klick per Button ❻. Gehen Sie in das Register FARBE ❼, und wählen Sie dort CMYK/8. Dieses Farbformat ist für einen sauberen Vierfarbendruck immer geeignet.

7 Das HSL-Farbrad: Hue

Sehen wir uns jetzt das Fenster FARBAUSWAHL genauer an. Hier können Sie die ausgewählte Farbe in den unterschiedlichen Farbräumen anzeigen lassen. Stellen Sie bitte das HSL-Farbrad ein. Bei HSL wird jede Farbe durch drei Eigenschaften beschrieben: Hue (Farbton), Saturation (Sättigung) und Lightness (Helligkeit). Die Angabe des Farbtons erfolgt mit Werten von 0 bis 360, allerdings ohne Gradzeichen. Ändern Sie den Wert bei »H« ❽, wird sich der Farbton sowie dessen Farbposition ❾ verändern.

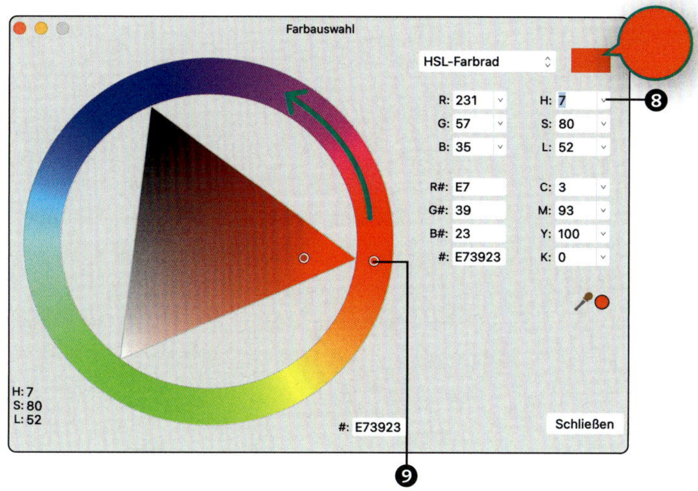

8 Das HSL-Farbrad: Saturation

Die Saturation, also Sättigung, eines Farbtons reicht von 0 bis 100 %. Verändern Sie den Wert »S« ❿.

100 % stehen für maximale Sättigung. Die Farbe ist ganz »dick« – »unverdünnt«, wenn Sie den Vergleich mit Wasserfarben ziehen möchten. Je weiter Sie den Schieber nach links führen, desto weniger Sättigung hat der Farbton. Er geht in Richtung Weiß. Rot wird mit geringer Sättigung beispielsweise zu Rosa. Die Einstellung ist nicht zu verwechseln mit der Deckkraft oder Transparenz!

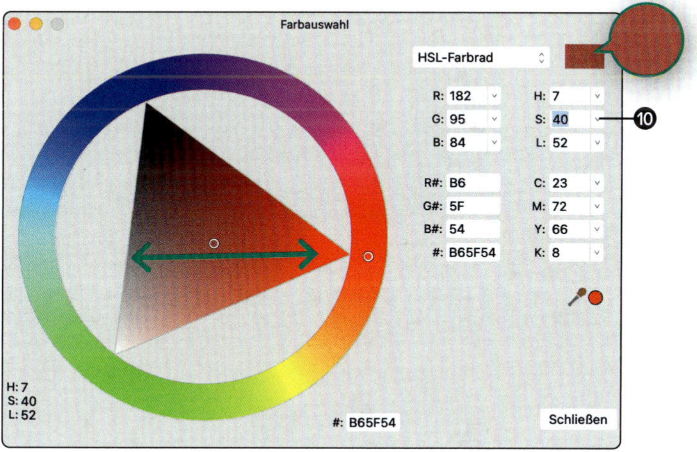

9 Das HSL-Farbrad: Lightness

Über den Lightness-Wert »L« wird die Helligkeit der Farbe von 0 bis 100 % angegeben. Verschieben Sie den Regler »L« ⓫. Wie Sie sehen, bewegt sich die Helligkeit zwischen Schwarz und Weiß.

Vergleichen Sie Lightness mit dem Tageslicht. Bei 100 % Lightness wird jeder Farbton weiß, Sie sind also geblendet. Bei 0 % Lightness wird jeder Farbton schwarz: Es gibt kein Licht, und Sie sehen nichts.

Möchten Sie eine »normale« Farbe bekommen, dann stellen Sie bei »L« 50 % ein.

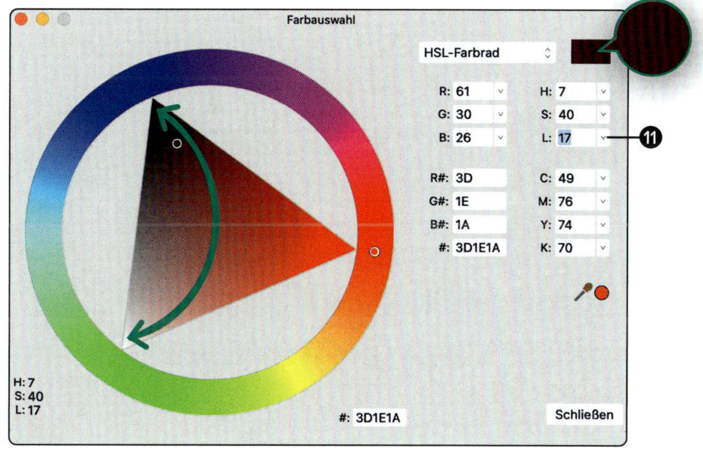

Farbfelder und Paletten nutzen

Eigene Farben anlegen und löschen

Im Panel Farbfelder finden Sie gut sortierte Farben in Form von Farbminiaturen. Sie können Ihre Farben und Verläufe speichern und wieder anwenden. Farben können als Farbpaletten gespeichert werden. Bereits vorhandene Farbpaletten bieten Kategorien wie diverse Grautöne und Verläufe, Volltonfarben oder websichere Farben an. Farbpaletten sind praktisch für die gemeinsame Teamarbeit oder Designprojekte mit wiederkehrenden Farben. In Affinity Designer können Sie Farbpaletten importieren oder exportieren und per E-Mail versenden.

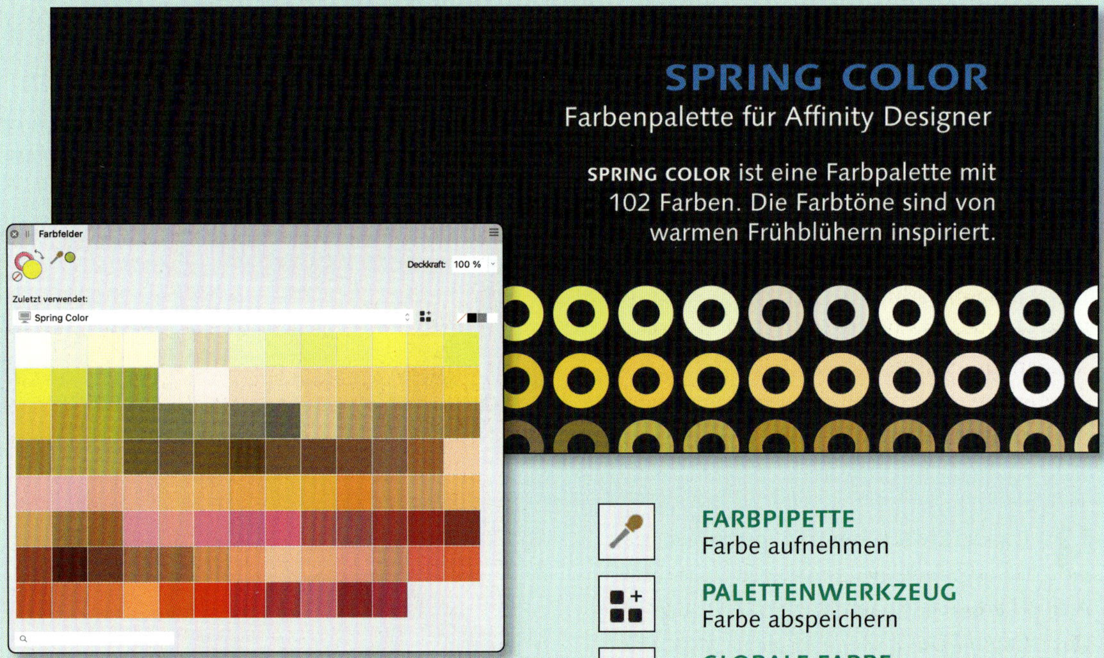

SPRING COLOR

Farbenpalette für Affinity Designer

Spring Color ist eine Farbpalette mit 102 Farben. Die Farbtöne sind von warmen Frühblühern inspiriert.

FARBPIPETTE
Farbe aufnehmen

PALETTENWERKZEUG
Farbe abspeichern

GLOBALE FARBE
Der Palette hinzufügen

PROGRAMMPALETTE
Farbpaletten für Affinity Designer

DOKUMENTPALETTE
Farbpaletten eines Dokuments

SYSTEMPALETTE (NUR MAC)
Farbpaletten für andere Systeme

KEINE, SCHWARZ, WEISS, GRAU
Praktischer Direktzugriff

Neu in diesem Workshop

- Das Farbfelder-Panel
- Farbe aufnehmen
- Die Arbeit mit Farbpaletten

[Dateien: »Beispiel_1-8.jpg« »Beispiel_1-9.afpalette«]

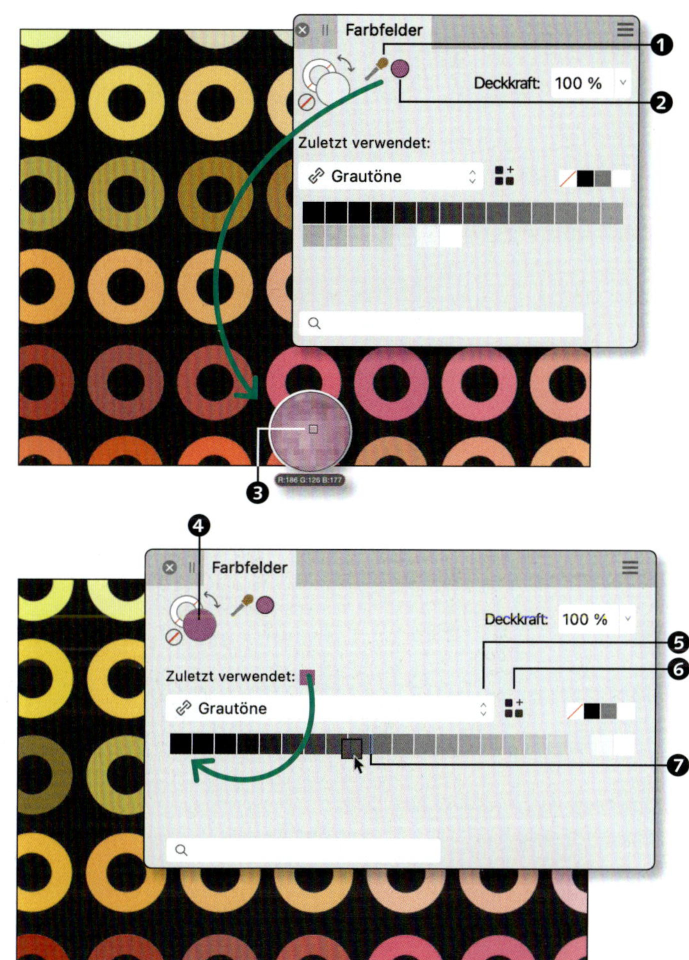

1 Farbe aufnehmen

Mit der Farbpipette aus dem Panel Farbfelder können Sie Farben innerhalb und außerhalb von Affinity Designer aufnehmen. Öffnen Sie die Datei »Beispiel_1-8.jpg«. Ziehen Sie die Farbpipette ❶ auf die Farbe, die Sie auswählen möchten. Ihr Mauszeiger wird lupenförmig ❸ und zeigt die Farben vergrößert an. Per Klick nehmen Sie eine Farbe auf. Klicken Sie auf das Farbfeld ❷ neben der Farbpipette, um die aufgenommene Farbe zu bestätigen und in die Füll- oder Konturfarbkreise einzufügen.

2 Farbe in Farbpalette speichern

Ist Ihre zuvor aufgenommene Farbe aktiv ❹, können Sie sie in jeder vorhandenen Palette ❺ nach Belieben abspeichern. Klicken Sie dafür auf das Palettenwerkzeug ❻. Ihre Farbe wird als neues Farbfeld vor den vorhandenen Farben angezeigt und ist somit abgespeichert und jederzeit wieder anwendbar.

Sie können Farbfelder anklicken und an jede gewünschte Position verschieben ❼. Mit einem rechten Mausklick auf ein Farbfeld können Sie das Farbfeld bearbeiten, es kopieren, umbenennen, löschen oder sortieren.

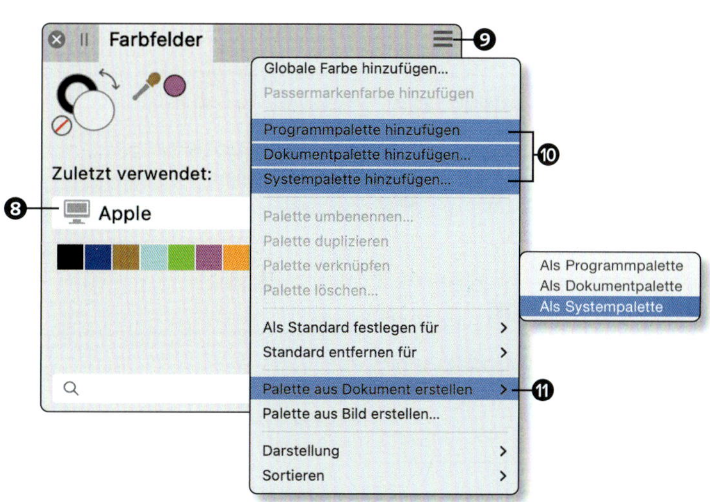

3 Farbpalette neu anlegen

Vorhandene Systempaletten wie die Apple-Farben auf dem Mac finden Sie unter ❽ in Affinity Designer. Klicken Sie in das Panelmenü ❾, können Sie neue Paletten hinzufügen. Farbpaletten werden in verschiedene Paletten unterschieden ❿: die Programmpalette, Dokumentpalette und auf dem Mac auch die Systempalette. Programmpaletten werden in allen Affinity-Designer-Dokumenten unter ❽ angezeigt, Dokumentpaletten nur in der aktuellen Datei. Sie können Paletten aus jeder Datei ⓫ erstellen. Die Farben werden dann aus dem Dokument generiert.

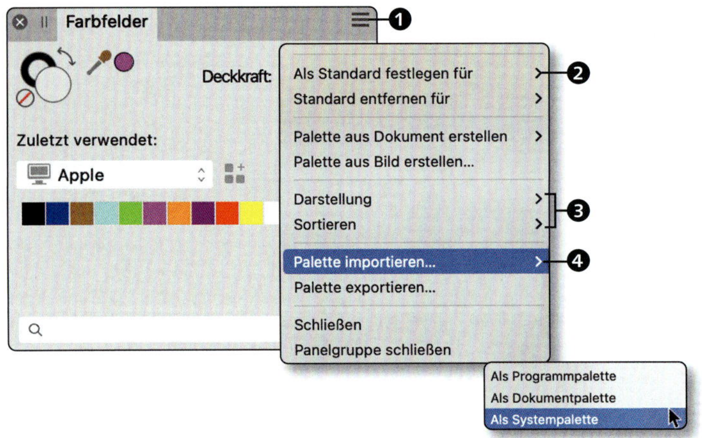

4 Farbpalette importieren

Sie können Paletten in Affinity Designer über das Panel FARBFELDER importieren. Klicken Sie auf das Panelmenü ❶, gehen Sie dann zu PALETTE IMPORTIEREN ❹ und z. B. auf ALS SYSTEMPALETTE. Wenn Sie nun im Finder/Explorer die Datei »Beispiel_1-9.afpalette« suchen, wird die Palette »Spring Color« als neue Systempalette importiert. Unter dem Punkt ALS STANDARD FESTLEGEN FÜR ❷ können Sie Paletten RGB- oder CMYK-Farben zuweisen. Unter ❸ finden Sie Möglichkeiten, die Palettenanzeige Ihren Bedürfnissen anzupassen.

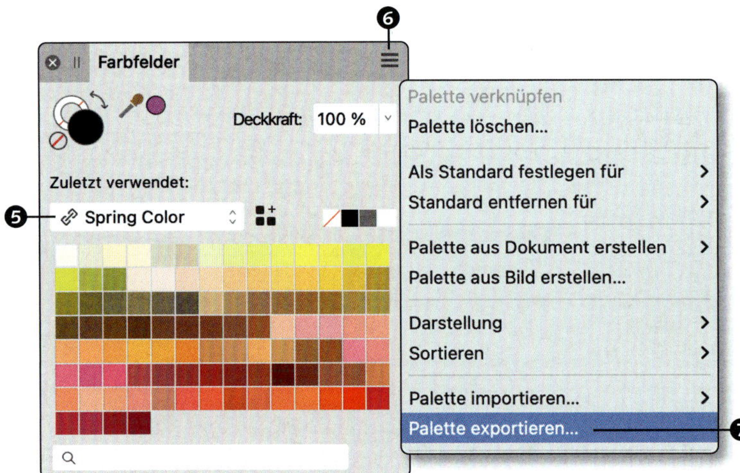

5 Farbpalette exportieren

Nach dem Import der Palette wird diese unter ❺ angezeigt. Wählen Sie die Palette aus. Klicken Sie wieder auf das Panelmenü ❻ und dann auf PALETTE EXPORTIEREN ❼. Im Finder/Explorer wird daraufhin eine Kopie der Palette »Spring Color« exportiert und als ».afpalette« abgelegt.

Anmerkung: Sie können .afpalette-Formate dank der kleinen Datengröße gut per E-Mail versenden. Sie sind speziell für die Affinity-Reihe konzipiert und sowohl in Affinity Photo als auch in Affinity Publisher verwendbar.

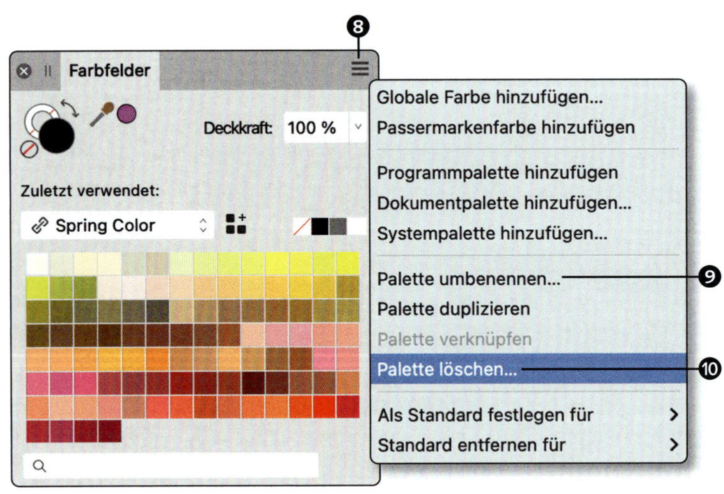

6 Farbpalette umbenennen und löschen

Sie können Paletten umbenennen ❾, um Eigenschaften der Paletten oder Farben zu verdeutlichen. Das erleichtert dann die Farbauswahl beim Arbeiten mit wiederkehrenden Farben.

Beim Löschen von Paletten geht das Format ».afpalette« nicht verloren. Sie löschen nur die Paletten aus der Anzeige. Klicken Sie auf das Panelmenü ❽, und wählen Sie PALETTE LÖSCHEN ❿. Wenn Sie das »Beispiel_1-9.afpalette« erneut importieren, ist die Farbpalette wieder verfügbar.

Änderungen rückgängig machen

Im Protokoll rückgängig machen

In Affinity Designer lassen sich Änderungen schnell und einfach widerrufen. Alle Änderungen, die Sie im Dokument vornehmen, werden im Panel PROTOKOLL aufgezeichnet. Mit dem Protokoll oder über praktische Tastenkürzel lassen sich Bearbeitungsschritte zurücknehmen. Ein rückgängig gemachter Bearbeitungsschritt lässt sich mit WIEDERHOLEN erneut anwenden.

Nachher

Vorher

Neu in diesem Workshop

- Änderungen im Dokument
- Rückgängig mit Protokoll
- RÜCKGÄNGIG-LIMIT bearbeiten

[Datei: »Beispiel_1-10.afdesign«]

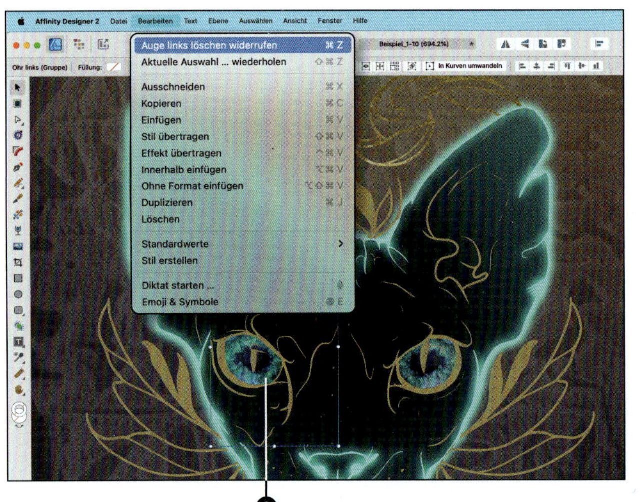

1 Rückgängig und wiederholen

Öffnen Sie das »Beispiel_1-10.afdesign«, und doppelklicken Sie mit dem Verschieben-Werkzeug auf das linke Auge ❶. Das linke Auge ist gruppiert.

Erscheint der Auswahlrahmen, können Sie das linke Auge mit der Löschtaste löschen. Mit dem Shortcut `cmd`/`Strg` + `Z` machen Sie Änderungen schrittweise rückgängig, mit `cmd`/`Strg` + `⇧` + `Z` werden zuvor rückgängig gemachte Schritte schnell wiederhergestellt. Sie können ebenfalls über das Menü BEARBEITEN einzelne Schritte widerrufen.

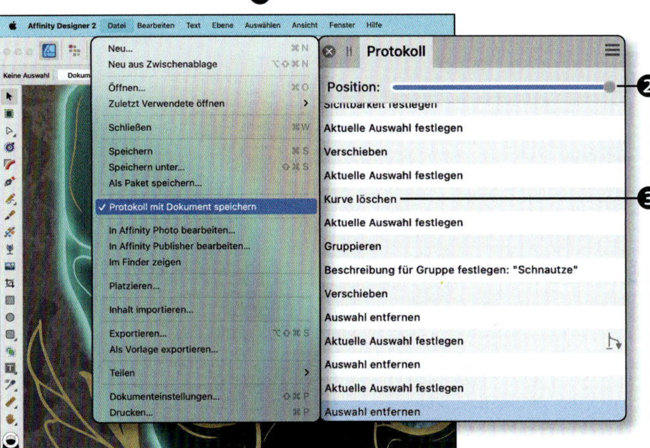

2 Änderungen im Protokoll rückgängig machen und wiederholen

Das Panel PROTOKOLL finden Sie unter FENSTER • PROTOKOLL. Per Regler ❷ des Protokoll-Panels können Sie Änderungen rückgängig machen und wiederholen. Alternativ klicken Sie auf einen Stand ❸. Um alle Änderungen im Protokoll nach dem Schließen eines Dokuments weiterhin nutzen zu können, speichern Sie das Protokoll über DATEI • PROTOKOLL MIT DOKUMENT SPEICHERN ab.

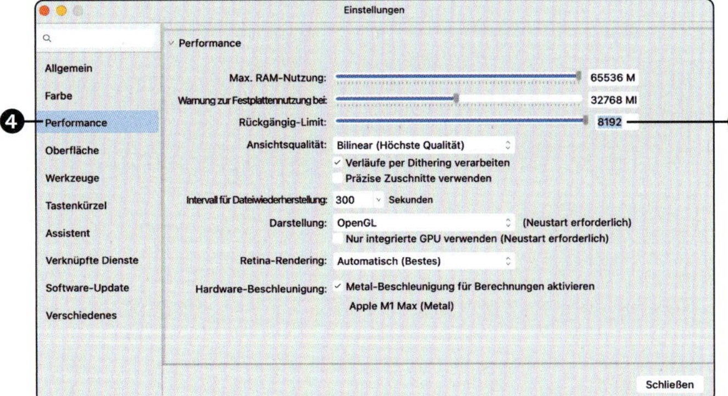

3 Rückgängig-Limit bearbeiten

Sie können Ihr Rückgängig-Limit erhöhen, um beliebig viele Änderungen zu widerrufen. Dafür gehen Sie in die Einstellungen (Mac: Menü AFFINITY DESIGNER, Windows: Menü BEARBEITEN). Im Untermenü PERFORMANCE ❹ erhöhen Sie mit dem Regler ❺ das RÜCKGÄNGIG-LIMIT. Es sind über 8000 Rückgängig-Schritte möglich! Sind Sie mit dem Limit zufrieden, schließen Sie das Fenster.

Anmerkung: Bedenken Sie aber: Das Speichern des Protokolls mit dem Dokument vergrößert natürlich Ihre Datei.

Arbeiten speichern

Protokoll verwenden und als Paket speichern

Dateien in Affinity Designer werden mit dem Suffix ».afdesign« gespeichert. Sollten Sie das Suffix auf Ihrem Mac nicht sehen, klicken Sie Ihre Datei im Finder an. Gehen Sie mit `cmd` + `I` in die Information. Hier deaktivieren Sie SUFFIX AUSBLENDEN. Sie können Ihre Daten unkompliziert mit Teammitgliedern oder Druckereien teilen, indem Sie sie als Paket speichern. Alle Elemente des Dokuments werden in einem Ordner verpackt und mit der Dateiendung ».afpackage« angezeigt.

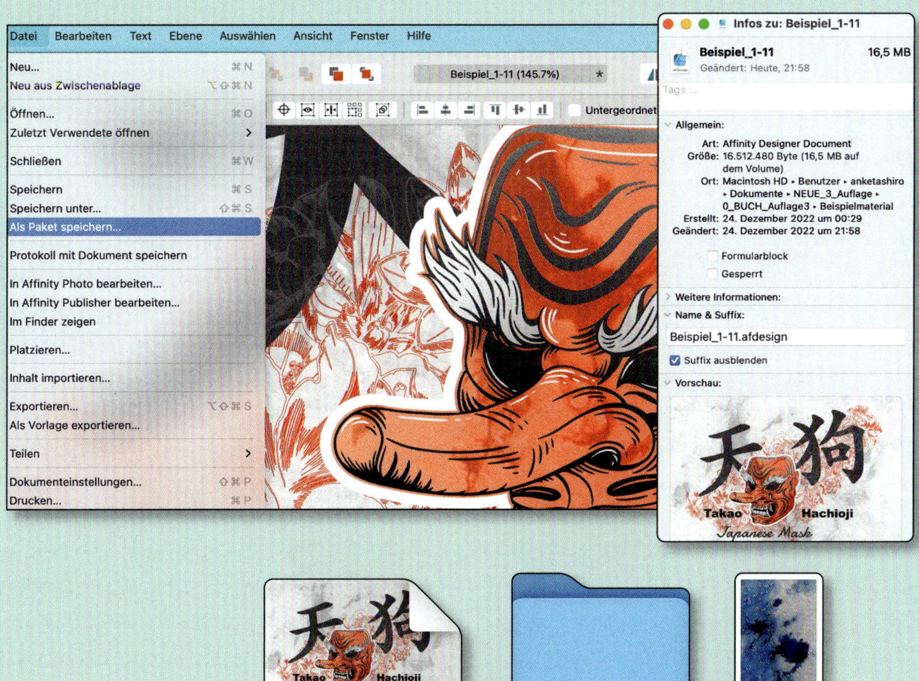

Neu in diesem Workshop

- Protokoll im Dokument speichern
- Dokumente speichern
- Als Paket speichern

[Datei: »Beispiel_1-11.afdesign«]

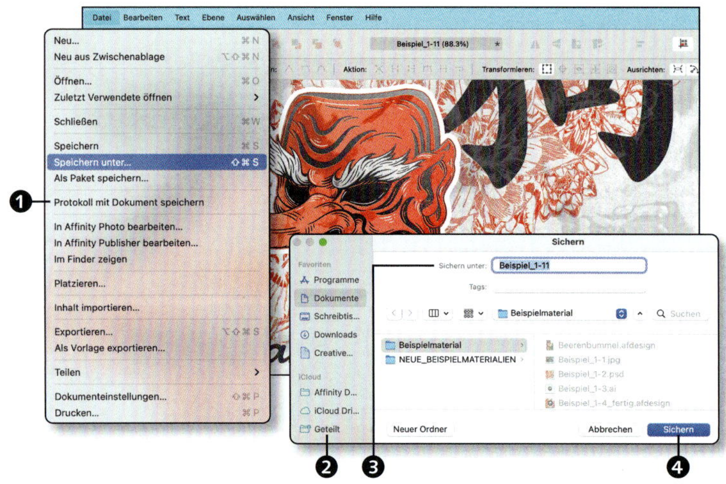

1 Dokument speichern unter

Überprüfen Sie zunächst, ob DATEI • PROTOKOLL MIT DOKUMENT SPEICHERN ❶ angehakt ist. So können Sie im Protokoll alle vorgenommenen Arbeitsschritte rückgängig machen, auch wenn Sie die Datei bereits einmal geschlossen hatten. Klicken Sie im Menü DATEI auf SPEICHERN UNTER (oder [cmd]/[Strg] + [⇧] + [S]). Beim erstmaligen Abspeichern Ihres Dokuments werden Sie veranlasst, einen Dateinamen ❸ und einen Speicherort ❷ zu wählen. Haben Sie beides festgelegt, klicken Sie auf SICHERN ❹.

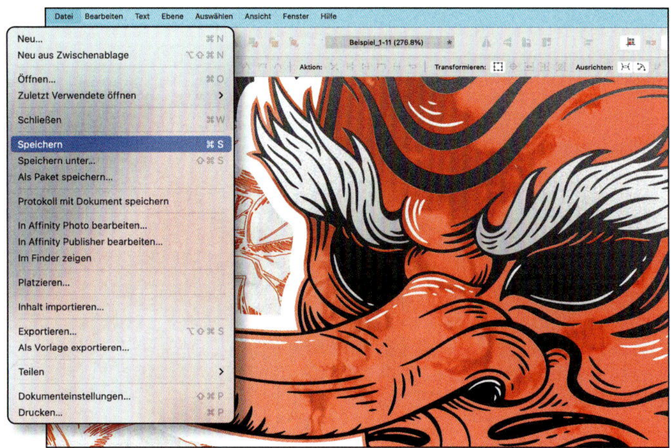

2 Dokument speichern

Sie können über DATEI • SPEICHERN den neuesten Stand Ihres Dokuments sichern. Alternativ verwenden Sie [cmd]/[Strg] + [S]. Sehr praktisch ist, dass Affinity Designer Ihr Dokument in regelmäßigen Intervallen auch automatisch speichert. Eine zusätzliche manuelle Speicherung ist trotzdem sinnvoll.

Anmerkung: Wenn Sie Inhalte platzieren, legen Sie über die Ressourcenverwaltung fest, ob Dateien im Dokument eingebettet oder mit ihrer Speicherposition verknüpft werden.

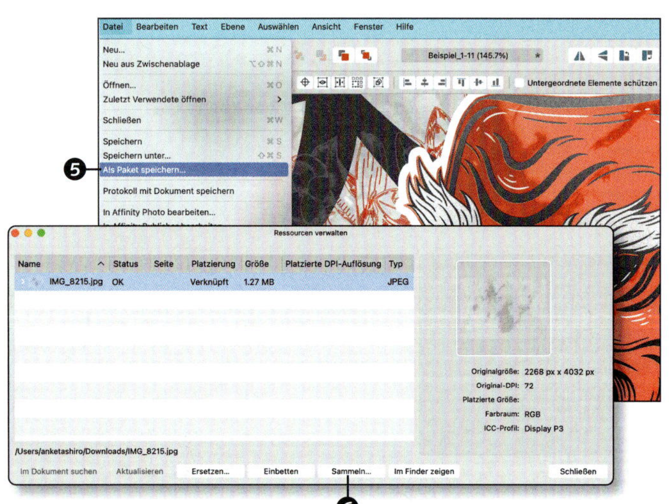

3 Dokument als Paket speichern

Mit der Option ALS PAKET SPEICHERN ❺ im Menü DATEI erstellen Sie in einem Ordner eine Kopie Ihres Dokuments mit allen verwendeten Schriften und verknüpften Bildern. Bitte beachten Sie alle Urheberrechte von Schriften und Bildern.

Anmerkung: Die Option SAMMELN ❻ der Ressourcenverwaltung (über FENSTER) unterscheidet sich von ALS PAKET SPEICHERN. Die Sammelfunktion legt alle verknüpften Ressourcen in einen Ordner und aktualisiert Verweise auf diesen neuen Speicherort, verarbeitet aber keine Schriften.

Importieren und exportieren

Dateiformate wie JPEG, PDF und Co. exportieren

Mit dem Publisher öffnen oder importieren Sie externe Dateien in verschiedenen Raster- und Vektorformaten wie PDF und PSD. Im Exportfenster können Sie Ihr Dokument, Ebenen, Seiten sowie ArtBoards oder die aktuelle Auswahl bequem und schnell in ein beliebiges Dateiformat exportieren. Außerdem bietet Affinity Publisher Ihnen Exportvorgaben an.

Import	Export
PNG	PNG
JPG	JPG
GIF	
PDF	PDF
TIFF	TIFF
Adobe Photoshop (PSD)	Adobe Photoshop (PSD)
SVG	SVG
EPS	EPS
OpenEXR	OpenEXR
HDR	HDR
TGA	TGA
WEBP	WEBP
	JPEG XL
	OpenEXR
JPEG-XR/JXR (WDP/HDP)	
J2K JP2	
HEIF/HEIC/HIF	
DWG/DXF	
BMP	
Adobe Freehand (10/MX)	
Adobe Illustrator (AI)	
	Affinity-Vorlage (.aftemplate)
diverse RAW-Formate	

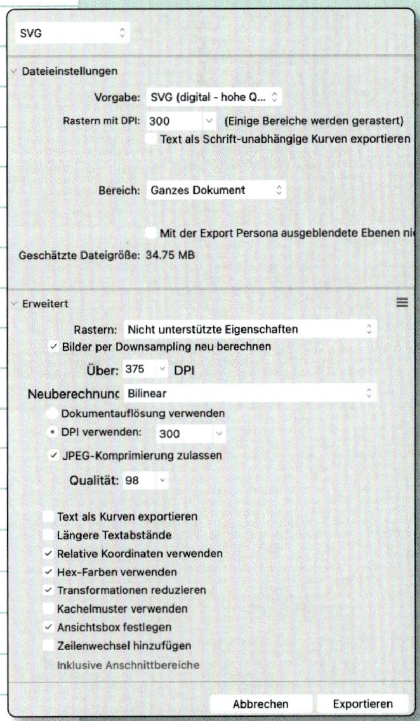

Neu in diesem Workshop

- PDF importieren
- AI-Import
- Exportieren als TIFF

**[Datei: »Beispiel_1-11.pdf«
»Beispiel_1-11.ai«
»Beispiel_1-11.afdesign«]**

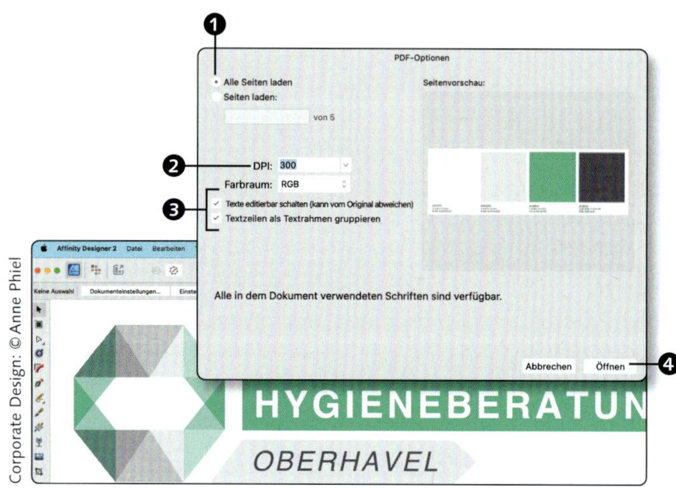

Corporate Design: © Anne Phiel

1 PDF importieren

Sie können PDF-Dokumente importieren und bearbeiten, wichtig ist, dass die Bearbeitungsfunktion zuvor mit exportiert wurde. Gehen Sie in das Menü DATEI • ÖFFNEN, und klicken Sie die Datei »Beispiel_1-11.pdf« an. Wählen Sie ALLE SEITEN LADEN ❶, um je Designelement ein separates ArtBoard zu generieren. Vergeben Sie 300 dpi ❷ für gute Druckergebnisse. Aktivieren Sie beide Textverarbeitungsfunktionen ❸, da Texte sonst möglicherweise gerastert werden. Um die Datei zu importieren, bestätigen Sie mit ÖFFNEN ❹.

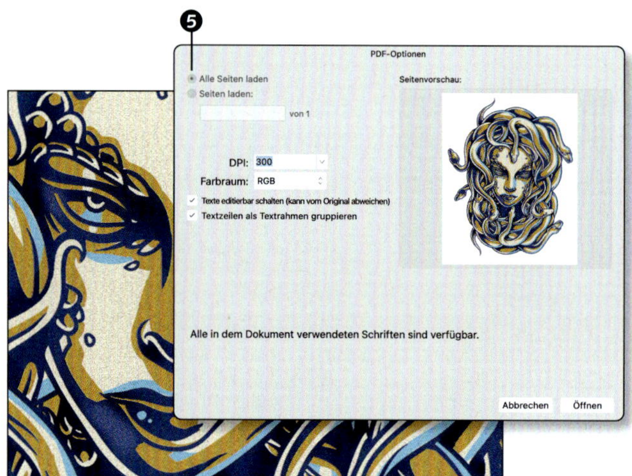

2 AI importieren

Importieren Sie über DATEI • ÖFFNEN die Datei »Beispiel_1-11.ai«. Aktivieren Sie ALLE SEITEN LADEN ❺. Genau wie beim Importieren der PDF-Datei vergeben Sie 300 dpi und lassen den Farbraum bei RGB.

Anmerkung: Bei einer fehlenden Schrift können Sie diese durch eine automatisch vorgeschlagene ersetzen lassen oder selbst eine Schrift oder Schriftfamilie festlegen. Die Funktion TEXTE EDITIERBAR SCHALTEN ❸ kann von der detailgetreuen Wiedergabe des ursprünglichen Designs abweichen.

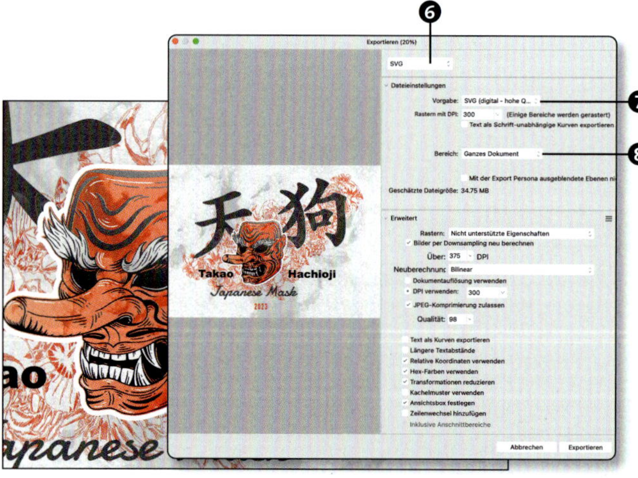

3 Exportieren als SVG

Öffnen Sie die Datei »Beispiel_1-11.afdesign«. Über DATEI • EXPORTIEREN wählen Sie SVG ❻ mit der Vorgabe ❼ SVG (DIGITAL – HOHE QUALITÄT) für saubere Druckergebnisse. Achten Sie darauf, dass im Bereich ❽ das ganze Dokument angewählt ist, um alle Ebenen zu importieren.

Anmerkung: Über TEXTZEILEN ALS TEXTRAHMEN GRUPPIEREN ❸ können Sie einzelne Textzeilen als einen Textrahmen importieren, um den Textfluss zu verbessern.

Exportieren per Export Persona

Slices und Exportoptionen nutzen

Wechseln Sie in die Export Persona, wird der Arbeitsbereich automatisch mit speziellen Exportwerkzeugen angezeigt. Öffnen Sie über das Menü FENSTER die Panels EBENEN und EXPORTOPTIONEN. Mit dem Slice-Werkzeug können Sie Bereiche Ihrer Arbeit markieren und exportieren. Sie können beliebig viele Slices von einem Bild erzeugen und per Exporteinstellungen den Slices individuelle Dateiformate für den Export zuweisen.

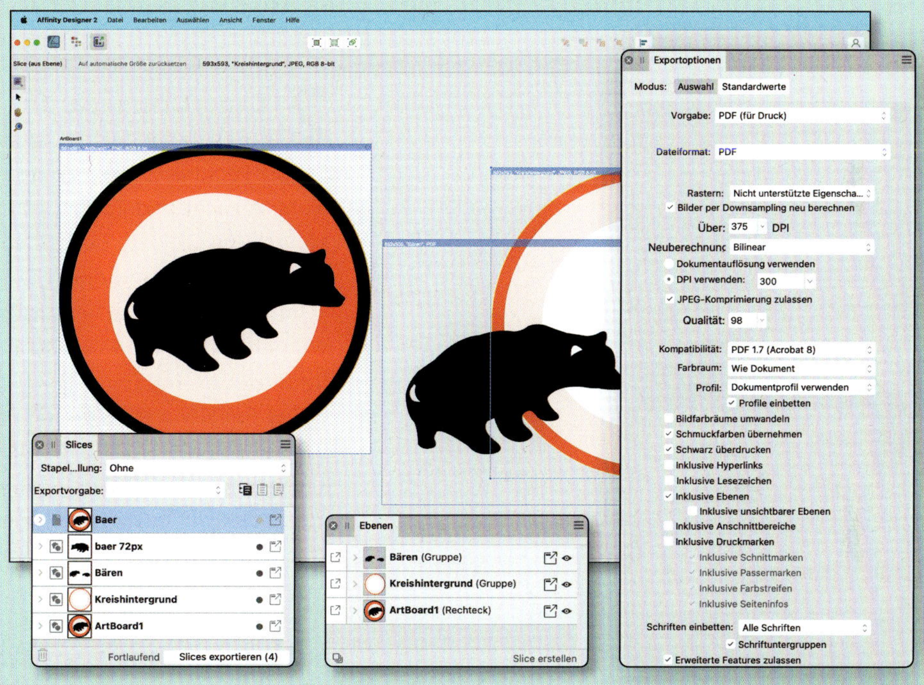

EXPORT PERSONA
Export-Modus

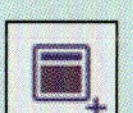
SLICE-WERKZEUG
Export-Ausschnitte

SLICE VON SEITE

SLICE AUS EBENEN

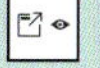
ELEMENT SICHTBAR SCHALTEN

IN ALLE FORMATE EXPORTIEREN

EBENE IST EXPORTIERT

Neu in diesem Workshop

- Die Export Persona
- Exportieren mit dem Slice-Werkzeug
- Ebenen und ArtBoards exportieren

[Datei: »Beispiel_1-12.afdesign«]

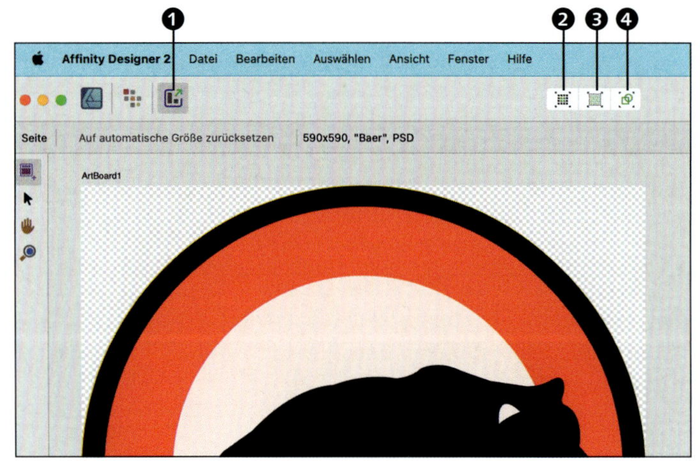

1 In die Export Persona wechseln

In die Export Persona wechseln Sie per Klick auf ❶. Hier können Sie Arbeiten in den Ansichtsmodi PIXEL ❷, RETINA-PIXEL ❸ oder DRAHTGITTER ❹ ansehen. Wenn nicht bereits offen, gehen Sie in das Menü FENSTER und blenden die Panels EBENEN, EXPORTOPTIONEN und SLICES ein.

Slices sind Exportbereiche. Dateien werden in Auswahlbereiche geschnitten, die in den gewünschten Formaten gespeichert werden. Sie können Slices für ArtBoards, Ebenen, Gruppen oder einzelne Objekte erstellen.

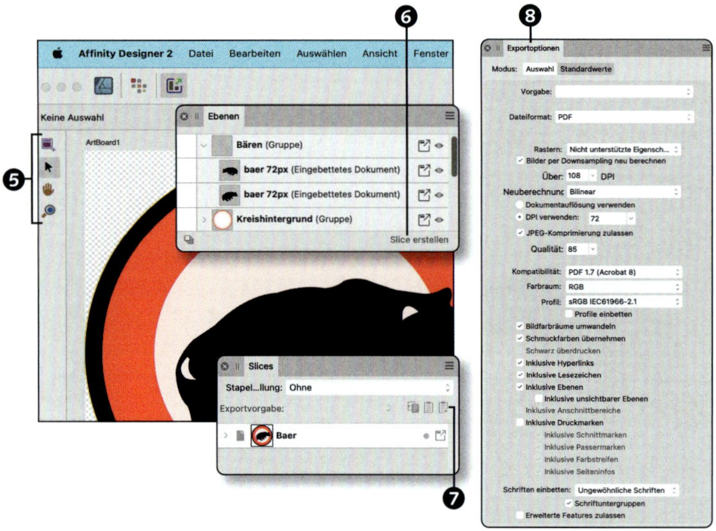

2 Export Persona: Die Oberfläche

Links finden Sie die Werkzeuge ❺ der Export Persona: Slice-Werkzeug, Slice-Auswahl, Ansicht und Zoom. Im Ebenen-Panel können Sie Objekte oder Ebenen für den Export auswählen und direkt Slices erstellen ❻.

Im Panel EXPORTOPTIONEN ❽ stellen Sie gewünschte Dateiformate und Einstellungen für Ihren Export ein.

Das Panel SLICES gibt Ihnen einen Überblick über angelegte Slices und deren Exportstatus. Hier können Sie eingestellte Exportfunktionen kopieren und auf weitere Slices übertragen ❼.

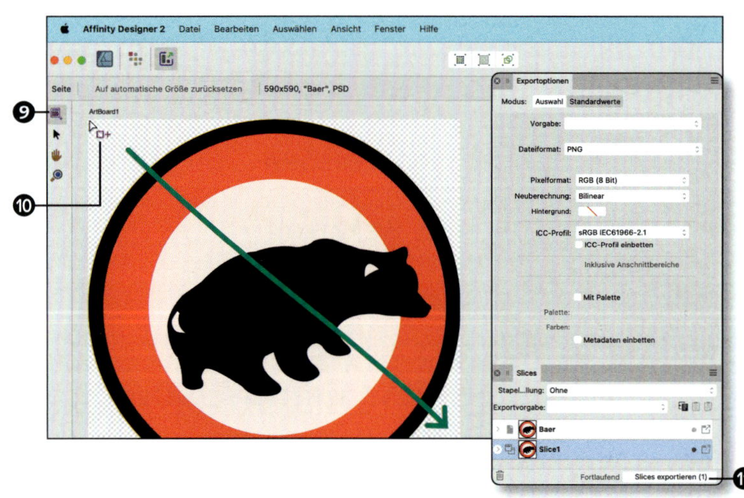

3 Export mit dem Slice-Werkzeug

Klicken Sie das Slice-Werkzeug ❾ an. Mit verändertem Mauszeiger ❿ ziehen Sie ein Slice über das ArtBoard1. Der blaue Kasten visualisiert nun Ihr aufgezogenes Slice.

In den EXPORTOPTIONEN wählen Sie PNG. Klicken Sie im Ebenen-Panel auf SLICE EXPORTIEREN ⓫, so wird das Slice direkt als PNG exportiert. Klicken Sie auf das Icon [Icon] ALLE FORMATE FÜR DIESES ELEMENT EXPORTIEREN, um jedes Format automatisch zu generieren.

Anmerkung: Liegen Slices übereinander, ist ein Anwählen des unteren Slices durch `cmd`/`Strg` + Klick möglich.

4 Export aus dem Ebenen-Panel

Markieren Sie den Kreishintergrund ⑬ im Ebenen-Panel, so können Sie es über die Schaltfläche Slice erstellen ⑭ in das Slice-Panel ⑮ übertragen lassen, um es von dort aus zu exportieren.

Größen werden beim Erstellen der Slices übernommen. Der Kreis ⑬ steht für die tatsächliche Größe. Wenn Sie die Größe mit dem Slice-Werkzeug ändern, ändert sich das Symbol zu einem Quadrat. Skalierte Slices können wieder zurückgesetzt werden ⑫.

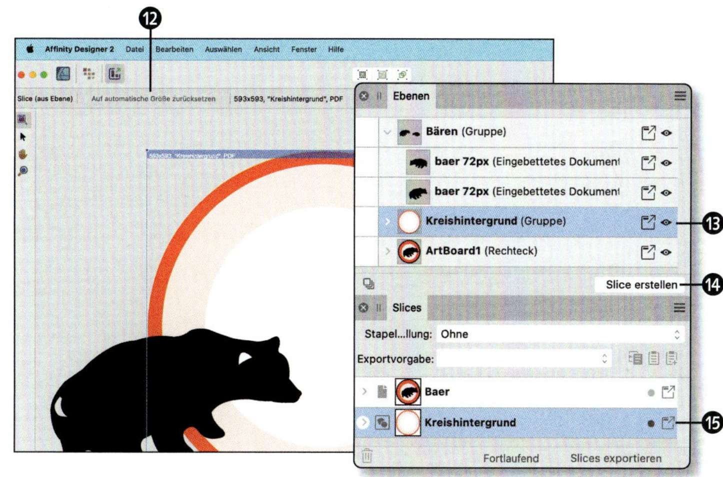

5 Arbeit mit dem Slice-Panel

Das Slice-Panel sammelt alle im Dokument vorhandenen Slices, egal ob sie über das Ebenen-Panel oder das Slice-Werkzeug erstellt wurden. Blenden Sie über die kleine Schaltfläche die Exportoptionen ein ⑯, und wählen Sie SVG (für Export). Sie können per Klick auf das Plus ⑱ weitere Exportformate wie das TIFF RGB (8 Bit) für das Slice festlegen, die dann alle exportiert werden.

Wenn Sie auf das kleine runde Icon ⑰ klicken, können Sie das Slice zum Export in die Auswahl ein- oder daraus ausschließen.

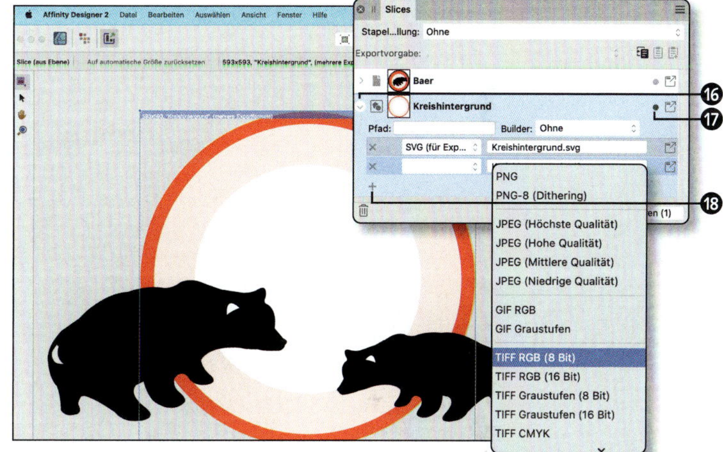

6 ArtBoards exportieren

ArtBoards können als einzelne Bilder exportiert werden. Sie können ebenfalls mehrere ArtBoards als ein ganzes Bild exportieren. Markieren Sie das ArtBoard1 ⑲ im Ebenen-Panel. Per Doppelklick können Sie das ArtBoard1 beispielsweise in »Baer« umbenennen, um ihm einen sprechenden Namen für den Export zu geben. Im Panel Slices können Sie nun direkt über das kleine Symbol das ausgewählte ArtBoard exportieren ⑳.

Alle Elemente in der Export Persona können separat über Datei • Exportieren in alle Formate exportiert werden.

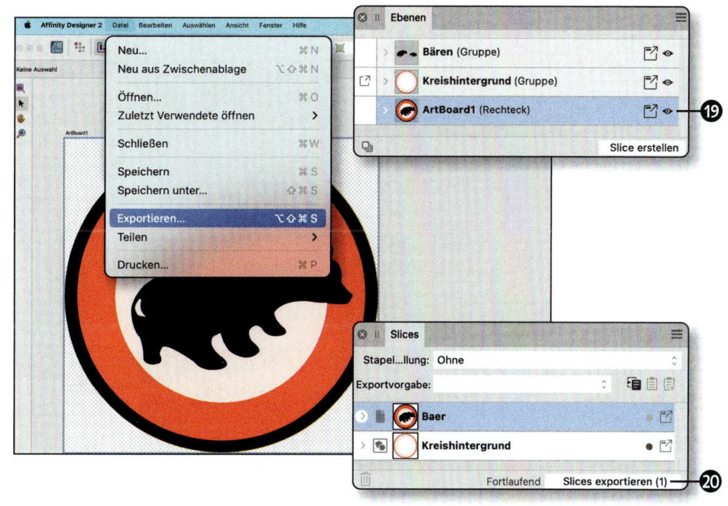

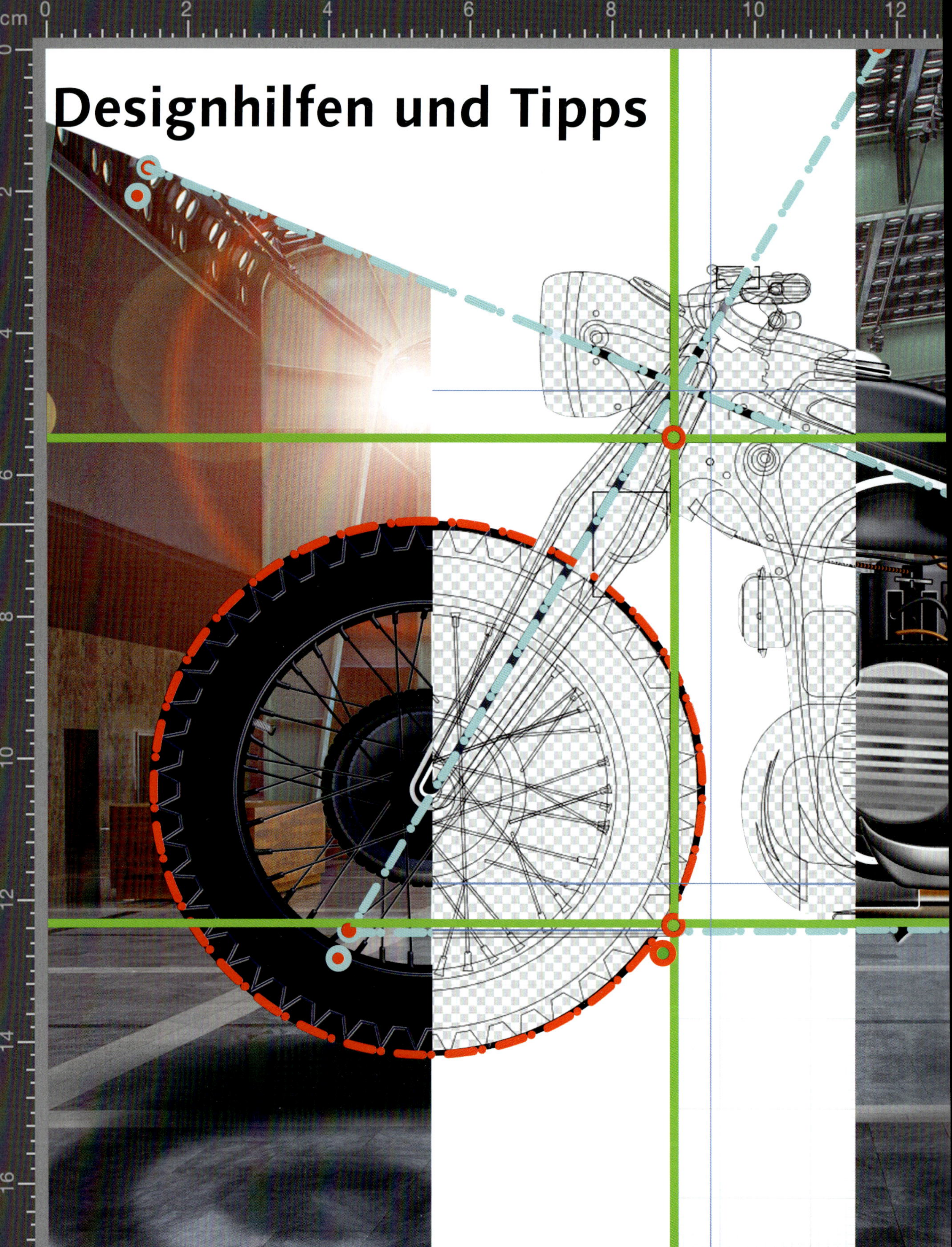

Designhilfen und Tipps

Dieses Kapitel stellt Ihnen praktische Designhilfen im Umgang mit Affinity Designer vor. Sie erfahren, wie Sie Ebenen handhaben, und werden das ArtBoard-Werkzeug kennenlernen. Sie werden sehen, wie leicht Lineale und die Hilfslinien Ordnung und Struktur in Ihre Arbeit bringen können, und die Maßwerkzeuge in architektonischen Dateien verwenden. Außerdem lernen Sie die Vorzüge der magnetischen Ausrichtung kennen und den Unterschied zur Pixelausrichtung. Per Snapshot können Sie dabei beliebige Arbeitsschritte im Arbeitsprozess speichern.

Illustration und Design

Gestaltungsgrundlagen to go

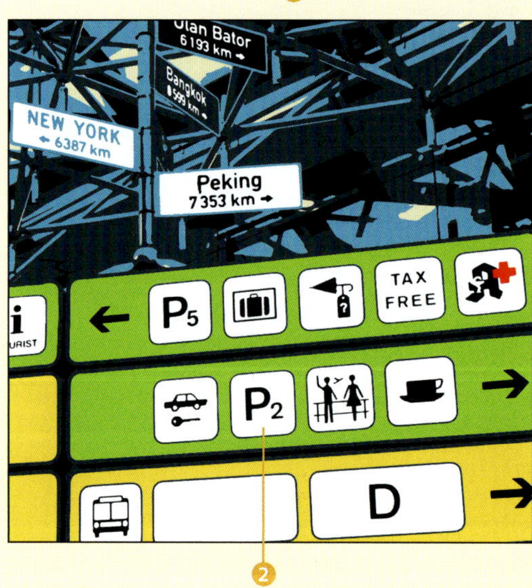

Dieser Grundlagenexkurs möchte Ihnen einen kurzen Überblick über grundlegende Begriffe aus Illustration und Design bieten. So lernen Sie die wichtigsten Gestaltungsprinzipien kennen und bekommen hilfreiche Mittel an die Hand, Ihre Gestaltungen erfolgreich mit Affinity Designer umzusetzen. Wir beleuchten kurz die Gestaltungsgrundlagen wie den Goldenen Schnitt, Kompositionen, Licht und Schatten, Hilfslinien, Perspektive, Texturen sowie Transparenzen.

Einführung

Unsere Wahrnehmung ist geprägt von unserer Umwelt. Die Informationstechnologie mit der steigenden Digitalisierung beschleunigt unsere Kommunikation, Illustrationen und neue Designs durchdringen unseren Alltag. Designsoftware ist zu einem Lifestyle-Produkt geworden. Designsoftware und Spiegelreflexkameras sind überall und zu jeder Zeit verfügbar – mit der heutigen Technik kann jeder kreativ sein. Moderne Designs und Illustrationen leben von diesem ständigen Wandel.

In Affinity Designer ist jedes neue Dokument weiß – vollkommen leer. Sie können Ihr Dokument beliebig zum Illustrieren und Designen nutzen. Wollen Sie eine fotorealistische digitale Illustration 1 erstellen? Oder möchten Sie verschiedene Informationen oder Icons 2 designen? Affinity Designer bietet Ihnen all die Werkzeuge, die Sie benötigen, um Ihre Botschaften und Ideen erfolgreich zu gestalten – auf dem iPad auch für unterwegs.

Anmerkung: Weitere Anregungen bietet die Herstellerfirma Serif mit kurzen Videotutorials (*www.affinity.serif.com/de/tutorials/designer/ipad*) für Affinity Designer und die iPad-Version.

Was ist Illustration?

Als Illustration wird der Prozess der Visualisierung eines Sachverhalts bezeichnet. Es gestaltet sich als schwierig, Ideen und Emotionen nur mit Worten auszudrücken. Illustrationen, Grafiken und Bilder sind oft intuitiver und emotionaler sowie schneller zu erfassen.

Die Illustration ist immer eine Reflexion über Ort, Zeit und Kultur, in der sie entsteht. Die Kunstgeschichte zeigt, wie wir Menschen unsere Umwelt visuell erleben und darstellen.

Design – Formgebung

Design steht für den Prozess des Entwurfs oder der Formgebung von Produkten. Design bringt Ideen und Informationen in Struktur und Ordnung. Der Prozess des Entwurfs geht über die rein äußerliche Form- und Farbgestaltung hinaus, da die Funktion ein fundamentaler Bestandteil des Designs ist. Der Benutzer agiert mit dem Produkt und dessen Funktion. Designprozesse nehmen Einfluss auf die Funktion, Bedienbarkeit und Lebensdauer eines Produkts.

Was zählt zu Design?

Zu Design zählen z. B. Produktdesign, die Gestaltung von Druckmedien, Webdesign, Fotodesign, Game- und Charakterdesign. Designen ist konzeptionelles Arbeiten. Die visuelle Aufarbeitung und Komposition bilden die Grundlage für gutes Design. Design schafft starke Marken und klare Botschaften. Die Botschaften werden schnell von den Benutzern aufgenommen.

Anmerkung: Mit dem AGD-Vergütungstarifvertrag (*www.agd.de*) können Sie einen Eindruck gewinnen, wie Designleistungen honoriert werden.

Kunstgeschichte – Evolution der Bilder

Höhlenmalerei
40 000–10 000 v. Chr.
Tier- und Jagdszenen

Antike
1600–150 v. Chr.
Architektur, Skulptur, Töpferei

Gotik
12.–15. Jahrhundert
Kathedrale, Bildhauerei, Malerei

Renaissance – Humanismus
13.–15. Jahrhundert
Bruch mit mittelalterlicher Kunst

Barock
1570–1770
Absolutismus, Prunk

Impressionismus
1870–1900
Malerei, Literatur, Film, Foto

Expressionismus
1900–1925
Kunstrevolution

Surrealismus
1920–1966
Psychoanalytische Theorien

Pop-Art
1960–1980
Welt des Konsums, Werbung

Street-Art
seit 2000
Kommunikative Bewegung

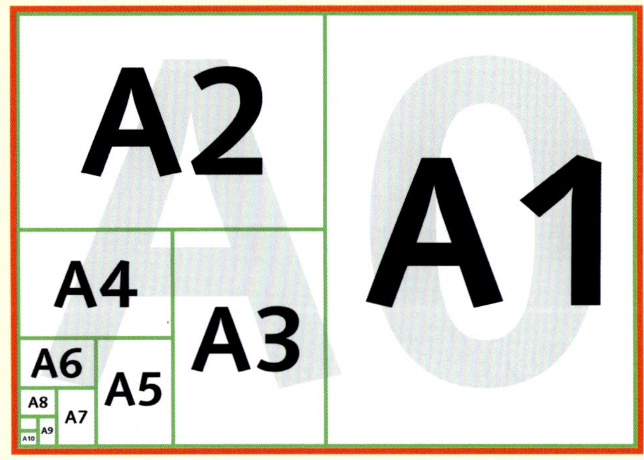

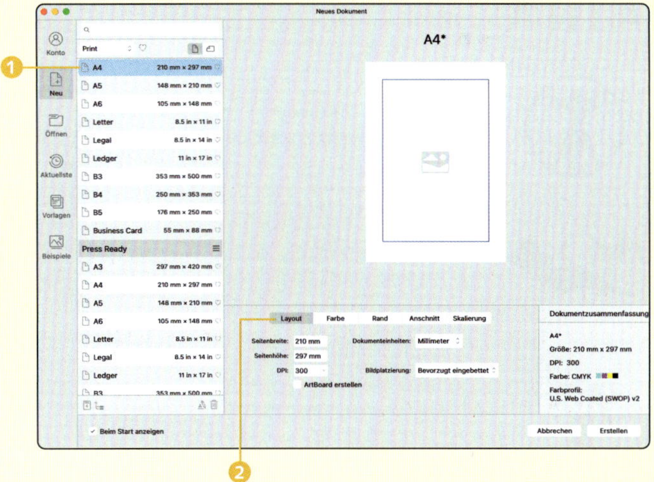

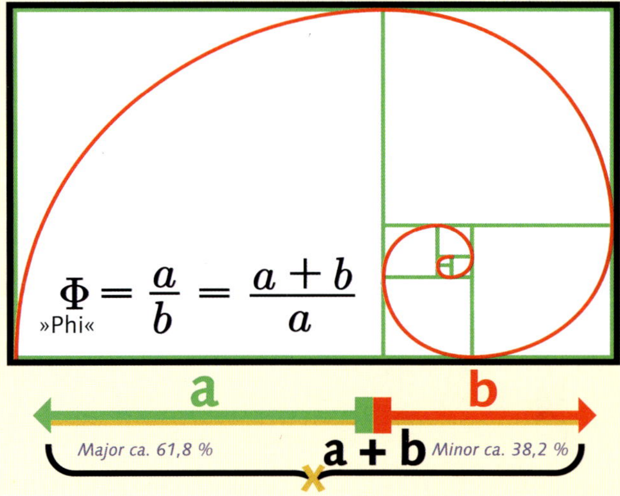

Papierformate – Flächen für Botschaften

Papier, Pappe, Karton und Co. bieten Flächen für Illustrationen und Design. Für ökonomische Druck- und Versandprozesse wurden Papierformate in DIN-Reihen unterteilt. Es gibt vier DIN-Reihen mit der Sortierung von A bis D und der Nummerierung von 0 bis 10.

Für Briefe, Formulare, Urkunden oder Poster ist die DIN-A-Reihe ❶ in Deutschland üblich. Die Zusatzreihe DIN B beschreibt die von DIN A ausgehenden unbeschnittenen Druckbogenformate. DIN C und die DIN-lang-Formate bezeichnen die Maße für Versandtaschen, Briefhüllen und Umschläge. Bei DIN-C-Formaten sollten Sie die Versandbedingungen der Deutschen Post, von DHL und Co. beachten. Papiere mit Büttenrand können von der DIN-Norm abweichen.

Die Abmessungen des Layouts ❷ sollten im Verhältnis zum Druckpapier stehen, denn schlecht gewählte Abmessungen führen zu größeren Papierbögen, höheren Produktionskosten und schaden der Umwelt.

Bedenken Sie: Außerhalb Deutschlands werden andere Normen und Maßsysteme genutzt. Deshalb sind nationale und internationale Formate bei der Gestaltung zu bedenken!

Mehr Informationen zu Papierformaten finden Sie unter *http://www.din.de*.

Goldener Schnitt – harmonischer Bildaufbau

Von der Fotografie her kennen Sie sicher bereits Verhältnisse wie 5:6, 4:5, 3:4, 2:3, 5:8, 13:23, 1:2, 2:5 usw. Solche Größen-verhältnisse wirken harmonisch für unsere Augen.

Mit dem Goldenen Schnitt werden zwei Größen in ein Verhältnis zueinander gebracht. Mit ihm können Flächen optimal eingeteilt werden. Die beiden Größen werden dabei in ein Verhältnis von 1:1,618 gesetzt. Die Zahl 1,618 wird als »Phi« bezeichnet. Wie gehen Sie vor? Multiplizieren oder dividieren Sie eine Seite Ihrer Fläche, eines Rechtecks oder Quadrats mit der Zahl 1,618, wird diese Seite zum Verhältnis des Goldenen Schnittes.

Sprich: Das Verhältnis des Ganzen zu seinem größeren Teil a ist genauso groß wie das Verhältnis des größeren zum kleineren Teil b.

Beim Layouten und Illustrieren können Sie die Werte der multiplizierten oder dividierten Seite auf ganze Zahlenwerte auf- oder abrunden, dies erleichtert das Gestalten.

Ein Rechteck, das mit dem Goldenen Schnitt konform geht, ist ein Goldenes Rechteck. Der Goldene Schnitt ist ebenso in der Natur zu finden, beispielsweise bei der Anordnung von Blättern und Blüten. Auf Zapfen und Muscheln bilden sich sogenannte Fibonacci-Spiralen – »Goldene Spiralen« (mehr zum Thema bietet das Internet).

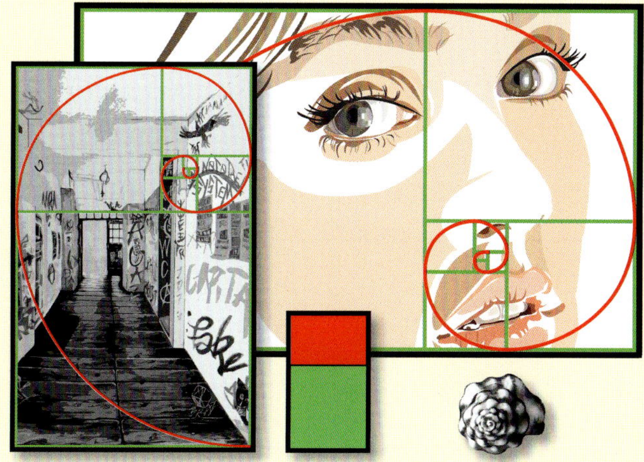

Komposition – geplanter Bildaufbau

Ist Ihnen der Goldene Schnitt zu aufwendig, bietet sich die Kompositionsregel **Rule of Thirds** 3 an, »Das Prinzip der Drei«. Das Layout 2 Ihres Dokuments zeigt Ihnen dessen Höhe und Breite. Dividieren Sie die Seite b, die Höhe, durch drei, und legen Sie zwei horizontale Hilfslinien 4 an. Dividieren Sie ebenfalls die Breite a durch drei, und unterteilen Sie Ihr Dokument mit zwei vertikalen Hilfslinien. Die Unterteilung ist hilfreich für mehr Räumlichkeit und Proportionen 6 oder Spannungsverhältnisse.

Im Design- und Illustrationsprozess ist Komposition eine Bezeichnung für den Aufbau von Bildern, der die Beziehungen der Gestaltungselemente untereinander beeinflusst. Der wichtigste Aspekt der Komposition ist das Anordnen der Figuren, Objekte, Grafiken, Bilder und Texte im Format. Verschiedene Kompositionsschemata 5 und 6 helfen, räumliche oder geometrische Beziehungsverhältnisse kontrastreich aufzubauen und darzustellen.

Eine Komposition steht immer in Beziehung zum Dokument und dessen Abmessungen. Die Abmessungen beeinflussen das Format, in dem es gedruckt wird oder im Web Verwendung findet.

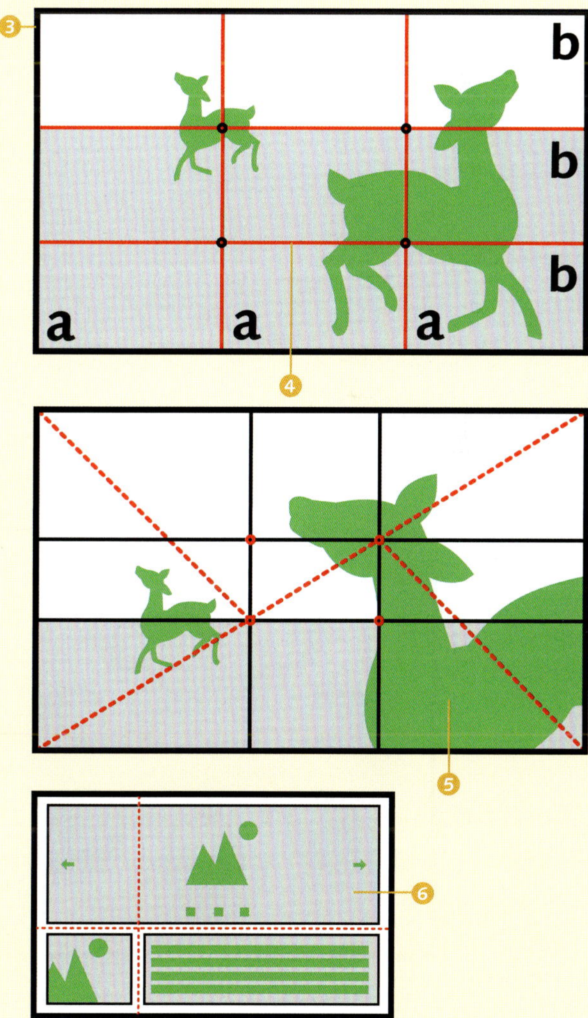

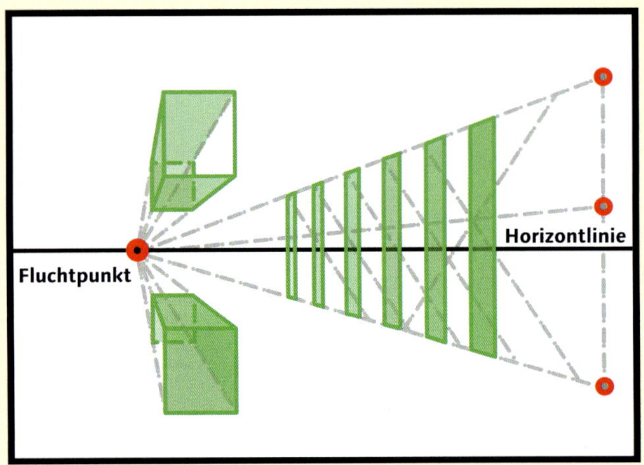

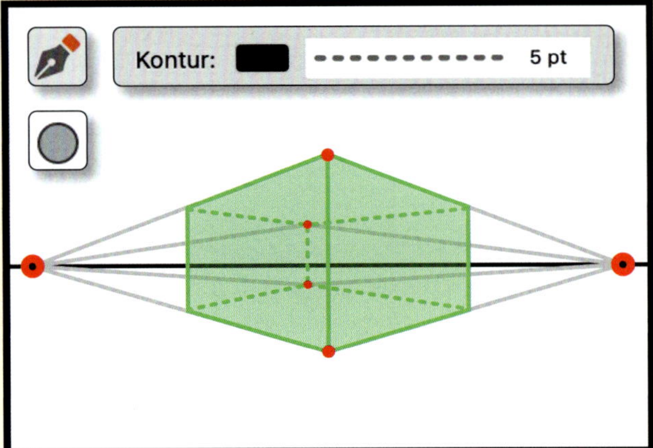

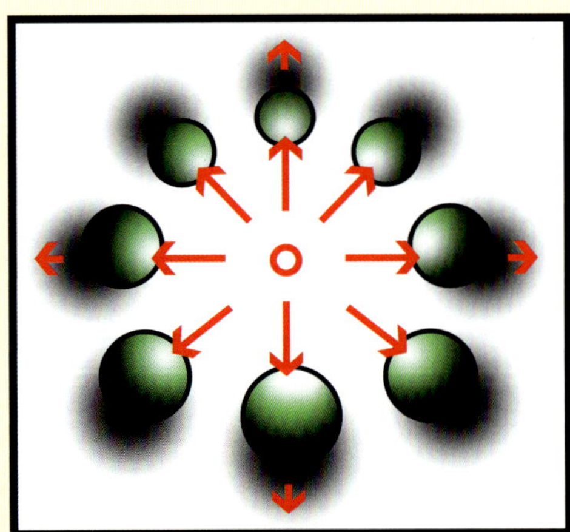

Die Perspektive – räumliche Illusionen

Bei perspektivischen Zeichnungen werden Objekte auf einer zweidimensionalen Fläche so abgebildet, dass sie einen dreidimensionalen Eindruck erzeugen. Mit Hilfslinien, Raster, Konturen sowie Fluchtpunkten ist Perspektive einfacher. Sie können das Raster und die Hilfslinien über das Menü ANSICHT ein- und ausblenden. Hilfreich ist eine Horizontlinie, die Sie mit dem Zeichenstift zeichnen. Sie erzeugt eine Trennung zwischen oben und unten sowie nah und fern. Bedenken Sie dabei auch einige optische Täuschungen: Was am nächsten liegt, wirkt riesig. Was am weitesten weg ist, wirkt winzig.

Um Konturen zu zeichnen, drücken Sie die Taste P für den Zeichenstift. Es gibt verschiedene Konturarten, wie beispielsweise gestrichelte Konturen, die als Hilfslinien gut funktionieren. Konturen erhöhen den Eindruck von Dreidimensionalität (mehr zu Konturen ab Seite 96).

Fluchtpunkte können Sie mit dem Werkzeug ELLIPSE erzeugen. Für Froschperspektiven ist der Fluchtpunkt ganz unten im Format – bei der Vogelperspektive ist er ganz oben im Format.

Licht und Schatten – Körper simulieren

Realistisch erfassbare Räumlichkeiten oder Körper werden mit dem Hell-Dunkel-Kontrast erzeugt: Mit Schatten wird Tiefe erzeugt, mit hellen Lichtern hingegen wird Höhe erzielt.

Dreht man dieses Prinzip um, erhält man ein Negativbild, das mit einem Röntgenbild vergleichbar ist. Sie können in der Designer Persona auf diverse Effekte zugreifen oder selbst mit dem Pinselwerkzeug in der Pixel Persona Licht und Schatten malen. Das HSL-Farbrad ist für Schattierungen und Farbabmischungen besonders gut geeignet (mehr zu HSL-Farben siehe Seite 35).

Die Textur – Oberflächen realisieren

Designs oder Illustrationen werden mit Pixelbildern lebendig, z. B. mit Fotos von Texturen. Diverse Texturen, wie etwa Holz, Rost oder Beton, können Sie mit einer Digitalkamera oder dem Handy selbst fotografieren. So sind frische Luft und Urheberrecht gleichermaßen sichergestellt. Natürlich können Sie Texturen auch im Internet kaufen.

In der Designer Persona integrieren Sie Fotos mit dem Werkzeug Bild platzieren in Ihre Arbeiten. Über bestimmte Funktionen ❶ der Symbolleiste können Sie Texturen gezielt hinter, vor oder innerhalb von Formen platzieren.

Mit Punkten, Linien und Formen lassen sich ebenfalls Texturen oder Muster fertigen. Sie können Texturen und Fotos in der Pixel Persona direkt in Affinity Designer bearbeiten. Die Texturen sollten hell sein, ausreichend Farbsättigung und kräftige Kontraste mitbringen, um gut zu wirken.

Wenn Sie nicht auf Fotos zurückgreifen wollen, bietet Affinity Designer eine ganze Reihe texturierter Pinsel ❷ an. Die finden Sie in dem Menü Fenster • Pinsel. Sie können in der Pixel Persona mit dem Malpinsel Schraffuren, Strukturen und Pinselstriche erzeugen.

Die Transparenz – durchsichtige Elemente

Transparenzen ermöglichen, überlagerte Bildelemente ganz oder teilweise sichtbar werden zu lassen. Transparenzen erreichen Sie über die Deckkrafteinstellung. Ergänzend können Sie die Deckkraft von Ebenen mit Mischoptionen wie Multiplizieren beeinflussen. Per Y wenden Sie das Werkzeug Transparenz ❸ an oder stellen die Deckkraft über die Farbfelder per Werteingabe oder Schieber ein.

Anmerkung: Wer die Gestaltungsprinzipien kennt, kann diese bewusst außer Kraft setzen oder manipulieren – für frische Ergebnisse, neue Designs oder individuelle Botschaften.

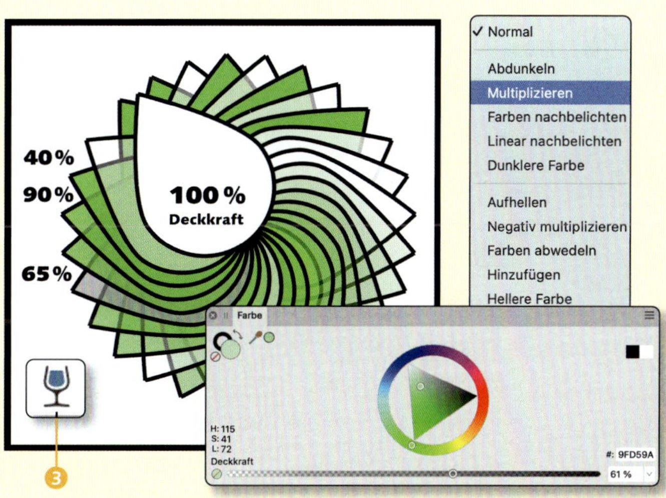

Ebenen anordnen und verwalten

Das Arbeiten mit Ebenen hilft bei der Organisation

Jedes Dokument besteht immer aus mindestens einer Ebene. Ebenen sind wie einzeln übereinandergestapelte Papiere oder transparente Folien. Über das Panel EBENEN ordnen oder verwaltet Sie Ihre Ebenen. Ausgewählte Ebenen sind farbig markiert, so dass Sie sofort sehen können, auf welcher Ebene Sie gerade arbeiten. Alle Ebenen lassen sich verschieben, umbenennen, gruppieren, aus- und einblenden, sperren und entsperren, löschen sowie über die Deckkraft und verschiedene Mischmodi miteinander abmischen. Die Symbole im Ebenen-Panel visualisieren, welche Elemente die Ebene enthält.

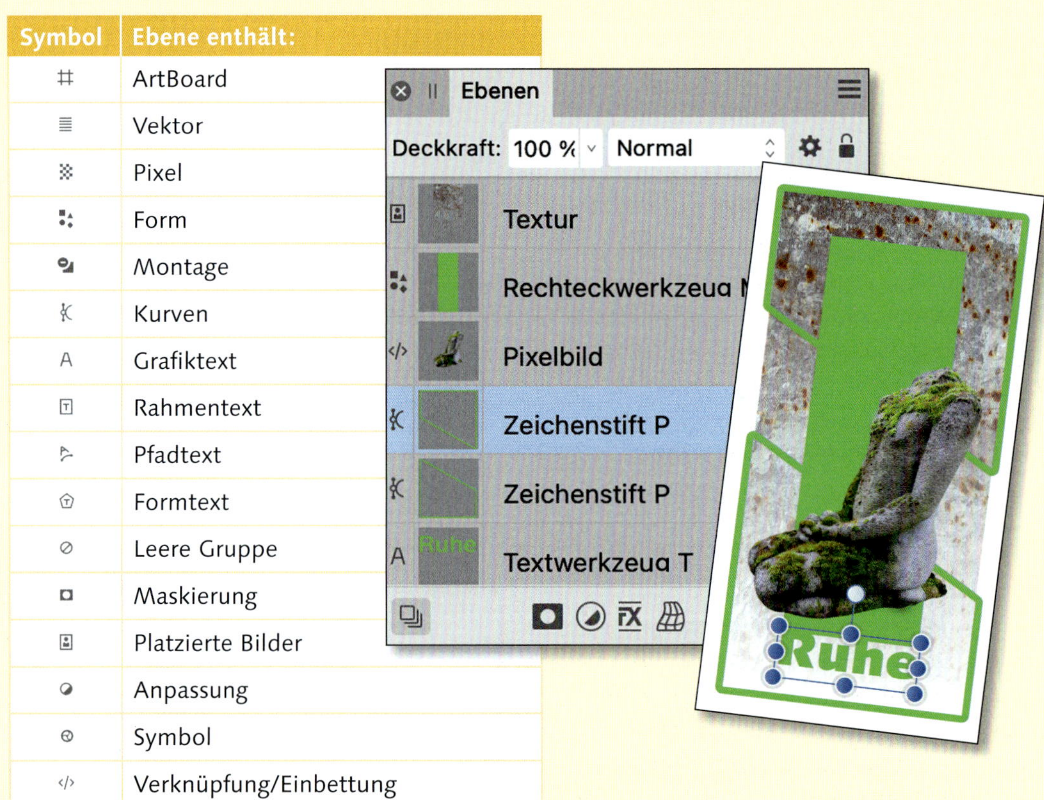

Symbol	Ebene enthält:
⌗	ArtBoard
	Vektor
	Pixel
	Form
	Montage
	Kurven
A	Grafiktext
	Rahmentext
	Pfadtext
	Formtext
	Leere Gruppe
	Maskierung
	Platzierte Bilder
	Anpassung
	Symbol
</>	Verknüpfung/Einbettung

GANZ NACH HINTEN
Ebene wird ganz nach unten geschoben

EINS NACH HINTEN
Ebene einen Schritt nach unten

EINS NACH VORNE
Ebene einen Schritt nach oben

GANZ NACH VORNE
Ebene wird ganz nach oben geschoben

Neu in diesem Workshop

- Ebenen erzeugen und verschieben
- Ebenen gruppieren und benennen
- Ebenen sperren und markieren

[Datei: »Beispiel_2-1.afdesign«]

1 Ebene hinzufügen

Ein leeres Dokument hat anfangs keine Ebene. Klicken Sie auf das Symbol Ebene hinzufügen rechts unten im Panel Ebenen ❷. Es wird eine Ebene1 ❶ hinzugefügt. Mit der Anwendung eines Vektorwerkzeugs werden Vektorebenen erzeugt, nutzen Sie Pixelwerkzeuge, werden Pixelebenen erzeugt.

Anmerkung: Ebenen können leicht zwischen Dokumenten kopiert und eingefügt werden. Kopieren Sie eine Gruppe, werden alle Ebenen dieser Gruppe dupliziert.

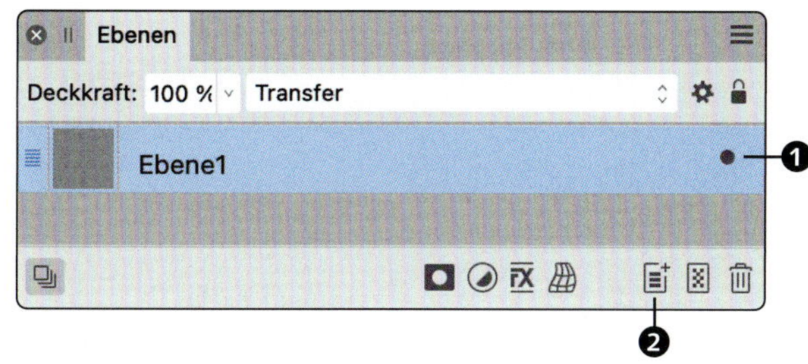

2 Pixelebene hinzufügen

Jeder markierten Ebene können Sie zusätzliche Unterebenen hinzufügen. Unterebenen sind praktisch für komplexe Designs mit vielen einzelnen Elementen. Fügen Sie über das Icon ❺ eine Pixelebene ❹ hinzu. Da die Ebene1 zuvor markiert war, wird die Pixelebene automatisch als Unterebene angehängt. Klicken Sie auf das Symbol ❸, können Sie die Ebenenstruktur öffnen. Gestapelte Ebenen visualisieren Objekte, Pixel und Effekte in chronologischer Reihenfolge.

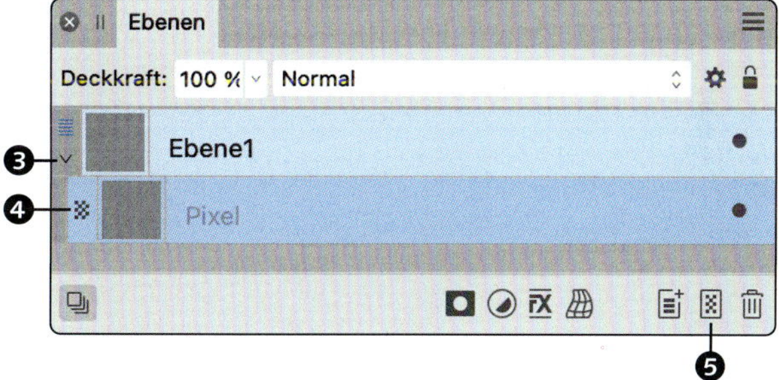

3 Ebene löschen

Öffnen Sie die Datei: »Beispiel_2-1.afdesign«. Sie können einzelne oder mehrere Ebenen und Unterebenen sowie Gruppen löschen. Mit einem Klick wird die markierte Ebene blau und kann mit dem Symbol Löschen ❻ entfernt werden. Um mehrere Ebenen zu markieren, drücken Sie die ⇧-Taste und klicken die gewünschten Ebenen an. Sie können markierte Ebenen auch mit der Löschtaste entfernen oder per rechtem Mausklick auf die Ebene Löschen auswählen.

Anmerkung: Drücken Sie cmd/Strg + Z, um alle gelöschten Ebenen zurückzubringen.

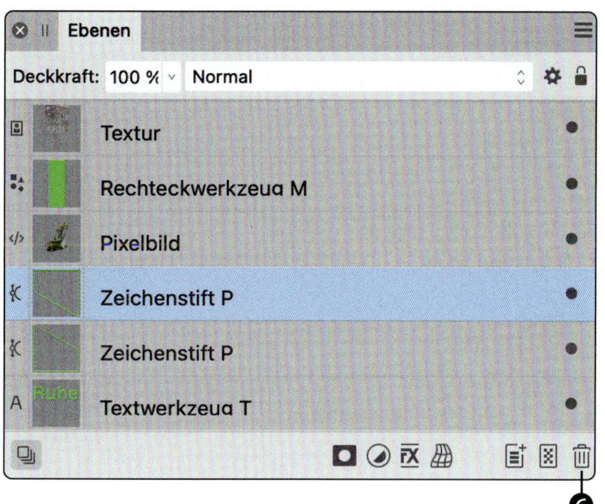

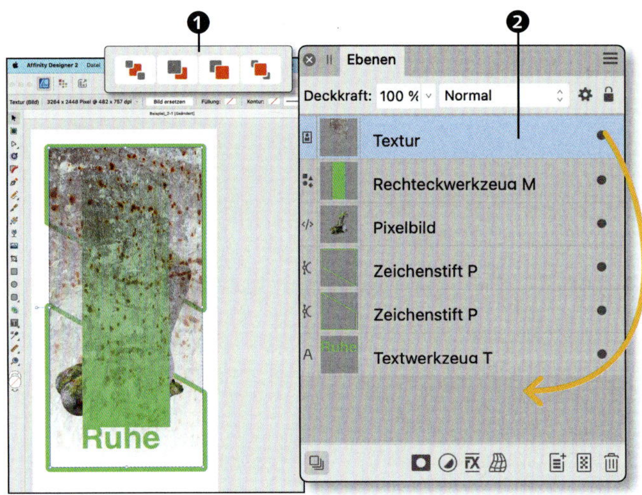

4 Ebene ganz nach hinten

Sehen Sie sich die Datei »Beispiel_2-1.afdesign« an. Die Ebenen sind nicht richtig sortiert. Einige Elemente werden durch obere Ebenen und deren Elemente verdeckt.

Klicken Sie die oberste Ebene »Textur« ❷ an. Die Ebene wird blau, das bedeutet, sie kann verschoben werden. Die Symbole zur Sortierung der Ebenen finden Sie in der Symbolleiste ❶.

Sie können die ausgewählte Ebene »Textur« mit dem Symbol Ganz nach hinten an die unterste Stelle verschieben.

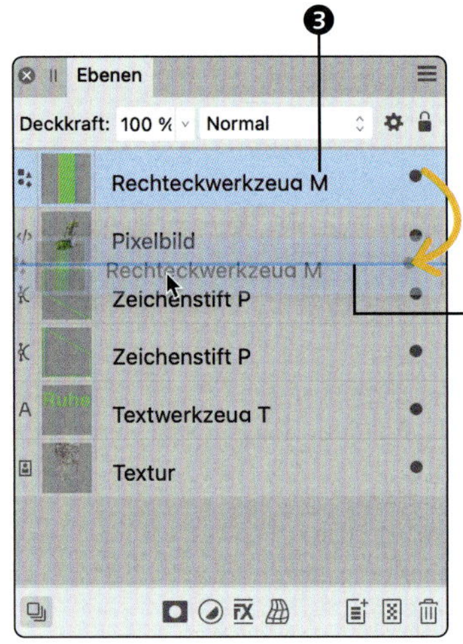

5 Ebene eins nach hinten

Die Ebene »Rechteckwerkzeug« ❸ ist ebenfalls zu weit oben und verdeckt darunterliegende Elemente. Markieren Sie die Ebene per Klick, und verschieben Sie sie mit Klick auf Eins nach hinten. Klicken Sie das Symbol mehrfach an, wird die Ebene in Einzelschritten nach unten verschoben.

Sie können Ebenen auch per Mausklick und Ziehen verschieben. Beachten Sie dabei den blauen Streifen ❹: Er muss komplett am linken Rand des Panels abschließen. Ist er kurz und mittig, wird eine Unterebene erzeugt.

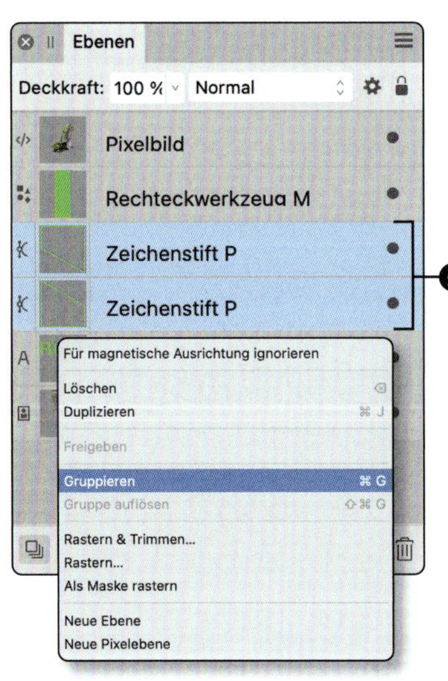

6 Gruppieren und umbenennen

Mithilfe von Gruppen behalten Sie in umfangreichen Dokumenten besser den Überblick. Klicken Sie in unserem Beispiel mit gedrückter ⇧-Taste die zwei Ebenen Zeichenstift ❺ an. Per rechtem Mausklick oder cmd/Strg + G können Sie diese Ebenen gruppieren. Sie werden sofort als Gruppe angezeigt. Mit cmd/Strg + ⇧ + G heben Sie die Gruppierung wieder auf. Sie können beliebig viele Ebenen mit der ⇧-Taste oder per cmd/Strg-Taste und Klick auswählen und markieren. Mit einem Doppelklick auf Ebenen, Unterebenen oder Gruppen können Sie diese umbenennen.

7 Sperren und entsperren

Fertig bearbeitete Ebenen oder Designelemente können gesperrt werden. Gesperrte Ebenen sind nicht mehr anwählbar und somit nicht zu bearbeiten oder zu verschieben. Sie können so Ihre Arbeiten schützen.

Die Ebene »Textur« ist wie ein Hintergrund und soll gesperrt werden. Klicken Sie sie an, und aktivieren Sie das kleine Symbol ❻ oben links im Panel. Auf der Ebene wird nun ein Schloss ❼ angezeigt. Die Ebene ist gesperrt. Wollen Sie die Sperre aufheben, klicken Sie wieder das Schloss auf der Ebene an.

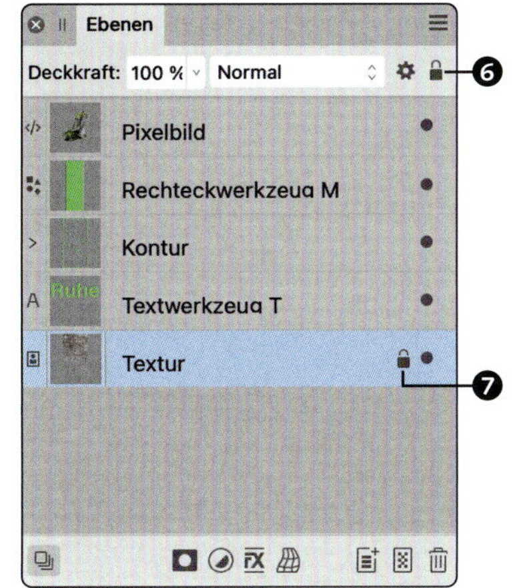

8 Ebene ganz nach vorne

Klicken Sie die vorletzte Ebene »Textwerkzeug« ❽ an. Mit dem Symbol GANZ NACH VORNE können Sie sie nach oben verschieben. Das geht ebenfalls in Einzelschritten mit EINS NACH OBEN, so können Ebenen ganz gezielt darunterliegende Ebenen überdecken.

Anmerkung: Texte, Transparenzen und Effekte sollten bevorzugt ganz oben innerhalb der Ebenenreihenfolge liegen. So werden sie sauber gedruckt und sind für den Betrachter gut sichtbar bzw. lesbar.

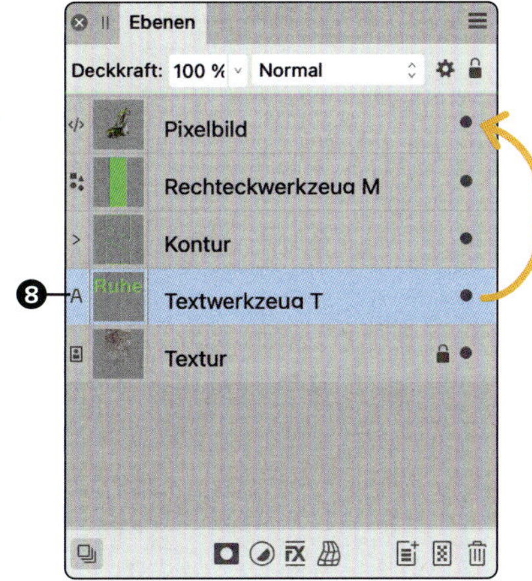

9 Ebene ein- und ausblenden

Im Arbeitsprozess wollen Sie möglicherweise Designelemente ein- und ausblenden. Diese Funktion ist praktisch, um sich gegen störende Elemente zu entscheiden, ohne diese gleich zu löschen. Klicken Sie die Ebene »Textwerkzeug« an, und entfernen Sie per Klick den kleinen Kreis ❾. Die Ebene wird so ein- und ausgeblendet. Ausgeblendete Ebenen werden nicht exportiert oder gedruckt. Sie können aber im Exportfenster berücksichtigt werden (mehr zum Export ab Seite 45).

Anmerkung: Für eine bessere Übersicht geben Sie Ihrer Ebene mit einem rechten Mausklick eine Farbmarkierung.

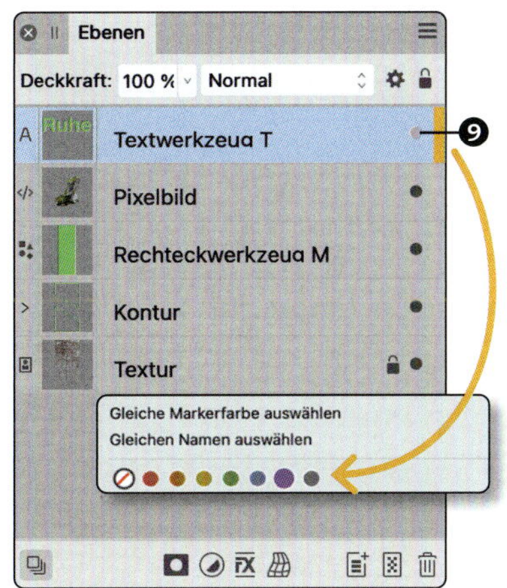

ArtBoards verwenden

Flexibel gestalten

Normalerweise kann man mit Affinity Designer nur eine Dokumentseite pro Datei anlegen. Diese Vorgabe lässt sich aber mit ArtBoards aufheben. ArtBoards sind individuelle Arbeitsflächen und beliebig in Form und Größe. Sie eignen sich bestens für Vorder- und Rückseiten, komplette Corporate Designs von Firmen oder umfangreiche Konzepte und Skizzen. ArtBoards lassen sich wie Ebenen behandeln und duplizieren, verschieben, skalieren und anordnen, sowohl einzeln als auch gemeinsam exportieren und drucken. Aber Vorsicht: Objekte, die über die Begrenzungen hinausragen, werden an der Kante der Arbeitsfläche des ArtBoards beschnitten.

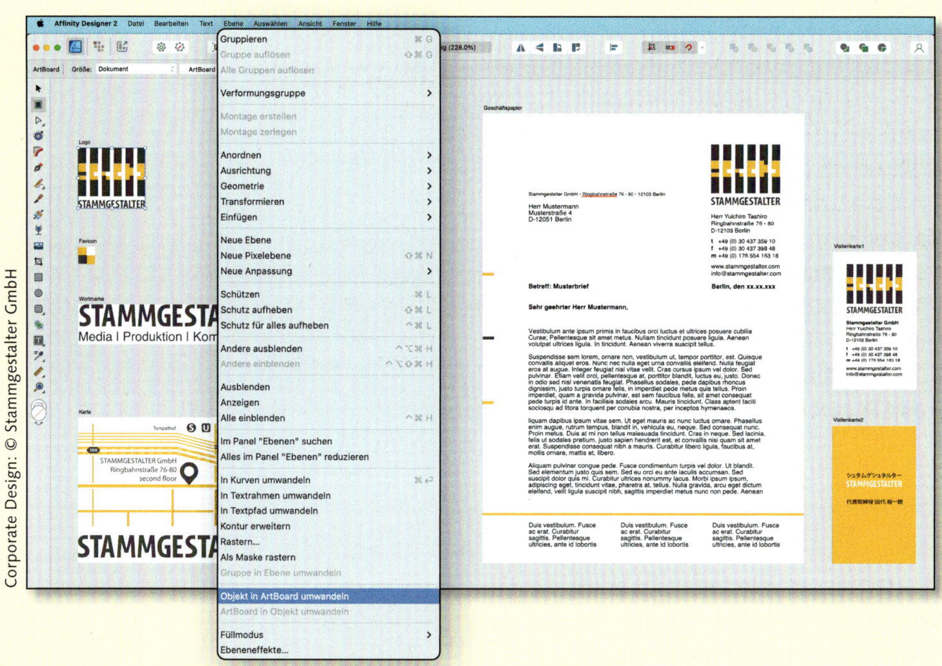

Neu in diesem Workshop

- ArtBoard erstellen
- ArtBoard transformieren
- ArtBoard drucken und exportieren

[Datei: »Beispiel_2-2_fertig.afdesign«]

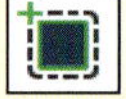

ARTBOARD-WERKZEUG
ArtBoard erstellen

1 ArtBoard anlegen

Öffnen Sie über cmd/Strg + N oder Datei • Neu ❶ den Dialog Neues Dokument. Mit aktiviertem Häkchen bei ArtBoard erstellen ❸ können Sie jede Vorgabe für das ArtBoard nutzen und das gewünschte Layout ❷ zuweisen. Nach dem Bestätigen wird das ArtBoard ❹ als neues Dokument auf einer großen Fläche geöffnet und kann jederzeit skaliert werden. ArtBoards lassen sich dann auf der Fläche anordnen, um die chronologische Entwicklung für Figuren, Backgrounds und Konzepte etc. zu visualisieren.

2 ArtBoard aus Auswahl erstellen

Es geht auch so: Mit dem Verschieben-Werkzeug markieren Sie ein bestehendes ArtBoard. Wählen Sie nun das ArtBoard-Werkzeug ❺. Gleichzeitig wird die ArtBoard-Kontextleiste angezeigt. Klicken Sie bei Grösse ❻, und wählen Sie Auswahl. Nun klicken Sie auf ArtBoard einfügen ❼. Das neue ArtBoard wird erzeugt, liegt aber genau über ArtBoard 1. Klicken und ziehen Sie das ArtBoard 2 ❽ nach rechts. Unter Grösse können Sie voreingestellte ArtBoards auswählen.

3 ArtBoard aus Form

Jede Auswahl, jedes Bild und jede Form ist in ein ArtBoard umwandelbar. Sie können mit den Formwerkzeugen ❾ außerhalb eines Dokuments oder ArtBoards Formen erzeugen. Deaktivieren Sie im Menü die Option Ansicht • Ansichtsmodus • An Leinwand begrenzen, um Formen außerhalb des Dokuments sehen zu können. Wählen Sie das Werkzeug Ellipse, und ziehen Sie mit ⇧ einen Kreis ⓫ außerhalb Ihres Dokuments auf. Wechseln Sie in das Menü Ebene • Objekt in ArtBoard umwandeln. Die Ellipse wird in ein ArtBoard gewandelt ❿. Im Menü Ebene gibt es konträr ArtBoard in Objekt umwandeln.

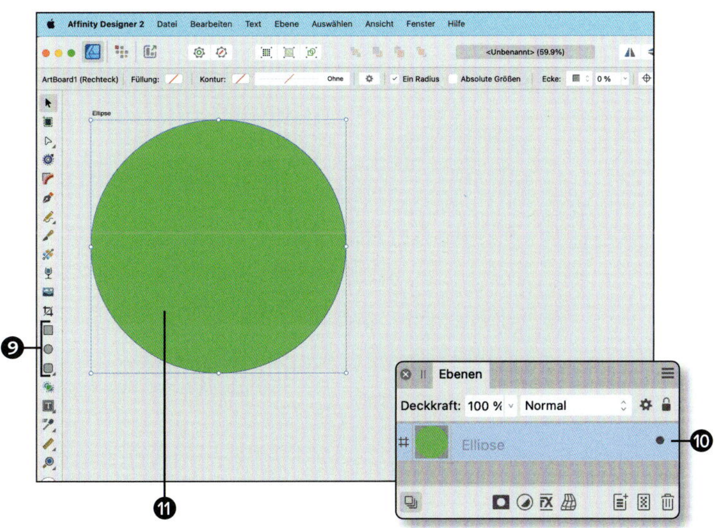

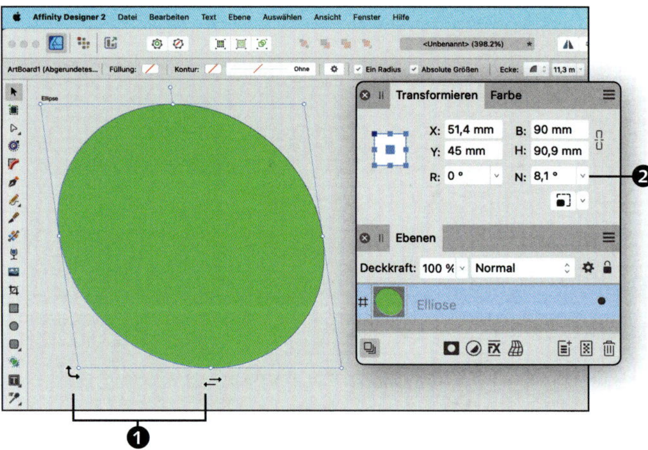

4 ArtBoard transformieren

Angeklickte ArtBoards können verschoben, skaliert und transformiert werden. Sie lassen sich per Verschieben-Werkzeug auch drehen und neigen, dazu halten Sie den Mauszeiger länger an den Punkten ❶. Über das Panel TRANSFORMIEREN können Sie die Breite und Höhe, Rotation »R« und Neigung »N« des ArtBoards ändern ❷. ArtBoards mit umgewandelten Grafiktexten lassen sich mit dem Werkzeug GRAFIKTEXT bearbeiten. Mit der [⇧]-Taste können Sie gleich mehrere ArtBoards markieren und ändern.

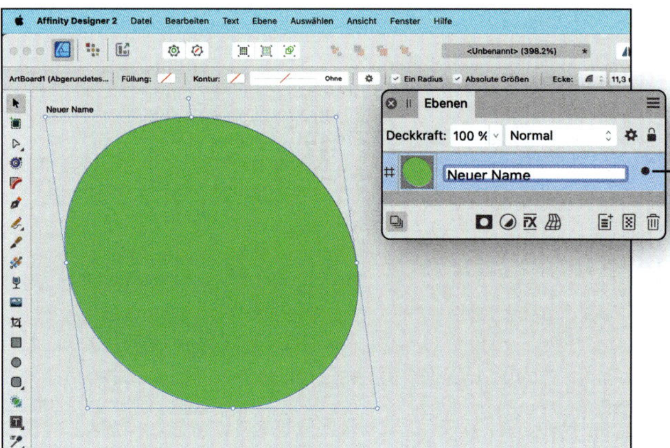

5 ArtBoard umbenennen

Neue ArtBoards erhalten Standardbezeichnungen wie ARTBOARD1. Duplizierte ArtBoards tragen denselben Namen wie das ursprüngliche ArtBoard mit weiterlaufender Nummerierung. ArtBoard-Namen werden im Ebenen-Panel angezeigt, außerdem jeweils über den ArtBoards im Dokument. Doppelklicken Sie im Ebenen-Panel auf den Namen ❸ des ArtBoards, um ihn zu ändern.

Anmerkung: ArtBoards können wie Ebenen ein- und ausgeblendet oder gesperrt werden.

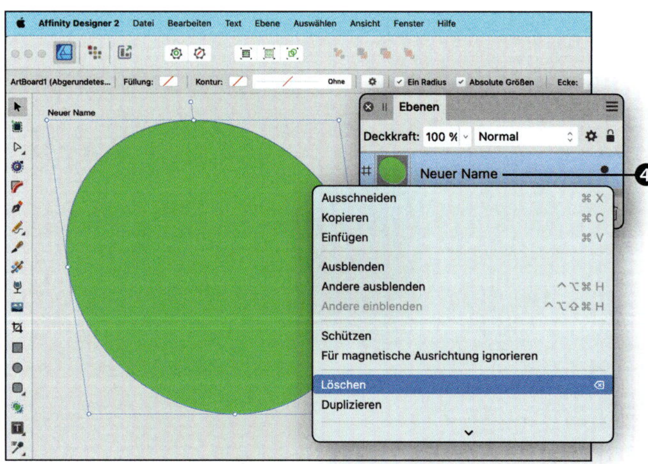

6 ArtBoard entfernen

ArtBoards lassen sich über das Panel EBENEN rechts unten löschen . Aber Vorsicht: Alle platzierten Objekte auf dem ArtBoard werden mit gelöscht! Sie werden aber vorher gefragt, ob diese Objekte tatsächlich entfernt werden sollen. Markierte ArtBoards können Sie auch mit der Löschtaste entfernen, oder Sie klicken mit der rechten Maustaste auf die Ebene ❹ und wählen LÖSCHEN.

Anmerkung: Wollen Sie gezielt auf ein ArtBoard zoomen, klicken Sie auf den Namen darüber. Dann gehen Sie zum Menü ANSICHT • ZOOM und wählen AUF AUSWAHL ZOOMEN.

7 ArtBoard drucken

Sie können alle ArtBoards als ganzes Dokument oder nur ein markiertes ArtBoard drucken. Öffnen Sie die Datei »Beispiel_2-2_fertig.afdesign«. Im Menü DATEI klicken Sie auf DRUCKEN (cmd/Strg + P).

Der DRUCKEN-Dialog blendet standardmäßig einige wichtige Einstellungen aus. Klicken Sie daher den Button DETAILS EINBLENDEN ❺. Jetzt wählen Sie BEREICH UND SKALIERUNG ❻ aus. Unter ANPASSUNGSTYP können Sie mit AUF DRUCKGRÖSSE PASSEND SKALIEREN ❼ das ganze Dokument drucken.

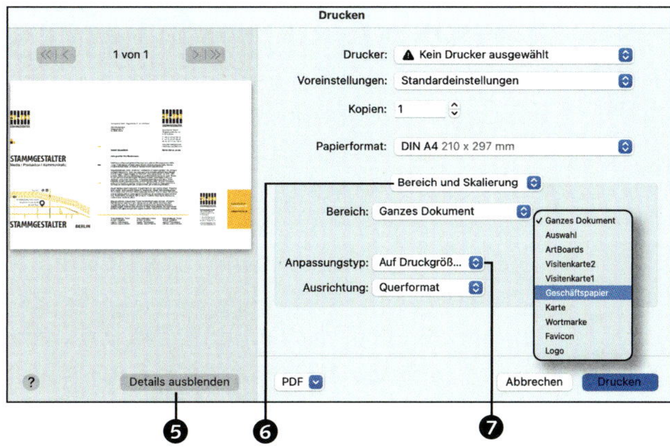

8 ArtBoard exportieren

ArtBoards können als einzelne Elemente oder in einem Dokument als Einzelbild exportiert werden. Markieren Sie das ArtBoard vor dem Exportieren, wird dieses ArtBoard automatisch im Export-Panel berücksichtigt. Klicken Sie mit dem Verschieben-Werkzeug auf den Text LOGO ❽, ist dieses ArtBoard markiert. Wählen Sie DATEI • EXPORTIEREN. Für den Druck eignet sich das PDF bei 300 dpi. Unter BEREICH ❾ können Sie einzelne oder alle ArtBoards zum Export bestimmen (mehr zum EXPORT siehe ab Seite 43).

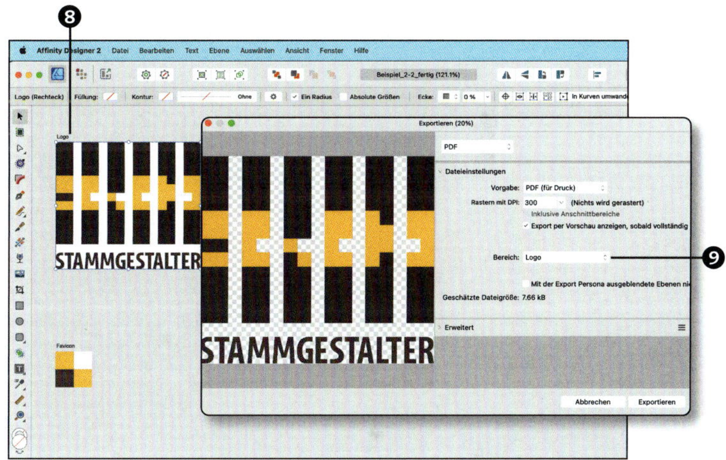

9 ArtBoards in der Export Persona

Wechseln Sie zur EXPORT PERSONA. Das ArtBoard VISITENKARTE1 kann beispielsweise über das Ebenen-Panel ❿ markiert oder als Slice ⓫ zum Export bestimmt werden. Im Panel EXPORTOPTIONEN ⓬ können Sie Formate wählen und alle gewünschten Einstellungen vornehmen (mehr zum Thema Export Persona ab Seite 45).

Anmerkung: ArtBoards werden über das Menü DATEI • SPEICHERN automatisch in Ihrem Dokument mitgesichert.

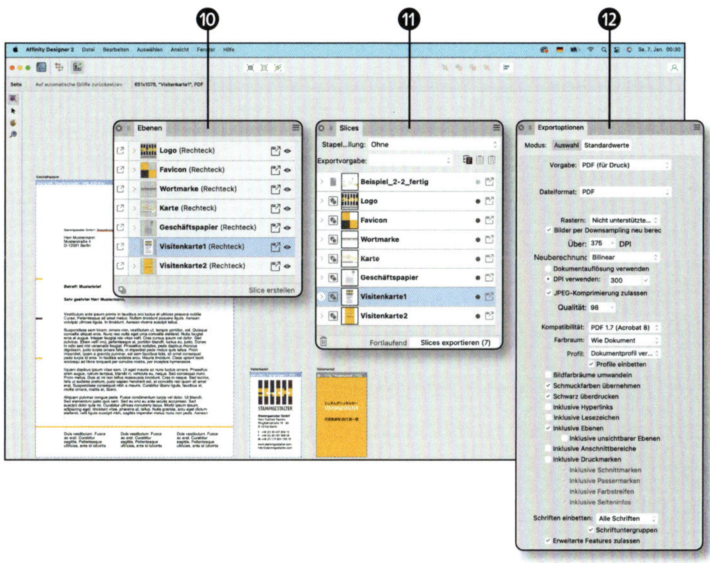

Lineale und Hilfslinien verwenden

Bringen Sie Struktur in Ihr Dokument

Über Ansicht • Lineale einblenden können Sie Lineale an der oberen und linken Dokumentkante ein- oder ausblenden. Wenn Sie Ihr Dokument in Zentimetern anlegen, werden die Lineale automatisch in Zentimetern angezeigt. Sie können Hilfslinien aus den Linealen ziehen und platzieren. Hilfs- und Spaltenhilfslinien erleichtern Ihnen das Layouten und sind praktisch beim Ausrichten von Objekten und Texten. Wie die Lineale lassen sich Hilfslinien ein- und ausblenden sowie zusätzlich schützen, um sie gegen das Verschieben zu sichern. Hilfslinien werden weder gedruckt noch exportiert.

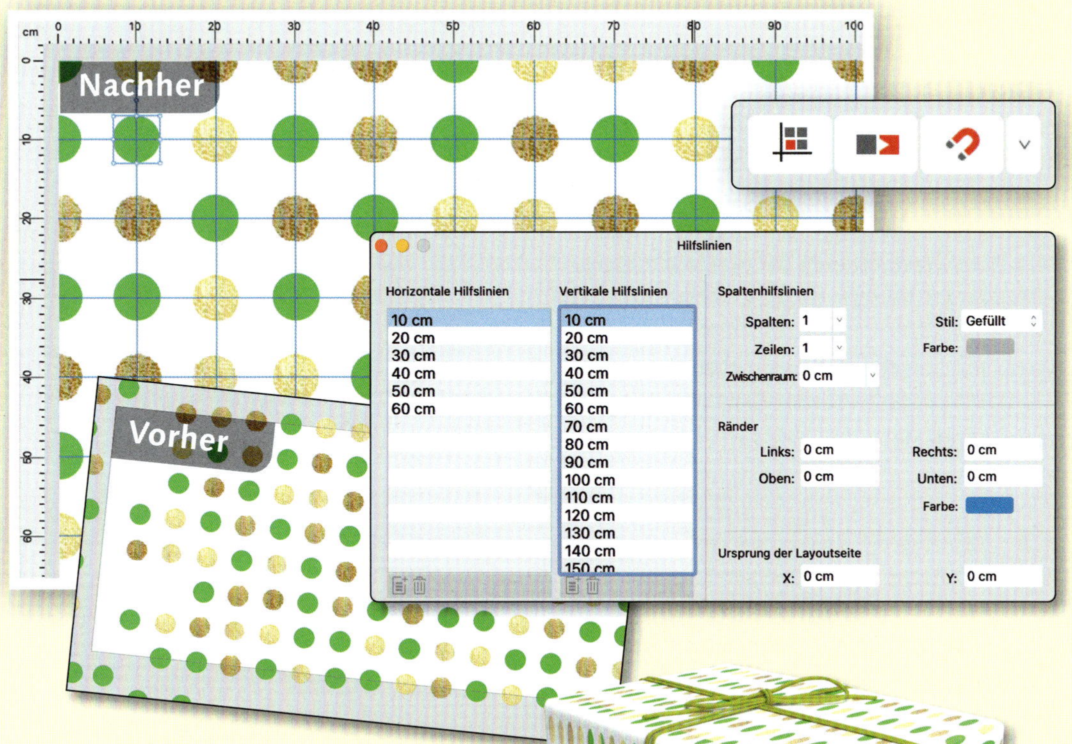

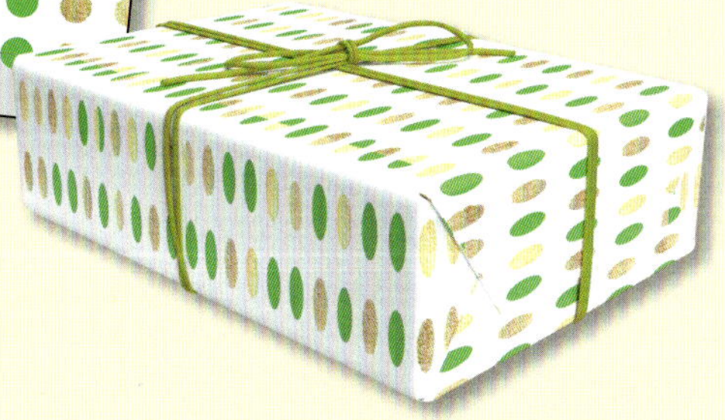

Neu in diesem Workshop

- Lineale ein- und ausblenden
- Hilfslinien einfügen und verschieben
- Hilfslinien konfigurieren und löschen

**[Dateien: »Beispiel_2-3.afdesign«
»Beispiel_2-3_fertig.afdesign«]**

1 Lineale ein- und ausblenden

Wir wollen in diesem Workshop ein Geschenkpapier mit Punkten anlegen. Um die Punkte zu strukturieren, benutzen wir Lineale ❶ und Hilfslinien. Öffnen Sie »Beispiel_2-3.afdesign«. Gehen Sie auf ANSICHT • LINEALE EINBLENDEN und HILFSLINIEN EINBLENDEN, um hinzugefügte Hilfslinien zu sehen. Über HILFSLINIEN SCHÜTZEN lassen sie sich gegen ungewolltes Verschieben sichern. Speichern Sie Ihr Dokument mit eingeblendeten Linealen und Hilfslinien, werden diese nach dem erneuten Öffnen automatisch eingeblendet.

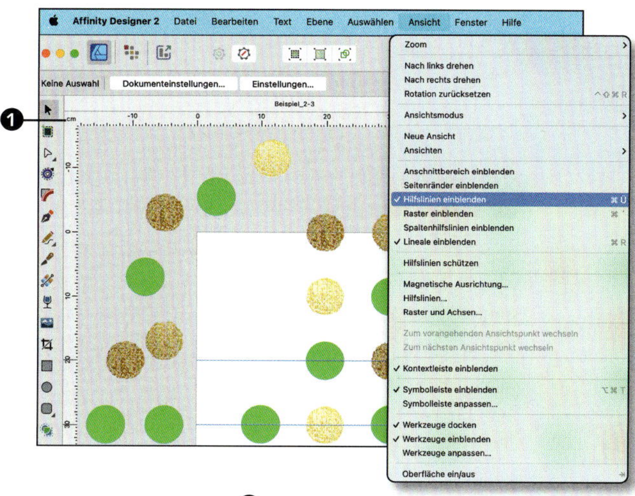

2 Hilfslinien einfügen

Mit dem Verschieben-Werkzeug [icon] können Sie Hilfslinien einfügen und verschieben. Vom oberen Lineal ❷ fügen Sie in unserer Datei durch Klicken und Ziehen eine horizontale Hilfslinie hinzu (hier in 10 cm Abstand). Vom linken Lineal ❸ fügen Sie zwei vertikale Hilfslinien nach 10 und 20 cm ebenfalls durch Klicken und Ziehen hinzu. Um beim Verschieben von Objekten Abmessungen sehen zu können, aktivieren Sie per Klick auf den Magneten [icon] in der Symbolleiste MAGNETISCHE AUSRICHTUNG.

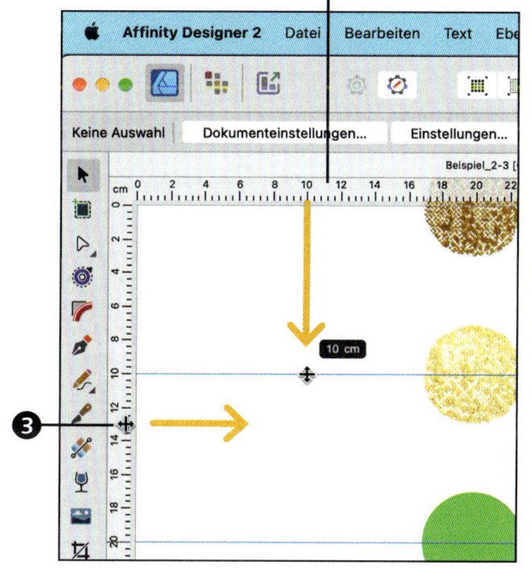

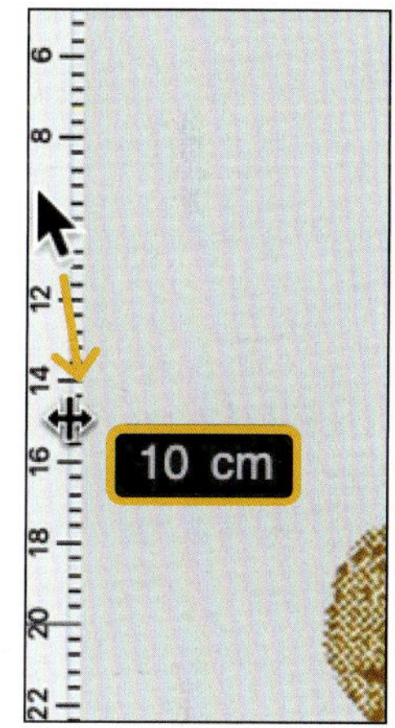

3 Hilfslinien konfigurieren

Hilfslinien lassen sich auch strukturierter organisieren. Dazu bietet Affinity Designer ein eigenes Dialogfeld an, das Sie über ANSICHT • HILFSLINIEN... öffnen. Hier können Sie im linken Bereich durch Klick auf ❺ horizontale und vertikale Hilfslinien anlegen. Per Doppelklick auf die Angabe ❹ lassen sich die Hilfslinien bearbeiten. Arbeiten Sie lieber mit den Prozentangaben, klicken Sie das Häkchen PROZENT ❼ an. Ziehen Sie mit dem Verschieben-Werkzeug [icon] Hilfslinien aus dem Dokument heraus, löschen Sie diese. Auch über [icon] können Sie markierte Hilfslinien löschen oder ALLE HILFSLINIEN ENTFERNEN ❻.

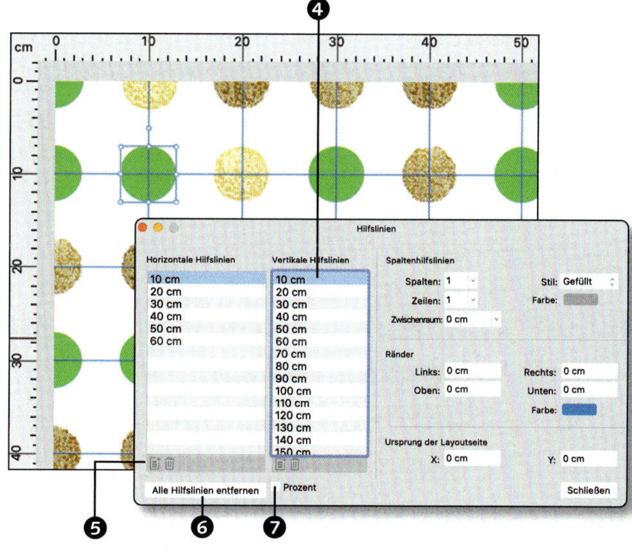

Maß- und Flächenwerkzeug

DWG-Datei mit Maßstab exportieren

In Affinity Designer können Sie CAD-Dokumente aus Autodesk® AutoCAD® sowie anderen CAD-Anwendungen bearbeiten. Speichern Sie dafür die Architektur-Grafik als DWG- oder DXF-Dateien ab, und importieren Sie sie. Nach dem Import können Sie die Originaldatei nicht überschreiben, sondern im eigenen Affinity-Format speichern. Die CAD-Inhalte lassen sich bearbeiten, mit dem Maß- und Flächenwerkzeug vermessen und als PDF-Dokument oder in andere Formate exportieren.

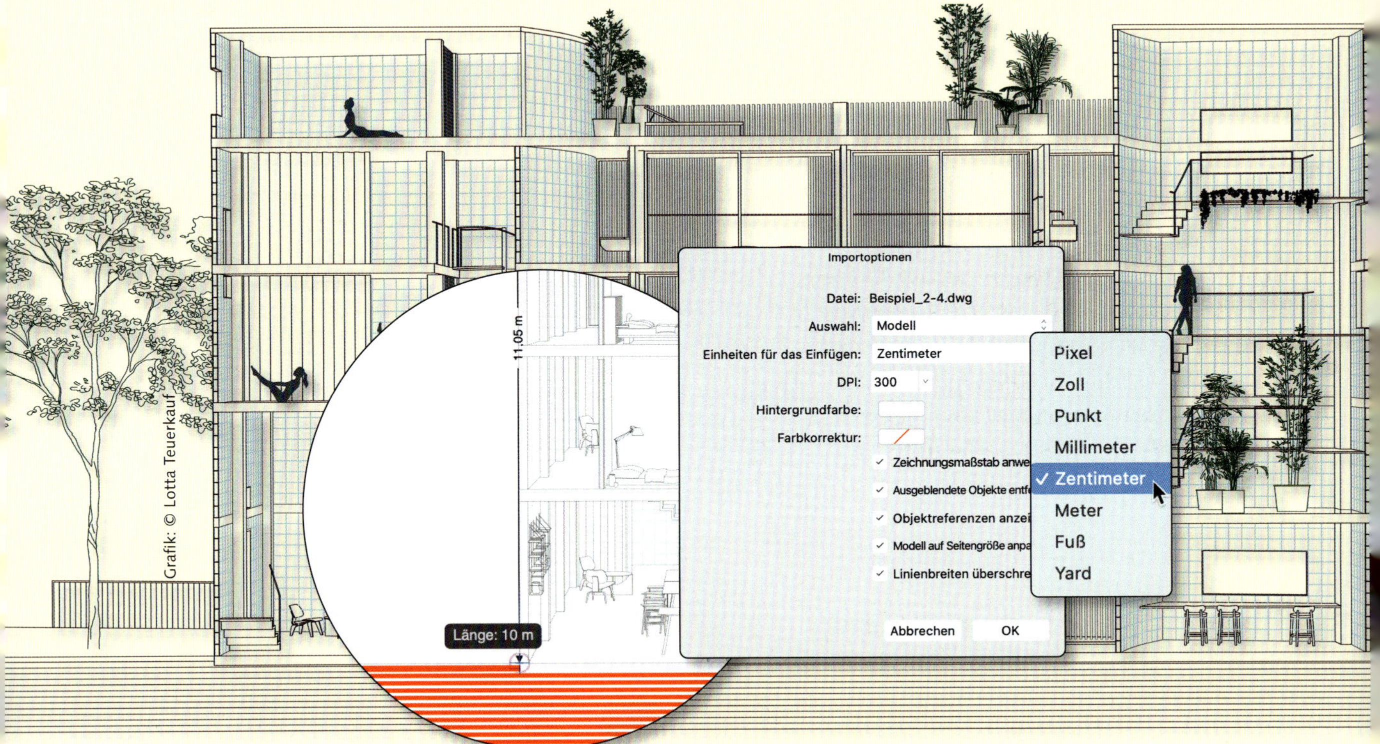

Grafik: © Lotta Teuerkauf

Neu in diesem Workshop

- DWG-Datei exportieren
- Maßwerkzeug anwenden
- Flächenwerkzeug verwenden

[Dateien: »Beispiel_2-4.dwg«]

MASSWERKZEUG
Einblenden von Abstandsmaßen

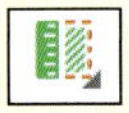

FLÄCHENWERKZEUG
Einblenden von Flächenmaßen

UMFANGSMODUS GANZE KANTE
Gesamte Umfangslänge eines Objekts

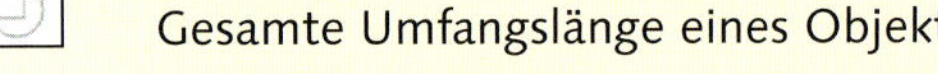

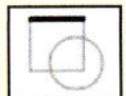

UMFANGSMODUS SPITZE SEGMENTE
Länge bestimmter geradliniger Segmente

1 DWG-Datei exportieren

Wählen Sie über Datei • Öffnen »Beispiel_2-4.dwg«, und aktivieren Sie alle Häkchen im unteren Bereich ❶, um den im Dokument verwendeten Maßstab automatisch auf das neue Dokument zu übertragen. Das Laden dauert etwas länger. Über Datei • Dokumenteinstellungen und dort unter Skalierung können Sie den Maßstab und die Darstellungseinheit ändern.

Anmerkung: Sie können DWG- oder DXF-Dateien auch bequem über Datei • Platzieren in bestehende Dokumente einsetzen.

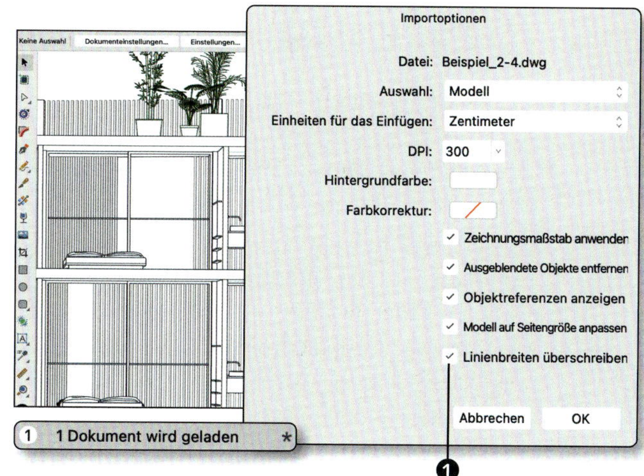

2 Maßwerkzeug anwenden

Über das Maßwerkzeug bestimmen Sie die vertikale, horizontale oder diagonale Distanz zwischen einem festen Punkt und der Kante, Ecke oder Mitte eines Objekts oder dem Schnittpunkt von zwei Objekten. Der Abstand zu Kurven und Seitenelementen wie Seitenmitte, Seitenkante und Seitenecken lässt sich ebenfalls messen. Sie können sogar den Abstand zwischen platzierten Hilfslinien abmessen. Klicken und ziehen Sie einfach vom Startpunkt auf einen Endpunkt ❷.

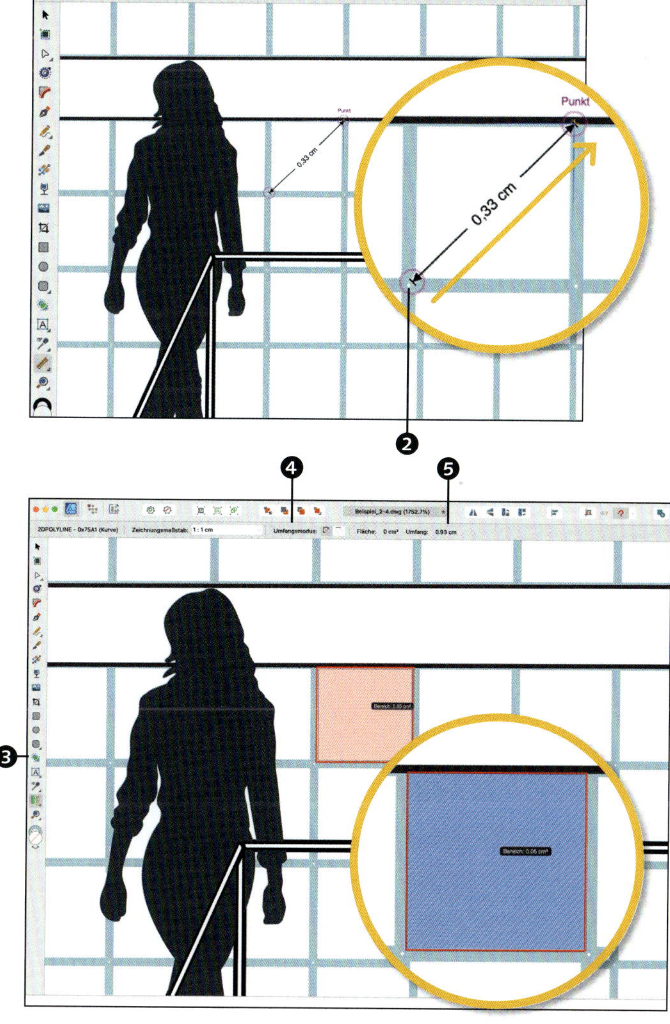

3 Flächenwerkzeug verwenden

Markieren Sie mit dem Verschieben-Werkzeug beispielsweise eine Kachel, um deren Fläche zu messen. Wechseln Sie zum Flächenwerkzeug, es befindet sich unter dem Maßwerkzeug ❸. Bei Flächenmaßen wird das Objekt per Schraffur markiert und die Fläche als Overlay eingeblendet. In der Kontextleiste finden Sie unter Umfangmodus ❹ die Optionen zum Berechnen der gesamten Umfanglänge oder der Länge bestimmter geradliniger Segmente.

Anmerkung: Die Flächenmaße ausgewählter Objekte werden in der Kontextleiste eingeblendet ❺, solange die Auswahl aktiv ist.

Seitenränder festlegen

Gestaltung auf Druckformate anpassen

Seitenränder sind hilfreich für das Layouten, Sie können damit Ihr Design oder Ihre Illustrationen auf bestimmten Druckformaten sicher platzieren, den Satzspiegel bestimmen und die Stege festlegen. Seitenränder zeigen, wo der bedruckbare Bereich des Papiers endet. Da Drucker das Papier an den äußeren Kanten einziehen, ist ein randloses Drucken nicht möglich: Alle Designelemente, die Sie außerhalb dieser Ränder platzieren, werden möglicherweise nicht gedruckt! Sie können die Seitenränder manuell festlegen oder ändern. Sie werden weder gedruckt noch exportiert.

ANSCHNITT
KOPFSTEG
SEITENRAND
AUSSENSTEG
TEXT SATZSPIEGEL
BUNDSTEG
FUSSSTEG

Neu in diesem Workshop

- Seitenränder einstellen
- Seitenränder ausblenden
- Seitenränder zurücksetzen

1 Seitenränder einstellen

Seitenränder eignen sich sehr gut als Vorgaben bei einem geplanten »Passepartout« – einem Rahmen für Ihre Arbeiten – sowie bei Textspalten oder für den zu beachtenden Satzspiegel in Ihrem Dokument.

Sie können die Seitenränder beim Anlegen eines Dokuments unter RÄNDER oder nachträglich unter DATEI • DOKUMENTEINSTELLUNGEN definieren. Setzen Sie ein Häkchen bei INKLUSIVE SEITENRÄNDER ❶ (Windows: RÄNDER), und geben Sie die gewünschten Werte ein.

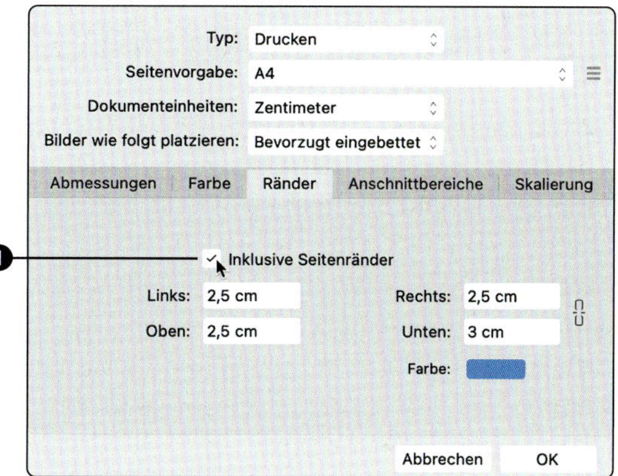

2 Seitenränder ausblenden

Wenn Sie Ihr Designergebnis prüfen wollen, stören die Seitenränder vielleicht. Gehen Sie unter ANSICHT auf SEITENRÄNDER EINBLENDEN. Werden die Seitenränder angezeigt, ist ein Häkchen zu sehen. Deaktivieren Sie es. Leider fehlt hier ein Shortcut, den Sie aber selbst nachtragen können (siehe Seite 71).

Anmerkung: Die Seitenränder können für die magnetische Ausrichtung verwendet werden. Das ist hilfreich, wenn Sie Objekte erstellen und verschieben sowie an den Seitenrändern ausrichten wollen.

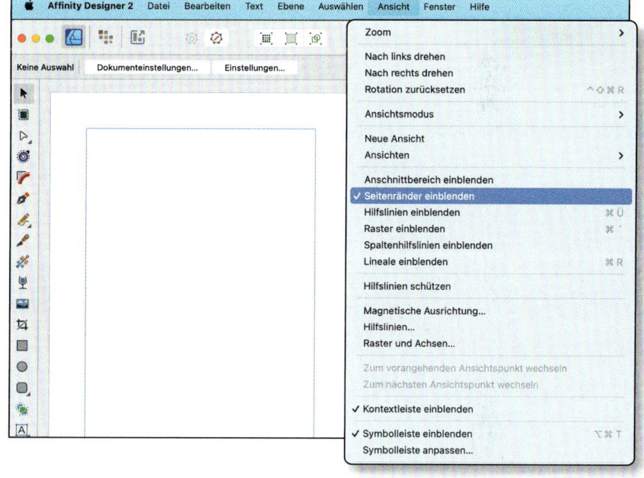

3 Seitenränder zurücksetzen

Angelegte Seitenränder können nicht über eine vereinfachte Löschfunktion entfernt werden. Sie können die Seitenränder jedoch zurücksetzen. Dazu gehen Sie zu DATEI • DOKUMENTEINSTELLUNGEN und deaktivieren das Häkchen der Ränder ❷.

Anmerkung: Unter ANSCHNITTBEREICHE definieren Sie den »Anschnitt« – das ist ein extra Raum an der Außenseite Ihres Dokuments, der in der Produktion abgeschnitten wird. So vermeiden Sie Blitzer, das sind dünne weiße Linien an der Kante.

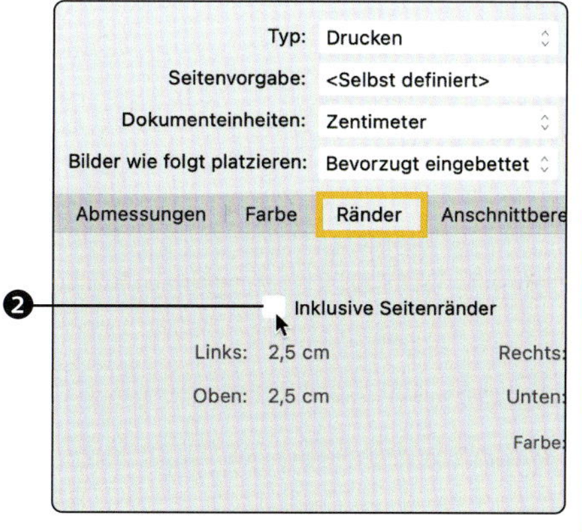

Leinwand drehen

Texte oder Pinselstriche natürlich auftragen

Dokumente lassen sich in Affinity Designer aus verschiedenen Winkeln betrachten, ohne dass Sie Ihr Layout verändern müssen. Sie drehen nur die Arbeitsfläche – als würden Sie Ihr Papier drehen. Dieses Drehen der Leinwand ist beispielsweise praktisch beim Auftragen natürlicher Pinselstriche, bei der Arbeit mit Details im Produkt- und Verpackungsdesign und bei Texten oder Grafiken, die in gedrehten Winkeln von 90° oder 180° platziert wurden.

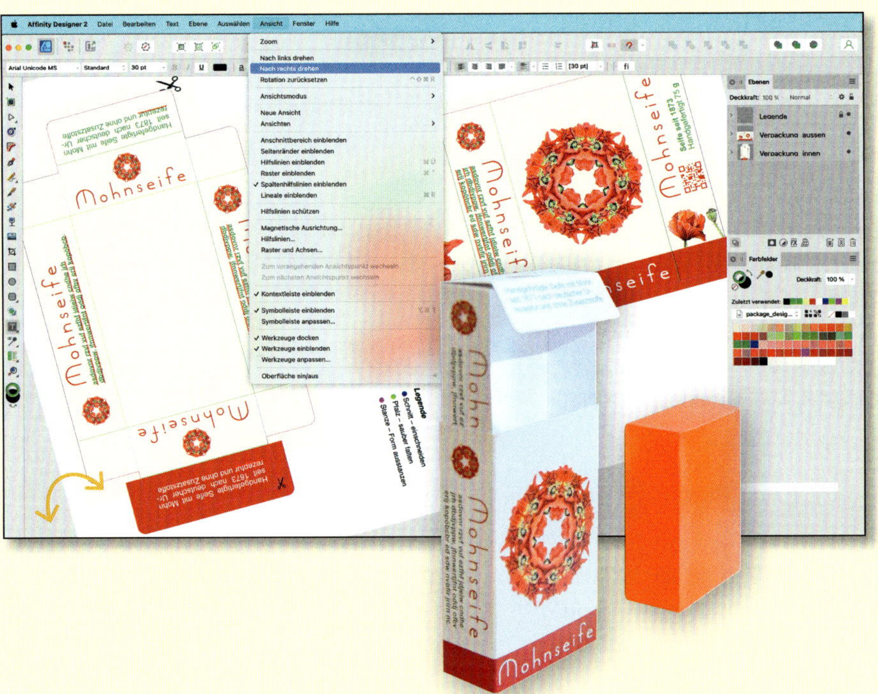

Neu in diesem Workshop

- Leinwand drehen
- Leinwand mit Trackpad drehen
- Eigene Tastenkürzel anlegen

[Datei: »Beispiel_2-5.afdesign«]

DREHEN MIT TRACKPAD
Daumen und Zeigefinger nach rechts oder links drehen

ZOOMEN MIT TRACKPAD
Daumen und Zeigefinger auf- und zuziehen

1 Leinwand drehen

Um Texte oder Grafiken beispielsweise auf Verpackungen bequem zu betrachten, bietet sich das Drehen der Leinwand an. Wählen Sie im Menü ANSICHT entweder NACH LINKS DREHEN oder NACH RECHTS DREHEN. Die Leinwand wird schrittweise um 15° gedreht.

Die ursprüngliche Ausrichtung der Leinwand lässt sich schnell wiederherstellen. Gehen Sie in das Menü ANSICHT, und klicken Sie auf ROTATION ZURÜCKSETZEN.

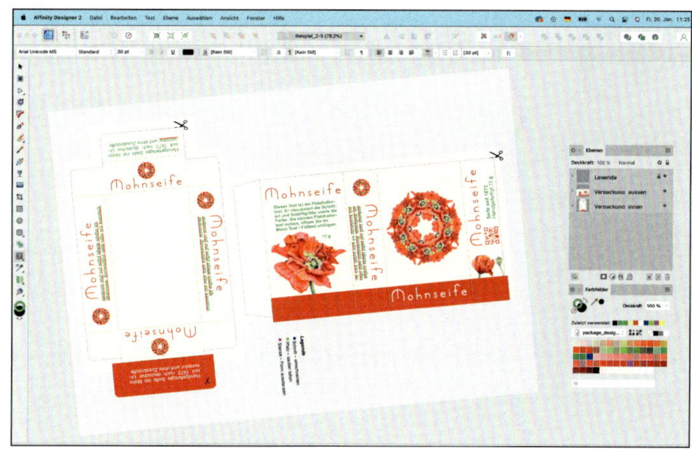

2 Eigenes Tastenkürzel festlegen

Sehr hilfreich für ein optimales Arbeiten ist es, eigene Shortcuts festzulegen. Gehen Sie in die EINSTELLUNGEN (Mac: Menü AFFINITY DESIGNER, Windows: BEARBEITEN). Unter TASTENKÜRZEL ❶ stellen Sie oben ANSICHT ❷ ein. Scrollen Sie bis zum Eintrag NACH LINKS DREHEN. Hier können Sie nun Tastenkürzel eingeben ❸. Affinity Designer weist Sie auch darauf hin, wenn die Tastenkürzel bereits vergeben sind. Die Tasten [<] und [⇧]+[<] oder [Alt]+[<] sind aber beispielsweise noch frei verwendbar.

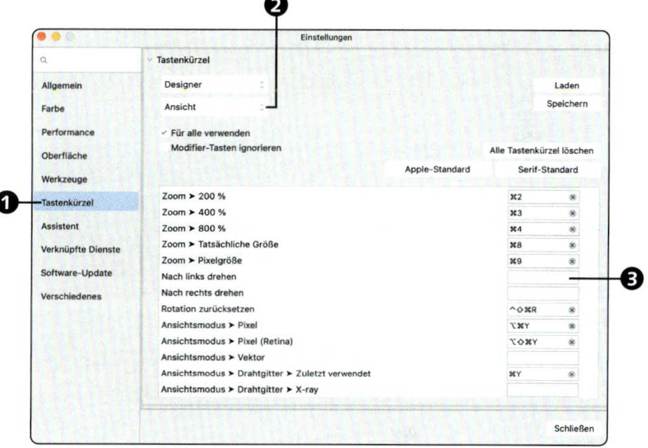

3 Leinwand mit Trackpad drehen

Nutzen Sie ein Trackpad, können Sie die Leinwand bequem mit dem Daumen und dem Zeigefinger beliebig drehen oder zoomen.

Auch per Maus mit Scrollrad lässt sich die Leinwand drehen, wenn Sie zusätzlich die [Alt]-Taste gedrückt halten. Sie können die Leinwanddrehung außerdem ein- und ausschalten. Gehen Sie dafür in das Menü AFFINITY DESIGNER (Windows: BEARBEITEN) • EINSTELLUNGEN • WERKZEUGE, und aktivieren oder deaktivieren Sie die Leinwanddrehung.

Raster einblenden

Dreidimensionales Zeichnen mit System

Für genaue Ausrichtungen von Designelementen können Sie Raster verwenden. Die Option Am Raster ausrichten ist sehr wirksam für pixelgenaues Designen. UI- und Gamedesign, Projektionen oder 3D-Konstruktionen gelingen noch leichter, wenn Sie gleichzeitig die magnetische Ausrichtung aktivieren. Das Raster wird über Ihrem Dokument oder ArtBoard eingeblendet, jedoch nicht gedruckt oder exportiert. Außerdem können Sie die Rasterlinien für eine bessere Sichtbarkeit auch umfärben.

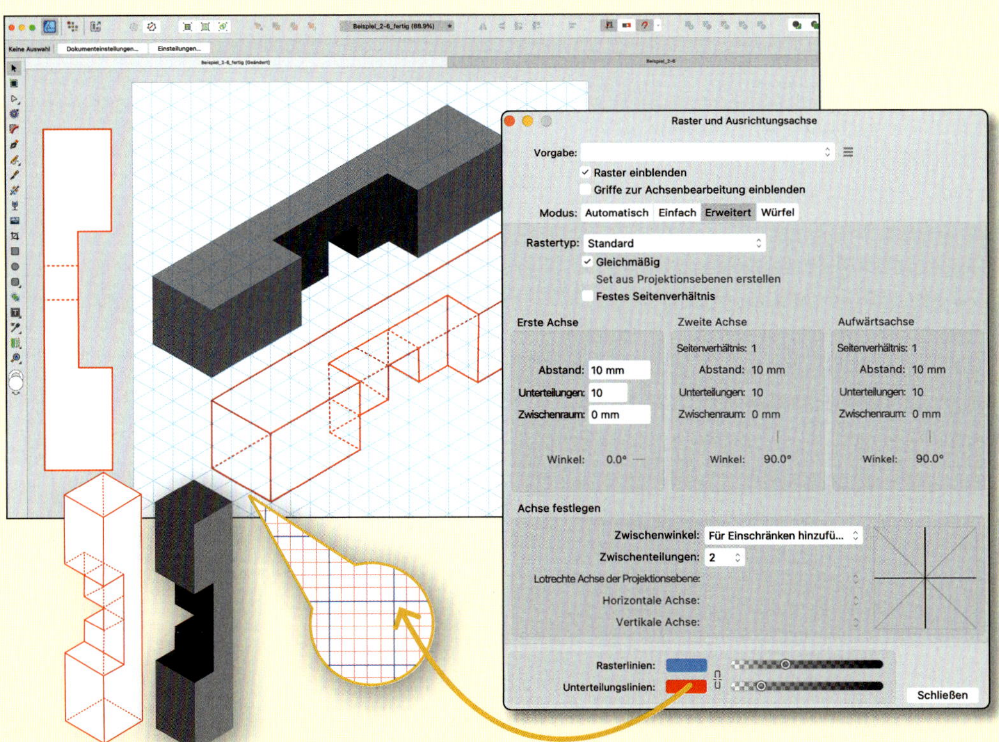

Neu in diesem Workshop

- Raster ein- und ausblenden
- Raster und Achsen konfigurieren
- Raster mit Winkeln verwenden

[Dateien: »Beispiel_2-6.afdesign«
»Beispiel_2-6_fertig.afdesign«]

MAGNETISCHE AUSRICHTUNG
Vektorlinien exakt auf dem Raster

UM GANZE PIXEL VERSCHIEBEN
An ganzen Pixelwerten ausgerichtet

PIXELAUSRICHTUNG ERZWINGEN
Ergänzt alle Ausrichtungseinstellungen

1 Raster ein- und ausblenden

Raster ermöglichen ein exaktes Ausrichten von Objekten. Sie blenden das Dokumentraster über Ansicht • Raster einblenden ❶ ein. Sollte der Shortcut `cmd`/`Strg`+`'` nicht funktionieren, vergeben Sie wie auf Seite 71 gezeigt Ihren eigenen. Das Tastenkürzel `cmd`/`Strg`+`#` ist beispielsweise noch frei.

Bei automatischen Rastern (mit Standardeinstellung) werden Rasterunterteilungen beim Zoomen angepasst ❷.

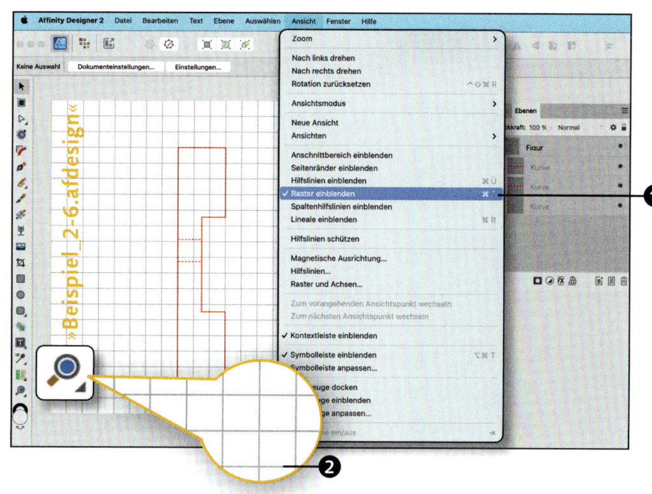

2 Raster und Ausrichtungsachsen

Um Ihr Raster individuell einzustellen, klicken Sie auf Ansicht • Raster und Achsen. Hier klicken Sie auf den Modus Erweitert, und es zeigt sich ein umfangreicher Dialog. Stellen Sie unter Rastertyp ❸ Standard und darunter Gleichmässig ein. Als Erste Achse bestimmen Sie 10 mm. Automatisch wird für die Zweite Achse die Einstellung übernommen. Das Raster hat nun eine Unterteilung in 10 × 10 mm ❹ und eignet sich so für 2D-Konstruktionen oder Projektionen. Sie können die Farbe des Rasters hier individuell anpassen ❺.

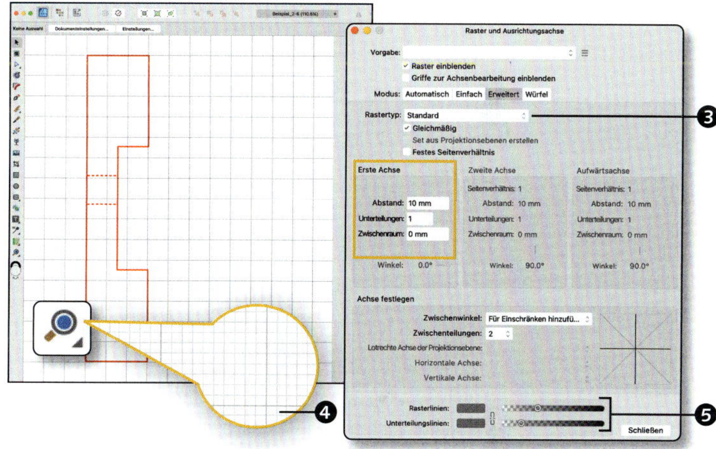

3 Raster mit Winkel verwenden

Affinity Designer bietet unter Rastertyp noch viele alternative Raster an, beispielsweise ein Raster mit Winkeln oder auch isometrische Raster. Öffnen Sie einmal »Beispiel_2-6_fertig.afdesign«, und blenden Sie das Raster ein. Dieses Raster besteht aus gleichschenkligen Dreiecken ❽. Um solch ein Raster zu erzeugen, müssen Sie unter Rastertyp • Drei Achsen ❻ einstellen.

Raster mit drei Achsen mit den automatisch eingestellten Ausrichtungen 30°, 150° und 90° ❼ eignen sich beispielsweise für Konstruktionen und 3D-Simulationen oder Game- und Produktdesign.

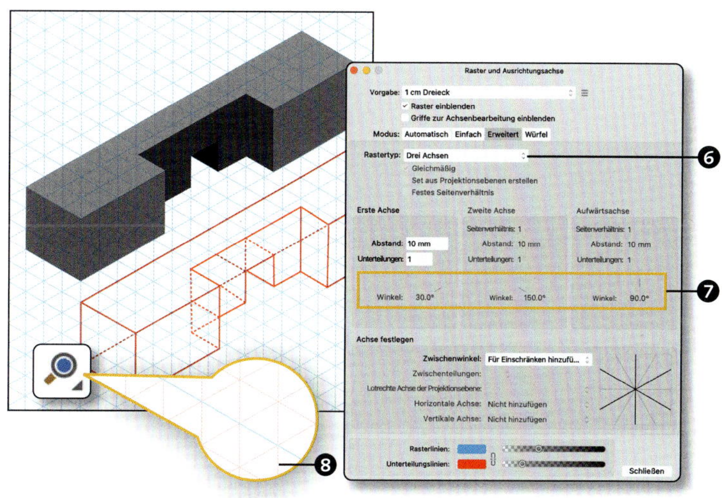

Magnetische Ausrichtung nutzen

Ausrichtungsvorgaben für Objekte einstellen

Nur bei geöffnetem Dokument können Sie die magnetische Ausrichtung nutzen. Mit dieser Funktion werden Objekte an beliebigen Elementen Ihres Dokuments oder an Vektoren »eingerastet«. Somit lassen sich Bilder, Pinselstriche, Linien, Formen und Auswahlbereiche an Rastern, Hilfslinien, Seitenrändern, ArtBoards und Seitenkanten oder Pixeln positionieren. Sie können diese Ausrichtungen auf Objektbegrenzungen, Schlüsselpunkte von Formen und Geometrien eines Objekts anwenden. Wenn Sie Objekte ausrichten, werden die Orientierungshilfen als farbige Hilfslinien eingeblendet. Die blaue und orangefarbene Linie erscheint nur beim dreieckigen Projektionsraster.

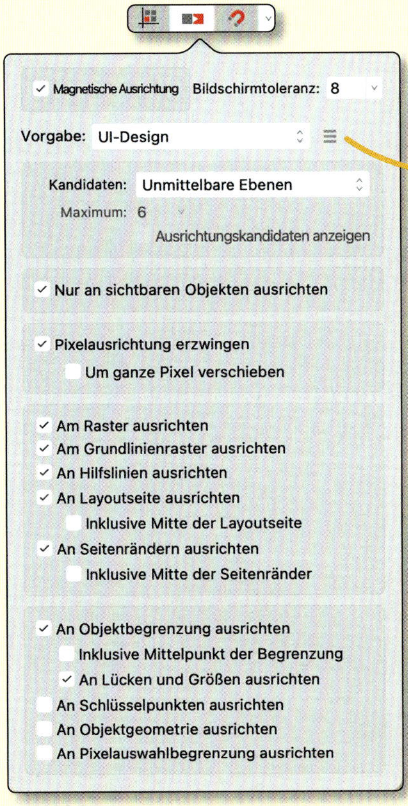

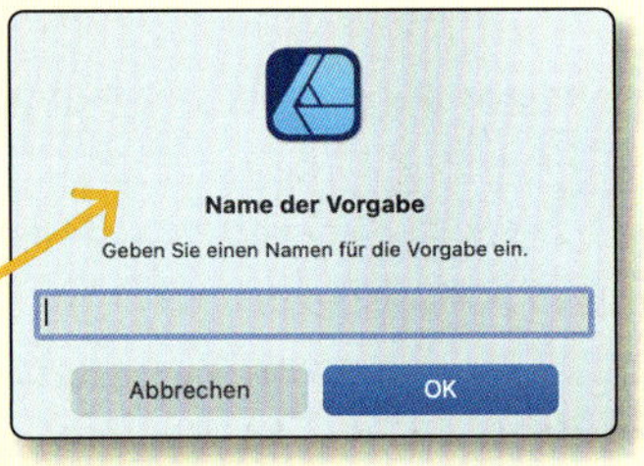

Magnetische Ausrichtung Bildschirmtoleranz: 8
Vorgabe: UI-Design
Kandidaten: Unmittelbare Ebenen
Maximum: 6
Ausrichtungskandidaten anzeigen
Nur an sichtbaren Objekten ausrichten
Pixelausrichtung erzwingen
Um ganze Pixel verschieben
Am Raster ausrichten
Am Grundlinienraster ausrichten
An Hilfslinien ausrichten
An Layoutseite ausrichten
Inklusive Mitte der Layoutseite
An Seitenrändern ausrichten
Inklusive Mitte der Seitenränder
An Objektbegrenzung ausrichten
Inklusive Mittelpunkt der Begrenzung
An Lücken und Größen ausrichten
An Schlüsselpunkten ausrichten
An Objektgeometrie ausrichten
An Pixelauswahlbegrenzung ausrichten

Name der Vorgabe
Geben Sie einen Namen für die Vorgabe ein.
Abbrechen
OK

MAGNETISCHE AUSRICHTUNG
Vektorlinien exakt auf dem Raster

UM GANZE PIXEL VERSCHIEBEN
An ganzen Pixelwerten ausgerichtet

PIXELAUSRICHTUNG ERZWINGEN
Ergänzt alle Ausrichtungseinstellungen

ROTE HILFSLINIE
Horizontale Ausrichtung

GRÜNE HILFSLINIE
Vertikale Ausrichtung

GELBER KNOTEN
Horizontale und vertikale Ausrichtung

VIOLETTER KNOTEN
Knoten einer Kurve wird ausgerichtet

BLAUE HILFSLINIE IM RASTER
Ausrichtung an dritter Projektionsebene

ORANGE HILFSLINIE IM RASTER
Horizontale und vertikale Ausrichtung

Neu in diesem Workshop

- Ausrichtungsoptionen wählen
- Ausrichtungsvorgaben speichern
- Ausrichtungsvorgaben definieren

1 Ausrichtungsoptionen wählen

Magnetische Ausrichtung ist eine sehr praktische Funktion. Unterschiedlich farbige Hilfslinien zeigen dabei die Ausrichtung an (Seite 72). Anfänger nutzen am besten zunächst die Standardvorgaben, das hilft, deren Handhabung zu verstehen, aber die Funktion bietet unter ❷ noch diverse Einstellungsmöglichkeiten. Wählen Sie zum Beispiel unter Vorgabe • Erstellen von Objekten ❸, können Sie Objekte mit dem Verschieben-Werkzeug an automatisch eingeblendeten, roten Linien sauber »horizontal« ausrichten.

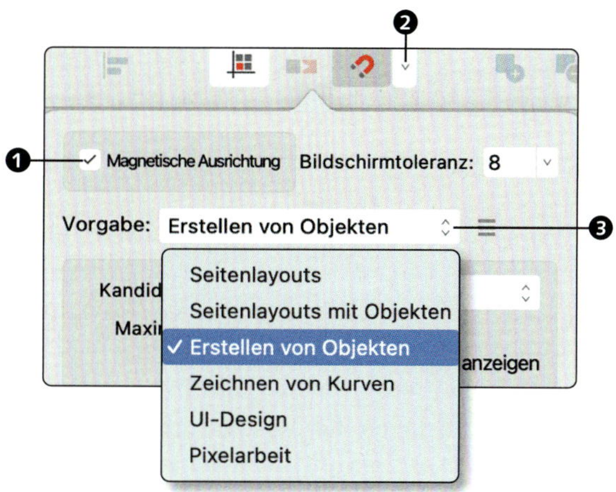

2 Ausrichtungsvorgaben speichern

Das Speichern eigener Ausrichtungsvorgaben erleichtert das Arbeiten bei gleichen Designanforderungen. Klicken Sie auf das Panelmenü ❹, und wählen Sie Vorgabe erstellen. Nach der Benennung wird die Vorgabe unter ❸ gespeichert. Unter ❹ können Sie zudem Vorgaben umbenennen oder löschen.

Anmerkung: Die magnetische Ausrichtung ist an die Maßeinheit der Datei oder der Dokumenteinstellungen gebunden. Ändern Sie die Maßeinheit, sollten Sie die Ausrichtungsoption ebenfalls verändern.

3 Ausrichtungsvorgaben definieren

Überflieger können individuelle Ausrichtungen nutzen. Sie sehen praktische Ausrichtungshilfslinien, indem Sie die Häkchen unter ❺ aktiviert lassen. Im Bereich ❻ wird die Ausrichtung für Web- oder UI-Design mit Pixeln berücksichtigt. In Abschnitt ❼ können Sie Elemente des Layouts und Rasters zur Ausrichtung nutzen. Unter ❽ lassen sich Ausrichtungen zum Erstellen von Objekten und Vektoren definieren.

Die magnetische Ausrichtung lässt sich über das Häkchen ❶ dauerhaft deaktivieren und beim Verschieben von Objekten mit der Alt-Taste auch kurzfristig deaktivieren.

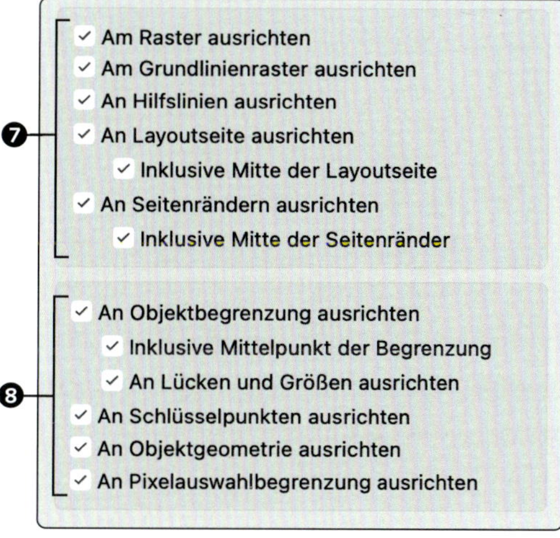

Dynamische Hilfslinien verwenden

Objekte sauber im Format ausrichten

Dynamische Hilfslinien sind sichtbar, wenn die magnetische Ausrichtung aktiv ist. Horizontale Linien werden in Rot angezeigt und vertikale Linien in Grün. Aktivieren Sie An Objektbegrenzung ausrichten, werden die dynamischen Linien automatisch eingeblendet, wenn Sie Objekte und Kurven zeichnen, verschieben, transformieren oder ausrichten. Als Orientierung für die dynamischen Linien dienen Kanten, Mittelpunkte, Scheitel und Seitenränder. Maßlinien zeigen Entfernungen zwischen ausgewählten Objekten an. Bewegen Sie die Maus mit gedrückter `cmd`/`Strg`-Taste, blenden Sie die Maßlinien ein.

Neu in diesem Workshop

- Objektausrichtung per Ziehen
- Objektausrichtung per Skalieren
- Objektausrichtung per Drehen

[Dateien: »Beispiel_2-7.afdesign« »Beispiel_2-7_fertig.afdesign«]

VERSCHIEBEN-WERKZEUG
Objekte markieren und verschieben

ZEICHENSTIFT
Linien und Formen erstellen

1 Objektausrichtung per Ziehen

Öffnen Sie die Datei »Beispiel_2-7.afdesign«. Mit dem Verschieben-Werkzeug [icon] klicken Sie die schwarze Pupille oben links an. Der Kreis und dessen Ebene ❶ werden blau und können ausgerichtet werden. Mit einem Klick und einer gleichzeitigen Ziehbewegung ziehen Sie den schwarzen Kreis nach unten. Rote und grüne dynamische Hilfslinien ❷ zeigen Ihnen den Mittelpunkt an. Die Hilfslinien sind nur sichtbar, wenn die Magnetische Ausrichtung [icon] eingeschaltet und An Objektbegrenzung ausrichten aktiviert ist.

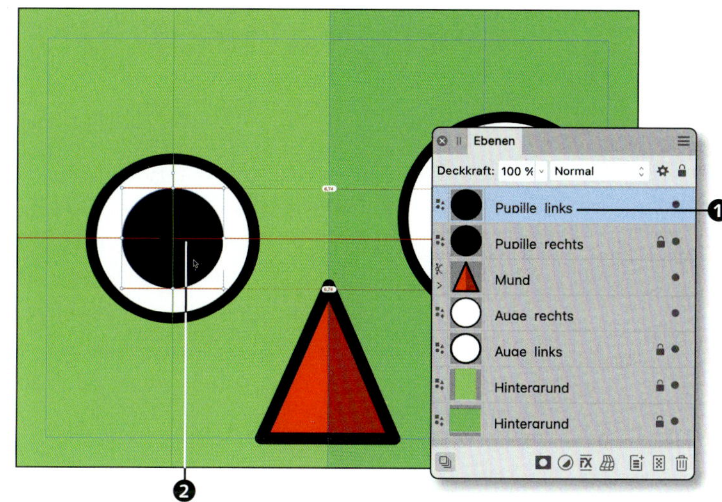

2 Objektausrichtung per Skalieren

Den weißen Kreis können Sie mit dem Verschieben-Werkzeug [icon] per Größenangabe ❸ skalieren. Am äußeren Eckpunkt wird der Mauszeiger zu einem Doppelpfeil. Halten Sie die [⇧]-Taste beim verkleinernden Ziehen mit der Maus gedrückt, so wird der Kreis nicht verzerrt. Lassen Sie sich die roten und grünen Linien für den Mittelpunkt anzeigen. Wenn Sie bei aktiver magnetischer Ausrichtung den Zeichenstift [icon] nutzen, lassen sich Vektorknoten oder Griffe bequem an den dynamischen Hilfslinien ausrichten.

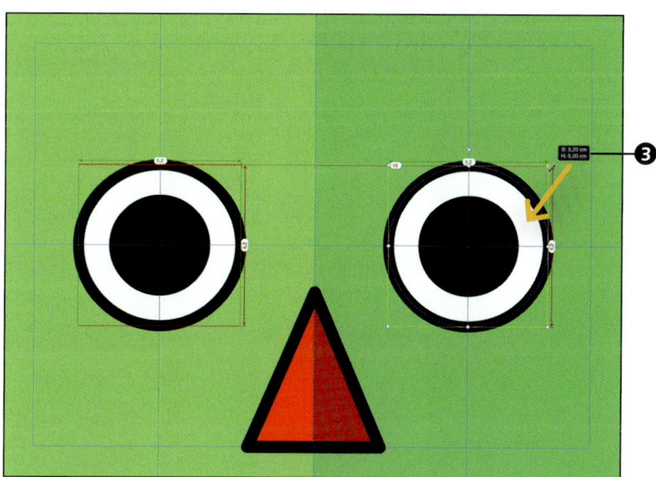

3 Objektausrichtung per Drehen

Das rote Dreieck können Sie mit dem Verschieben-Werkzeug [icon] und per Winkelangaben ❹ drehen. Am äußeren Eckpunkt wird der Mauszeiger zu einem Drehpfeilsymbol ❺. Klicken und drehen Sie das Dreieck um 180°. Lassen Sie sich die dynamischen Hilfslinien anzeigen. Der Abstand der Augen und Kanten wird mit Linien verdeutlicht.

Neben den dynamischen Hilfslinien werden auch die Abstände der Objekte zueinander in der aktuellen Dokumenteinheit angezeigt und erleichtern somit das Ausrichten und Platzieren von Designelementen.

Webgrafiken pixelgenau

Pixelausrichtung erzwingen

Die Option PIXELAUSRICHTUNG ERZWINGEN ist eine Zusatzfunktion bei der Verwendung der magnetischen Ausrichtung. Die erzwungene Pixelausrichtung ist für Webgrafiken besonders empfehlenswert. Hiermit werden Griffe, Knoten, Objekte oder ausgewählte Pixelbereiche automatisch an ganzen Pixeln ausgerichtet. Ist diese Option deaktiviert, lassen sich Vektorobjekte und Auswahlbereiche auf Bruchteilen von Pixeln – »halben Pixeln« – platzieren. Sie sollten diese Option nur in Betracht ziehen, wenn Sie »Pixeltreppen« bewusst in Ihre Arbeit einbeziehen wollen.

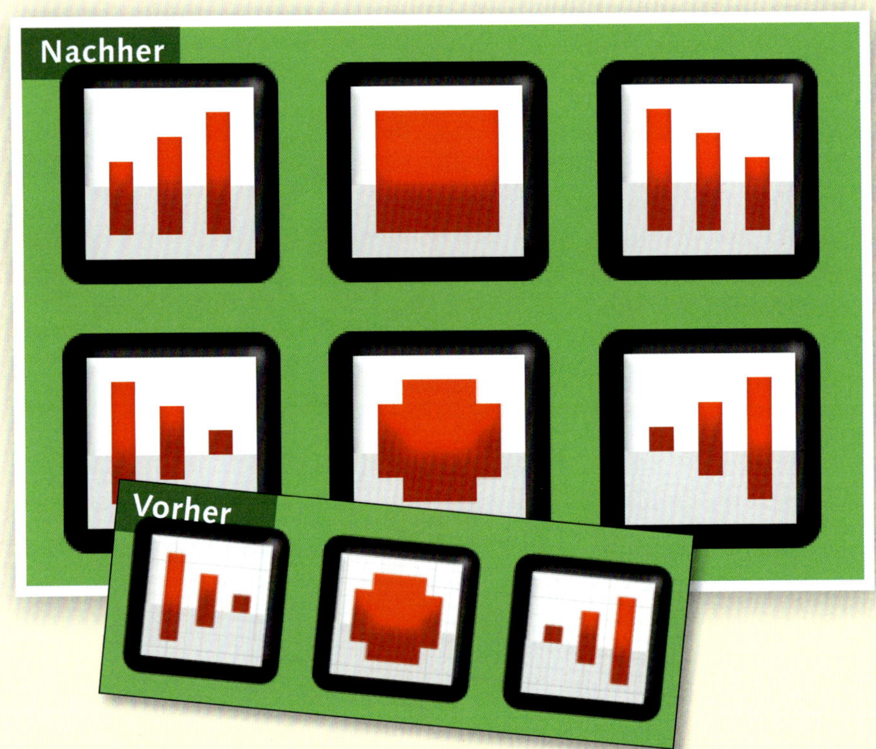

Neu in diesem Workshop

- Pixelausrichtung aktivieren
- Um ganze Pixel verschieben
- Pixelausrichtung deaktivieren

[Dateien: »Beispiel_2-8.afdesign« »Beispiel_2-8_fertig.afdesign«]

 **PIXELAUSRICHTUNG ERZWINGEN**
Vektorlinien exakt auf dem Raster

 **UM GANZE PIXEL VERSCHIEBEN**
Vektorlinien exakt am Pixel entlang

 **PIXELANSICHT UMSCHALTEN**
Pixelausrichtung überprüfen

1 Pixelausrichtung aktivieren

Aktivieren Sie in der Symbolleiste ❶ PIXEL-ANSICHTSMODUS. Die Icons der Datei »Beispiel_2-8.afdesign« sind nicht an »ganzen Pixeln« ausgerichtet. Sie sehen unerwünschte Pixeltreppen ❸. Um Pixeltreppen zu vermeiden, aktivieren Sie vor dem Zeichnen bei der magnetischen Ausrichtung bereits PIXELAUSRICHTUNG ERZWINGEN sowie UM GANZE PIXEL VERSCHIEBEN ❷. Unter VORGABEN verwenden Sie die Option PIXELARBEIT oder UI-DESIGN. Klicken Sie ANSICHT • RASTER EINBLENDEN, oder drücken Sie [cmd]/[Strg] + [#].

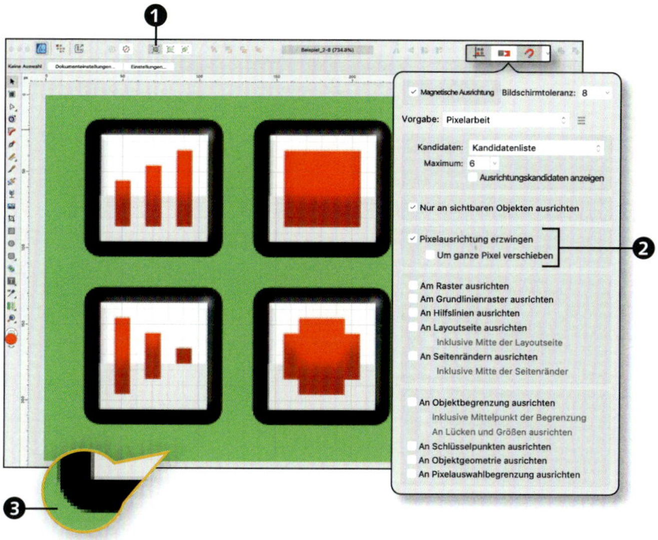

2 Um ganze Pixel verschieben

Die Rastereinstellungen sind als RASTERTYP • STANDARD mit der Einstellung GLEICHMÄSSIG mit 10 × 10 px vorgegeben (ANSICHT • RASTER UND ACHSEN). Markieren Sie mit dem Verschieben-Werkzeug alle Icons im Ebenen-Panel ❹, indem Sie [⇧] drücken und alle Ebenen anklicken. Nun können Sie die Icons an die Rasterlinien ❺ schieben.

Aber: Aktivieren Sie im Nachhinein UM GANZE PIXEL VERSCHIEBEN und positionieren Sie erneut Objekte, werden die Objektgrößen möglicherweise leicht verändert.

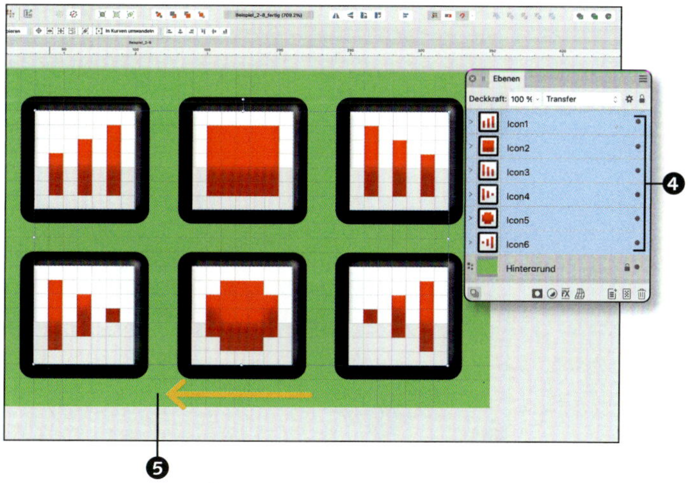

3 Pixelausrichtung deaktivieren

Möglicherweise stört Sie die Pixelausrichtung beim Designen, da die Mausbewegungen, das Verhalten der Werkzeuge, die Ankerpunkte oder Vektorgriffe sowie die dynamischen Hilfslinien magnetisch am Pixelraster erzwungen werden. Nach erneutem Klick auf die dunkel hinterlegten Symbole ❼ ist die Pixelausrichtung deaktiviert. Die Symbole werden bei deaktiviertem Status ❻ hell.

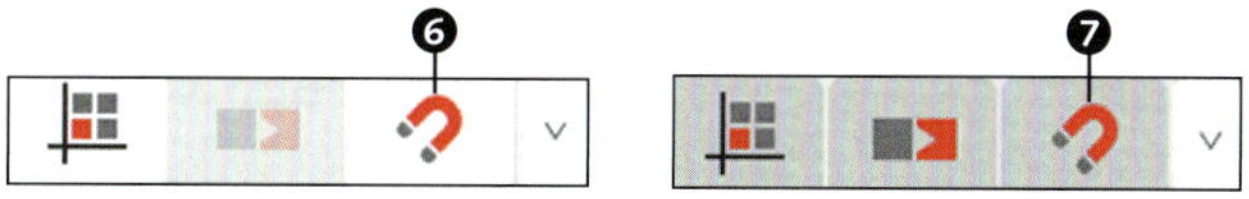

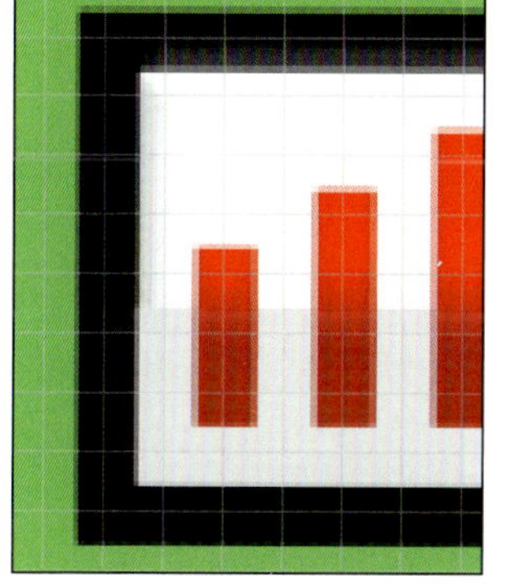

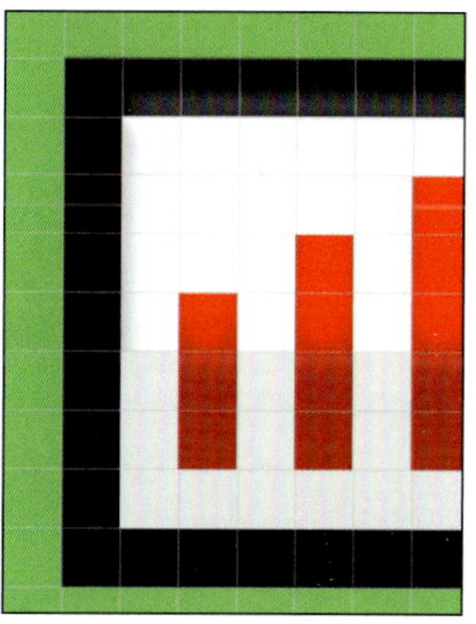

Arbeiten mit Snapshots

Arbeitsschritte dokumentieren und speichern

Snapshots sind Momentaufnahmen eines Entwicklungsprozesses. Sie können mehrere Arbeitsschritte als »Zwischenergebnisse« sichern oder löschen. Anschließend lassen sich die Snapshots bequem vergleichen. Aus Snapshots lassen sich auch neue Dokumente erstellen. Ihre gesamten Snapshots werden in einem Dokument gespeichert und lassen sich jederzeit öffnen. Für den Namen der Snapshots verwendet Affinity Designer standardmäßig das Datum und den Zeitpunkt ihrer Speicherung, natürlich können Sie auch einen eigenen Namen vergeben.

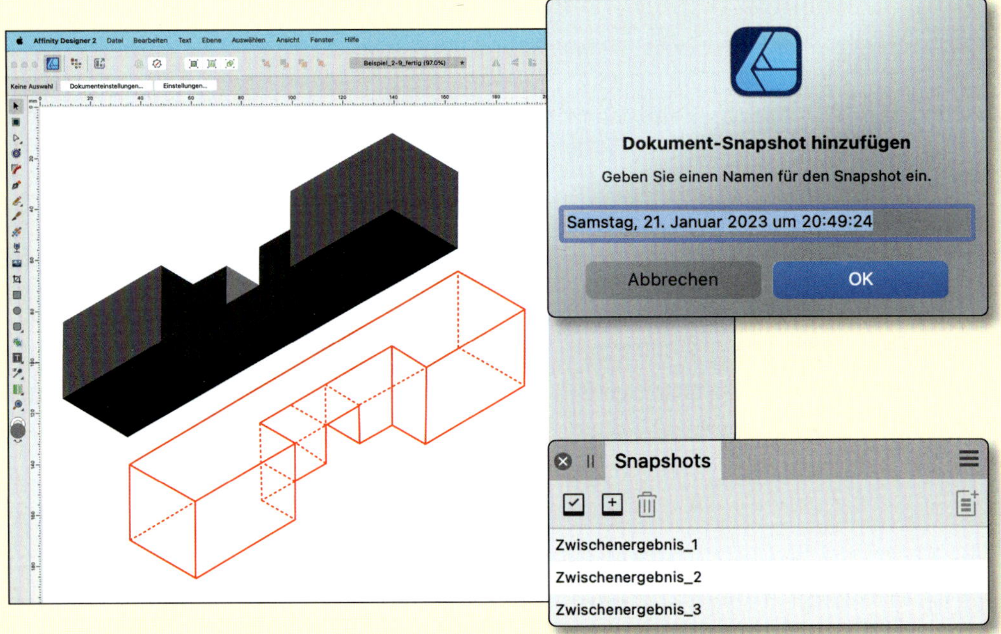

Neu in diesem Workshop

- Snapshot erstellen und löschen
- Snapshot wiederherstellen
- Dokument aus Snapshot

[Datei: »Beispiel_2-9_fertig.afdesign«]

SNAPSHOT WIEDERHERSTELLEN
Vorheriger Zustand wird hergestellt.

SNAPSHOT HINZUFÜGEN
Neuer Snapshot wird erzeugt.

SNAPSHOT LÖSCHEN
Ungewollter Snapshot wird gelöscht.

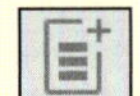

NEUES DOKUMENT AUS SNAPSHOT
Dokument wird aus Snapshot erzeugt.

1 Snapshot erstellen und löschen

Mit Snapshots können Sie Änderungen im Designprozess dokumentieren, rückgängig machen, vergleichen und eine finale Version finden und abspeichern. Klicken Sie mit dem Verschieben-Werkzeug die gruppierte Ebene »Figur_3D-Projektion« an. Löschen Sie die Ebene über das Symbol rechts unten. Klicken Sie Snapshot hinzufügen ❶, und benennen Sie diesen als »Zwischenergebnis_4«. Markieren Sie den neuen Snapshot per Klick. Sie können ihn unter Snapshot löschen ❷ wieder entfernen.

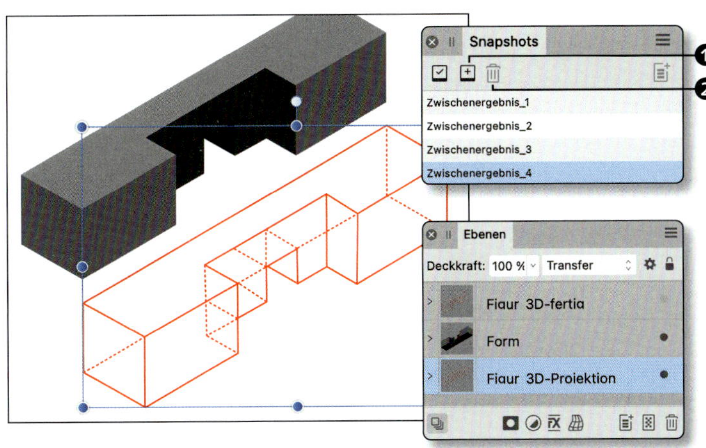

2 Snapshot wiederherstellen

Haben Sie verschiedene Änderungsschritte als Snapshots erstellt, können Sie diese wiederherstellen. »Wiederherstellen« bedeutet, dass verschiedene Änderungsschritte erneut sichtbar werden. Klicken Sie beispielsweise den Snapshot Zwischenergebnis_2 an. Unter Snapshot wiederherstellen ❸ können Sie sich den Änderungsschritt dieses Snapshots erneut anzeigen lassen. Einmal benannte Snapshots können nicht mehr umbenannt werden. Und: In der Export Persona gibt es keine Snapshots.

3 Neues Dokument aus Snapshot

Klicken Sie den Snapshot Zwischenergebnis_3 an. Unter dem Symbol Snapshot wiederherstellen ❸ wird ein weiterer Änderungsschritt angezeigt. Sie können diesen Snapshot als neue Datei öffnen; somit arbeiten Sie zerstörungsfrei und können alle Änderungsschritte dokumentieren. Klicken Sie dazu auf Neues Dokument aus Snapshot erstellen ❹. Eine neue Datei wird erstellt und geöffnet.

Anmerkung: Sie können beliebig viele Snapshots erstellen, bedenken Sie aber, dass Ihre Datei dabei immer größer wird.

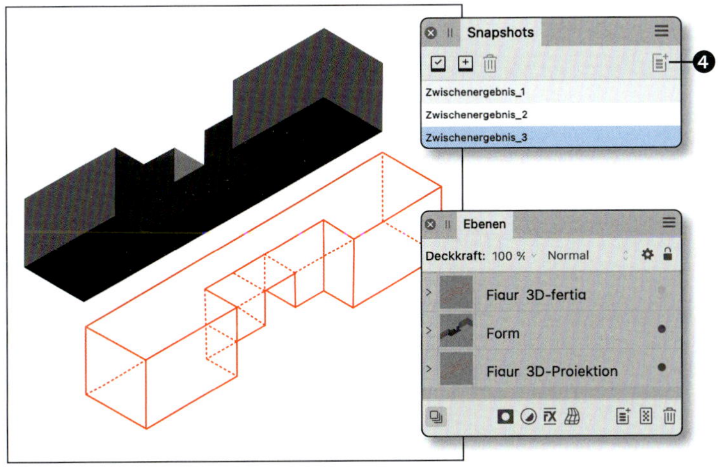

Die wichtigsten Tastenkürzel

Häufig verwendete Werkzeuge und Befehle

In Affinity Designer sind den meisten Werkzeugen Tastenkürzel zugewiesen. Drücken Sie beispielsweise die Taste [Z], haben Sie einen direkten Zugriff auf das Zoomwerkzeug. Die Lupe ist nun aktiviert und kann verwendet werden. Einige dieser sogenannten Shortcuts kennen Sie möglicherweise bereits aus anderen Programmen. Verweilen Sie länger mit Ihrem Mauszeiger über Werkzeugen, Symbolen oder Menüpunkten, wird Ihnen der zugewiesene Shortcut angezeigt. Die vollständige Liste aller Tastenkürzel erhalten Sie über das Menü HILFE • AFFINITY DESIGNER HILFE (Windows: HILFE).

Anmerkung: Die folgende Abbildung finden Sie unter *www.rheinwerk-verlag.de* zum Download. Windows-Anwender nutzen die [Strg]-Taste statt der [cmd]-Taste.

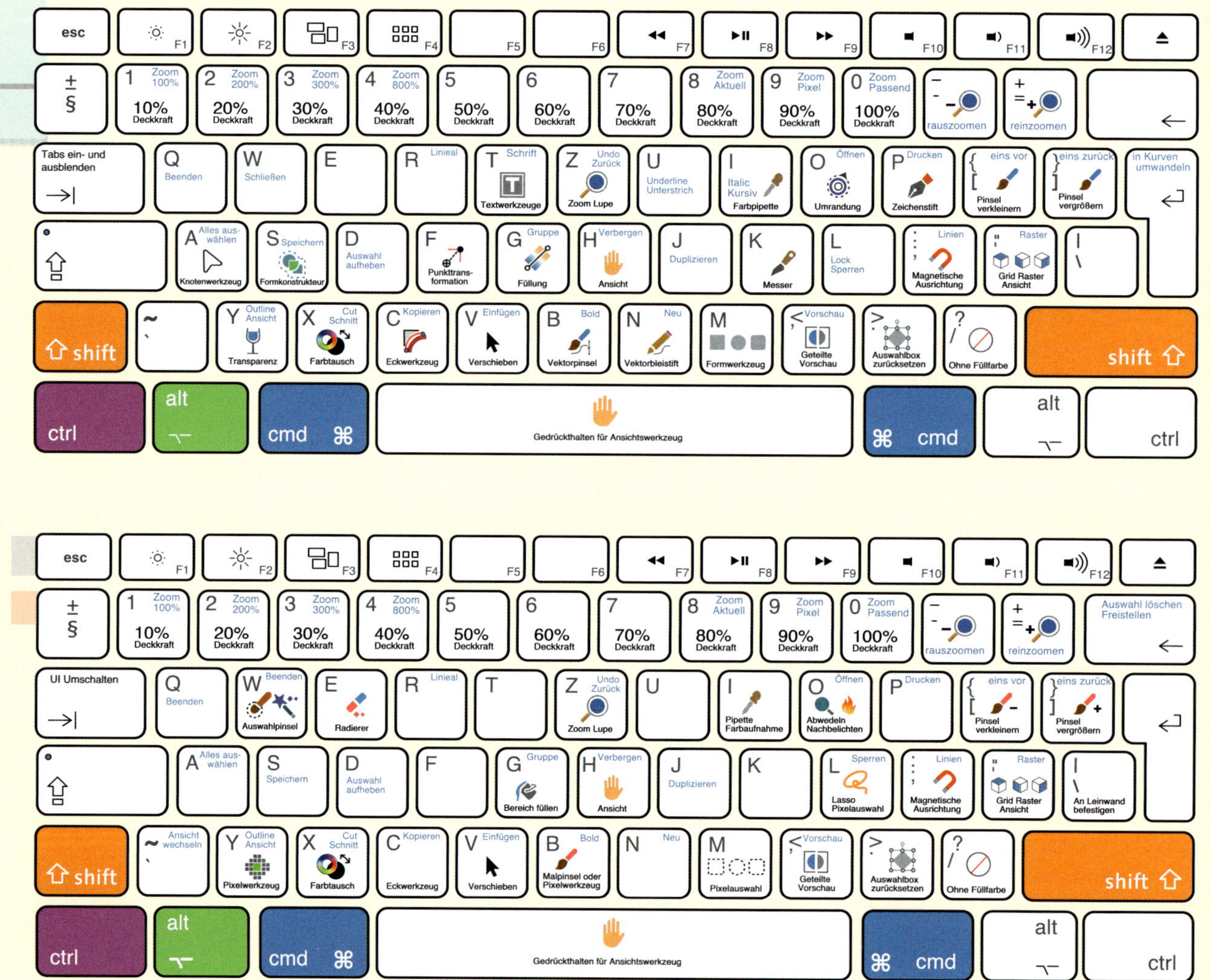

Praktische Tastenkürzel für die Textverarbeitung in der Designer Persona

In Affinity Designer können Sie zwei Textarten verwenden: Sie können mit den Textwerkzeugen einen Rahmentext und einen Grafiktext erzeugen. Mit dem Grafiktext lässt sich Text an Pfaden ausrichten.

Bei der Textverarbeitung werden Ihnen oft die [Alt]-Taste, die [Strg]/[cmd]-Taste und die [⇧]-Taste sowie auf dem Mac die [ctrl]-Taste begegnen. Diese Tasten erleichtern Ihnen das Arbeiten mit Texten. Die nebenstehende Grafik führt die wichtigsten Shortcuts der Textverarbeitung auf. Drücken Sie beispielsweise die Pfeiltasten mit gedrückter [⇧]-Taste, können Sie schnell und bequem den Abstand oder den Durchschuss von Textzeilen vergrößern sowie verkleinern.

Anmerkung: Mehr zu den Themen Typografie und Textverarbeitung finden Sie ab Seite 230.

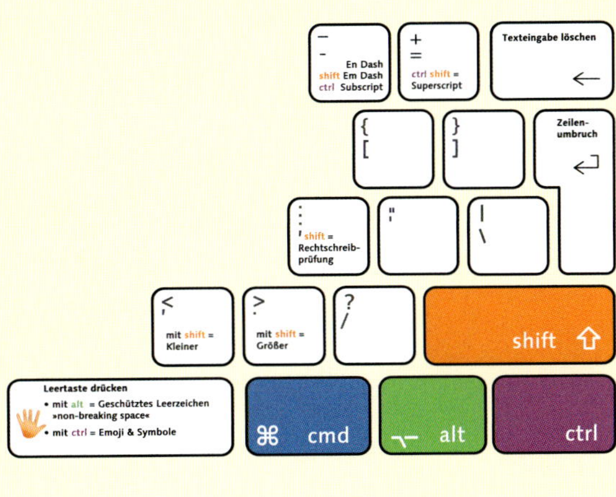

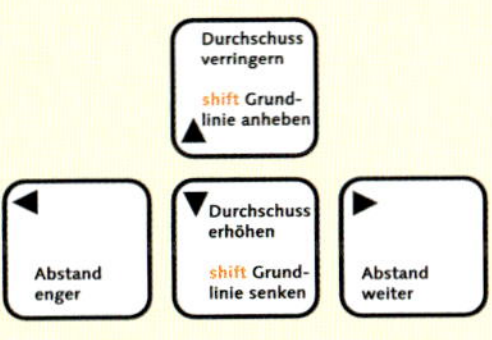

Aktion	Shortcuts
Panel Zeichen öffnen	[Strg]/[cmd] + [T]
Panel Typografie öffnen	[Strg]/[cmd] + [⇧] + [T]
Bold (fett)	[Strg]/[cmd] + [B]
Italic (kursiv)	[Strg]/[cmd] + [I]

Gesten des Trackpads und der Maus

Affinity Designer wurde für die Arbeit mit Multitouch-Geräten wie der Magic Mouse oder dem Trackpad entworfen. Für verschiedene Zeige-, Klick-, Scroll- und Zoomvorgänge können Sie folgende Gesten nutzen die ich Ihnen auch nebenstehend kurz zeige:

- Mit Force Touch können Sie per Daumen und Zeigefinger hinein- und herauszoomen 1, indem Sie Ihre Finger auseinander- und zusammenziehen.
- Sie können schnell die Leinwand drehen 3 oder Ansichten schwenken 2.
- Mit der [Alt]- und der [⇧]-Taste oder der [cmd]/[Strg]-Taste können Sie auf weitere Optionen 4 zugreifen oder Funktionen verfeinern.

Zoomen per Force Touch oder per Maus

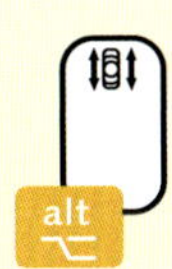

Schwenken

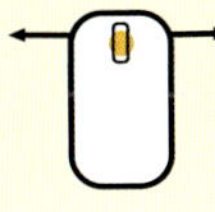

Scrollen oder Rollen und Blättern

Kontextmenü anzeigen

Leinwand drehen

Kopieren

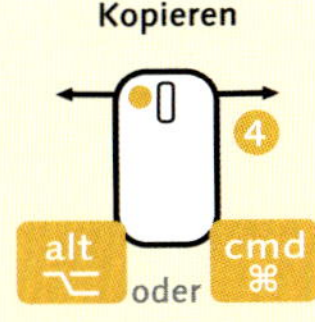

Affinitys Werkzeuge mit Shortcuts

Alle Tools der Designer Persona, Pixel Persona sowie Export Persona

Designer Persona	Pixel Persona	Export Persona
Verschieben-Werkzeug [V]	Verschieben-Werkzeug [V]	Slice-Werkzeug [S]
ArtBoard-Werkzeug	Auswahlrahmen – Rechteck [M]	Slice-Auswahl [L]
Knotenwerkzeug [A]	Auswahlrahmen – Ellipse [M]	Ansichtswerkzeug [H]
Punkttransformation [F]	Auswahlrahmen – Zeilen [M]	Zoomwerkzeug [Z]
Umrandung [O]	Auswahlrahmen – Spalten [M]	
Ecke [C]	Freihandauswahl [L]	
Zeichenstift [P]	Auswahlpinsel [W]	
Bleistift [N]	Bereich auswählen [W]	
Vektorpinsel [B]	Pixelwerkzeug [Y]	
Messer [K]	Malpinsel [B]	
Füllung [G]	Radierer [E]	
Transparenz [Y]	Bereich füllen [G]	
Bild platzieren	Abwedeln [O]	
Vektorzuschnitt	Nachbelichten [O]	
Rechteck [M]	Verwischen	
Ellipse [M]	Weichzeichnen	
Abgerundetes Rechteck [M]	Scharfzeichnen	
Dreieck u. a.	Farbpipette [I]	
Formkonstrukteur [S]	Ansichtswerkzeug [H]	
Rahmentext [T]	Zoomwerkzeug [Z]	
Grafiktext [T]		
Farbpipette [I]		
Stilpipette		
Maßwerkzeug		
Flächenwerkzeug		
Zoomwerkzeug [Z]		
Ansichtswerkzeug [H]		

Häufigste Aktionen	Shortcuts Mac	Shortcuts Windows
Designer Persona	cmd + alt + R	
Pixel Persona	cmd + alt + P	
Export Persona	cmd + alt + E	
Arbeitsbereich ausblenden	cmd + H	
Studio ein-/ausblenden	⇧ + cmd + H	⇧ + H
Symbolleiste ein-/ausblenden	alt + cmd + T	Strg + Alt + T
Programmoberfläche ein/aus	⇥	↹
Programmeinstellung	cmd + ,	Strg + ,
Neues Dokument	cmd + N	Strg + N
Neu aus Zwischenablage	cmd + alt + ⇧ + N	Strg + Alt + ⇧ + N
Dokument öffnen	cmd + ,	Strg + O
Dokumenteinstellungen	cmd + ⇧ + P	Strg + ⇧ + P
Dokument schließen	cmd + W	Strg + W
Speichern	cmd + S	Strg + S
Speichern unter	cmd + ⇧ + S	Strg + ⇧ + S
Exportieren	cmd + alt + ⇧ + S	Strg + Alt + ⇧ + S
Drucken	cmd + P	Strg + P
Mehrere Objekte anwählen	⇧-Klick	⇧-Klick
Objektverschiebung	⇧-Ziehen	⇧-Ziehen
Kontur und Füllung wechseln	X	X
Tausch Kontur/Füllung	⇧ + X	⇧ + X
Geteilter Ansichtsmodus ein/aus	,	,
Aktionen abbrechen	esc	Esc
Skalieren im Verhältnis	⇧-Ziehen	⇧-Ziehen
Rückgängig	cmd + Z	Strg + Z
Wiederholen	cmd + ⇧ + Z	Strg + ⇧ + Z
Stil übertragen	cmd + ⇧ + V	Strg + ⇧ + V
Ohne Format einfügen	cmd + alt + ⇧ + V	Strg + Alt + ⇧ + V
In Objekt einfügen	cmd + alt + V	Strg + Alt + V
Gruppieren	cmd + G	Strg + G
Gruppierung aufheben	cmd + ⇧ + G	Strg + ⇧ + G
Duplizieren	cmd + J	Strg + J
Schützen/Sperren	cmd + L	Strg + L
Schutz/Sperre aufheben	cmd + ⇧ + L	Strg + ⇧ + L
Schutz für alles aufheben	cmd + ctrl + L	Strg + Alt + ⇧ + L
In Kurven umwandeln	cmd + ↵	Strg + ↵

Kurven, Formen und Farben

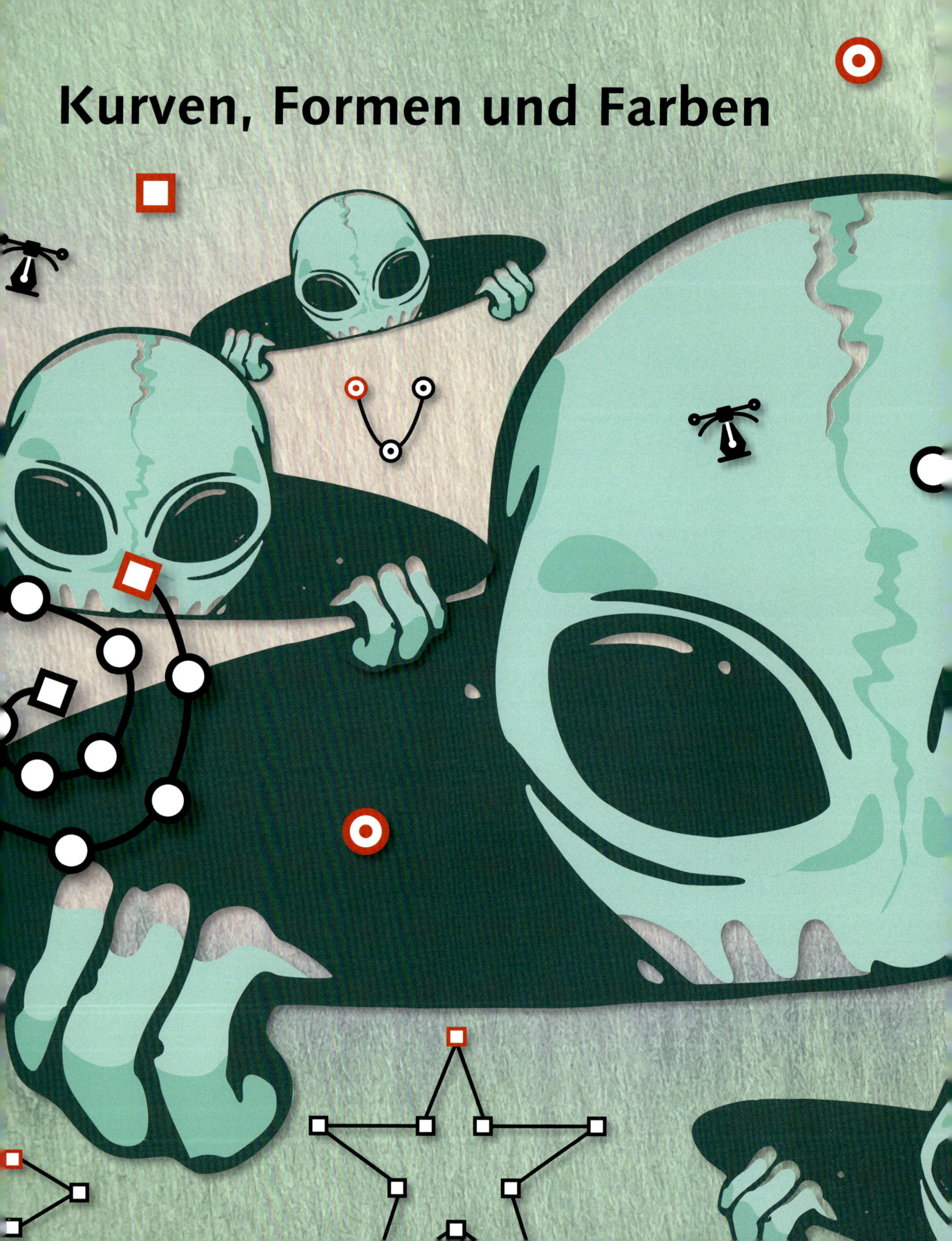

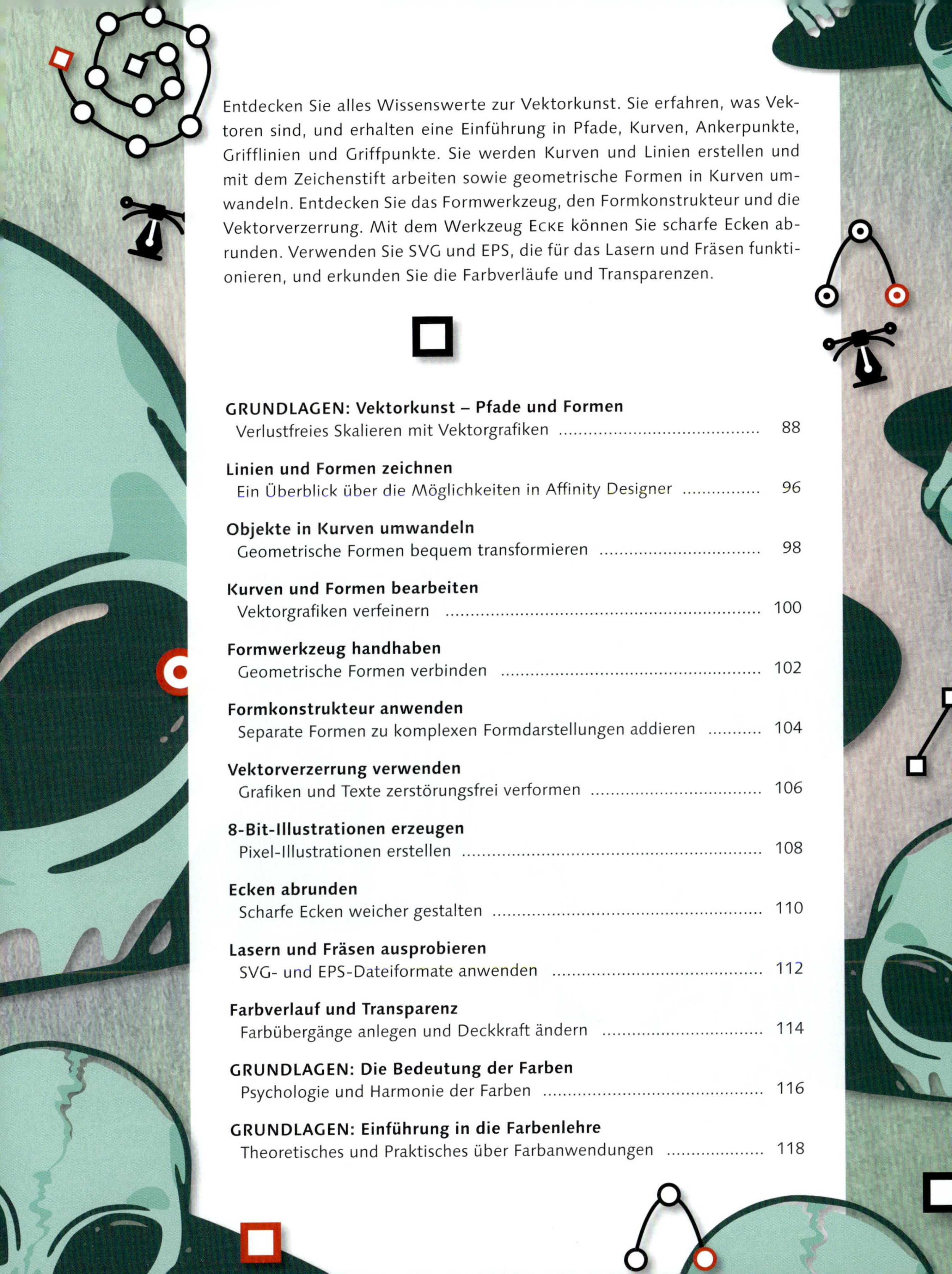

Entdecken Sie alles Wissenswerte zur Vektorkunst. Sie erfahren, was Vektoren sind, und erhalten eine Einführung in Pfade, Kurven, Ankerpunkte, Grifflinien und Griffpunkte. Sie werden Kurven und Linien erstellen und mit dem Zeichenstift arbeiten sowie geometrische Formen in Kurven umwandeln. Entdecken Sie das Formwerkzeug, den Formkonstrukteur und die Vektorverzerrung. Mit dem Werkzeug ECKE können Sie scharfe Ecken abrunden. Verwenden Sie SVG und EPS, die für das Lasern und Fräsen funktionieren, und erkunden Sie die Farbverläufe und Transparenzen.

Vektorkunst – Pfade und Formen

Verlustfreies Skalieren mit Vektorgrafiken

Was genau sind Vektorgrafiken?

Vektorgrafiken sind Computergrafiken; sie werden aus einfachen Parametern, sprich **grafischen Grundformen**, konstruiert. Grafische Grundformen sind beispielsweise Kreise, Dreiecke, Rechtecke oder andere Formen. Sie beschreiben eine zweidimensionale Computergrafik. Affinity Designer bietet Ihnen dafür alle Werkzeuge zu Hause oder unterwegs.

Grafische Grundformen bilden **Polygone**, d.h. »geometrische Figuren«. Polygone werden durch mindestens drei Ankerpunkte und durch deren geschlossene Linien beschrieben. Die Linien bilden dabei **Pfade**. In Affinity Designer werden diese Pfade oder Vektoren als **Kurven** bezeichnet, und die Linien werden mit **Kontur** benannt.

Vektorgrafiken sind unabhängig von der Auflösung diverser Ausgabegeräte wie Drucker oder Bildschirme. Ihr größter Vorteil ist die Möglichkeit des **verlustfreien Skalierens**. Mit Affinity Designer und dessen Seitenbeschreibungssprache PostScript oder dem *Portable Document Format* (PDF) können Sie Vektorgrafiken mit der bestmöglichen Auflösung auf Bildschirmen verlustfrei darstellen oder drucken. Die Stärken von Vektorgrafiken liegen in der Visualisierung von Icons, Diagrammen, Firmenlogos, Bildwerbungen, Fahrzeugbeschriftungen, Infografiken, Illustrationen, Leitsystemen, Webgrafiken oder Produktdesign. Vektorgrafiken lassen sich von Plottern oder Lasern und Fräsen direkt auf verschiedene Materialien anwenden.

Vektorgrafik – mathematische Parameter
Vektoren sind verlustfrei skalierbar. Die Kurven ❶ bilden saubere Linien und Flächen.

Pixelgrafik – zusammengesetzte Bildpunkte
Pixelgrafiken bestehen aus Bildpunkten ❷, die beim Skalieren Pixeltreppen verursachen.

Vektorgrafiken konstruieren

Um einen Fußball ❸ als Vektorgrafik zu beschreiben, benötigt Affinity Designer folgende Informationen: die Lage des Kreismittelpunktes und dessen Kreisdurchmesser sowie die grafischen Grundformen Polygone ❹ und deren Größe und Position. Polygon bedeutet »Vieleck« und bezeichnet eine geometrische Form, die durch eine geschlossene Strecke – »Linie« ❺ – gebildet wird. Sie erzeugen ein Polygon, indem Sie mindestens drei Punkte miteinander durch Linien verbinden. Neben den Grundformen und Positionen werden ebenfalls Farben, Konturen, Muster, Transparenzen und Effekte in der Datei gespeichert. Exportieren Sie Ihre Vektorgrafiken als EPS- oder SVG-Dateien.

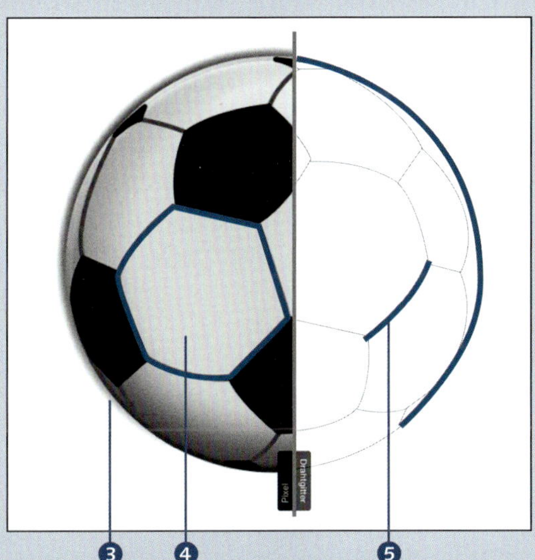

Geteilte Ansicht
Links die Vektorgrafik als Pixelansicht, rechts die Konstruktion in der Drahtgitteransicht

Vektorgrafiken – Anwendungen

Verlustfreies Skalieren
Bildschirm- und Druckwiedergaben sind auflösungsunabhängig.

Kleine Dateigröße
Speicherbedarf und Datenformate sind platzsparend.

Vielfache Geräteausgabe
Drucker, Bildschirme, Plotter, Laser, Fräsen etc. sind ansteuerbar.

Logos, Icons, Diagramme
Gleichbleibende Bildsprache, verlustfreie Wiedergabe

Großflächige Bildwerbung
Gebäude, Oberflächen, Messestände, Planen, Plakate etc.

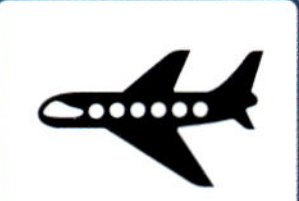

Fahrzeugbeschriftungen
Flugzeuge, Ballons, Zeppeline, Schiffe, Züge, Lastwagen etc.

Infografiken – Illustrationen
Darstellungen für Medizin, Technik, Wissenschaft etc.

Leitsysteme und Schriften
Beschilderungen in Flughäfen, Krankenhäusern etc.

Internet und Webgrafiken
Vektorgrafiken mit offenem SVG-Format oder SWF-Dateien (Flash)

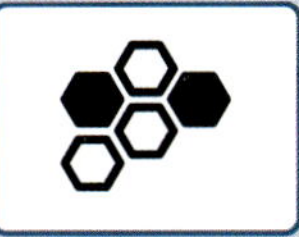

Design, Kunst und Produkte
Kunstdruck, Textildruck, Gamedesign, Konzeptdesign etc.

Die Anatomie des Pfades

Bei der Konstruktion von Vektorgrafiken und Kurven ist das Wissen um einige geometrische Grundlagen immer sehr hilfreich.

Offene Kurve – Linie

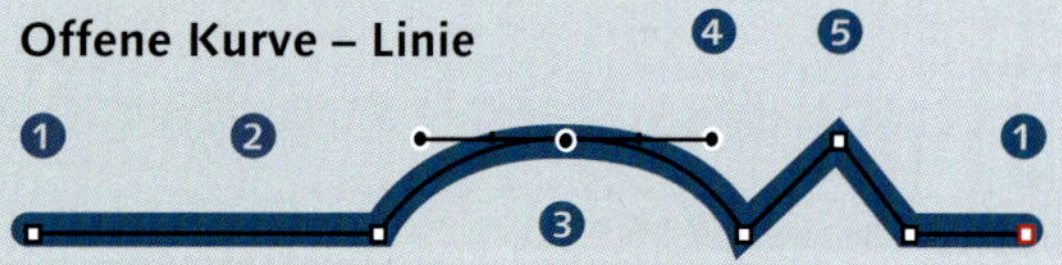

Geschlossene Kurve – Linie und Form mit Kontur

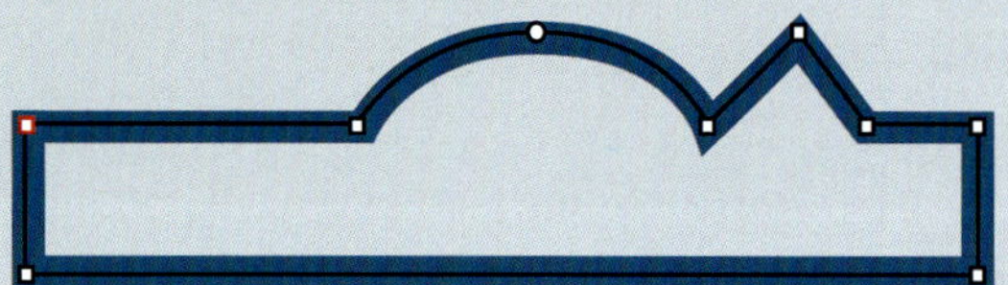

Pfade (Designer: **Kurven**) bilden die Grundlage aller Formen. Sie werden mit Zeichenstift [P], Vektorpinsel [B] oder Bleistift [N] erzeugt.

- Mindestens zwei **Ankerpunkte** (**Knoten**) bilden eine Linie. Linien sind offene Kurven.
- Kurven oder Linien besitzen immer zwei **Endpunkte** ❶, wobei einer davon den Anfangs-, der andere den Endpunkt bildet. Wird der Endpunkt wieder mit dem Anfangspunkt verbunden, beschreibt die Linie eine Form, die Kurve ist somit geschlossen und kann mit Farbe gefüllt werden.
- Der Bereich zwischen zwei Ankerpunkten einer Kurve ist ein **Kurvensegment** ❷.
- Bei Affinity Designer gibt es zwei Arten von Ankerpunkten: Eine Art ist der **Übergangspunkt** ❸ oder Kurvenpunkt, der sich nahtlos auf dem Kurvensegment befindet. Ziehen Sie an den Grifflinien ❹, und ändern Sie deren Länge und Ausrichtung, um Rundungen an den Kurvenpunkten zu beeinflussen. Die zweite Art des Ankerpunktes ist der **Eckpunkt** ❺, dieser bildet eine Ecke oder eine Richtungsänderung.

Die Vektorwerkzeuge in der Designer Persona

Ihnen stehen Zeichenstift, Bleistift und Vektorpinsel mit ihren Kontextleisten sowie praktischen Modi, Aktionen und Ausrichtungen zur Verfügung. Mit Bleistift und Vektorpinsel können Sie freihändig malen. Die Knoten werden automatisch erstellt, Kurven sind aber schwer zu schließen. Nutzen Sie dafür die Aktion Automatisch schliessen. Der Knotentyp bestimmt den Kurvenverlauf:

- Spitz ❻ für Ecken, Richtungsänderungen
- Bézier ❼ (glatt) für durchgängige Kurven
- Smart ❽ für bestmögliche weiche Kurven

Zeichenstift
Präzise Kurven

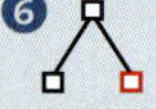
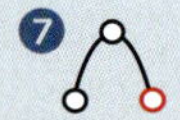
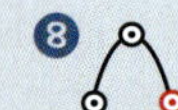

Bleistift
Kurven freihändig ziehen

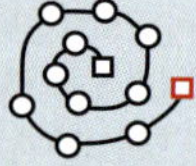

Vektorpinsel
Striche freihändig malen

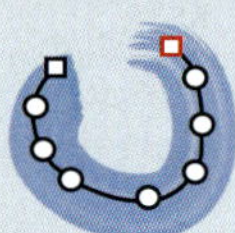

Stabilisatoren ermöglichen klare Linien beim Bleistift und Vektorpinsel. Variable Breiten der Pinsel- und Bleistiftstriche lassen sich per Tempo der Maus oder per Druck auf dem Grafiktablet bestimmen.

Zeichenstift – Kontextleiste

Bleistift – Kontextleiste

Vektorpinsel – Kontextleiste

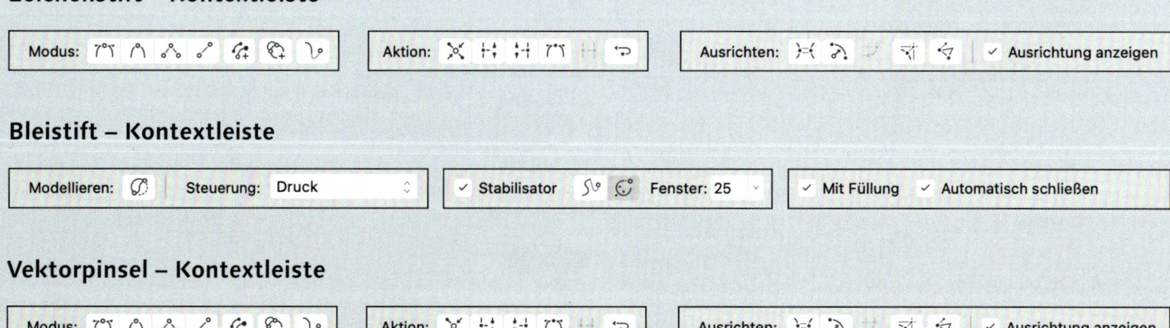

Der Zeichenstift – hilfreiche Modi nutzen

Um Kurven sauber mit dem Zeichenstift zu erstellen, finden Sie viele Funktionen in der Kontextleiste. Bevor Sie Kurven zeichnen, wählen Sie einen Modus ❾. Wollen Sie rund oder eckig zeichnen? Sie können jederzeit Knoten per Doppelklick aktivieren und bei Bedarf erneut umwandeln ❿. Sollte Ihnen eine Kurve nicht gelungen sein, können Sie unter Aktion ⓫ Verbesserungen vornehmen. Nutzen Sie verschiedene Optionen für die ganz exakte Ausrichtung ⓬ Ihrer Knoten (mehr zum Zeichnen von Kurven finden Sie ab Seite 96).

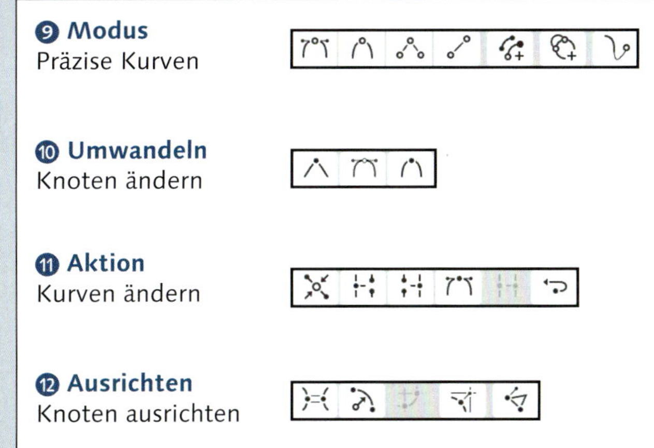

Die Modi – Kurven konstruieren

- Mit dem Zeichenstift im **Linienmodus** können Sie zwei Ankerpunkte setzen und erhalten immer eine Linie. Mit jedem weiteren Klick zeichnen Sie eine neue Linie. Sie brauchen nicht esc zu drücken, um die Linie zu deaktivieren, das vereinfacht Ihren Arbeitsfluss.
- Im **Polygon-Modus** können Sie eckige Kurven erstellen. Mit dem zweiten Klick auf den Anfangspunkt schließen Sie die Kurve und bilden eine Form. Hierbei kann die magnetische Ausrichtung helfen.
- Im **Smart-Modus** können Sie grob mit dem Zeichenstift Ankerpunkte setzen. Dieser Modus formt dann automatisch saubere Kurven und unterstützt damit vor allem Einsteiger.
- Der **Stiftmodus** ist für Aufsteiger und Überflieger. Hier überlassen Sie nichts dem Zufall. Ziehen Sie für weiche und gleichmäßige Kurven und Formen an den Grifflinien der Übergangspunkte.

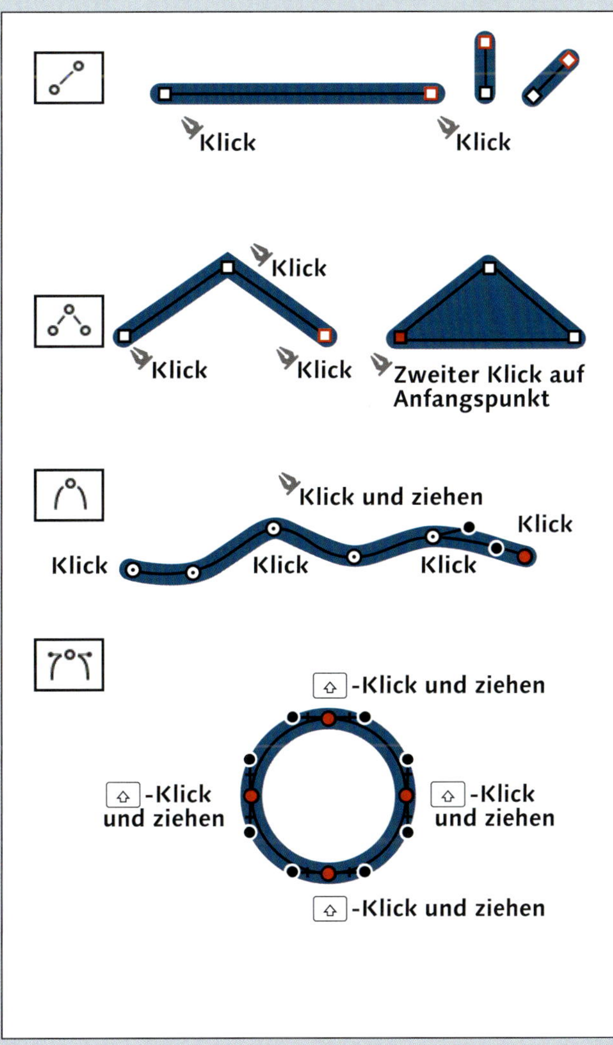

Wollen Sie offene Kurven so lassen, drücken Sie esc zum Deaktivieren. Halten Sie wahlweise die ⇧-Taste, können Sie Kurven oder Ankerpunkte im 45°-Winkel bewegen. Mit Alt deaktivieren Sie die Ausrichtung oder ändern per Klick den Knotentyp.

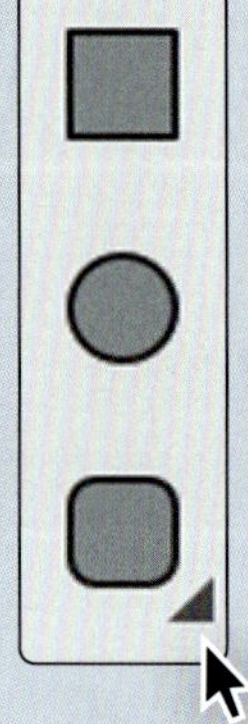

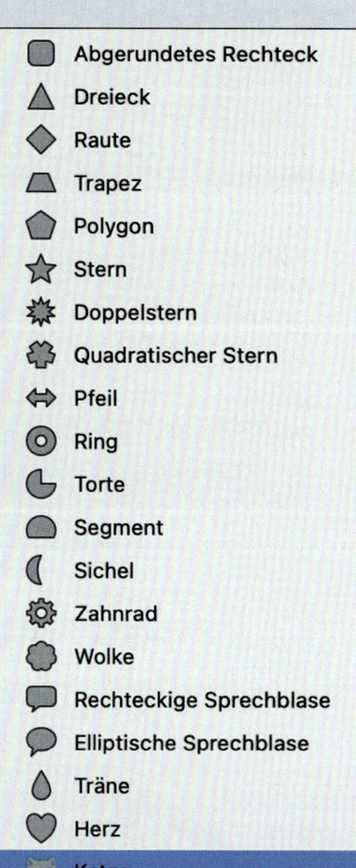

Formen in der Werkzeugleiste

In der Werkzeugleiste finden Sie alle Grundformen. Ein Designklassiker ist das Dreieck.

- **Dreiecke** verdeutlichen als Keile Bewegungen, als Pyramiden Abstufungen und als Kegel Abstraktion. Dreiecke stellen 123- oder ABC-Systeme dar.
- Das **Viereck** verdeutlicht Zeit und Raum, bildet Gitter, Raster sowie Histogramme.
- Der **Kreis** und die Tortenform visualisieren große Datenmengen. Sie stellen Leben, Strukturen und Systeme dar.

Unter dem Dreieck verbergen sich weitere hilfreiche Formen. Klicken Sie die kleine dreieckige Schaltfläche an, um sie sichtbar zu machen. Ein kleiner Gag der Programmierer: Klicken Sie mit der Taste `Alt` auf das Dreieck, wird in der Formübersicht eine Katze sichtbar!

Sobald Sie auf eine Form klicken, ist diese zur Verwendung bereit. Der Mauszeiger ändert dabei sein Aussehen. Per Klick und mit Ziehgeste können Sie nun Formen erzeugen. Halten Sie beim Ziehen die Taste ⇧ gedrückt, werden Formen in Höhe und Breite gleich groß. Für Kurven und Formen lassen sich sowohl Kontur- als auch Fülleigenschaften festlegen (siehe Seite 32), und zwar vor oder nach Erstellen des Objekts.

Formen per Kontextleiste weiter verändern

Jede Form verfügt über eine spezielle Kontextleiste ❶ und unterscheidet sich in Funktion und Erscheinung. Nutzen Sie beispielsweise die Sternform, können Sie einen Stern mit fünf Spitzen aufziehen. Erhöhen Sie die Spitzen ❷ auf sechs. Ändern Sie den Innenradius ❸ auf 38 %, Linke Kurve auf 10 % und Rechte Kurve auf 10 %. Erkunden Sie alle Formen und die Funktionen der Kontextleiste!

Vorher
Nachher

❶
Stern | Füllung: | Kontur: | Ohne

Gekrümmte Kanten | Spitzen: 5 | Innenradius: 38 % | Linke Kurve: 0 % | Rechte Kurve: 0 % | In Kurven umwandeln
❷ ❸ ❹

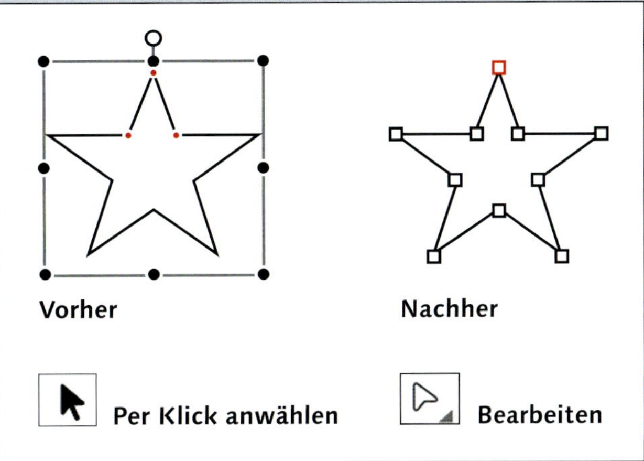

Formen in Kurven umwandeln

Sie können jede Form in Kurven umwandeln. Klicken Sie die umzuwandelnde Form mit dem Verschieben-Werkzeug oder Knotenwerkzeug an. Gehen Sie zum Menü Ebene • In Kurven umwandeln, oder nutzen Sie den Button der Kontextleiste In Kurven umwandeln ❹. Die Form wurde nun in Kurven umgewandelt.

Anmerkung: Illustrator-Dateien werden ebenfalls unterstützt und können in Affinity Designer weiterbearbeitet werden (siehe Seite 43).

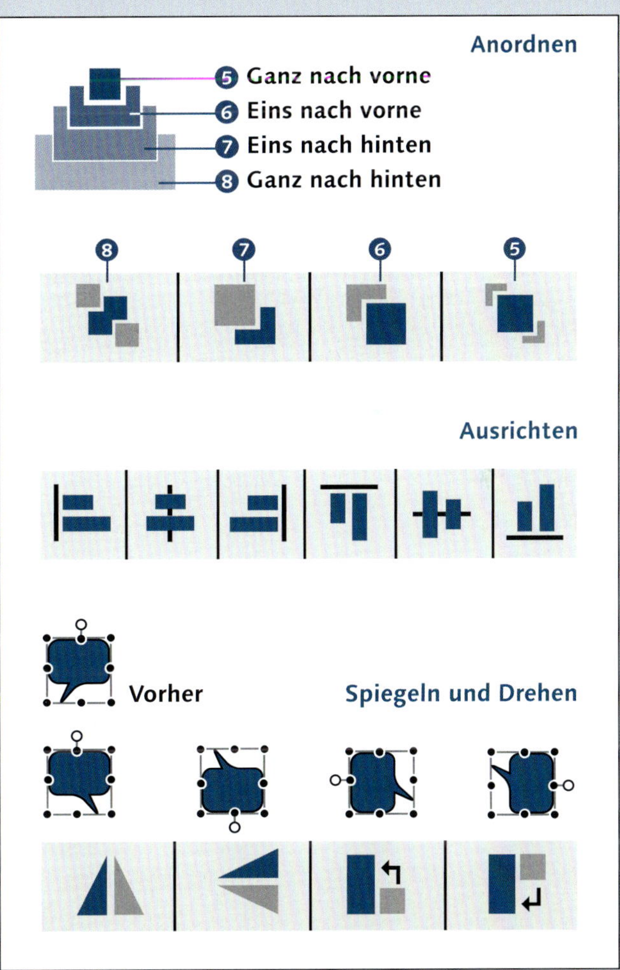

Formen anordnen

Verwenden Sie Formen, verhalten sich diese wie Ebenen. Die Form, die Sie zuerst nutzen, ist in der Ebenenreihenfolge ganz unten. Die Form, die Sie zuletzt anwenden, wird ganz oben sein und die darunterliegenden Formen natürlich verdecken.

Sie können markierte Formen über die Symbole ❺–❽ beliebig neu anordnen oder ihre Ebenen verschieben.

Formen ausrichten

Mit den nebenstehenden praktischen Symbolen können Sie mehrere Formen an den Kanten links oder rechts und oben oder unten ausrichten. Die Symbole bieten ebenfalls eine zentrierte Ausrichtung (horizontal oder vertikal). Sie können mehrere Formen per ⇧-Taste und Klick auswählen und gleichzeitig über die Symbolleiste ausrichten.

Formen drehen und spiegeln

Neben dem manuellen Transformieren, Drehen und Spiegeln bietet Affinity Designer übersichtliche Buttons. Sie können mehrere Formen per ⇧-Taste und Klick auswählen, um diese horizontal oder vertikal zu spiegeln oder gleichzeitig in 90°-Schritten gegen oder mit dem Uhrzeiger zu drehen.

Formen verbinden

Bei der Kombination von Formen müssen wir in Affinity Designer zwischen **Verbindungen** und **Montagen** unterscheiden.

Verbindungen und Montagen ermöglichen mithilfe boolescher Operationen, mehrere Formen beliebig zu kombinieren. Bei den booleschen Operationen handelt es sich um einen logischen Operator (mathematische Vorschrift – Verbindungsoption), der auf einer Verknüpfung aus der »booleschen Algebra« beruht. In Affinity Designer sind den booleschen Operatoren praktische Symbole und Namen zugeordnet worden.

Anmerkung: Halten Sie Ihren Mauszeiger länger auf ein beliebiges Symbol, wird Ihnen der Name des booleschen Operators angezeigt.

- Hinzufügen (bzw. Addieren)
- Subtrahieren
- Überlappen
- Xor (Kombinieren)
- Aufteilen

In Affinity Designer können Sie mehrere Formen flexibel zu neuen und kreativen Objekten verbinden. Die verbundenen Formen bilden ein neues Objekt. Einmal verbundene Formen verlieren ihre zerstörungsfreie Bearbeitungsmöglichkeit. Für Anfänger könnte die Verwendung von Montagen hilfreicher sein. Im Gegensatz zum Verbinden ist nämlich das **Montieren** von Objekten völlig zerstörungsfrei und sehr empfehlenswert.

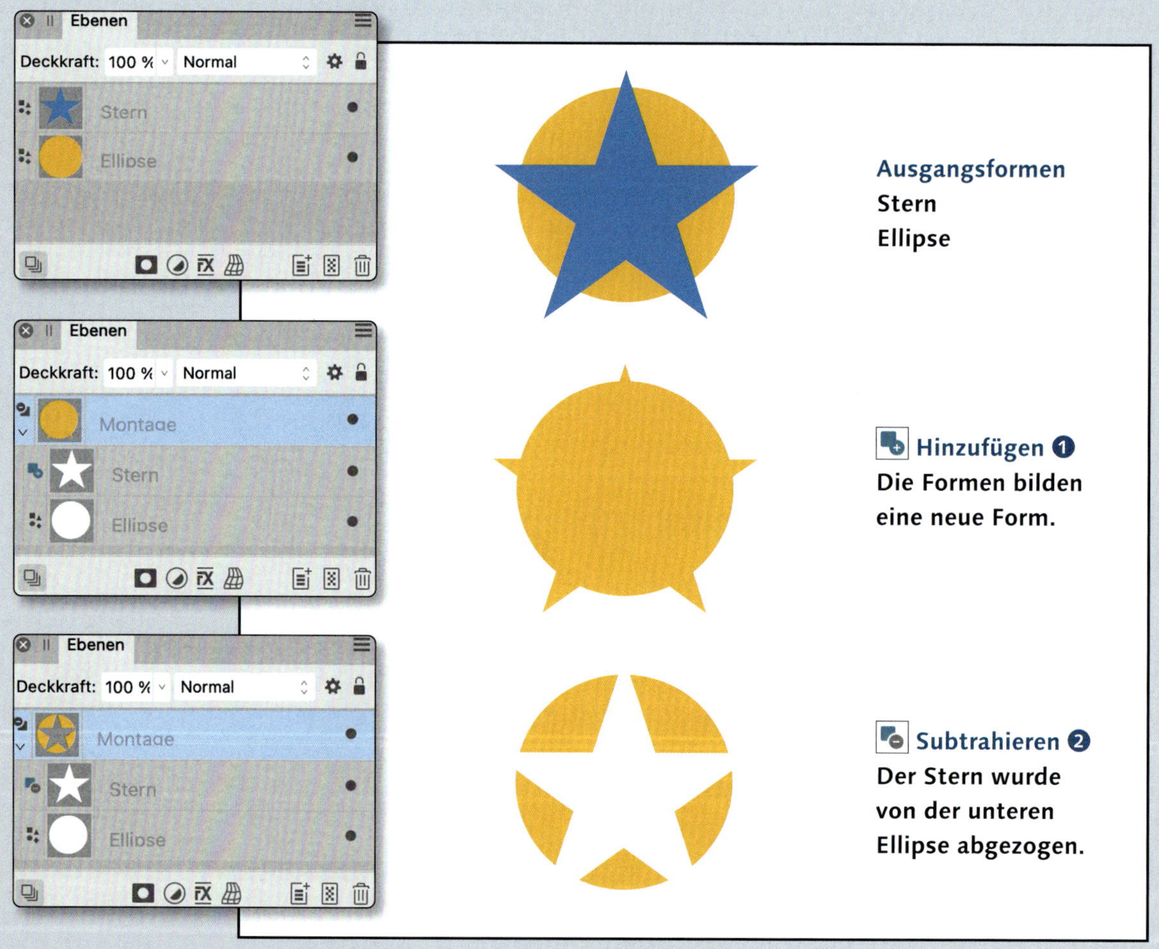

Ausgangsformen
Stern
Ellipse

Hinzufügen 1
Die Formen bilden eine neue Form.

Subtrahieren 2
Der Stern wurde von der unteren Ellipse abgezogen.

Um eine **Montage** zu erzeugen, halten Sie die Alt-Taste gedrückt und klicken dann auf das gewünschte Symbol der Verbindungsoptionen. Die Objekte bleiben in ihrer jeweiligen Ausgangsform als Unterebenen erhalten. Montagen lassen sich daher jederzeit durch neue Objekte erweitern oder wieder zerlegen. Sie können ebenfalls jederzeit einzelne Objekte in der Montage verändern oder löschen.

Die Objekte in einer Montage beeinflussen sich gegenseitig. Dieser Einfluss richtet sich nach dem Montagemodus der einzelnen Objekte. Wandeln Sie Formen innerhalb der Montage in Kurven, wird die Montage aufgelöst, ihre zerstörungsfreie Bearbeitungsmöglichkeit entfällt dann. Sie können gegebenenfalls Verfeinerungen mit dem Knotenwerkzeug vornehmen.

Wie funktionieren die Verbindungsoptionen?

- Hinzufügen bzw. die Addition ❶ erzeugt eine neue Form aus der Summe der ausgewählten Formen.
- Subtrahieren ❷ entfernt die überlappten Bereiche der untersten Form.
- Überlappen ❸ erstellt eine neue Form aus den überlappten Bereichen ausgewählter Formen.
- Xor ❹ verbindet Formen zur Gesamtform, alle Überlappungen werden transparent und nicht angezeigt.
- Aufteilen ❺ teilt die Formbereiche. Überlappte Formen übernehmen die Farben der oben liegenden Form.

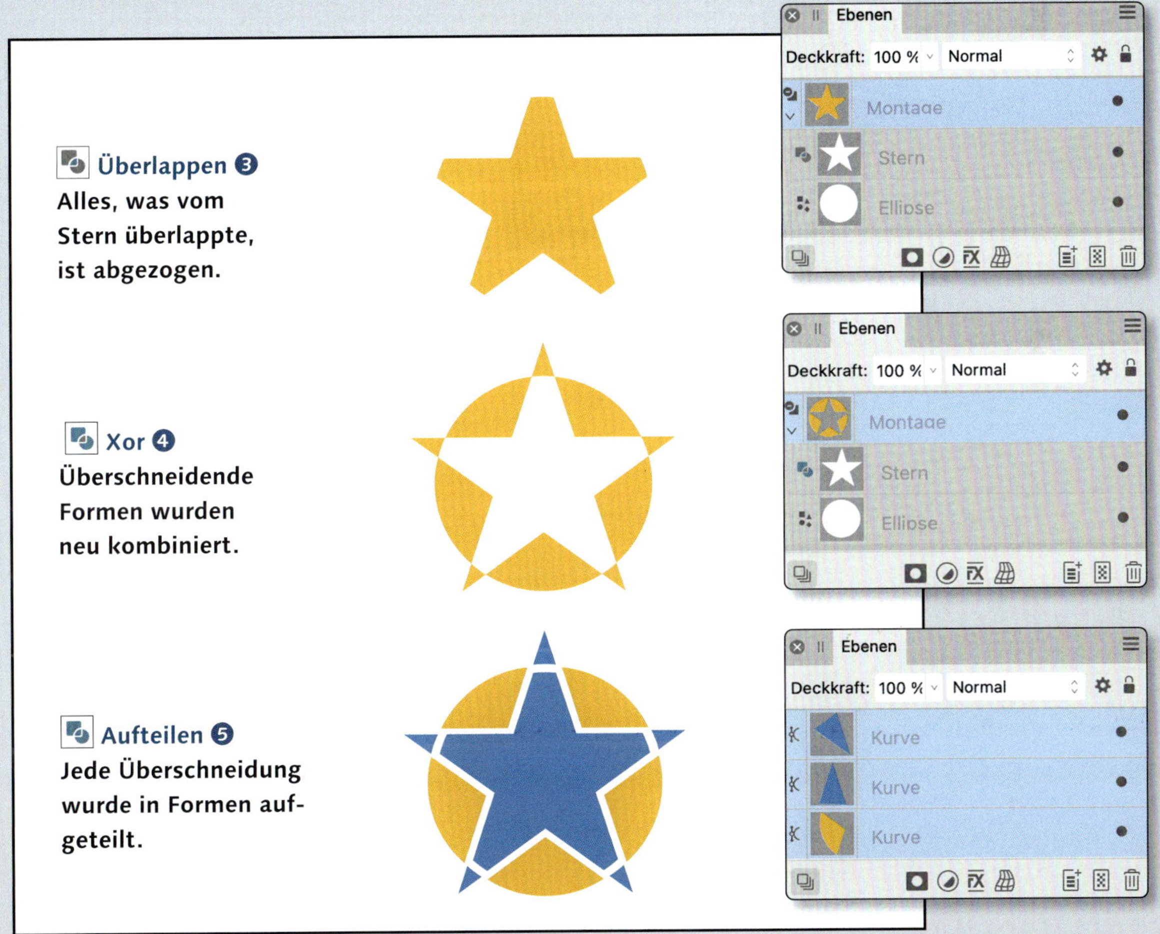

Überlappen ❸
Alles, was vom Stern überlappte, ist abgezogen.

Xor ❹
Überschneidende Formen wurden neu kombiniert.

Aufteilen ❺
Jede Überschneidung wurde in Formen aufgeteilt.

Linien und Formen zeichnen

Ein Überblick über die Möglichkeiten in Affinity Designer

Der Zeichenstift bietet tolle Modi. Über Aktionen können Sie Kurven teilen, öffnen, schließen, glätten und verbinden oder umkehren. Wenn Sie den Zeichenstift nutzen, drücken Sie die cmd/Strg-Taste, um kurzfristig zum Knotenwerkzeug umschalten zu können, denn damit können Sie Kurven ausbessern. Um offene Kurven fortzusetzen, platzieren Sie den Stiftzeiger über dem zuletzt gesetzten Knoten. Klicken Sie den Knoten an, und platzieren Sie weitere Knoten. Der Bleistift ist für freie Linien sowie Grafiktablets oder Force Touch geeignet.

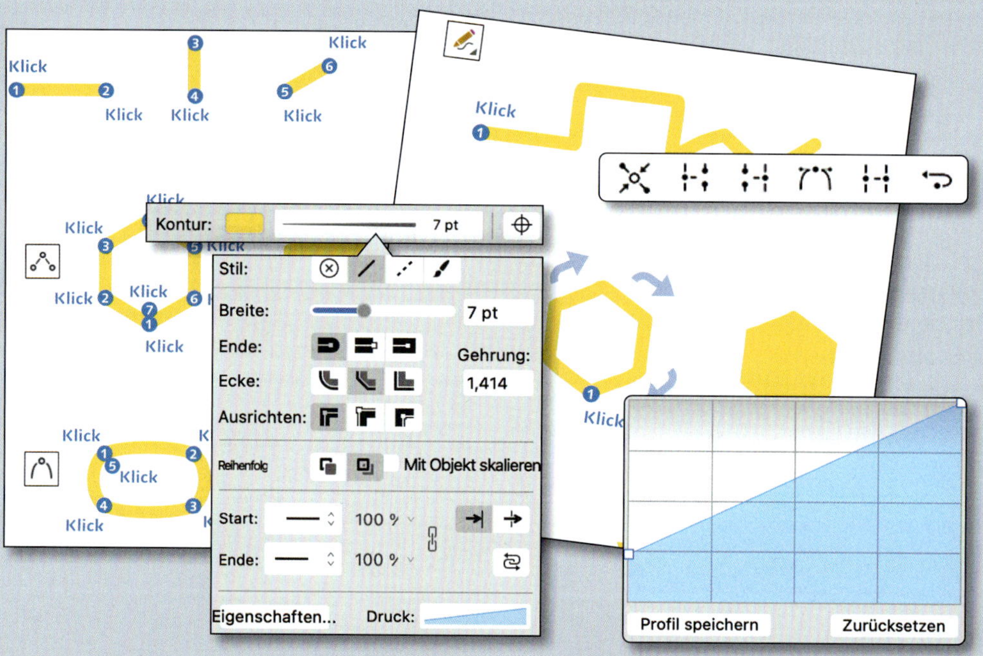

Neu in diesem Workshop

- Linien und Formen per Zeichenstift
- Linien per Bleistift
- Kontur und Druck ändern

[Datei: »Beispiel_3-1.afdesign«]

ZEICHENSTIFT
Linien und Formen erstellen

BLEISTIFT
Linien freihändig zeichnen

MODELLIEREN EIN/AUS
Bleistiftlinie neu formen oder fortsetzen

SEILMODUS
Stabile Eingabe, Pinsel wie am Seil

FENSTERMODUS
Stabile Eingabe per Durchschnitt/Fenster

1 Mit dem Zeichenstift arbeiten

Öffnen Sie die Datei »Beispiel_3-1.afdesign«. Klicken Sie mit dem Knotenwerkzeug [▷] auf die gelben Linien. Um alle Griffe sehen zu können, drücken Sie [cmd]/[Strg] + [A]. Mit dem Zeichenstift [✎] aktivieren Sie in der Kontextleiste den Modus LINIE [⟋]. Zeichnen Sie die Vorlagen und die anderen Linien der übrigen Modi in der Datei nach.

Mit der [⇧]-Taste beschränken Sie im Stiftmodus den Winkel der Griffe auf 45°-Schritte. Im Smart-Modus wird die Positionierung der Knoten eingeschränkt.

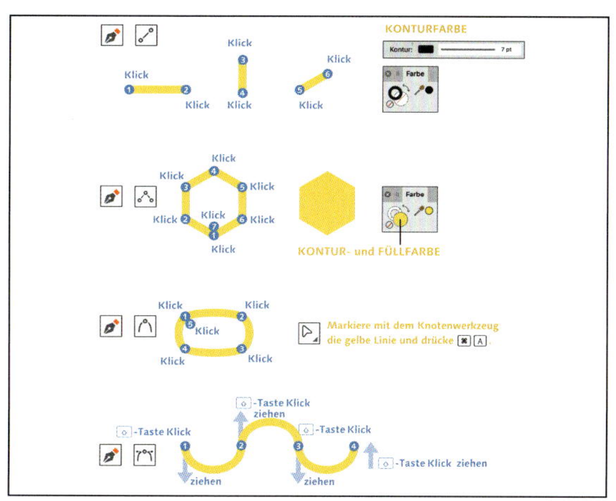

2 Mit dem Bleistift zeichnen

Der Bleistift [✎] ist für Comics bestens geeignet. Deaktivieren Sie alle Ausrichtungsoptionen beim Zeichnen. Versuchen Sie, die Vorlagen sauber nachzuzeichnen. Über die STEUERUNG ❶ in der Kontextleiste stellen Sie den Druck des Bleistifts für Grafiktablets ein.

Bleistiftlinien sind gut für Bewegungen und Haare. Doch mit dem Bleistift lassen sich Kurven schwer schließen. Das gelingt, indem Sie zwei offene Ankerpunkte mit der [⇧]-Taste markieren und in der Kontextleiste die Option KURVEN SCHLIESSEN [⊹] wählen.

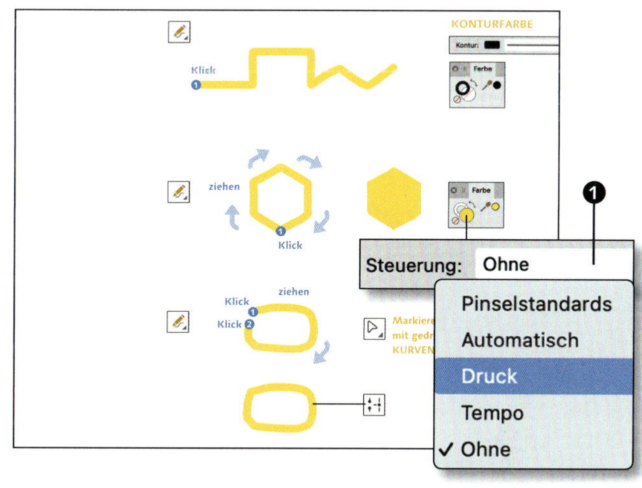

3 Kontur und Druck ändern

Sehen Sie Ihre Linie nicht? Möglicherweise haben Sie keine KONTURFARBE ❸ oder BREITE ❷ definiert. Um Objekten eine Kontur zuzuweisen, können Sie diverse STILE ❹ auswählen sowie das ENDE ❺ der Linie rund oder eckig gestalten. Ändern Sie den DRUCK ❻, indem Sie den Punkt ❼ verschieben oder per Klick hinzufügen. Speichern Sie die Profile für weitere Anwendungen ab.

Sie können Kurven mit der Löschtaste oder im Panel EBENE mit dem Symbol LÖSCHEN [🗑] entfernen. Um exakte Linien freihändig zu zeichnen, testen Sie die drei Stabilisatoren.

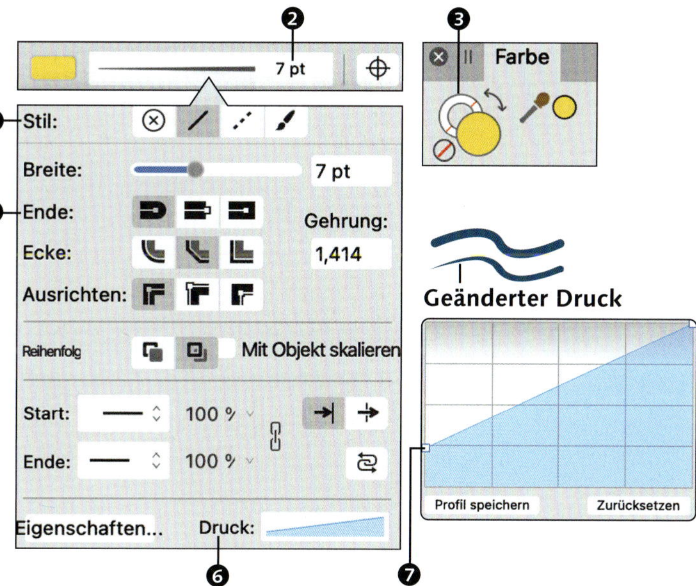

Objekte in Kurven umwandeln

Geometrische Formen bequem transformieren

Sie können nahezu alle Objekte, Texte, Emojis oder Symbole in Kurven umwandeln. Nachdem Objekte in Kurven umgewandelt wurden, können sie nicht länger auf die übliche Weise bearbeitet werden. Texte aus Kurven können nicht mehr mit dem Textwerkzeug geändert werden. Änderungen sind jetzt nur mit dem Knotenwerkzeug möglich. Objekte lassen sich per Transformationsursprung bequem weiter verarbeiten. Um Vektorgrafiken besser händeln zu können, gibt es die Optionen Auswahl beim Ziehen ausblenden oder Ausrichtungsgriffe einblenden sowie Objekte separat transformieren.

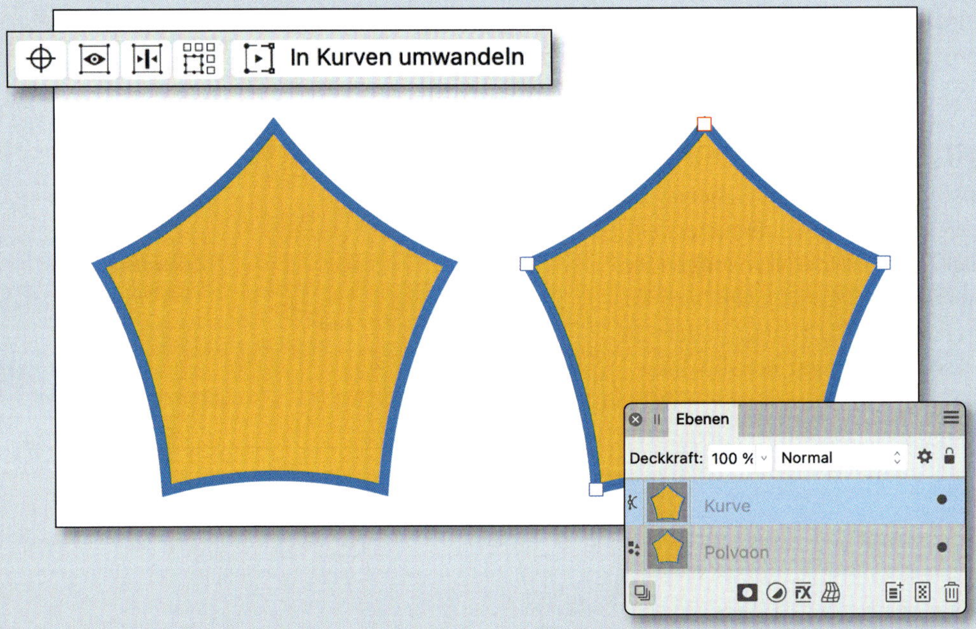

Neu in diesem Workshop

- Objekte in Kurven umwandeln
- Transformationsursprung nutzen
- Objekt separat transformieren

[Datei: »Beispiel_3-2.afdesign«]

TRANSFORMATIONSURSPRUNG AKTIVIEREN
Ursprungspunkt zur Transformation anzeigen

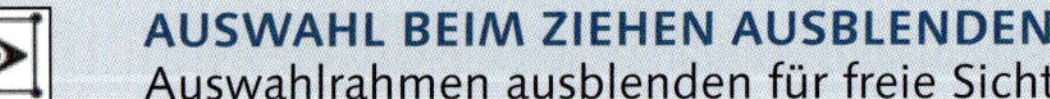

AUSWAHL BEIM ZIEHEN AUSBLENDEN
Auswahlrahmen ausblenden für freie Sicht

AUSRICHTUNGSGRIFFE EINBLENDEN
Objekte an Hilfslinie auf der Seite ausrichten

OBJEKTE SEPARAT TRANSFORMIEREN
Bei mehreren markierten Objekten können einzelne Objekte separat verformt werden

1 Objekte in Kurven umwandeln

Öffnen Sie die Datei »Beispiel_3-2.afdesign«. Mit dem Verschieben-Werkzeug markieren Sie das rechte Polygon. Um Ankerpunkte bearbeiten zu können, drücken Sie in der Kontextleiste In Kurven umwandeln ❶. Wechseln Sie zum Knotenwerkzeug. Klicken Sie beide Polygone abwechselnd an. Sie werden den Unterschied der Ebenen sehen. Alternativ können Sie Objekte mit der rechten Maustaste anklicken und im Optionsfenster In Kurven umwandeln auswählen.

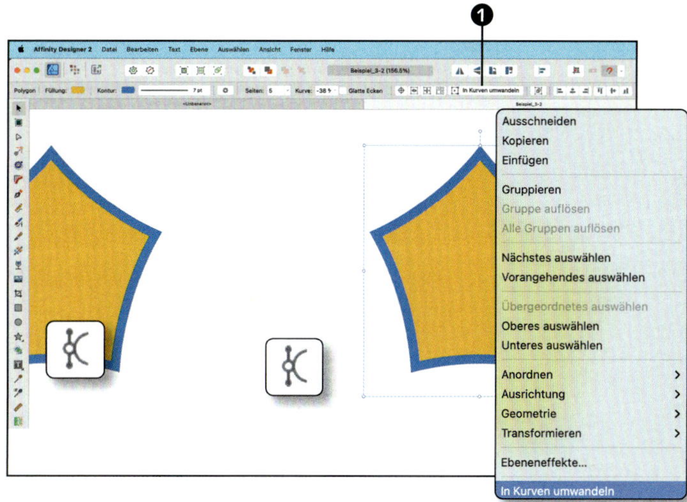

2 Transformationsursprung nutzen

Mit dem Verschieben-Werkzeug aktivieren Sie jetzt das rechte Polygon. Sie können jede Form drehen. Um den Transformationsursprung zu verschieben, klicken Sie auf Transformationsursprung aktivieren ❸. Verschieben Sie ihn nach links ❹. Setzen Sie den Mauszeiger neben einen Punkt ❷, bis ein Drehpfeil erscheint, und drehen Sie das Polygon mit gedrückter ⇧-Taste um 30° entgegen dem Uhrzeigersinn. Verschobene Rotationspunkte schaffen lebendige Geometrien und Sichtachsen, die das Layout auffrischen.

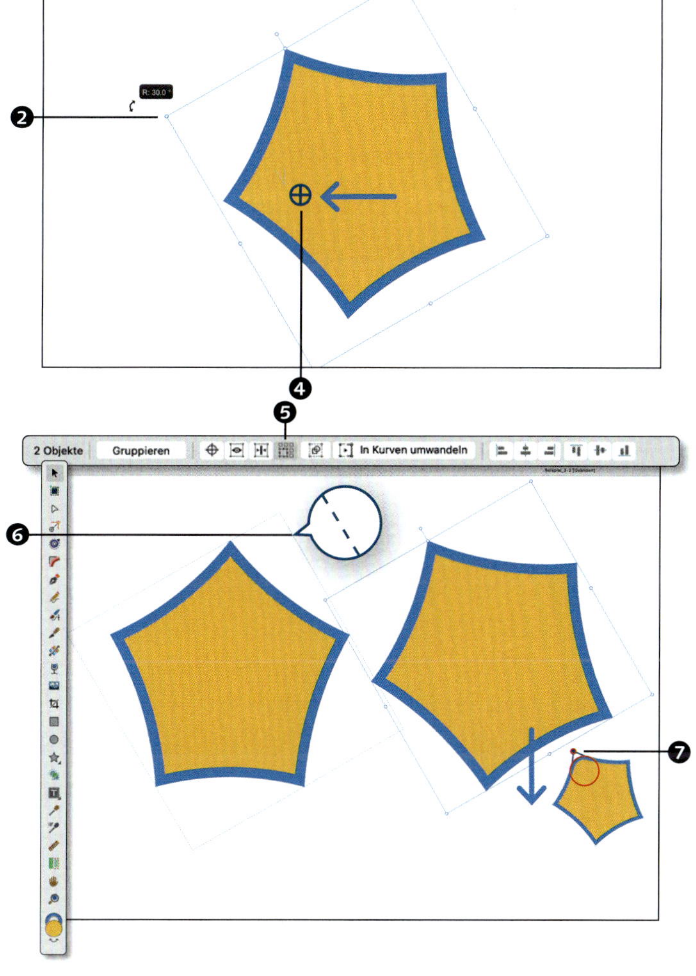

3 Objekt separat transformieren

Mit der Funktion Objekt separat transformieren können Sie ein einzelnes von mehreren markierten Objekten bearbeiten. Markieren Sie per Verschieben-Werkzeug beide Grafiken. Aktivieren Sie Objekte separat transformieren ❺. Die Auswahlbox der zuletzt markierten Grafik ❻ wird gestrichelt. Wechseln Sie zum Werkzeug Ecke, können Sie eine Ecke separat transformieren ❼. Es gibt viele Arten von Transformationen wie Position, Größe oder Rotation. Erkunden Sie auch Auswahl beim Ziehen ausblenden und Ausrichtungsgriffe einblenden.

Kurven und Formen bearbeiten

Vektorgrafiken verfeinern

Um Knoten zu verschieben und Griffe zu justieren, drücken Sie cmd/Strg. Mit dem Knotenwerkzeug können Sie die Krümmung eines Segments ändern. Klicken Sie einen Übergangspunkt an, und ändern Sie die Richtung der Griffe. Sie können mit dem Knotenwerkzeug ebenfalls direkt an der Linie ziehen, um Position und Form der Knoten zu bearbeiten. Sie können es per Transformieren-Panel nutzen, um ausgewählte Knoten präzise zu skalieren oder zu positionieren. Markierte Knoten können per Löschtaste entfernt werden. Das Werkzeug VEKTORZUSCHNITT beschneidet Kurven und blendet sie aus.

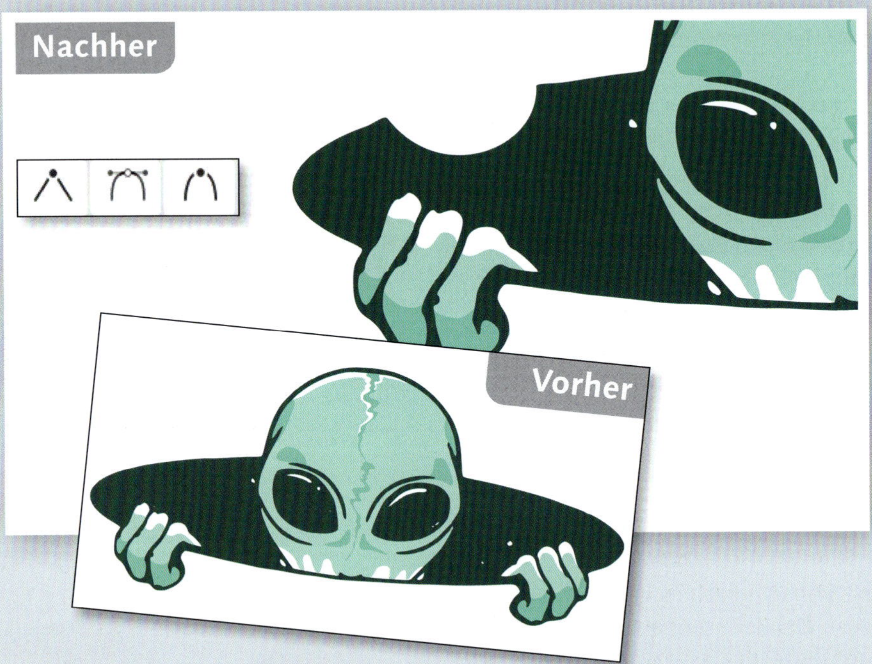

Neu in diesem Workshop

- Mit Knotenwerkzeug ausbessern
- Knotenpunkte ändern
- Vektorformen zuschneiden

[Dateien: »Beispiel_3-3.afdesign« »Beispiel_3-3_fertig.afdesign«]

KNOTENWERKZEUG
Kurven und Knoten verbessern

KNOTEN UMWANDELN
Vorhandenen Knoten glätten

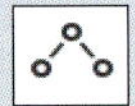

KNOTEN UMWANDELN
Vorhandenen Knoten spitz machen

VEKTORZUSCHNITT
Vektoren halbieren, beschneiden

1 Mit dem Knoten ausbessern

Öffnen Sie die Datei »Beispiel_3-3.afdesign«. Mit dem Knotenwerkzeug [icon] wählen Sie per Doppelklick die dunkelgrüne Fläche der Linien ❷ aus. Über einer Kurve ändert Ihr Mauszeiger seine Form. Mit dem Knotenwerkzeug [icon] können Sie eine Linie per Klick und Ziehen nach unten abrunden ❶. Sie können Kurvenlinien direkt verschieben oder Kurvenpunkte versetzen.

Anmerkung: Formen lassen sich ebenfalls in Textrahmen umwandeln. Gehen Sie in das Menü Ebene • In Textrahmen umwandeln.

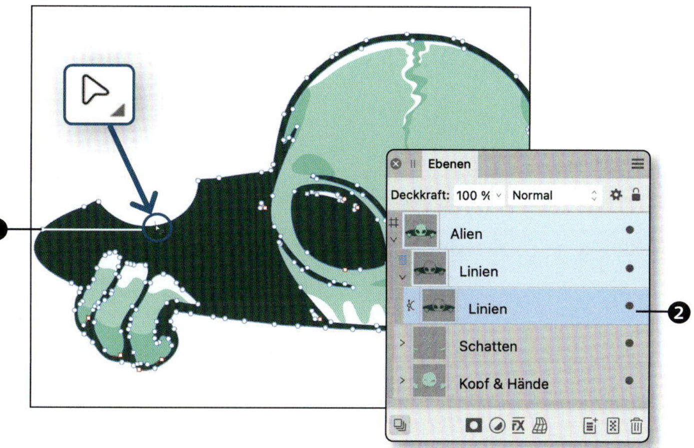

2 Knotenpunkte ändern

Mit dem Knotenwerkzeug [icon] und der [⇧]-Taste markieren Sie beide Kurvenpunkte der Augen ❹. Ausgewählte Kurvenpunkte werden blau. Wollen Sie beispielsweise die runde Ecke spitz zulaufen lassen, klicken Sie in der Kontextleiste nun die Option Spitz ❸ an. Die Ecken werden spitz. Sie können an den Griffen die Rundung per Ziehen und Verschieben der Griffpunkte verändern. Probehalber können Sie alle Kurven verformen und Knotenpunkte ändern.

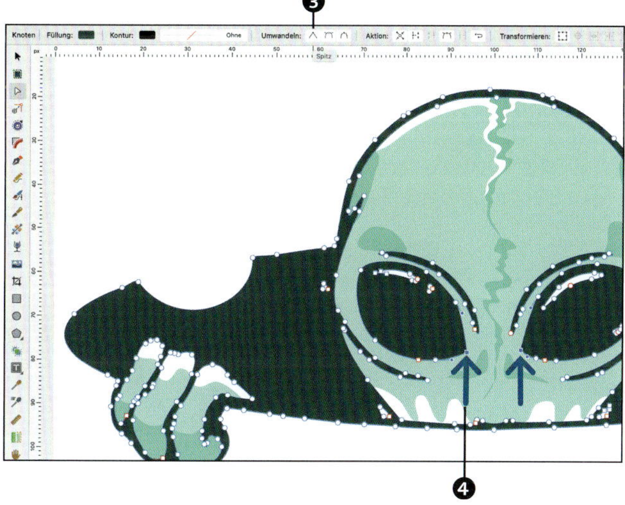

3 Vektorformen zuschneiden

Jede Form kann mit dem Werkzeug Vektorzuschnitt horizontal und vertikal zugeschnitten werden. Dabei bleiben Kurven erhalten. Die Ansicht der Form und Kurven wird nur beschränkt. Wählen Sie beispielsweise mit dem Knotenwerkzeug [icon] per Doppelklick das gesamte ArtBoard aus. Aktivieren Sie nun das Werkzeug Vektorzuschnitt ❺. Die Auswahlbox ändert ihr Aussehen. Halten Sie den Mauszeiger auf die rechte Kante, bis er sich ändert ❻. Sie können die Form per Klick und Ziehen nach links zuschneiden. So sind Formen schnell halbierbar, um beispielsweise gut in ein Layout oder Rahmen zu passen.

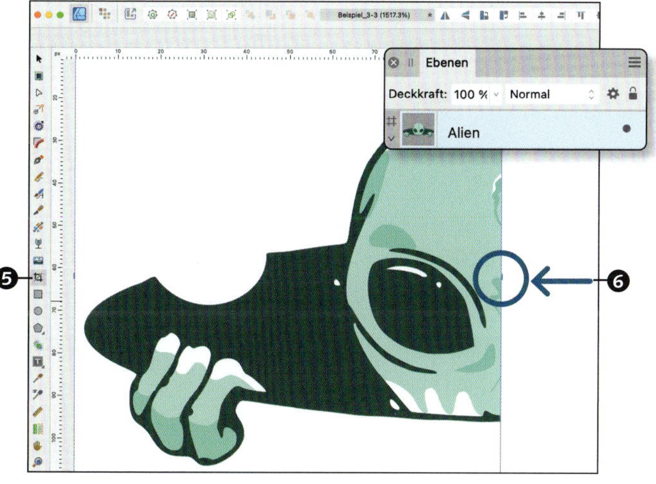

Formwerkzeug handhaben

Geometrische Formen verbinden

Geometrische Formen sind freihändig schwer zu zeichnen. Affinity Designer bietet Ihnen mehrere vorgefertigte Formen. Diese können Sie über die Symbolleiste ausrichten, verteilen sowie geometrisch anpassen. Halten Sie beim Aufziehen von Formen `cmd`/`Strg` gedrückt, werden diese in Höhe und Breite gleich groß. Klicken Sie mit gedrückter `Alt`-Taste auf die Symbole Hinzufügen, Subtrahieren, Überlappen, Xor oder Aufteilen, erstellen Sie zerstörungsfreie Montagen. Mehr zu Montagen finden Sie auf Seite 95. Sie können Verbindungsoptionen auch über das Menü Ebene • Geometrie auswählen.

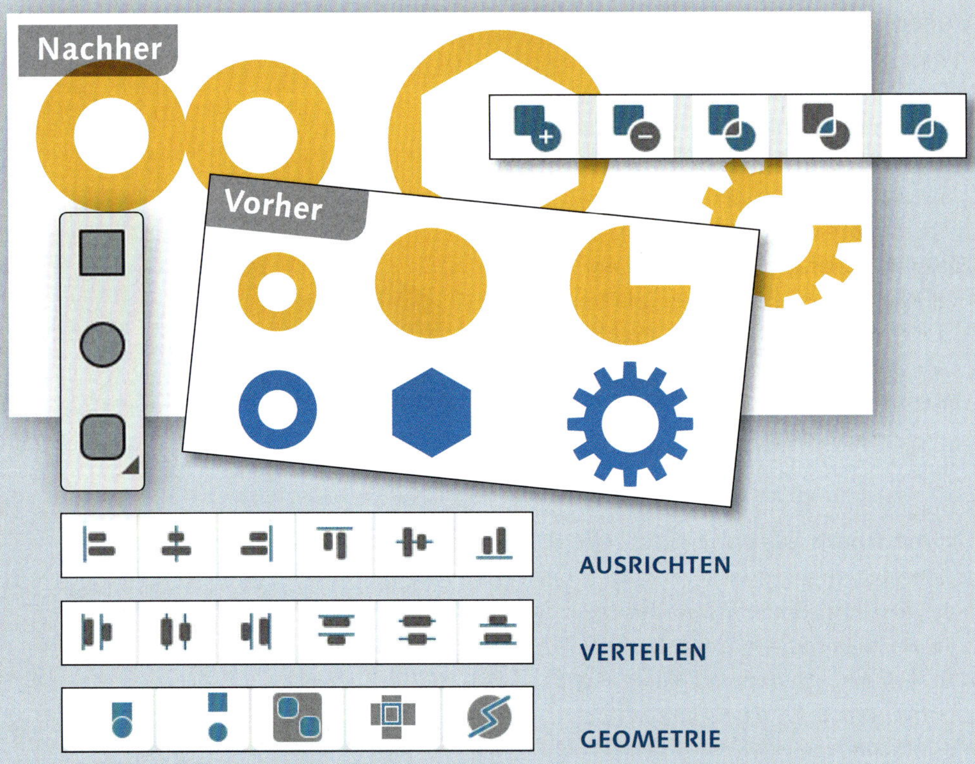

Neu in diesem Workshop

- Formen addieren
- Formen subtrahieren
- Formen überlappen per Montage

[Datei: »Beispiel_3-4.afdesign«]

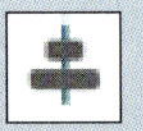

HORIZONTAL ZENTRIERT
Formen horizontal mittig

VERTIKAL ZENTRIERT
Formen vertikal mittig

1 Formen addieren

Öffnen Sie die Datei »Beispiel_3-4.afdesign«. Mit dem Verschieben-Werkzeug können Sie die einzelnen ArtBoards ❷ oder Formen anwählen.

Klicken Sie die blaue Tortenform ❶ an. Verschieben Sie sie nach oben leicht über die gelbe Torte. Mit der ⇧-Taste markieren Sie per Klick zusätzlich die gelbe Torte. Sind beide Formen markiert, klicken Sie anschließend VERTIKAL ZENTRIEREN in der Kontextleiste. Addieren Sie nun die beiden ausgewählten Formen zu einer Endlosschleife.

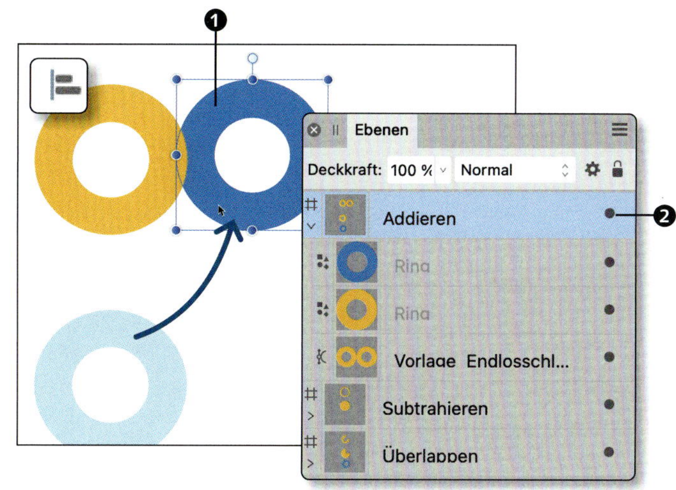

2 Formen subtrahieren

Wählen Sie das Polygon, Sie finden es unter dem Dreieck in der Werkzeugleiste. Geben Sie in der Kontextleiste bei SEITEN »6« ein ❸. Ziehen Sie bei gedrückter ⇧-Taste ein Polygon unter dem gelben Kreis auf, und schieben Sie es mit dem Verschieben-Werkzeug über sie. Mit der ⇧-Taste wählen Sie nun per Klick zusätzlich die Ellipse oder deren Ebene ❹ an. Zentrieren Sie die beiden Formen über die Optionen HORIZONTAL AUSRICHTEN und VERTIKAL AUSRICHTEN, und klicken Sie auf SUBTRAHIEREN.

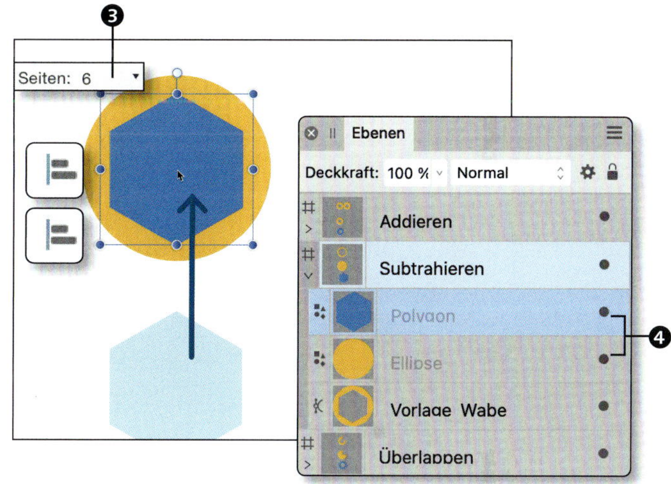

3 Formen überlappen per Montage

Mit dem Verschieben-Werkzeug klicken Sie das blaue Zahnrad an. Verschieben Sie das Zahnrad leicht überlappend über die gelbe Torte. Mit der ⇧-Taste markieren Sie zusätzlich die Torte. Halten Sie dann die Taste Alt gedrückt, und klicken Sie die Verbindungsoption ÜBERLAPPEN an. Mit Alt und den Verbindungsoptionen erzeugen Sie Montagen ❺, die zerstörungsfrei arbeiten. Die Formen bleiben als Unterebenen erhalten und können weiterhin verändert oder um weitere Formen ergänzt werden.

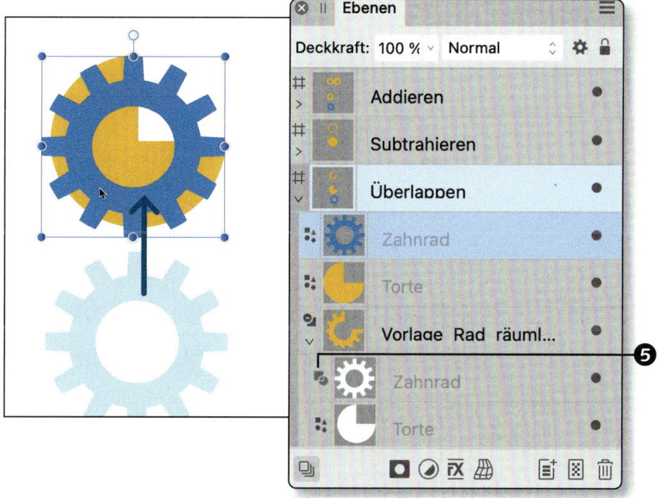

Formkonstrukteur anwenden

Separate Formen zu komplexen Formdarstellungen addieren

Das Erstellen interessanter Formdesigns gelingt mit dem Formkonstrukteur. Der Shortcut des Formkonstrukteurs ist S. Diverse Formen lassen sich bequem mit dem aktiven Formkonstrukteur und dessen Funktionen in der Kontextleiste addieren, löschen und erstellen. Wenn Sie die Formen einfach nur addieren +, wird eine neue Form erstellt, und das Werkzeug löscht die ursprünglichen Formen. Nutzen Sie die Funktion ERSTELLEN, werden die Originalformen nicht gelöscht.

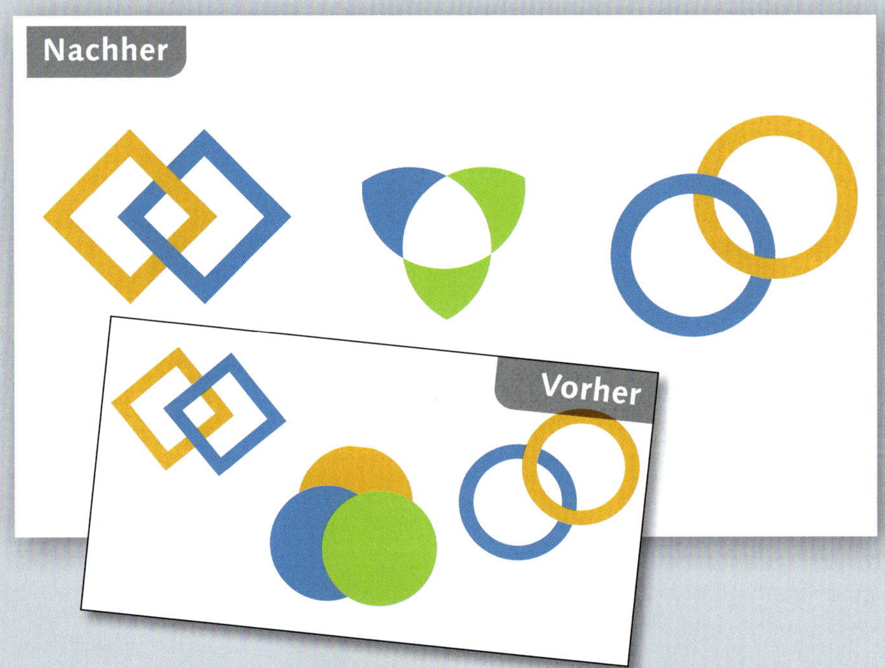

Neu in diesem Workshop

- Formkonstrukteur addieren
- Formkonstrukteur löschen
- Formkonstrukteur erstellen

[Datei: »Beispiel_3-5.afdesign«]

FORMKONSTRUKTEUR
Formen addieren und Flächen löschen

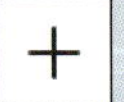

FORMKONSTRUKTEUR ADDIEREN
Formen per Kontextleiste hinzufügen

FORMKONSTRUKTEUR LÖSCHEN
Formen per Kontextleiste entfernen

FORMKONSTRUKTEUR ERSTELLEN
Formen per Kontextleiste neu erstellen

1 Formkonstrukteur addieren

Öffnen Sie die Datei »Beispiel_3-5.afdesign«. Mit dem Verschieben-Werkzeug markieren Sie die beiden Rauten ❸. Wechseln Sie in das Werkzeug FORMKONSTRUKTEUR. In der Kontextleiste wählen Sie das Pluszeichen ❶, um die gelbe Raute visuell so zu verbinden, dass sie über der blauen Raute liegt. Der Mauszeiger ändert seine Form ❷, und die zu addierenden Flächen werden gestreift angezeigt. Mit der Auswahlmethode FREIHÄNDIG klicken und ziehen Sie mittig der gelben Raute bis zur oberen Kante eine Linie.

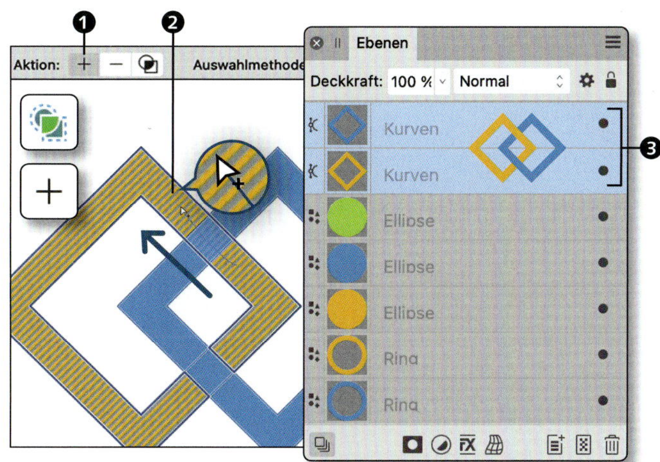

2 Formkonstrukteur löschen

Markieren Sie alle drei Ellipsen ❺. Wechseln Sie erneut zum Formkonstrukteur. In der Kontextleiste wählen Sie LÖSCHEN ❹, um die mit einem schwarzen Kreuz gekennzeichneten Flächen zu löschen. Mit einem Klick können Sie die Flächen entfernen.

Anmerkung: Um die Auswahl markierter Flächen aufzuheben, drücken Sie esc. Wenn Sie Flächen hinzufügen, wird der Objektstil der Ursprungsfläche übertragen, außer die Option STIL AUS DEM ZUERST AUSGEWÄHLTEN BEREICH VERWENDEN ist deaktiviert.

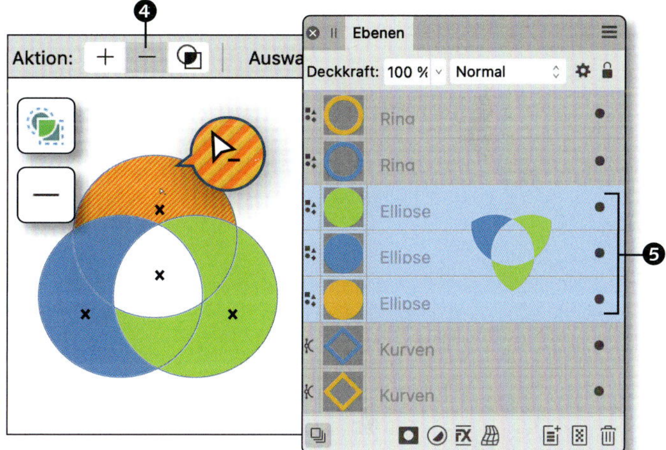

3 Formkonstrukteur erstellen

Markieren Sie nun zuletzt die zwei Ringe ❼. Wechseln Sie zum Formkonstrukteur. In der Kontextleiste wählen Sie diesmal NEUE FORM AUS AUSGEWÄHLTEN FLÄCHEN ERSTELLEN ❻, um die zwei Ringe wie eine Infinity-Schleife zu verbinden. Beim Erstellen bleiben die ursprünglichen Formen erhalten, es werden neue Formen zusätzlich erstellt. Sehen Sie sich die Ebenen dazu genauer an.

Anmerkung: Wenn Sie einer Form eine Kontur geben und diese über das Menü EBENE • KONTUR erweitern, können Sie die vektorisierte Kontur zusätzlich einbeziehen.

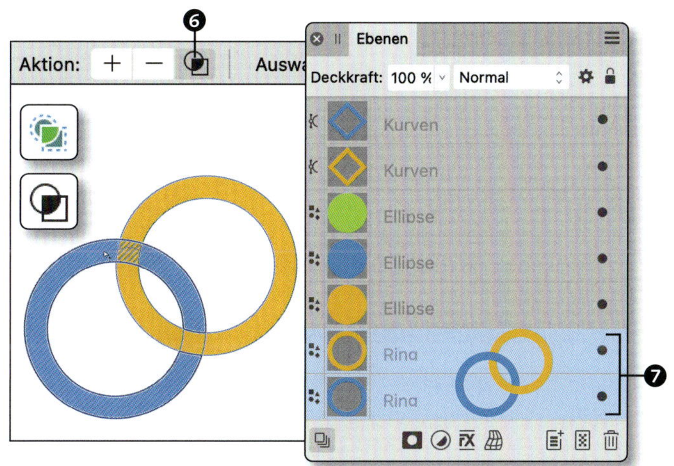

Vektorverzerrung verwenden

Grafiken und Texte zerstörungsfrei verformen

Formen, Linien, Kurven und Texte sind mit der Vektorverzerrung schnell verformt. Sie können dabei auf diverse Vorgaben zugreifen. Diese Vorgaben verformen Objekte nicht sofort. Bei GITTER können Sie Gitterkreuzungen, die mit Kreisknoten angezeigt werden, über Steuergriffe verschieben, neue hinzufügen oder positionieren. Bei VIERER und FALSCHE PERSPEKTIVE ziehen Sie an Eckkreuzen sowie Steuergriffen. Und es gibt weitere Optionen: BOGEN und WÖLBUNG HORIZONTAL und VERTIKAL, FISCHAUGE sowie VERDREHT. Bei den Verzerrungen wird ein Gitter auf Objekte gelegt, das sich ändern lässt.

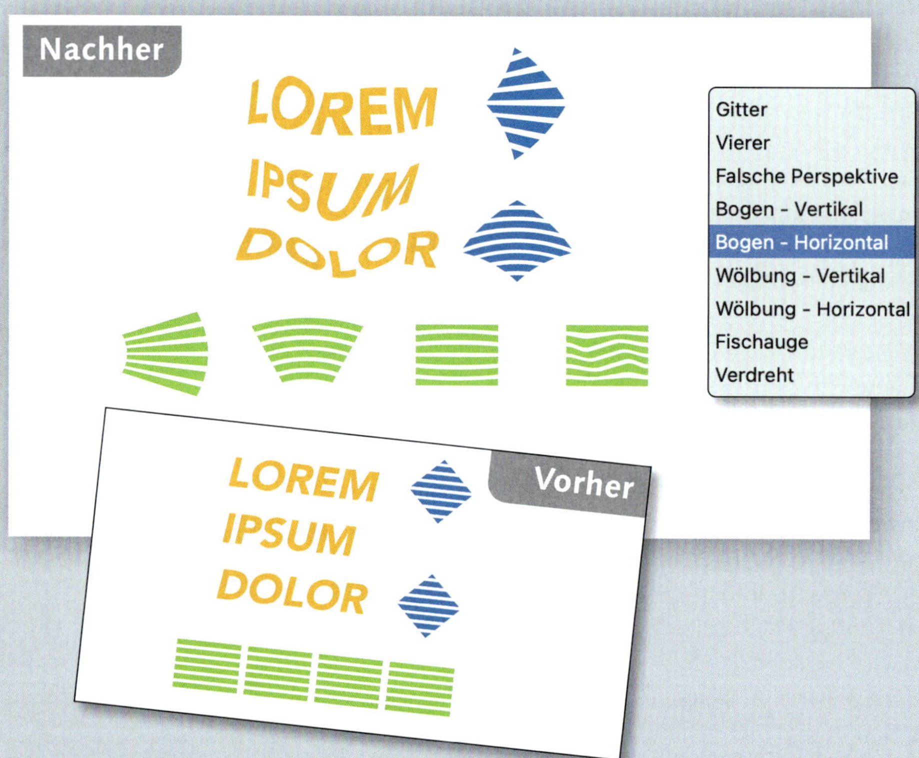

Neu in diesem Workshop

- Vektorverzerrung Gitter
- Vektorverzerrung Bogen
- Vektorverzerrung Fischauge

[Datei: »Beispiel_3-6.afdesign«]

VERFORMEN IM EBENEN-PANEL
Vektorobjekte verformen

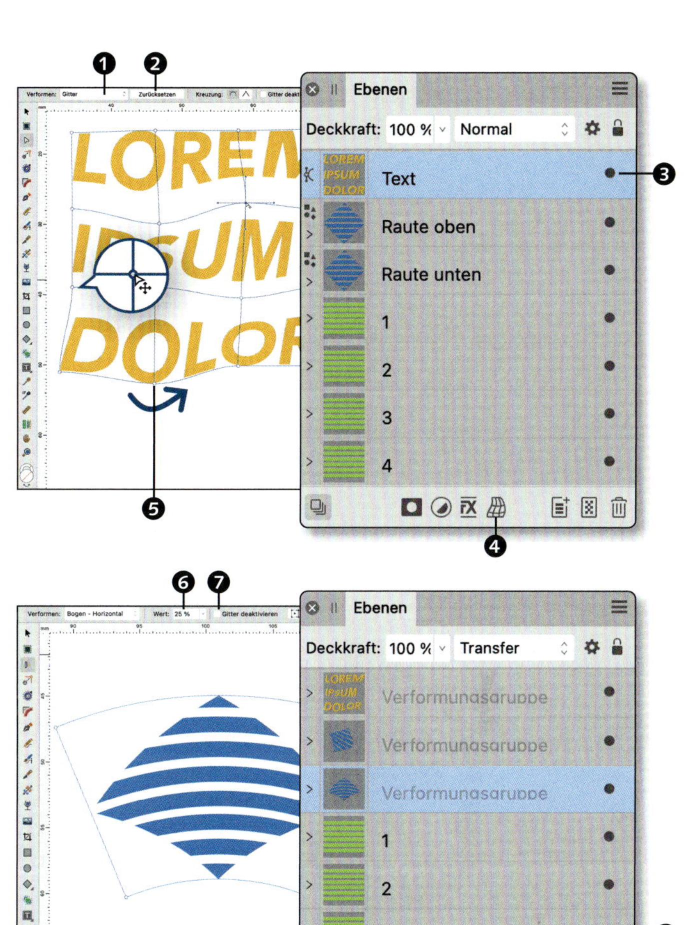

1 Vektorverzerrung Gitter

Öffnen Sie das »Beispiel_3-6.afdesign«. Sie können mit dem Knotenwerkzeug den Text ❸ markieren. Klicken Sie im Panel Ebenen auf Verformen ❹, und wählen Sie Gitter. Sie können den Text über die Kreisknoten ❺ und deren Steuergriffe oder direkt an den Gitterlinien per Klicken und Ziehen verzerren. Über die Kontextleiste können Sie die Vorgaben zum Verformen ❶ ändern oder direkt zurücksetzen ❷. Markieren Sie die Raute oben. Wählen Sie die Verformung Vierer aus. Vier Kreisknoten sind änderbar.

2 Vektorverzerrung Bogen

Jede Verzerrung erstellt eine Verformungsgruppe. Objekte der Verformungsgruppe sind zerstörungsfrei. Wandeln Sie die Verformung in Kurven um, sind diese erst im Export sichtbar. Markieren Sie nun die Raute unten. Klicken Sie auf Verformen ❾, und wählen Sie Bogen – Horizontal. Über die Kontextleiste können Sie über Wert ❻ den Bogen der Verformung anpassen. Sie können das Gitter und somit die Verformung der Objekte ausblenden, indem Sie auf Gitter deaktivieren ❼ klicken.

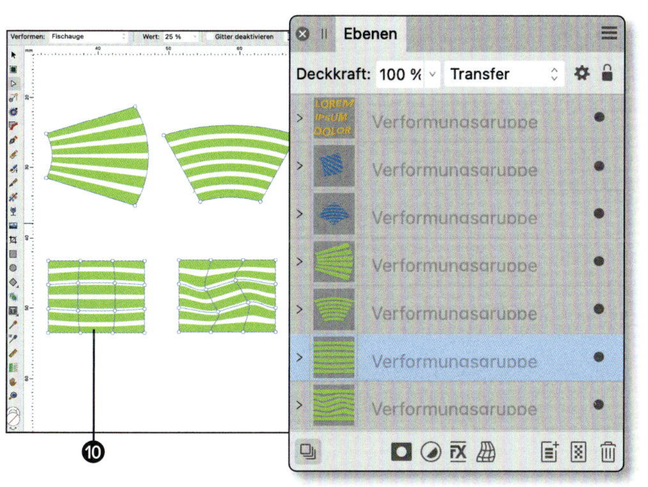

3 Vektorverzerrung Fischauge

Markieren Sie die Gruppe 3 im Ebenen-Panel ❽. Als Verformung wählen Sie Fischauge. Die Verformung lässt sich über den Wert der Kontextleiste mehr krümmen. Unten in der Beispieldatei sind drei weitere Gruppen ❿. Probieren Sie die anderen Verformungen wie Wölbung und Verdreht aus.

Anmerkung: Mit Shortcuts geht es noch schneller: Halten Sie `Alt` und ziehen einen der Steuergriffe, erstellen Sie eine spitze Ecke an der Gitterkreuzung. Mit `Y` schalten Sie zwischen der aktiven Verformung und der X-ray-Ansicht um.

8-Bit-Illustrationen erzeugen

Pixel-Illustrationen erstellen

Mit dem Pixelwerkzeug der Pixel Persona zeichnen Sie auf ausgerichteten Linien mit harten Kanten pixelgenau. Drücken Sie B, können Sie direkt zum Pixelwerkzeug oder zum Malpinsel wechseln. Erinnern Sie sich an die 8-Bit-Bilder der Retro-Spiele wie Super Mario oder Zelda? Erschaffen Sie in Affinity Designer Ihre eigene Pixelwelt. Um besser verstehen zu können, wie viele Pixel Ihr Dokument und das Raster brauchen, bieten sich handgemachte Skizzen auf kariertem Papier an.

Neu in diesem Workshop

- 8-Bit-Dokument anlegen
- Malen mit dem Pixelwerkzeug
- Malen mit dem Malpinsel

**[Datei: »Beispiel_3-7.jpg«
»Beispiel_3-7_fertig.afdesign«]**

PIXEL PERSONA
Pixel-Illustrationen erstellen

PIXELWERKZEUG
Pixelgenau zeichnen

MALPINSEL
Weiche Kanten erzeugen

1 8-Bit-Dokument anlegen

Öffnen Sie das »Beispiel_3-7.jpg«. Zählen Sie in der Skizze die Kästchen für die Breite und Höhe. Im Beispiel ist die Skizze 44 Kästchen breit und 28 Kästchen hoch. Legen Sie ein neues Dokument über Datei • Neu an. Um 8-Bit-Illustrationen zu erzeugen, wählen Sie für den Typ Web ❷ aus und RGB/8 ❹ als Farbformat. Wie in der Skizze gezählt, definieren Sie die Abmessungen ❸ mit 44×28 px zu 72 DPI. Bestätigen Sie mit OK. Blenden Sie sich nun im Menü Ansicht das Raster und die Lineale ❶ ein.

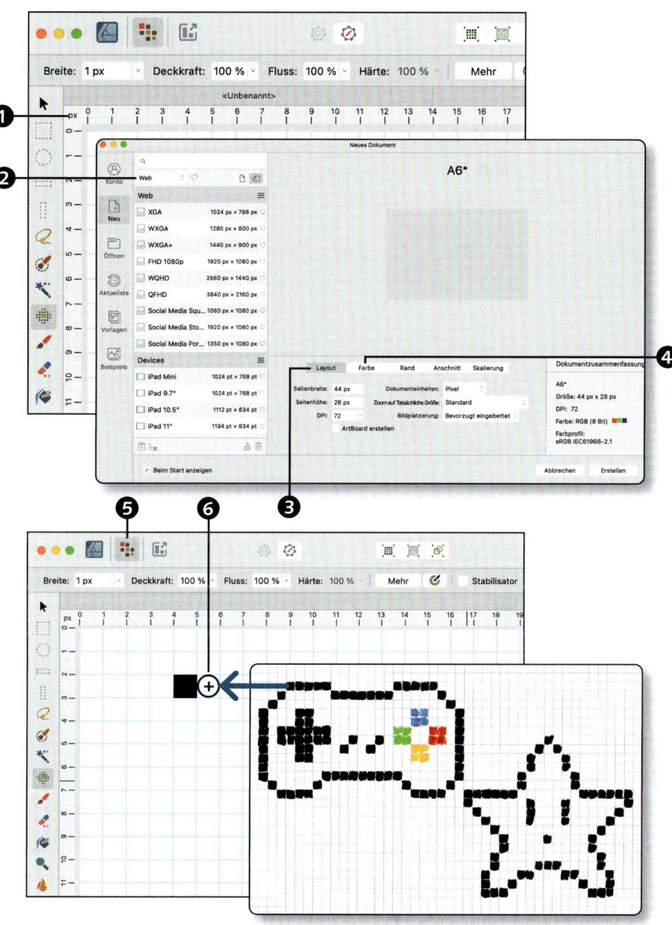

■ **1 Klick per Pixelwerkzeug entspricht 1 Pixel**
Je mehr Pixel in der Breite und Höhe, umso mehr Details

2 Malen mit dem Pixelwerkzeug

Wechseln Sie in die Pixel Persona ❺, und aktivieren Sie das Pixelwerkzeug. Falls eine Pinselspitze aus der Voranwendung hinterlegt ist, wählen Sie im Panel Pinsel einen Standardpinsel mit 1 px aus. Die Pinselspitze des Pixelwerkzeugs wird zu einem Kreis ❻. Sie können nun mit dem Pixelwerkzeug die Skizze nachmalen. Ändern Sie die Pixelbreite, füllen Sie schnell große Flächen aus. Sie können ebenfalls in der Designer Persona mit dem Rechteck oder dem Zeichenstift vektorisierte 8-Bit-Illustrationen erzeugen.

3 Malen mit dem Malpinsel

Der Malpinsel ❼ erzeugt im Vergleich zum Pixelwerkzeug Pinselstriche mit einem Verlauf – also keine sauberen Kanten. Das sorgt für natürliche Übergänge zwischen dem aufgetragenen Strich und den umliegenden Pixeln. Wählen Sie den Malpinsel aus. Malen Sie nun als Test mit Schwarz Schatten oder mit Pink die Wangen ❽. Klicken Sie dabei gezielt auf die vorhandenen Konturen/Pixel.

Anmerkung: Mit dem Pixelwerkzeug können Sie natürlich nicht nur einzelne Pixel, sondern auch ganze Linien erzeugen.

1 Klick per Malpinsel
errechnet weiche Übergänge

Ecken abrunden

Scharfe Ecken weicher gestalten

Durch das Abrunden können Sie spitze Ecken umgestalten. Um mehrere Knoten gleichzeitig abzurunden, wählen Sie die Knoten mit dem Knotenwerkzeug bei gedrückter ⇧-Taste aus. Sie können Ecken ebenfalls über Schieber oder Prozentwerte der Kontextleiste definieren. Es gibt Eckentypen wie OHNE, GERUNDET, GERADE und KONKAV oder AUSSCHNITT. Die Umrisslinie der Form wird nicht verändert, nur die Ecken. Ziehen Sie allerdings mit cmd / Strg die Umrisslinie einer Form, ändert sich ebenfalls die Form. Der geänderte Eckenradius wird davon nicht beeinflusst.

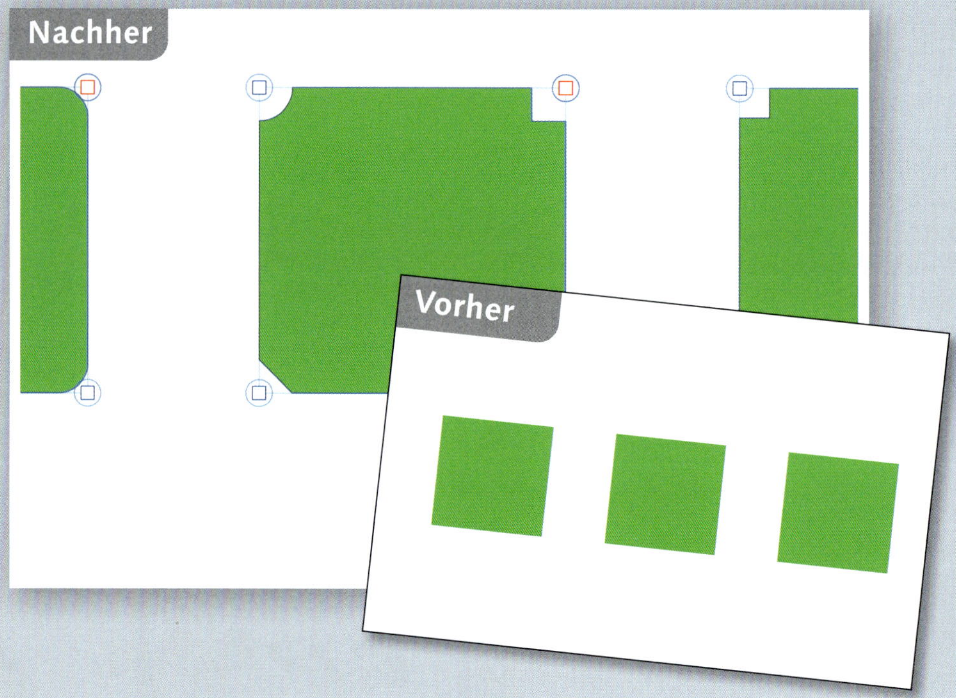

Neu in diesem Workshop

- Werkzeug ECKE nutzen
- Weiche Ecken per Kontextleiste
- Eckentypen erkunden

[Datei: »Beispiel_3-8.afdesign«]

ECKENTYP
Ecken abändern

ECKE
Ecken abrunden

KNOTENWERKZEUG
Eckknoten auswählen

1 Werkzeug Ecke nutzen

In der Datei »Beispiel_3-8.afdesign« finden Sie drei Quadrate. Aktivieren Sie in der Werkzeugleiste ❶ zunächst das Werkzeug ECKE. Klicken Sie das linke Quadrat an. Mit der ⇧-Taste können Sie alle vier weißen Eckpunkte auswählen. Wenn die Eckpunkte blau geworden sind, verändert sich Ihr Mauszeiger. Mit einer Ziehbewegung nach innen können Sie die Ecken gleichmäßig beispielsweise um 4 mm abrunden. Nutzen Sie das Werkzeug ECKE, können Sie standardmäßig immer nur runde Ecken erzeugen.

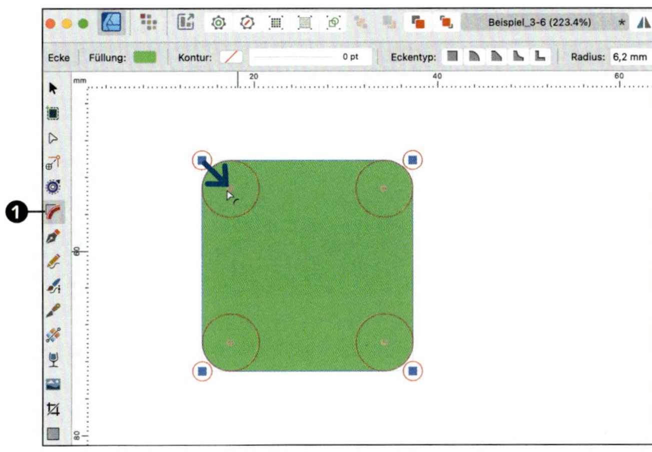

2 Eckentypen erkunden

Gehen Sie zum mittleren Quadrat. Sie können jede Ecke mit einem anderen ECKENTYP belegen. Klicken Sie den oberen linken Eckpunkt an. Für nach innen abgerundete Ecken wählen Sie KONKAV ❸. Mit der Taste esc können Sie die Auswahl des Eckpunktes aufheben. Aktivieren Sie mit gedrückter Taste ⇧ die beiden Eckpunkte rechts. Für nach innen ausgeschnittene Ecken wählen Sie AUSSCHNITT ❹. Klicken Sie neben das Quadrat, heben Sie die Auswahl der Ecken auf. Für die letzte Ecke wählen Sie GERADE ❷.

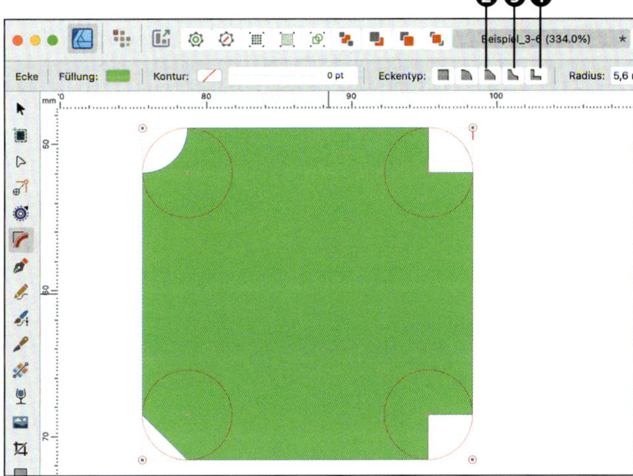

3 Weiche Ecken per Kontextleiste

Wenn Ihnen die erstellte Ecke zu klein erscheint, können Sie sie über RADIUS ❻ vergrößern. Gehen Sie nun aber zum rechten Quadrat. Klicken Sie mit dem Werkzeug ECKE einen Eckpunkt zur Auswahl an. Um alle Eckpunkte gleichzeitig auszuwählen, drücken Sie cmd/Strg + A. Sie können über die Kontextleiste alle Ecken beispielsweise mit AUSSCHNITT ❺ belegen. Sollten Sie mit dem Ergebnis nicht zufrieden sein, können Sie im Nachhinein mit dem Werkzeug ECKE die Ecken ändern. Wollen Sie die Eckentypen fixieren, drücken Sie FIXIERTE DARSTELLUNG ❼; die Ecken werden in Kurven umgewandelt.

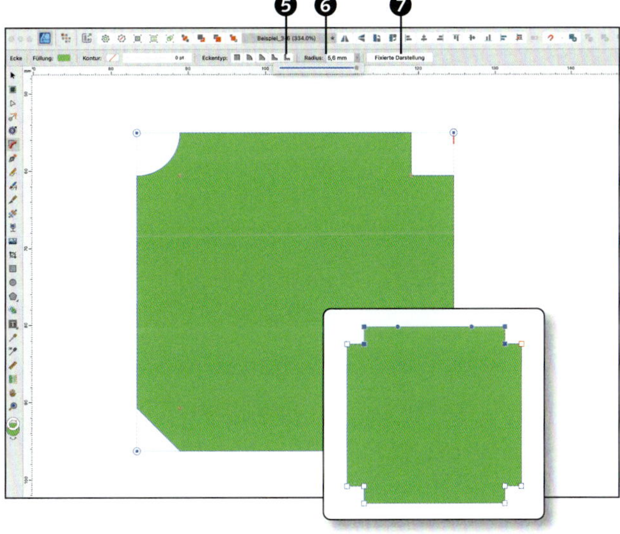

Lasern und Fräsen ausprobieren

SVG- und EPS-Dateiformate anwenden

Wie Sie bereits wissen, sind Vektorgrafiken druck- und websicher. Grafiken können per SVG- und EPS-Format auf verschiedenste Materialien angewendet werden. Sie können beispielsweise Textilien in Form Ihrer Vektorgrafik besticken, Folien schneiden, Holz gravieren oder aus diversen Kunststoffen Gegenstände herstellen. Um Grafiken aus Materialien schneiden zu können, müssen alle Formen oder Schriften in Kurven umgewandelt sein. Die Linienfarbe in RGB beschreibt, was der Laser tun soll. Die Linienstärke sollte nicht größer als 0,5 pt sein. Fragen Sie in Ihrem Geschäft, wie Sie Ihre Grafiken am besten anlegen und exportieren.

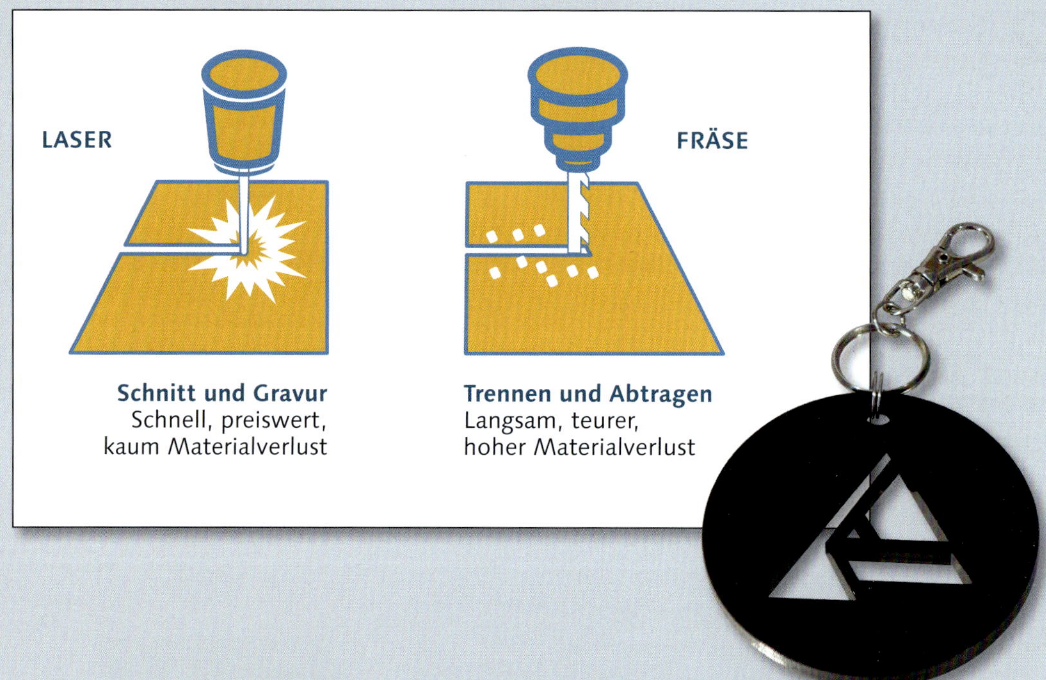

Neu in diesem Workshop

- Kurven für Anhänger
- Kurven in SVG exportieren
- Kurven in EPS exportieren

[Datei: »Beispiel_3-9.afdesign«]

SVG – SCALABLE VECTOR GRAPHICS
Websichere skalierbare Vektorgrafik, Top-Lesbarkeit und Weiterverarbeitung

EPS – ENCAPSULATED POSTSCRIPT
Ermöglicht Einbindungen in Dokumente, Top-Lesbarkeit und Weiterverarbeitung

1 Kurven für Anhänger

Um Grafiken per Laser oder Fräsen auszuschneiden, lassen Sie sich über Material, Größe und Preis beraten. Kurven sollten beim Laserschnitt geschlossen, für Gravuren offen sein. Öffnen Sie »Beispiel_3-9.afdesign«, und aktivieren Sie das Knotenwerkzeug. Um alle Konturen gleichzeitig einstellen zu können, drücken Sie `cmd`/`Strg` + `A`, und gruppieren Sie die Ebenen. Über KONTUR ❶ können Sie über den RGB-Schieber bei BLAU den Wert 255 einstellen. Ändern Sie die Breite ❷ auf 0,05 pt. Die Vektorgrafik ist fertig zum Lasern.

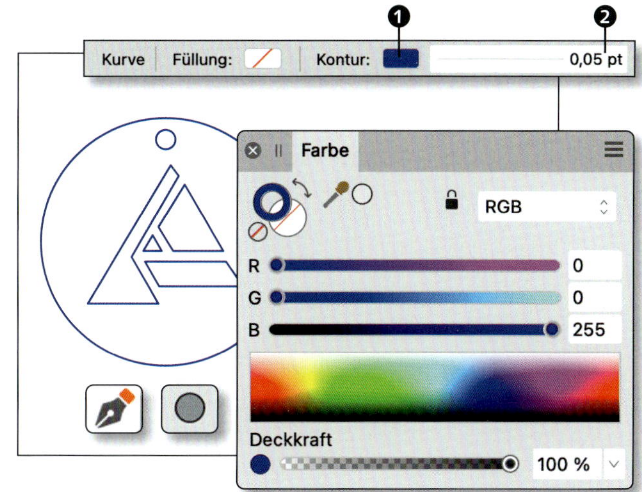

2 Kurven in SVG exportieren

Einige Geschäfte wandeln Grafiken für ihre Geräte selbst um und wünschen SVG-Dateien in Schwarzweiß. Stellen Sie die Konturen im Dokument zunächst auf OHNE. Im Panel FARBFELDER stellen Sie GRAUTÖNE ❹ ein. Markieren Sie mit dem Verschieben-Werkzeug und gedrückter `⇧`-Taste die inneren Kurven ❸. Weisen Sie der FÜLLUNG ❺ Weiß ❻ zu. Färben Sie den großen Kreis ❼ schwarz. Schwarz steht für positive Flächen, die nicht geschnitten werden, Weiß für negative, die ausgeschnitten werden.

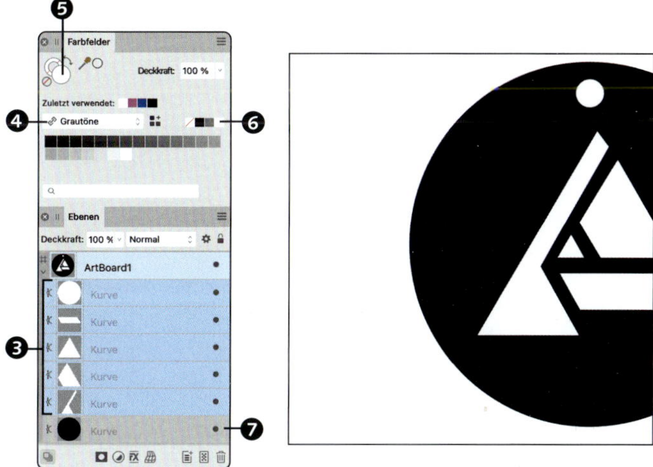

3 Kurven in EPS exportieren

Gehen Sie bei DATEI • EXPORTIEREN auf SVG. Zur Sicherheit exportieren Sie die Grafik als SVG *und* EPS. Legen Sie die Farben in RGB an, und wählen Sie einen transparenten Hintergrund ❾. Speichern Sie zudem die Affinity-Designer-Datei, um Änderungen vornehmen zu können. Im Notfall können Sie im Lasergeschäft ein exportiertes JPG ❽ in Schwarzweiß als Beispiel vorlegen. Um Schriften auszulasern, wandeln Sie sie in Kurven um (siehe Seite 260). Bedenken Sie, dass Einzelteile wie Punkte oder die Innenteile der Buchstaben (Punzen) dabei »lose« zu stehen kommen. Verbinden Sie die Punzen deshalb mit Linien.

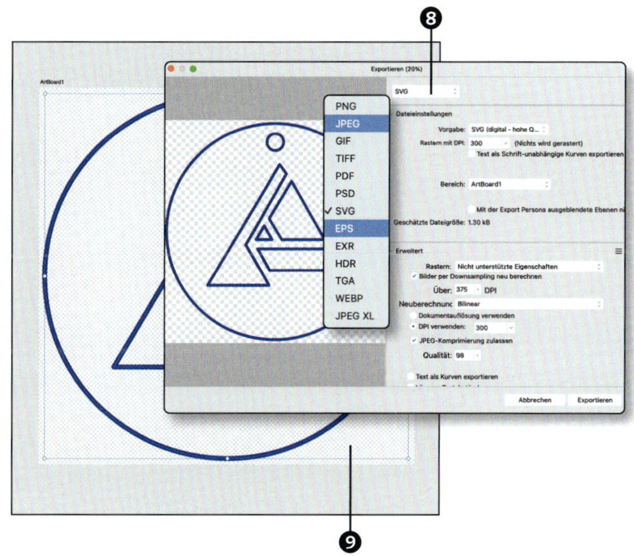

Farbverlauf und Transparenz

Farbübergänge anlegen und Deckkraft ändern

Mit einem Klick auf die Füllung oder Kontur der Kontextleiste öffnet sich ein neues Panel. Klicken Sie auf VERLAUF. Farbverläufe sind über runde Marker oder den Mittelpunkt veränderbar. Sie können Verläufe ebenfalls über Prozentwerte manipulieren. Unter TYP können Sie den Verlauf von LINEAR bis KONISCH einstellen. Die Bearbeitung von Transparenzen erfolgt über die DECKKRAFT eines Objekts oder einer Ebene. Mit den Zifferntasten können Sie die Deckkraft für markierte Objekte oder Ebenen festlegen. Die [5] steht beispielsweise für 50 % DECKKRAFT und die [9] für 90 % DECKKRAFT usw.

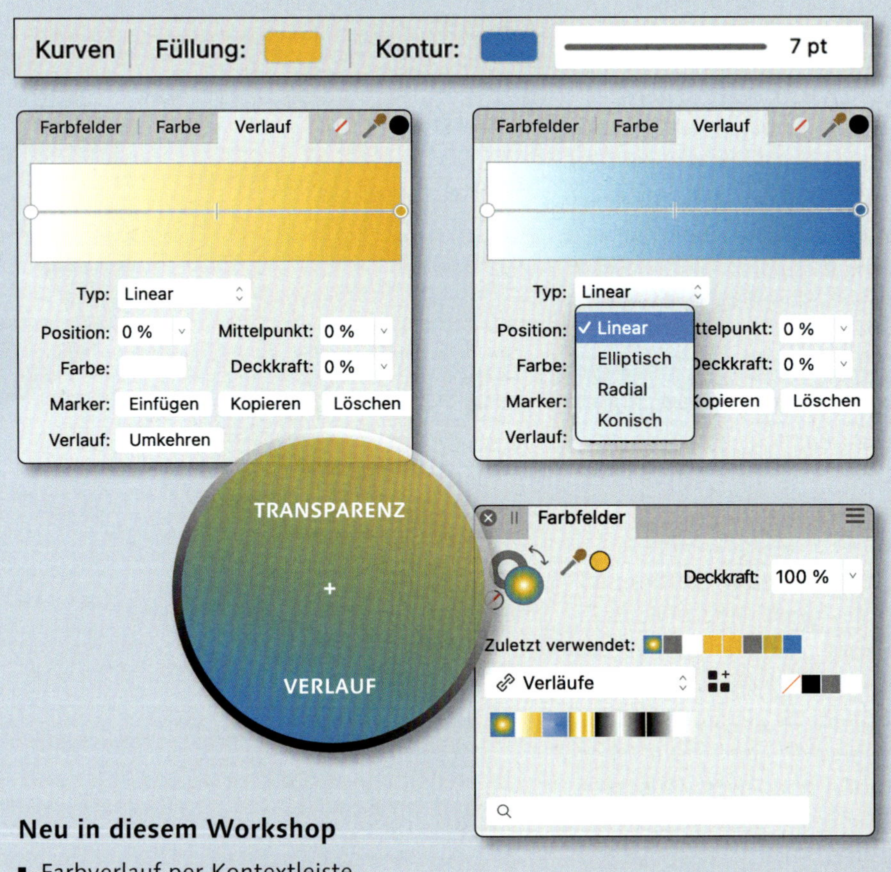

Neu in diesem Workshop

- Farbverlauf per Kontextleiste
- Werkzeug FÜLLUNG anwenden
- Werkzeug TRANSPARENZ nutzen

[Datei: »Beispiel_3-10.afdesign«]

FÜLLUNG
Farbverlauf auf Objekten oder Ebenen

TRANSPARENZ
Deckkraft von Objekten oder Ebenen

1 Farbverlauf per Kontextleiste

Über die Kontextleiste können Sie Farbverläufe auf Formen und Linien mit Kontur- oder Füllfarbe legen. Klicken Sie mit dem Verschieben-Werkzeug die linke Form der Datei »Beispiel_3-10.afdesign« an. Per Klick auf die FÜLLUNG ❶ öffnet sich ein neues Panel. Gehen Sie zum Reiter VERLAUF ❷. Klicken Sie auf den Verlaufspfad, um einen Marker einzufügen. Über die verschiebbaren runden Marker ❸ und Mittelstriche ❹ können Sie Verläufe einstellen. Markierte Marker ❺ sind größer als die anderen Marker.

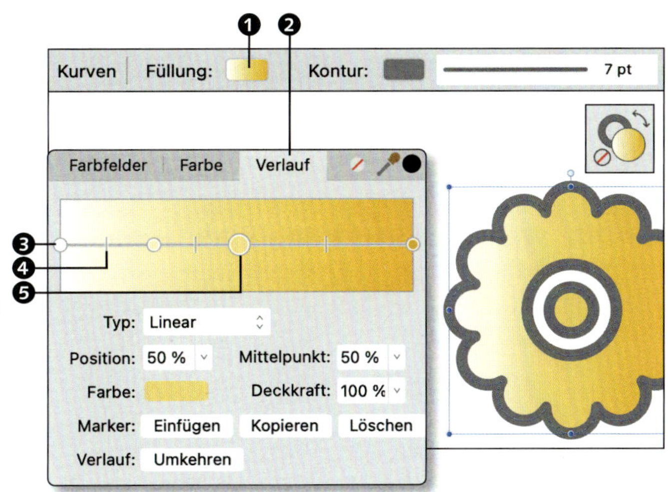

2 Werkzeug Füllung anwenden

Markieren Sie die blaue Form, und wählen Sie das Werkzeug FÜLLUNG. Der Mauszeiger ändert sein Aussehen. In der Kontextleiste wählen Sie KONISCH ❻. Sie können Verläufe über Symbole drehen ❼, umkehren ❽ und Seitenverhältnisse beibehalten ❾.

Wollen Sie den konischen Verlauf verfeinern, ziehen Sie an den Markern oder ändern Sie die Linienrichtungen. Achten Sie beim Drehen des Verlaufs auf den Mauszeiger ❿. Sie können per Klick auf die Linie beliebig viele Marker und Farben hinzufügen.

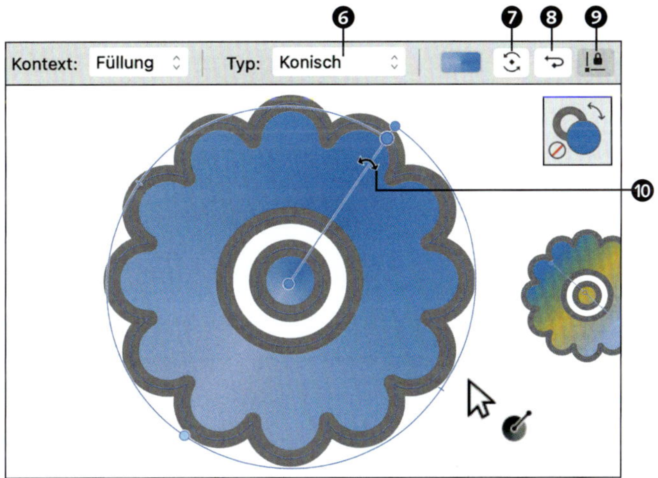

3 Werkzeug Transparenz nutzen

Die Transparenz wird über die DECKKRAFT festgelegt. Markieren Sie die rechte Form. In der Werkzeugleiste wählen Sie das Werkzeug TRANSPARENZ. Der Mauszeiger ändert sein Aussehen. Mit einem Klick bei gleichzeitigem Ziehen können Sie eine Transparenz über die Form legen. Der schwarze Marker ⓭ steht für 100 % DECKKRAFT, der weiße ⓫ für 0 % DECKKRAFT.

Anmerkung: Farbverläufe werden im Panel FARBFELDER gespeichert. Klicken Sie dort auf das Symbol. Ihre gespeicherten Verläufe werden unter VERLÄUFE ⓬ abgespeichert.

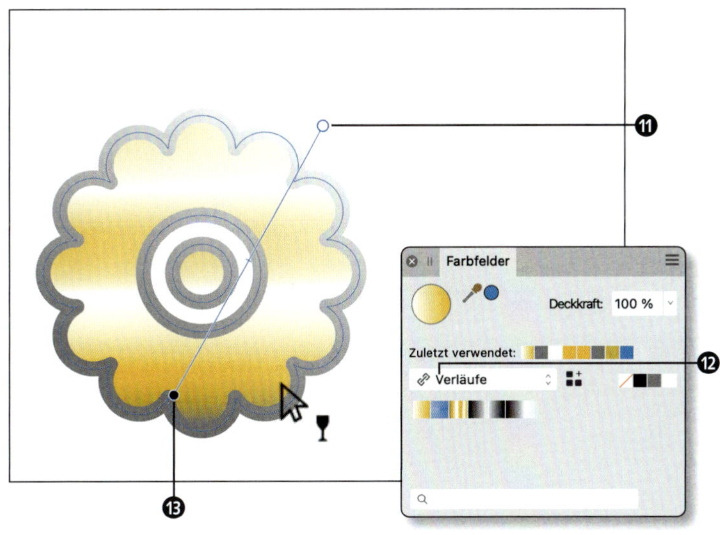

Die Bedeutung der Farben

Psychologie und Harmonie der Farben

Wie beeinflussen Farben unsere Gestaltung?

Farben werden durch Licht visualisiert. Sie werden von Mensch zu Mensch individuell wahrgenommen und können eine vielfältige Symbolik tragen. Durch die unterschiedliche Beschaffenheit unserer Augen ist die Farbwahrnehmung subjektiv.

Bei Illustrationen oder Designarbeiten spielt die Farbauswahl eine wichtige Rolle, denn Farben wecken Erinnerungen, Eindrücke oder Gefühle. Den Farbeindrücken liegen Konventionen zugrunde, die von Kulturkreis zu Kulturkreis abweichen können – und von Generation zu Generation weitergegeben werden: Der Farbeindruck wird in der Kindheit erlernt und ausgeprägt.

Wie beleben Farben digitale Arbeiten?

Sie können mit Farben unterschiedliche optische Wirkungen erzielen, z. B. Strukturen, Glanzeffekte, Perspektiven, Kontraste, Spannungen und Emotionen.

Zur Festlegung der Farbwahrnehmung dienen nationale und internationale Farbnamen, Farbwerte oder Farbfächer. Affinity Designer ermöglicht das Arbeiten in den bekannten Farbräumen RGB ❶, CMYK ❷ und HSL (mehr zu HSL ab Seite 35). Sie können auf Lab-Farbräume oder Graustufen mit unterstützter ICC-Farbverwaltung in 8 oder 16 Bit pro Kanal zugreifen (mehr zu Lab und Bits ab Seite 120).

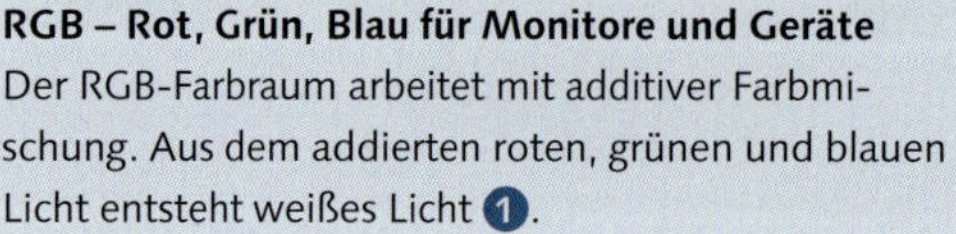

RGB – Rot, Grün, Blau für Monitore und Geräte
Der RGB-Farbraum arbeitet mit additiver Farbmischung. Aus dem addierten roten, grünen und blauen Licht entsteht weißes Licht ❶.

CMYK – Cyan, Magenta, Yellow, Key für Druck
Der CMYK-Farbraum arbeitet mit subtraktiver Farbmischung. Von Weiß werden durch Absorption Farbanteile subtrahiert, Schwarz ❷ entsteht.

Farben und ihre Symbolik

Gelb – Wärme und Helligkeit
Glückseligkeit in Asien, Eifersucht und Neid in Europa

Orange – Lebhaftigkeit
Nationalfarbe der Niederländer, Energie, Aktivität, Aufregung

Rot – Dynamik und Gefahr
Glücksfarbe in China und Indien, Liebe, Hass und Feuer oder Blut

Rosa – Romantik und Baby
Farbe der Träumerei, Zartheit und Weiblichkeit

Pink – Charakter, Dominanz
Farbe des Selbstbewusstseins, der Ausdrucksstärke, Anregung

Lila – Dekadenz; Religiosität
Farbe der Macht, Ewigkeit, Emanzipation und Wollust

Hellblau – Verlässlichkeit
Farbe für Perspektiveffekte, Technik, Wissenschaft und Ruhe

Dunkelblau – Himmel und Meer
Farbe der Götter, Kälte, Weite, Farbe der Banken und Treue

Türkis – Geselligkeit, Kunst
Farbe der Freundschaft, Befreiung, Seele und Kommunikation

Hellgrün – Frühling, Hoffnung
Neuanfang, Kreislauf, Leben, Überlegenheit, Natur, Frieden

Dunkelgrün – Vegetation, Reichtum
Unglücksfarbe in Frankreich, Gift, Frische, Biologie, Geld und Ruhe

Braun – Erde, Demut und konservativ
Farbe von Geborgenheit, Bodenständigkeit, Outdoor, Biologie, Boden, Sterben

Schwarz – Eleganz, Nacht und Tod
In Afrika ist Schwarz die schönste Farbe; Farbe der Wahrheit oder Negation

Grau – Neutralität und Theorie
Farbe des Alters, der Langeweile, Vergangenheit, Stille

Weiß – Reinheit, Authentizität
Farbe von Tod/Trauer in Asien, Klarheit, Ordnung und Hochzeit

Regenbogenfarben
Achtung, kulturell unterschiedliche Symbolik (Homosexualität)

Gold – Pracht, Werte, Luxus
Vornehm und edel, Esoterik und Spiritualität, Sicherheit

Silber – Mond, Wechsel, edel
Farbe der Übersinnlichkeit, Intuition, Reinigung, Amulett, Schutz

Kupfer – Natur, sauber, Geschichte
Farbe des Altertums, Retro, Patina, Gesundheit, Kultur, Architektur

Verläufe im Druck oft unsauber
»Hat der Grafiker nichts drauf, nimmt er einen Verlauf.«

Einführung in die Farbenlehre

Theoretisches und Praktisches über Farbanwendungen

Das Zusammenspiel von Farben

Ein besonderer Bereich der Farbenlehre ist die Harmonielehre, die sich mit dem Zusammenspiel von Farbtönen auseinandersetzt. Künstler bemühen sich seit jeher, das Verständnis der Farberscheinungen und ihre Wirkungen zu visualisieren. Wesentliche Farbenlehren und Betrachtungen wurden von bekannten Persönlichkeiten wie Leonardo da Vinci, Newton, Thomas Young, Philipp Otto Runge, Goethe, Ostwald, Itten und Küppers geprägt. Das fachübergreifende theoretische Wissen der Farbenlehren lässt sich ebenfalls auf digitale Arbeiten gezielt anwenden.

Gesetze der Farbmischung

Je nach Kulturkreisen werden zwei bis sechs Farben als **Grundfarben** bezeichnet. In Europa gelten Gelb, Blau und Rot als Grundfarben. Grün wird gerne zu den Grundfarben dazugerechnet, obwohl es durch das Mischen von Gelb und Blau entsteht. Zur Farbabmischung und als Hell-Dunkel-Kontraste werden Schwarz und Weiß zu den Grundfarben gezählt.

Schwarz und Weiß bilden eine Ausnahme. Diese »Unbuntfarben« spielen eine gesonderte Rolle, da sie nicht bunt sind. Wilhelm Ostwald prägte Begriffe wie »verhüllte« oder »verschwärzlichte« und »verweißlichte Farben«. Siegfried Rösch leitete später den Begriff der relativen Helligkeit einer Farbe daraus ab.

Als **Primärfarben** bezeichnet man generell die Farben, die sich nicht aus anderen Farben mischen lassen. Die traditionelle Drei-Farben-Theorie ❶ besteht aus den Primärfarben Rot, Gelb und Blau. Viele Arbeiten der berühmten Bauhaus-Künstler tragen diese kontrastreichen Farben und stehen für die Moderne.

Mit dem Computerzeitalter wurde die Drei-Farben-Theorie um die **additiven Lichtfarben** Rot, Grün und Blau ❷ ergänzt, die hier als Primärfarben bezeichnet werden. Die RGB-Farben finden Anwendung auf Ein- und Ausgabegeräten wie Bildschirmen, Monitoren und in der Fotografie.

In der **subtraktiven Farbmischung** und dem Farbdruck sind die Primärfarben Cyan, Gelb und Magenta. Als extra Schlüsselfarbe wurde Schwarz einbezogen.

Sekundärfarben ❸ sind Mischungen aus zwei Primärfarben.

❶

❷
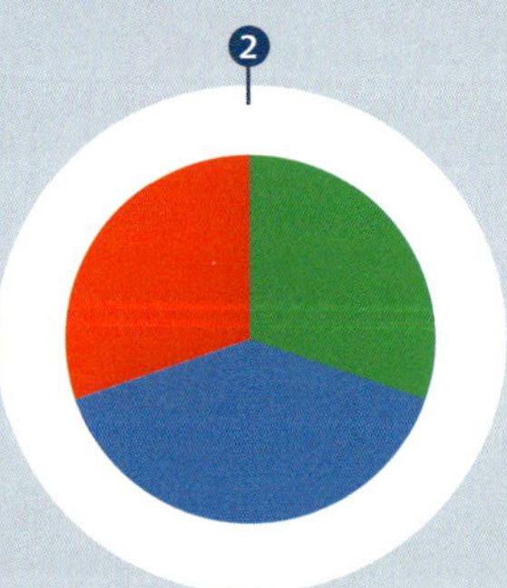

❸

Harmonische Farbkombinationen
Für starke Farbkontraste bieten sich die **Komplementärfarben** ④ an: Rot–Grün, Blau–Gelb, Rot–Cyan und Grün–Magenta oder Blau–Orange sowie Gelb–Violett. Als Komplementärfarben gelten die Farben, die miteinander gemischt einen neutralen einheitlichen Grauton ergeben.

Die **Teilkomplementärfarben** ⑤ wie Gelb–Lila–Blau sind recht kraftvoll, erzeugen jedoch weniger Spannung als die Komplementärfarben. Als Teilkomplementärfarben gelten unmittelbar benachbarte Farben, denen eine Komplementärfarbe im Farbkreis direkt gegenübersteht.
Fast gleichwertig ist der **Farbdreiklang**. Der Farbdreiklang oder »Triad« besteht aus drei Farben, die den gleichen Abstand zueinander im Farbkreis haben. Interessante Triadfarben sind beispielsweise Blau–Rot–Grün, Lila–Orange–Grün oder Gelb–Blau–Rot.

Beim **Farbvierklang** oder »Tetrad« ⑥ werden zwei komplementäre Farbpaare wie bei einem Rechteck im Farbkreis gegenübergestellt. Der Farbvierklang verursacht eine Unruhe. Sie sollten eine Hauptfarbe aussuchen und die drei weiteren als Akzente verwenden.

Das Gleiche gilt für das **quadratische Farbschema** ⑦ mit vier Farben, die gleichmäßig im Farbkreis als Quadrat angeordnet sind.

Kalte und warme Farben
Um Webseiten, Illustrationen, Präsentationen oder Charaktere farblich zu steigern, können Sie den Kontrast zwischen Kälte und Wärme nutzen. Kalte Farben ⑨ haben einen hohen Blauanteil, warme Farben ⑧ haben einen hohen Gelb- oder Rotanteil. Warme Farben stehen oft für das Gute, den Sommer und das Weibliche. Kalte Farben visualisieren hingegen meist das Böse, den Winter und das Männliche. Brechen Sie mit bekannten Schemata, können Sie Ihre Betrachter überraschen oder auch verwirren.

Beispiele verschiedener Farbanwendungen und ihrer Wirkung

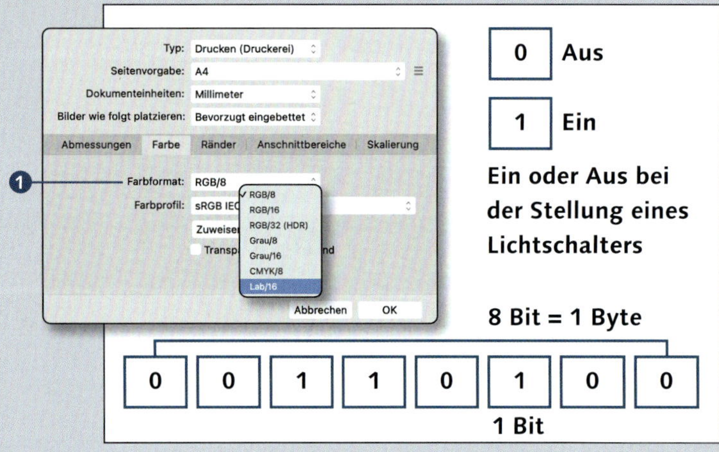

Bit – »binary digit«: Datenmengeneinheit

Affinity Designer bietet diverse Farbformate. Die Formate ❶ können Bit-Tiefen von 8 Bit oder 16 Bit umfassen. Die Bit-Tiefe bezieht sich auf die Farb- oder Tonwertinformationen, die sich pro Pixel Ihres Dokuments speichern lassen. Je höher die Bit-Tiefe ist, desto mehr Tonwertinformationen kann jedes einzelne Pixel speichern. Um beispielsweise Streifen in Farbverläufen oder Farbverluste zu vermeiden, ist generell das Arbeiten mit 16 Bit zu empfehlen.

Achtung: Die Dateigröße wird bei 16 Bit doppelt so groß wie bei einem 8-Bit-Bild.

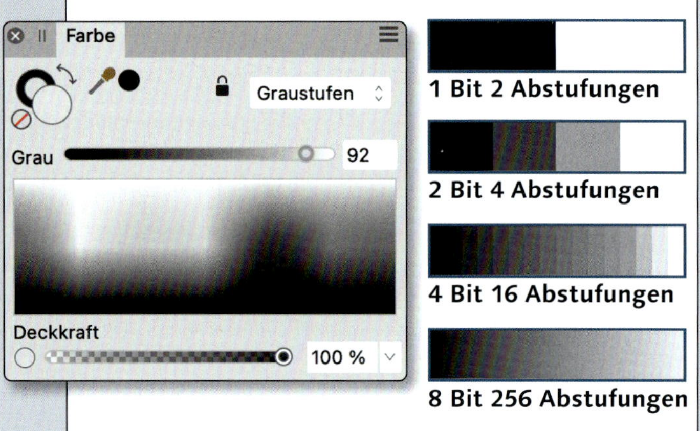

Graustufen – je mehr Bit, desto klarer

Wie viele Graustufen dargestellt werden können, hängt von der Anzahl der Bits ab. Wird nur 1 Bit pro Pixel verwendet, werden zwei Abstufungen dargestellt – Schwarz und Weiß. Die meisten Computer und Displays heutzutage verwenden 8 Bit für ein Pixel und können folglich 256 verschiedene Graustufen problemlos darstellen. 8 Bit entsprechen 1 Byte. Wollen Sie beispielsweise viele Anpassungen wie Tonwertkorrekturen durchführen, sollten Sie Ihrem Farbraum 16 Bit zuweisen und die Datei später für den Druck auf 8 Bit komprimieren.

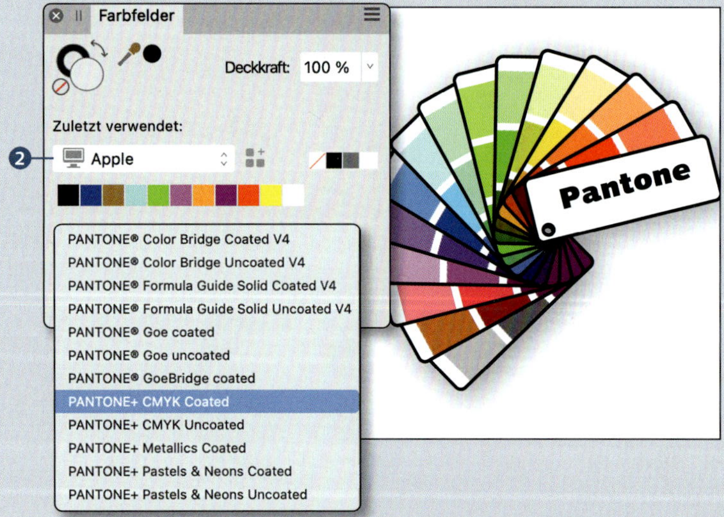

Pantone – Farbsystem der Druckindustrie

Das »Pantone Matching System« ist weltweit in der Design- und Druckbranche anerkannt. Der deutsche Mitbewerber HKS hat hingegen nur eine regionale Bekanntheit. Pantone-Sonderfarben werden im Bereich Corporate Design genutzt. Aus 18 Basisfarben können alle Farben des Systems angemischt werden. Ein besonderes Augenmerk sollte auf den Farbeindruck in Abhängigkeit vom Bedruckstoff gelegt werden. Die Papiersorten werden wie folgt definiert: »C« (*coated*, glänzend beschichtet), »U« (*uncoated*, unbeschichtet), »M« (*matte*, matt beschichtet). Im Panel Farbfelder ❷ finden Sie alle Pantone-Farben.

HKS-Farbfächer – Farbübersichten

Überflieger wünschen sich beste Druckergebnisse. Der Vierfarbendruck (CMYK) simuliert einen Farbton lediglich; dabei kann es gelegentlich zu Abweichungen kommen. HKS-Farbfächer können helfen. Jede HKS-Farbe kann mit einer industriell vorgemischten Sonderfarbe gedruckt werden. Der HKS-Fächer umfasst 88 Basisfarben und insgesamt 3 520 Volltonfarben. Die Großbuchstaben ❸ beschreiben das Druckmedium. Das »K« steht beispielsweise für Kunstdruck, das »N« für Naturpapiere, »Z« für Zeitungen und »E« für Endlospapiere.

Lab-Farbraum – sichtbarer Farbraum

In Affinity Designer können Sie im Dialog Neu jedem neuen Dokument die Farbformate CMYK ❻ und RGB ❼, Graustufen oder Lab-Farben zuweisen. CMYK und RGB kennen wir bereits. Der Lab-Farbraum ❹ gibt Farben nach der theoretischen Wahrnehmung des menschlichen Auges wieder. Es werden drei Kanäle unterschieden: »L« für Helligkeit, »A« für die Farbwerte Rot und Grün sowie »B« für die Farbwerte Gelb und Blau. Lab-Farben eignen sich besonders gut für den kreativen Einsatz. Sie können die Helligkeit anpassen, ohne den Farbton oder die Sättigung zu ändern.

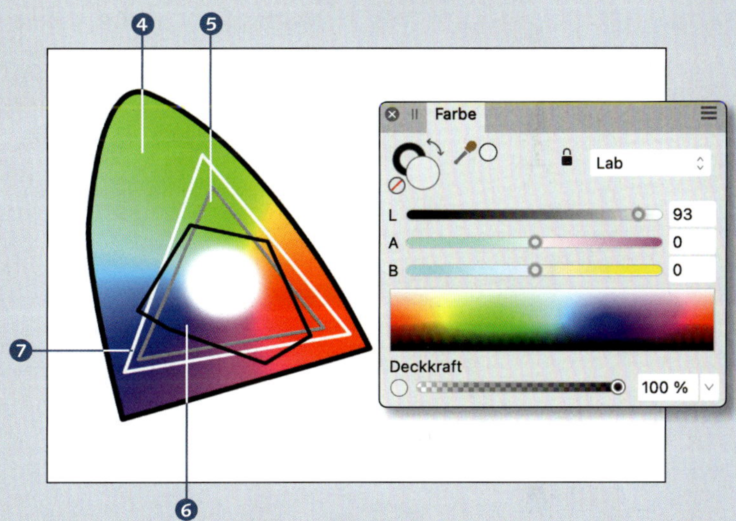

Farbverwaltung – Farbprofile

Um Farben auf allen Geräten gleich darzustellen, bietet sich die ICC-Farbverwaltung an. Gehen Sie in das Menü Affinity Designer (Windows: Bearbeiten) • Einstellungen • Farbe, und legen Sie Ihr gewünschtes Farbprofil fest. Aktivieren Sie die Option für Rendering Intent, und wählen Sie die Schwarzpunkt-Kompensation. Das ausgewählte Profil wird als aktueller Arbeitsfarbraum verwendet.

Anmerkung: Zu den häufig verwendeten Profilen gehört sRGB IEC61966-2.1 ❺. Beim Druck werden die Monitorfarben RGB ❽ in CMYK ❾ umgerechnet.

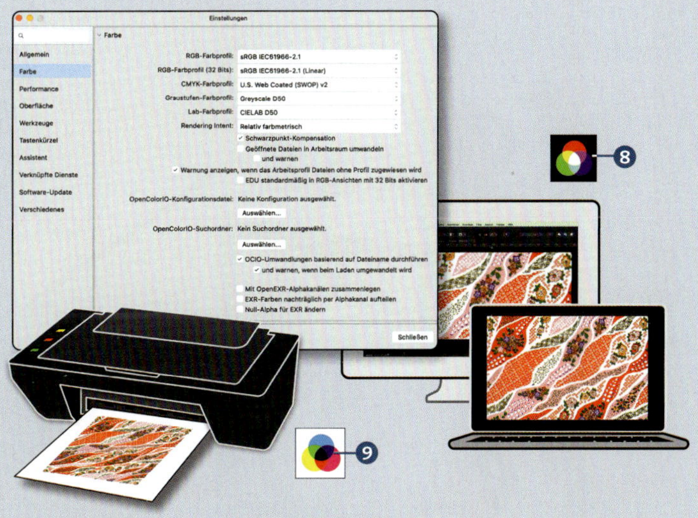

Objekte verarbeiten

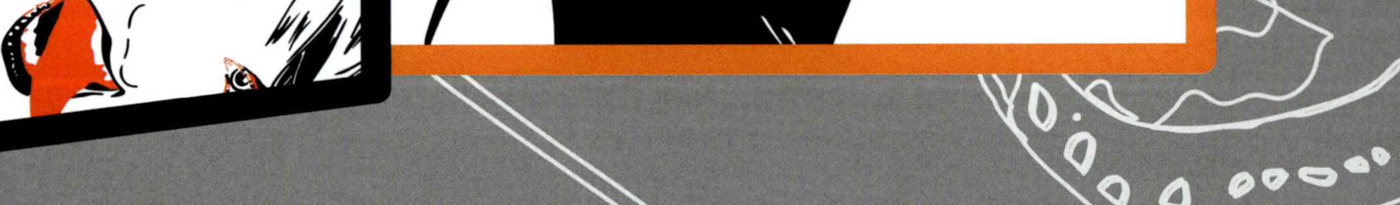

In diesem Kapitel dreht sich alles um die Arbeit mit Ihren Objekten. Erfahren Sie, wie Sie Objekte auswählen, duplizieren oder gruppieren, um erfolgreich Pattern zu erschaffen, wie Sie Objektabstände und Positionen definieren, um Objekte elegant zu verteilen oder zu sortieren. Sie werden schnell verstehen, wie leicht es ist, Objekte auf anderen Ebenen zu positionieren, oder wie einfach sich Objekte transformieren, spiegeln, drehen und neigen lassen. Erkunden Sie die Punkttransformation, das Schneiden und Isolieren von Objekten. Objektstile lassen sich auch abspeichern, um die Objekteigenschaften erneut anwenden zu können. Wenn Sie Objekte im Web ausgeben wollen, müssen Sie sie vorher rastern. Wie unkompliziert das geht, lernen Sie ebenfalls in diesem Kapitel.

Objekte und Gleiches auswählen

Schnelles Auswählen von Objekten nach Attributen

Das Auswählen von Objekten nach Attributen ist eine gute Erweiterung der üblichen Auswahlmethoden. In einer komplexen Grafik schnell das richtige Objekt zu finden, ist damit leichter. Im Menü AUSWÄHLEN finden Sie die praktischen Optionen, mit denen Sie Ihre Objekte anhand gemeinsamer Attribute auswählen bzw. aus der aktuellen Auswahl entfernen können: GLEICHES AUSWÄHLEN sowie OBJEKT AUSWÄHLEN.

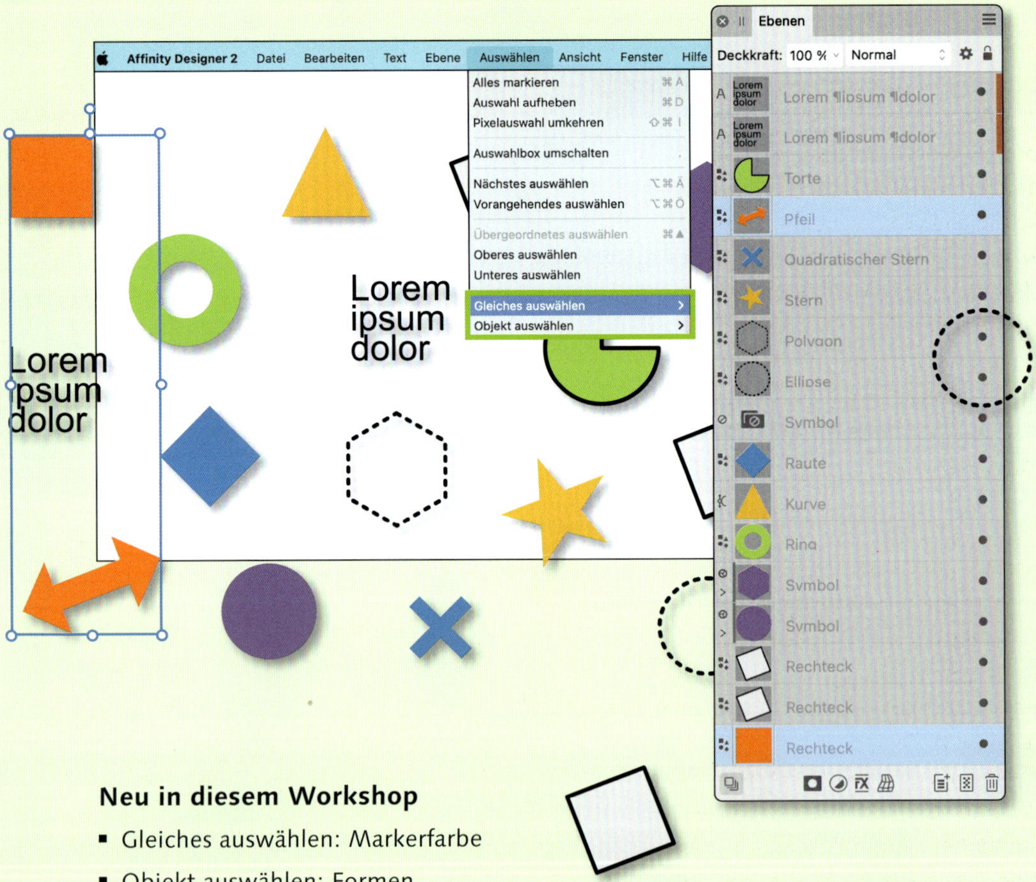

Neu in diesem Workshop

- Gleiches auswählen: Markerfarbe
- Objekt auswählen: Formen
- Objekt auswählen: Symbole

[Dateien: »Beispiel_4-1.afdesign«]

VERSCHIEBEN-WERKZEUG
Markieren und transformieren

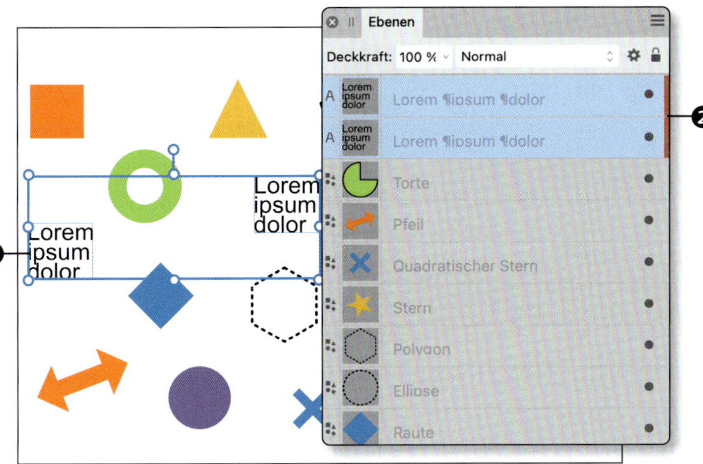

1 Gleiches auswählen: »Markerfarbe«

Mit Gleiches auswählen finden Sie alle Objekte, die das gleiche Attribut besitzen wie ein bereits ausgewähltes. Um zum Beispiel Ebenen zu finden, die im Ebenen-Panel mit der gleichen Farbe markiert wurden, klicken Sie in unserer Beispieldatei nur den Grafiktext ❶ an. Wählen Sie Auswählen • Gleiches Auswählen • Markerfarbe, und alle gleich markierten Ebenen sind ausgewählt ❷. Probieren Sie auch die Suche nach anderen Attributen wie Füllungsfarbe oder Transparenz aus!

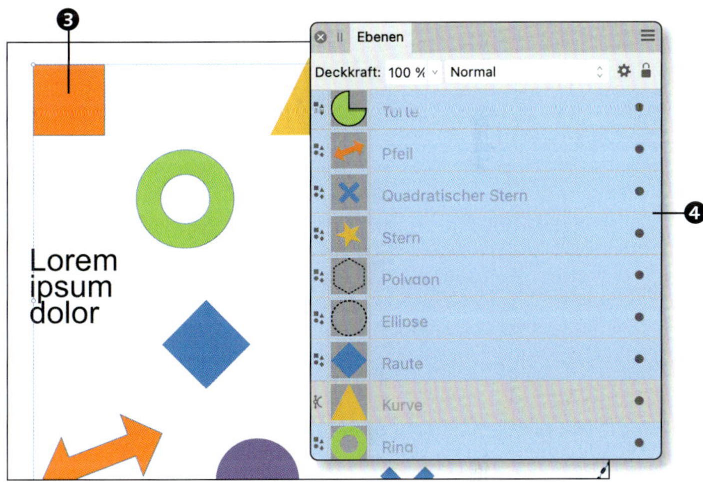

2 Formen auswählen

Mit der Option Objekt auswählen wählen Sie alle Objekte eines Typs aus. So können Sie Gruppen, Symbole, Grafiktexte, ArtBoards, Pixelebenen, ungefüllte Objekte, transparente Objekte sowie alle Objekte auswählen, die keine bzw. eine Kontur besitzen und vieles mehr. So können Sie sich in komplexen Grafiken und im Ebenen-Panel orientieren. Markieren Sie dazu die quadratische Form ❸, und wählen Sie Auswählen • Objekt auswählen • Formen. Alle Formen ❹ werden in die Auswahl genommen.

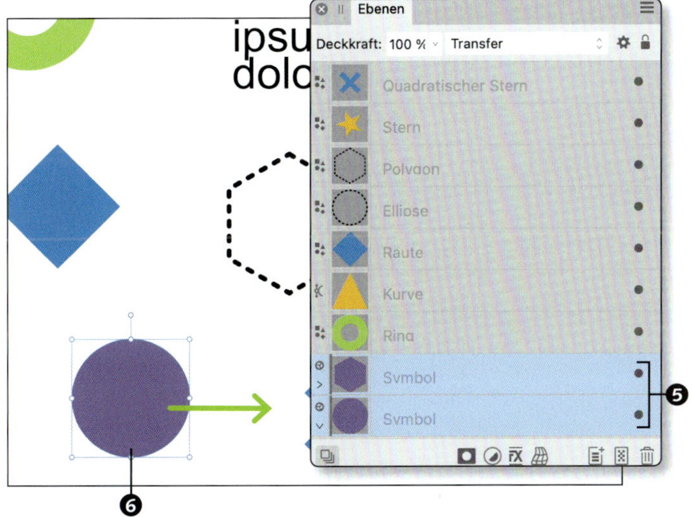

3 Symbole auswählen

Markieren Sie im »Beispiel_4-1.afdesign« eines der lila Symbole ❻. Erzeugen Sie eine Kopie, die Sie beliebig im Dokument verschieben. Unter Auswählen • Objekt auswählen • Symbole können Sie alle vorhandenen Symbole ❺ in die Auswahl aufnehmen. Diese Symbole könnten Sie nun beispielsweise gemeinsam umfärben. Symbole sind ideal für das Arbeiten mit wiederholenden Elementen, die angepasst werden müssen.

Anmerkung: Wenn Sie ausgeblendete Objekte in die Auswahl aufnehmen möchten, aktivieren Sie die Option Ausgeblendete Objekte auswählen im Menü.

Objekte gruppieren und duplizieren

Objekte organisieren und Pattern gestalten

Sie können wesentlich effizienter arbeiten, wenn Sie Objekte oder Gruppen duplizieren. In Affinity Designer können Sie duplizierte Elemente auch noch flexibel anpassen. Besonders praktisch sind »kumulative Duplikate«. Sie duplizieren beispielsweise ein Objekt und transformieren dieses Duplikat. Anschließend können Sie das transformierte Objekt erneut duplizieren. Das neu erstellte Objekt übernimmt die Transformation des Duplikats und wird mit den gleichen Einstellungen transformiert. Die Transformation wird also steigernd auf alle weiteren Duplikate angewendet! Diese Funktion bietet sich besonders zur Erstellung von Mustern an.

Nachher

Vorher

Neu in diesem Workshop

- Objekte gruppieren
- Gruppierte Objekte duplizieren
- Objekt kumulativ duplizieren

[Dateien: »Beispiel_4-2.afdesign«
»Beispiel_4-2_fertig.afdesign«]

1 Objekte gruppieren

Objekte können jederzeit in Gruppen und Untergruppen zusammengefasst werden, um die Ebenen im Panel zu sortieren. Öffnen Sie die Datei »Beispiel_4-2.afdesign«. Markieren Sie mit dem Verschieben-Werkzeug [▶] und der Taste [⇧] die vier Ebenen mit den gelben Kurven ❷ im Ebenen-Panel. Die zu gruppierenden Objekte werden mit einer Auswahlbox ❶ dargestellt. Zum Gruppieren wählen Sie Ebene • Gruppieren, drücken [cmd]/[Strg] + [G] oder wählen den Befehl nach einem Rechtsklick auf die Ebene aus.

2 Gruppierte Objekte duplizieren

Sie können gruppierte Objekte duplizieren, um Schatten, Reflexionen oder Muster zu erzeugen. Markieren Sie mit dem Verschieben-Werkzeug [▶] und der [⇧]-Taste alle Gruppen ❹ im Ebenen-Panel. Mit [Alt] klicken und ziehen Sie die gruppierten Objekte nach rechts ❸ und lassen sie los. Es wurde eine Kopie erzeugt. Drücken Sie mehrmals [cmd]/[Strg] + [J], werden die gruppierten Objekte kopiert und automatisch neben den zuvor kopierten Objektgruppen eingefügt.

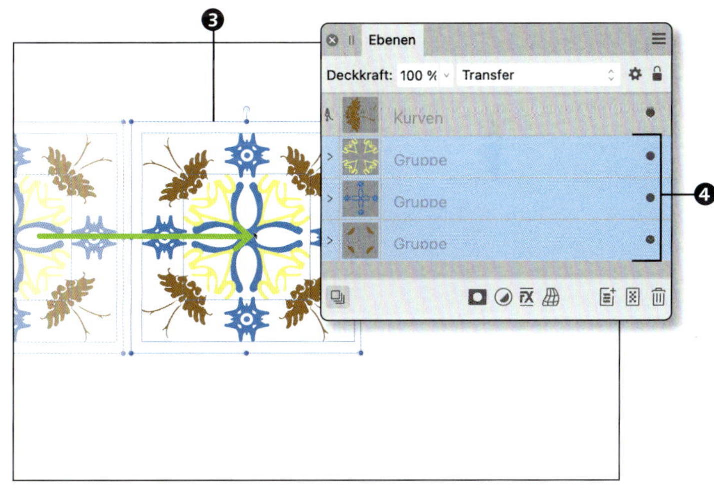

3 Objekt kumulativ duplizieren

Markieren Sie jetzt bitte die Ebene der braunen Kurven ❺. Mit gedrückter [Alt]-Taste klicken und ziehen Sie das Objekt nach rechts. Lassen Sie es nun los. Das duplizierte Objekt können Sie jetzt z. B. vergrößern, indem Sie den Mauszeiger auf die rechte untere Ecke ❻ legen. Sobald er seine Form geändert hat, klicken und ziehen Sie die Ecke mit gedrückter [⇧]-Taste. So können Sie das Objekt ohne Verzerrung vergrößern. Drücken Sie jetzt mehrmals [cmd]/[Strg] + [J], wird das zuvor duplizierte und skalierte Objekt anhand der vorherigen Aktion kumulativ dupliziert: Es wird schrittweise vergrößert eingefügt.

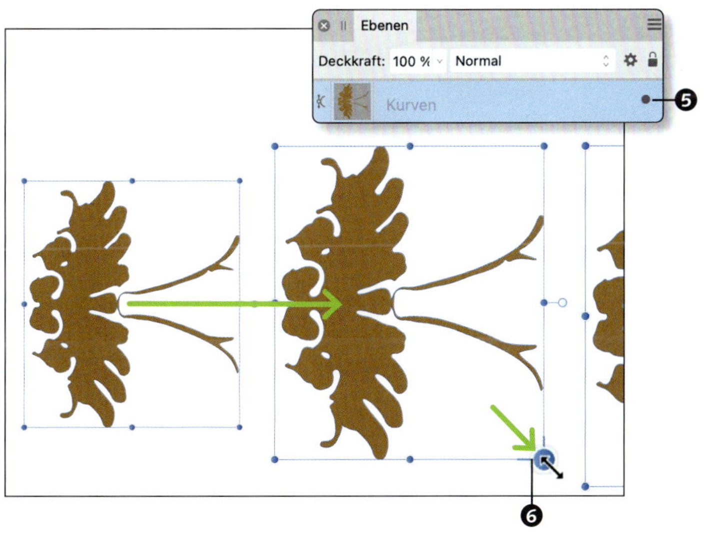

Objekte verteilen und anordnen

Objektabstände von Affinity Designer einstellen lassen

Sie können mehrere Objekte gleichmäßig in Ihrem Dokument verteilen. Die Verteilung von Objekten kommt damit der Ausrichtung nahe. Verteilen Sie Objekte, legen Sie identische Entfernungen zwischen bestimmten Punkten Ihrer Objekte fest. Auch durch den Abstandswert bestimmen Sie identische Entfernungen zwischen den Kanten Ihrer ausgewählten Objekte. Ihnen stehen sechs hilfreiche Verteilungsoptionen und zwei praktische Abstandsoptionen zur Verfügung.

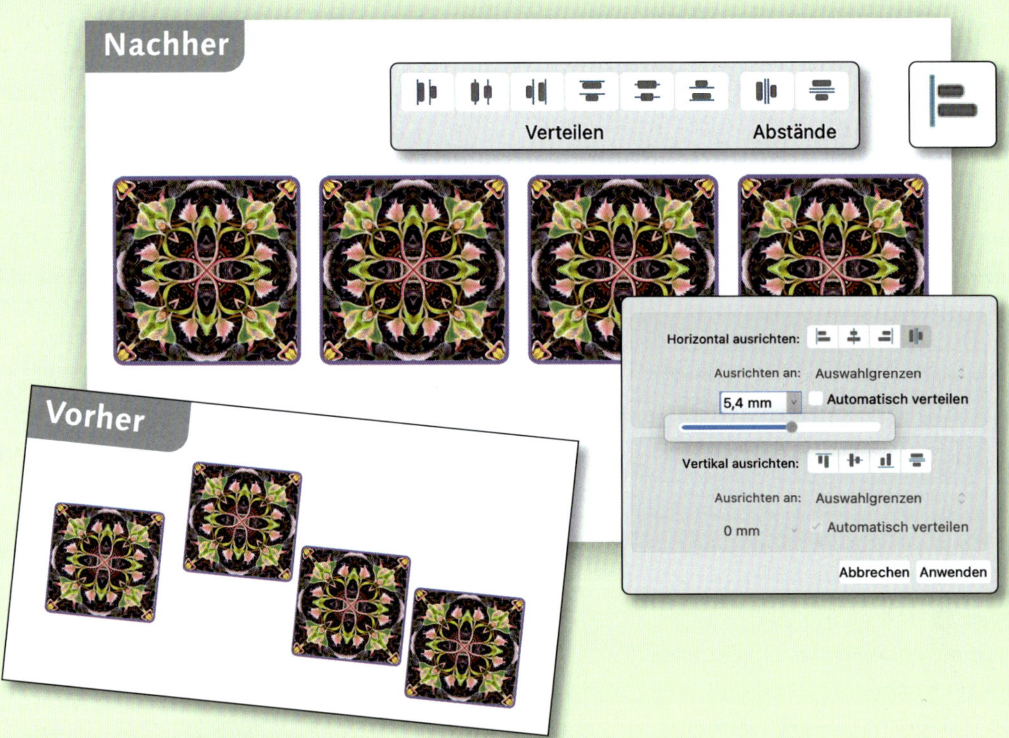

Neu in diesem Workshop

- Die Funktion Ausrichten öffnen
- Horizontaler Abstand
- Vertikaler Abstand

[Dateien: »Beispiel_4-3.afdesign« »Beispiel_4-3_fertig.afdesign«]

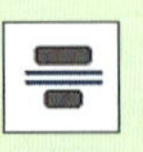

HORIZONTALER ABSTAND
Gleichmäßig horizontal

VERTIKALER ABSTAND
Gleichmäßig vertikal

1 Funktion »Ausrichtung« öffnen

Öffnen Sie die Datei »Beispiel_4-3.afdesign«. Möglicherweise sehen Sie das Panel Ausrichtung nicht in der Symbolleiste. In diesem Fall gehen Sie zum Menü Ansicht • Symbolleiste anpassen. Klicken und ziehen Sie die Funktion Ausrichtung ❶ in die Symbolleiste. Mit esc können Sie das Fenster schließen. Die Funktion Ausrichtung unterstützt Sie beim Festlegen der Ausrichtung zwischen Formen, Objekten, Textrahmen oder Bildern.

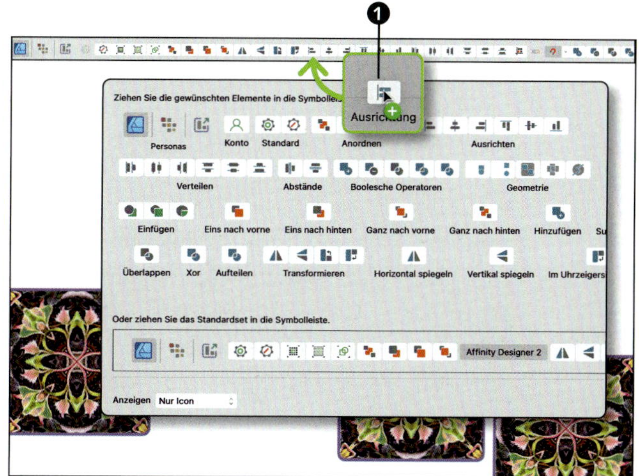

2 Horizontaler Abstand

Die kachelförmigen Objekte sind nicht gut im Dokument verteilt. Um alle Objekte zu markieren, drücken Sie cmd/Strg + A. Um die Objekte gleichmäßig anzuordnen, klicken Sie auf Ausrichtung ❷. Drücken Sie dann auf das kleine Symbol Mit horizontalem Abstand anordnen ❸. Die Objekte werden mit gleich großem horizontalem Abstand angeordnet und automatisch verteilt. Das kann bei Layoutarbeiten mit Texten und Bildern, beim Anordnen im UI-Design oder bei der Erstellung von Mustern sehr hilfreich sein.

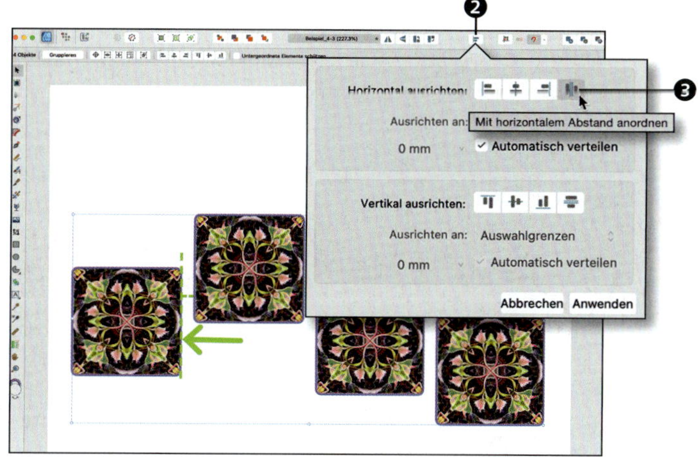

3 Vertikaler Abstand

Nun sollen die Objekte aber auch noch auf die gleiche Höhe gebracht werden. Klicken Sie dazu bei der vertikalen Ausrichtung auf das Symbol Oben ausrichten ❻. Die Objekte werden an ihren oberen Kanten vertikal ausgerichtet.

Sie können die Abstände auch selbst einstellen. Stellen Sie dafür die Voreinstellung Mit horizontalem Abstand anordnen ❹ ein und schalten dann Automatisch verteilen aus ❺. Nun können Sie per Regler die Abstände von Objekt zu Objekt selbst variieren.

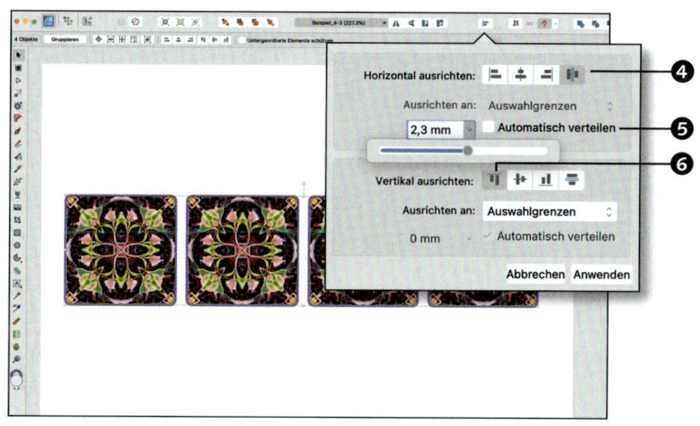

Objekte sortieren

Objekte und Ebenen neu positionieren

Jedes Objekt nimmt eine Position in der Ebenenreihenfolge ein. Bei überlappenden Objekten bestimmt diese Position, welches Objekt sichtbar und welches Objekt oder welcher Teil davon verdeckt wird. Platzieren oder zeichnen Sie Objekte, wird ihnen eine Position in der Ebenenreihenfolge zugewiesen. Sie können Objekte aber jederzeit in der Ebenenreihenfolge verschieben, im Panel EBENEN neu sortieren oder anderen Objekten unterordnen. Bevor Sie Formen zeichnen, können Sie die Reihenfolge des Objekts bestimmen.

Nachher

CORGI MANIA

Vorher

CORGI MANIA

Anordnen

Ganz nach vorne ⇧⌘Ä
Eins nach vorne ⌘Ä
Eins nach hinten ⌘Ö
Ganz nach hinten ⇧⌘Ö
Hinein verschieben
Heraus verschieben ⌥⇧⌘G

Vektorillustration Freebie: © Designious.com

Neu in diesem Workshop

- Objekt ganz nach hinten
- Objekt eins nach vorne
- Objekt eins nach hinten

**[Dateien: »Beispiel_4-4.afdesign«
»Beispiel_4-4_fertig.afdesign«]**

VERSCHIEBEN-WERKZEUG
Markieren und anordnen

1 Objekt ganz nach hinten

Öffnen Sie die Datei »Beispiel_4-4.afdesign«. Die Objekte und ihre Ebenen sind ungeordnet, einige Grafikelemente verdecken die Sicht auf die Illustration. Markieren Sie den Hintergrund mit dem Verschieben-Werkzeug [icon]. Er soll in der Ebenenreihenfolge ganz nach hinten verschoben werden. Klicken Sie dazu einfach die Option Ganz nach hinten verschieben ❶ an. Das Grau verdeckt nun nicht mehr den Hund. Sollten Sie die Icons für die Reihenfolge nicht sehen, gehen Sie auf Ansicht • Symbolleiste anpassen.

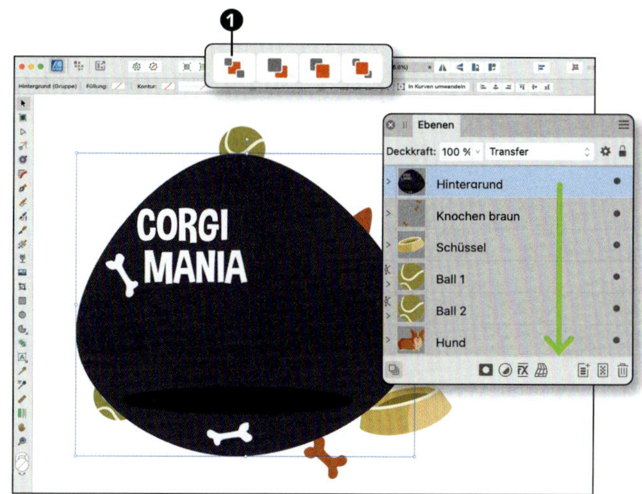

2 Objekt eins nach vorne

Klicken Sie die Ebene des Hundes mit dem Verschieben-Werkzeug [icon] an. Wollen Sie beispielsweise den Hund und seine Ebene um drei Positionen nach oben verschieben, klicken Sie nun dreimal auf die Option Eins nach vorne ❷. Sie können ebenfalls die Option Ganz nach vorne ❸ verwenden.

Die Shortcuts für die Optionen der Reihenfolge können leider je nach Tastatur und Ländereinstellungen abweichen.

3 Objekt eins nach hinten

Klicken Sie den Ball 2 mit dem Verschieben-Werkzeug [icon] an. Um den Ball an die richtige Position zu verschieben, klicken Sie die Funktion Eins nach hinten ❹ an. Der Ball ist nun visuell hinter dem Hund. Die genannten Optionen sind ebenfalls im Menü Ebene • Anordnen verfügbar.

Anmerkung: Sie können die Ebenen auch im Ebenen-Panel durch Verschieben neu sortieren (siehe Seite 58). Die Funktionen Objekte hinein oder heraus verschieben beziehen sich auf das Erstellen von Verbindungen und Montagen (siehe Seite 94 und Seite 95).

Objekte als Ziel auswählen

Objekte auf der oberen oder unteren Ebene positionieren

Sie können Objekte als Ziel auswählen. Dadurch legen Sie bereits vor der Erstellung eines Objekts fest, welchen Platz es in der Ebenenreihenfolge hat. Standardmäßig werden gezeichnete oder platzierte Objekte direkt über der aktuellen Auswahl oder an der obersten Position in der Ebenenreihenfolge eingefügt. Sie können diese standardmäßige Zielmethodik ändern, so dass Sie Objekte unter der Auswahl, ganz oben in der Ebene oder verschachtelt in einer Auswahl platzieren oder zeichnen können.

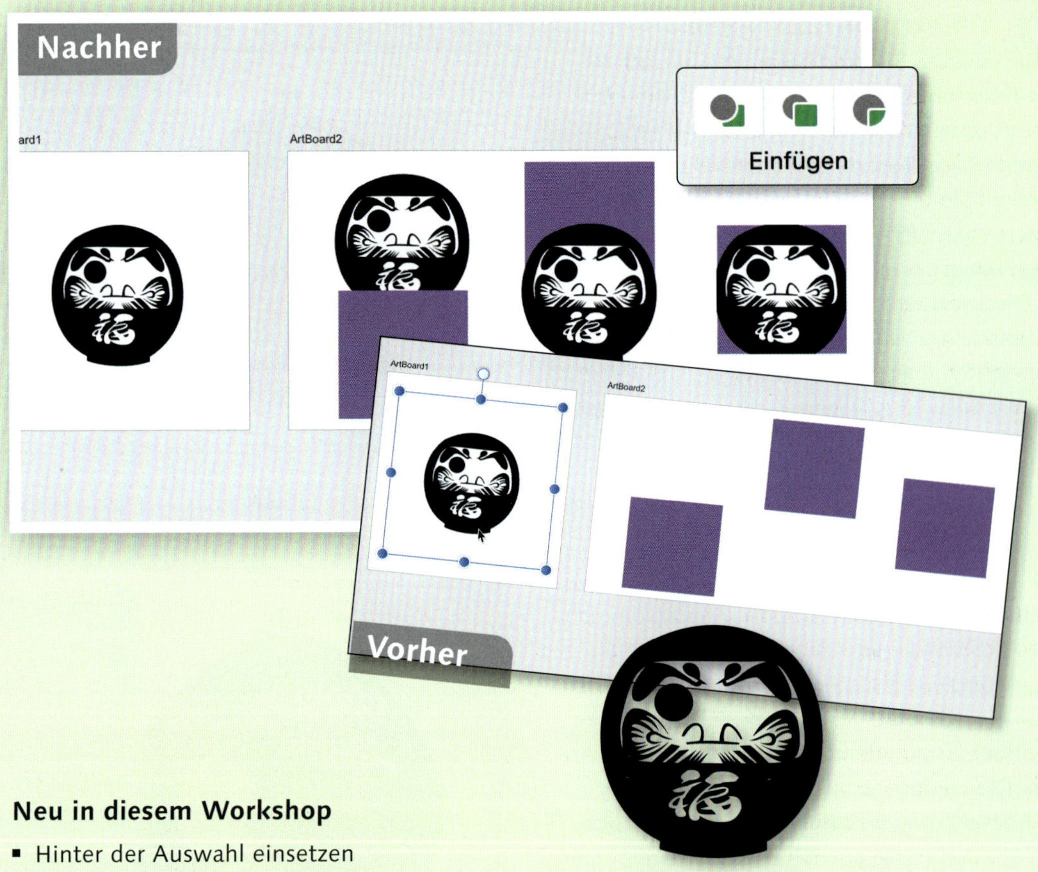

Nachher

Einfügen

Vorher

Neu in diesem Workshop

- Hinter der Auswahl einsetzen
- Oben auf der Ebene einsetzen
- In der Auswahl einsetzen

[Dateien: »Beispiel_4-5.afdesign«
»Beispiel_4-5_fertig.afdesign«]

VERSCHIEBEN-WERKZEUG
Markieren und anordnen

1 Hinter der Auswahl einsetzen

Klicken Sie mit dem Verschieben-Werkzeug [▶] die Figur ❶ an. Drücken Sie [cmd]/[Strg]+[C], um eine Kopie der Figur zu erzeugen. Markieren Sie das violette Quadrat ❹. Wollen Sie die zuvor kopierte Figur hinter dem ausgewählten violetten Quadrat einfügen, klicken Sie die Option HINTER DER AUSWAHL EINSETZEN ❷ an. Drücken Sie [cmd]/[Strg]+[V], um die kopierte Figur einzufügen. Die Figur wird recht unordentlich innerhalb des ArtBoards eingesetzt ❸. Schieben Sie die Figur nach links hinter das violette Quadrat.

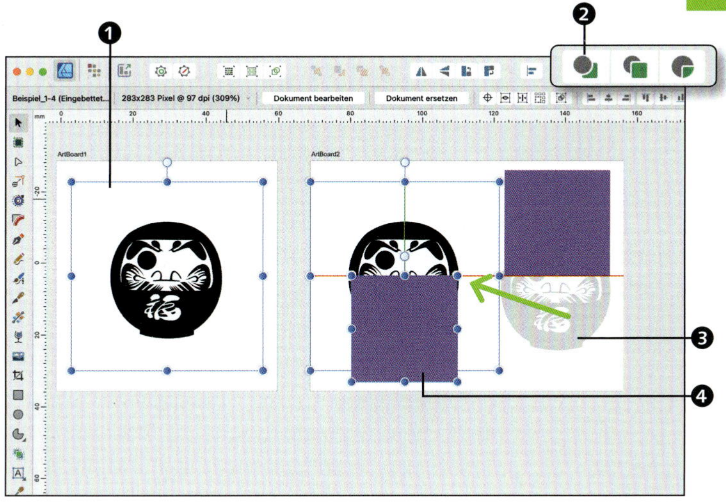

2 Oben auf der Ebene einsetzen

Die zuvor kopierte Figur sollte noch in der Zwischenablage sein. Klicken Sie mit dem Verschieben-Werkzeug [▶] das violette mittige Quadrat ❺ an. Wollen Sie beispielsweise die zuvor kopierte Figur vor dem ausgewählten violetten Quadrat einfügen, klicken Sie die Option OBEN AUF DER EBENE EINSETZEN ❻ an. Drücken Sie [cmd]/[Strg]+[V], um die kopierte Figur einzufügen. Die Figur wird vor das violette Quadrat gesetzt ❺. Positionieren Sie mit dem Verschieben-Werkzeug [▶] gegebenenfalls die Figur mittig vor dem Quadrat.

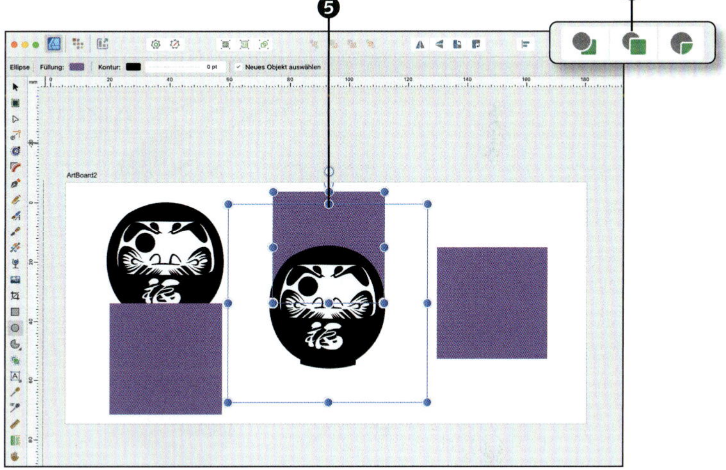

3 In der Auswahl einsetzen

Markieren Sie mit dem Verschieben-Werkzeug [▶] das violette Quadrat rechts. Wollen Sie die Figur innerhalb des violetten Quadrats platzieren, klicken Sie auf IN DER AUSWAHL EINSETZEN ❼. Drücken Sie [cmd]/[Strg]+[V], um die kopierte Figur einzufügen. Die Figur wird möglicherweise an der exakt gleichen Stelle wie das ARTBOARD1 eingefügt. Ziehen Sie die Figur mit dem Verschieben-Werkzeug [▶] innerhalb des gewünschten violetten Quadrats.

Um die standardmäßige Funktion des Platzierens wiederherzustellen, deaktivieren Sie die zuvor aktive Funktion.

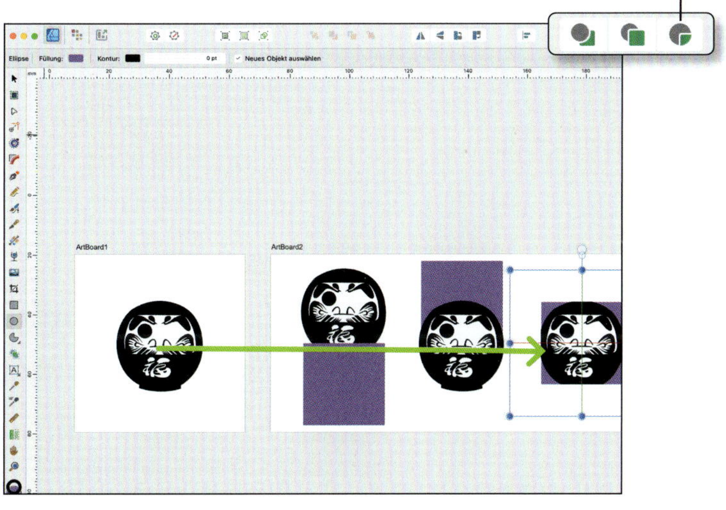

SCHWIERIGKEITSGRAD 1 FÜR EINSTEIGER

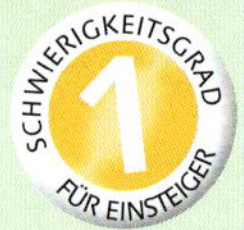

Objekte transformieren

Objekte spiegeln, drehen oder neigen

Sie können Objekte beliebig spiegeln, rotieren und präzise skalieren. Objekte lassen sich direkt im Dokument drehen, indem Sie am Rotationsgriff ziehen. Oder Sie rotieren, neigen und verschieben Objekte über das Panel Transformieren. Ändern Sie im Panel Transformieren die Werte »X« und »Y«, können Sie Objekte genau positionieren. Die Werte »R« und »N« stehen für das Rotieren und Neigen. Um Objekte schrittweise zu verschieben, drücken Sie die Pfeiltasten. Drücken Sie die ⇧-Taste und gleichzeitig die Pfeiltasten, können Sie Objekte in Schritten von zehn Maßeinheiten verschieben.

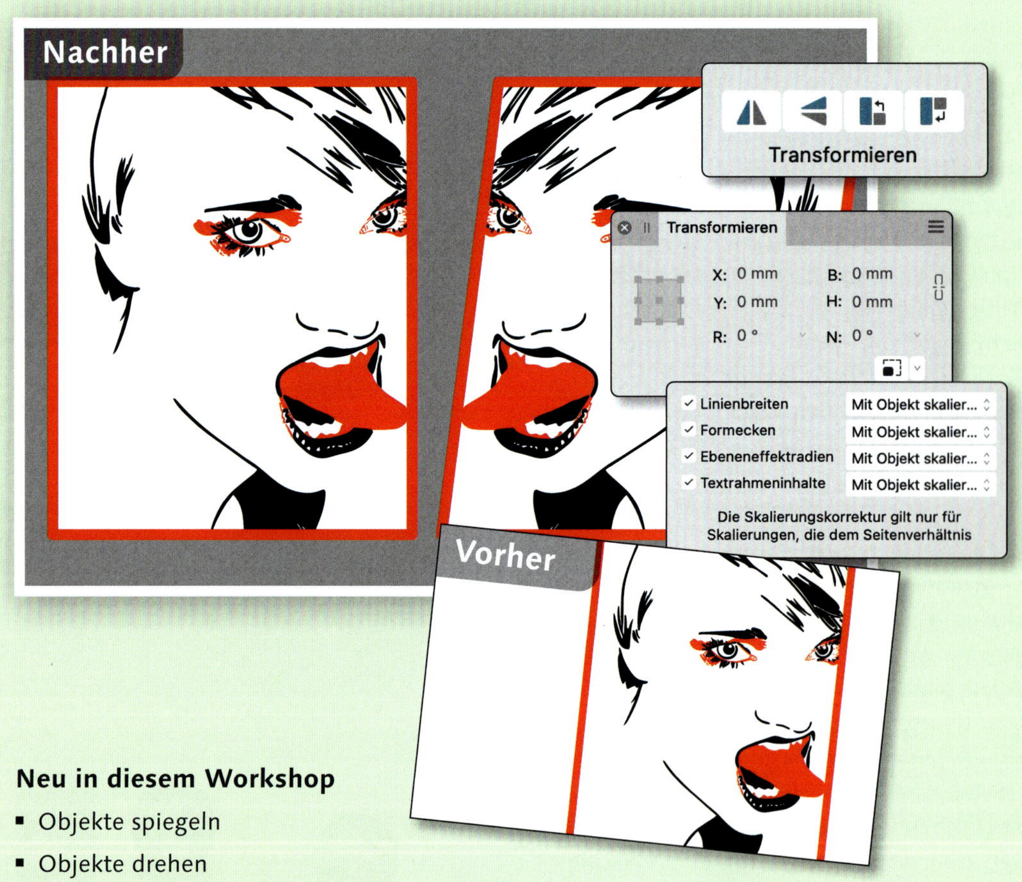

Neu in diesem Workshop

- Objekte spiegeln
- Objekte drehen
- Transformieren-Panel nutzen

**[Dateien: »Beispiel_4-6.afdesign«
»Beispiel_4-6_fertig.afdesign«]**

1 Objekte spiegeln

Sie können Objekte spiegeln, um identische Spiegelbilder, Reflexionen auf Oberflächen oder spiegelverkehrte Schatten zu erzeugen. Klicken Sie das Gesicht in der Datei »Beispiel_4-6.afdesign« mit dem Verschieben-Werkzeug [↖] an. Mit [Alt] + Klick und Ziehen nach rechts wird eine Kopie erstellt. Lassen Sie das kopierte Gesicht markiert, und klicken Sie auf HORIZONTAL SPIEGELN ❶. Sie können alternativ per rechtem Mausklick über das Kontextmenü TRANSFORMIEREN • HORIZONTAL SPIEGELN ❷ auswählen.

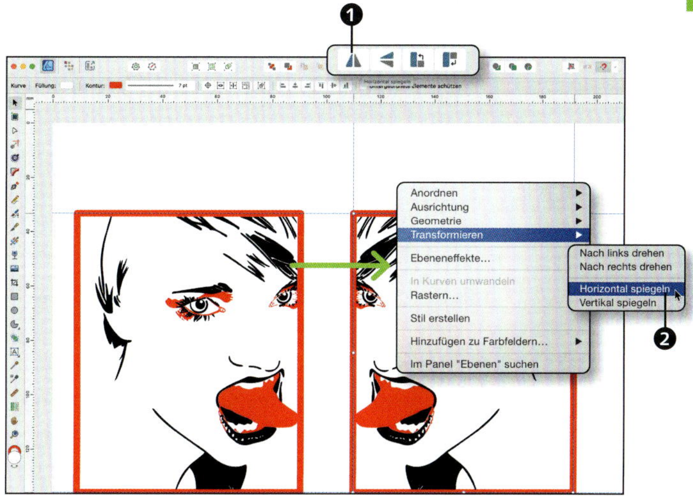

2 Objekte drehen

Sie können markierte Objekte, Gruppen oder Formen um 90° im Uhrzeigersinn oder entgegen dem Uhrzeigersinn rotieren. Klicken Sie auf GEGEN DEN UHRZEIGERSINN DREHEN ❸. Nutzen Sie die Funktion mehrmals hintereinander, wird das Objekt natürlich mehrfach gedreht. Nutzen Sie die Option IM UHRZEIGERSINN DREHEN ❹, um beide Gesichter wieder gegenüberzustellen. Halten Sie den Mauszeiger auf die blauen Punkte des Objekts, ändert er seine Form ❺. Sie können Objekte nun intuitiv drehen, neigen und skalieren.

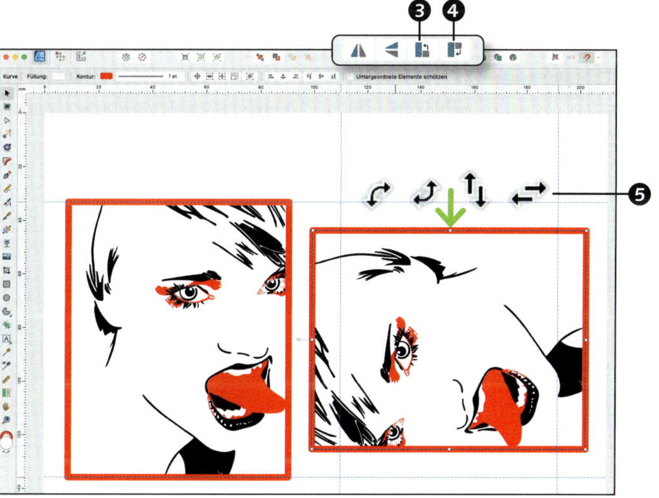

3 Transformieren-Panel nutzen

Mit dem Panel TRANSFORMIEREN können Sie Objekte präzise neigen oder rotieren. Das markierte rechte Objekt können Sie zum Beispiel um –7,1° nach rechts neigen ❻. Geben Sie den Wert ein, ist das Neigen sauberer.

Anmerkung: Drehen Sie Objekte manuell, beschränkt die [⇧]-Taste die Rotation auf 15°. Die [cmd]/[Strg]-Taste neigt Kanten entgegengesetzt. Haben Sie ein Objekt ausgewählt und klicken in der Kontextleiste auf TRANSFORMATIONSURSPRUNG ANZEIGEN, so können Sie den Transformationsursprung verschieben.

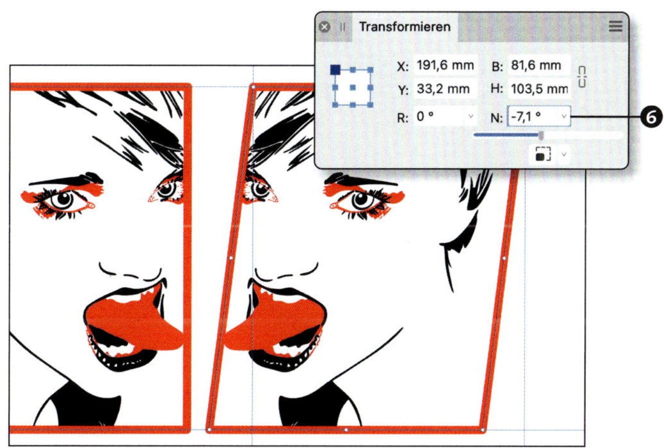

Punkttransformation anwenden

Paper-Cutout-Effekt durch punktgenaues Transformieren erzeugen

Mit der Punkttransformation können Sie ausgewählte Objekte an jedem ihrer Knoten um einen frei verschiebbaren Transformationsursprung skalieren und drehen. Der Shortcut für das Werkzeug ist [F]. Bearbeiten Sie ein Objekt mit dem Werkzeug PUNKTTRANSFORMATION, wird eine gepunktete Linie zum Transformationsursprung angezeigt. Die Skalierung und Drehung zum Transformationsursprung des Objekts werden mit Werten angezeigt. Sie können Punkttransformationen auf Rasterprojektionsebenen eines isometrischen Rasters oder anderer Raster anwenden. Über die Kontextleiste können Sie Ihre Punkttransformationen über die Füllung, Kontur sowie Ausrichtungen ändern.

Neu in diesem Workshop

- Punkttransformation anwenden
- Transformationsursprung ändern
- Punkttransformation verfeinern

**[Dateien: »Beispiel_4-7.afdesign«
»Beispiel_4-7_fertig.afdesign«]**

PUNKTTRANSFORMATION
Objekte skalieren und drehen

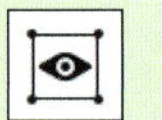

AUSWAHLBOX AUSBLENDEN
Beim Ziehen Auswahlbox ausblenden

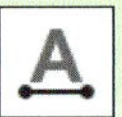

GRUNDLINIENMODUS
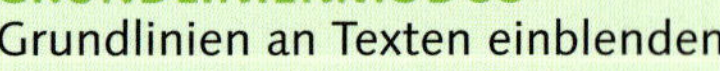
Grundlinien an Texten einblenden

AN KNOTEN AUSRICHTEN
Horizontal und vertikal ausrichten

AN GEOMETRIE AUSRICHTEN
Ausrichtung an Knoten und Pfaden

1 Punkttransformation anwenden

Klicken Sie in unserer Datei mit dem Verschieben-Werkzeug [icon] auf die Ebene »Wasser 2« ❸. Wechseln Sie nun zum Werkzeug PUNKTTRANSFORMATION [icon] ❶, zu finden unter dem Knotenwerkzeug oder mit F. Klicken und ziehen Sie den Knoten ❷, es wird eine gepunktete Linie zum Transformationsursprung angezeigt. Das Objekt des Wassers wird nun punktgenau verkleinert. Sie können mit dem Verschieben-Werkzeug [icon] und gedrückter ⇧-Taste die Wasserfläche sauber platzieren.

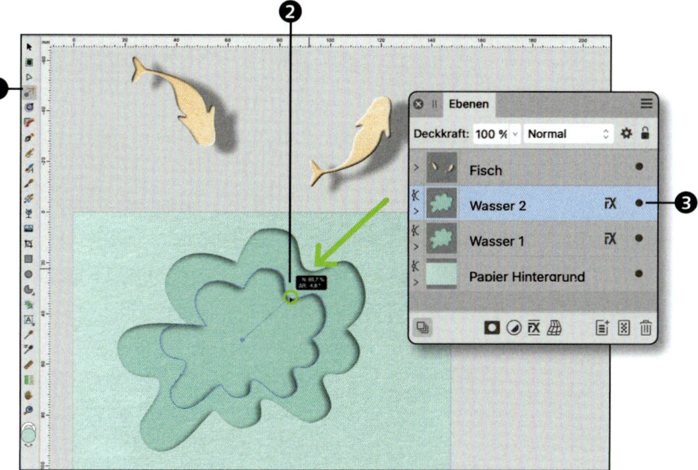

2 Transformationsursprung ändern

Ist die Ebene »Wasser 2« noch aktiv markiert, duplizieren Sie diese mit einem rechten Mausklick im Ebenen-Panel, und nennen Sie die neue Ebene »Wasser 3«. Wählen Sie erneut das Werkzeug PUNKTTRANSFORMATION [icon]. Diesmal verschieben Sie den Transformationsursprung ❹ leicht schräg nach unten links, um die Geometrie etwas aufzulockern und interessanter zu gestalten. Klicken und ziehen Sie erneut den Knoten, um die kleinste Wasserfläche zu transformieren. Der Paper-Cutout-Effekt sollte stärker sein.

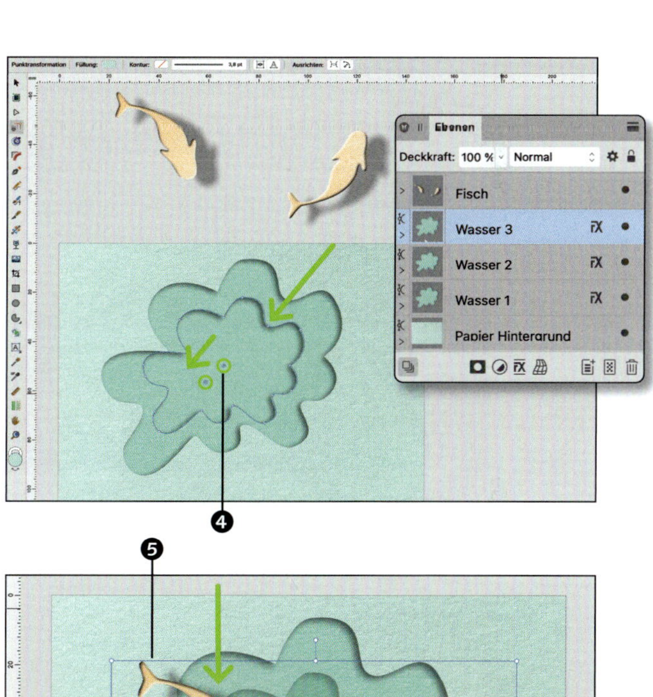

3 Punkttransformation verfeinern

Verwenden Sie für die Ebenen »Wasser 2« und »Wasser 3« ❼ eine Deckkraft von 50% im Modus MULTIPLIZIEREN ❻. Über das Mischen von Ebenen im Modus MULTIPLIZIEREN erzeugen Sie eine Tiefenwirkung des Paper-Cutout-Effekts. Markieren Sie jetzt die Gruppe »Fisch«, und ziehen Sie die gruppierten Fische auf Ihre Illustration ❺. Sollten Sie die Fische nicht sehen können, gehen Sie auf ANSICHT • ANSICHTSMODUS • AN LEINWAND BEGRENZEN und entfernen das Häkchen. Weitere Verfeinerungen könnten die händischen Anpassungen der Kurven der Wasserebenen sein.

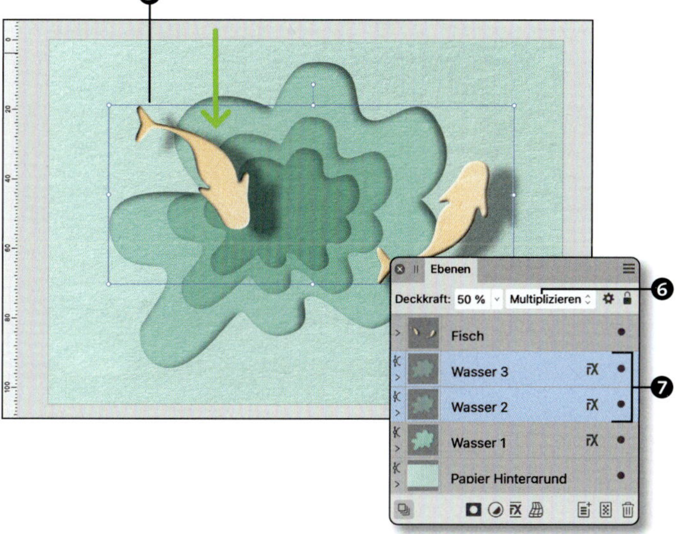

Objekte schneiden und isolieren

Umfangreiche Objekte zerlegen und gezielt bearbeiten

Im Isolationsmodus sind alle Ebenen ausgeblendet, mit Ausnahme des markierten Elements, das Sie isolieren möchten. So bearbeiten Sie das isolierte Element, ohne von anderen Objekten abgelenkt zu werden. Das Isolieren von Objekten ist hilfreich, wenn Elemente sich verdecken. Die isolierte Darstellung wird als Solomodus bezeichnet. Um den Isolationsmodus zu aktivieren, halten Sie `Alt` und klicken im Panel EBENEN auf die Miniatur eines Art-Boards, einer Ebene, einer Gruppe oder eines Objekts. Der Isolationsmodus wird über `esc` und das Klicken auf eine andere Ebene oder Dokumentansicht außerhalb der isolierten Auswahl beendet.

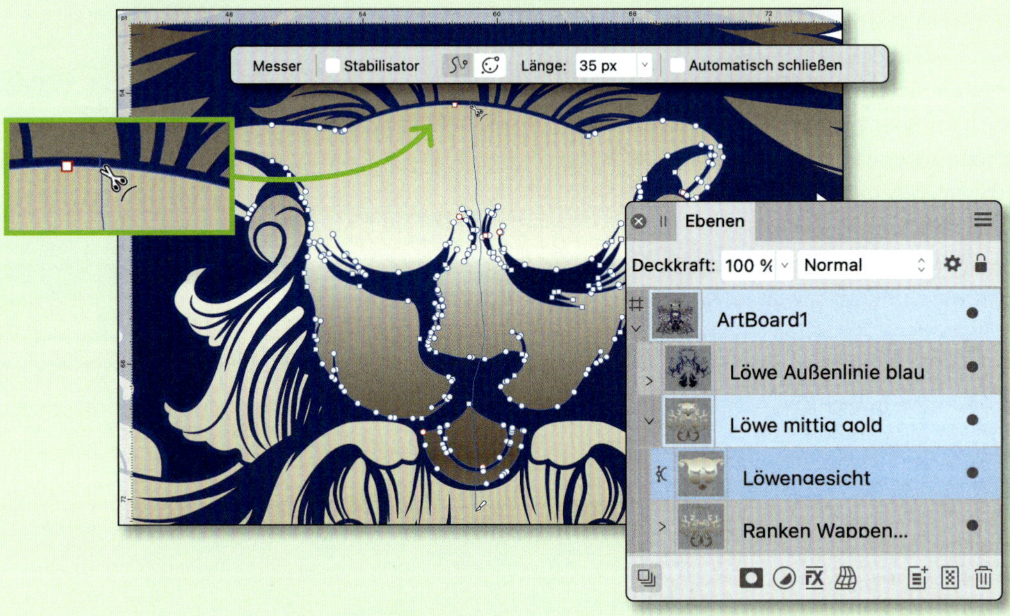

Neu in diesem Workshop

- Objekte mit Messer schneiden
- Objekte per Aufteilen schneiden
- Objekt isolieren

[Dateien: »Beispiel_4-8.afdesign«]

KNOTENWERKZEUG
Objekte auswählen

MESSERWERKZEUG
Vektorobjekte schneiden

KURVEN SCHNEIDEN
Messer zerlegt Pfade

KNOTEN SCHNEIDEN
Messer trennt Knoten

1 Objekte mit Messer schneiden

Mit dem MESSER [K] können Sie Objekte per Freihandlinie ❶ oder gerader Linie schneiden. Markieren Sie die Ebene »Löwengesicht« ❷. Zeichnen Sie mit dem Messer eine Schnittlinie in der Mitte. Die Kontextleiste des Messers bietet Optionen für Strichstabilisierungen, um Schnittlinien des Messers zu glätten, automatisches Schließen offener Kurven, um Löcher in Objekte zu schneiden, sowie Scherenschnitt, um Kurven an einem Knoten oder Punkt zu öffnen. Im Menü HILFE unter MESSER finden SIe alle Tastenkürzel.

2 Objekte per Aufteilen schneiden

Markieren Sie die Ebene »Löwengesicht«, und erstellen Sie mit dem Zeichenstift eine Kurve ❸, mit der Sie das Löwengesicht in zwei Teile zerlegen. Die Kurve sollte über der Ebene »Löwengesicht« liegen. Markieren Sie nun beide Ebenen ❺, und verwenden Sie die Funktion AUFTEILEN ❹ der Symbolleiste. Mit dieser Technik können Sie die Schnittkurve vor dem Schneiden anpassen. Standardmäßig entfernt das Aufteilen die Kurve. Sie können diese erhalten, indem Sie beim Aufteilen [Alt] drücken.

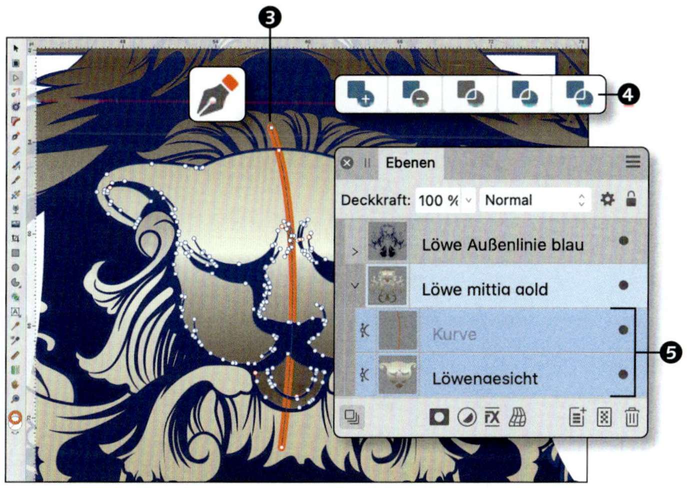

3 Objekte isolieren

Um den Isolationsmodus zu aktivieren, halten Sie [Alt] und klicken einmal im Panel EBENEN auf die Miniaturvorschau des Löwengesichts ❻. Nun sollten Sie das Löwengesicht isoliert angezeigt bekommen. Nutzen Sie zusätzlich AUF AUSWAHL ZOOMEN, um das gesamte isolierte Gesicht auf Ihrem Bildschirm darzustellen. Dazu Doppelklicken Sie diesmal im Ebenen-Panel auf die Miniatur des Löwengesichts ❻. Im Solomodus können Sie sich nun auf die Verbesserung der Kurven der rechten Wange konzentrieren, die Sie mit dem Knotenwerkzeug ausbessern.

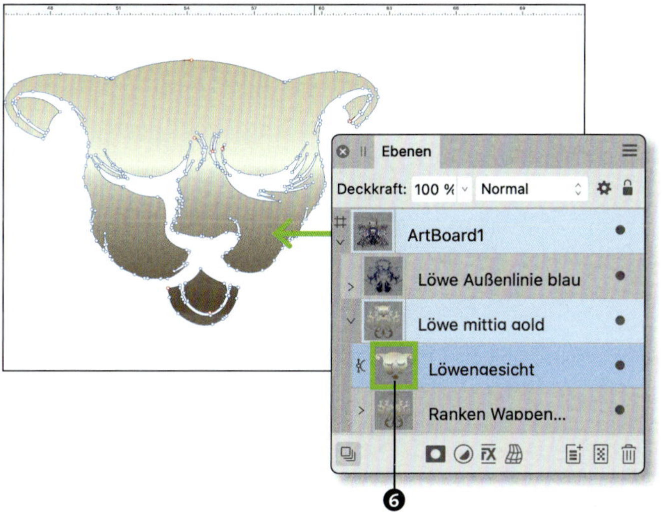

Objektstile speichern

Effekte, Füllungen und Objekteigenschaften übertragen

Sie können Attribute wie Füllung, Kontur und Effekte als Objektstile speichern. Objektstile sind schnell auf neue Objekte übertragbar, das optimiert Ihren Designprozess. Sie können das Panel STILE über das Menü FENSTER • STILE öffnen. Zum Speichern Ihrer eigenen Stile sollten Sie eine separate Kategorie anlegen. Kategorien bringen Ordnung in Ihre gespeicherten Stile. Um Stile umzubenennen, klicken Sie per `ctrl`-Taste bzw. rechte Maustaste (Windows) auf einen Stil. Mit der Stilpipette können Sie Attribute aufnehmen und übertragen, die Stilpipette ändert dementsprechend ihr Aussehen.

Neu in diesem Workshop

- Objektstil speichern
- Objektstil umbenennen
- Stil importieren und exportieren

[Dateien: »Beispiel_4-9.afdesign« »Beispiel_4-9.afstyles«]

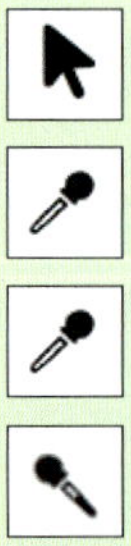

VERSCHIEBEN-WERKZEUG
Markieren und auswählen

STIL AUFNEHMEN
Werkzeugspitze nimmt Stil auf

STIL AUFNEHMEN
Werkzeugspitze nimmt Stil auf

STIL ÜBERTRAGEN
Werkzeugspitze überträgt Stil

1 Objektstil speichern

Öffnen Sie »Beispiel_4-9.afdesign«. Das Objekt ❹ hat Verläufe in der FÜLLUNG ❶ und der KONTUR ❷. Wollen Sie beispielsweise diese metallischen Eigenschaften auf weitere Elemente anwenden, bietet sich das Speichern dieses Objektstils an. Öffnen Sie dazu das Stile-Panel. Fügen Sie zunächst im Stile-Panel über das Panelmenü ❸ eine neue Kategorie (wie einen Ordner) hinzu. Wählen Sie jetzt das Objekt ❹ mit dem Verschieben-Werkzeug [icon] aus, und klicken Sie im Panelmenü auf STIL AUS AUSWAHL HINZUFÜGEN.

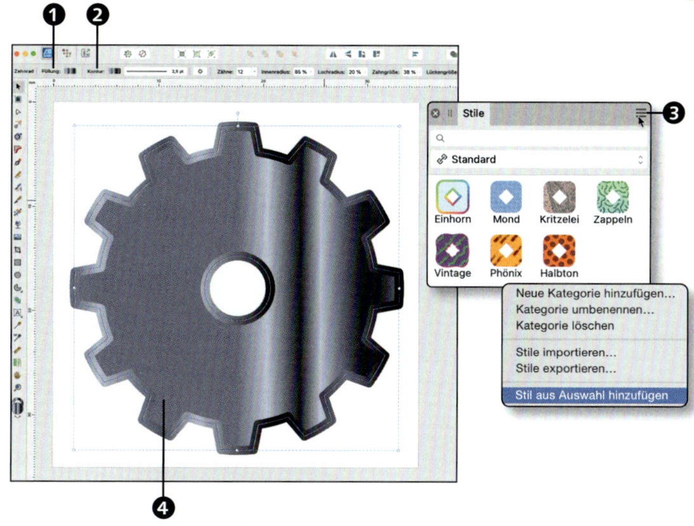

2 Objektstil umbenennen

Fügen Sie keine Kategorie hinzu, werden Ihre Objektstile unter STANDARD ❺ gespeichert. Sie können beliebig viele Kategorien anlegen, z. B. METALL oder VERLÄUFE. Um einen Stil umzubenennen, klicken Sie ihn im Panel an ❻. Ist er blau umrandet, lässt er sich per rechten Mausklick umbenennen.

Um die Stilpipette auszuprobieren, ziehen Sie eine beliebige Form mit anderer Füllung und Kontur auf. Nehmen Sie den Stil des Zahnrads per Klick [icon] auf. Klicken Sie Ihre Form an, um den Stil zu übertragen [icon].

3 Stil importieren und exportieren

Sie können erstellte Objektstile exportieren und per E-Mail versenden. Um exportierte Stile in Affinity Designer zu öffnen, müssen Sie die ».afstyles«-Dateien importieren. Klicken Sie im Stile-Panel auf das Panelmenü ❼, und wählen Sie STILE IMPORTIEREN und die Datei »Beispiel_4-9.afstyles« aus. Die Stile werden als Kategorie METALL ❽ importiert.

Anmerkung: Für starke Objektstile können Sie Transparenzen (siehe Seite 114) oder Rauschen (siehe Seite 33) nutzen.

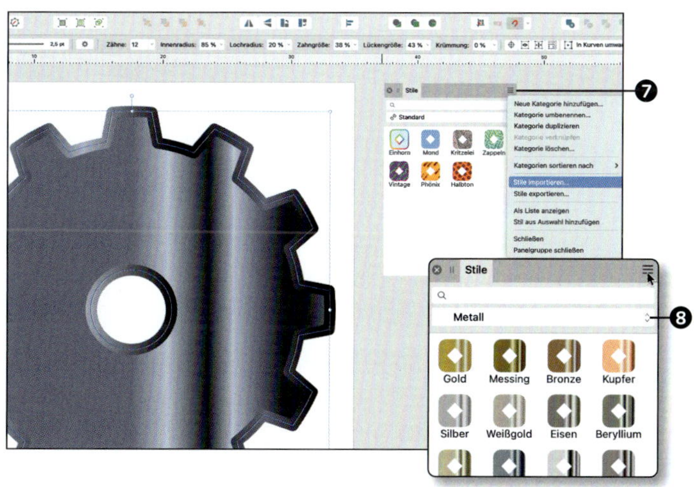

Objekte rastern

Objekte für die Webausgabe in Pixelebenen wandeln

Die Pixelansicht von Elementen ist für die Druckausgabe oder Webausgabe Ihrer Designs wichtig. So können Sie Ihre Arbeiten prüfen und sehen schnell, ob es Probleme mit Pixeltreppen oder der Linienstärke gibt. Um Objekte zu rastern, klicken Sie sie oder ihre Ebenen per rechten Mausklick an und wählen die Option RASTERN. Sie können komplexe Objekte, Gruppen, Kurven, Linien und Texte rastern. Gerasterte Designelemente werden dann in Pixelebenen umgewandelt. Das kann beispielsweise sinnvoll sein, wenn Sie Arbeitsgeheimnisse wie Ebenenstrukturen nicht verraten wollen.

72 DPI
Pixelansicht

Neu in diesem Workshop

- Objekte per Ansicht prüfen
- Objekte rastern
- Objekte rastern rückgängig

[Datei: »Beispiel_4-10.afdesign«]

PIXEL 72–96 DPI
Pixelansicht

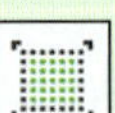

RETINA-PIXEL 144 DPI
Pixelansicht für Retina-Displays

DRAHTGITTER 300 DPI
Vektor- und Pfadansicht, als X-ray, mit Umriss oder Haarlinie

1 Objekte per Ansicht prüfen

Öffnen Sie das »Beispiel_4-10.afdesign«. Blenden Sie das Raster über ANSICHT ein. Klicken Sie auf DRAHTGITTER ❸, und prüfen Sie die Kurven auch für RETINA-PIXEL ❷ und PIXEL ❶. Exportieren Sie testweise eine PNG-Datei in 72 DPI, denn möglicherweise ist Ihre Grafik verpixelt. Das kann daran liegen, dass Linien ❺ auf halben Pixeln liegen oder Effekte ❹ nach dem Export umgerechnet sind. Mit dem Knotenwerkzeug [▷] verfeinern Sie die Grafik. Sind Sie mit der Pixelausgabe zufrieden, können Sie Ihre Arbeit rastern und exportieren.

2 Objekte rastern

Klicken Sie mit dem Verschieben-Werkzeug [↖] alle Ebenen mit gedrückter [⇧]-Taste an, und gruppieren Sie sie über einen Rechtsklick ❻. Um Objekte oder Ebenen zu rastern, können Sie entweder auf einer markierten Ebene oder der Grafik einen rechten Mausklick tätigen. Bei Mac-Touchpads ist der rechte Mausklick ein Klick mit gedrückter [ctrl]-Taste. Wählen Sie nun im Kontextmenü RASTERN ❼ aus. Die gesamten Kurven und Ebenen werden daraufhin gerastert und als Pixelebene angezeigt.

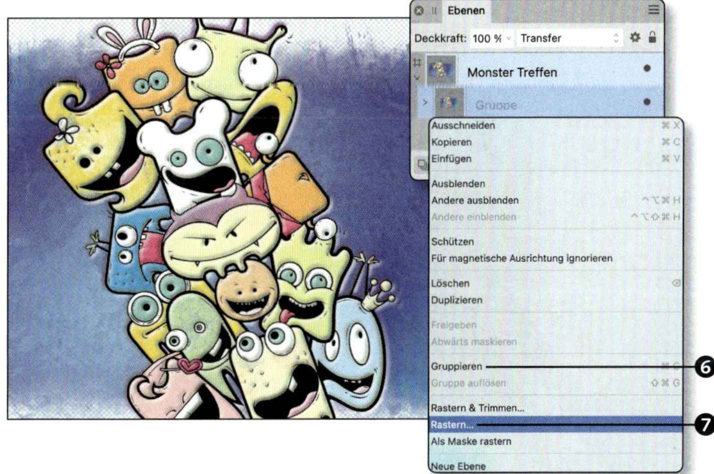

3 Rastern rückgängig machen

Nach dem Rastern können Sie Kurven nicht mehr bearbeiten. Gerasterte Elemente werden zu Pixelebenen ❽. Sollten Sie Elemente versehentlich gerastert haben, können Sie das ganz einfach über [cmd]/[Strg]+[Z] widerrufen. Wissen Sie nicht, wann Sie etwas gerastert haben, speichern Sie Ihre Datei unter anderem Namen und mit Protokoll ❾. Gehen Sie im Protokoll zurück, kopieren Sie die ungerasterte Ebene, und fügen Sie diese in Ihr aktuelles Dokument wieder ein.

Auch hilfreich: Erstellen Sie vor dem Rastern Snapshots (siehe Seite 80).

Ebenen illustratorisch einbeziehen

In diesem Kapitel beschäftigen wir uns mit den Möglichkeiten, die Sie bei der Arbeit mit Ebenen unbedingt kennen sollten. Wir beginnen mit einer Einführung in das professionelle Illustrieren. Sie erhalten Einblick, wie Sie Ebenen illustratorisch einbeziehen können. Lesen Sie, wie Sie Illustrationen verstärken, indem Sie die Ebenendeckkraft ändern und verschiedene Mischoptionen nutzen, wie Sie Ebenen zuschneiden können und wie einfach sich Schattierungen mit Vektor- und Pixelmasken erstellen lassen. Entdecken Sie die vielseitigen Anwendungsmöglichkeiten, die Affinity Designer Ihnen bei der Anpassung von Objekten oder Ebenen bietet, um Ihre Illustrationen zu unterstreichen.

Professionelles Illustrieren

Von der Entwurfsskizze zu Produkt und Präsentation

Wie funktioniert das mit der Nachfrage und dem Angebot für Illustrationen?
Bei beruflichen Illustrationen bestimmt oft die Anfrage des Kunden oder Auftraggebers, was gezeichnet werden soll. Im Idealfall bekommen Designer oder Illustratoren ein schriftliches **Briefing**. Es erklärt die Aufgabenstellung sowie den gewünschten Serviceumfang und Zeitrahmen.

Sollten Sie nur eine mündliche Auftragsformulierung bekommen, empfiehlt sich eine **Gesprächsnotiz**. Fassen Sie die Auftragsformulierungen in einem **Angebot** zusammen (siehe auch *www.agd.de*). Ein schriftliches Angebot sollte mindestens Ihre Beratung, Dienstleistung, Ihren Zeitaufwand, Materialien, Präsentationen, Änderungen und Copyrights berücksichtigen. Lassen Sie sich Ihr Angebot schriftlich bestätigen. Bei großen Aufträgen sind Anzahlungen empfehlenswert.

Sie können Kunden zufriedenstellen, indem Sie Ihre **Auftraggeber in Designprozesse einbeziehen**. Reden Sie über Ideen und Ziele der Illustration. Präsentieren Sie variierende Skizzen. Lassen Sie Ihren Kunden Feedback geben. Drei bis vier Änderungsschleifen ermöglichen dem Kunden, Ideen oder Änderungswünsche am Design, der Form oder Farbe einzubringen.

Ab und zu sind **Vorlagen** zum Gestalten notwendig – und als Inspirationsquellen völlig zulässig. Fremdmaterialien aus dem Netz oder Druck sind oft urheberrechtlich geschützt und sollten nicht 1:1 kopiert werden. Nutzen Sie eigene Fotos und Skizzen oder Objekte ❶ als sichere Studienreferenzen!

❶

Fineliner-Skizze – Studie und Recherche
Analoge oder digitale Skizzen ❶ helfen, Ideen festzuhalten. Skizzen sind eine Illustrationshilfe und können Kunden präsentiert werden.

❷

Endprodukt einer redaktionellen Illustration
Ab und zu weichen Illustrationen von den anfänglichen Skizzen ab ❷. Kundenwünsche oder Designprozesse sind ausschlaggebend.

Analoge Skizzen für digitale Illustrationen

»Es ist noch kein Meister vom Himmel gefallen.« – Um eine digitale Illustration erfolgreich am Computer zu erstellen, sollten Sie nicht auf Kreativprozesse wie das Skizzieren, Recherchieren und Experimentieren mit diversen Zeichenmaterialien verzichten. Haben Sie eine Idee, halten Sie diese als Notiz oder Skizze auf Papier fest: »Wer schreibt, der bleibt.«

Mit Skizzen können Sie eine Formsprache finden und ein Konzept entwickeln. Sie können Skizzen zeigen, um deren inhaltliche Bedeutung zu prüfen. Wird die Skizze richtig verstanden und gedeutet? Sie können Skizzen zudem einscannen und am Computer fertigstellen. Mit der iPad-Version von Affinity Designer können Sie Ihre Skizzen ebenfalls überall und zu jeder Zeit digital erarbeiten!

Skizzen – bei 300 dpi einscannen
Bleistifte verschiedener Stärken, Design- und Produktzeichnung

Marker, Copics, Filzer
Moodboard, Designentwürfe, Farbkonzepte, Gefühle, Farbsymboliken

Farben – Strukturen einscannen
Kolorieren, mit Farbe modellieren, analoge und digitale Mischtechnik

Lineale, Zirkel, Schablonen
Hilfe für Entwürfe, Technik- und Produktdesign, Comic/Manga etc.

Papier, Fotos und Masking Tape
Papier scannen, Oberflächen fotografieren, Collagen, Origami

Anwendungsbereiche der Illustration

Literatur- und Buchillustration
Märchen, Fabeln, Sagen, Publikationen, Präsentationen, Bildbände, Artbooks

Wissenschaftliche und technische Illustration
2D-Infografiken, Anatomie, Biologie, Chemie, Physik etc., Produktillustration, Baupläne usw.

Redaktionelle Illustration
Zeitungen, Zeitschriften, Magazine, Webseiten, soziale Medien, Blogs

Gewerbliche Illustration
Verpackungen, Werbung, Marketing, Gebrauchsanleitungen, Explosionszeichnungen

Charakterdesign – Helden illustrieren
Videospiele, Spielzeug, Maskottchen, Fanartikel, Animation, Werbung, Street-Art, Web, Comic

Concept-Art – Backgroundillustration
Welten erschaffen für Animations- und Kinofilm, Games, Comics, Werbung, Fotomontage

Cartoon, Comic, Manga, Graphic Novel
Satire, Fiktion, illustrierter Roman, Comicroman, grafischer Roman, Unterhaltung

Storyboard – Layout
Illustratorische Visualisierung von Designprozessen, Moodboards, Film und Werbung

Gamedesign, analoge oder digitale Games
Spielwelten erschaffen, Brettspiele, Kartenspiele, Videospiele, Settings, Items, Booklets

Animation – bewegte Bilder
Stop Motion, Trickproduktionen, Zeichentrick, GIF-Animation, Übertreibung, Karikatur

Illustrieren mit Affinity Designer

Was Sie grundsätzlich wissen sollten

Das Zeichnen in der Designer Persona: Mit Kurven oder Formen Charakter konstruieren
In der Designer Persona designen Sie mit Kurven- und Formwerkzeugen ❸ beispielsweise Roboter. Analoge oder digitale Skizzen ❶ helfen Ihnen beim Nachbau. Linien sollten dabei eine starke Konturfarbe haben – aber keine Füllfarbe ❷. Um Charakter ❼ gut sichtbar aufzubauen, vergeben Sie Füllfarben erst zum Schluss, denn sie nehmen Ihnen die Sicht ❻. Starke Konturfarben ❺ sind augenfreundlich. Nutzen Sie bitte kein ähnliches Blau wie das der Kurven, bei vielen Objekten verlieren Sie sonst möglicherweise den Überblick.

Konstruieren Sie Figuren Stück für Stück. Haben Sie den Kopf fertig, gruppieren Sie dessen Objekte. Mit verschiedenen Konturbreiten oder dem Druck ❹ verleihen Sie Illustrationen beispielsweise Tiefe oder eine eigene künstlerische Handschrift.

Das Malen in der Pixel Persona: Mit Pixeln und Pinseln Charakter malen – Concept-Art
Nutzen Sie zum Illustrieren die Werkzeuge oder Pinsel der Pixel Persona ❽, bieten sich Grafiktablets und Grafikstifte ❾ mit Induktionsfunktionen an. Affinity Designer wurde für das Arbeiten mit Tablets entworfen und eignet sich zum Malen, Schattieren oder für Weißhöhungen (sprich »Highlights«). Nutzen Sie Grafiktablets, können Sie die STEUERUNG der Pinsel selbst definieren. Für eine angenehme Stiftkontrolle beim Arbeiten mit Pinseln sorgen die Steuerungsoptionen AUTOMATISCH, DRUCK oder TEMPO ❿ (mehr zu Pinseln ab Seite 190).

In der Pixel Persona können Sie Bereiche freihändig, nach Formen oder mit Pinselstrichen auswählen. Sie können Pixelpinselstriche hinzufügen oder mit Pixelwerkzeugen unerwünschte Elemente radieren sowie mit Spezialwerkzeugen retuschieren. Um Pinselstriche mit unterliegenden Ebenen zu vermischen, stehen Ihnen verschiedene MISCHOPTIONEN ⓫ bei variabler Deckkraft zur Verfügung. Sie können eigene digitale Pinsel anlegen, um Ihren Illustrationen einen individuellen Stil zu verleihen. Sie können Pinsel in der Pixel Persona aber auch mit Texturen erzeugen, um Malhintergründe wie Aquarellpapier oder Baumwollgewebe darzustellen.

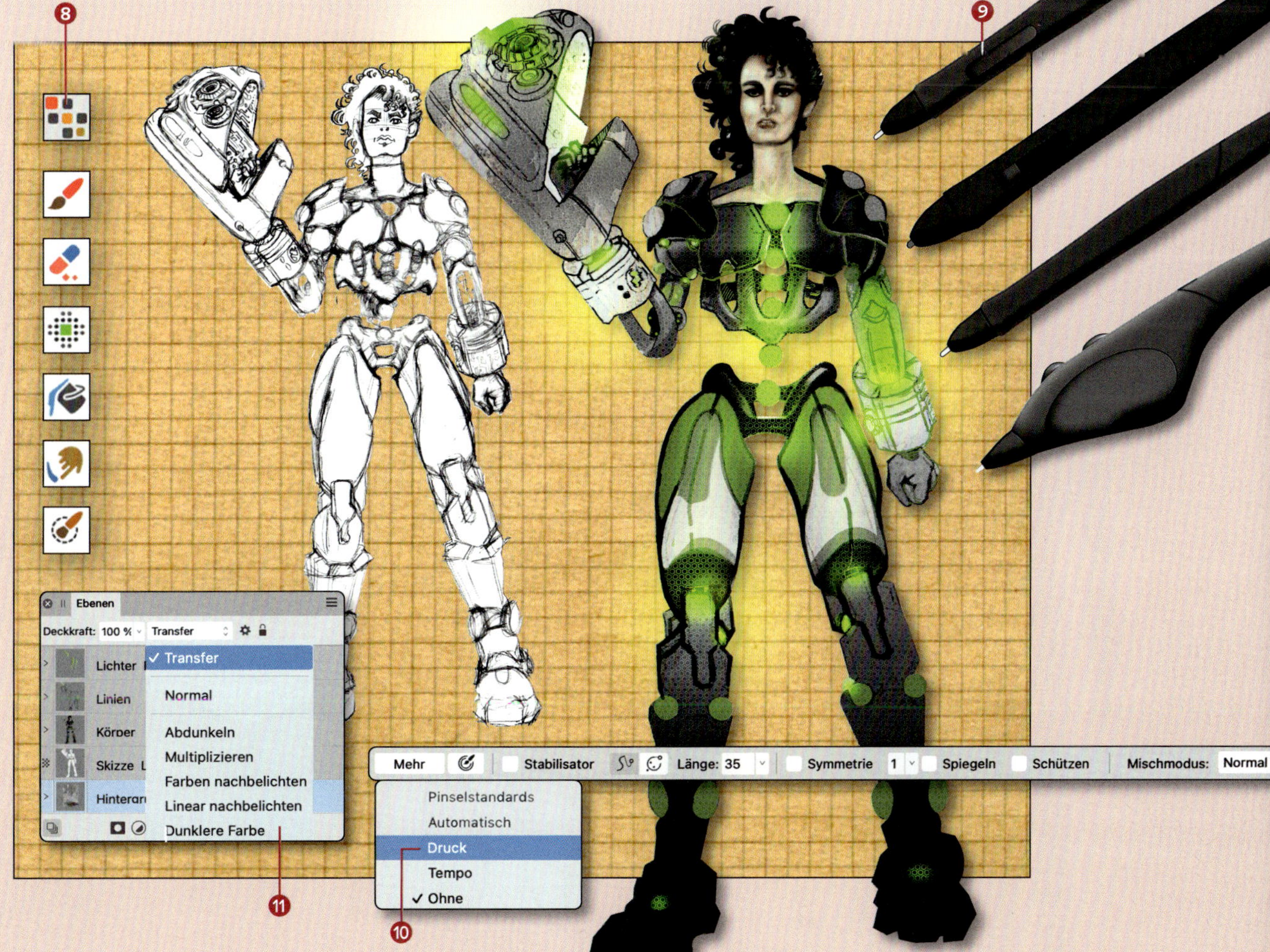

Das Zeichnen von Körpern: Kleine Tipps – große Wirkung

Wie oft passt der Kopf proportional in einen Männer- oder Frauenkörper? Genau achtmal in einen erwachsenen Körper. Um menschliche Körper besser zeichnen zu können, unterteilen Sie sie daher in acht gleich große Kopflängen ❶. Nutzen Sie als Werkzeug die Ellipse ❷, und gruppieren Sie die Ebenen zum Ein- oder Ausblenden. Denken Sie sich Köpfe als Ellipsen, und unterteilen Sie Gesichter mit Hilfslinien ❺.

Übrigens: Kinderkörper sind je nach Alter in vier bis sechs Kopflängen unterteilbar. Ändern Sie Kopflängen stark, erzeugen Sie Figuren wie Zwerge oder Riesen.

Und noch ein Tipp: Um Körperhaltungen ❸ zu visualisieren, sind Gliederpuppen äußerst hilfreich. Es gibt stehende oder frei bewegliche Gliederpuppen. Frei bewegliche Gliederpuppen können Sitzposen einnehmen. Sie finden sie in gut sortierten Fachgeschäften oder im Internet.

Mit einer Taschenlampe können Sie Schattenwürfe ❹ eines Gesichts studieren. Stellen Sie sich vor den Spiegel, schalten Sie das Licht aus, und leuchten Sie sich mit der Taschenlampe aus verschiedenen Winkeln ins Gesicht.

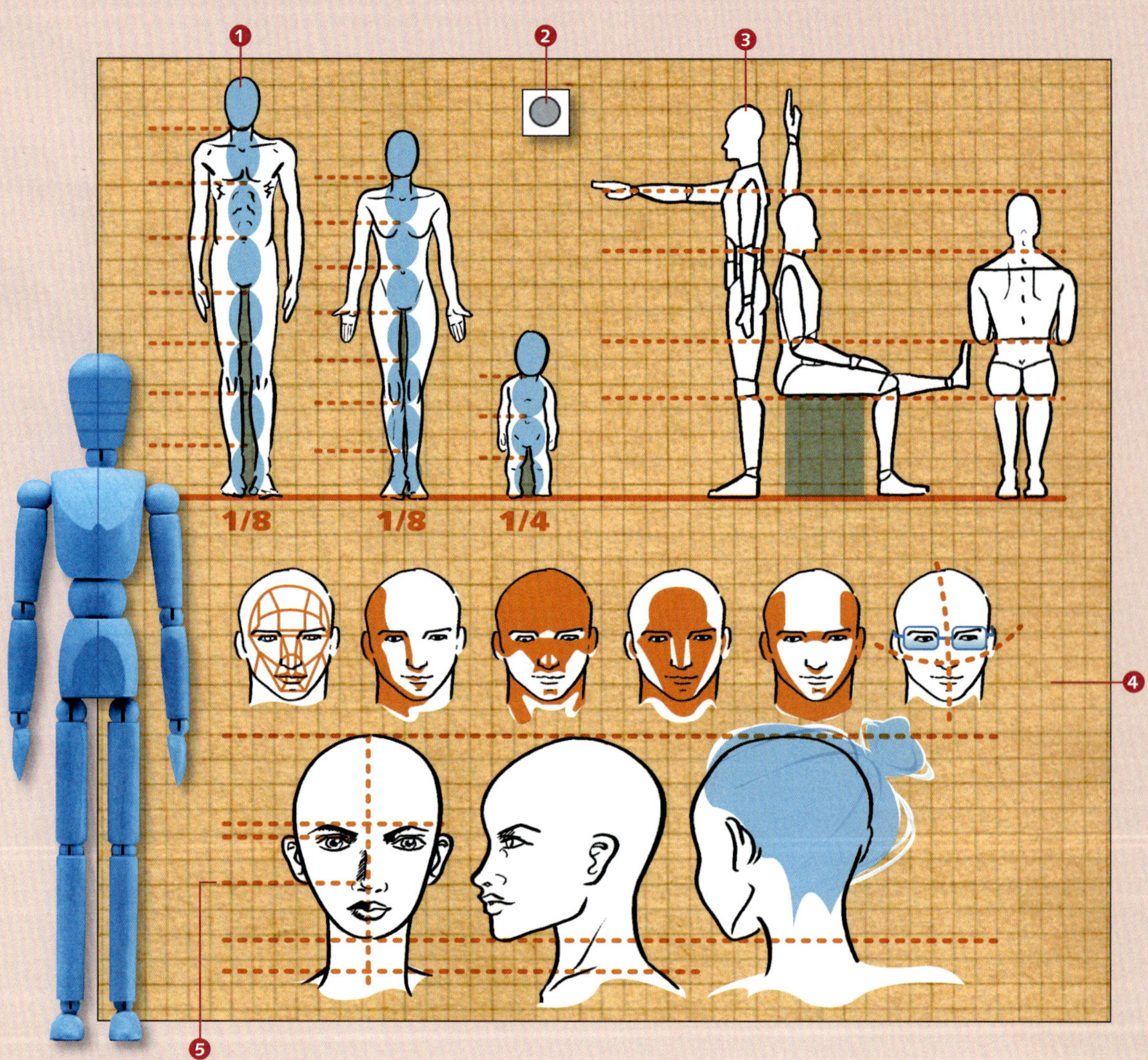

Das Zeichnen von Händen – Knochen bedenken, quadratische oder rechteckige Handflächen zur Hilfe nutzen

Hände werden oft aus mehreren Teilen und Ebenen aufgebaut. Hilfreich ist es beispielsweise, zum Zeichnen die Hände in zwei Flächen (Finger und Handfläche) 7 plus den Daumen zu unterteilen.

Beachten Sie unbedingt die Ebenenreihenfolge. Was sollen einzelne Finger verdecken? Hände stellen zumeist Bewegungen oder Handlungen der Charaktere dar 6 und hauchen diesen zusätzlich Leben ein und lassen Charaktere Accessoires halten oder tragen.

Das Zeichnen von Füßen – bewegliche Fußgelenke, Fußsohlen, Fußrücken und Zehen

Sie können Füße mithilfe von Ellipsen und abgerundeten Vierecken oder Dreiecken konstruieren. Die Zehen des Fußes bilden, genau wie die Finger, runde Schwünge 8 und sind nicht gleich groß. Haben Sie die Funktion der Proportionen und des Knochenaufbaus sowie der Gelenke verstanden, können Sie mit diesen Regeln gezielt brechen. Übertreibungen oder Abweichungen von realistischen Körperformen und Proportionen sind die Grundlage für neue Ausdrucksformen und interessante oder bizarre Charaktere.

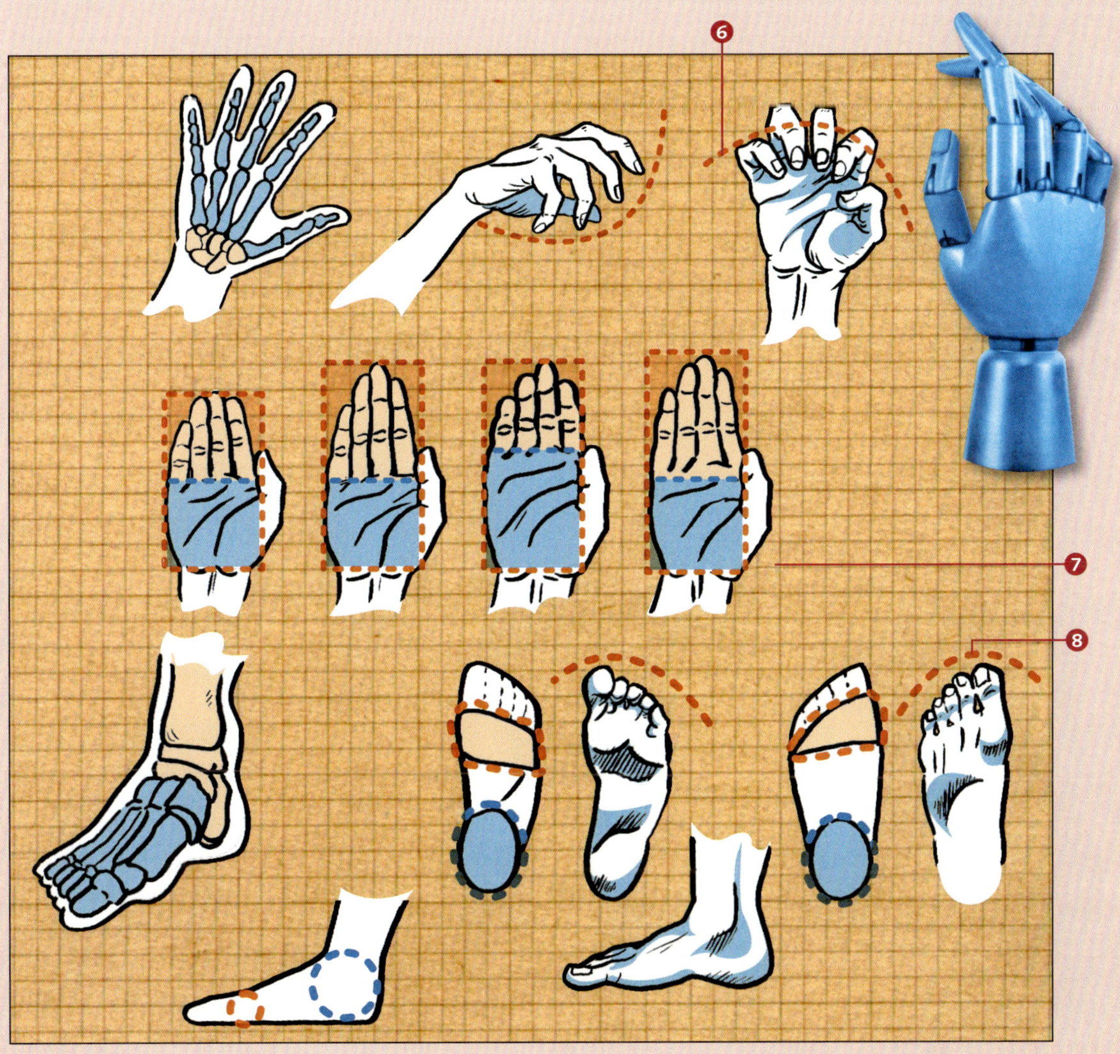

Farbkonzepte oder Paletten über das Panel »Farbfelder« erstellen
Um harmonische Farben anzuwenden, sollten Sie sich Gedanken zum Farbkonzept machen (mehr zu Farben ab Seite 116). In Affinity Designer können Sie über das Panel FARBFELDER aus jedem Bild oder Dokument eine Farbpalette erstellen und die Farbverteilung neu sortieren ❷ (mehr zu Farbpaletten auf Seite 36).

Mit der Pipette können Sie Farbe aufnehmen ❹, der Mauszeiger wird lupenartig und zeigt Farben mit Farbwerten an. Haben Sie Ihre Farbe gefunden, müssen Sie die Farbe im Kreis hinter der Pipette ❸ per Klick bestätigen und in die Farbauswahl übernehmen.

Und noch ein Tipp: Wollen Sie beispielsweise Gegenstände realistisch nachbauen, machen Sie ein Foto von dem Gegenstand. Öffnen Sie Ihr Foto dann in Affinity Designer, und zeichnen Sie es einfach nach ❶. Hierbei ist die iPad-Version von Affinity Designer unschlagbar und die beste Wahl für unterwegs.

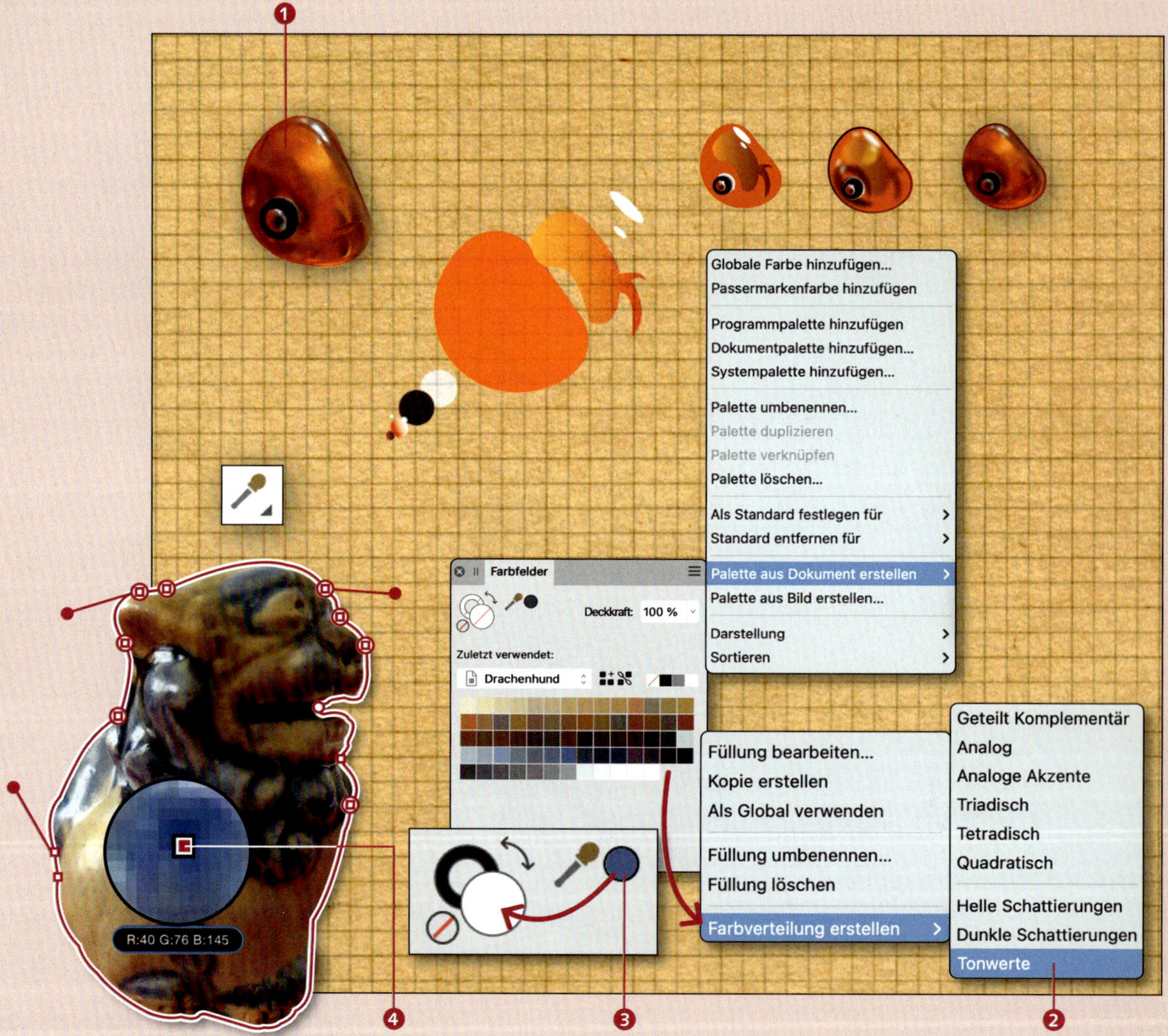

Einfache Retusche in der Pixel Persona – analoge Illustrationen mit Fotos verbinden

Mit den Navigations- und Markierungswerkzeugen 5 können Sie ausgewählte Bereiche Ihrer Fotos sichten, auswählen, schneiden und retuschieren. Mit Spezialwerkzeugen 6 können Sie Ihre Arbeiten in der Pixel Persona nachbelichten, abwedeln, schärfen oder radieren und vieles mehr. Wollen Sie jedoch das Hautbild bei Porträtfotos mit dem Stempel retuschieren, bietet sich Affinity Photo an.

Concept-Art in Affinity Designer

Concept-Art ist ein Begriff, der in der amerikanischen Trickfilmindustrie seit den 1930er Jahren für Konzeptskizzen verwendet wird. Skizzen oder Bilder visualisieren das Design 9, den Look 7, die Stimmungen oder die Farben 8 eines geplanten Projekts. Oft werden Charaktere, Gegenstände, Gebäude sowie ganze Welten erfunden. Illustrationen der Concept-Art unterstützen die Planung der visuellen Anforderungen für Comics, Animationen, Filme oder Spiele. Sie folgen einem »Storyboard« oder der Beschreibung der Drehbuchautoren oder Kundenwünschen.

Duplizierte Hintergründe erzeugen

Illustrationen mit gruppierten Ebenen schnell vervielfältigen

Ein guter Trick ist es, eine erarbeitete Illustration mehrfach zu duplizieren. So können Sie den Eindruck von Gruppen, Massen und Wiederholungen oder Varianten erzeugen. Haben Sie z. B. einen aufwendigen Charakter mit Affinity Designer erstellt, können Sie diesen sehr oft kopieren und unscharf im Hintergrund als Armee darstellen. Es ist dabei immer empfehlenswert, alle Ebenen zu gruppieren. Die erzeugten Duplikate sollten ebenfalls in einer Gruppe zusammengefasst werden. Um die Dateigröße klein zu halten, können duplizierte Ebenen gerastert werden. Mit einem unscharfen Hintergrund entsteht Tiefe.

Neu in diesem Workshop

- Ebenen gruppieren
- Ebenen duplizieren und skalieren
- Rastern und unscharf stellen

**[Dateien: »Beispiel_5-1.afdesign«
»Beispiel_5-1_fertig.afdesign«]**

VERSCHIEBEN-WERKZEUG
Markieren und anordnen

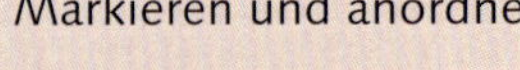

EBENENEFFEKTE
Im Ebenen-Panel

1 Ebenen gruppieren

Öffnen Sie die Datei »Beispiel_5-1.afdesign«. Wählen Sie das Verschieben-Werkzeug aus. Mit cmd/Strg + A können Sie alle Kurven, Objekte und Ebenen gleichzeitig auswählen. Ist der Roboter markiert, wird er mit vielen blauen Auswahlboxen ❷ dargestellt. Klicken Sie per rechten Mausklick auf den Roboter oder eine Ebene im Ebenen-Panel ❶, öffnet sich die Option zum Gruppieren. Sie können ebenfalls cmd/Strg + G drücken.

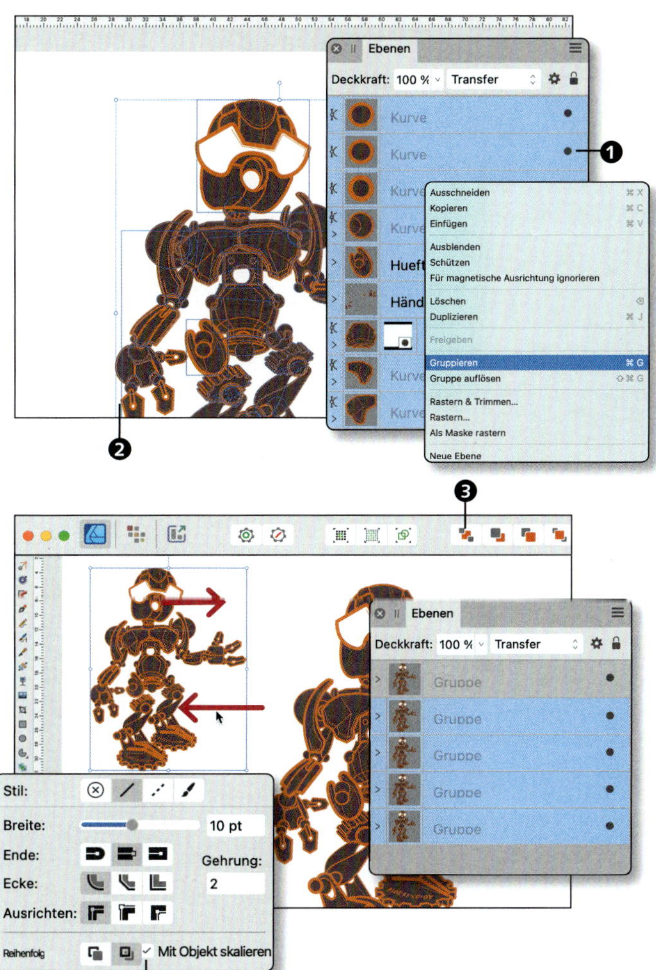

2 Ebenen duplizieren und skalieren

Gruppierte Objekte können leichter kopiert und skaliert werden. Markieren Sie die Ebene des Roboters, und kopieren und fügen Sie die Ebenen wieder ein, um eine gleich große Kopie des Roboters zu erzeugen. Verkleinern Sie den Roboter dann um die Hälfte, und ordnen Sie den duplizierten Roboter Ganz nach hinten ❸. Jetzt sollten Sie ihn noch mehrfach im Hintergrund duplizieren. Damit Konturen beim Verkleinern oder Vergrößern richtig mit berechnet werden, sollten Sie Mit Objekt skalieren ❹ aktivieren.

3 Rastern und unscharf stellen

Gruppieren Sie alle Roboter-Ebenen. Um die Dateigröße klein zu halten, sollten Sie gruppierte Ebenen nun rastern. Mit dem rechten Mausklick auf die gruppierten Roboter-Ebenen können Sie die Option Rastern anklicken. Gerasterte Gruppen und Ebenen ❺ werden in Pixel umgewandelt und können nicht mehr mit den Kurvenwerkzeugen bearbeitet werden.

Tipp: Um die Roboter im Hintergrund mit der Option Gaussche Unschärfe ❻ unscharf darzustellen, klicken Sie im Panel Ebenen auf das Icon Ebeneneffekte fx.

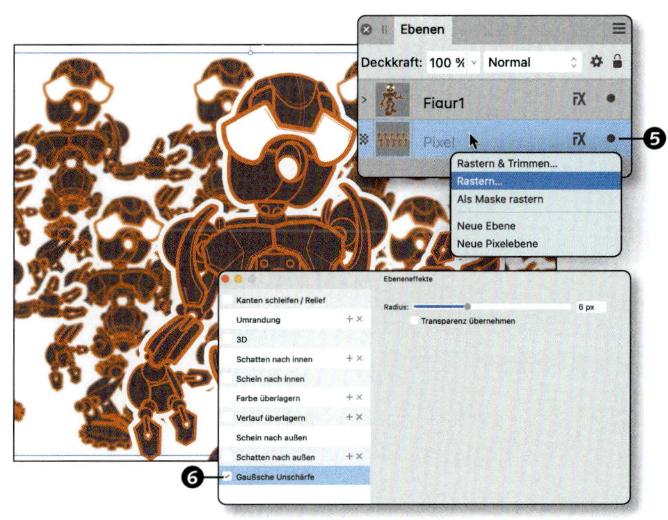

Ebenendeckkraft und Mischmodi

Illustrationen verstärken durch Ineinanderkopieren

Die Deckkraft einer Ebene definiert, wie durchsichtig sie ist. Hat die Ebene eine Deckkraft von 1 %, ist sie fast vollständig transparent. Hat sie eine hohe Deckkraft von 95 %, ist sie fast undurchsichtig. Über die Zifferntasten können Sie die Deckkraft markierter Ebenen schnell einstellen. Der Mischmodus bestimmt dabei, wie eine Ebene die Darstellung auf der unteren Ebene beeinflusst – es ist immer ein Experiment. Affinity Designer bietet verschiedene Mischmodi an, die bekanntesten sind MULTIPLIZIEREN und INEINANDERKOPIEREN. Auch für Effekte und Pixelpinsel lassen sich Mischmodi einsetzen.

Neu in diesem Workshop

- Textur in Illustration platzieren
- Ebenendeckkraft einstellen
- Mischmodi und Mischoptionen kennenlernen

[Dateien: »Beispiel_5-2.afdesign«
»Beispiel_5-3.jpg«]

1 Textur in Illustration platzieren

Öffnen Sie die Datei »Beispiel_5-2.afdesign«. Wollen Sie dem Dolch beispielsweise eine Textur geben, können Sie das mit einem Foto realisieren. Gehen Sie in das Menü Datei • Platzieren, und wählen Sie die Datei »Beispiel_5-3.jpg«. Ihr Mauszeiger ändert seine Form ❶. Sie können das JPG nun im Dokument per Klick und Ziehbewegung über dem Dolch platzieren. Die platzierte Textur verdeckt allerdings den Dolch. Und da kommen die Mischmodi ins Spiel, die wir uns nun einmal ansehen wollen.

2 Ebenendeckkraft einstellen

Lassen Sie die Ebene mit der Textur markiert ❷, denn Sie können nur markierten Ebenen eine andere Deckkraft zuweisen.

Gehen Sie im Ebenen-Panel auf Deckkraft ❸, und stellen Sie per Schieber oder Ziffern 50 % ein. Der Modus Normal wird standardmäßig angewendet. Farben werden dabei nicht gemischt. Gruppen wird von Haus aus der Modus Transfer zugewiesen, in diesem Modus haben Gruppen keine eigenen Mischeinstellungen. Stattdessen wird der Modus ihrer übergeordneten Ebene übernommen.

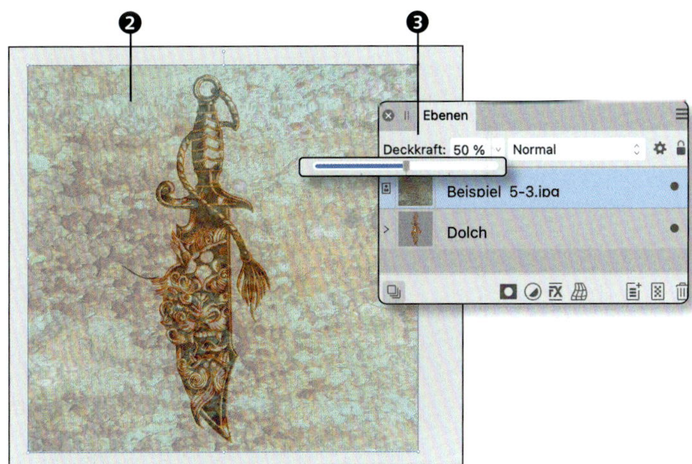

3 Mischmodus »Farben abwedeln«

Wählen Sie über das Einblendmenü ❺ den Modus Farben abwedeln. Über die Farbinformationen der einzelnen Kanäle (wie Rot, Grün, Blau) und durch das Verringern der Kontraste wird die Mischfarbe berechnet und die Ausgangsfarbe ❹ aufgehellt. Mit Aufhellungen erzeugen Sie eine mystische Wirkung.

Anmerkung: Wenn Sie Mischmodi beispielsweise für Unterebenen nutzen, begrenzen Sie die Mischmodi nur auf diese Unterebenen, damit weder übergeordnete noch andere Ebenen von ihnen beeinflusst werden.

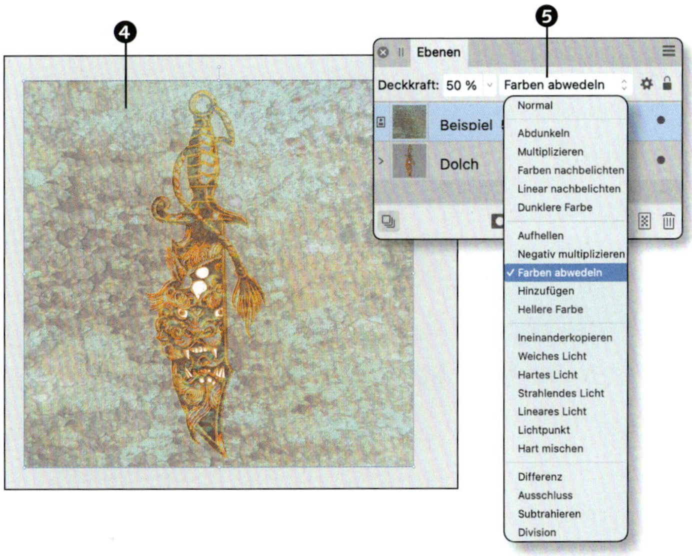

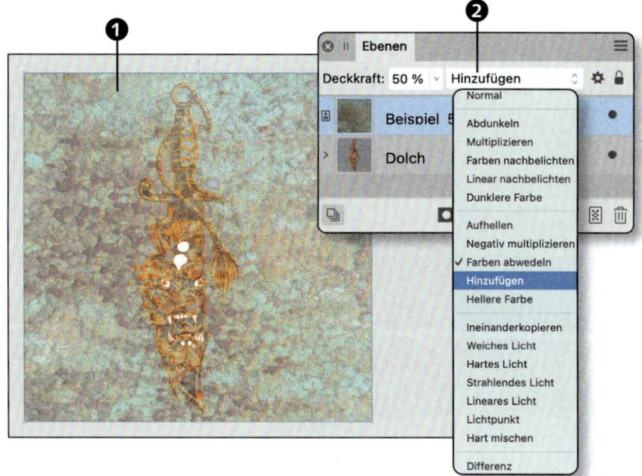

4 Mischmodus »Hinzufügen«

Wählen Sie über die Mischmodi HINZUFÜGEN ❷. Die Kontraste werden daraufhin stärker verringert ❶. Die Mischfarben sowie die Ausgangsfarben werden allerdings stärker aufgehellt. So schaffen Sie beispielsweise eine geisterhafte Stimmung.

Anmerkung: Wenn Sie einen Mischmodus verwenden, können Sie ihm eine Ebenenmaske zuweisen. So können Sie die Mischoption zerstörungsfrei anwenden (mehr zu Ebenenmasken ab Seite 162).

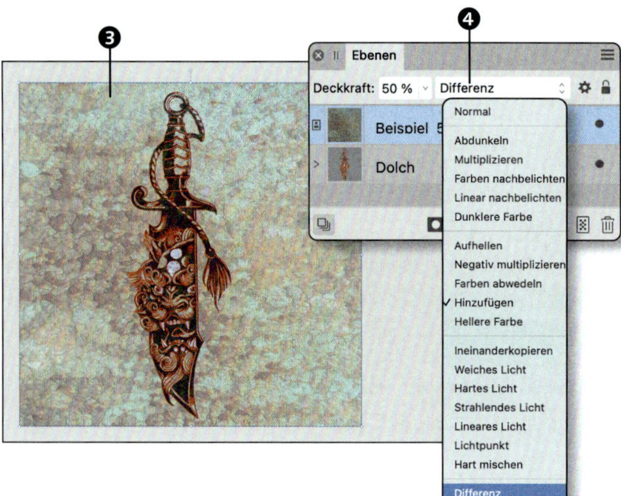

5 Mischmodus »Differenz«

Wählen Sie nun den Mischmodus DIFFERENZ ❹. Dieser Modus subtrahiert über die Farbinformationen der einzelnen Kanäle die Farbe mit den niedrigsten Helligkeitswerten von der mit dem höchsten Helligkeitswert. Das Mischen mit Weiß kehrt die Farbwerte um ❸. So erzeugen Sie Negativbilder.

Anmerkung: Sie können die DECKKRAFT jederzeit anpassen. Sie erzielen bei leichter Deckkraft weniger harte Ergebnisse.

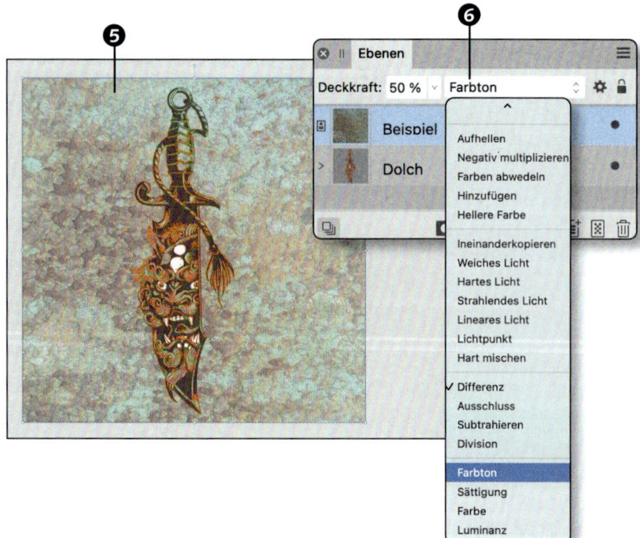

6 Mischmodus »Farbton«

Nutzen Sie jetzt den Mischmodus FARBTON ❻. Er erzeugt eine Ergebnisfarbe mit der Luminanz und der Sättigung der Ausgangsfarbe und dem Farbton der Mischfarbe ❺.

Der Grauton des Dolches ändert sich kaum, nur die Konturen sind leicht grünlich gefärbt und wirken somit räumlicher. Der Mischmodus FARBTON eignet sich gut, um Rückblicke im Comicstil zu erzeugen. Er lässt die Farben schwarz, grau und weiß wirken und unterstützt somit eine einheitliche monochrome Erscheinung.

7 Mischmodus »Luminanz«

Probieren Sie den Modus LUMINANZ ❽ aus. Er erzeugt eine Ergebnisfarbe mit dem Farbton und der Sättigung der Ausgangsfarbe und der Luminanz der Mischfarbe ❼. Mit diesem Modus erreichen Sie das Gegenteil der Option FARBE.

Anmerkung: Sehr schwache Ebenendeckkraft und Mischoptionen können im Druck je nach Drucker unsauber oder gräulich wirken. Machen Sie vorher einige Testdrucke, bis Sie mit dem Druckergebnis zufrieden sind.

8 Mischmodus »Glühen«

Wählen Sie nun den Mischmodus GLÜHEN ❿. Diese Option wirkt hier fast wie DIFFERENZ und subtrahiert anhand der Farbinformationen der einzelnen Kanäle die Farbe mit den niedrigsten Helligkeitswerten von der mit dem höchsten Helligkeitswert. Farbwerte werden glühend verstärkt ❾. Das Mischen mit Weiß kehrt die Ausgangsfarbwerte ebenfalls um. Sie erzeugen ein Leuchten. Übrigens: Die Verwendung der Mischmodi ist ein Experiment, jedes farbige Bild reagiert unterschiedlich. Sie sollten experimentieren!

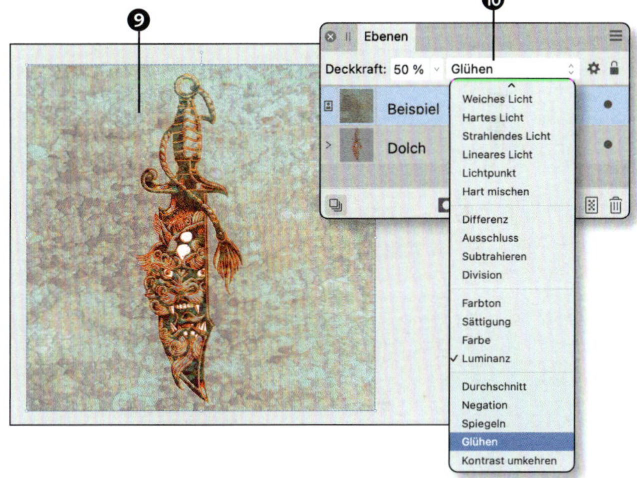

9 Mischoptionen von Ebenen

Über das Ebenen-Panel finden Sie auch die MISCHOPTIONEN ⓬. Die BEREICHE DER QUELLEBENE (Ihre ausgewählte Ebene) sowie DARUNTER LIEGENDE KOMPOSITIONSBEREICHE (Ebenen) bilden die Mischbereiche. Hier definieren Sie, wie Deckkraft und Tonwerte Ihrer Ebene (Rot, Grün, Blau oder MASTER = alle Tonwerte ⓯) gemischt werden sollen. Bei EINGABE ändern Sie die horizontale Position und über AUSGABE die vertikale Position der Knoten ⓭ im Diagramm. Sie können Knoten per Klick hinzufügen und die Diagramme LINEAR ⓮ oder per Kurve nutzen. Unter ⓫ können Sie Profile speichern.

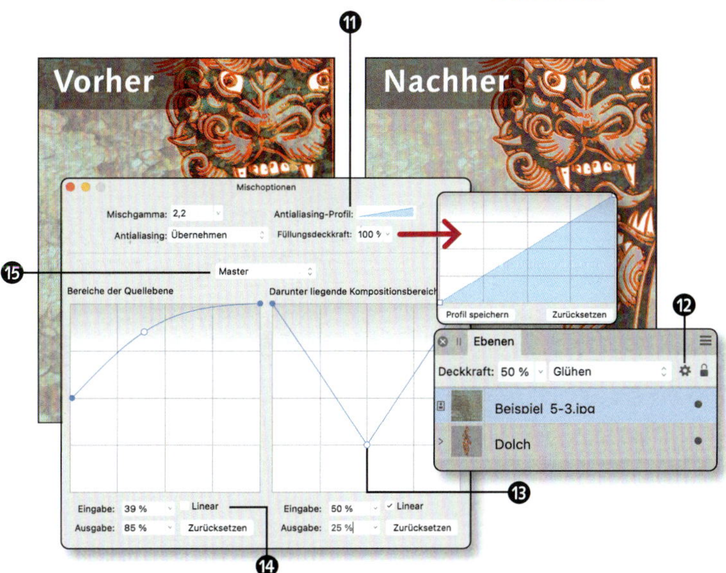

Räumlichkeit erzeugen

Objekte in einem Objekt platzieren und zuschneiden

Mit der Funktion ZUSCHNEIDEN platzieren Sie Objekte in einem anderen Objekt. Dabei können Sie sowohl Vektor- als auch Pixelobjekte zuschneiden. Hierzu verwenden Sie die Optionen unter AUSWÄHLEN VON OBJEKTEN ALS ZIEL . Die Kurve des übergeordneten Objekts wird zur Begrenzung, während alle Bereiche außerhalb der Kurve ausgeblendet werden. Verändern Sie die Größe eines Objekts, werden die darin platzierten Objekte automatisch mit skaliert. Transformieren Sie ein zugeschnittenes Objekt, hat dies keinerlei Auswirkung auf das übergeordnete Objekt. Weisen Sie den zugeschnittenen Objekten Effekte und Anpassungen zu.

Neu in diesem Workshop

- Muster im Objekt zuschneiden
- Ellipsen in Auswahl einsetzen
- Schatten in Auswahl zeichnen

**[Dateien: »Beispiel_5-4.afdesign«
»Beispiel_5-4_fertig.afdesign«]**

ZEICHENSTIFT
Schatten oder Lichter zeichnen

ELLIPSE
Ellipsen als Lichter

1 Muster im Objekt zuschneiden

Klicken Sie die gesamte Gruppe »Kernmuster« ❶ per Verschieben-Werkzeug [↖] an, und schneiden Sie sie mit [cmd]/[Strg] + [X] aus. Sollten Sie das Muster nicht ganz sehen können, gehen Sie in ANSICHT • ANSICHTSMODUS • AN LEINWAND BEGRENZEN. Markieren Sie nun das KLEID im Ebenen-Panel ❸. Drücken Sie IN DER AUSWAHL EINSETZEN ❷ und [cmd]/[Strg] + [V]. Sie sehen das Muster zunächst nicht. Verschieben Sie es nach rechts, bis es im Kleid erscheint (mehr zur Auswahl von Objekten als Ziel finden Sie ab Seite 132).

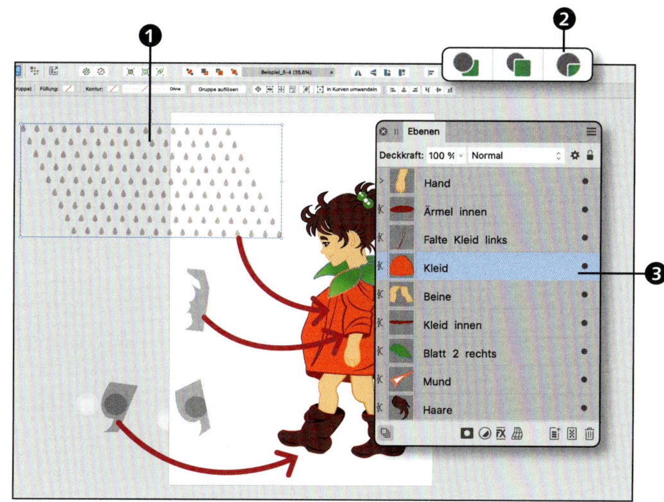

2 Ellipsen in Auswahl einsetzen

Markieren Sie wieder das Kleid ❻, klicken Sie wieder IN DER AUSWAHL EINSETZEN ❺ an, und ziehen Sie weiße Ellipsen ❹ innerhalb des Kleides auf. Weisen Sie den Ellipsen unterschiedliche DECKKRAFT und Mischmodi wie AUFHELLEN oder HELLERE FARBEN zu.

Um mit Ellipsen Schatten ❽ zu bilden, nutzen Sie als Füllfarbe Grau und verwenden den Mischmodus MULTIPLIZIEREN. Das Kleid ist die übergeordnete Ebene ❻, die Ellipsen ❼ werden untergeordnete Ebenen.

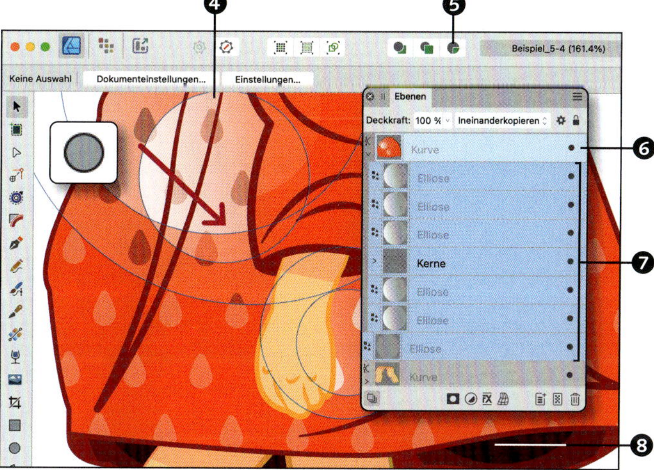

3 Schatten in Auswahl zeichnen

Aktivieren Sie IN DER AUSWAHL EINSETZEN ❾, können Sie mit dem Zeichenstift [✒] direkt in Objekte Schatten zeichnen. Markieren Sie beispielsweise das GESICHT ❿, und zeichnen Sie mit dem Zeichenstift Formen für Schatten hinein. Mit HSL-Farben (Seite 35) färben Sie die Füllfarbe der zuvor gezeichneten Schattenformen. Sehen Sie sich die Ebenen aus »Beispiel_5-4_fertig.afdesign« genau an. Sie verstehen schnell, wie Zuschnitte wirken.

Anmerkung: Zugeschnittene Objekte werden im Ebenen-Panel gelöscht oder per Doppelklick markiert und per Löschtaste entfernt.

Ebenen maskieren

Zerstörungsfreies Radieren mit Vektor- und Pixelmasken

Mit Masken können gezielt Teile von Ebenen sichtbar oder unsichtbar gemacht werden. Es gibt Vektor- und Pixelmasken. Bei Vektormasken verwenden Sie Linien oder Formen als Maske, die über einem Objekt liegen und untere Objekte beschneiden. Pixelmasken können mit dem Radierer oder Malpinsel in der Pixel Persona genutzt werden. Sie können die Eigenschaften für Pixelmasken ändern, indem Sie in der Kontextleiste die Breite, Deckkraft und Härte sowie den Fluss des Radierers ändern. Markierte Masken löschen Sie im Ebenen-Panel über das Symbol des Mülleimers oder per Löschtaste.

Neu in diesem Workshop

- Vektormaske erzeugen
- Pixelmaske hinzufügen
- Pixelmaske weiter anpassen

**[Dateien: »Beispiel_5-5.afdesign«
»Beispiel_5-5_fertig.afdesign«]**

EBENE MASKIEREN
Maskiert eine ausgewählte Ebene.

ZAHNRAD ÜBER FORMWERKZEUG
Zahnrad in der Designer Persona

RADIERER DER PIXEL PERSONA
Maske löschen oder transparenter

MALPINSEL DER PIXEL PERSONA
In Masken hineinmalen

1 Vektormaske erzeugen

Erzeugen Sie über der Hintergrundebene ❷ mit dem Formwerkzeug ein Zahnrad ❶. Per rechtem Mausklick auf die Zahnradebene können Sie ABWÄRTS MASKIEREN auswählen. Das Zahnrad maskiert und schneidet daraufhin den Hintergrund, d. h., es blendet die Fläche an der Begrenzungslinie der Maske aus. Bedenken Sie, dass sich das zu maskierende Objekt direkt unter dem Maskenobjekt befinden sollte. Die Ebenenminiatur des Zielobjekts zeigt nun den Maskierungsstatus und Zuschnitt ❸ an.

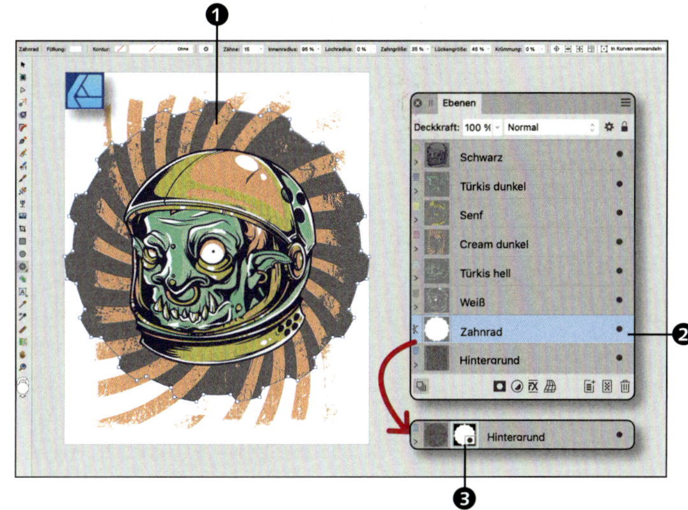

2 Maskierungsebene hinzufügen

Gehen Sie zur Pixel Persona Markieren Sie die Ebene »Cream dunkel« ❹. Fügen Sie mit einem Klick auf das Icon eine Maskierungsebene ❺ hinzu. Malen Sie nun mit schwarzer Farbe bei aktivem Malpinsel, um die Streifen auszublenden. Die Bearbeitung wird auf der Maskierungsebene ❻ angezeigt. Pixelmasken sind wie in Schritt 1 erstellbar, nur dass Sie mit Pixeln arbeiten. Dazu rastern Sie vorher Vektoren oder verwenden Texturen von Fotos oder Pixelpinsel für eine interessante Oberfläche.

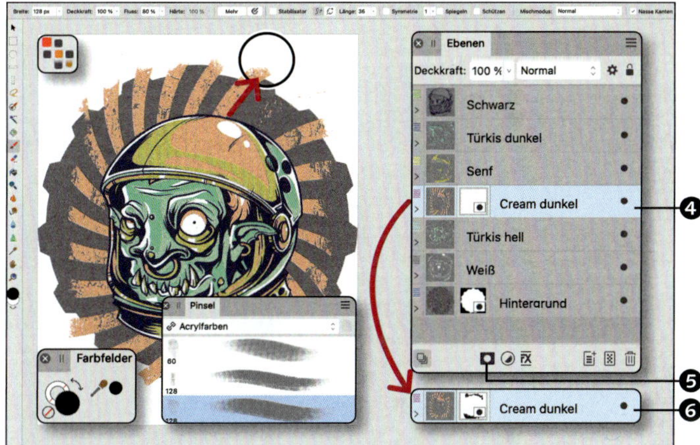

3 Pixelmaske weiter anpassen

Mit dem Radierer können Sie Ihre Maske ❼ jetzt transparenter gestalten, stellen Sie aber zunächst in der Kontextleiste des Radierers alle Werte bei Deckkraft, Fluss und Härte kleiner, um weichere Übergänge zu erhalten. Radieren Sie über die Streifen, werden diese transparenter.

Tipp: Sie können Masken ein- und ausblenden. Drücken Sie die ⇧-Taste, und klicken Sie im Ebenen-Panel auf die Maske. Sehen Sie eine rote Linie an der Miniatur, ist die Maske deaktiviert.

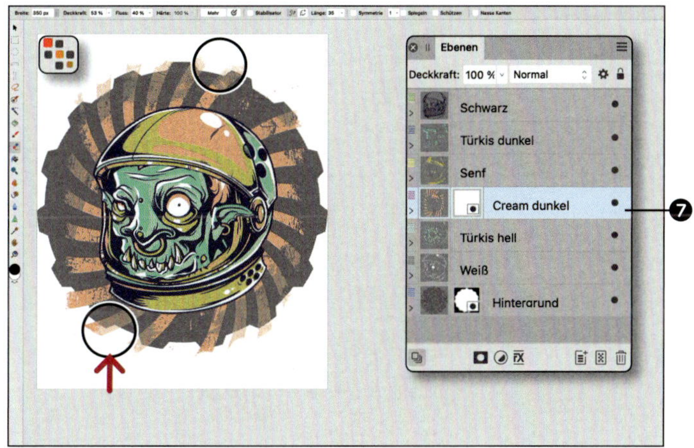

Anpassungsebenen anwenden

Anpassungen einer Ebene oder einem Objekt zuweisen

Sie können Ihre Vektor- und Pixelebenen oder Illustrationen mit Anpassungen steigern. Die wohl bekanntesten Anpassungen sind Gradationskurven, Tonwertkorrekturen oder der Kanalmixer. Sie finden die Anpassungen im Menü Ebene • Neue Anpassung, sie lassen sich aber auch über das Ebenen-Panel auf Ihre Illustration anwenden. Als Anpassungsebenen werden sie automatisch erzeugt und arbeiten zerstörungsfrei, so dass Ihre Originalebenen nicht unwiderruflich verändert werden. Sie können Anpassungsebenen löschen, zusammenlegen, maskieren und Deckkraft sowie Mischmodi einstellen.

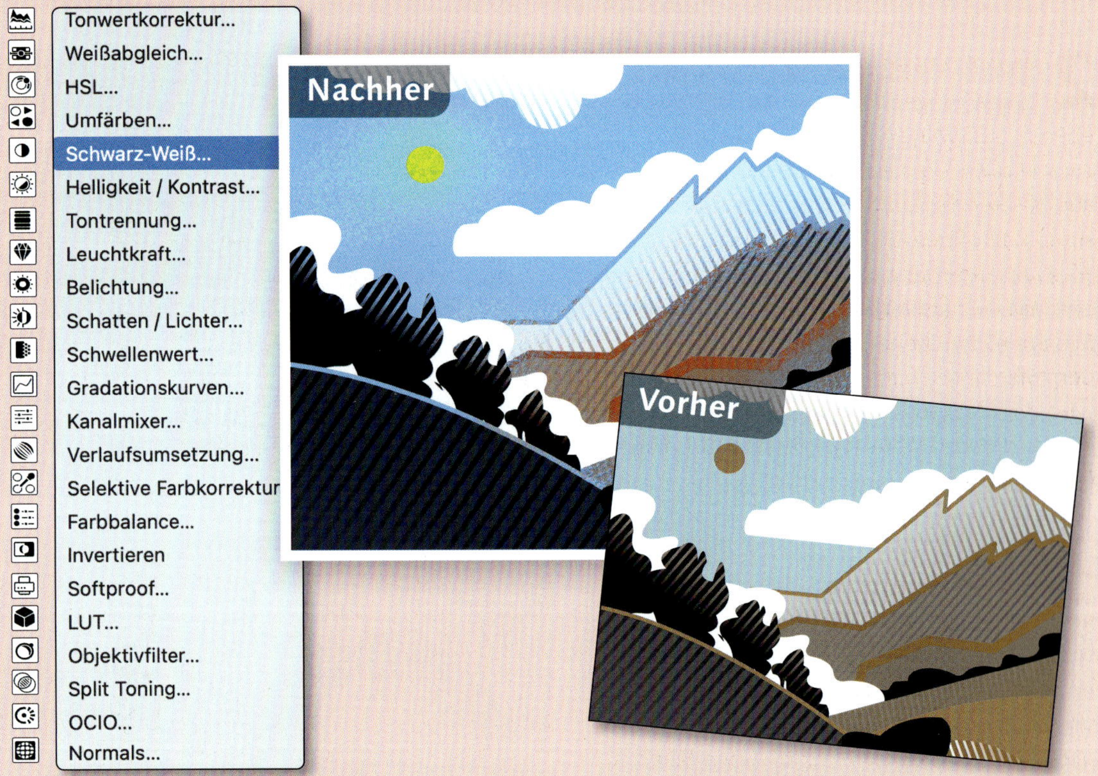

Tonwertkorrektur...
Weißabgleich...
HSL...
Umfärben...
Schwarz-Weiß...
Helligkeit / Kontrast...
Tontrennung...
Leuchtkraft...
Belichtung...
Schatten / Lichter...
Schwellenwert...
Gradationskurven...
Kanalmixer...
Verlaufsumsetzung...
Selektive Farbkorrektur
Farbbalance...
Invertieren
Softproof...
LUT...
Objektivfilter...
Split Toning...
OCIO...
Normals...

Nachher

Vorher

Neu in diesem Workshop

- Anpassung eines Objekts
- Anpassung einer Unterebene und Gruppe
- Anpassungen maskieren

[Dateien: »Beispiel_5-6.afdesign«
»Beispiel_5-6_fertig.afdesign«]

ANPASSUNGEN
Direkt unten im Ebenen-Panel

RADIERER DER PIXEL PERSONA
Anpassung löschen

MALPINSEL DER PIXEL PERSONA
Anpassung weiter abändern

1 Anpassung eines Objekts

Wählen Sie die braune Sonne aus dem »Beispiel_5-6.afdesign« aus. Wir wollen sie mit einer Anpassungsebene verändern. Sie finden die Anpassungen unter EBENE • NEUE ANPASSUNG oder unter ANPASSUNGEN ❶ im Ebenen-Panel. Wählen Sie UMFÄRBEN aus, und vergeben Sie beim Farbton ❷ 60°.

Tipp: Sollte die Anpassung ungewollt für die gesamte Gruppe »Himmel« aktiv sein, ziehen Sie die Anpassungsebene auf die Ebene »Sonne«. Die Anpassung wird als Maske nur für die Sonne gültig.

2 Anpassung einer Unterebene

Anpassungen können ebenfalls Unterebenen zugewiesen werden. In diesem Beispiel wählen Sie die Ebene »Himmelblau« ❹ aus. Klicken Sie auf das Symbol für die Anpassung, und öffnen Sie die TONWERTKORREKTUR . Jede Anpassung wird zerstörungsfrei wie eine Maske maskiert und mit einem eigenen Symbol ❺ im Ebenen-Panel angezeigt. Ändern Sie die Schwarz- und Weißstufen ❸, wird der Blauton kräftiger.

Anmerkung: Mehr zur Ebenenreihenfolge finden Sie auf Seite 56.

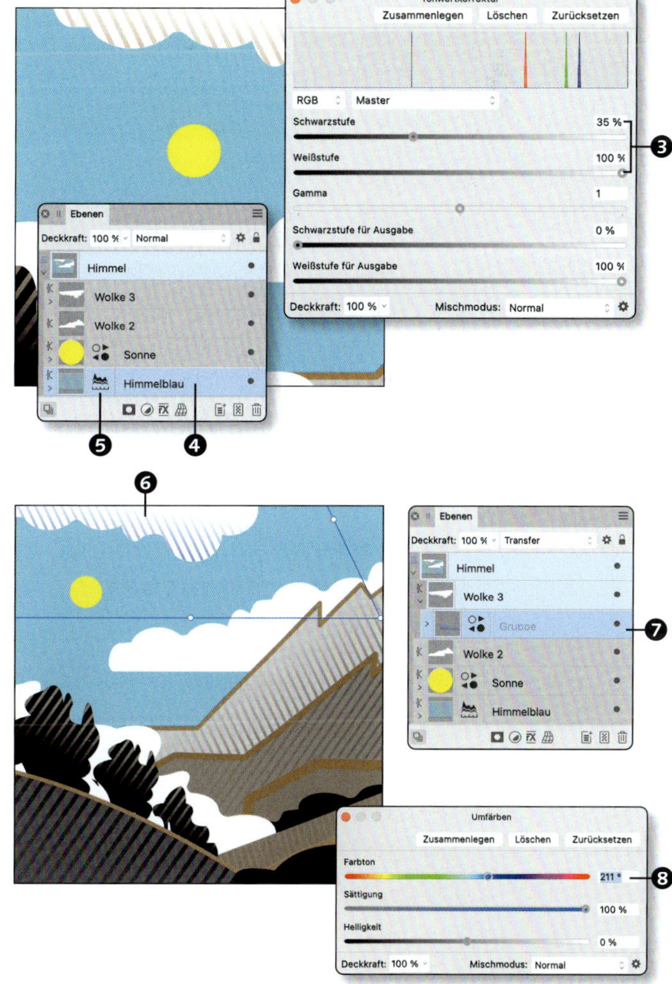

3 Anpassung einer Ebenengruppe

Um gruppierte Unterebenen anzupassen, klicken Sie die Gruppe ❼ der Ebene »Wolke 3« an. Vergeben Sie die Anpassung UMFÄRBEN erneut. Geben Sie den gruppierten Linien in der Wolke ❻ einen Blauton, indem Sie den Farbton ❽ auf 211° erhöhen. Diese Umfärbung bezieht sich nur auf die untergeordnete Gruppe und muss nicht mehr manuell maskiert werden!

Anmerkung: Klicken Sie auf das Symbol einer Anpassung ❺, können Sie diese erneut bearbeiten, löschen sowie zurücksetzen.

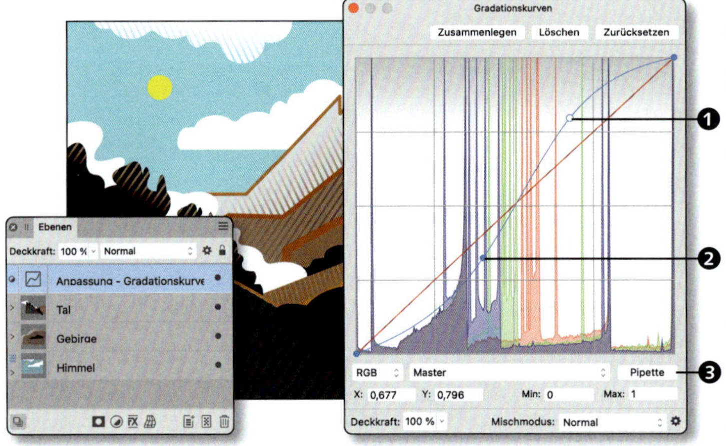

4 Gradationskurven

Klicken Sie auf die Fläche außerhalb Ihres Dokuments, ist keine Ebene aktiv ausgewählt. Öffnen Sie die Anpassung GRADATIONSKURVEN . Die Anpassung wird die oberste Ebene und beeinflusst alle unteren Ebenen. Mit der Gradationskurve können Sie Farb- und Lichtverhältnisse anpassen oder umkehren. Spielen Sie ein bisschen mit der Kurve, und schauen Sie sich die Auswirkungen an. Sie können die Knoten ❶ im Diagramm verschieben oder durch Hineinklicken ebenfalls neue Knoten ❷ erzeugen.

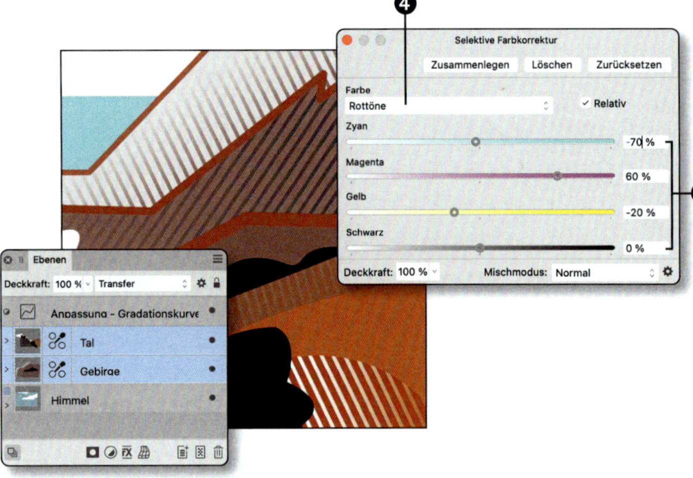

5 Selektive Farbkorrektur

Unter einer selektiven Farbkorrektur versteht man die Korrektur von bestimmten Farbtönen. Nutzen Sie die Anpassung SELEKTIVE FARBKORREKTUR , um das Tal und dann die Berge rot wirken zu lassen. Als FARBE ❹ (das ist die Zielfarbe) wählen Sie die ROTTÖNE aus und verschieben die Tonwerte ❺, bis die Berge rötlich wirken. Diese Anpassung korrigiert schnell die Farben. Einige Anpassungen können bestimmte Farben oder Bereiche ändern, indem Sie die PIPETTE ❸ anklicken, um den entsprechenden Bereich zu markieren.

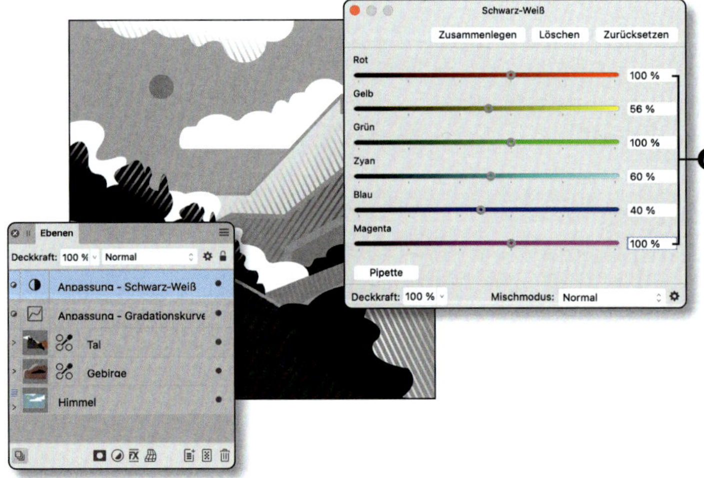

6 Schwarz-Weiß

Klicken Sie wieder außerhalb des Dokuments. Probieren Sie nun die Anpassung SCHWARZ-WEISS aus. Im ersten Moment erhalten Sie ein unbefriedigendes Ergebnis von flachen Grautönen. Indem Sie die einzelnen Farbkanäle und Töne ❻ über die Schieber einstellen, erhalten Sie ein kontrastreiches Schwarzweißbild mit satten Grautönen.

Anmerkung: Die Anpassungspanel sind oben links über das rote Symbol (Mac) bzw. das Kreuz rechts (Windows) zu schließen oder werden automatisch geschlossen, sobald Sie einen neuen Arbeitsschritt vollziehen.

7 Objektivfilter

Mit dieser Anpassung können Sie neue Lichtverhältnisse erzeugen. Öffnen Sie den Objektivfilter. Ihr Bild wird standardmäßig mit einem warmen Orangefilter gefärbt, was ideal ist für Sonnenauf- oder -untergänge. Für ein nächtliches Blau doppelklicken Sie auf Filterfarbe ❼; nun können Sie im neuen Panel einen Blauton ❾ unter Farbton wählen. Steigern Sie die Dichte ❽ für eine stärkere Farbe.

Anmerkung: Sie können Anpassungsebenen wie normale Ebenen ein- und ausblenden, um die Wirkung Ihrer Anpassung zu überprüfen.

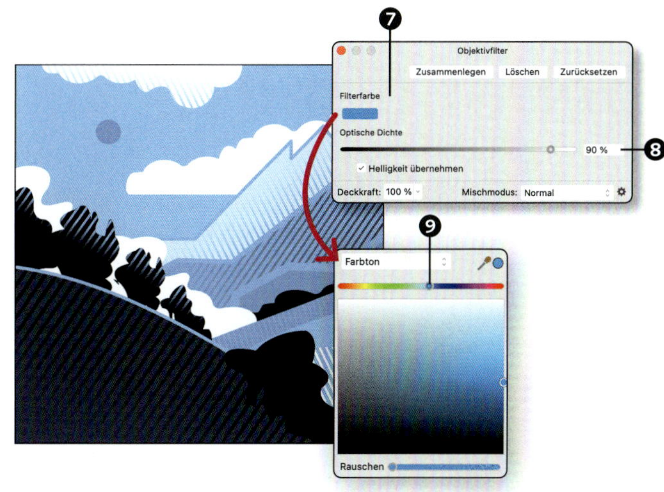

8 Anpassung mit Radierer löschen

Wechseln Sie jetzt einmal zur Pixel Persona ❿. Sie können Teilbereiche der oberen zwei Anpassungsebenen ⓫ herausradieren. Aktivieren Sie dazu den Radierer ⓬. Stellen Sie die Deckkraft und den Fluss des Radierers in der Kontextleiste gering ein. Radieren Sie mehrfach über die Sonne und die Berge. Ihre Farben aus den unteren Anpassungsebenen sollten wieder sichtbar werden.

Es wird automatisch eine Maskierung über Ihre Anpassungen im Ebenen-Panel angelegt, somit arbeiten Sie völlig zerstörungsfrei.

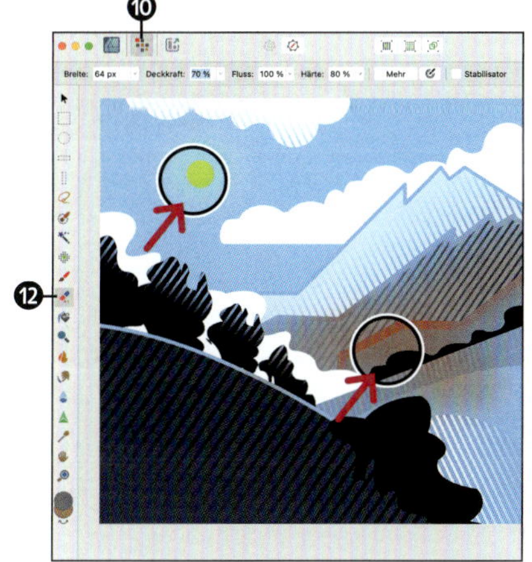

9 Anpassung mit Pinsel ändern

Lassen Sie die zwei oberen Anpassungsebenen ausgewählt. Nutzen Sie in der Pixel Persona die Farbe Schwarz ⓮ für den Malpinsel ⓯. Suchen Sie sich eine Pinselform mit Struktur ⓭ aus, und ändern Sie deren Breite in der Kontextleiste. Mit dem schwarzen Pinsel können Sie eine Struktur hineinmalen.

Probieren Sie bitte auch alle hier nicht aufgeführten Anpassungen aus. Schieben Sie an den Reglern, oder verändern Sie die Knoten in den Diagrammen. Alle Änderungen können rückgängig gemacht oder als Snapshots gespeichert werden.

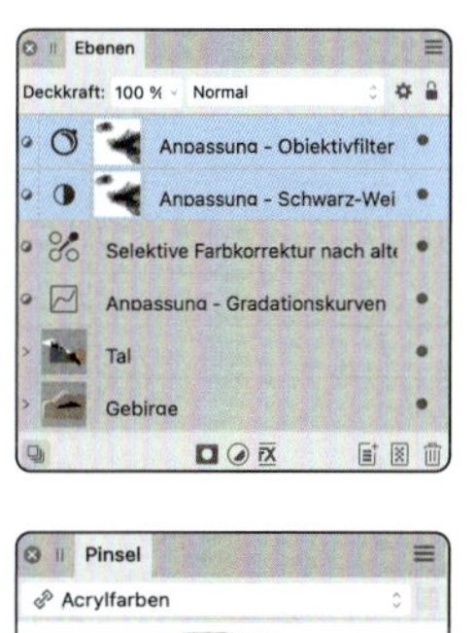

Ebeneneffekte

Dieses Kapitel stellt Ihnen das Arbeiten mit Ebeneneffekten vor. Ebeneneffekte können Sie sowohl in der Designer Persona als auch in der Pixel Persona nutzen. Sehen Sie, wie Sie Effekte auf verschiedene Objekte oder ausgewählte Ebenen anwenden, wie Sie mit dem 3D-Effekt schnell und einfach Illustrationen plastischer aussehen lassen. Sie werden merken, wie leicht Kanten zu schleifen sind oder wie Reliefs Ihren Arbeiten mehr Räumlichkeit verleihen. Der Ebeneneffekt FARBE ÜBERLAGERN hilft, bestehende Farbtöne gleichmäßig abzudecken, die GAUSSSCHE UNSCHÄRFE, Bewegungen darzustellen. Mit den Ebeneneffekten SCHEIN, SCHATTEN und UMRANDUNG werden Sie Ihre Designs in wenigen Schritten kreativ verstärken können. Alle angewandten Ebeneneffekte finden Sie im Panel QUICKFX.

3D-Effekte

Dinge realistisch räumlich wirken lassen

Sie können Objekte oder Ebenen mit Ebeneneffekten gestalten. Über das Menü Ebene • Ebeneneffekte können Sie auf diverse Effekte zugreifen, oder Sie klicken auf das Icon [fx] im Ebenen-Panel. Zusätzlich bietet das Panel QuickFX eine vereinfachte Übersicht aller Effekte. Klicken Sie das Symbol [⚙] im QuickFX-Panel nach Auswahl eines Effekts, öffnet sich das Panel Ebeneneffekte für detailliertere Einstellungen. In diesem Workshop wollen wir uns den 3D-Effekt ansehen. Er erzeugt die Illusion einer räumlichen Tiefe und eignet sich besonders für das Designen von Buttons oder Oberflächenwirkung.

Neu in diesem Workshop

- 3D-Effekt anwenden
- 3D-Profil selbst bearbeiten
- 3D mit mehreren Lichtquellen

[Dateien: »Beispiel_6-1.afdesign«
»Beispiel_6-1_fertig.afdesign«]

Verschieben-Werkzeug
Ebenen für 3D-Effekt auswählen

1 3D-Effekt anwenden

Öffnen Sie »Beispiel_6-1.afdesign«. Blenden Sie die Unterebenen des ArtBoard im Ebenen-Panel ein, und wählen Sie die Ebene »Sojasoße« ❸ aus. Jetzt klicken Sie auf das Icon für Effekte [fx] ❹. Im Panel Ebeneneffekte haken Sie den 3D-Effekt an ❶ und klicken auf den Schriftzug »3D« daneben, um Einstellungen vornehmen zu können. Stellen Sie die verschiedenen Regler nach Belieben ein. Der Radius bestimmt die Breite, die Tiefe und die Stärke des Effekts. Um den Radius unabhängig von der Tiefe zu ändern, klicken Sie ❷.

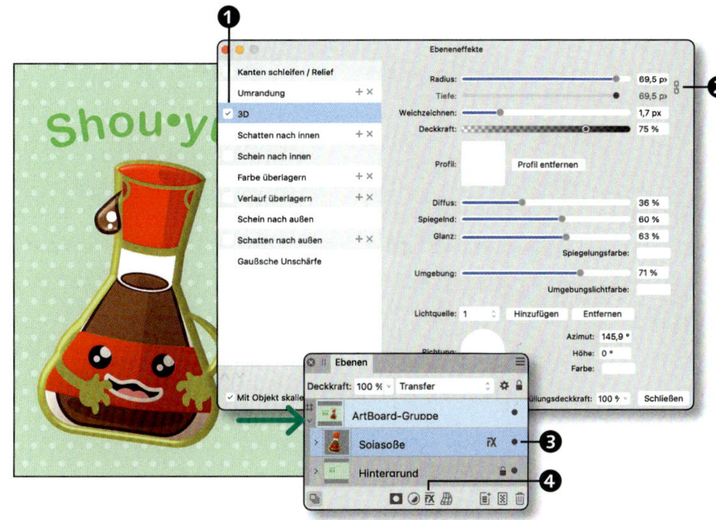

2 3D-Profil selbst bearbeiten

Zum Bearbeiten von Ebeneneffekten klicken Sie im Ebenen-Panel auf das Icon FX ❸. Um im Panel Ebeneneffekte eigene 3D-Profile anzulegen, entfernen Sie zunächst das vorhandene Profil ❺. Das Profil bestimmt, wie Licht und Schatten auf das Objekt fallen. Per Doppelklick auf das Profil ❻ öffnen Sie ein Profildiagramm. Hier können Sie praktische Standardprofile ❽ nutzen, oder Sie verschieben die Knoten ❼, um den 3D-Effekt zu bearbeiten. Mit einem Klick können Sie Punkte hinzufügen, markieren und löschen.

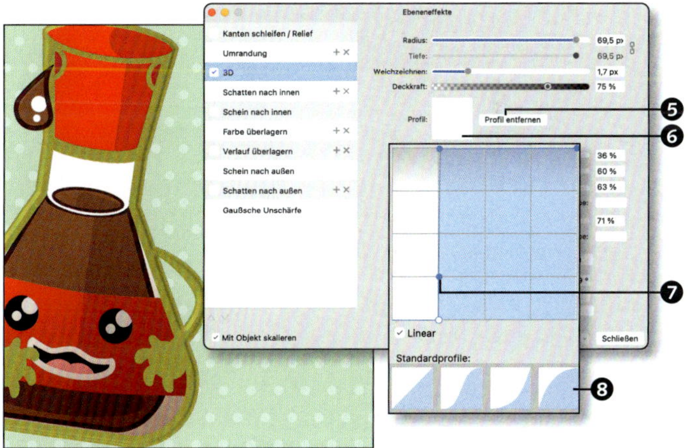

3 3D mit mehreren Lichtquellen

Neben Glanz und Radius verleihen Lichtquellen und Umgebungslichter Grafiken eine farbliche Tiefenwirkung. Verstärken Sie den 3D-Effekt, indem Sie z. B. drei Lichtquellen ⓫ einstellen. Wenn Sie in das Farbfeld ❾ klicken, können Sie dem 3D-Effekt eine gelbe Lichtquelle geben. Verschieben Sie den Punkt in der Richtung ❿ nach rechts, kommt das Licht von rechts.

Anmerkung: Um Ebeneneffekte beim Transformieren sauber erscheinen zu lassen, sollten Sie das Häkchen bei Mit Objekt skalieren ⓬ immer mit aktivieren.

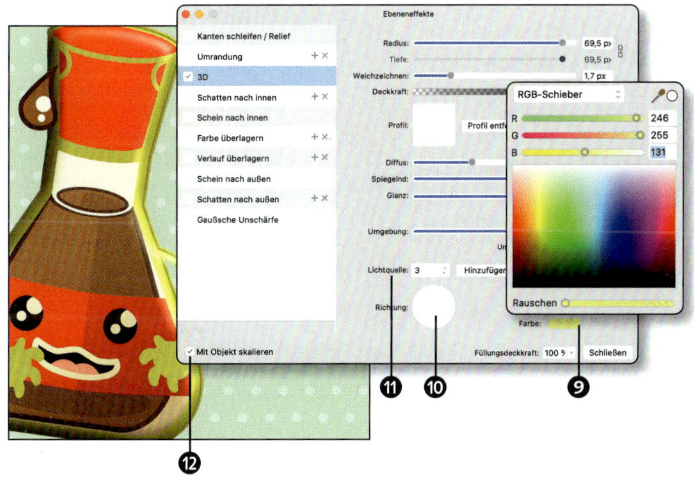

Abgerundete Kanten und Schatten

Kanten schleifen/Relief für mehr Räumlichkeit

Mit dem Effekt Kanten schleifen/Relief können Sie abgerundete Ecken und Schatten erzeugen. Das hebt eine dreidimensionale Wirkung hervor. Im Dialogfeld Ebeneneffekte stehen Ihnen dafür diverse Einstellungen zur Verfügung. Sie können Schliff- oder Reliefvarianten außerhalb oder innerhalb von Objekten erzeugen, einige dieser Varianten beinhalten ebenfalls einen Schatten. Sie können Vorlagen für Schliff- und Reliefvarianten nutzen oder selbst definierte Profile anlegen.

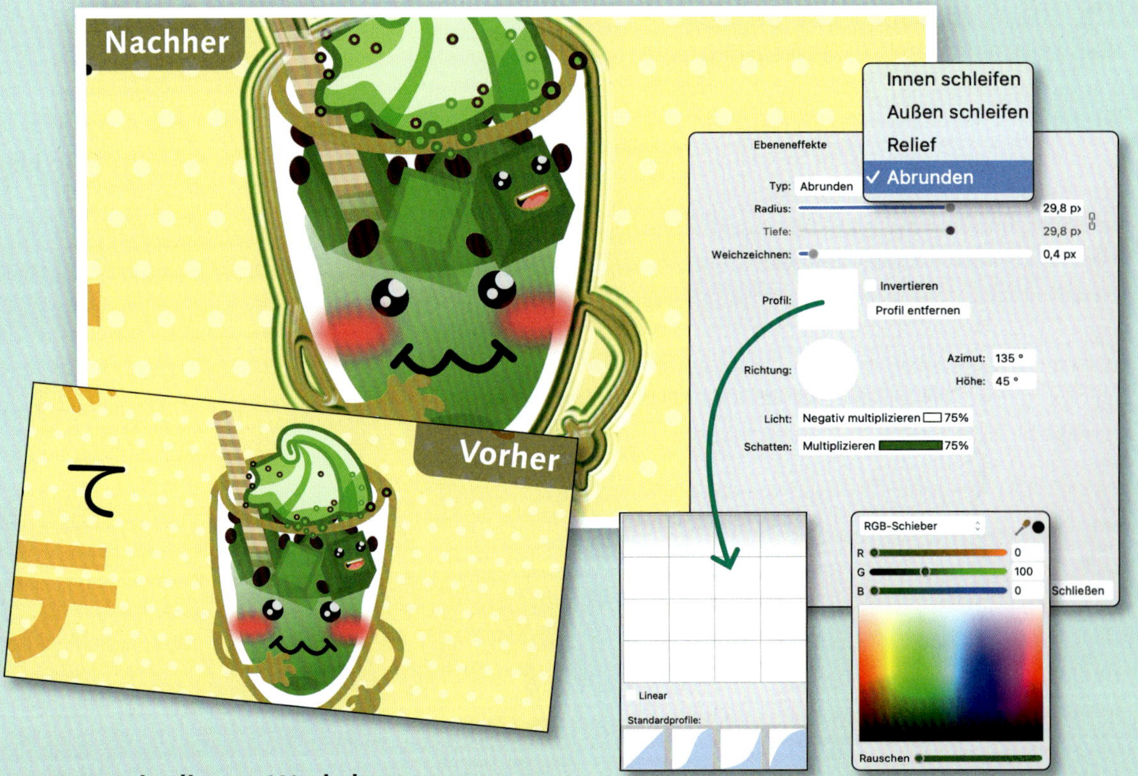

Neu in diesem Workshop

- Kanten schleifen/Relief
- Vordefinierte Profile probieren
- Eigene Profile erzeugen

**[Dateien: »Beispiel_6-2.afdesign«
»Beispiel_6-2_fertig.afdesign«]**

VERSCHIEBEN-WERKZEUG
Ebenen für Kanten/Relief auswählen

1 Kanten schleifen/Relief

Öffnen Sie die Datei »Beispiel_6-2.afdesign«, aktivieren Sie die Unterebene »Matcha Latte« und dann das Icon Ebeneneffekte [fx]. Wenn Sie Illustrationen betonen möchten, bietet der Effekt Kanten schleifen/Relief verschiedene Typen ❶. Der Typ Abrunden beeinflusst die Kanten und bildet einen räumlichen, runden Umriss ❸. Sie können über Azimut ❷ die Höhe und Richtung der Lichtquelle, des Schattens oder des Verlaufs bestimmen, indem Sie den Punkt auf dem Rad bei Richtung verschieben.

2 Vordefinierte Profile probieren

Im Feld Profil ❹ können Sie diverse Standardprofile einsehen. Probieren Sie das erste Profile ❺ aus. Schauen Sie, wie das Licht auf die Objekte scheint und die Visualisierung der Erhöhungen und Vertiefungen der Kanten, die sich durch die Schattierungen ergeben, beeinflusst.

Haben Sie die Option Mit Objekt skalieren aktiviert, wird beim Skalieren oder Transformieren die Größe des Effekts automatisch angepasst. Ist die Option deaktiviert, bleibt die Größe unverändert.

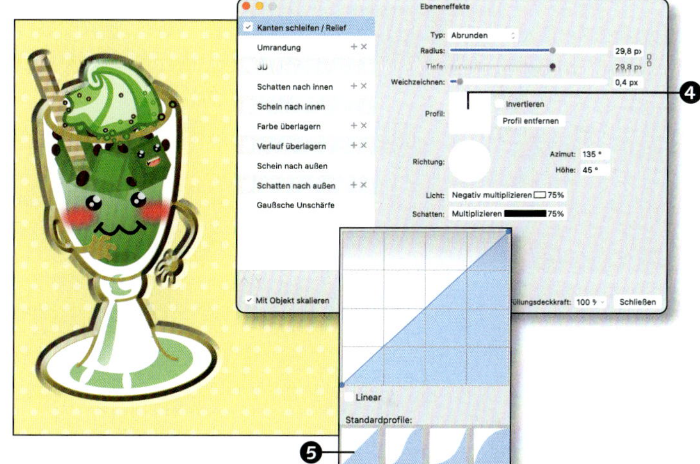

3 Eigene Profile erzeugen

Sie können im Nachhinein ein Standardprofil abändern oder invertieren. Klicken Sie Invertieren ❻ an, kehren Sie den Effekt des Lichtprofils um. Um Ihr eigenes Profil zu erzeugen, können Sie nicht nur vorhandene Profile ❼ entfernen und eigene Punkte ❾ im Diagramm erzeugen, sondern Sie können auch vorhandene Standardprofile nutzen und dort die Punkte verschieben. Ändern Sie zudem den Schatten ❽.

Anmerkung: Das Panel QuickFX gibt eine vereinfachte Übersicht über alle Effekte. Gehen Sie in das Menü Fenster • QuickFX, um es einzublenden.

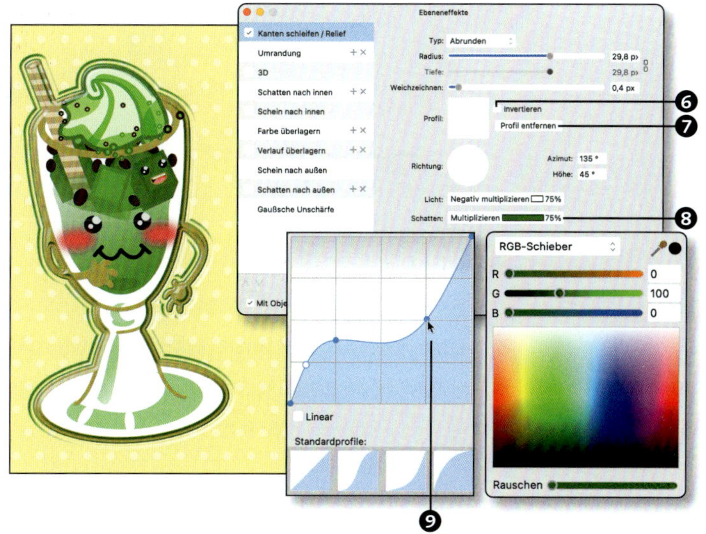

Farbstimmung erzeugen

Bestehende Farben mit gleichmäßiger Farbe abdecken

Mit dem Effekt FARBE ÜBERLAGERN legen Sie eine Farbe gleichmäßig über Ihre bestehenden Farben. Das ist hilfreich, wenn Sie eine fertig kolorierte Illustration oder Grafik mit einer Hauptfarbe abdecken möchten. Das erzeugt eine gleichmäßige Farbstimmung. So können Sie beispielsweise die Farbwirkungen von Tag und Nacht erzeugen. Sie können den Effekt FARBE ÜBERLAGERN über dessen Deckkraft und Mischmodi weiter einstellen und eine neue Farbe festlegen. Die Pipette hilft Ihnen ebenfalls, Farben aus Ihrem Dokument aufzunehmen und anzuwenden.

Neu in diesem Workshop

- FARBE ÜBERLAGERN benutzen
- FARBE ÜBERLAGERN richtig sehen
- Farbton zum Überlagern wählen

[Dateien: »Beispiel_6-3.afdesign«, »Beispiel_6-3_fertig.afdesign«]

VERSCHIEBEN-WERKZEUG
Ebenen für Farbüberlagerung auswählen

EBENENEFFEKT HINZUFÜGEN
Beliebig viele Überlagerungen anlegen

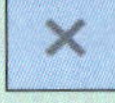

EBENENEFFEKT LÖSCHEN
Farbüberlagerung löschen

1 »Farbe überlagern« benutzen

Öffnen Sie die Datei »Beispiel_6-3.afdesign«. Blenden Sie die Unterebenen [>] ein. Wählen Sie die gruppierte Ebene »RADIESCHEN« aus, und klicken Sie auf das Symbol EBENENEFFEKTE [fx]. Setzen Sie Ihr Häkchen bei FARBE ÜBERLAGERN. Standardmäßig wird immer die Farbe SCHWARZ ❶ über Ihr Objekt, Ihre Ebene oder Gruppe gelegt. Sie können nur Schwarz sehen ❸.

Erinnerung: Aktivieren Sie MIT OBJEKT SKALIEREN ❷. Ist diese Option deaktiviert, wird die Skalierung des Effekts nicht angepasst.

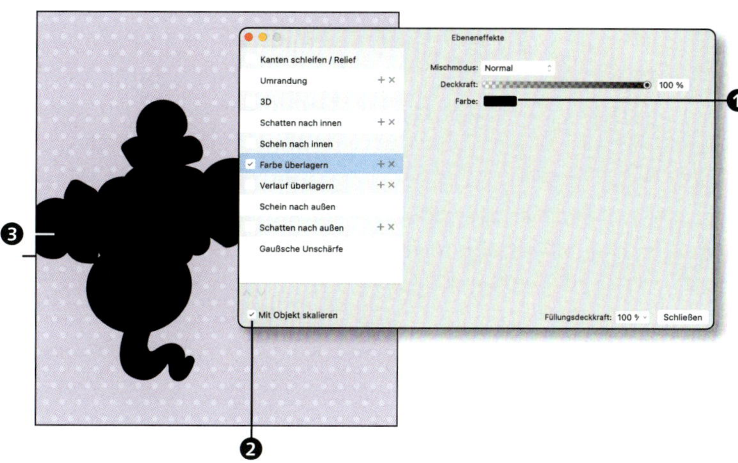

2 »Farbe überlagern« richtig sehen

Sie können farbige Objekte oder Ebenen mit einer Farbe überlagern und eine einheitliche Farbabmischung erzielen. Damit Sie den Ebeneneffekt richtig sehen und einstellen können, ändern Sie die DECKKRAFT ❹. Eine Deckkraft von ungefähr 50 % ermöglicht Ihnen, Ihr Objekt, Ihre Ebene oder Gruppe zu sehen. Mit den MISCHMODI ❺ lässt sich der Ebeneneffekt FARBE ÜBERLAGERN unterschiedlich beeinflussen. Bedenken Sie die Farbtheorien, um Kontraste zu erzielen (mehr über Farben siehe Seite 116).

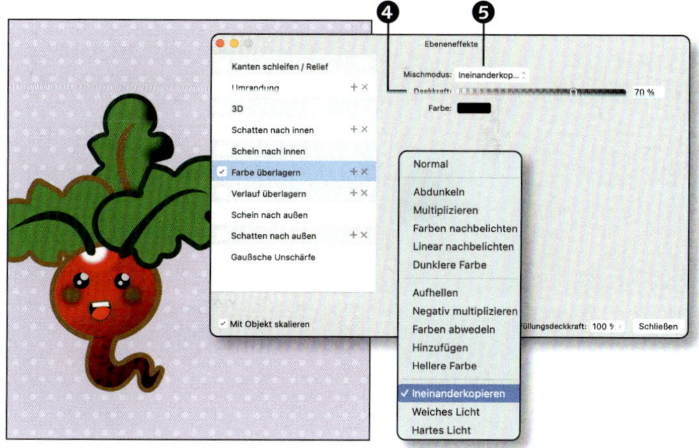

3 Farbton zum Überlagern wählen

Können Sie die Objekte und Ebenen sehen, wählen Sie einen Farbton zum Überlagern aus. Klicken Sie dazu in das Farbfeld ❻. Im Einblendmenü können Sie einen Farbton durch das Hineinklicken in das Farbfeld ❽ bestimmen, oder Sie verschieben die Regler.

Mit der Pipette können Sie Farbtöne aus Ihrem Dokument heraussuchen ❾. Vergessen Sie nicht, Ihren Farbton per Doppelklick in den Farbkreis hinter der Pipette zu bestätigen.

Anmerkung: Sie können beliebig viele Farben überlagern, klicken Sie dazu auf das Pluszeichen ❼ (mit dem ×-Symbol löschen Sie diese wieder).

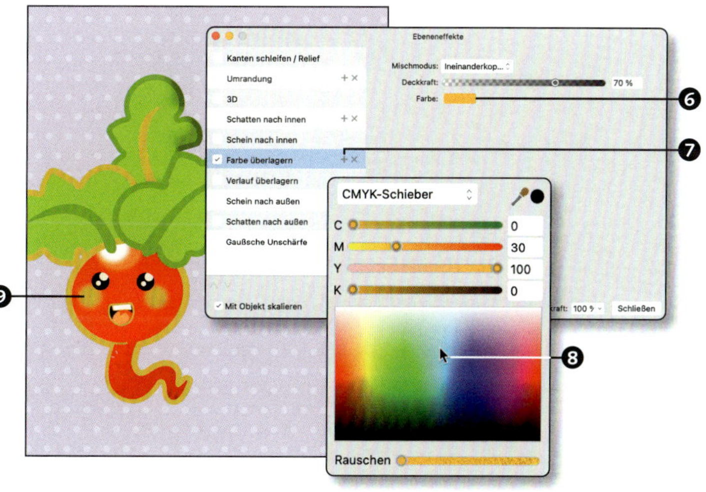

Bewegung durch Unschärfe

Gaußsche Unschärfe kreativ einsetzen

Als Gaußsche Unschärfe wird die Veränderung bezeichnet, bei der die Zeichnung oder der Kontrast der Grafik verringert wird. Das Ergebnis dieses Effekts ist eine Weichzeichnung oder Unschärfe des Bildes. Unscharfe Elemente können Bewegung optisch vortäuschen. Mit dem RADIUS können Sie einstellen, wie weit sich der Effekt über Ihr Bild, Objekt oder Ihre Ebene auswirken soll. Aktivieren Sie die Option TRANSPARENZ ÜBERNEHMEN, werden die Kanten der Objekte nicht unscharf.

Neu in diesem Workshop

- GAUSSSCHE UNSCHÄRFE einstellen
- GAUSSSCHE UNSCHÄRFE radieren
- GAUSSSCHE UNSCHÄRFE schneiden

**[Dateien: »Beispiel_6-4.afdesign«
»Beispiel_6-4_fertig.afdesign«]**

VERSCHIEBEN-WERKZEUG
Ebenen für Unschärfe auswählen

RADIERER
Unschärfe teilweise radieren

1 »Gaußsche Unschärfe« einstellen

Wir wollen nun mit verschiedenen Gaußschen Unschärfen Bewegung erzeugen. Klicken Sie im »Beispiel_6-4.afdesign« auf die einzelne Sojabohne unten links oder deren Ebene ❸. Halten Sie `Alt` gedrückt, dann klicken und kopieren Sie die Sojabohne zweimal nach oben rechts. Wählen Sie die untere Sojabohne ❸ aus, und klicken Sie auf EBENENEFFEKTE. Aktivieren Sie GAUSSSCHE UNSCHÄRFE ❷. Wählen Sie einen RADIUS ❶ von ca. 30 px. Wiederholen Sie den Vorgang mit einer anderen Bohne und 60 px.

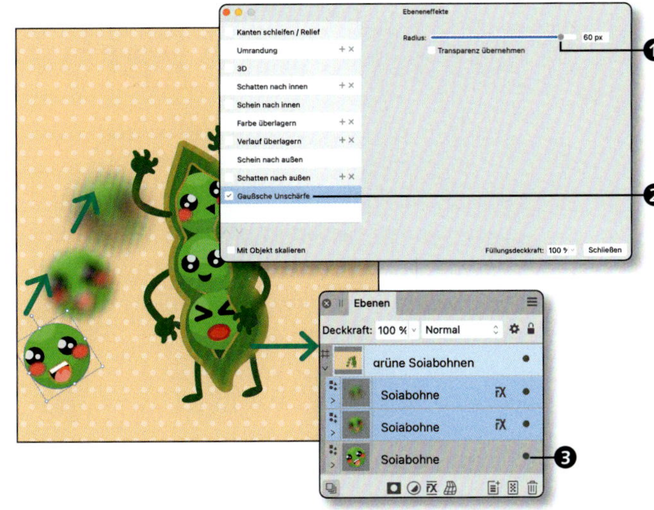

2 »Gaußsche Unschärfe« radieren

Sie können einzelne Bereiche mit einer Unschärfe stehen lassen, indem Sie den Effekt teilweise radieren. Erzeugen Sie eine Kopie der Ebene ❻. Weisen Sie der kopierten Ebene ❺ den Effekt GAUSSSCHE UNSCHÄRFE zu. Wechseln Sie in die Pixel Persona ❹, und aktivieren Sie den Radierer ❽. In der Kontextleiste verringern Sie FLUSS auf 40 % und die DECKKRAFT auf 53 %. Radieren Sie nun über die Bereiche ❼ Ihrer Illustration oder Ebene, die scharf bleiben sollen.

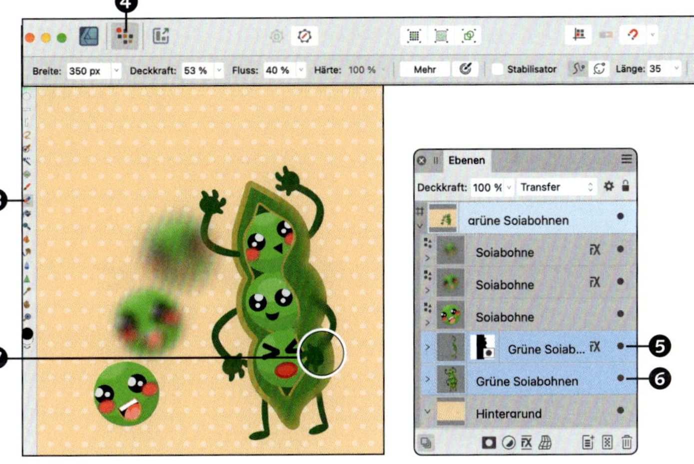

3 »Gaußsche Unschärfe« schneiden

Sie können einzelne Bereiche der Unschärfe auch wegschneiden. In der Pixel Persona bleiben Sie auf der duplizierten Ebene ❿ und wählen die Auswahlellipse ⓬. Stellen Sie in der Kontextleiste die RANDSCHÄRFE ❾ der Auswahl nach Belieben weicher ein. Ziehen Sie nun bei gedrückter `⇧`-Taste eine runde Auswahl ⓫ auf. Sie können jetzt die Unschärfe mit der Löschtaste herausschneiden oder mit dem Radierer wegradieren. Mehr zu Auswahlen, Ausschnitt oder Freistellen finden Sie in Kapitel 8, »Pixelauswahl und Freistellen«, ab Seite 216.

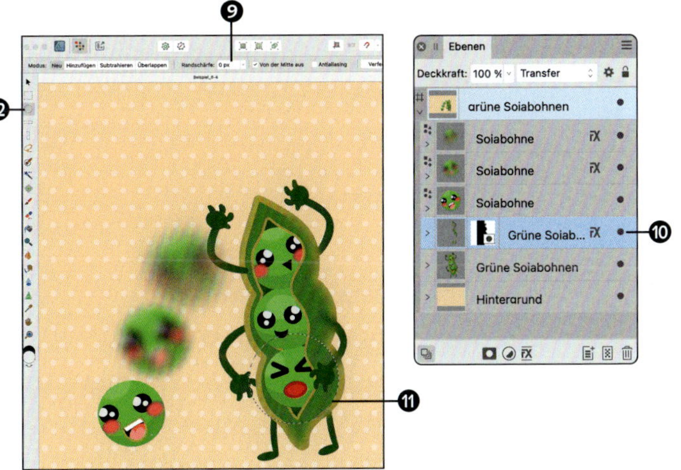

Grafik mit Farbverlauf mischen

Farben mit einem Farbverlauf belegen

Mit dem Effekt Verlauf überlagern setzen Sie einen Farbverlauf über die bestehenden Farben Ihrer Grafik. Dieser Effekt bietet Ihnen die Möglichkeit, Ihre bereits kolorierten Grafiken mit Farbverläufen abzumischen. Das steigert die Farbkontraste und kann die Farbstimmung und Aussage Ihrer Arbeit komplett ändern. Über die Füllungsdeckkraft bestimmen Sie die Deckkraft der Ebenen, ohne die angewendeten Effekte weiter zu beeinflussen. Sie können dem Verlauf diverse Mischmodi und Farben zuweisen.

Neu in diesem Workshop

- Verlauf überlagern anwenden
- Verlaufsfarben bearbeiten
- Farbverlaufstypen ausprobieren

[Dateien: »Beispiel_6-5.afdesign« »Beispiel_6-5_fertig.afdesign«]

VERSCHIEBEN-WERKZEUG
Ebenen für Verlauf auswählen

EBENENEFFEKT HINZUFÜGEN
Beliebig viele Verläufe anlegen

EBENENEFFEKT LÖSCHEN
Verlauf löschen

1 »Verlauf überlagern« anwenden

Öffnen Sie »Beispiel_6-5.afdesign«. Blenden Sie die Unterebenen im Ebenen-Panel [>] ein. Wählen Sie die Ebenengruppe »Daikon« ❹ aus, und klicken Sie auf das Symbol Ebeneneffekte [fx]. Hier klicken Sie auf Verlauf überlagern ❶ und setzen ein Häkchen. Verlauf überlagern ermöglicht Ihnen, Objekte oder Ebenen farblich zu manipulieren. Standardmäßig ist ein linearer Verlauf ❸ mit dem Mischmodus Normal ❷ aktiv, oder der zuletzt verwendete wird angezeigt. Zunächst wirkt der Effekt visuell nicht sehr stark.

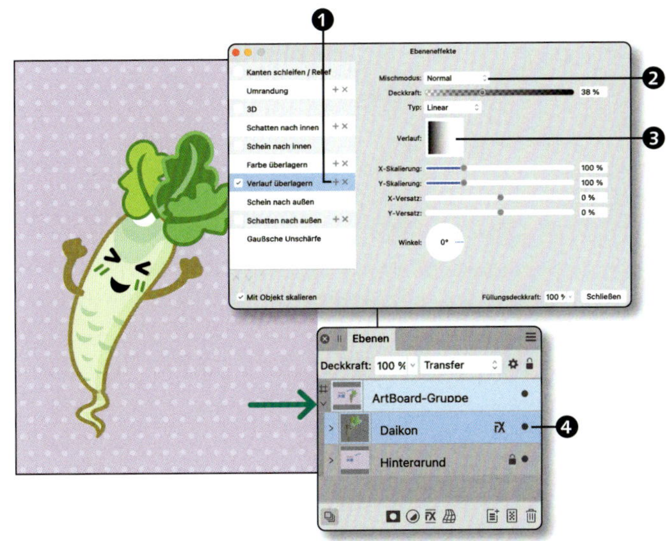

2 Verlaufsfarben bearbeiten

Um den Effekt zu verstärken, ändern Sie die Farben des Verlaufs. Klicken Sie dazu in das Feld Verlauf ❺. Im Einblendverlauf können Sie einzelne Punkte ❼ anwählen, um deren Farbe oder Deckkraft ❽ einzustellen. Verschieben Sie den Mittelpunkt ❻, ändern Sie die Balance zwischen den Verlaufsfarben. Um beliebig viele Verläufe hinzuzufügen, klicken Sie auf das praktische Pluszeichen ❶.

Wenn Sie Objekte oder Ebenen zuvor duplizieren, können Sie in der Pixel Persona Teilbereiche der Effekte radieren.

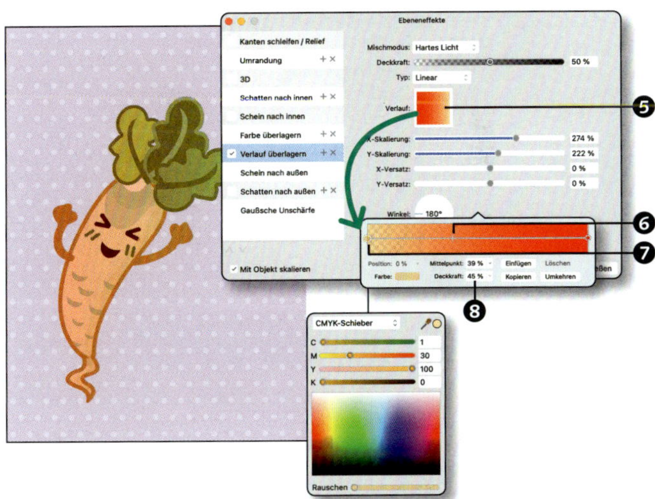

3 Verlaufstypen ausprobieren

Sie können über die X- und Y-Skalierung ⓫ bestimmen, wie weit der Verlauf das Objekt oder die Ebenen überlagern soll. Je größer die Skalierung, desto weicher und größer wird der Verlauf. Wählen Sie als Mischmodus Hartes Licht ❾, werden die Farben hart überlagert. Oder probieren Sie einen radialen Verlauf ❿. Sie können auch den Winkel ⓬ des Verlaufs einstellen, wenn Sie den blauen Strich auf dem Winkelrad bewegen.

Anmerkung: Sie können einige Effekte als Objektstil unter einer neuen Kategorie abspeichern (mehr zu Objektstilen ab Seite 140).

Farbschimmer

Schein nach innen und außen anwenden

Dieser Workshop fasst zwei Ebeneneffekte zusammen: Mit dem Effekt SCHEIN NACH INNEN erzeugen Sie einen farbigen Schimmer innerhalb eines Objekts, einer Gruppe oder Ebene. Sie können den Mittelpunkt oder die Kanten als Ausgangspunkt für den Schein nach innen verwenden. Mit dem Effekt SCHEIN NACH AUSSEN erzeugen Sie einen farbigen Schimmer um ein Objekt, eine Gruppe oder Ebene. Sie können den Effekten eine Farbe zuweisen. Ein Schein ist bestens geeignet, um Licht oder Glühen sowie Schmuck oder Magie darzustellen.

Neu in diesem Workshop

- SCHEIN NACH INNEN
- SCHEIN NACH AUSSEN
- Farbe des Scheins ändern

**[Dateien: »Beispiel_6-6.afdesign«
»Beispiel_6-6_fertig.afdesign«]**

VERSCHIEBEN-WERKZEUG
Ebenen für Schein auswählen

1 Schein nach innen

Öffnen Sie die Datei »Beispiel_6-6.afdesign«. Blenden Sie die Unterebenen [>] ein, und markieren Sie die Gruppe »Dango« ❹. Klicken Sie nun auf das Symbol Ebeneneffekte [fx], klicken Sie Schein nach innen an, und setzen Sie ein Häkchen ❶. Standardmäßig wird der Schein mit Weiß gezeigt und auf die Kante ❸ gelegt ❺. Stellen Sie den Mischmodus auf Aufhellen ❷ ein, und verändern Sie den Radius, die Intensität sowie die Deckkraft. Probieren Sie ebenfalls, den Schein nach innen auf die Mitte zu legen.

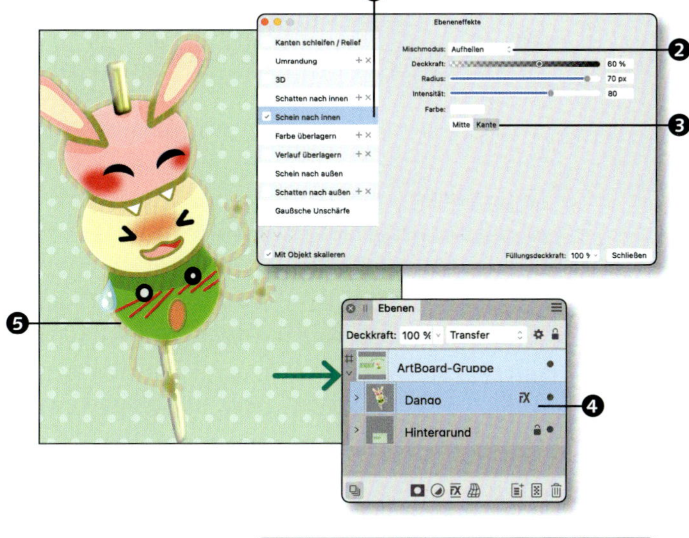

2 Schein nach außen

Sie können Objekten oder Ebenen beliebig viele Effekte zuweisen. Klicken Sie Schein nach aussen ❼ an, und setzen Sie ein Häkchen. Um den weißen Schein nach außen besser sehen zu können, wählen Sie Hartes Licht ❻ aus. Zudem können Sie Deckkraft auf 100 % erhöhen sowie Radius und Intensität auf ein Maximum steigern. Der weiße Schein nach außen ❽ beeinflusst den Schein nach innen nicht. Es kommt zu einer erhöhten Lichtintensität. Die Objekte wirken, als würden sie leuchten.

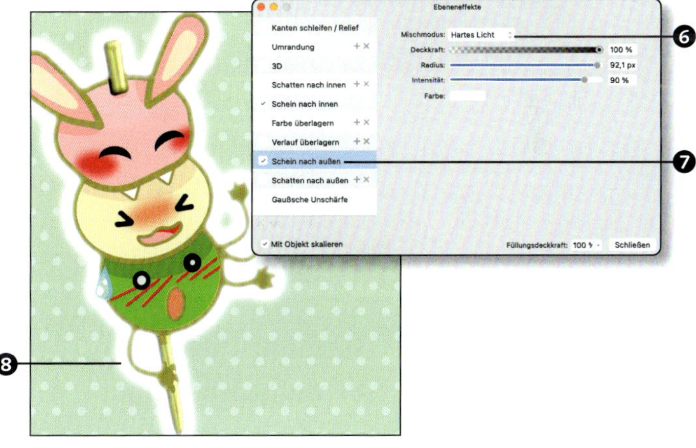

3 Farbe des Scheins ändern

Sie können sowohl dem Schein nach innen als auch dem Schein nach außen einen Farbton zuweisen. Das erzeugt ein farbiges Licht und lässt Objekte farbig vom Hintergrund abstrahlen. Wählen Sie Farben nachbelichten ❾ aus. Die Punkte ⓬ des Hintergrunds werden sichtbar. Um dem Schein eine Farbe zu geben, klicken Sie in das Feld Farbe ❿. Sie können dann im Einblendmenü ⓫ Farben auswählen oder die Schieber verwenden. Die Pipette ist ebenfalls ein tolles Hilfsmittel, um vorhandene Farben aus Ihrer Illustration auf den Schein zu übertragen.

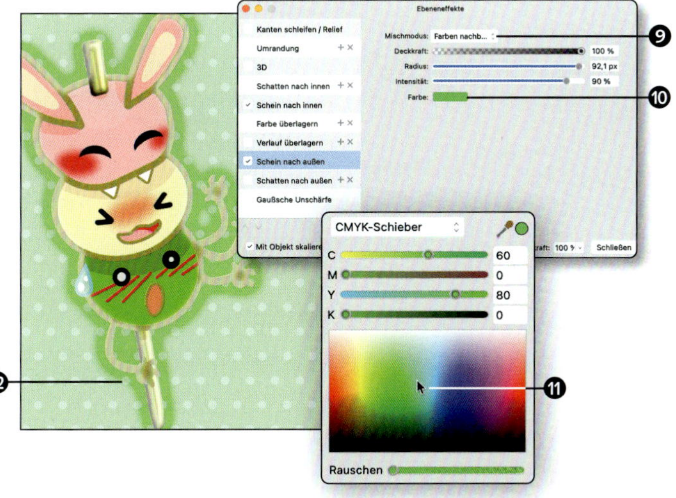

Räumlichkeit durch Schatten

Illustrationen mit einem Schatten ausstatten

Mit dem Effekt Schatten nach innen bewirken Sie einen Schatten innerhalb eines Objekts, einer Gruppe oder einer Ebene. Mit dem Effekt Schatten nach aussen erzielen Sie einen Schatten außerhalb eines Objekts, einer Gruppe oder Ebene. Sie können Schatten jeden beliebigen Farbton zuweisen. Farbige Schatten können als ein stilistisches Mittel genutzt werden und neue Ausdrucksformen ergeben. In der analogen Illustration etwa werden Schatten oft mit Lila, Dunkelblau oder Dunkelgrün visualisiert. Blaue Schatten sind beispielsweise gut für Gebäude.

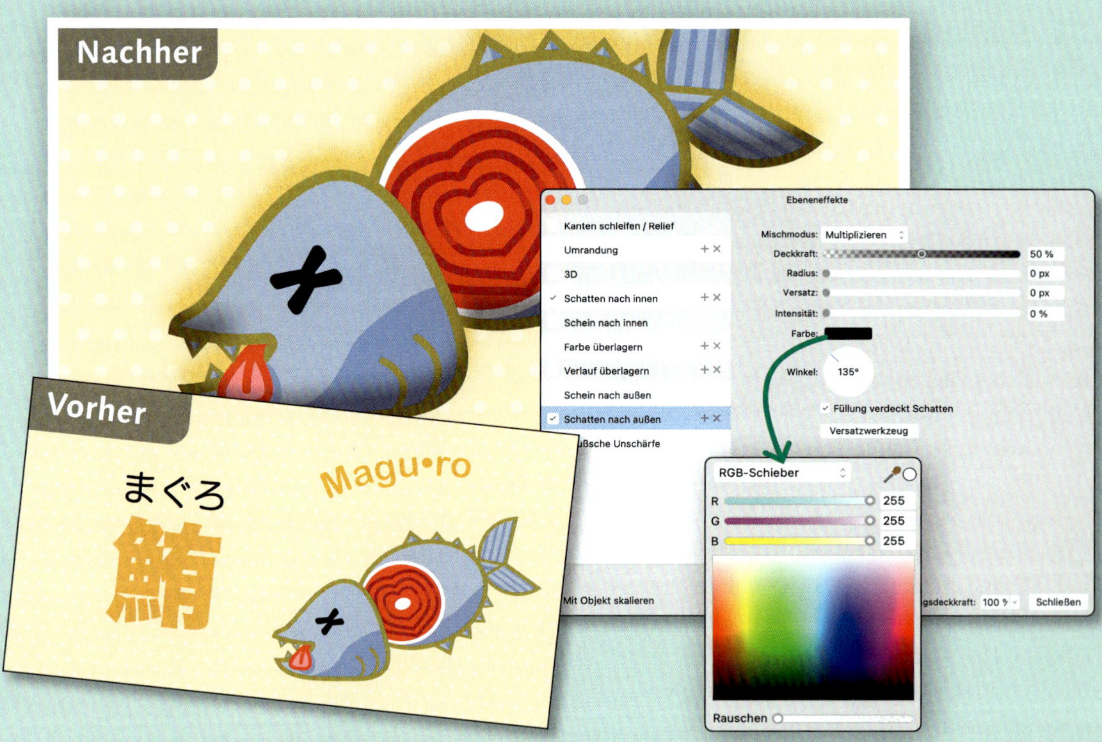

Neu in diesem Workshop

- Schatten nach innen
- Schatten nach aussen
- Farbiger Schatten mit Rauschen

[Dateien: »Beispiel_6-7.afdesign« »Beispiel_6-7_fertig.afdesign«]

VERSCHIEBENWRKZEUG
Ebenen für Schatten auswählen

EBENENEFFEKT HINZUFÜGEN
Beliebig viele Schatten anlegen

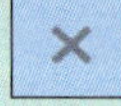
EBENENEFFEKT LÖSCHEN
Schatten löschen

1 Schatten nach innen

Öffnen Sie »Beispiel_6-7.afdesign«. Markieren Sie die Ebenengruppe »Thunfisch« ❹. Öffnen Sie das Panel Ebeneneffekte ❺, und setzen Sie ein Häkchen bei Schatten nach innen ❶. Die Schatteneffekte verhalten sich je nach Mischmodus ❷ unterschiedlich. Bedenken Sie, von wo Ihr Licht kommt und wie dieses Licht den Schatten ❻ wirft. Wollen Sie, dass das Licht von links oben einfällt, stellen Sie den Winkel auf 90° ❸. Sie verstellen ihn, indem Sie den blauen Strich im Kreis verschieben, oder per Klick in den Kreis.

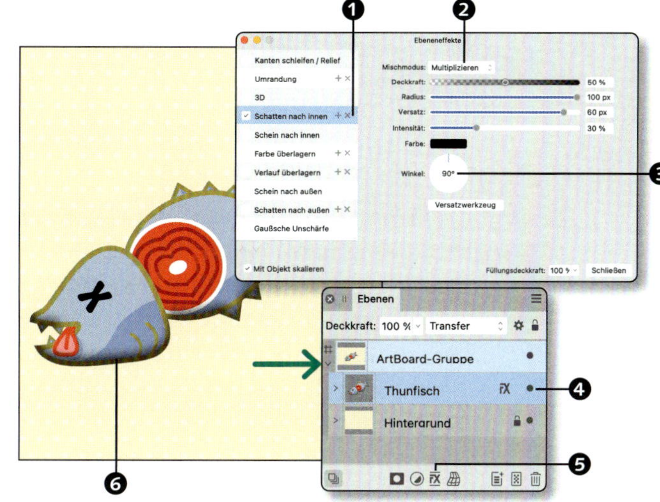

2 Schatten nach außen

Schatten nach außen ❾ lässt Objekte visuell im Bild stehen oder schweben und verleihen Perspektive. Lassen Sie die Ebenengruppe »Thunfisch« ❹ markiert. Setzen Sie ein weiteres Häkchen bei Schatten nach außen, und klicken Sie auf den Effekt ❽. Stellen Sie Ihren Winkel ❼ auf 135° ein, so dass er gegenüber dem Schatten nach innen liegt. Das erzeugt den Eindruck, als ob es zwei Lichtquellen in Ihrem Bild geben würde. Mehrere Lichtquellen sorgen für Kontraste und Drama.

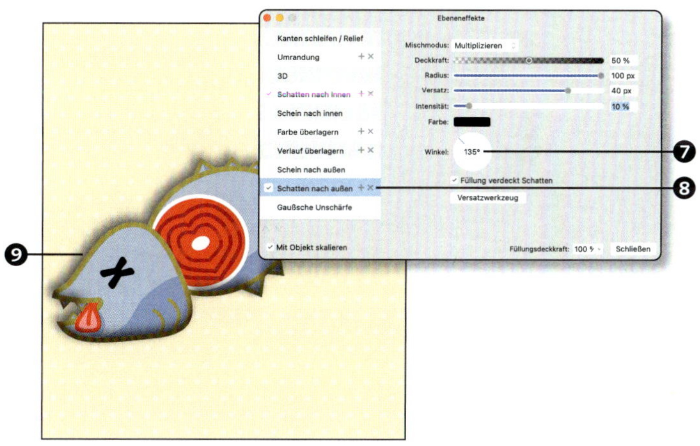

3 Farbiger Schatten mit Rauschen

Möglicherweise sind graue Schatten zu hart. Sie können auf die Farbfläche ❿ klicken, um Schatten einzufärben ⓭. Mit der Pipette ⓫ können Sie jede Farbe aus Ihrem Dokument aufnehmen. Vergessen Sie nicht, die aufgenommene Farbe per Klick in den Farbkreis hinter der Pipette zu bestätigen. Um den Schatten lebendiger zu gestalten, fügen Sie ihm ein feines Rauschen ⓬ hinzu.

Anmerkung: Über HSL können Sie mit nur einem Farbton unendlich viele passende Nuancen erzeugen (mehr zu HSL ab Seite 35).

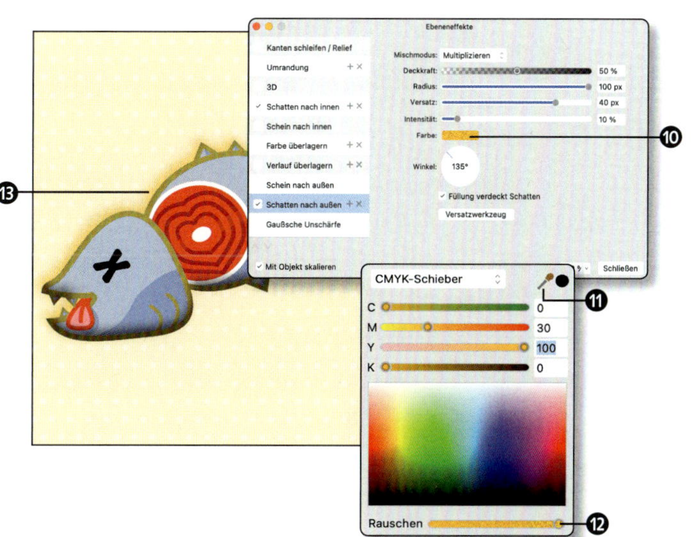

Grafik vom Hintergrund abheben

Illustrationen mit einer farbigen Linie umranden

Mit dem Effekt UMRANDUNG können Sie Objekte mit einer farbigen Linie umranden. Die Umrandung ist keine Kontur, sondern eine Umrisslinie. Farbige Umrisslinien finden häufig Verwendung in Typografie, Comics, Mangas oder um Arbeiten vor farbigen Hintergründen hervorzuheben. Wenn Sie die Umrandung mittig oder innerhalb des Objekts ausrichten, werden vorhandene Konturen verdeckt. Sie können die Umrandung mit dem Füllstil VOLLTONFARBE flächig färben oder einen Verlauf hinzufügen sowie die Deckkraft einstellen oder die Mischmodi nutzen, um die Wirkung der Umrandung zu steigern.

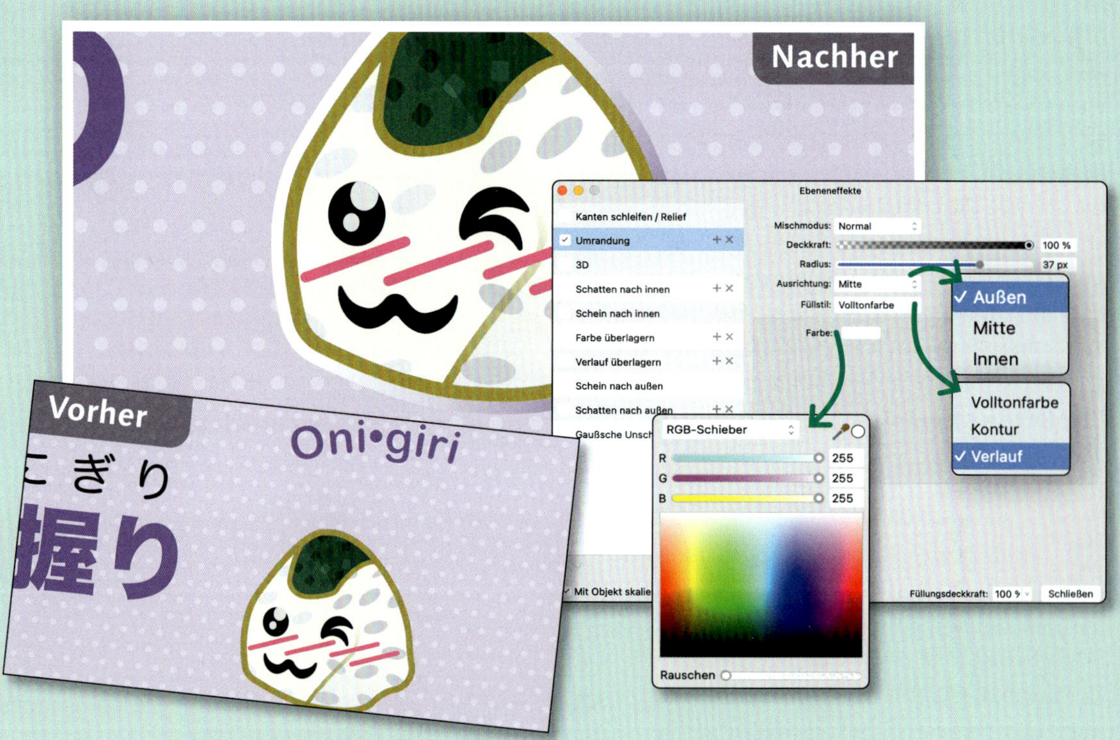

Neu in diesem Workshop

- UMRANDUNG anwenden
- Umrandung mit Farbe versehen
- Umrandung mit farbigem Verlauf

[Dateien: »Beispiel_6-8.afdesign« »Beispiel_6-8_fertig.afdesign«]

VERSCHIEBENWRKZEUG
Ebenen für Umrandung auswählen

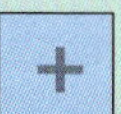

EBENENEFFEKT HINZUFÜGEN
Beliebig viele Umrandungen anlegen

EBENENEFFEKT LÖSCHEN
Umrandung löschen

1 »Umrandung« anwenden

Öffnen Sie die Datei »Beispiel_6-8.afdesign«. Markieren Sie die Ebene »Onigiri« ❸, und klicken Sie auf das Symbol [fx], um das Panel aller Ebeneneffekte zu öffnen. Setzen Sie ein Häkchen bei der UMRANDUNG, und klicken Sie den Eintrag an.

Damit Sie die Umrandung deutlich sehen können, erhöhen Sie die DECKKRAFT ❶ auf 100 % und erhöhen ebenfalls den RADIUS ❷. Aktivieren Sie MIT OBJEKT SKALIEREN, um saubere EFFEKTE BEIM TRANSFORMIEREN ZU ERZIELEN.

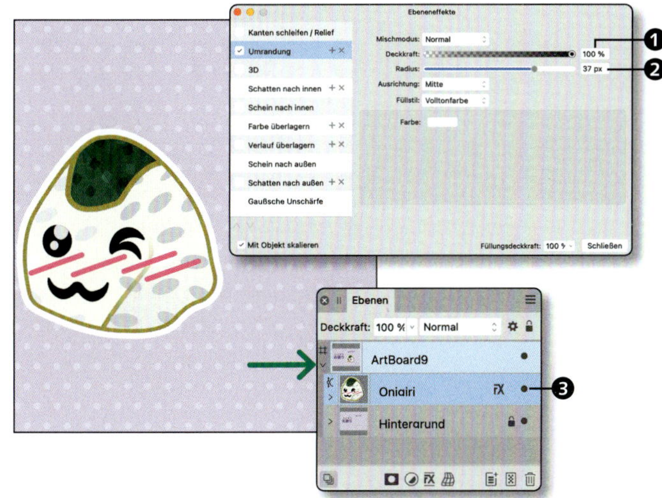

2 Umrandung mit Farbe versehen

Um der Umrandung eine einheitliche Farbe zu geben, klicken Sie in das Farbfeld ❺ und wählen bei FÜLLSTIL die VOLLTONFARBE aus. Sie können einen Farbton mit der Pipette ❻ aufnehmen oder die Farbe per Schieber einstellen. Die AUSRICHTUNG ❹ der Umrandung sollte AUSSEN sein. Ist die Ausrichtung MITTIG oder INNEN, verdeckt die Umrandung möglicherweise bestehende Konturen. Probieren Sie auch verschiedene Mischmodi und deren Wirkung aus.

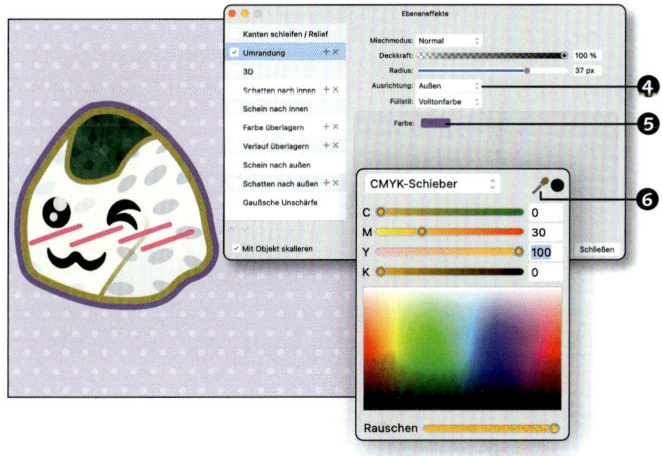

3 Umrandung mit farbigem Verlauf

Um eine Lichtquelle zu visualisieren, können Sie Ihrer Umrandung als FÜLLSTIL auch einen VERLAUF ❼ zuweisen. Der TYP ❽ bestimmt, wie der Verlauf in der Umrandung erscheinen soll. Sie können beispielsweise einen linearen Verlauf wählen und den Winkel in der Kreisgrafik ändern. Andere Verlaufsfarben lassen sich einstellen, indem Sie auf die Fläche des Verlaufs ❾ klicken. Markieren Sie per Klick einen Farbkreis ❿, können Sie dessen Farbe ⓫ einstellen. Farbpunkte lassen sich hinzufügen, entfernen oder umkehren.

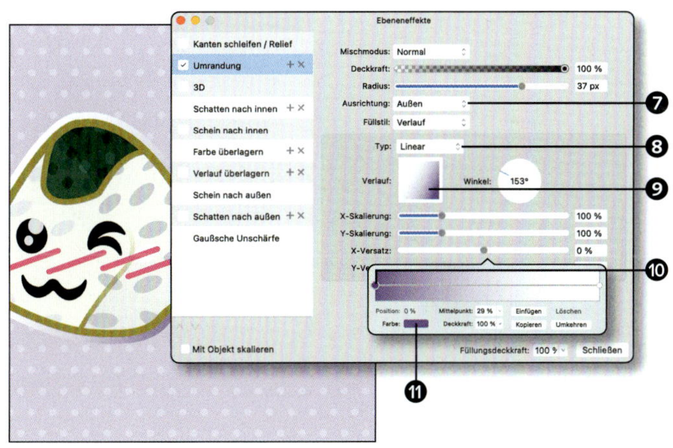

Illustrationen mit Pixel und Pinsel

Dieses Kapitel stellt Ihnen Inspirationsquellen zum Thema Pinselerstellung vor. Der Umgang mit digitalen Pinseln und Pixelrasterungen in der Pixel Persona wird verständlich beleuchtet. Sie erfahren, wie Sie Pinselarten nutzen können und deren Druckempfindlichkeit für Grafiktablets einstellen. Sie werden den Vektor- und Pixelpinsel kennenlernen, aus Standardpinseln neue Pinselvorlagen erzeugen und feststellen, wie leicht das Rastern und Verwischen von Vektorgrafiken ist. Der Radierer hilft Ihnen, störende Elemente zu löschen. Lernen Sie auch die Retuschewerkzeuge der Pixel Persona kennen. Und wenn das alles nicht reicht, können Sie einfach eigene Pinsel erstellen. Diese lassen sich dann exportieren und mit Freunden teilen, umgekehrt natürlich auch Pinsel anderer Designer importieren.

Vektorgrafiken mit Pixeln mischen

Inspiration für digitale Pinsel und Texturen

Wie funktioniert das mit der Vermischung von Vektorgrafiken und Pixeln?
Affinity Designer ist eine innovative Software, die Vektordesign mit pixelbasierten Retuschierfunktionen verbindet. Das Kombinieren von Vektor- und Pixelbearbeitungen ist hier ganz einfach: In der Designer Persona zeichnen Sie zuerst Ihre Vektorgrafik. Danach wechseln Sie mit nur einem Klick in die Pixel Persona. Hier können Sie mit dem Malpinsel, mit dem Radierer und dem Werkzeug Verwischen Texturen einarbeiten.

Sollten Sie Grafiken als zu sauber empfinden, werden die Pinsel der Pixel Persona Ihre liebsten Werkzeuge werden. Mit den Pinseltexturen erzeugen Sie ein »edgy feeling« – sprich eine belebte Oberfläche. Gestalten Sie Ihre Grafiken mit wenigen Pinselstrichen komplexer! Mit Texturen in Pinselspitzen können Sie Vektorflächen beispielsweise wie Papiere wirken lassen. Sie können leicht und schnell Schatteneffekte und Lichtakzente in Grafiken hineinmalen und dabei eine zerstörungsfreie Vektorbearbeitung beibehalten.

VORHER – Vektorgrafik in der Designer Persona
Die Vektorgrafik und deren Flächen 1 sind ohne Textur. Die Grafik wirkt ruhig und sauber. Eigentlich ist diese Grafik fertig zum Druck.

NACHHER – Vektorgrafik in der Pixel Persona
Die Vektorgrafik wurde mit Pinseln 2 verfeinert. Strukturen und Hell-Dunkel-Kontraste lassen die Grafik lebendiger erscheinen.

Analoge Malstriche, Pinselspitzen und Texturen oder Pattern einscannen

Das Erstellen von individuellen, digitalen Pinseln ist meist mit einigem Experimentieren verbunden. Sie können mit diversen Materialien spielen. Zuerst malen Sie beispielsweise mit einem groben Pinsel und schwarzer Farbe einen Strich auf Papier. Um starke und saubere Pinselergebnisse zu erzielen, sind Schwarztöne auf weißem Untergrund empfehlenswert. Diesen Strich scannen Sie ein, um ihn in einen digitalen Pinsel umzuwandeln.

Export Persona – Malstriche verarbeiten

Sie können gescannte Malstriche oder Texturen in der Pixel Persona mit einer einfachen Retusche verbessern, sie radieren oder beschneiden und weiterbearbeiten.

Mit der Export Persona können Sie die Striche, Spitzen und Texturen oder Pattern als JPG- oder PNG-Formate exportieren. In der Designer und in der Pixel Persona können Sie Kategorien für Ihre Pinsel erstellen.

Analoges Abenteuer für digitale Pinsel

Vektorformen

Intensitätspinsel aus Vektorvorlagen im Dateiformat PNG

Gescannte Pinselstriche

Vektor- und Pixelpinsel für diverse Effekte

Linien vom Bleistift

Für Vektorpinsel, Linien wie mit dem Bleistift

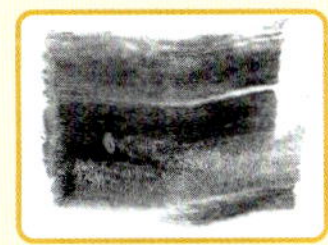

Kohle-Schraffuren

Für Vektor- und Pixelpinsel, Texturen und Strukturen

Kreide

Für Vektor- und Pixelpinsel, Simulierung von Farbpigmenten

Kleckse

Für Pinselspitzen, Malstriche erzeugen

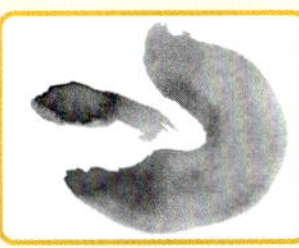

Aquarell auf Papier

Pixelpinsel, Simulierung von Aquarell

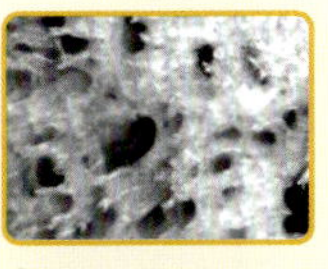

Schwämme

Pixelpinsel, Muster und Pattern

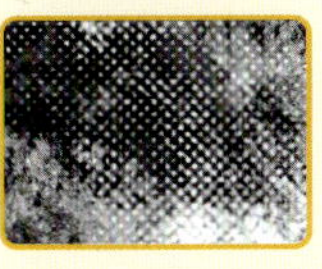

Textiloberflächen

Pixelpinsel, schwarze Farbe auf Textilien

Digitale Bilder

Bilderpinsel aus Fotos, Bilder im Dateiformat PNG

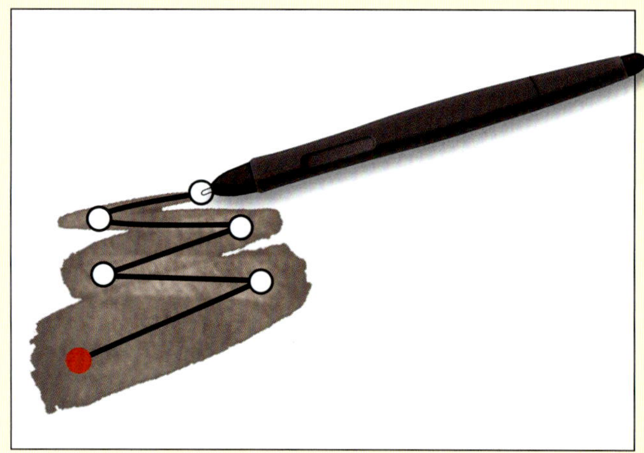

Digitale Pinsel – was ist damit gemeint?

Für digitales Malen in Affinity Designer benötigen Sie die Pinselwerkzeuge.

Sie können Pinsel im Pinsel-Panel auswählen. Öffnen Sie dazu im Menü FENSTER • PINSEL. Affinity Designer bietet Pinsel mit diversen Pinselspitzen und Malstriche mit und ohne Texturen an. Teilweise wurden die digitalen Pinselwerkzeuge den Hilfsmitteln eines traditionellen Malers nachempfunden.

Außerdem können Sie eigene Pinsel erstellen, dazu fügen Sie der digitalen Pinselspitze individuell einen Pinselstrich sowie eine Textur hinzu.

Das Pinsel-Panel – wie funktioniert es?

Im Pinsel-Panel finden Sie Kategorien ❶ vordefinierter Pinsel. Pinsel werden hier mit Vorschauen ❹ und mit Pinselgrößen ❺ aufgelistet.

Aktivieren Sie einen Pinsel einer bestimmten Persona, bestimmt der ausgewählte Pinsel die Form und Ausführung der Pinselspitze und den Malstrich. Sie können Kategorien und Pinsel über das Panelmenü ❷ umbenennen, um einen besseren Überblick zu behalten. Vordefinierte Pinsel und erworbene Pinsel lassen sich bearbeiten, indem Sie das Symbol PINSEL BEARBEITEN ❸ anklicken.

Pinsel variieren je nach Persona

Zum Malen in der Designer Persona nutzen Sie den Vektorpinsel, in der Pixel Persona den Malpinsel. Je nach verwendeter Persona funktionieren die Werkzeuge unterschiedlich. Wenn Sie mit der Maus arbeiten, lässt sich die Strichbreite über das TEMPO steuern – beim Zeichnen mit einem Grafiktablet über den DRUCK ❻.

Die Pinselspitzen und Texturen werden im Pinsel-Panel generell nur mit einer Schwarzweißvorschau angezeigt ❼. Färben können Sie Pinselstriche über die Panels FARBE, FARBFELDER oder über die Kontextleiste.

Was ist ein Vektorpinsel?

Der Vektorpinsel 8 ist nur in der Designer Persona verfügbar. Mit ihm malen Sie freihändig Vektorlinien. Beim Malen werden automatisch Knoten erstellt. Gescannte Pinselstriche folgen der Vektorlinie und können durch neue Intensitätspinsel angelegt werden. Die Pinselstriche werden entsprechend der Vektorlinie gedehnt oder wiederholt. Sehr praktisch: Sie können beim Malen mit der cmd/Strg-Taste Kurven bearbeiten. Möchten Sie Knoten verfeinern, nutzen Sie das Knotenwerkzeug. Der Bleistift erzeugt ebenfalls Vektorlinien.

VEKTOR
KONTUR
FORM

Was ist ein Malpinsel?

Der Malpinsel 9 wiederum ist lediglich in der Pixel Persona verwendbar. Mit ihm malen Sie auf Pixelbasis freihändig Striche. Der Malpinsel erzeugt dabei automatisch eine Pixelebene. Sie können verschiedene Pinselvarianten über das Panel Pinsel auswählen. Wenn Sie einen Pinsel nutzen, können Sie die Deckkraft schnell mithilfe der Zifferntasten einstellen.

Vorsicht: Das Malen mit Pixeln ist nicht zerstörungsfrei. Gemaltes wird radiert, verwischt, ausgeschnitten oder über die Ebenen angepasst sowie gelöscht.

PIXEL
RETUSCHE
RADIEREN

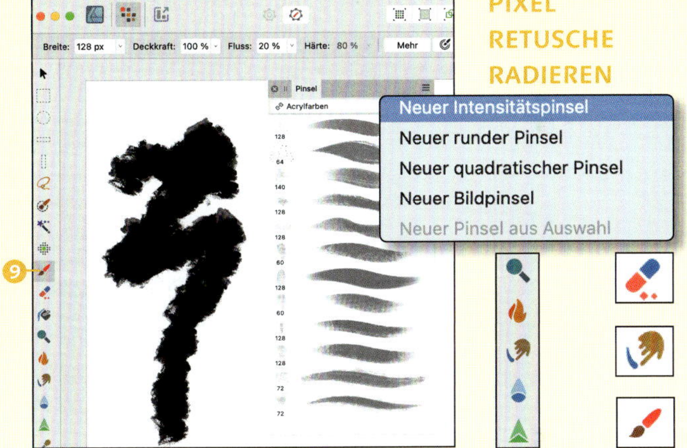

Das Grafiktablet – digitales Arbeiten

Affinity Designer unterstützt Grafiktablets. Ein Tablet ist ein Eingabegerät wie die Maus. Es besteht aus einem drucksensiblen Pad und einem Stift sowie austauschbaren Spitzen zum Zeichnen oder Schreiben. Es gibt unterschiedlich große Tablets – mit Display oder ohne. Ohne Display schauen Sie dann beim Malen auf Ihren Bildschirm. Beim Zeichnen mit einem Tablet entfällt der Scanprozess.

Anmerkung: Informieren Sie sich über das erforderliche Betriebssystem, die Größe und den Preis. Linkshänder sollten beachten, dass das Tablet entsprechend einstellbar ist.

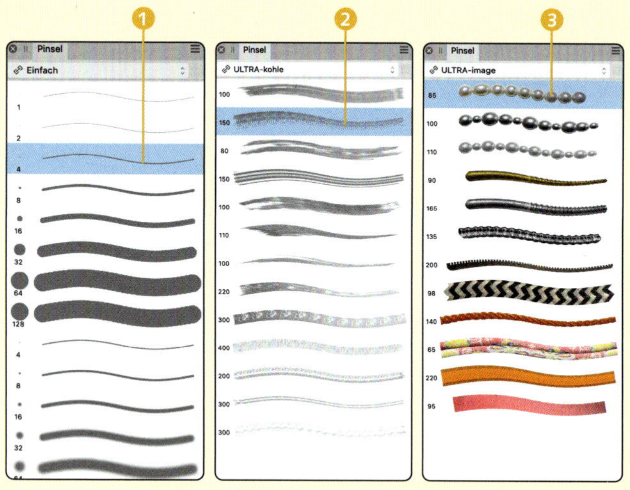

Die Pinselarten der Designer Persona

In der Designer Persona stehen Ihnen drei Kategorien von Vektorpinseln zur Verfügung: die sogenannten **gleichmäßigen Pinsel** (1), die **Intensitätspinsel mit Texturen** (2) sowie die **Bildpinsel** (3). Verwenden Sie Pinsel dieser Kategorien, werden automatisch Vektorebenen erzeugt. Gleichmäßige Pinsel werden für exakte Linienarbeiten wie im Comic verwendet. Die Intensitätspinsel bringen Texturen auf Linien. Die Bildpinsel unterstützen Fotodateien mit freigestellten Bildelementen.

Anmerkung: Mehr zu den ULTRA-Pinseln finden Sie im Workshop auf Seite 210.

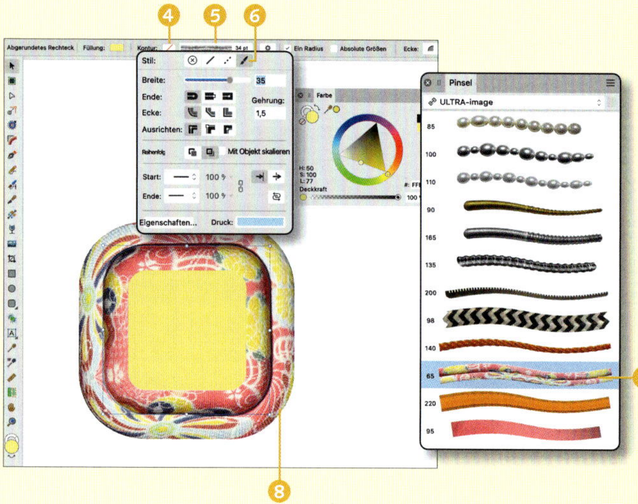

Texturlinien um Formen

In der Designer Persona können Sie Bildpinsel (7) oder Intensitätspinsel (2) als Texturlinien (8) um Formen legen. Ziehen Sie dazu ein Rechteck mit abgerundeten Ecken auf. In der Kontextleiste klicken Sie dann auf die Konturgrafik (5), um die Texturlinie (6) wählen zu können. Um die Farben eines Bildpinsels nicht zu verfärben, vergeben Sie keine Konturfarbe (4). Wenn Sie die Texturlinie weiter verfeinern möchten, verstellen Sie BREITE, ECKE und ENDE oder den DRUCK. Deaktivieren Sie die Funktion MIT OBJEKT SKALIEREN für eine saubere Texturlinie.

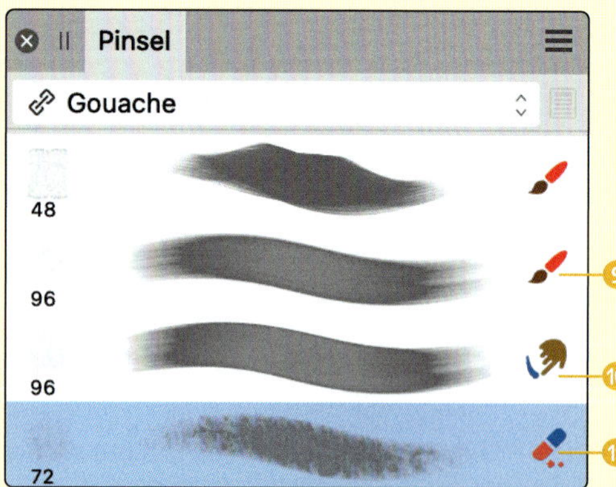

Die Pixelwerkzeuge der Pixel Persona

In der Pixel Persona können Sie mit dem MALPINSEL (9) Striche erzeugen. Der Malpinsel unterstützt freihändiges Zeichnen, Malen und Schattieren sowie Lichtersetzen. Nutzen Sie den RADIERER (11) und wählen Sie einen Pinsel im PINSEL-Panel aus, so können Sie Texturen in Flächen und Vektorgrafiken radieren.

Das Werkzeug VERWISCHEN (10) funktioniert wie ein Blender. Klicken und streichen Sie mit dem Werkzeug VERWISCHEN über ein Quadrat in Rot und ein Quadrat in Blau, entstehen Farbverläufe der beiden Vektorformen. Die Vektorformen werden in Pixeln gerastert.

Einen Vektorpinsel anlegen

Malen Sie mit Schwarz einen Strich ⑬. Für klare Texturen scannen Sie ihn anschließend mit 600 dpi in Graustufen. Legen Sie ein neues Dokument in RGB mit einer Breite von 1920 und einer Höhe von 1080 px an. Platzieren Sie den Strich. Über Anpassungen wie WEISSABGLEICH oder GRADATIONSKURVEN können Sie ihn bereinigen. Zuletzt invertieren Sie ihn noch.

Exportieren Sie den Strich jetzt als PNG. Im Pinsel-Panel legen Sie einen INTENSITÄTSPINSEL MIT TEXTUR an und wählen die PNG-Datei aus. Der Malstrich ⑫ wird geöffnet.

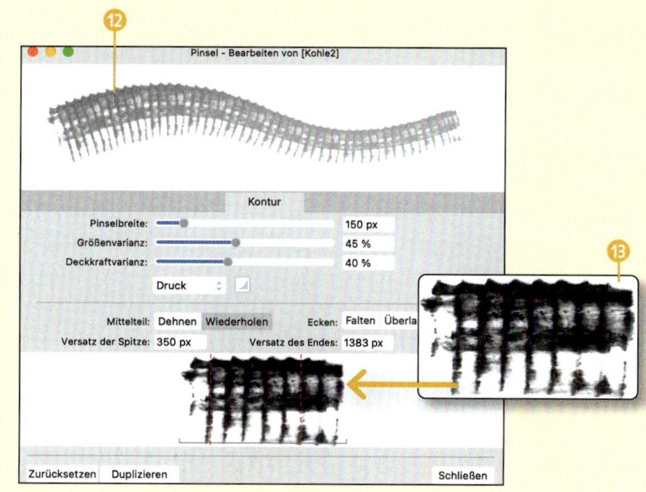

Die Pinselspitze für Pixelpinsel

Malen Sie als nächstes mit einem schwarzen Pinsel einen Klecks ⑮. Die mit 600 dpi in Graustufen gescannten Kleckse bilden die Grundlage für digitale Pinselspitzen. Pinselspitzen ⑯ werden nicht invertiert, der weiße Hintergrund wird eine Nullinformation und fällt visuell weg.

Platzieren Sie den zuvor als PNG-Datei exportierten Klecks in einem neuen Dokument. Für die Breite und Höhe reichen 512 px. Anders als bei Vektorpinseln werden Pixelpinsel ⑭ durch nebeneinander gereihte Pinselspitzen und skalierte Texturen ⑲ gebildet.

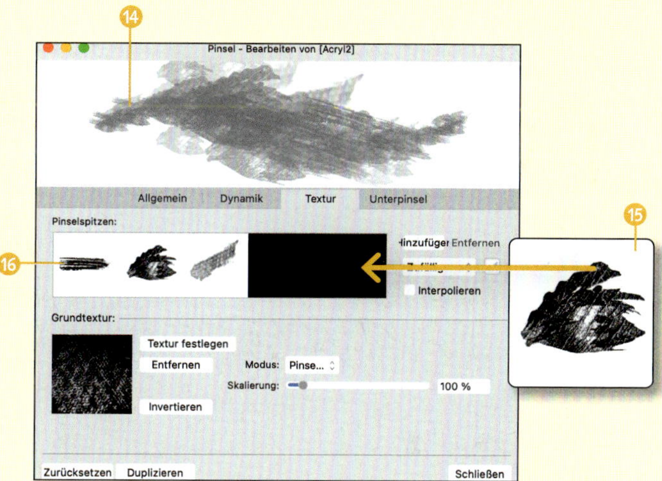

Die Grundtextur für Pixelpinsel

Die GRUNDTEXTUR ⑲ kann ein Foto sein oder mit Graustufen gescannte Schraffuren ⑱ von verschiedenen Oberflächen. Die GRUNDTEXTUR wird mit der Pinselspitze ⑰ kombiniert oder konsequent mit einem Pinsel verrechnet. Sie können dadurch beim Malen mit dem Pixelpinsel Texturen in Ihre Arbeiten einfügen.

Verwenden Sie eine hohe Auflösung von 144 bis 300 dpi für die Textur. Die Textur sollte in einem neuen Dokument mit den Maßen 4096 × 4096 px als PNG-Datei exportiert werden. Für differenzierte Eindrücke können Sie Grundtexturen invertieren oder skalieren.

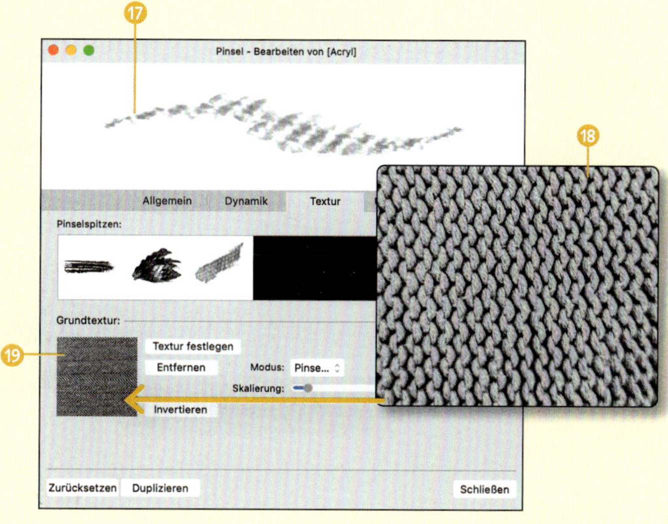

Porträt: © Paolo Limoncelli, UXDS

Paolo Limoncelli – »der Herr der Pinsel«
Der freiberufliche UX-/UI-Designer und Illustrator Paolo Limoncelli hat sowohl für Affinity Designer als auch für Affinity Photo unglaublich wirksame Pinselsets unter dem Markennamen »DAUB Brushes« kreiert. Er verbindet schlichte Vektorgrafiken mit Pixelrasterungen. Sie können tolle Pinselsets von Paolo unter *https://www.daub-brushes.com* zu einem fairen und kleinen Preis erwerben. Weitere Informationen zu seinen Arbeiten finden Sie auf seiner Seite *www.ux-designstudio.com*.

Anmerkung: Weitere tolle Pinselsets sowie Assets finden Sie unter *http://www.frankentoon.com* (Seite nur auf Englisch).

Illustration und Charakterdesign: © Paolo Limoncelli, UXDS

Vektorgrafiken mit dynamischen Pixeltexturen – Objekte mit digitalen Pinseln überarbeiten
Sie können Vektorgrafiken mit Pixelpinseln und Malstrichen 1 sowie Grundtexturen 2 steigern.

Pixelpinsel bearbeiten

Für Bearbeitungen klicken Sie im Pinsel-Panel das Symbol ▤ an, oder doppelklicken Sie auf einen beliebigen Pinsel. Ein neues Panel öffnet sich daraufhin. Unter ALLGEMEIN, DYNAMIK oder TEXTUR ❸ können Sie nun Konfigurationen für Ihre Pinsel vornehmen:

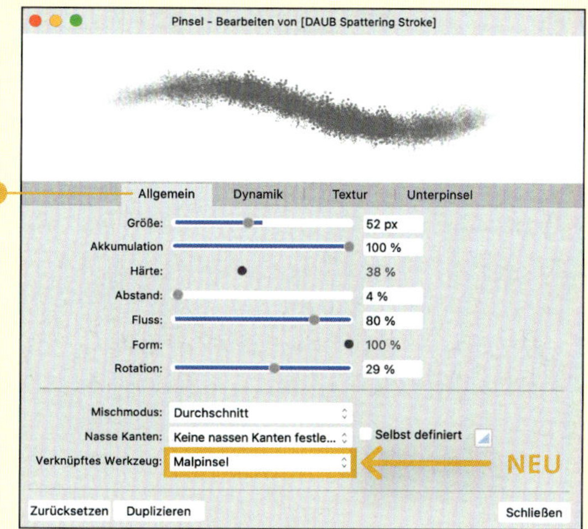

Allgemein

Unter ALLGEMEIN ändern Sie die Pinselgröße, die AKKUMULATION, sprich die Abweichung der DECKKRAFT, die HÄRTE von Pinselkanten und den ABSTAND der Pinselspitzen. Bei hohem Abstand verhält sich der Pinsel wie beim Airbrush. Ändern Sie den FARBFLUSS und die FORM der Pinselspitze sowie ihre ROTATION oder ihren MISCHMODUS.

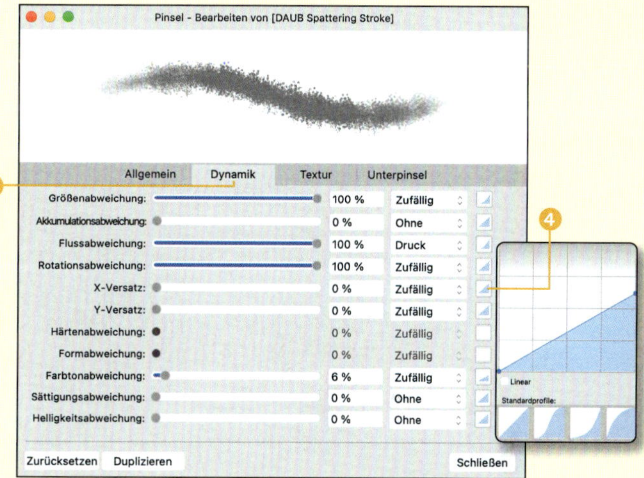

Dynamik

Klicken Sie auf DYNAMIK ❺. Die Dynamik beeinflusst die zuvor gemachten allgemeinen Einstellungen. Mit den verschiedenen Abweichungen individualisieren Sie die Pinselform noch mehr. Über Profile ❹ können Sie die Eingabemethoden für die Maus oder das Grafiktablet per Druck, Geschwindigkeit oder Dehnung bestimmen. Sie können STANDARDPROFILE wählen oder eigene Profile durch das Setzen oder Verschieben von Knoten nutzen.

Mit dem VERSATZ bestimmen Sie den horizontalen und vertikalen Spitzenabstand.

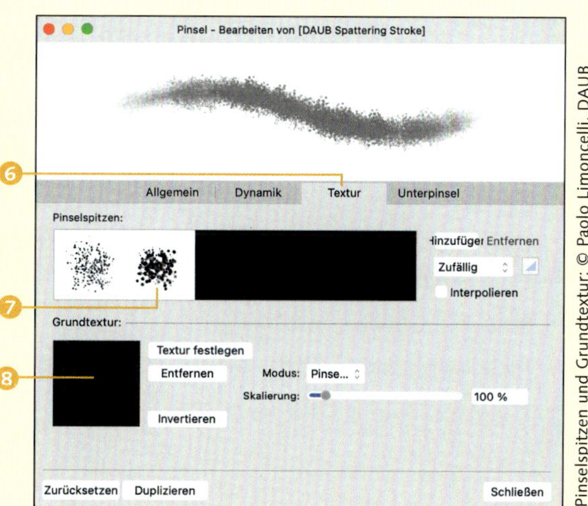

Pinselspitzen und Grundtextur: © Paolo Limoncelli, DAUB

Textur

Klicken Sie auf TEXTUR ❻. Hier können Sie eine oder mehrere PINSELSPITZEN ❼ einfügen und entfernen. Klicken Sie auf TEXTUR FESTLEGEN, wird ein Fenster geöffnet, in dem Sie Ihr Bild als GRUNDTEXTUR ❽ auswählen können. Grundtexturen werden als Bilddateien im JPG- oder PNG-Format unterstützt. Ist die Option OHNE aktiviert, wird die Textur nicht gezeigt. Texturen können skaliert und invertiert werden, und Sie können einen gewünschten Mischmodus bestimmen.

Pinsel einstellen

Pinselvariationen und Grafiktablet

Bleistift oder Vektor- und Pixelpinsel ermöglichen es, Illustrationen digital umzusetzen. Öffnen Sie FENSTER • PINSEL. Die Kontextleiste des jeweils verwendeten Pinselwerkzeugs bietet Ihnen Einstellungsmöglichkeiten zu Farbe, Größe, Deckkraft oder Pinselsteuerung. STEUERUNG bestimmt dabei, wie sich der Pinsel bei der Verwendung der Maus oder des Grafiktablets verhält. Die Vorteile des Vektorpinsels und Bleistiftes sind, dass Sie alle Linien mit dem Knotenwerkzeug berichtigen können und zerstörungsfrei skalierbar und transformierbar arbeiten. Der Malpinsel erzeugt Texturen/Pixelebenen.

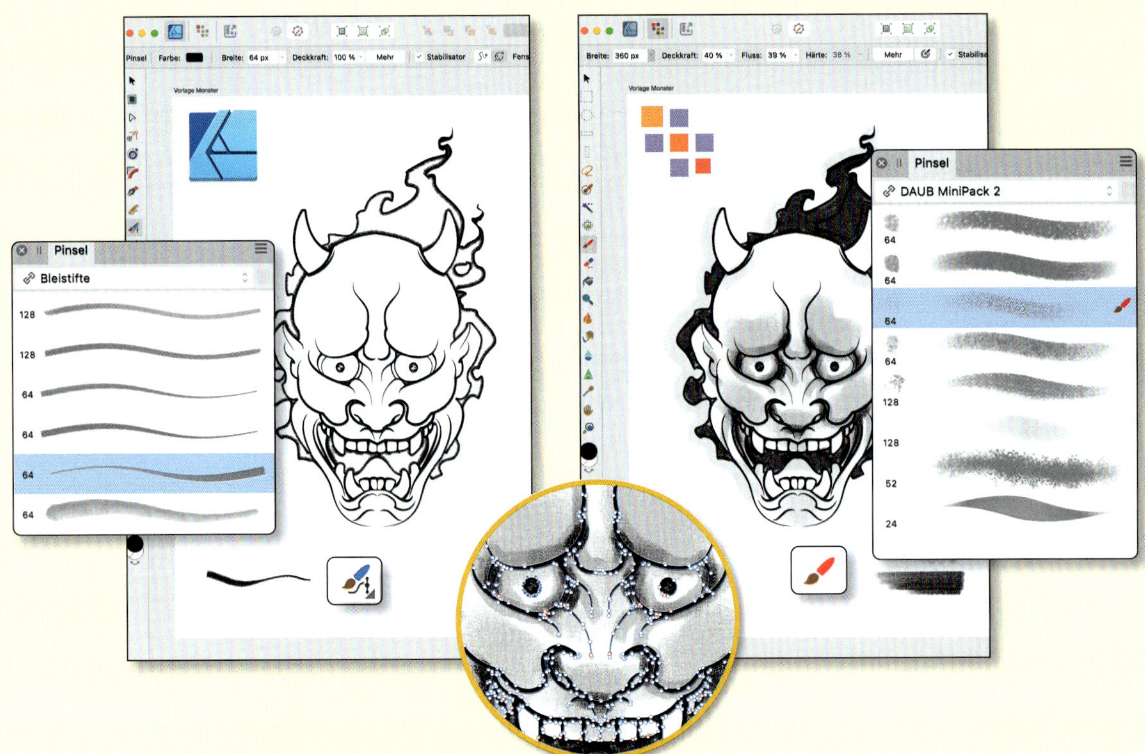

Neu in diesem Workshop

- Pinselvariationen nutzen
- Pinsel per Kontextleiste ändern
- Druckempfindlichkeit für Pinsel

[Dateien: »Beispiel_7-1.afdesign« »DAUBMiniPack-2.afbrushes«]

VEKTORPINSEL
Malstriche auf Vektorlinien

BLEISTIFT
Vektorlinien wie Freihand

MALPINSEL
Pixelstriche und Texturen

1 Pinselvariationen nutzen

Öffnen Sie »Beispiel_7-1.afdesign« sowie das Pinsel- und das Ebenen-Panel. In der Designer Persona malen Sie mit dem Vektorpinsel das Monster auf dem rechten ArtBoard nach. Sie können verschiedene Pinselstriche auswählen ❷, z. B. aus der Pinselkategorie ❶ BLEISTIFTE. Die Vektorlinien lassen sich mit dem Knotenwerkzeug verbessern oder per Verschieben-Werkzeug transformieren. In der Pixel Persona erzeugen Sie mit dem Malpinsel Texturen. Verwenden Sie dazu das »DAUBMiniPack-2.afbrushes«.

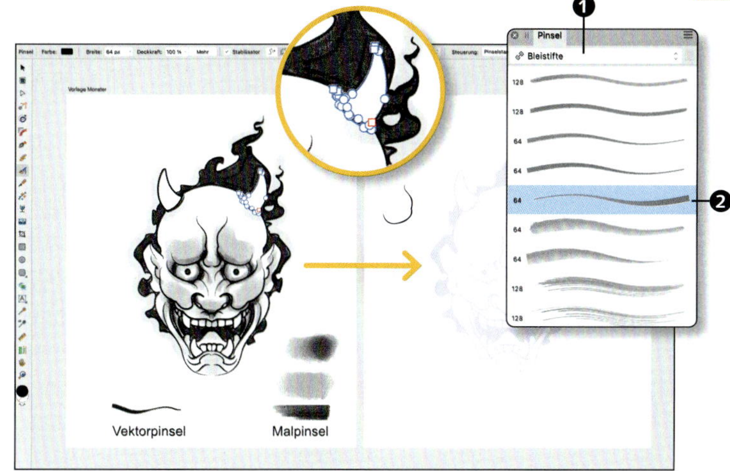

2 Pinsel per Kontextleiste ändern

In der Designer Persona weisen Sie Vektorpinseln ❹ über die Kontextleiste FARBE, BREITE, DECKKRAFT und MISCHMODUS oder Stabilisatoren sowie Steuerungen zu. Über MEHR ❸ können Sie Pinsel bearbeiten. In der Pixel Persona weisen Sie dem Malpinsel ❼ über die Kontextleiste BREITE, DECKKRAFT, FLUSS und HÄRTE oder einen MISCHMODUS zu. Für Tablets können Sie die Option DRUCKSTEUERUNG ❺ nutzen. NASSE KANTEN ❻ erzeugt einen Aquarelleffekt, die Farbe sammelt sich an den Kanten der aufgetragenen Striche.

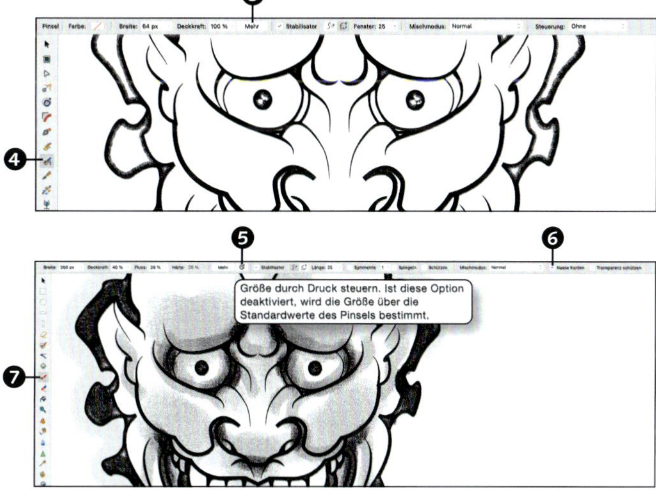

3 Druckempfindlichkeit für Pinsel

Mit STEUERUNG ❽ in der Designer Persona können Sie wie per Hand helle oder dunkle Striche erzeugen. Entscheidend ist dabei, wie schnell oder stark Sie Ihre Maus oder den Tablet-Stift führen. Nutzen Sie die Steuerung PINSELSTANDARDS, verhalten sich die Pinsel, wie sie angelegt wurden. Verwenden Sie die Steuerung AUTOMATISCH, werden die Pinsel automatisch je nach Eingabegerät gesteuert. Pinsel, die mit Tablets erstellt wurden, werden per DRUCK gesteuert. Pinsel, die per Maus gemalt werden, werden je nach Ihrer Mausbewegung per TEMPO gesteuert.

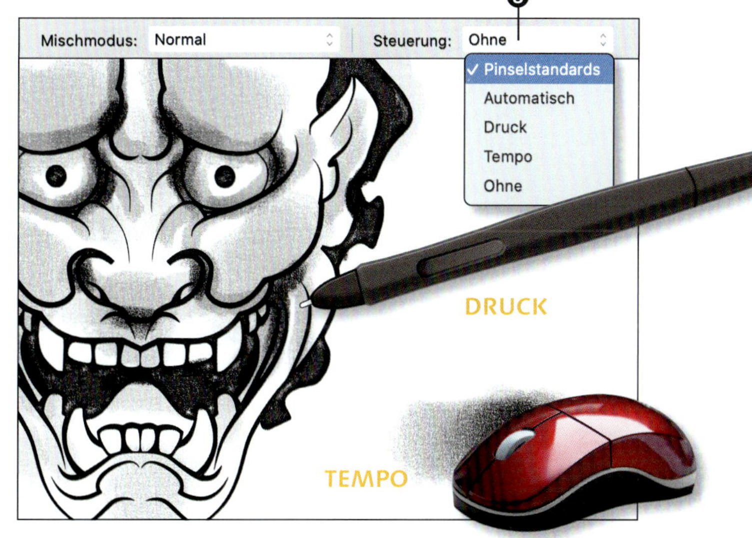

Vektor- und Pixelpinsel

Vektorgrafiken mit Rasterungen verfeinern

In der Pixel Persona können Sie mit dem Pixelpinsel Malstriche und fotorealistische Texturen in Ihre Vektorgrafiken einfügen. Durch das Zuschneiden von Objekten oder die Funktion, Objekte als Ziel auszuwählen, können Sie Striche, Texturen, Schattierungen und Lichtakzente besonders effektiv platzieren. Wählen Sie im Ebenen-Panel ein Objekt oder eine Ebene aus, die Sie bearbeiten möchten, oder erstellen Sie eine neue Pixelebene. Der Malpinsel trägt daraufhin Pixel in Ihr Dokument ein. Die Pinselstriche werden mit einer per Antialiasing geglätteten Kante erstellt, wodurch sich die Dateigröße meist verdoppelt.

EINFACHE VEKTORGRAFIK
Mit Vektorlinien und Flächen

GERASTERTE VEKTORGRAFIK
Mit Pixelpinsel in die Grafik gemalt

Neu in diesem Workshop

- Malstriche mit Vektorpinsel
- Vektorpinsel-Linien löschen
- Vektoren mit Pixelpinsel gestalten

[Dateien: »Beispiel_7-2.afdesign«
»Beispiel_7-2_fertig.afdesign«]

VERSCHIEBEN-WERKZEUG
Vektorlinien skalieren

MALPINSEL
Vektorgrafiken texturieren

MALPINSEL
Vektorgrafiken texturieren

1 Mit dem Vektorpinsel malen

Öffnen Sie das »Beispiel_7-2.afdesign«. Wir wollen die doch etwas cleane Illustration nun mit Pinseln ändern. Wechseln Sie in die Designer Persona, wählen Sie den Vektorpinsel ❹, und wählen Sie einen Pinselstrich ❸ aus. Malen Sie Striche z. B. entlang des Randes der Illustration ❶. Haben Sie zuvor keine Ebenen ausgewählt, werden automatisch zuoberst Ebenen mit Kurven ❷ erzeugt.

Anmerkung: Wählen Sie OBJEKTE ALS ZIEL AUS, um Muster/Pattern in Vektorformen einzufügen (siehe Seite 132).

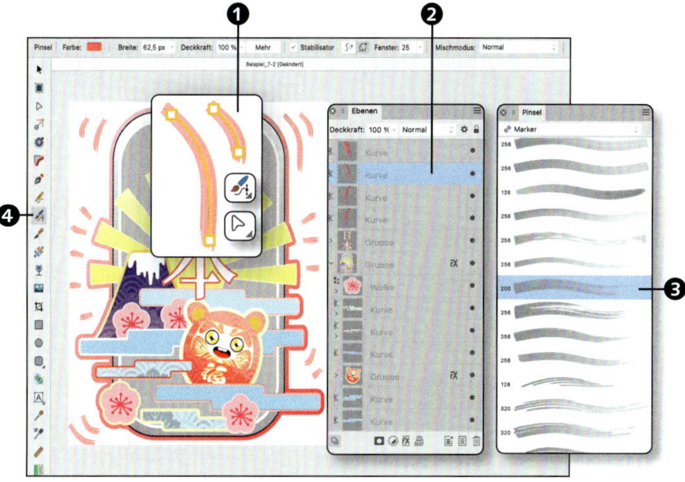

2 Vektorpinsel-Linien löschen

Sollten Ihnen nun Malstriche des Vektorpinsels nicht gefallen, können Sie diese mit dem Knotenwerkzeug bearbeiten oder mit dem Verschieben-Werkzeug transformieren, skalieren oder löschen. Um einen Malstrich zu löschen, klicken Sie ihn und seine Kurven über das Ebenen-Panel an, und klicken Sie auf das Symbol ❻ zum Löschen. Sie können ebenfalls mit dem Knoten- oder Verschieben-Werkzeug mehrere Malstriche mit gedrückter ⇧-Taste im Dokument ❺ anklicken und dann die Löschtaste verwenden.

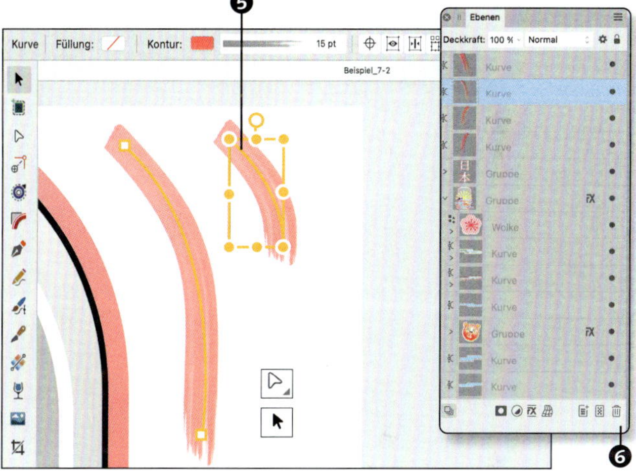

3 Mit Pixelpinsel gestalten

Wählen Sie in der Pixel Persona ein Objekt aus. Geben Sie dem Malpinsel ❽ einen texturierten Pinsel ❼ und den Mischmodus MULTIPLIZIEREN. Wenn Sie nun die Funktion IN DER AUSWAHL EINSETZEN anklicken, malen Sie nur innerhalb eines Objekts. Weitere Tricks sind: Malen Sie mit gedrückter ⇧-Taste, erzeugen Sie gerade Striche. Halten Sie die Alt-Taste und die linke Maustaste, nimmt der Pinsel eine Farbe auf. Und auf dem Mac können Sie durch Ziehen nach links oder rechts mit gedrückter ctrl- und Alt-Taste die Pinselgröße verringern bzw. erhöhen.

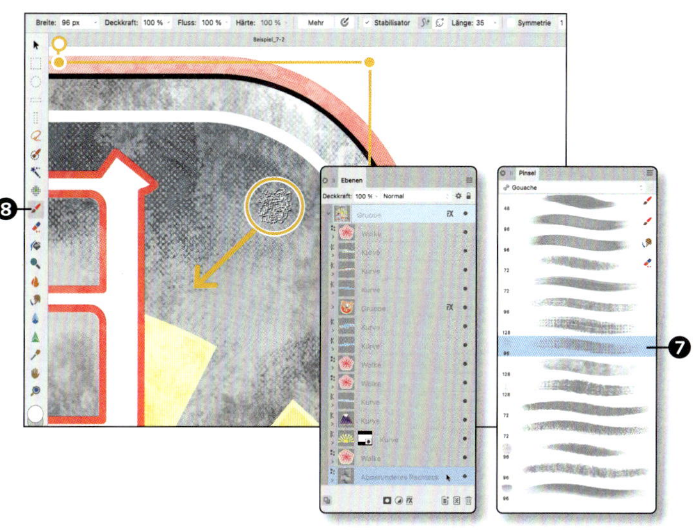

Grafiken mit Blendern verwischen

Das Verwischen-Werkzeug nutzen

Mit dem Werkzeug VERWISCHEN können Sie Vektorformen oder Pixelpinselstriche in Ihrem Bild überblenden bzw. die Pixelfarben mischen. Das Werkzeug verteilt die Farbe von einem angeklickten Bildbereich in jede beliebige Richtung Ihrer Mausbewegung. Stellen Sie sich vor, dass Sie mit nassen Fingern über Ihr gemaltes Bild wischen. So lassen sich Farbüberblendungen und Pinseleffekte erzeugen. Aber Vorsicht: Vektoren haben keine Pixel, Vektorformen werden beim Verwischen gerastert und auf Pixelebenen reduziert.

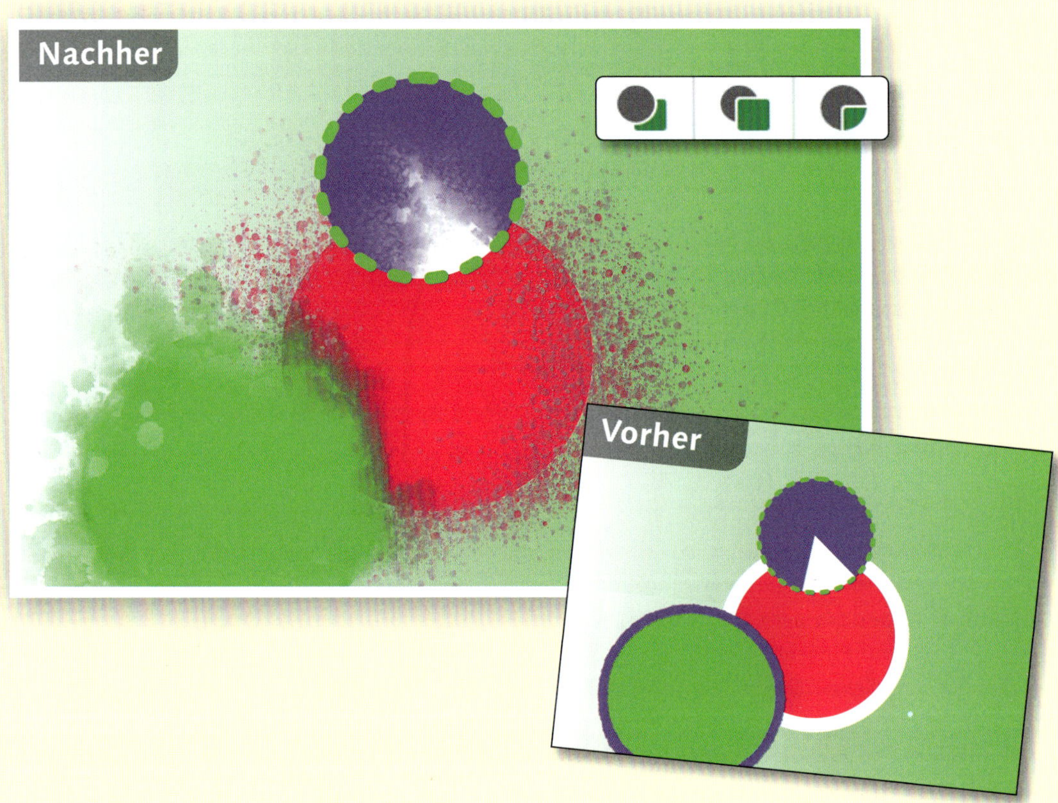

Neu in diesem Workshop

- Vektorgrafiken verwischen
- Verwischen mit Pinselstrichen
- Innerhalb eines Objekts wischen

[Datei: »Beispiel_7-3.afdesign«]

VERSCHIEBEN-WERKZEUG
Objekte auswählen

VERWISCHEN
Vektoren und Pixel verwischen

1 Vektorgrafiken verwischen

In der Pixel Persona können Sie mit dem Werkzeug VERWISCHEN ❶ ausgewählte Vektoren »verschmieren«. Verwischen mischt dabei Farben des Objekts und des Hintergrunds. Verwischen Sie Vektorobjekte, werden diese automatisch gerastert und zu Pixelebenen ❷. So lassen sich z. B. weiche Kanten oder Übergänge erzeugen. Sie können beliebig linear oder kreisförmig wischen, die Farben im Farbe-Panel werden dabei nicht berücksichtigt. Über die Kontextleiste können Sie das Werkzeug exakt einstellen.

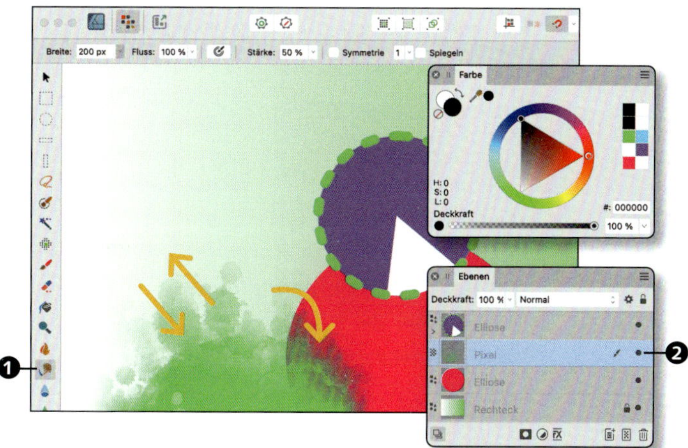

2 Verwischen mit Pinselstrichen

Sie können dem Werkzeug VERWISCHEN verschiedene Pinselspitzen ❹ zuweisen und so die Art des Verwischens beeinflussen, z. B. durch Sprüh- oder Texturpinsel. Ziehen Sie nun mit dem Werkzeug VERWISCHEN über ein ausgewähltes Objekt ❺ oder eine Ebene ❸, werden die Kanten mit entsprechenden Pinselspitzen verwischt. Hier gilt es nun, etwas zu experimentieren! Dabei sollten Sie auch einmal BREITE, FLUSS und STÄRKE in der Kontextleiste verstellen.

3 Innerhalb eines Objekts wischen

Das Werkzeug VERWISCHEN arbeitet nicht zerstörungsfrei. Gerasterte Pixelebenen ❽ verlieren ihre Vektorbearbeitungsfunktion. Sie können allerdings Vektorobjekte als Ziel auswählen ❼ und Vektorformen innerhalb einer Form ❻ einfügen. Verwischen Sie nur die innere Form ❾, bleibt die übergeordnete Ellipse mit der Vektorbearbeitungsfunktion für weitere Bearbeitungen erhalten.

Anmerkung: Weisen Sie zuvor Objekten oder Ebenen Mischmodi zu, kann das Werkzeug VERWISCHEN Farben differenziert bearbeiten und ganz anders verfärben.

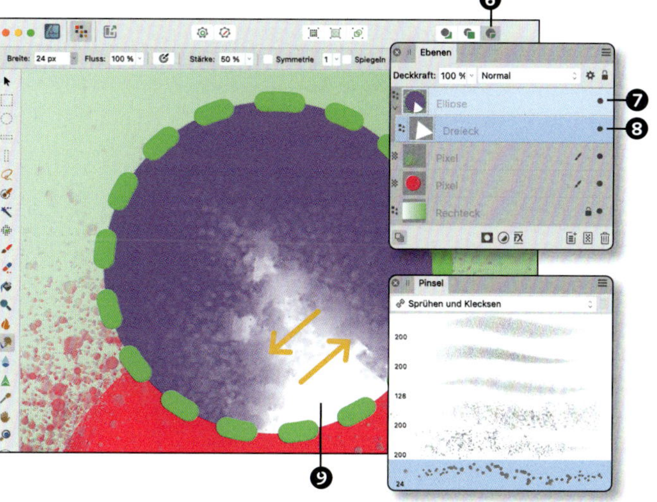

Unerwünschte Elemente entfernen

Den Radierer anwenden

Sie können in der Pixel Persona Vektor- und Pixelebenen radieren. Vektorebenen haben natürlich keine Pixel, beim Radieren wird eine Pixelmaske erstellt und über die Vektorebene gelegt. Das ist praktisch, so können Sie jederzeit die Maske bearbeiten und zu viel radierte Elemente wiederherstellen. Sie können über die Kontextleiste den Radierer in seiner BREITE, DECKKRAFT, in FLUSS und HÄRTE einstellen. Es lassen sich unerwünschte Striche oder Texturen exakt abschwächen oder entfernen. Über das Pinsel-Panel können Sie dem Radierer Pinselspitzen zuweisen. Beim Tablet radieren Sie mit der Stiftrückseite unerwünschte Elemente.

Neu in diesem Workshop

- Dem Radierer Pinselstriche zuweisen
- Pixel und Vektoren radieren
- Maske auf Vektorebene

[Datei: »Beispiel_7-4.afdesign«]

VERSCHIEBEN-WERKZEUG
Objekte auswählen

RADIERER
Vektoren und Pixel radieren

1 Radierer Pinselstriche zuweisen

Öffnen Sie »Beispiel_7-4.afdesign«. In der Pixel Persona können Sie Vektoren und Pixel, Gruppen, Verläufe oder Anpassungen per Radierer ❶ entfernen. Auch beim Radierer lässt sich die Radierspitze über das Pinsel-Panel einstellen ❸. Um zu radieren, müssen Sie immer erst die gewünschte Ebene ❷ auswählen. Arbeiten Sie mit einem druckempfindlichen Grafiktablet, aktivieren Sie GRÖSSE DURCH DRUCK STEUERN. Die standardmäßigen Einstellungen des Radierers werden bei der Verwendung des Tablets ignoriert.

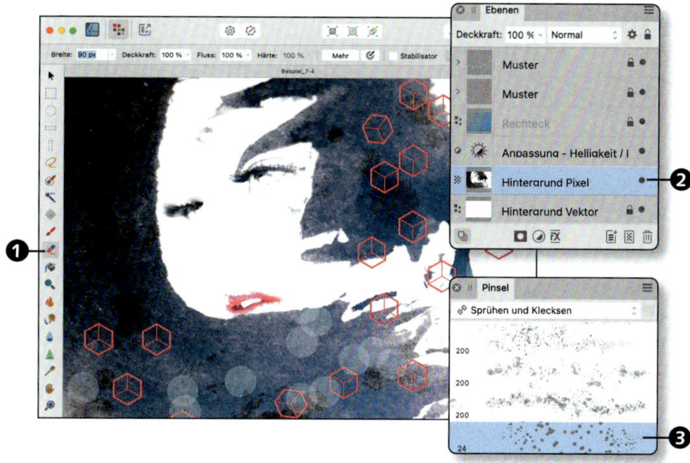

2 Pixel und Vektoren radieren

Auf der Ebene »Hintergrund Pixel« ❹ können Sie Elemente radieren, etwa die störenden Flecken ❺ zwischen dem Ohr und Hals sowie Haaren. Auf einer Pixelebene werden die Pixel gelöscht, was kein zerstörungsfreies Arbeiten darstellt. Auf Vektorebenen ist es anders: Über die STANDARDEINSTELLUNGEN wurde festgelegt, dass der Radierer Vektorebenen mit Maskierungsebenen versieht. Dies ermöglicht ein zerstörungsfreies Arbeiten oder Rückgängigmachen durch entsprechende Anpassung der Maskierungsebene.

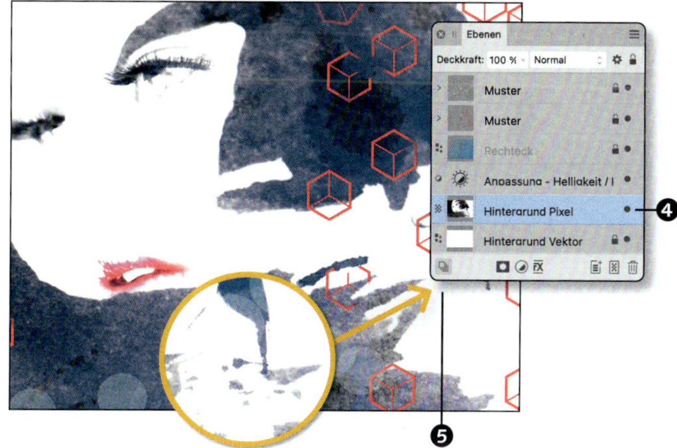

3 Maske auf Vektorebene

Markieren Sie die zu radierende Vektorebene, hier MUSTER. Radieren Sie Teilbereiche des Musters, wird automatisch eine Maske über die Vektorebene gelegt. Die Vektoren ❻ werden visuell radiert, die Vektorbearbeitungsmöglichkeit bleibt dabei erhalten!

Per rechten Mausklick auf die Maske ❼ können Sie über MASKE BEARBEITEN Radierungen beeinflussen: Mit dem Malpinsel und weißer Farbe können Sie jetzt radierte Bereiche der Maske wiederherstellen. Schwarz löscht Bereiche der Maske. Klicken Sie auf eine Ebene, verlassen Sie die Maskenebene.

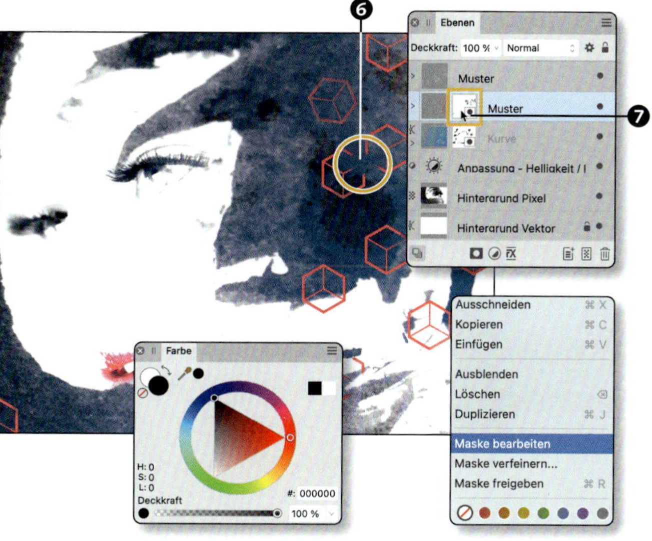

Retuschieren in der Pixel Persona

Präzise Verbesserungen vornehmen

Der Begriff Retusche steht allgemein für Korrekturen oder Optimierungen von Bildern. Die Retuschewerkzeuge bilden einen Gegensatz zu den Anpassungsebenen, die ja zerstörungsfrei arbeiten: Bei der Retusche werden Korrekturen auf Pixelebenen angewendet und die einzelnen Pixel tatsächlich verändert. So können Sie Texturen und Malstriche weiter verbessern. Mit dem Werkzeug Abwedeln werden Bildbereiche aufgehellt, mit Nachbelichten abgedunkelt. Mit dem Werkzeug Weichzeichnen können Sie Bildbereiche unschärfer wirken lassen, und mit Scharfzeichnen erhöhen Sie die Schärfe von Kanten. Auch das Werkzeug Verwischen gehört zu den Retuschewerkzeugen.

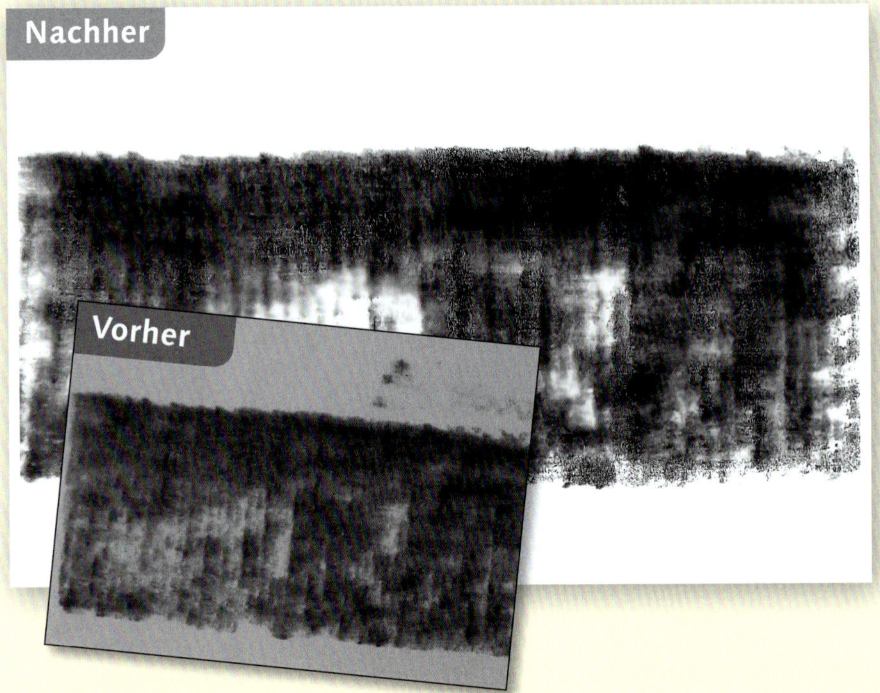

Neu in diesem Workshop

- Werkzeug Abwedeln probieren
- Werkzeug Nachbelichten nutzen
- Weich- und Scharfzeichnen anwenden

[Datei: »Beispiel_7-5.afdesign«]

ABWEDELN
Bildbereiche aufhellen

NACHBELICHTEN
Bildbereiche abdunkeln

WEICHZEICHNEN
Kanten und Kontraste unscharf

SCHARFZEICHNEN
Kanten und Kontraste verstärken

1 Abwedeln

Wollen Sie Bilder oder Malstriche retuschieren, gehen Sie in die Pixel Persona . In unserem Fall wollen wir einen Malstrich retuschieren, um ihn als neue Pinselvorlage zu speichern (siehe Seite 206). Wählen Sie die gewünschte Ebene ❸ oder das Objekt an, bevor Sie Retuschewerkzeuge anwenden.

Klicken Sie das Werkzeug Abwedeln ❹ an. Stellen Sie in der Kontextleiste den Tonwertbereich auf Lichter ❶, um nur die hellen Bereiche des Malstrichs zu beeinflussen, und schützen Sie die Farbtöne ❷ beim Abwedeln.

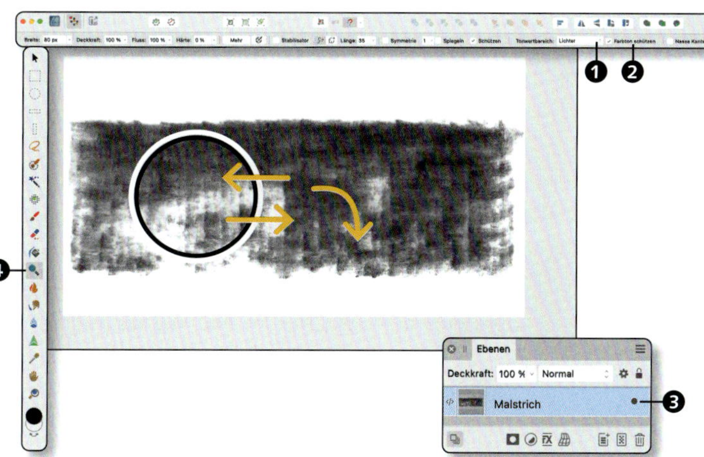

2 Nachbelichten

Um Bilder oder den Malstrich beispielsweise zu verstärken und die Kontraste zu erhöhen, nutzen Sie das Werkzeug Nachbelichten ❻. Über Breite und Deckkraft in der Kontextleiste können Sie weitere Einstellungen vornehmen. Um nur die dunklen Bereiche des Malstrichs nachzubelichten und zu verbessern, wählen Sie unter Tonwertbereich die Zwischentöne oder Schatten ❺ aus.

Anmerkung: Im Malstrich erzielen Sie gute Ergebnisse, indem Sie mit hoher Deckkraft arbeiten und Bereiche mehrfach übermalen.

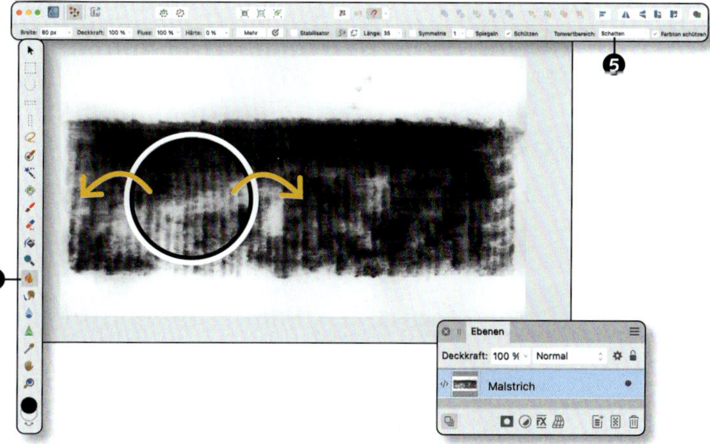

3 Weich- und Scharfzeichnen

Beim Weichzeichnen ❽ werden harte Kanten und Kontraste weicher gemacht. Beim Scharfzeichnen ❾ erhöhen Sie den Kontrast benachbarter Pixel. Wollen Sie Bereiche weicher oder härter gestalten, streichen Sie öfter über die entsprechende Stelle. Wollen Sie schrittweise einen Bereich retuschieren, verwenden Sie eine geringe Deckkraft und einen kleinen Fluss. Besonders stark funktioniert das Werkzeug Scharfzeichnen im Modus Harsch ❼. Es entsteht ein starkes Rauschen; so können Sie einen »dirty look« erzeugen.

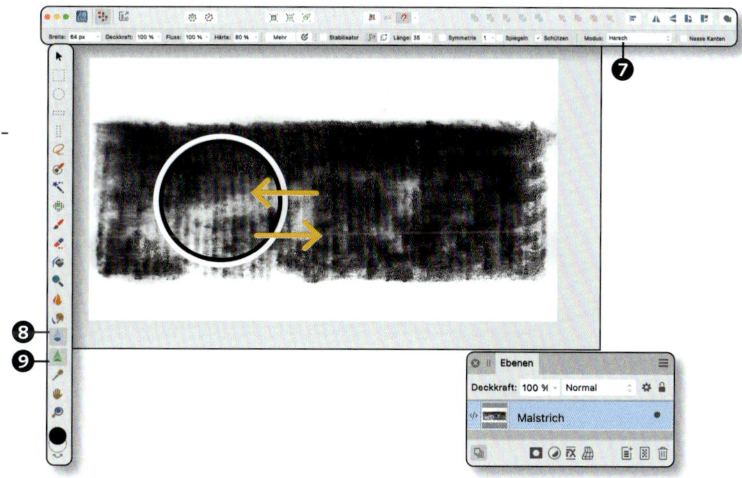

Das Pinselsortiment erweitern

Standardpinsel duplizieren und weiterbearbeiten

Jeder Pinsel lässt sich per Kontextleiste flexibel anpassen. Und das Schöne ist: Jede dieser Anpassungen können Sie als einen neuen Pinsel abspeichern. Das erweitert Ihr Sortiment an Pinselstrichen enorm. Klicken Sie dazu in der Kontextleiste auf MEHR oder im Pinsel-Panel auf das Symbol BEARBEITEN. Sowohl in der Designer Persona als auch in der Pixel Persona können Sie über das Pinsel-Panel vorhandene Standardpinsel duplizieren, bearbeiten, verschieben und umbenennen sowie exportieren und teilen.

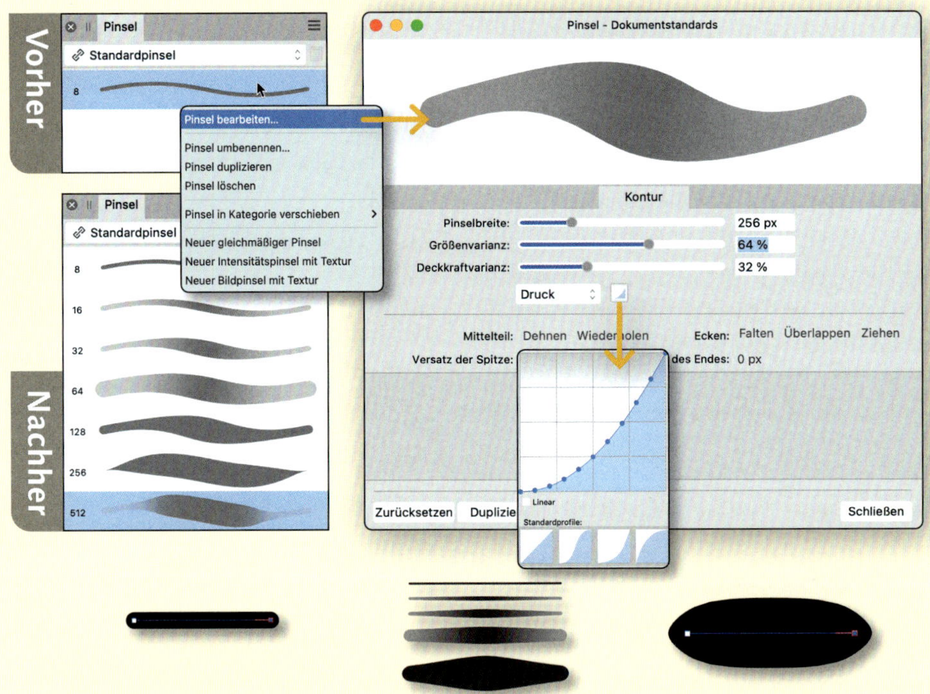

Neu in diesem Workshop

- Standardpinsel duplizieren
- Pinselduplikat bearbeiten
- Pinsel verschieben oder sortieren

[Dateien:
»Beispiel_7-6.afdesign«
»Beispiel_7-6_fertig.afdesign«
»Standardpinsel.afbrushes«
»Standardpinsel_fertig.afbrushes«]

DESIGNER PERSONA
Vektorlinien mit Textur

VEKTORPINSEL
Standardvektorpinsel abändern

PIXEL PERSONA
Pinselspitzen mit Textur

MALPINSEL
Standardpixelpinsel abändern

1 Standardpinsel bearbeiten

Öffnen Sie das »Beispiel_7-6.afdesign«, und importieren Sie »Standardpinsel.afbrushes«. Malen Sie eine Linie ❶ mit dem Vektorpinsel ❹. Sie haben vier Möglichkeiten, in das Pinsel-Panel zur Bearbeitung zu gelangen: mit einem rechten Mausklick auf den Pinsel ❸ oder per Doppelklick auf den Pinsel sowie unter der Option MEHR ❷ oder BEARBEITEN im Pinsel-Panel. In der Designer Persona und Pixel Persona sind die Arbeitsschritte nahezu gleich. Alle folgenden Änderungen werden an der Linie sichtbar.

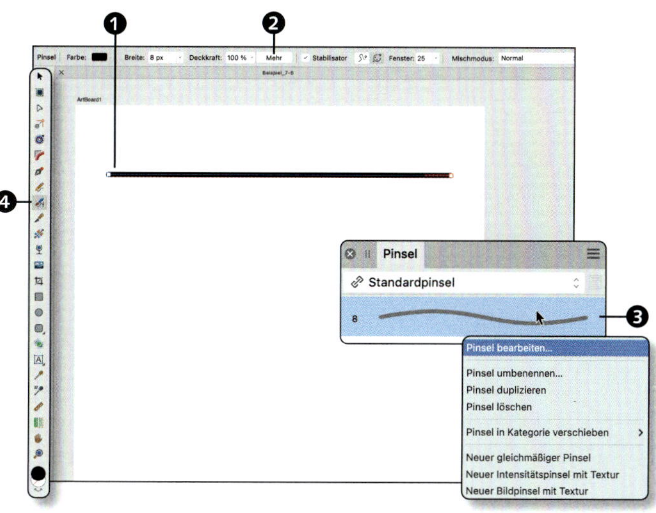

2 Pinselduplikat bearbeiten

Aus einem Pinsel können Sie unzählige Pinsel durch Duplizieren erzeugen. Kopieren Sie den Pinsel ❸ per rechtem Mausklick und öffnen Sie das Pinsel-Panel zur Bearbeitung. Ändern Sie nun die Pinselbreite auf 128 px, GRÖSSENVARIANZ auf 64 % und nach Belieben die DECKKRAFTVARIANZ ❺. Sind Sie mit dem Ergebnis ❼ zufrieden, überschreiben Sie mit SCHLIESSEN die vorherigen Standardwerte. Sie können auch direkt DUPLIZIEREN ❻ verwenden. Duplikate werden als »Pinselkopien« ganz unten im Panel abgelegt.

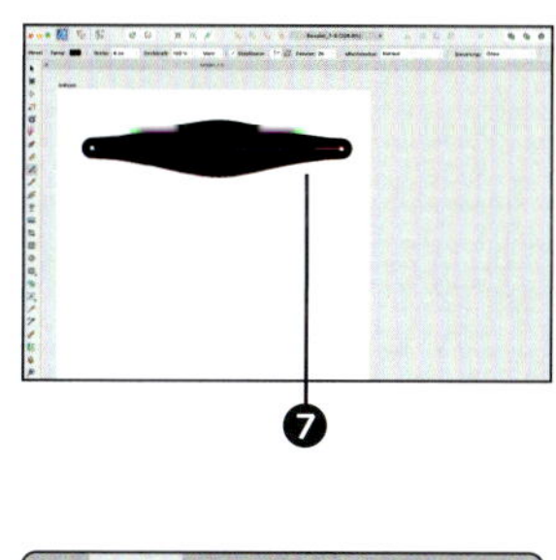

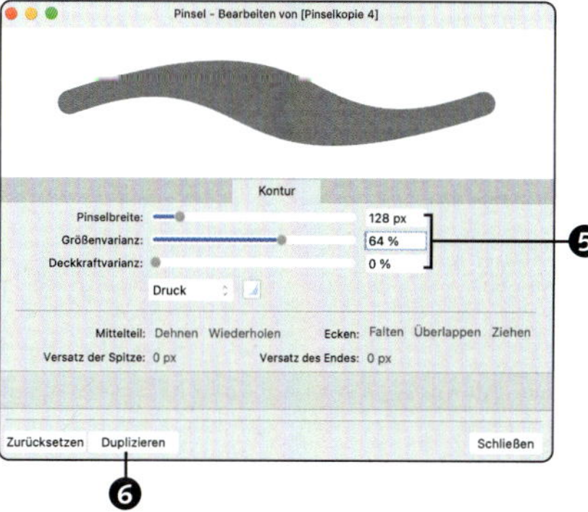

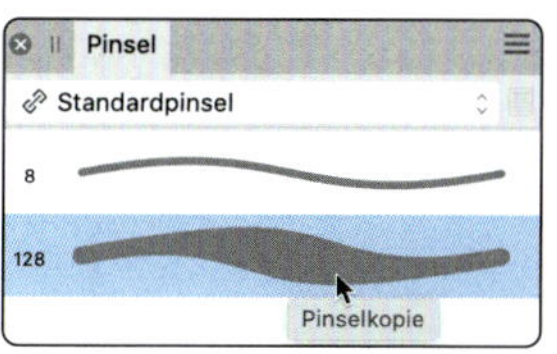

3 Pinsel verschieben oder sortieren

Öffnen Sie die »Standardpinsel_fertig.afbrushes«. Sie können die Pinsel per rechtem Mausklick umbenennen, löschen oder in andere Kategorien verschieben ❾. Um eine neue Pinselkategorie zu erzeugen, klicken Sie im Pinsel-Panel auf das Panelmenü ❽. Schön ist, dass Sie einzelne Pinsel per Klick und Ziehen im Pinsel-Panel ganz leicht verschieben und neu sortieren können.

Anmerkung: Kategorien sollten mit beschreibenden Eigenschaften benannt werden; so fällt Ihnen die Auswahl Ihrer Pinsel leichter und Ordnung beschleunigt jeden Workflow.

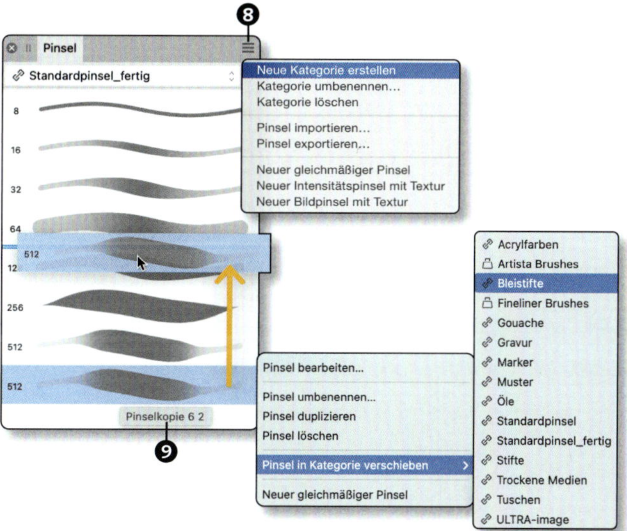

Pinsel selbst erstellen

Neue Pinsel mit Kategorien anlegen

Sie können eigene Pinsel sowohl in der Designer Persona als auch in der Pixel Persona anlegen. Rufen Sie dazu das Panelmenü ☰ im Ebenen-Panel auf. In der Designer Persona können Sie gleichmäßige Pinsel, Intensitätspinsel oder Bildpinsel erzeugen, deren Malstriche auf Vektorlinien verlaufen. In der Pixel Persona können Sie Intensitätspinsel, runde und quadratische Pinsel sowie Bildpinsel designen, deren Pinselspitzen, Texturen und Einstellungen auf Pixeln beruhen. Zudem können Sie aus jeder beliebigen Auswahl Pinsel erstellen. Sortieren Sie Pinsel immer in verständlichen Kategorien.

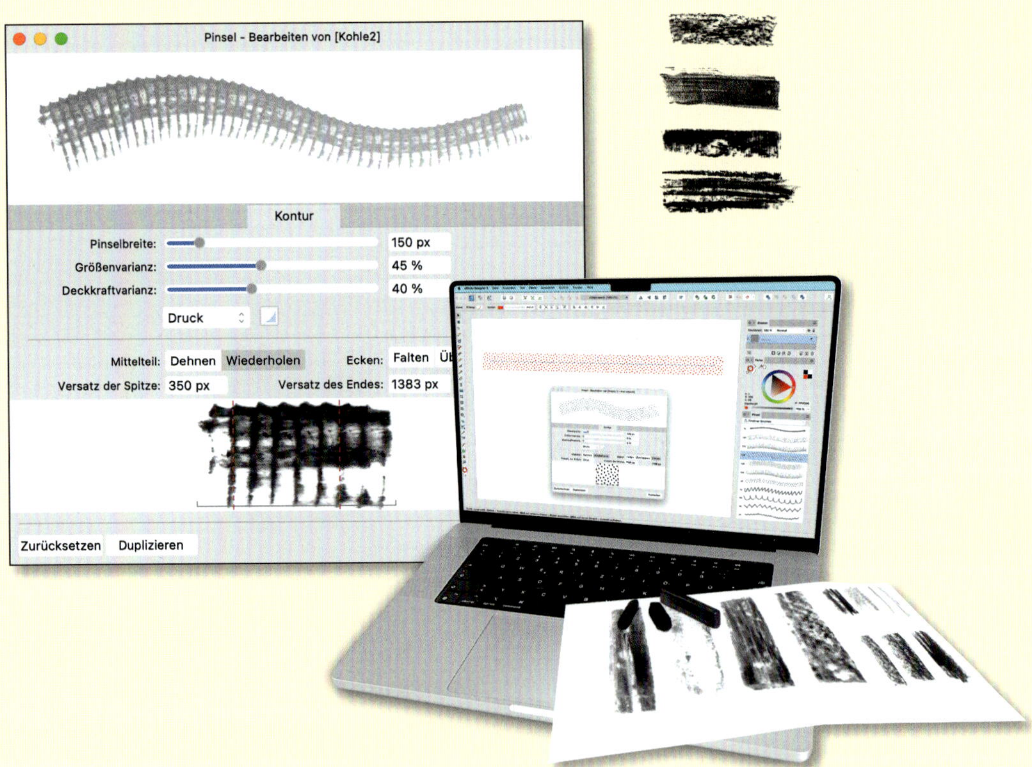

Neu in diesem Workshop

- Intensitätspinsel erstellen
- Vektorpinsel wie Airbrush
- Bildpinsel anlegen
- Quadratischen Pinsel anlegen

**[Dateien: »Beispiel_7-7.png«
»Beispiel_7-8.afdesign«
»Beispiel_7-9.afdesign«
»Beispiel_7-10.png«,
»Beispiel_7-11.png«]**

1 Malstrich platzieren

In diesem Workshop erstellen Sie in der Designer Persona einen neuen Intensitätspinsel. Intensitätspinsel werden mit einem Rasterbild erstellt. Legen Sie ein neues Dokument mit RGB-Farben an. Für saubere Malstriche weisen Sie Ihrem Dokument 300 dpi zu. Für die Breite stellen Sie 1 920 px und für die Höhe 1 080 px ein. Platzieren Sie jetzt die Datei »Beispiel_7-7.png« ❶. Achten Sie auf eine exakte mittige Platzierung des Malstrichs im Dokument. Über das Menü Fenster öffnen Sie sich nun die Panel Ebenen und Pinsel.

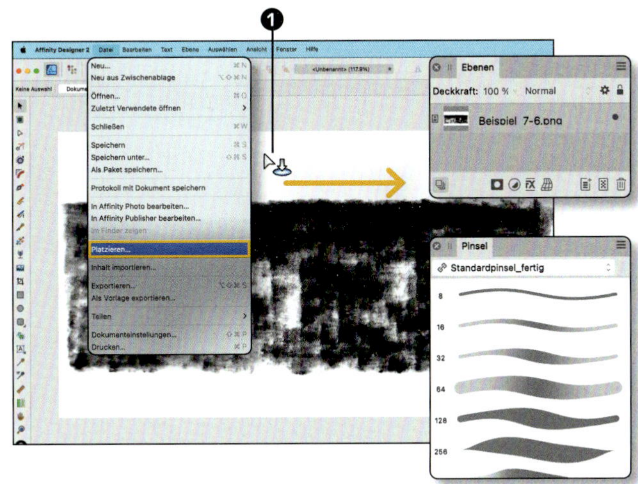

2 Malstrich exportieren

Markieren Sie den Strich ❷ im Ebenen-Panel. Über die Anpassung ❸ Invertieren wird der Strich weiß und der Hintergrund schwarz. Der Hintergrund wird dabei als eine Nullinformation verstanden, nur der weiße Malstrich wird in der visuellen Ausgabe berücksichtigt. Um Malstriche für Pinselvorlagen nutzen zu können, müssen Sie sie zunächst über Datei • Exportieren als PNG ❹ exportieren. Das ist wichtig: Malstriche für Intensitätspinsel sollten in negative Bilder invertiert sein, um saubere Pinselstriche zu erstellen.

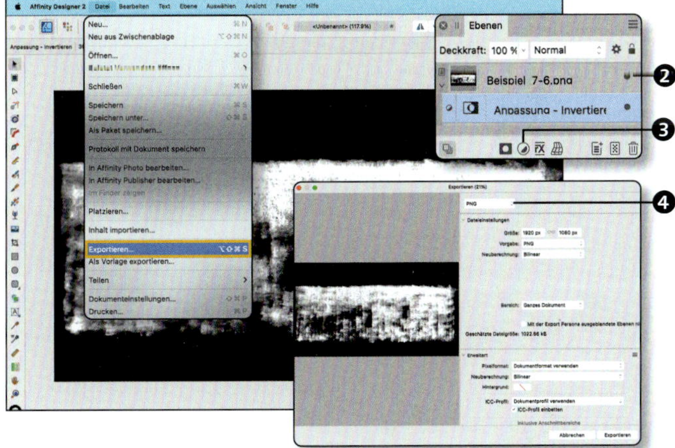

3 Neuer Intensitätspinsel

Klicken Sie auf das Panelmenü ❻. Es ist ratsam, Kategorien für neue Pinsel anzulegen und zu benennen, das bringt Ordnung in die Pinselkategorien ❺. Wählen Sie die Option Neuer Intensitätspinsel mit Textur aus. Im sich öffnenden Fenster wählen Sie den zuvor exportierten Malstrich ❼, er wird im Pinsel-Panel hinzugefügt. In der Pinselbearbeitung verschieben Sie die roten Linien ❾, um zu bestimmen, wie der Malstrich beim Ziehen wiederholt ❽ werden soll. Ohne neu erstellte Kategorie wird der neue Intensitätspinsel zuunterst im Pinsel-Panel ❿ abgespeichert.

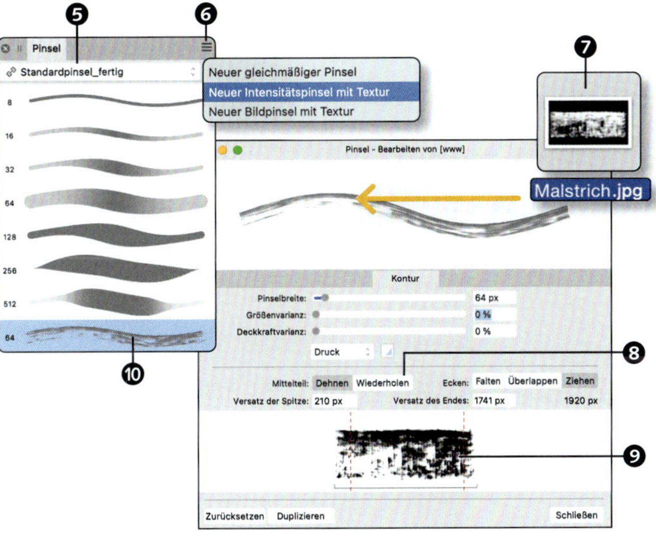

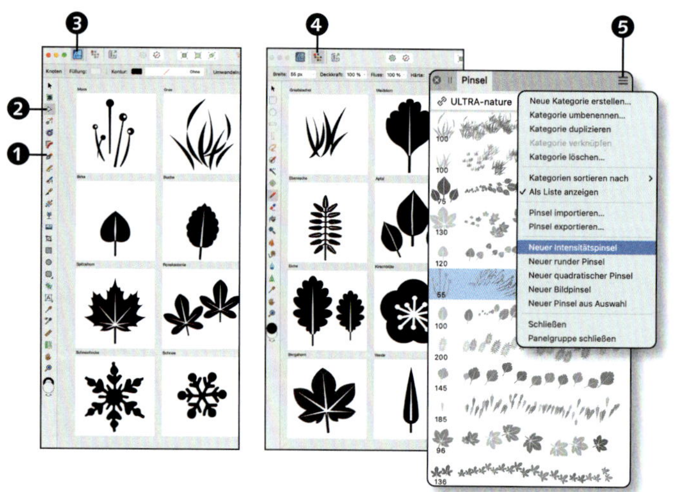

4 Vektorpinselvorlage designen

Sie können in der Designer Persona ❸ mit dem Zeichenstift ❶ oder den Formwerkzeugen Pinselvorlagen erstellen. Diese Vektorgrafiken können Sie mit dem Knotenwerkzeug ❷ bearbeiten oder verändern, um verschiedene Pinselvorlagen zu erzeugen. Dokumente oder ArtBoards sollten 400 × 400 px groß sein (mehr zu ArtBoards ab Seite 60). Die Grafiken werden als PNG-Dateien exportiert und in der Pixel Persona ❹ im Pinsel-Panelmenü ❺ als neue Intensitätspinsel angelegt (mehr zu Export/Export Persona ab Seite 43).

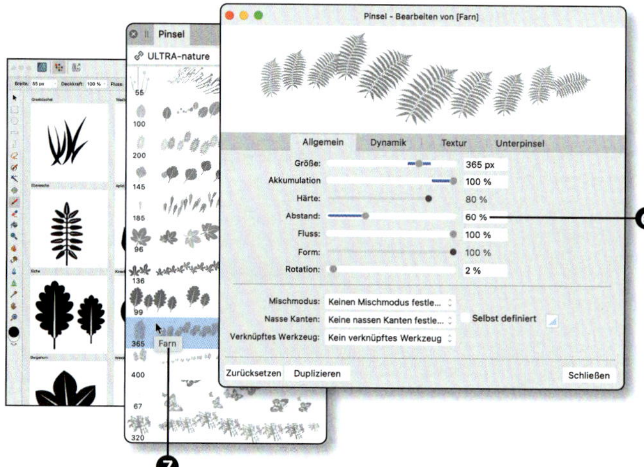

5 Intensitätspinsel wie Airbrush

Öffnen Sie die Datei »Beispiel_7-8.afdesign«. Um einen neuen Intensitätspinsel ❸ mit Naturelementen ❼ anzulegen, öffnen Sie in der Pixel Persona eine der zuvor exportierten PNG-Dateien. Im Dialog PINSEL BEARBEITEN vergrößern Sie den ABSTAND ❻. Je größer der Abstand ist, desto stärker ist die Airbrush-Wirkung des Pinsels.

Anmerkung: Beachten Sie beim Export, dass der Hintergrund des Dokuments transparent ist (DATEI • DOKUMENTEINSTELLUNG • FARBE • TRANSPARENTER HINTERGRUND).

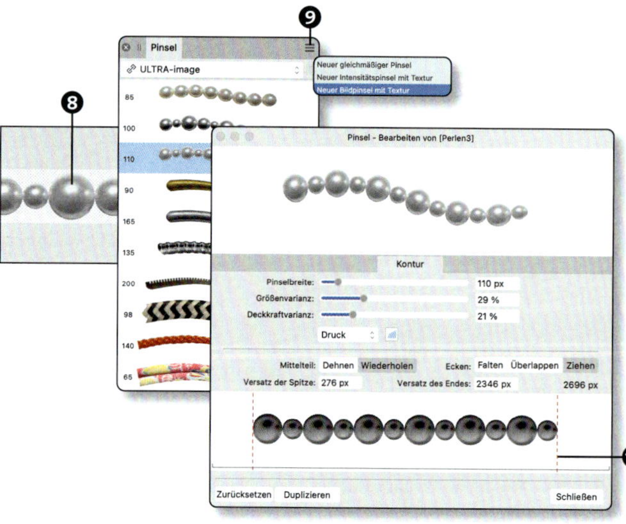

6 Bildpinsel anlegen

Sie können PNG- oder JPG-Bilder als Bildpinsel in der Designer Persona nutzen. Stellen Sie Bildelemente wie die Perlen ❽ frei, wirken Bildpinsel eleganter. Öffnen Sie die Datei »Beispiel_7-9.afdesign«. Wählen Sie im Pinsel-Panel ❾ NEUER BILDPINSEL MIT TEXTUR an, und wählen Sie die Datei »Beispiel_7-10.png«. Verschieben Sie die Regler, um die Pinselform genauer einzustellen. Die roten Linien ❿ sind verschiebbar und definieren die Wiederholung des Mittelteils des Bildpinsels. Mehr zum Thema Auswahl oder Freistellen finden Sie ab Seite 216.

7 Quadratischen Pinsel anlegen

In der Pixel Persona können Sie Pinsel mit runder oder quadratischer Pinselspitze erstellen. Klicken Sie auf das Panelmenü im Pinsel-Panel, und wählen Sie NEUER QUADRATISCHER PINSEL. Der Pinsel wird im Pinsel-Panel angelegt. Mit einem Doppelklick darauf gelangen Sie in die Pinselbearbeitung. Unter TEXTUR ⓫ legen Sie die GRUNDTEXTUR ⓬ »Beispiel_7-11.png« fest und passen sie über SKALIERUNG an. Eine Pinselspitze lässt sich in diesem Fall nicht laden, da sie über ein Quadrat geformt wurde.

8 Quadratischen Pinsel bearbeiten

Pinsel, die als runde oder quadratische Pinsel neu angelegt werden, bieten nicht so viele Änderungsmöglichkeiten, Intensitätspinsel haben mehr Ausdrucksmöglichkeiten. Mit der DYNAMIK ⓮ aber bestimmen Sie die Abweichungen der Pinselspitze. Einige Abweichungen reagieren nur bedingt, wenn Sie an den Reglern schieben, da Ihre Pinselspitze als Quadrat angelegt wurde. Sie können die Abweichungen über vorangelegte Profile ⓭ steuern. DRUCK wird für Grafiktablets genutzt, das TEMPO bei der Maus.

9 Quadratischen Pinsel anpassen

Unter der Option ALLGEMEIN ⓰ können Sie die GRÖSSE des Pinsels, die AKKUMULATION – sprich die Abweichung der Deckkraft –, die HÄRTE oder die FORM sowie die ROTATION (die Drehung der Pinselspitze) einstellen. Verschieben Sie dazu die Regler, oder ändern Sie die Prozentwerte. Über MISCHMODUS können Sie festlegen, wie der Pinsel und dessen Farbe mit anderen Ebenen gemischt werden soll.

Wirkungsvoll ist auch die Funktion NASSE KANTEN ⓯, die Pinselkanten wie Aquarellverläufe zeigt.

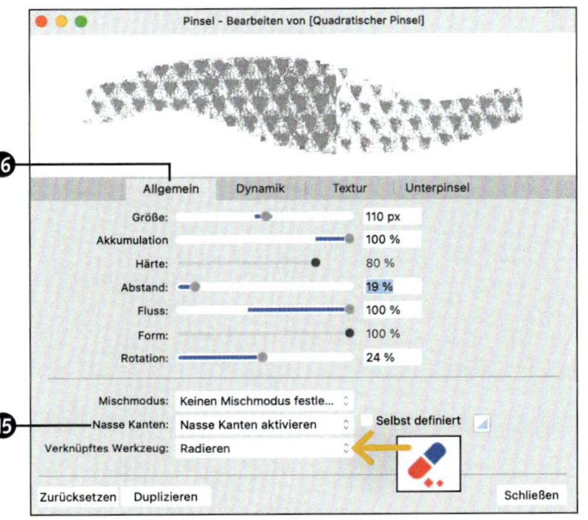

Pinsel teilen

Pinsel exportieren und importieren

Sie können Pinselsets mit Kollegen oder Freunden teilen. Das verbessert den Arbeitsfluss und ermöglicht gleiche Bildaussagen. Neue Kategorien oder Pinsel werden mit Standardbezeichnungen wie »Pinsel«, »Pinsel 2«, »Pinsel 3« usw. erstellt. Für gut sortierte Pinselsets legen Sie Kategorien an. Benennen Sie Kategorien verständlich, wie beispielsweise »Kohle«. Neue Kategorien und Pinsel werden im Pinsel-Panel über das Symbol ☰ erzeugt, umbenannt, importiert, exportiert und gelöscht. Pinselexporte werden als ».afbrushes« gespeichert. Meine Pinsel finden Sie auch unter: *https://cubebrush.co/tashiro*.

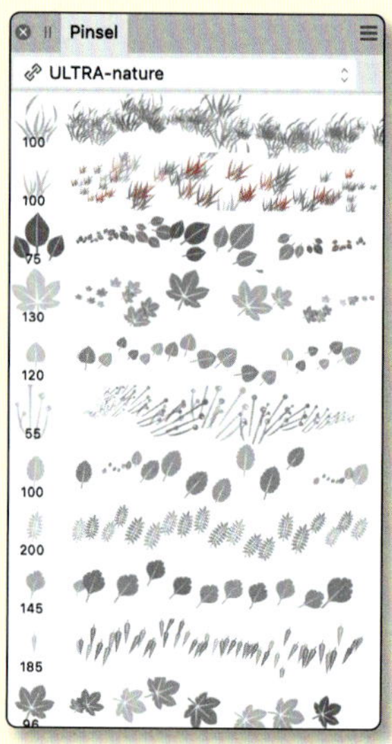

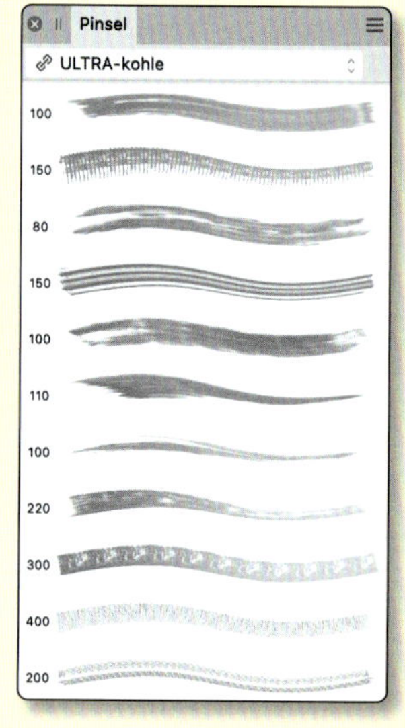

Neu in diesem Workshop

- Pinsel exportieren
- Pinsel importieren
- »afbrushes« für Affinity Photo

[Dateien: »DAUBMiniPack-2.afbrushes«
»ULTRA-kohle.afbrushes«
»ULTRA-image.afbrushes«
»ULTRA-acryl.afbrushes«
»ULTRA_effekte.afbrushes«
»ULTRA_schuppen.afbrushes«
»ULTRA-nature.afbrushes«]

PINSEL DER DESIGNER PERSONA
Vektor- und Bildpinsel

PINSEL DER PIXEL PERSONA
Pixel- und Bildpinsel

1 Pinsel exportieren

Pinsel exportieren können Sie sowohl aus der Designer Persona als auch aus der Pixel Persona . Öffnen Sie dazu jeweils das Pinsel-Panel. Wählen Sie eine zu exportierende Pinselkategorie ❶ aus. Blenden Sie das Panelmenü ❷ ein, und wählen Sie PINSEL EXPORTIEREN. In einem neuen Fenster können Sie den Speicherort und den Namen der zu exportierenden Pinsel bestimmen ❸.

Anmerkung: Vergeben Sie Ihren Pinseln Namen, die das visuelle Aussehen der Pinselkategorien charakteristisch beschreiben.

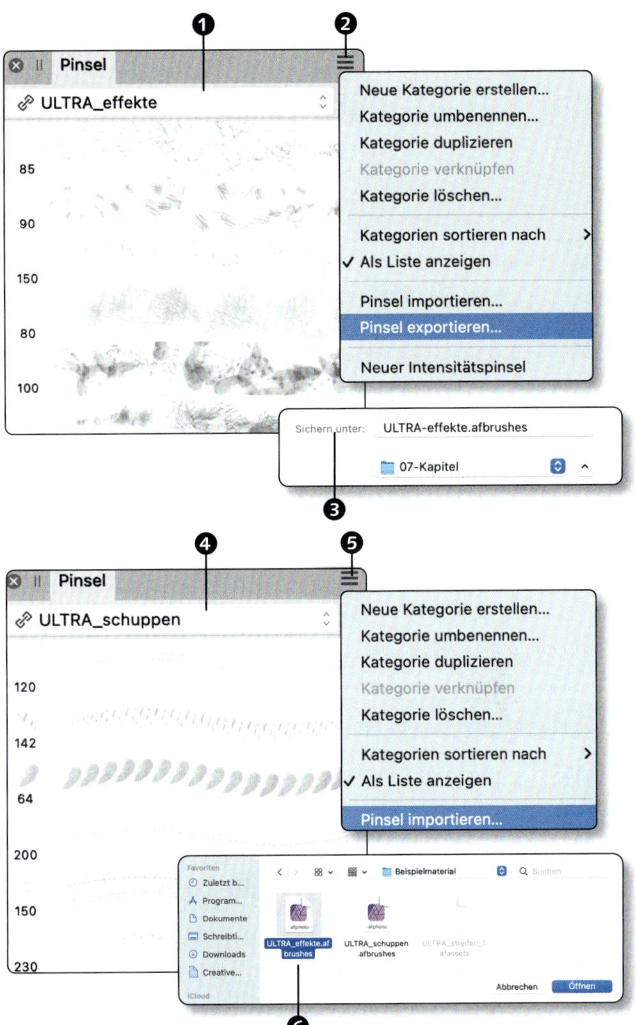

2 Pinsel importieren

Exportierte Pinsel haben eine kleine Dateigröße und heißen ».afbrushes«. Sie können Pinsel sowohl in der Designer Persona als auch in der Pixel Persona importieren. Öffnen Sie dazu das Ebenen-Panel, darin dann das Panelmenü ❺, und wählen Sie PINSEL IMPORTIEREN. Sie können ».afbrushes«-Dateien ebenfalls direkt von Ihrem Computer aus ❻ in Affinity Designer öffnen. Importierte Pinsel werden als neue Pinselkategorie ❹ abgelegt. Den Namen der Kategorie können Sie jederzeit über das Panelmenü ändern.

3 »afbrushes« für Affinity Photo

Die Affinity-Produkte sind untereinander kompatibel. Sollten Sie Affinity Photo nutzen, können Sie die Dateien ».afbrushes« ❽ ebenfalls in Affinity Photo über das Pinsel-Panel ❼ importieren. Die Pinselsets »ULTRA« ermöglichen Ihnen beispielsweise Bildbearbeitungen in illustratorischer Form. Sie können die Deckkraft sowie die Mischmodi nutzen, um Fotos aufzuwerten oder neue Bildwelten zu gestalten.

Anmerkung: Der Pinsel und das Pinsel-Panel in Affinity Photo funktionieren gleich. Sie können Pinsel auch in Affinity Photo erstellen und Werkzeugspitzen zuweisen.

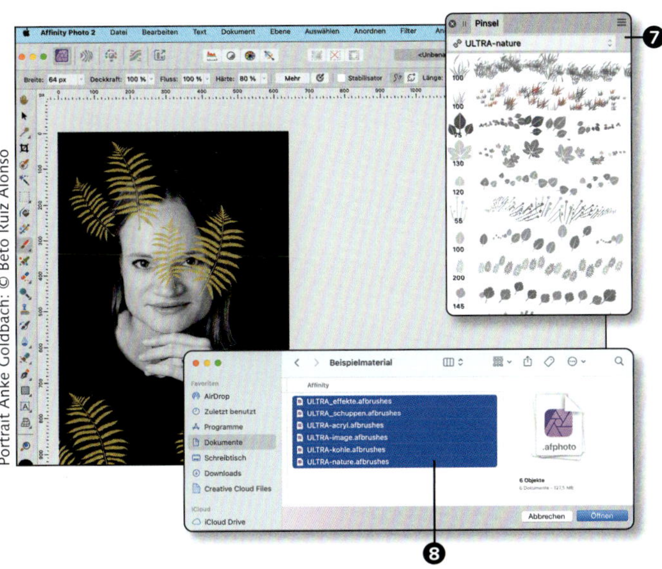

Portrait Anke Goldbach: © Beto Ruiz Alonso

Pixelauswahl und Freistellen

Dieses Kapitel beschreibt Wissenswertes über die Pixel Persona – über die Pixelauswahl und das Freistellen in Affinity Designer. Sie erhalten eine Einführung, wie Sie Bereiche Ihrer Arbeit nach Farb- oder Tonwerten auswählen, auch wie Sie eine Pixelauswahl über die Auswahlgröße und Randschärfe weiter ändern können oder wie Sie Kanten einer Auswahl verfeinern, um beispielsweise Haare freizustellen. Mit der Umrandungsauswahl können Sie besonders schnell und unkompliziert eine neue Auswahl durch eine Umrisslinie erzeugen.

Pixelauswahl erstellen

Verschiedene Auswahlmöglichkeiten ausprobieren

Eine Pixelauswahl können Sie nur in der Pixel Persona erstellen. Sie können eckige, runde, spalten- und zeilenförmige oder freihändige Auswahlbereiche mit den Auswahlwerkzeugen festlegen. Sie können Auswahlbereiche umkehren, bearbeiten und aufheben. Die Pixelauswahl in Affinity Designer ist praktisch, wenn Sie bestimmte Bereiche bearbeiten, schneiden oder maskieren möchten. Sie können beispielsweise Elemente freistellen, um Bildmontagen mit Vektorgrafiken zu verbinden. Mit verschiedenen Auswahlbegrenzungen können Sie festlegen, welche Pixel ausgewählt sein sollen und welche nicht.

Nachher

Vorher

AUSWAHLRAHMEN RECHTECK
Rechteckig oder quadratisch

AUSWAHLRAHMEN ELLIPSE
Kreisförmig oder oval

AUSWAHLRAHMEN SPALTEN
Vertikale Spalten

AUSWAHLRAHMEN ZEILEN
Horizontale Zeilen

FREIHANDAUSWAHL LASSO
Freihändig, polygonal, magnetisch

AUSWAHLPINSEL
Freihändige Auswahl

BEREICH AUSWÄHLEN
Große Bereiche flott auswählen

Neu in diesem Workshop

- Erstellen einer Pixelauswahl
- Freihandauswahl nutzen
- Pixelauswahl aufheben

[Datei: »Beispiel_8-1.afdesign«]

1 Erstellen einer Pixelauswahl

Öffnen Sie das »Beispiel_8-1.afdesign«. Zum Freistellen bietet Affinity Designer diverse Auswahlwerkzeuge an. Grundbedingung: Gehen Sie in die Pixel Persona, und markieren Sie die Ebene ❷, aus der Sie Bereiche schneiden wollen. Um die Tulpe freizustellen, versuchen Sie einmal die Auswahlrahmen Rechteck oder Ellipse. Klicken und ziehen Sie einen Auswahlrahmen ❸ auf. Sie können durch das Festlegen eines Modus ❶ Bereiche der Auswahl hinzufügen, von ihr subtrahieren oder überlappen lassen.

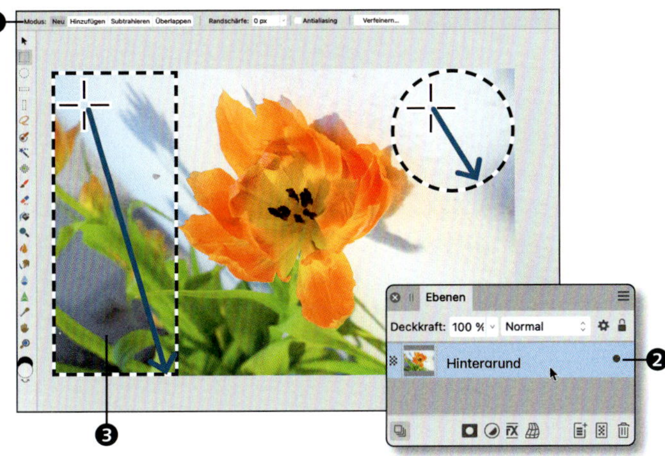

2 Freihandauswahl nutzen

Für ein nicht eckiges Objekt wie die Blume eignen sich Auswahlrechteck oder -ellipse nicht. Bei der Auswahl an Kanten nutzen Sie eher die Freihandauswahl oder den Auswahlpinsel. Um die Tulpe besser freistellen zu können, stellen Sie unter Typ ❹ Polygonal ein und klicken an der Kante der Tulpe ❺ entlang. Verwenden Sie Magnetisch, können Sie per Klick Knoten hinzufügen, die sich später bearbeiten lassen. Per Doppelklick schließen Sie die Auswahl. Der Auswahlpinsel ist besonders bei großen Flächen wirksam.

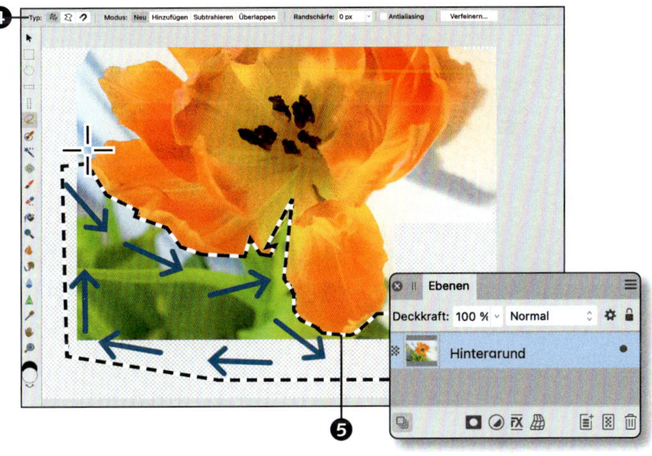

3 Pixelauswahl mit Tasten

Ist eine Auswahl mit der Freihandauswahl nicht exakt getroffen, können Sie mit der Löschtaste schrittweise zurückgehen. Mit `cmd`/`Strg` + `D` wird die Auswahl aufgehoben, oder Sie klicken mit dem Auswahlwerkzeug außerhalb des Auswahlbereichs.

Die `⇧`-Taste beschränkt die Auswahl auf ein Quadrat oder einen Kreis. Die `ctrl`-Taste (Mac) addiert Bereiche der aktuellen Auswahl hinzu (Windows: rechte und linke Maustaste gleichzeitig drücken). Die `Alt`-Taste zieht Bereiche von der aktuellen Auswahl ab.

Um in einem Foto Spalten und Zeilen zu schneiden, nutzen Sie die Werkzeuge ❻.

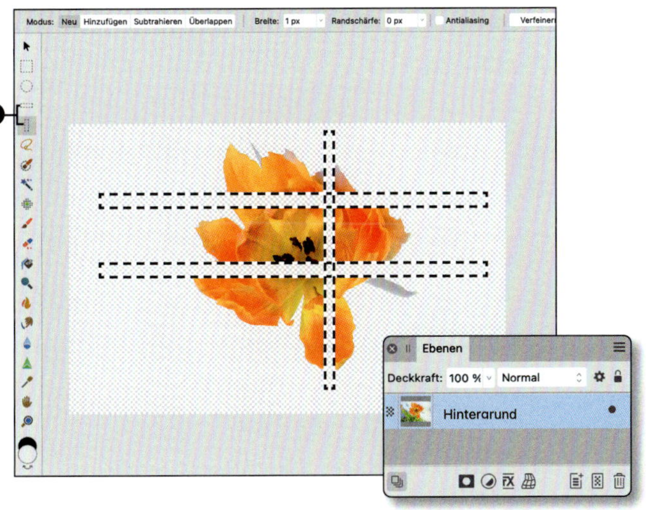

Pixelauswahl nach Bereichen

Farb- oder Tonwertbereiche auswählen

Pixelauswahlen können ebenfalls per Farb- oder Tonwertbereiche in Ihrem Bild erstellt werden. Das ist für die SELEKTIVE FARBKORREKTUR oder andere Anpassungen praktisch. Möchten Sie eine Auswahl erstellen, die auf Farb- oder Tonwertbereichen basiert, analysiert Affinity Designer das Bild und nimmt die Pixel in die Auswahl auf, die in den ausgewählten Farbbereich fallen. Die Optionen für das Auswählen von Farb- und Tonwertbereichen finden Sie im Menü unter AUSWÄHLEN. Sie können Rot, Blau und Grün als Farbbereiche auswählen. Zwischentöne, Lichter und Schatten zählen zu den Tonwertbereichen.

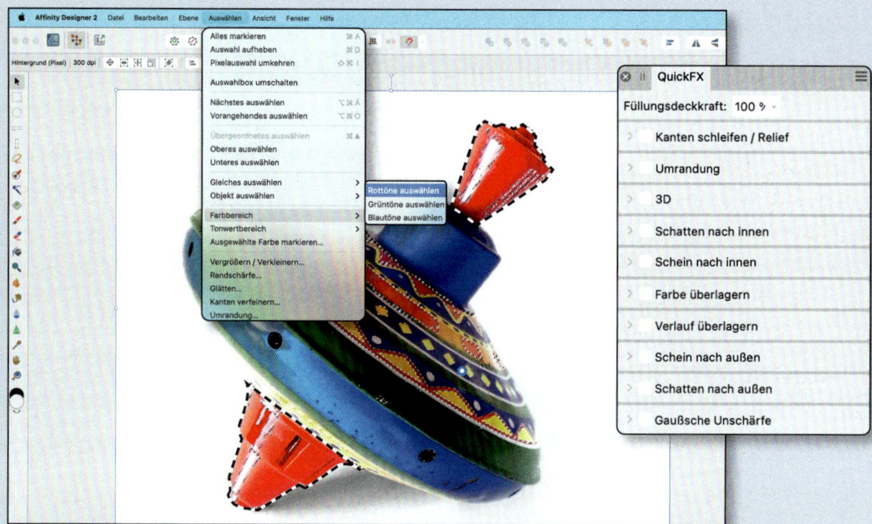

Bild von InspiredImages auf Pixabay

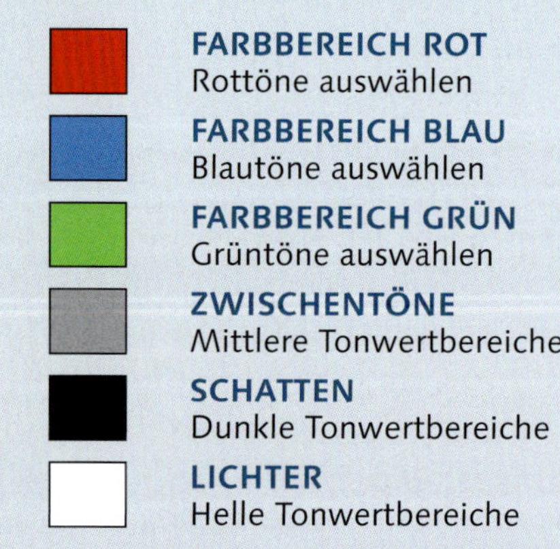

Neu in diesem Workshop

- Farbbereich auswählen
- Tonwertbereich auswählen
- Pixelauswahl umkehren

[Datei: »Beispiel_8-2.afdesign«]

1 Farbbereich auswählen

Öffnen Sie das »Beispiel_8-2.afdesign«. Wollen Sie nur rote Bereiche ❶ markieren, gehen Sie in der Pixel Persona zum Menü Auswählen • Farbbereich • Rottöne auswählen. Es werden alle roten Pixel markiert.

Sie können innerhalb ausgewählter Bereiche mit jedem Werkzeug arbeiten und beliebig viele Effekte und Anpassungen anwenden.

Anmerkung: Sollte im Ebenen-Panel ❷ eine Vektorebene aktiv sein, wird sie nicht berücksichtigt. Es werden ausschließlich Pixelebenen analysiert (mehr zum Rastern: Seite 142).

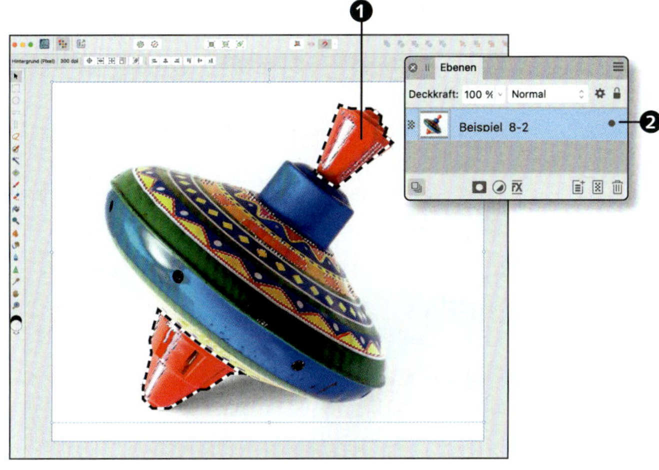

2 Tonwertbereich auswählen

Wollen Sie in einem Foto beispielsweise die Lichter, Zwischentöne und Schatten umfärben oder mit der Gradationskurve anpassen, gehen Sie in der Pixel Persona zum Menü Auswählen • Tonwertbereich und wählen die entsprechende Option aus. Wählen Sie Schatten aus, wird nur der schwarze Bereich ❸ in die Auswahl genommen. Wählen Sie Lichter aus, werden nur helle Bereiche in der Pixelauswahl markiert. Die Zwischentöne bilden die Mittelwerte oder Grauwerte.

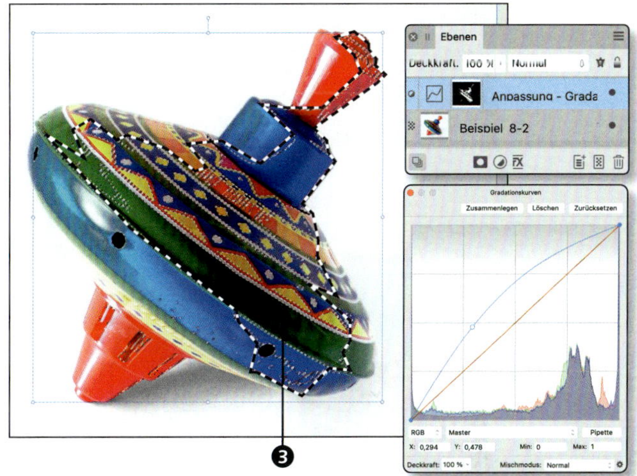

3 Pixelauswahl umkehren

Eine Pixelauswahl umzukehren, ermöglicht Ihnen einen schnellen Arbeitsfluss beim Freistellen oder Retuschieren. Sie markieren beispielsweise zuvor die dunklen Bereiche in der Pixel Persona im Menü Auswählen • Tonwertbereich • Schatten. Sie können den Auswahlrahmen nun über das Menü Auswählen • Pixelauswahl umkehren nach außen kehren. Es werden alle Bereiche ❹ außer der dunklen Fläche ausgewählt. Sollten die Weißtöne Ihnen zu hell erscheinen, können Sie diese mit der Anpassung Schatten/Lichter über das Ebenen-Panel anpassen.

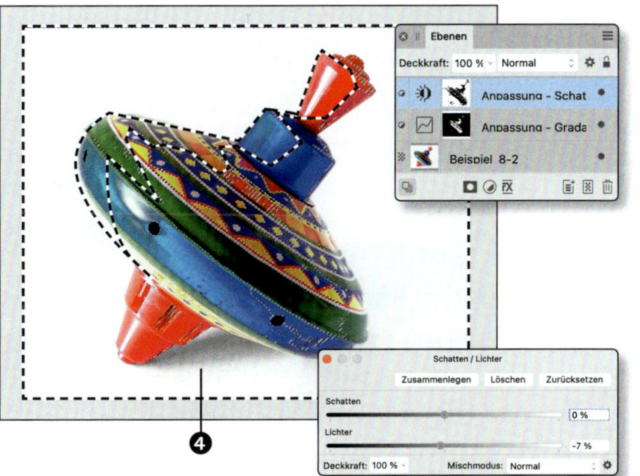

Pixelauswahl nach Farbprobe

Auswahl nach Farben eines Bildes

Sie können eine Pixelauswahl erstellen, indem Sie Farbproben in Ihrem Bild, Objekt oder Ihrer Ebene entnehmen. Gehen Sie in das Menü Auswählen • Ausgewählte Farbe markieren. Klicken Sie auf eine Farbe im Bild, um die Farbprobe zu markieren. Ein Dialogfeld wird geöffnet. Mit der Toleranz legen Sie fest, wie die Pixel der Farbauswahl entsprechen sollen. Bei einer geringen Toleranz muss die Pixelauswahl dem angeklickten Farbpixel sehr ähnlich sein. Bei einer hohen Toleranz kann die Pixelauswahl sehr vom Farbpixel abweichen. Über die Option Modell legen Sie den Farbraum der Farbprobe fest.

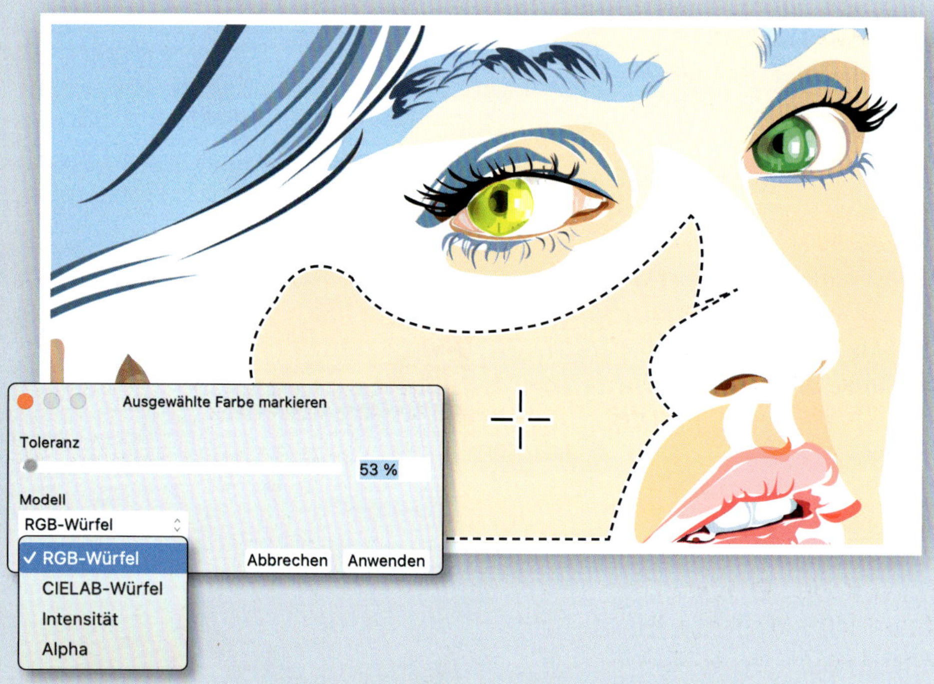

Neu in diesem Workshop

- Pixelauswahl nach Farbprobe
- Toleranz der Pixel ändern
- Modell der Pixelauswahl ändern

[Datei: »Beispiel_8-3.afdesign«]

RGB
Farbprobe nach Rot, Grün, Blau

CIELAB
Alle wahrnehmbaren Farben

INTENSITY
Farbprobe nach Farbstärke

ALPHA
Farbprobe nach Alpha-Kanal

1 Pixelauswahl nach Farbprobe

Öffnen Sie die Datei »Beispiel_8-3.afdesign«. Klicken Sie im Ebenen-Panel die zu markierende Ebene ❶ an. Sie können in der Pixel Persona eine Auswahl nach Farbproben erzeugen, das ist für spätere Anpassungen oder Effekte sehr wirksam. Gehen Sie in das Menü AUSWÄHLEN • AUSGEWÄHLTE FARBE MARKIEREN. Ein neues Dialogfeld öffnet sich. Zuerst wird keine Auswahl erzeugt, aber Ihr Mauszeiger ändert seine Form ❷. Klicken Sie auf eine beliebige Farbe innerhalb Ihrer Datei. Alle Bereiche dieser Farbe werden markiert.

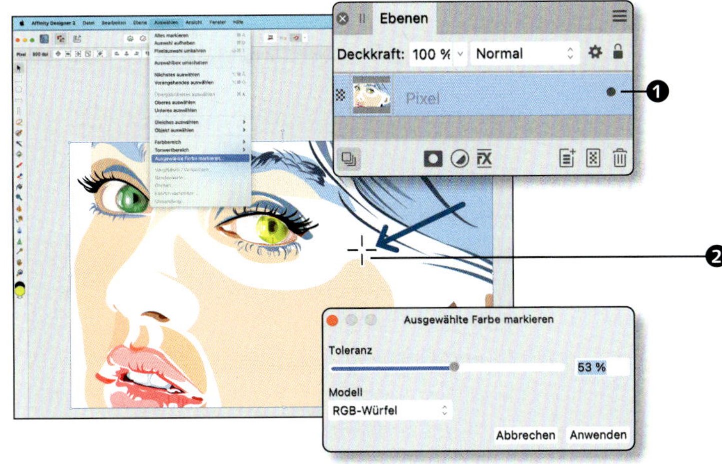

2 Toleranz der Pixel ändern

Sie können beliebig oft Farbproben in Ihrer Datei auswählen. Klicken Sie beispielsweise auf die blauen Haare, werden Ihnen alle blauen Bereiche markiert. Klicken Sie in die farbige Iris der Augen, werden nur die Augenfarben in die Pixelauswahl aufgenommen. Klicken Sie zuletzt auf die pinken Lippen ❹. Sollte Ihnen die Pixelauswahl zu ungenau erscheinen, können Sie die TOLERANZ ❸ per Regler oder Ziffern ändern. Je kleiner die Toleranz, desto exakter wird die Pixelauswahl der entnommenen Farbprobe.

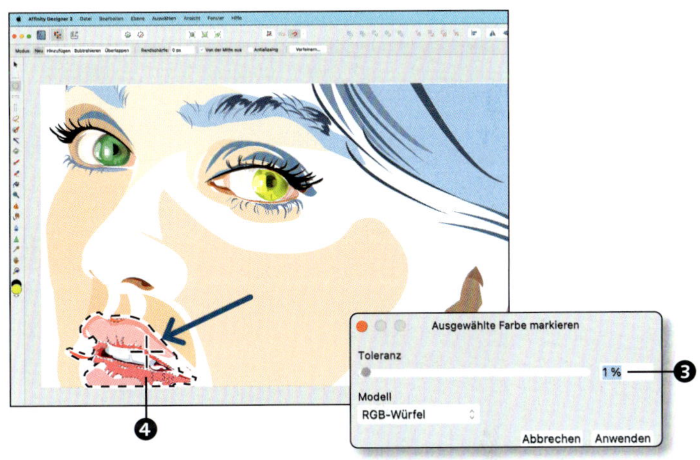

3 Modell der Pixelauswahl ändern

Ändern Sie das MODELL ❺, können Sie unterschiedliche Farbproben sehen. Das erweitert Ihre Möglichkeiten, exakte Pixelauswahlen zu finden. Mit RGB-WÜRFEL können Sie am genauesten eine Auswahl per Pixelfarbprobe erstellen. CIELAB-WÜRFEL erkennt hellere und dunklere Mischtöne einer Pixelfarbprobe. Die INTENSITÄT – sprich Farbintensität – erzeugt eine Pixelauswahl anhand gleich starker Pixelfarbproben und erstellt somit eine großflächige und allgemeine Pixelauswahl. Am meisten wird das Modell RGB-WÜRFEL verwendet.

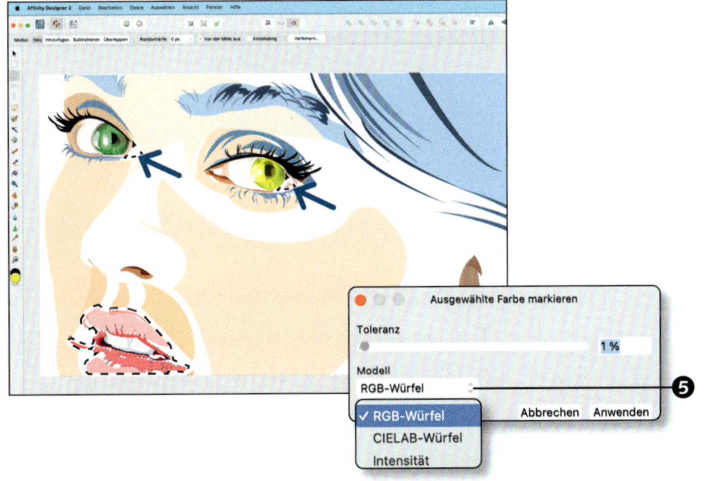

Pixelauswahl ändern

Auswahlgrößen und Randschärfen

Nachdem Sie eine Pixelauswahl getroffen haben, können Sie die Auswahl beliebig ändern. Sie können die Pixelauswahl vergrößern und verkleinern, die Randschärfe für Auswahlkanten festlegen oder Kanten weicher gestalten. Die Änderungen finden Sie im Menü AUSWÄHLEN unter VERGRÖSSERN/VERKLEINERN, RANDSCHÄRFE und GLÄTTEN. Die Randschärfe können Sie ebenfalls über die Kontextleiste festlegen. Deaktivieren Sie die Standardeinstellung KREISFÖRMIG, bleibt die Form der Auswahl erhalten. Ist die Option KREISFÖRMIG aktiv, wird die Auswahl mit steigendem RADIUS runder.

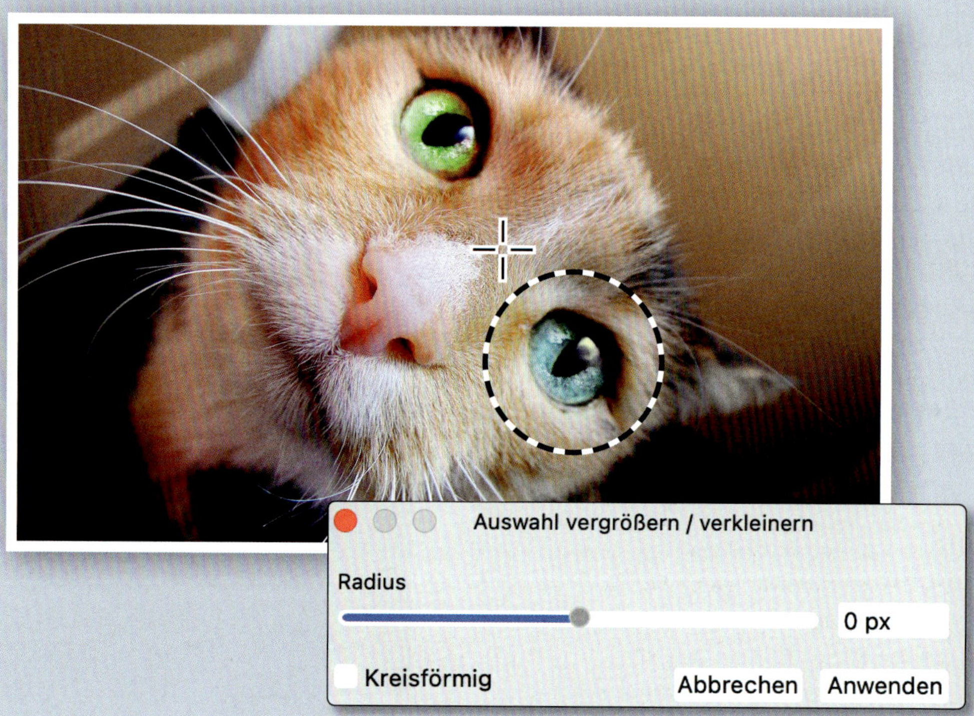

Neu in diesem Workshop

- Auswahl vergrößern, verkleinern
- Randschärfe der Pixelauswahl
- Glätten der Pixelauswahl

[Datei: »Beispiel_8-4.afdesign«]

AUSWAHLRAHMEN ELLIPSE
Kreisförmig oder oval

1 Auswahl vergrößern, verkleinern

Öffnen Sie die Datei »Beispiel_8-4.afdesign«. Gehen Sie in die Pixel Persona, und markieren Sie die Ebene ❶. Ziehen Sie mit dem Auswahlrahmen – Ellipse einen Kreis auf. Sollte die Auswahl nicht richtig getroffen sein, können Sie die Auswahl vergrößern oder verkleinern. Gehen Sie dazu in das Menü Auswählen • Vergrößern/Verkleinern. Daraufhin wird ein neues Dialogfeld geöffnet. Verändern Sie hier den Radius. Aktivieren Sie die Option Kreisförmig ❷.

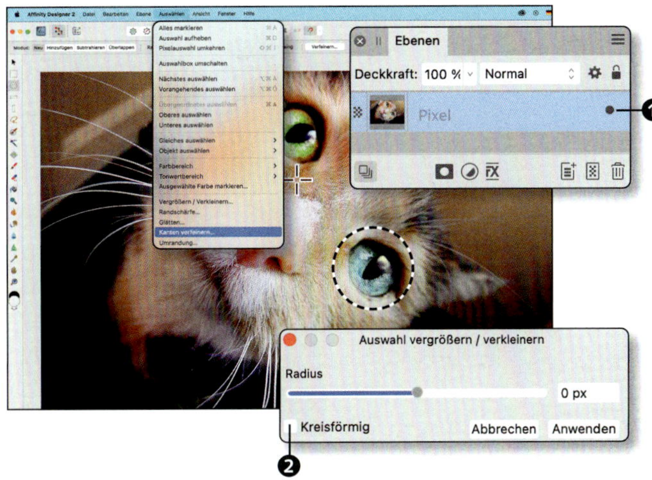

2 Randschärfe der Pixelauswahl

Sie können die Kanten einer Pixelauswahl über die Randschärfe weich oder hart gestalten. Dazu ziehen Sie mit einem Auswahlrahmenwerkzeug einen Rahmen auf. Gehen Sie in das Menü Auswählen • Randschärfe. Es öffnet sich ein neues Dialogfeld, in dem Sie den Radius anpassen. Klicken Sie auf Anwenden. Je größer der Radius, desto unschärfer werden die Ränder, je kleiner der Radius, desto schärfer sind sie. Wenn Sie die Pixelebene ❸ markieren und die Löschtaste drücken, sehen Sie die weichen Ränder.

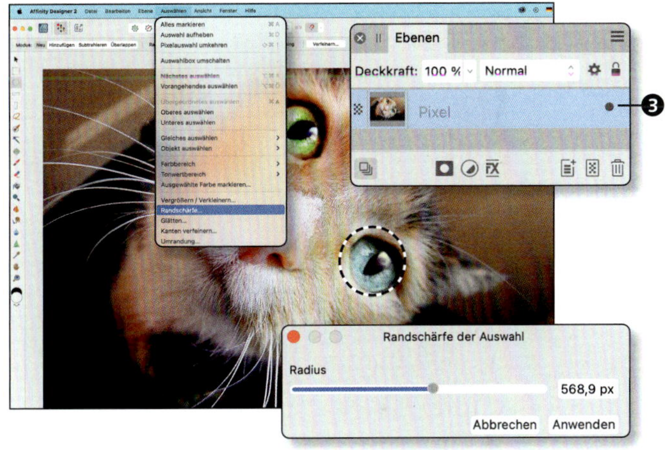

3 Glätten der Pixelauswahl

Das Glätten ist nützlich, wenn Sie Bereiche per Auswahl ausschneiden, kopieren und einfügen möchten. Die Glättung ist zerstörungsfrei. Gehen Sie in das Menü Auswählen, und wählen Sie Glätten aus. Bei der Kantenglättung wird der Übergang zwischen Kante und Hintergrund gemischt und über Radius ❹ bestimmt.

Anmerkung: Eine Pixelauswahl ist immer nur für die aktive Ebene gültig. Möchten Sie an allen Ebenen gleichzeitig Änderungen vornehmen, müssen Sie die Ebenen zuerst gruppieren und dann die Gruppe rastern.

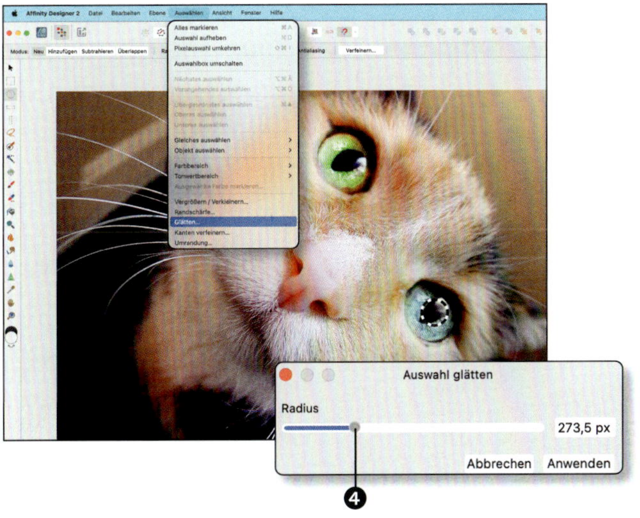

Kanten einer Auswahl verfeinern

Auswahl von Haaren erstellen

Wenn Sie eine Auswahl erstellt haben, können Sie die Auswahlkanten anpassen. Gehen Sie im Menü Auswählen auf Kanten verfeinern. Die Vorschau bestimmt die Darstellung der Auswahl. Deaktivieren Sie die Standardeinstellung Kontrastgrenzen folgen, können Sie gerade Auswahlkanten festlegen. Mit Glätten bestimmen Sie die Kantenabrundungen. Die Randschärfe definiert die Deckkraft der Kantenübergänge. Über die Randbreite können Sie Ihre Auswahl erweitern. Möchten Sie beispielsweise Haare auswählen, verwenden Sie den Anpassungspinsel, um Details hervorzuheben.

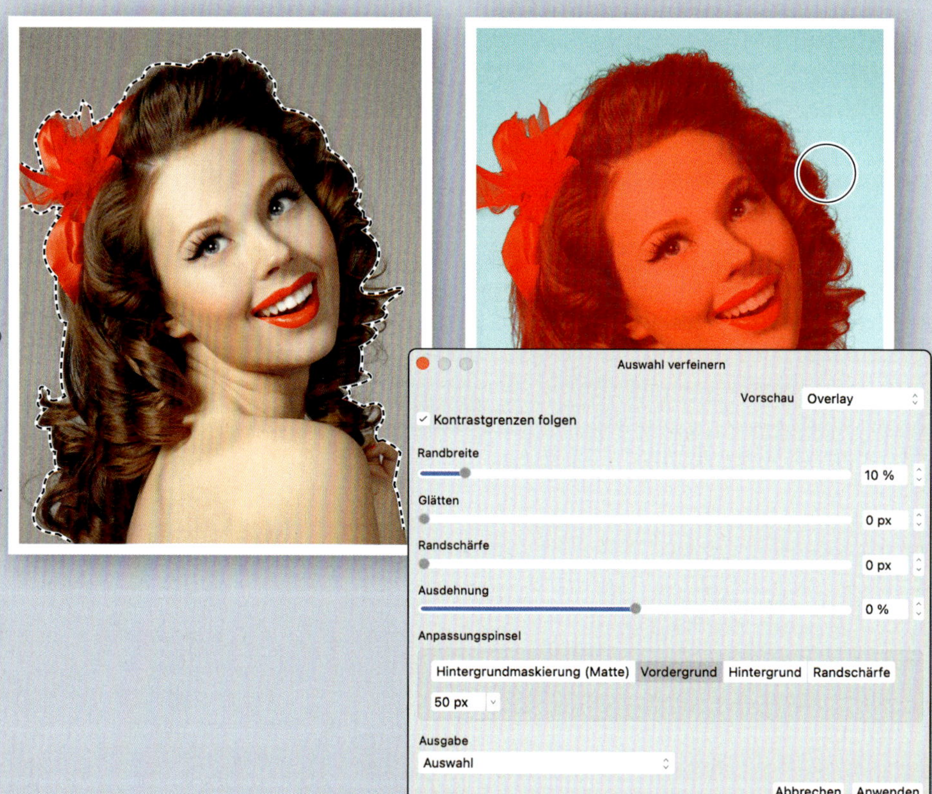

iStockphoto_19446319@FurmanAnna

Neu in diesem Workshop

- Grobe Auswahl erstellen
- Kanten verfeinern
- Haare freistellen

[Datei: »Beispiel_8-5.afdesign«]

AUSWAHLPINSEL
Freihändig Bereiche auswählen

VERSCHIEBEN-WERKZEUG
Ebenen markieren und löschen

1 Grobe Auswahl erstellen

Öffnen Sie »Beispiel_8-5.afdesign«. In der Pixel Persona können Sie eine Auswahl mit dem Auswahlpinsel ❹ erstellen. Markieren Sie aber erst die Ebene ❷. Passen Sie dann die BREITE ❶ des Auswahlpinsels an die Flächengröße an, und klicken Sie auf die Flächen ❸, die Sie in die Auswahl aufnehmen möchten. Mit gedrückter [⇧]-Taste und einem Klick können Sie Bereiche einer Auswahl hinzufügen, mit gedrückter [Alt]-Taste und einem Klick wieder entfernen. Öffnen Sie AUSWÄHLEN • KANTEN VERFEINERN.

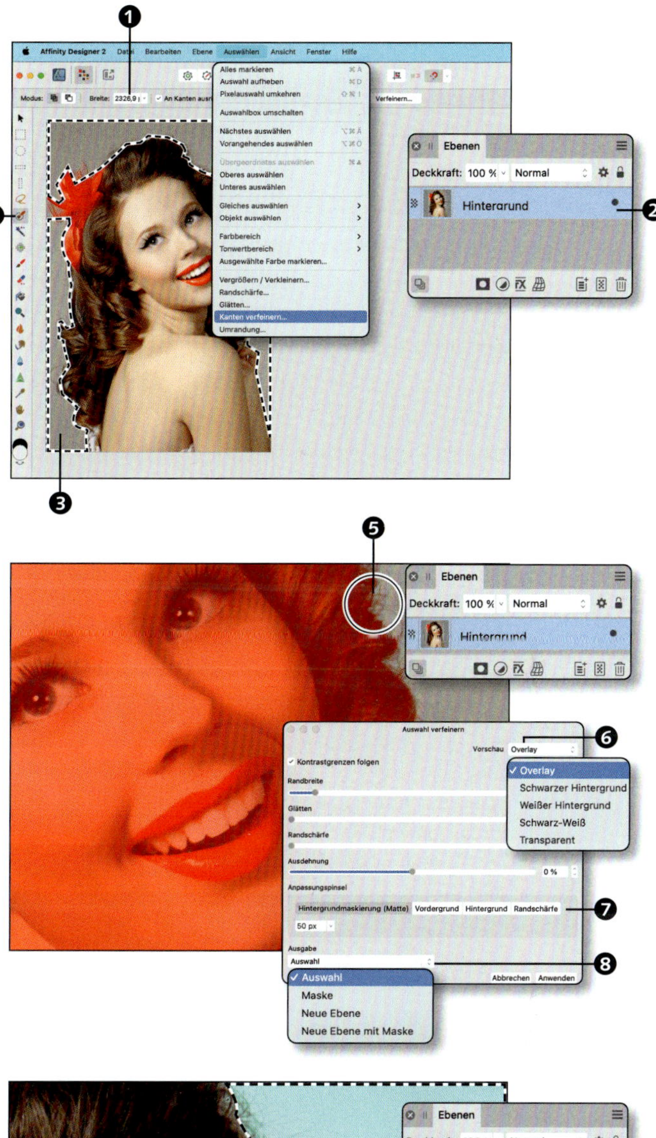

2 Kanten verfeinern

Wählen Sie als VORSCHAU ❻ die Option OVERLAY. Sie zeigt eine rot überlagerte Vorschau. Arbeiten Sie lieber mit Masken, nutzen Sie die anderen Optionen. Es ist automatisch ein Anpassungspinsel ❺ aktiv. Mithilfe verschiedener Optionen ❼ können Sie die Auswahl übermalen: Bei der HINTERGRUNDMASKIERUNG wird der Vordergrund vom Hintergrund unterschieden. Über VORDERGRUND vergrößern Sie die Vordergrundauswahl, über HINTERGRUND natürlich die Hintergrundauswahl. RANDSCHÄRFE bestimmt die Auswahlkante.

3 Haare freistellen

Über AUSGABE ❽ bestimmen Sie, wie die Auswahl umgesetzt wird. Um Bereiche freizustellen, entsperren Sie die Hintergrundebene, indem Sie auf das Schloss klicken. Drücken Sie die Löschtaste, wird der Bereich der Auswahl gelöscht. Sollte Affinity Designer Bereiche nicht löschen, nutzen Sie das Verschieben-Werkzeug, und drücken Sie die Löschtaste.

Anmerkung: Anstatt den Hintergrund ⓬ zu entfernen, können Sie ihn auch durch Anpassungen ❾ umfärben ❿. Ändern Sie den MISCHMODUS ⓫ für ein sauberes Ergebnis.

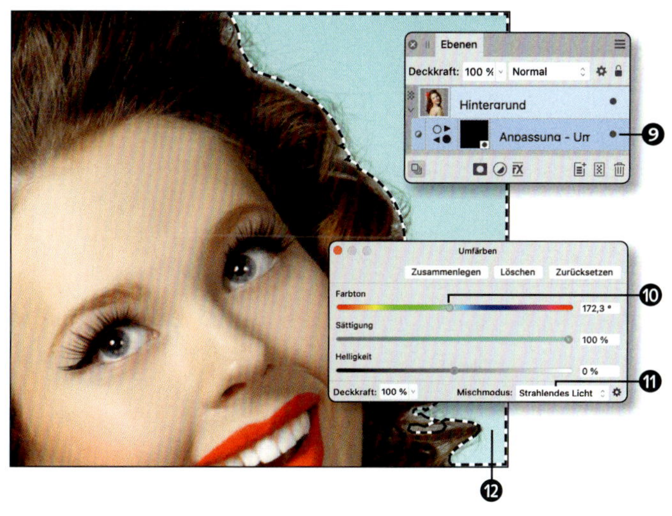

Umrandungsauswahl entdecken

Neue Auswahl durch Umrisslinien

Sie können mit der Umrandung eine neue Auswahl erzeugen. Die Umrisslinie beruht auf der zuvor festgelegten Pixelauswahl. Gehen Sie in das Menü Auswählen • Umrandung. Ein neues Dialogfeld öffnet sich. Der Radius legt die Auswahlbreite fest. Aktivieren Sie die Option Kreisförmig (bzw. Circular), werden Auswahlkanten abgerundet. Über die Ausrichtung (bzw. Alignment) definieren Sie, wie sich die Umrandung vom Ursprung der Pixelauswahl ausbreitet. Sie können komplexe Umrandungslinien erzeugen, um darin zu radieren oder Anpassungen vorzunehmen.

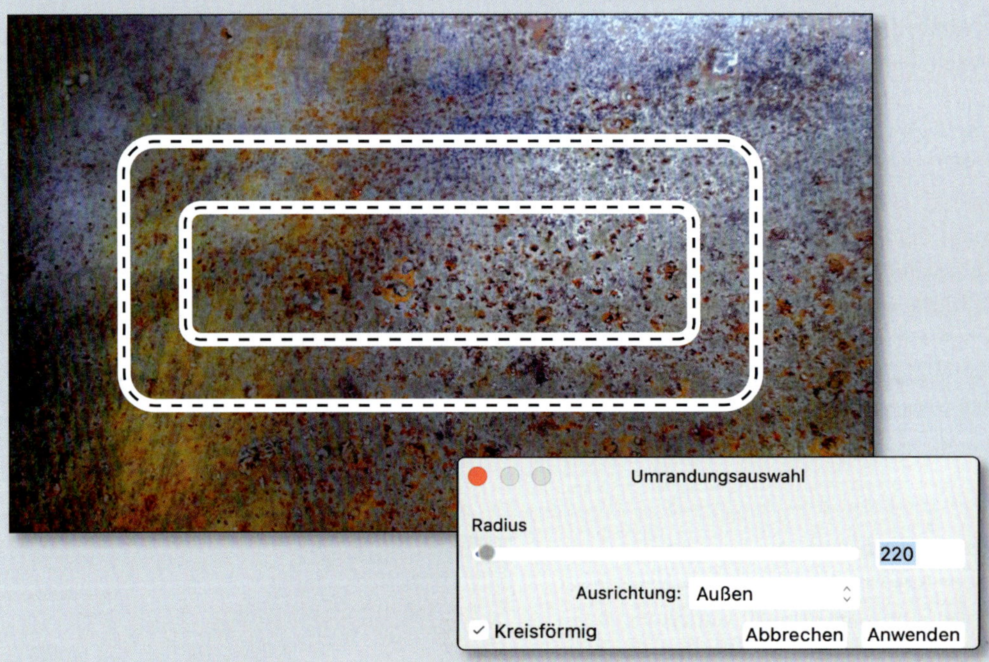

Neu in diesem Workshop

- Pixelauswahl festlegen
- Umrandungsauswahl erzeugen
- Umrandungsauswahl bearbeiten

[Datei: »Beispiel_8-6.afdesign«]

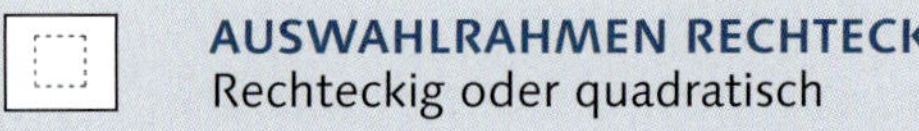

1 Pixelauswahl festlegen

Um eine Umrandungsauswahl erzeugen zu können, müssen Sie zuerst eine Pixelauswahl ❷ festlegen. Gehen Sie dazu in die Pixel Persona ❶, und erstellen Sie eine Pixelauswahl mit einem Auswahlrahmenwerkzeug ❸ Ihrer Wahl. Bedenken Sie, auf welcher Ebene Sie eine Auswahl machen möchten.

Anmerkung: Um eine quadratische bzw. kreisförmige Pixelauswahl zu erzeugen, ziehen Sie mit gehaltener [⇧]-Taste und dem Auswahlrahmen Rechteck ⬚ bzw. der Ellipse eine gleichmäßige Pixelauswahl auf.

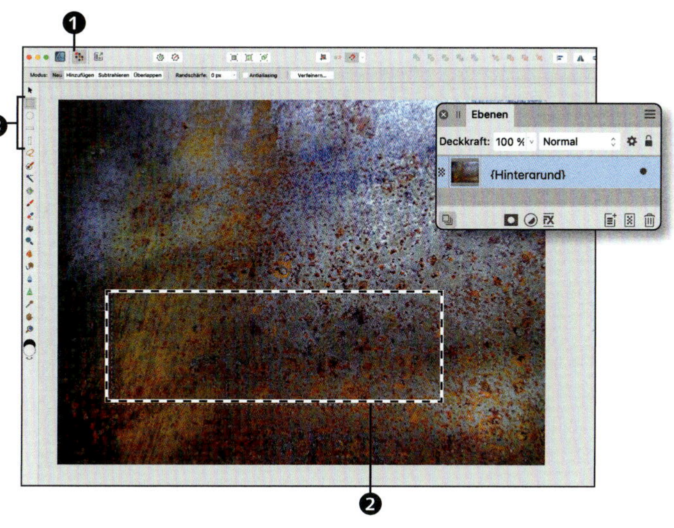

2 Umrandungsauswahl erzeugen

Mit einer Umrandungsauswahl können Sie einen optischen Rahmen erzeugen. Das ist bei der Freistellung von Bildern hilfreich. Gehen Sie in das Menü Auswählen • Umrandung. Es öffnet sich ein neues Dialogfeld. Über Radius ❹ bestimmen Sie den Abstand der Umrandung ❺ zur Pixelauswahl. Wenn sich der Mauszeiger ändert ❻, können Sie den Radius ebenfalls vergrößern oder verkleinern. Die Umrandungsauswahl funktioniert genauso gut in Kombination mit der Option Auswahl umkehren.

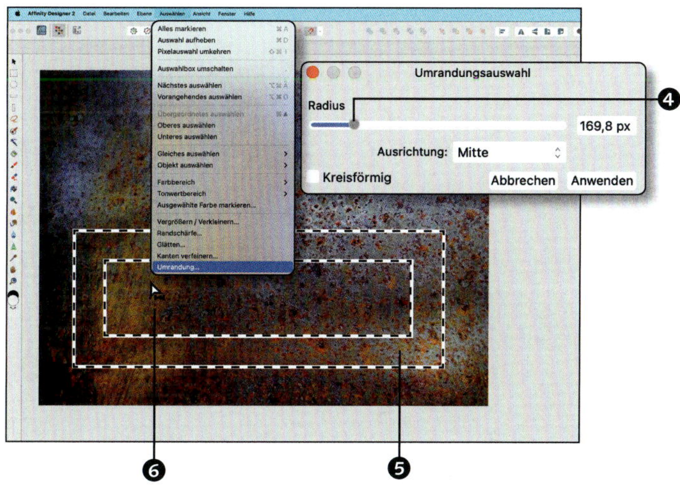

3 Umrandungsauswahl bearbeiten

Sie können über das Dialogfeld die Position der Umrandungsauswahl – auch Ausrichtung ❽ genannt – nach außen, in der Mitte oder nach innen verlegen. Wie jede Auswahl können Sie auch eine Umrandungsauswahl anpassen oder kopieren. Um den Bereich der Umrandungsauswahl zu entfernen, markieren Sie die Ebene ❼ im Ebenen-Panel und drücken die Löschtaste. Sie sehen den Hintergrund ❾.

Anmerkung: Ist die Option Kreisförmig aktiviert, werden die Kanten der Auswahl bei zunehmendem Radius stärker abgerundet.

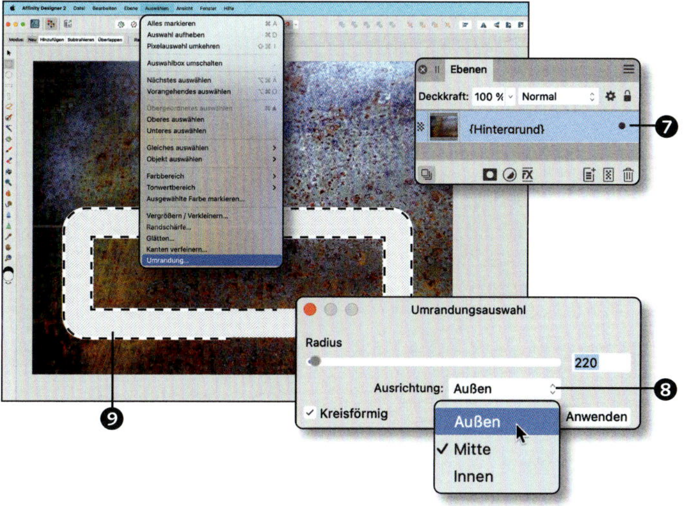

Typografie und Textwerkzeuge

Die Grundlagenexkurse dieses Kapitels beleuchten das Thema der Textverarbeitung und Typografie. Sie erfahren, wie Sie Texte anlegen und importieren. Die Textgestaltung wird mithilfe von Textstilen erleichtert. Sie werden aber auch mit Text kreativ: Sie legen Texte auf Pfade, um sie an Linien oder Formen auszurichten. Schriften lassen sich in Pfade umwandeln, um Logos zu gestalten. Lesen Sie auch, wie Sie Textauszeichnungen und Farben zur Textgestaltung einsetzen.

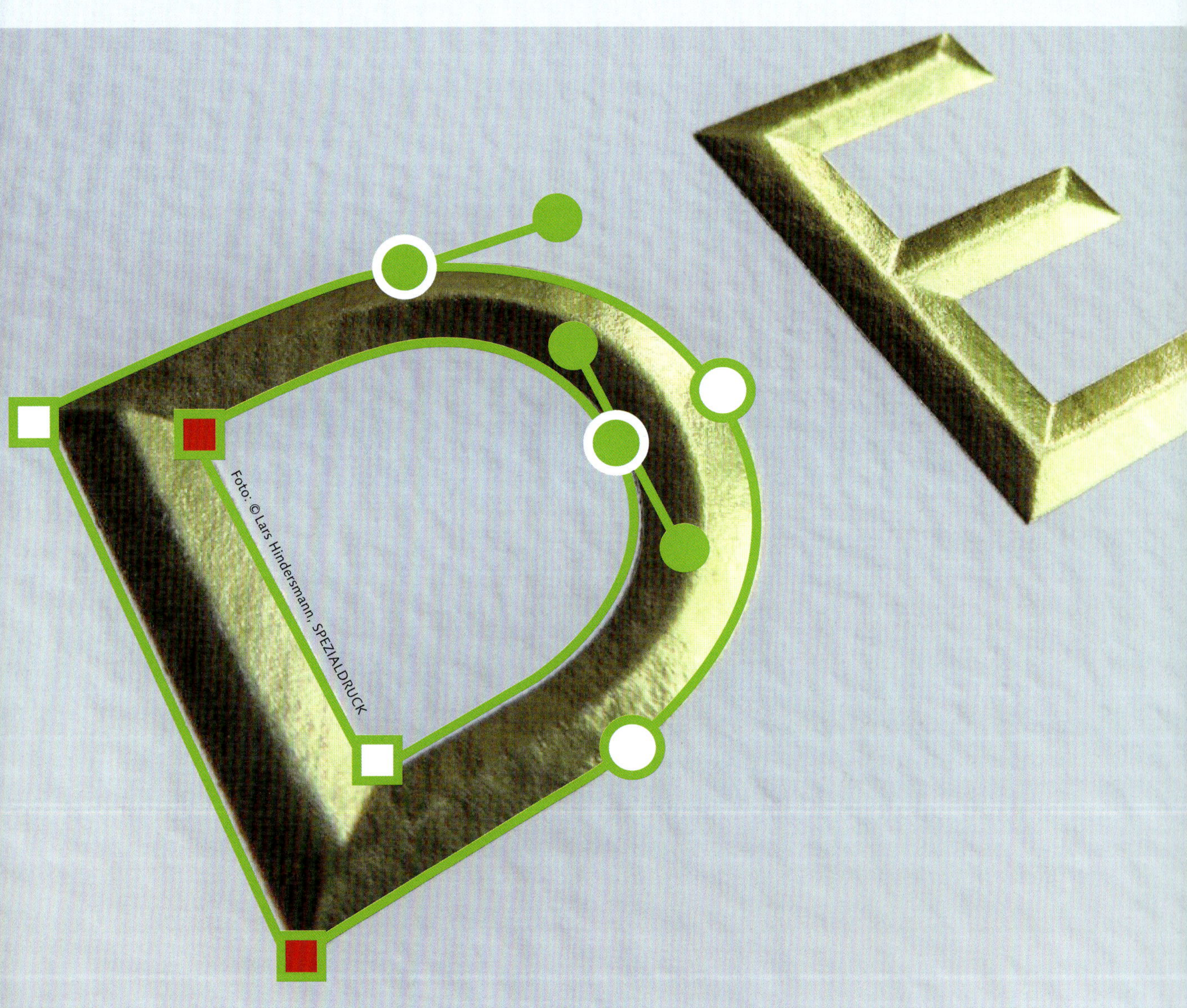

Foto: © Lars Hindersmann, SPEZIALDRUCK

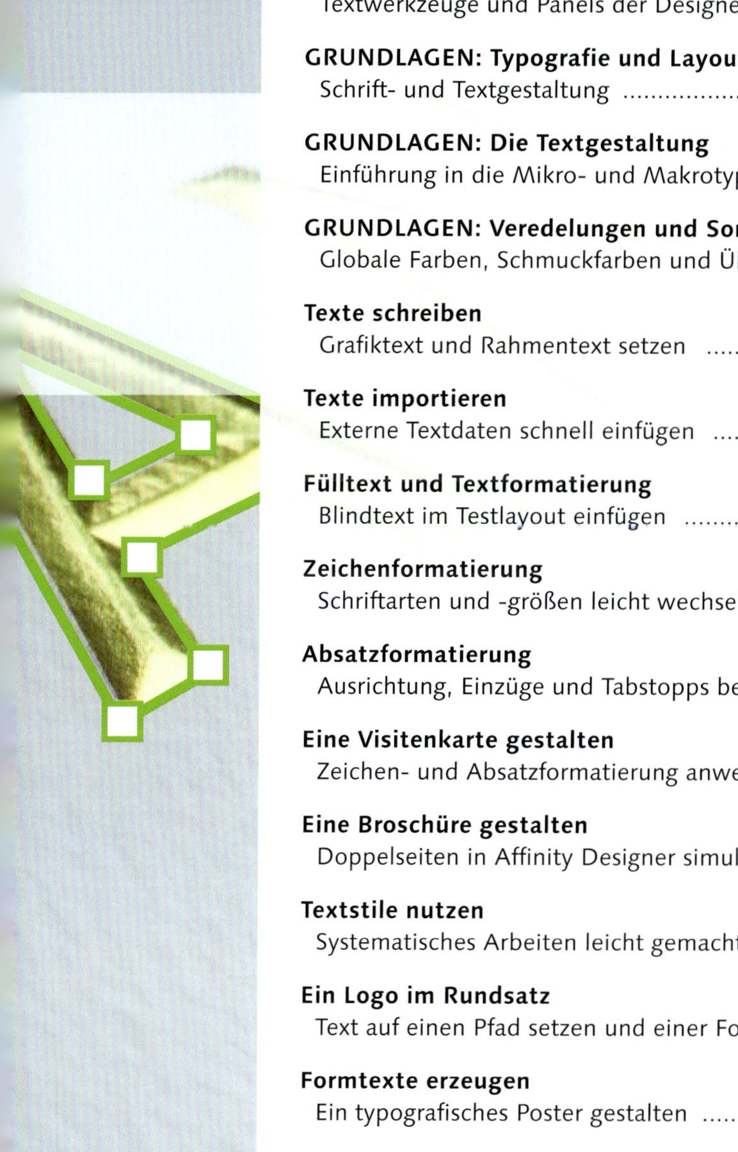

Textverarbeitung in Affinity Designer

Textwerkzeuge und Panels der Designer Persona

Um Texte zu gestalten, nutzen Sie die Textwerkzeuge und Panels der Designer Persona. Für Überschriften, Logos und Verzierungen setzen Sie das Werkzeug GRAFIKTEXT ein. Wollen Sie Texte mit Absätzen und Spalten unterteilen, verwenden Sie den RAHMENTEXT. Für die Textwerkzeuge können Sie in der Kontextleiste viele Formatierungsoptionen festlegen, z. B. die Schriftart und Größe ❷ bestimmen und, falls verfügbar, diverse Schriftschnitte ❶ nutzen sowie die Standardoptionen ❸ FETT, KURSIV oder UNTERSTRICHEN anwenden. Sie können Texte bequem über die Kontextleiste links- oder rechtsbündig, zentriert oder als Blocksatz ausrichten ❹ oder den Zeilenabstand ❺ von Absätzen ändern. Um Farben einzustellen, klicken Sie auf den Pfeil ❻. Wechseln Sie zum Verschieben-Werkzeug, können Sie hier Schriften in Kurven umwandeln.

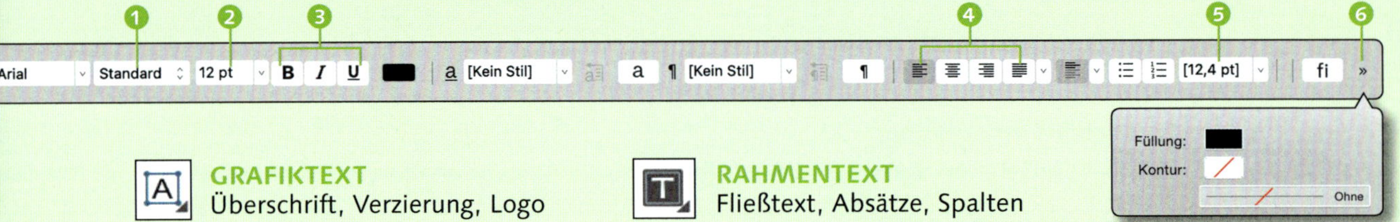

GRAFIKTEXT
Überschrift, Verzierung, Logo

RAHMENTEXT
Fließtext, Absätze, Spalten

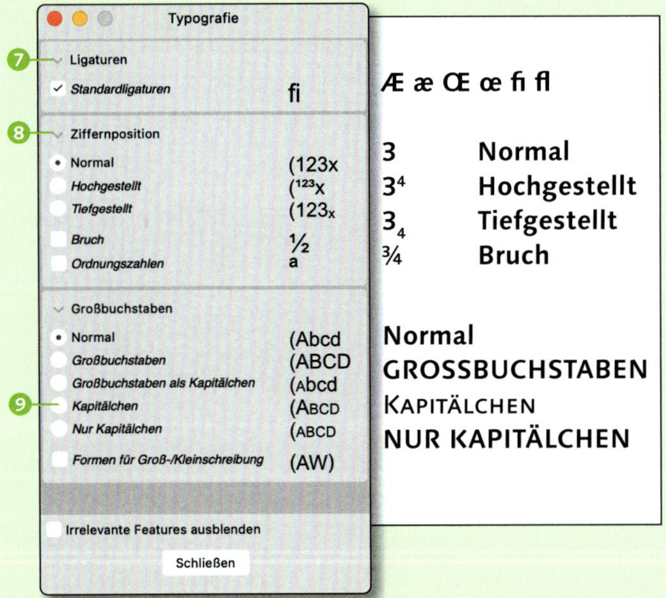

Dialogfeld »Typografie« – Textgestaltung

Schauen wir uns nun die Panels des Themenkomplexes Typografie genauer an. Gehen Sie bitte zunächst in das Menü zu TEXT • DIALOGFELD FÜR "TYPOGRAFIE" ÖFFNEN, oder drücken Sie Strg/cmd + ⇧ + T.

Im Dialogfeld können Sie, sobald Sie ein Textwerkzeug angeklickt haben, LIGATUREN ❼ aktivieren. Ligaturen beschreiben im Druckwesen die Verbindung von zwei Buchstaben zu einer Drucktype, klassisch z. B. bei der Kombination von fl oder ff. Unter der Option ZIFFERNPOSITION ❽ haben Sie die Möglichkeit, Bruch- und Ordnungszahlendarzustellen. Die Option HOCHGESTELLT stellt Zeichen oder Zahlen nach oben. Die Option TIEFGESTELLT stellt Zeichen tiefer, die unterhalb der Druckzeile geschrieben werden.

KAPITÄLCHEN ❾ sind Kleinbuchstaben in Form von Großbuchstaben und ermöglichen Hervorhebungen. Das »ß« wird automatisch mit den Buchstaben »SS« dargestellt.

Das Panel »Zeichen« – Schriftart und Position

Gehen Sie zu Fenster • Text • Zeichen, oder drücken Sie cmd/Strg + T. Mit dem Zeichen-Panel formatieren Sie Texte. Die Textformatierung umfasst die Schriftart ⑩ und Größe, die Schriftfarbe ⑫, die Positionierung und Transformation ⑬ der einzelnen Zeichen und Wörter zueinander sowie typografische Auszeichnungen ⑭ wie Ligaturen, Ordnungszahlen, Brüche, Hoch- und Tiefstellungen, Großbuchstaben und Kapitälchen. Klicken Sie auf das Symbol ⑪, können Sie das Dialogfeld Typografie öffnen.

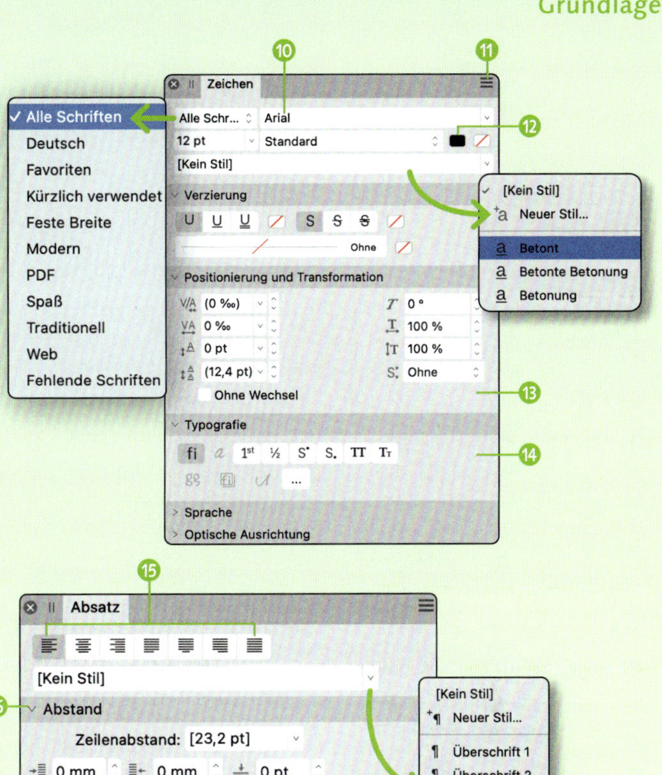

Das Panel »Absatz« – Absatzformatierung

Gehen Sie zu Fenster • Text • Absatz. Mit dem Absatz-Panel steuern Sie den Textfluss und die Position einzelner Absätze. Mit den Absatzausrichtungen ⑮ können Sie Texte links- und rechtsbündig, zentriert oder als Blocksatz ausrichten. Damit im Blocksatz keine großen Lücken, auch »Gassen« genannt, entstehen, können Sie die Abstände der Zeichen im Blocksatz ⑱ verfeinern. Über den Abstand ⑯ definieren Sie vertikale Abstände zwischen Absätzen und Zeileneinzügen. Sie können Tabstopps ⑰ positionieren.

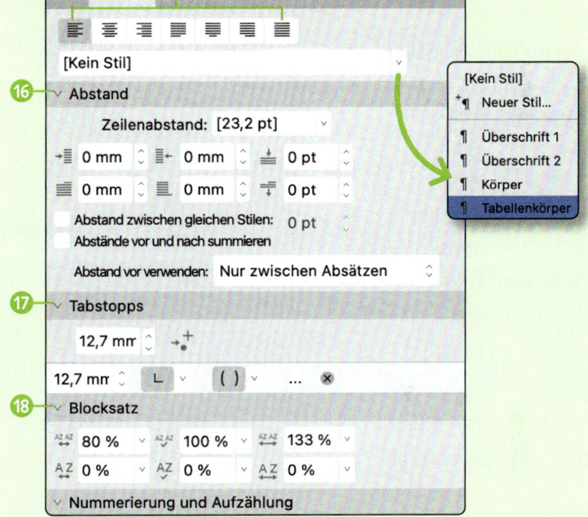

Das Panel »Textstile« – Textformatvorlagen

Das Textstile-Panel (unter Fenster • Text • Textstile) verwaltet Absatz-, Zeichen- und Gruppenstile. Benutzen Sie das Textwerkzeug, um Textbereiche zu markieren und ihnen Stile zuzuweisen. Es gibt folgende Optionen:

- Stil löschen
- Textstile erneut anwenden
- Zeichenstil aktualisieren
- Absatzstil aktualisieren
- Gruppenstil erstellen
- Zeichenstil erstellen
- Absatzstil erstellen

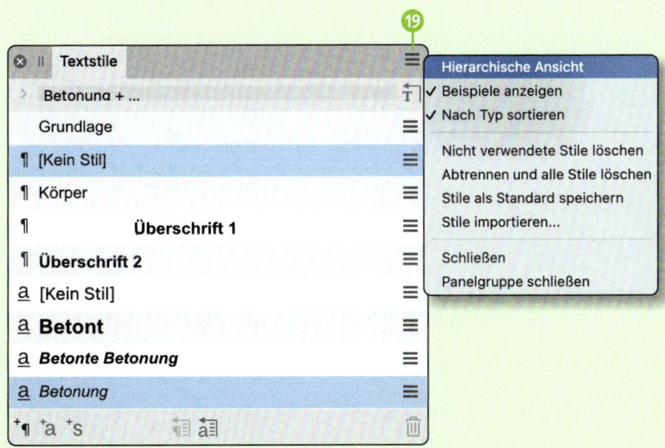

Um die Darstellung der Textstile zu ändern, klicken Sie auf das Panelmenü ⑲.

Typografie und Layout

Schrift- und Textgestaltung

Was ist Typografie, und wie beeinflusst sie unsere Gestaltung?
Traditionell wird unter dem Begriff Typografie die Gestaltung von Texten verstanden, was aber auch den gesamten Gestaltungsprozess, d.h. das Layout, umfasst. Das Layout besteht aus Schrift, Bildern, Linien und Flächen. Sehen Sie sich die Buchseiten, die Sie gerade lesen, genau an. Mit großer Sorgfalt wurden ein Papier und ein Papierformat gewählt. Das Papierformat ist im Satzspiegel mit Zeilen und Spalten unterteilt. Die Schriftart ❶ wurde passend zum Thema ausgewählt. Durch die Schriftart, Schriftschnitte und Schriftgrößen sowie Sonderzeichen ist der Text leserfreundlich und der Informationsgehalt leicht erfassbar.

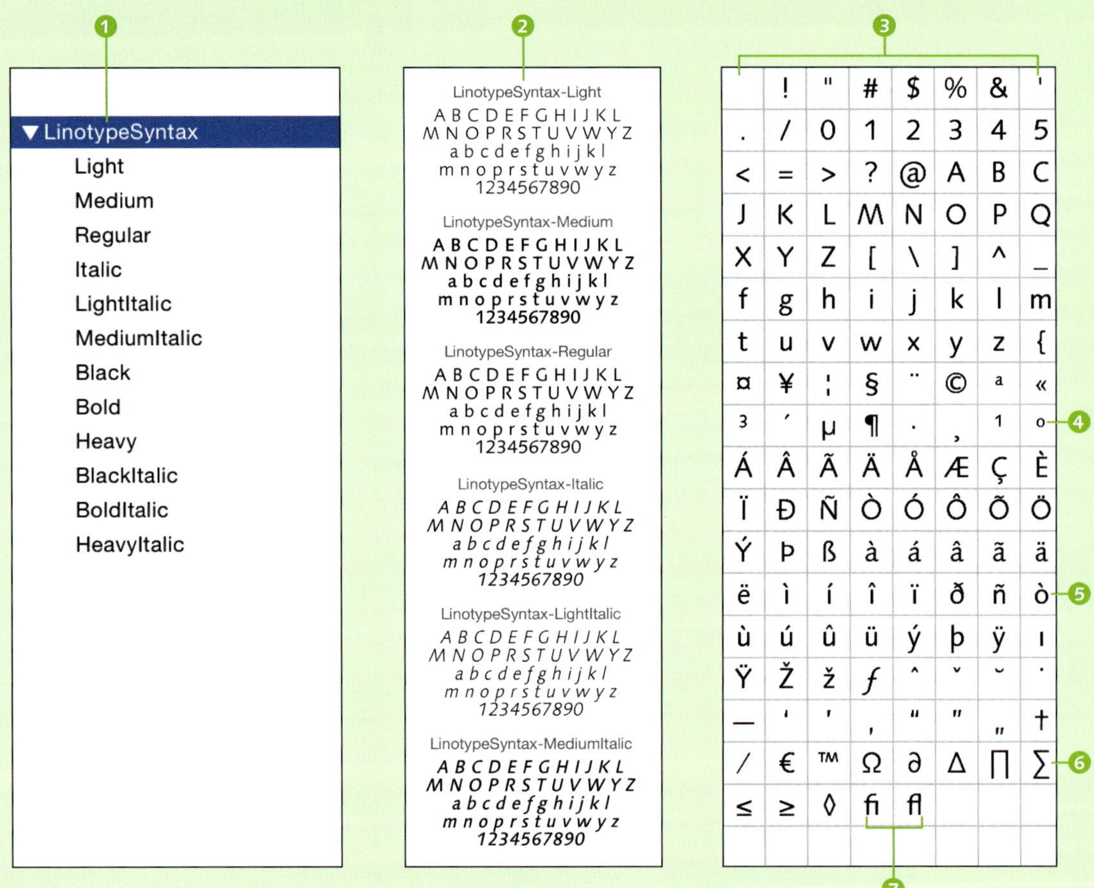

Beispiel der Schriftart »LinotypeSyntax« mit Schriftfamilie, Satzschrift und Zeichensatz
Eine gute Schriftart ❶ hat mehrere Schriftfamilien ❷, auch »Schriftschnitte« genannt. Die Satzschrift ❸ ist ein digitaler Zeichensatz und beinhaltet Akzentzeichen ❺, Klein- und Großbuchstaben, Ligaturen ❼, Satzzeichen, Sonderzeichen ❹, Umlaute, Zeichen aus anderen Schriftsystemen ❻ und Ziffern. Gute Schriften haben viele Zeichen!

Die Klassifizierung für Schriftarten

Um Schriftarten zu unterscheiden, zu ordnen und zu katalogisieren, unterteilt man sie in Klassen. Schriften lassen sich in elf Schriftgruppen unterteilen. Diese Gruppen unterscheiden Schriften anhand stilistischer Merkmale und ihrer geschichtlichen Entwicklung. Weltweit gibt es verschiedene Klassifizierungen.

Anmerkung: Die elfte Gruppe in der Klassifizierung heißt »Fremde Schriften«. Dazu zählen Schriftarten, die keine lateinischen Zeichen verwenden, wie beispielsweise Arabisch, Chinesisch, Griechisch, Hebräisch, Indisch, Japanisch, Koreanisch, Kyrillisch oder südostasiatische Schriften. Um solche Schriftarten benutzen zu können, müssen Sie meist Fremdsprachen auf Ihrem Computer aktivieren und die zugehörigen Tastatur- oder Zeichenübersichten über die Systemeinstellung öffnen. Einige europäische Computer unterstützen asiatische Schriften nur teilweise.

Die Auswahl einer passenden Schriftart

Schriftarten sollten Lesern Informationen leicht und eindeutig übermitteln. Einzelne Buchstaben des Textes sollten gut erkennbar sein. Für eine angenehme Lesbarkeit von langen Texten werden meist Renaissance-Antiqua wie die Palatino verwendet. Im Verkehrswesen werden Schriftarten wie serifenlose Linear-Antiqua bevorzugt, da sie leicht aus großen Entfernungen erkennbar sind. Schriftarten können ebenfalls Träger von Emotionen sein. Die handschriftliche Antiqua beispielsweise ist dekorativ, serifenlose Schriftarten sind modern und webtauglich.

Anmerkung: Eine Serife (8) ist der Endstrich eines Zeichens. Man unterscheidet:

Die bekanntesten Schriftgruppen

gerif

Gruppe 1: Venezianische Renaissance-Antiqua
Serifen, Linksneigung, Ober- und Unterlängen;
Beispiele: Centaur, Jenson, Stempel-Schneidler

gerif

Gruppe 2: Französische Renaissance-Antiqua
Fast gleiche Stärke, Linksneigung, gut lesbar;
Beispiele: Bembo, Garamond, Palatino

Gruppe 3: Barock-Antiqua
Unterschiedliche Strichstärken, senkrecht;
Beispiele: Baskerville, Caslon, Times

Gruppe 4: Klassizistische Antiqua
Haar- und Grundstriche, waagerechte Serifen;
Beispiele: Bodoni, Didot, Walbaum

Gruppe 5: Serifenbetonte Linear-Antiqua
Serifen, gleich dicke An- und Abstriche;
Beispiele: Clarendon, Rockwell, Serifa

Gruppe 6: Serifenlose Linear-Antiqua
»Grotesk«, endstrichlos, keine Serifen;
Beispiele: Akzidenz, Futura, Syntax, Univers

Gruppe 7: Antiqua-Varianten
Dekorative Schriften, Sonderstrichführung;
Beispiele: Eckmann, Largo, Optima, Souvenir

Gruppe 8: Schreibschriften
Handschriftlich, Buchstabenverbindungen;
Beispiele: Mistral, Pepita

Gruppe 9: Handschriftliche Antiqua
Auf der Antiqua basierend, handschriftlich;
Beispiele: Post-Antiqua, Wiesbaden Swing

Gruppe 10: Gebrochene Schriften
Gotisch, rundgotisch – Rotunda;
Beispiele: Schwabacher, Fraktur und Varianten

Die Textgestaltung

Einführung in die Mikro- und Makrotypografie

Die Gestaltung des Schriftsatzes wird in Makro- und Mikrotypografie unterteilt. Der Schriftsatz kann aus Zeilen und Spalten bestehen. Für die horizontale Schreibrichtung nutzen Sie Zeilen ①. Für die vertikale Schreibrichtung nutzen Sie Spalten ③. Jedes Element des Seitenaufbaus wird aufeinander abgestimmt. Die Wahl der Schriftgröße ② (wie für Überschriften oder Fließtexte) oder deren Positionierung wird von Abbildungen, Grafiken und Tabellen beeinflusst. Die Planung von bedruckten und unbedruckten Flächen schützt vor überladenen Seiten.

Die Makrotypografie – Gestaltungskonzept

Der Begriff Layout wird oft anstelle des Begriffs Makrotypografie verwendet. Für sie nutzen Sie das Absatz-Panel.

Zur Makrotypografie zählen das Seitenformat, der Satzspiegel, die Zeilenbreite ⑤, der Zeilenabstand ④ sowie die Zeilenanzahl und der Schriftsatz.

Bei der Makrotypografie konzentrieren Sie sich auf die Gliederung der Seite und Texte. Fehlerhafte Worttrennungen und Absätze sollten vermieden werden. Das Platzieren von Bildern und Tabellen im Text sollte berücksichtigt werden. Die Makrotypografie umfasst das Mengenverhältnis der Schrift zu Bildern, Tabellen, Schriftgrößen und Auszeichnungen.

Die Mikrotypografie – Feinschliff

Ein Schriftsatz ist eine Druckvorlage, wie beispielsweise für das Drucken von Büchern. Bei der Mikrotypografie erstellen Sie Texte mit sehr feinen Gestaltungsmöglichkeiten.

Für die Mikrotypografie nutzen Sie das Zeichen-Panel, das TEXTSTILE-Panel sowie das Typografie-Panel.

Zur Mikrotypografie zählen die Schriftart und deren »Laufweite«, sprich die Buchstabenabstände und Zeichenabstände, die Wortabstände und die Ligaturen, die Ordnungszahlen, Brüche, die Hoch- und Tiefstellungen, die Großbuchstaben oder die Kapitälchen sowie die korrekte Zeichensetzung und entsprechende Setzung von Anführungszeichen.

Beispiel Liniensystem von zwei verschiedenen Fonts mit und ohne Serifen

Um den Zeilenabstand [VA] einzustellen, öffnen Sie im Menü FENSTER das Panel ZEICHEN.

Lizenzfreie Schrift – kommerzielle Nutzung

Im Netz finden Sie kostenlose Schriftarten, die nicht immer, aber manchmal von guter Qualität sind. Verwenden Sie sogenannte *Free Fonts* kommerziell, können Sie sich unangenehmen juristischen Ärger einhandeln. Oft gelten für Gratisschriften unterschiedliche Nutzungsbedingungen, und die sind meist schwer zu finden oder nicht in deutscher Sprache vorhanden. Sie sollten Free Fonts nur zu privaten Zwecken nutzen!

Was zählt zu kommerzieller Nutzung?

Juristische Experten stufen es schon als eine kommerzielle Nutzung ein, wenn Sie beispielsweise mit einer Schrift eine Arbeit für jemand anders erledigen. Sobald Sie mit der Schrift ein käufliches Produkt erstellen, wie beispielsweise ein Logo, einen Flyer oder ein Magazin handelt es sich um eine kommerzielle Nutzung. Ob die Dienstleistung bezahlt wurde oder nicht, spielt dabei keine Rolle. Für ausführliche Informationen zum Thema Schriftlizenzen und zum Finden von Free Fonts empfehlen sich die folgende Internetseiten: *http://www.pc-tipps.de/kostenlose-schriften-fuer-kommerziellen-gebrauch/* und https://fonts.google.com.

OpenType-Schriften

In Affinity Designer können Sie auf die Funktionen der OpenType-Schriften zugreifen. OpenType ist ein von Microsoft und Adobe angebotenes Konzept für Schriften, auch »Fonts« genannt, mit einem eigenen Schriftformat. Das Schriftformat unterstützt sprachspezifische Ligaturen (6) oder dynamische Zeichenkombinationen, mehrere Zeichenformen für einzelne Schriftzeichen, Stilsets, Sonderzeichen (7) und Positionen für Zahlen (8).

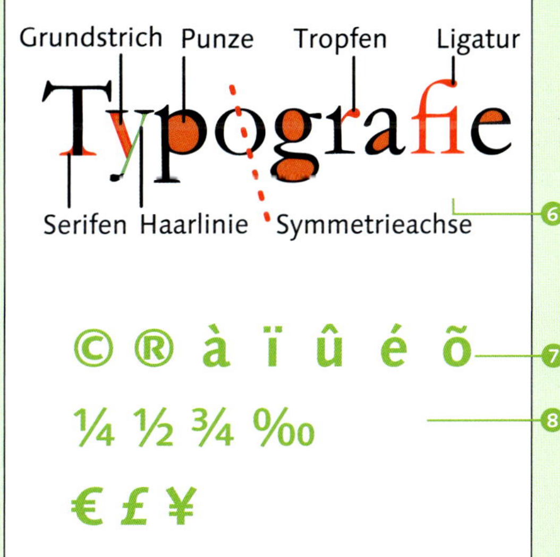

Schriftarten mit sehr großen Ober- und Unterlängen benötigen einen größeren Zeilenabstand
Versalhöhe (12), Oberlänge (9), Mittelhöhe oder x-Höhe (10) und Unterlänge (11) bestimmen den nötigen Zeilenabstand.

Veredelungen und Sonderfarben

Globale Farben, Schmuckfarben und Überdrucken

Wussten Sie, dass Vektorgrafiken mit Druckveredelungen und Sonderfarben aufwertbar sind? Die Veredelung ist eine Veränderung der Oberfläche durch eine zusätzliche Beschichtung. Dank verschiedenster Beschichtungen bekommt der Bedruckstoff einen Glanz oder eine Struktur. Sie müssen alle Veredelungen in Ihrer Datei kennzeichnen. Die Druck- und Veredelungsdaten müssen außerdem in einem Dokument auf einer Ebene liegen.

Foto: © Lars Hindersmann, SPEZIALDRUCK

Foto 4 und 8, © Lars Hindersmann, SPEZIALDRUCK

Um Bereiche für die Veredelung festzulegen, nutzen Sie Volltonfarben mit einer Deckkraft von 100 % (3) und den Namen der Veredelung. Die zu veredelnden Bereiche müssen auf Überdrucken stehen und passgenau (2) auf der Ebene liegen.

Jede Veredelung oder Sonderfarbe braucht eine korrekte Dateivorbereitung. Fragen Sie in Ihrer Druckerei nach, wie die Datei angelegt und exportiert werden soll.

Heißfolienprägung

Bei der Heißfolienprägung (1) werden Farbfolien oder Strukturfolien mit Kraft und Hitze auf Papier, Karton oder andere Bedruckstoffe aufgetragen. Sie können metallisch mattglänzende und perlmuttartig schimmernde Folien für die Heißfolienprägung wählen.

Holografische Folienprägungen (6) werden bei Geldscheinen, Fahrkarten oder Urkunden zum Schutz vor Fälschungen eingesetzt. Bei dieser Veredelung weitet sich das Druckbild und verändert filigrane und kleine Motive. Ihre Linien sollten daher mindestens 0,5 pt stark sein.

Heißfolien-Reliefprägung

Die Heißfolien-Reliefprägung (4) kombiniert die Heißfolien- und die Blindprägung. Durch negativ ausgerichtete dreidimensionale Stempel lassen sich damit haptische und räumliche Wirkungen erzeugen. Bei dieser Veredelung werden verschieden angelegte Vektordaten benötigt. Entscheidend ist dabei, ob Sie Ihre Heißfolien-Reliefprägung einstufig, mehrstufig oder skulpturiert durchführen möchten.

Weitere Veredelungen sind Blindprägung (5), Einsiegelung, Folienkaschierung, Lackierung und Kaltfolientransfer (7) oder Stanzung (8).

Globale Farbe – schnelles Umfärben

Globale Farben werden in Dokumentpaletten ⑫ abgelegt. Der Vorteil: Verändern Sie globale Farben, so färbt sich automatisch jedes Objekt, jeder Text und jedes Layout, das in einer globalen Farbe angelegt wurde.

Um globale Farben anzulegen, klicken Sie auf das Symbol ⑨ und wählen Globale Farbe hinzufügen. Wählen Sie per Regler oder Pipette ⑪ eine Globalfarbe, und benennen Sie ⑩ diese. Erstellen Sie Globalfarben, wird automatisch eine Dokumentpalette erzeugt. Globale Farben werden per Dreieck ⑬ unten links im Farbkästchen angezeigt.

Schmuckfarbe – Sonderdruckfarben

Schmuckfarben werden im Farbkästchen per Punkt ⑯ angezeigt. Es sind keine RGB- oder CMYK-Druckfarben, sondern speziell angemischte Druckfarben wie PANTONE® oder HKS. Sie eignen sich durch ihre Farbsicherheit für Logo- und Produktdesign. Im Farbfelder-Panel finden Sie Sonderfarben wie PANTONE ⑰. Sie können eigene Schmuckfarben definieren: Klicken Sie auf das Symbol ⑭, und wählen Sie Globale Farbe hinzufügen. Definieren Sie einen Farbton. Setzen Sie ein Häkchen ⑮ bei Schmuckfarbe. Klicken Sie abschließend auf Hinzufügen.

Überdrucken

Überdruckfarben werden mit einem kleinen Dreieck und einem grauen Kreis ⑳ angezeigt. Bei diesem Druckverfahren werden zwei Farben übereinandergedruckt. Durch Überdrucken können Blitzer vermieden werden, das ist ein unerwünschtes Durchscheinen des Papierweiß. Über das Panelmenü ⑱ wählen Sie Globale Farbe hinzufügen und setzen ein Häkchen ⑲ bei Überdrucken. Bevor Sie Überdrucken verwenden, setzen Sie sich mit Ihrer Druckerei in Verbindung.

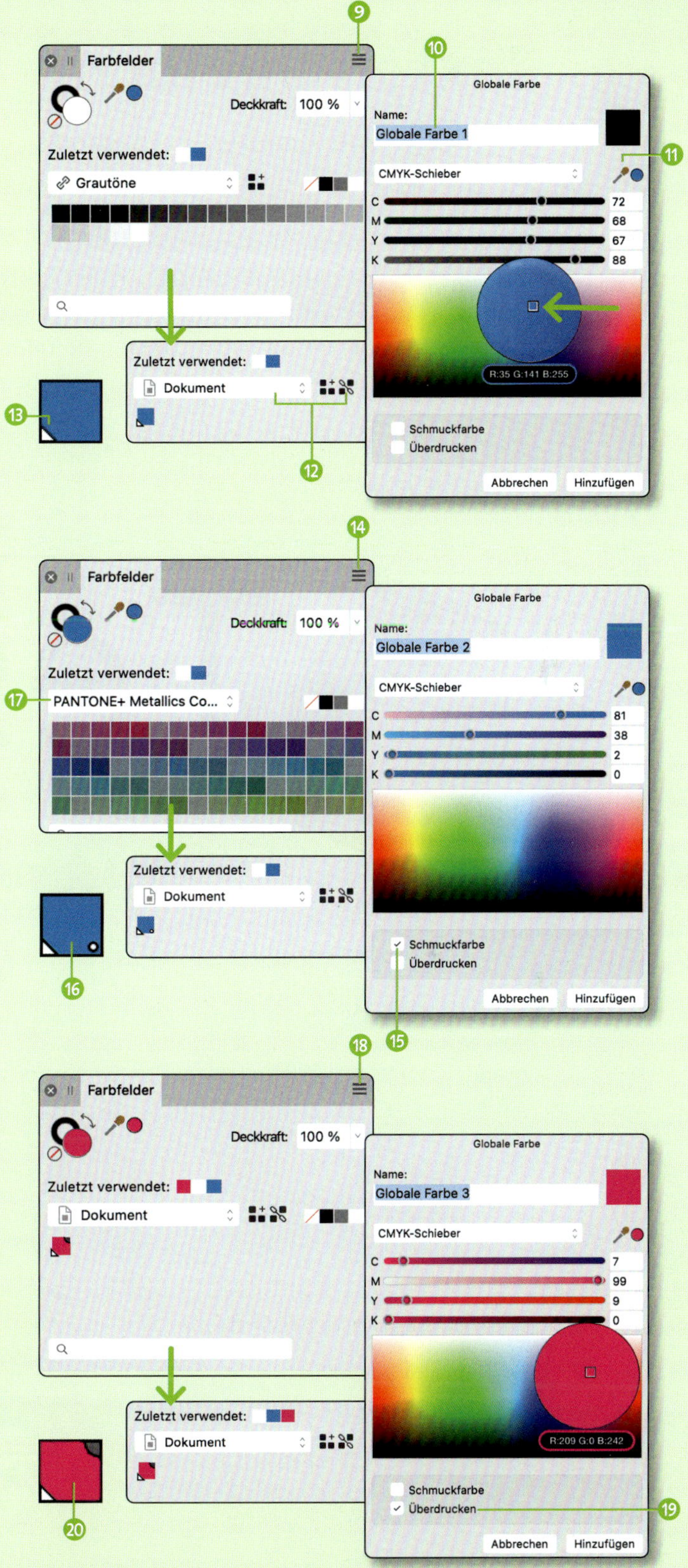

Texte schreiben

Grafiktext und Rahmentext setzen

In Affinity Designer können Sie zwei Textarten für Ihre Textverarbeitung nutzen: den GRAFIKTEXT und den RAHMENTEXT. Aber auch Pfadtext lässt sich anlegen. Mit dem Werkzeug GRAFIKTEXT gestalten Sie Textverzierungen und Logos. Grafiktexte lassen sich auf Pfade legen oder in Kurven umwandeln. Umgewandelte Texte können nicht mehr mit den Textwerkzeugen geändert werden. Nehmen Sie Änderungen an Buchstaben oder Kurven vor, verwenden Sie das Knotenwerkzeug. Ändern Sie die Größe von Grafiktexten, wird die Schriftgröße automatisch angepasst. Der RAHMENTEXT ermöglicht Fließtexte, Absätze und Spalten.

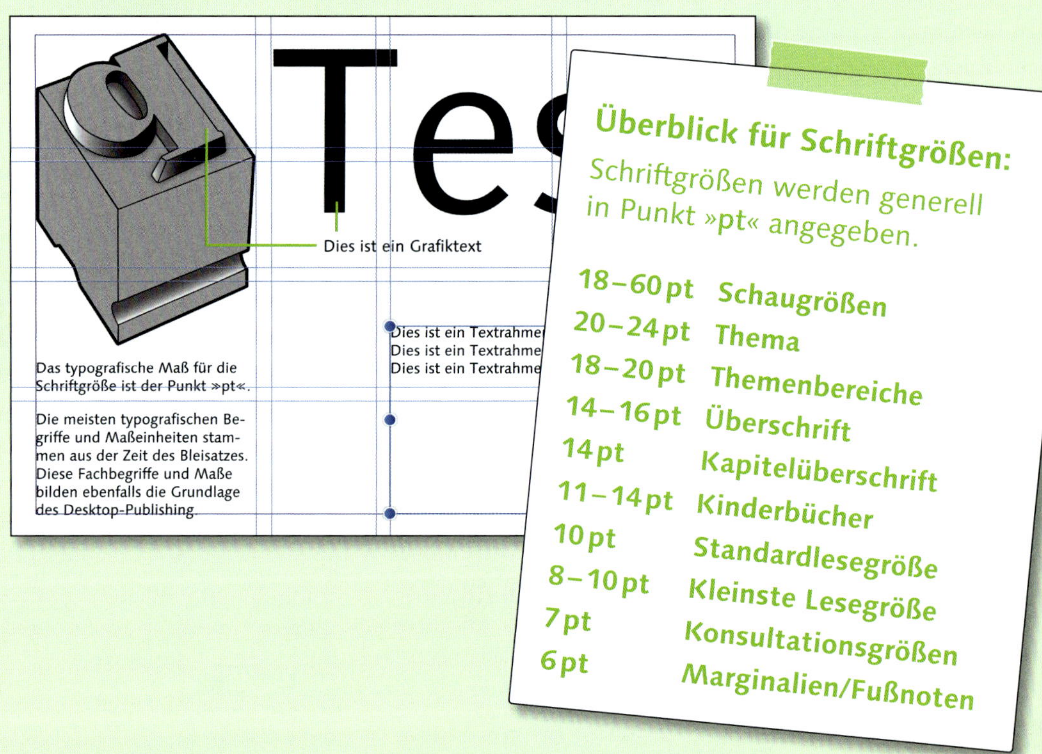

Neu in diesem Workshop

- Grafiktext erzeugen
- Textrahmen aufziehen
- Textrahmen transformieren

[Datei: »Beispiel_9-1.afdesign«]

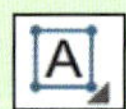
GRAFIKTEXT
Überschrift, Verzierung, Logo

RAHMENTEXT
Fließtext, Absätze, Spalten

VERSCHIEBEN-WERKZEUG
Schrift und Textrahmen verschieben

1 Grafiktext erzeugen/importieren

Öffnen Sie das »Beispiel_9-1.afdesign«. Sie können Grafiktexte ❷ an Hilfslinien, Seitenrändern und Bildern oder Textrahmen ausrichten ❸. Blenden Sie dazu die Hilfslinien und Ränder über das Studio ein. Aktivieren Sie Magnetische Ausrichtung ❶, und wählen Sie das Werkzeug Grafiktext ❹. Ändert der Textcursor seine Form, können Sie Wörter schreiben. Um unformatierte Texte aus externen Programmen oder dem Internet zu importieren, gehen Sie in das Menü Bearbeiten • Ohne Format einfügen.

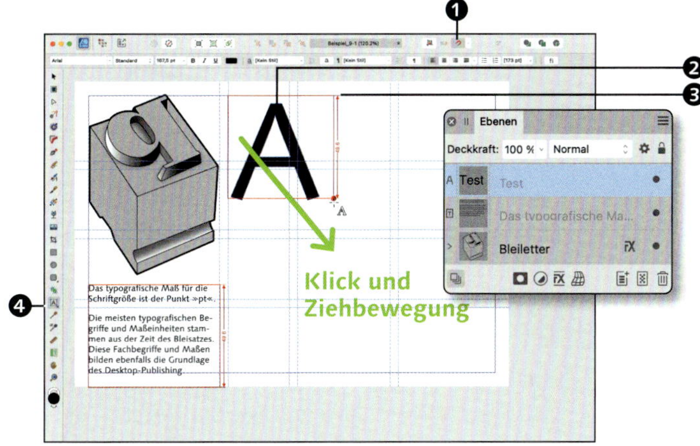

2 Textrahmen aufziehen

Wählen Sie das Werkzeug Rahmentext ❻ aus; es befindet sich genau unter dem Grafiktext (es wird per Klick auf das kleine Dreieck am Werkzeug angezeigt). Ändert der Textcursor seine Form, können Sie den Rahmen aufziehen ❺ und schreiben.

Sie können Texte mit dem Werkzeug Rahmentext in Kurven oder geschlossenen Formen platzieren. Gehen Sie dazu zum Menü Ebene • In Textrahmen umwandeln. Die Textrahmen können ebenfalls an Objekten, Grafiken und Hilfslinien ausgerichtet werden.

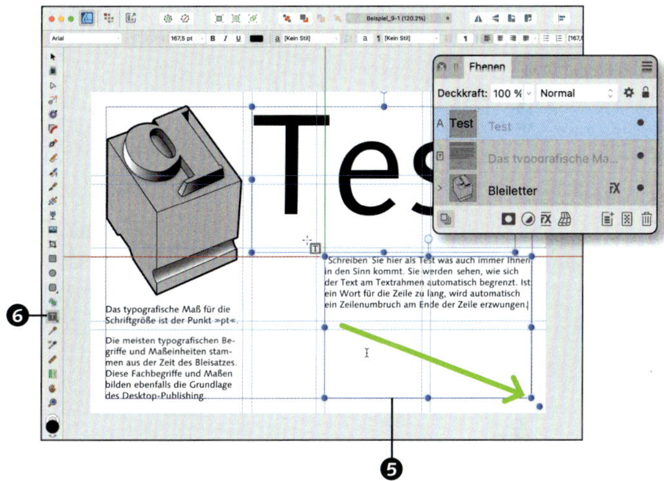

3 Textrahmen transformieren

Grafiktexte oder Rahmentext lassen sich verschieben, verformen und drehen. Wählen Sie das Verschieben-Werkzeug. Gehen Sie nun auf die blauen Punkte am Textrahmen ❼, ändert sich der Mauszeiger. Achtung: Ändern Sie die Größe des Textrahmens, entstehen falsche Worttrennungen oder Zeilenumbrüche, die Sie berichtigen müssen.

Anmerkung: Für eine leserfreundliche Schrift sollte der Zeichen- und Zeilenabstand bei kleinen Schriftgrößen erhöht, bei großen Schriften verkleinert werden.

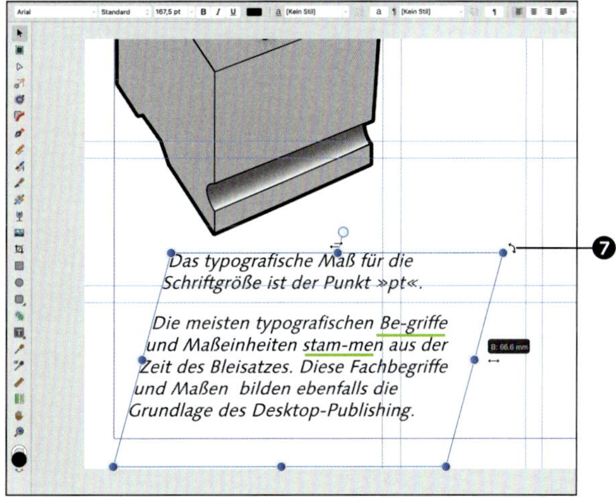

Texte importieren

Externe Textdaten schnell einfügen

Affinity Designer unterstützt laut der Software-Hilfe Textdateien aus Microsoft Word (.docx), das Rich Text Format (.rtf), das Textformat (.txt) sowie das Portable Document Format (.pdf). Standardmäßig wird dabei importierter Text in zuvor angelegte Textrahmen platziert. Gehen Sie dazu in das Menü DATEI • PLATZIEREN. oder ziehen Sie eine Datei aus Ihrem Ordner, und legen Sie diese in dem Textrahmen ab. Das funktioniert jedoch noch nicht ganz reibungslos. In diesem Workshop werden Sie feststellen, dass formatierte Tabellen nicht von der App berücksichtigt werden und einige Textformate erst im eigenen Programm geöffnet, kopiert und dann eingefügt werden müssen.

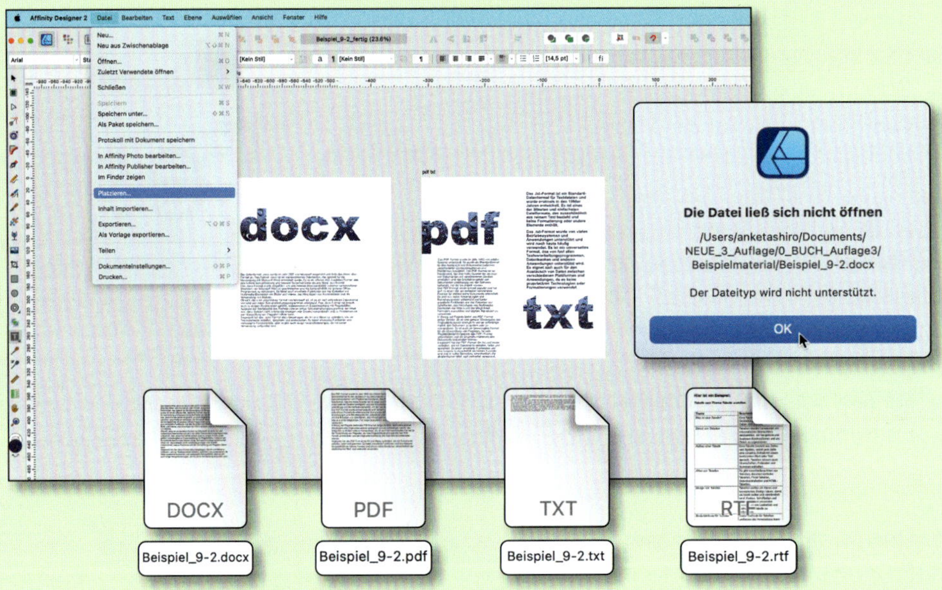

Neu in diesem Workshop

- Text importieren
- Textdateien platzieren
- Tabellentext importieren

[Dateien: »Beispiel_9-2.afdesign«
»Beispiel_9-2.docx«
»Beispiel_9-2.pdf«
»Beispiel_9-2.txt«
»Beispiel_9-2.rtf«]

RAHMENTEXT
Textimport als Fließtext einfügen

VERSCHIEBEN-WERKZEUG
Textrahmen oder Textpfad markieren

1 Text importieren

Wir wollen den Text »Beispiel_9-2.docx« in das »Beispiel_9-2.afdesign« importieren. Wählen Sie das Werkzeug RAHMENTEXT [T]. Klicken Sie in den Textrahmen ❶ des ArtBoards ❷ »docx«. Ziehen Sie das »Beispiel_9-2.docx« aus dem Ordner, und legen Sie die Datei in dem Rahmen ab. Nun kann es sein, dass Sie eine Fehlermeldung erhalten. Dann öffnen Sie das DOCX-Format mit einem anderen Textverarbeitungsprogramm. Kopieren Sie den Text in die Zwischenablage und fügen Sie ihn in Affinity ein.

2 PDF- und TXT-Datei platzieren

Klicken Sie zunächst mit dem Werkzeug VERSCHIEBEN [▸] den Rahmen des ArtBoards »pdf« an. Gehen Sie zum Menü DATEI • PLATZIEREN, und wählen Sie die Datei »Beispiel_9-2.pdf«. Sie wird geladen ❸. Klicken Sie jetzt erneut in den Textrahmen unter »pdf«. Wird Ihr PDF-Text als Bild platziert? Falls nicht: Kopieren Sie den Text ebenfalls in die Zwischenablage. Platzieren Sie abschließend noch die Datei »Beispiel_9-2.txt«. Sind im TXT-Format Umlautfehler, sollten Sie Ihre Ländereinstellungen und die Sprache prüfen.

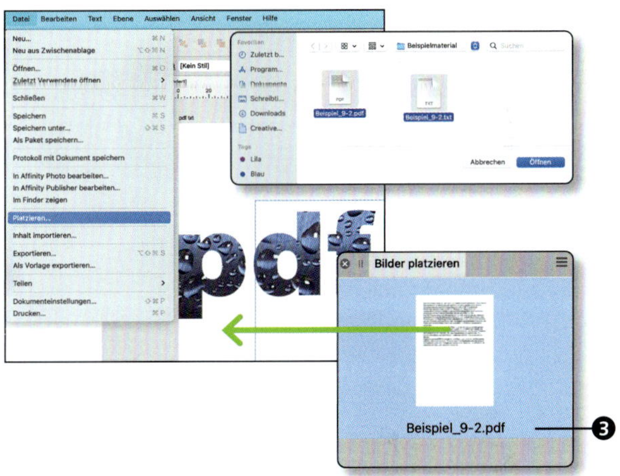

3 Tabellentext importieren

Importieren wir abschließend noch das »Beispiel_9-2.rtf« in das »Beispiel_9-2.afdesign«. Wählen Sie den Rahmentext [T], und klicken Sie in den Rahmen des ArtBoards »rtf«. Gehen Sie zu DATEI • PLATZIEREN. Aber Vorsicht: Affinity Designer unterstützt keine Tabellenformatierung. Um Tabellen zu erstellen, nutzen Sie Tabstopps ❹, Linien und Rechtecke.

Um einen Text zu ersetzen, aktivieren Sie das Werkzeug VERSCHIEBEN: Markieren Sie nur den Textrahmen, und platzieren Sie Ihren neuen Text anstelle des alten.

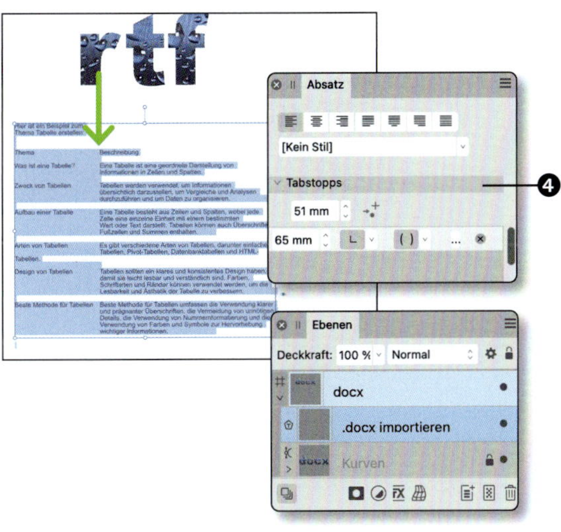

Fülltext und Textformatierung

Blindtext im Testlayout einfügen

Es kann vorkommen, dass zunächst ein Layout angelegt werden muss, bevor der finale Text vorliegt. Sie können in solch einem Fall Platzhaltertexte in Ihr Layout einfügen. Fülltexte bestehen meist aus latinisierten Wörtern und ergeben inhaltlich keinen Sinn. Sie zeigen nur die Schriftart und Größe. Ein Tipp für Mac-User: Eine Texteingabehilfe ist die Diktatfunktion. Um sie zu nutzen, ziehen Sie einen Textrahmen auf, und öffnen Sie im Menü Bearbeiten • Diktat starten. Aber: Für komplexe Publikationen wie Flyer, Magazine und Bücher mit Doppelseiten eignet sich Affinity Publisher besser.

StudioLink

Neu in diesem Workshop

- Textrahmen für Fülltext setzen
- Größe des Fülltextes ändern
- Farbe des Fülltextes ändern

**[Dateien: »Beispiel_9-3.afdesign«
»Beispiel_9-3-fertig.afdesign«]**

Tipp: In Affinity Publisher können Sie dank StudioLink direkt im Layout Ihre erworbenen Apps Affinity Designer und Affinity Photo nutzen!

1 Textrahmen für Fülltext setzen

Öffnen Sie »Beispiel_9-3.afdesign«. Um Fülltexte sauber einzufügen, nutzen Sie MAGNETISCHE AUSRICHTUNG ❶. Blenden Sie dann die Hilfslinien ❸ ein, um sie zum Layouten zu nutzen. Wenn Sie auf eine Ebene klicken, z. B. ArtBoard SEITE 2 ❷, werden die Hilfslinien sichtbar, und Sie können mit dem Werkzeug RAHMENTEXT ❹ einen Rahmen für den Fülltext aufziehen. Über TEXT • FÜLLTEXT EINFÜGEN wird ein Platzhaltertext eingefügt. Standardmäßig wird der Fülltext in der Formatierung eingefügt, die Sie zuletzt verwendet haben.

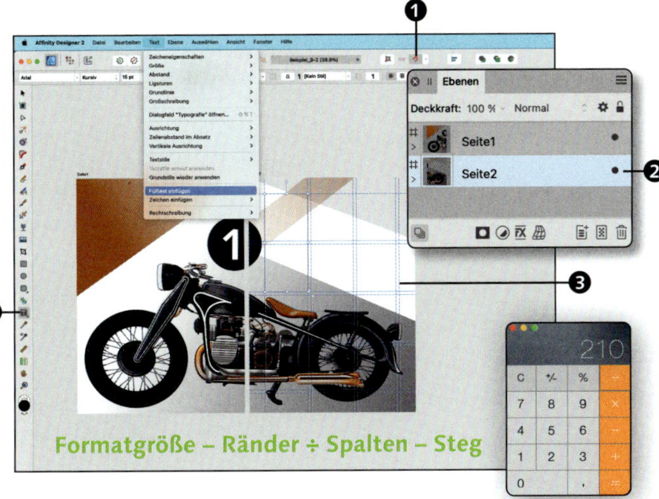

2 (Füll-)Texte formatieren

Um die Formatierung des Fülltextes zu ändern, markieren Sie den gewünschten Text ❺. Über die Kontextleiste ändern Sie die Schriftgröße ❻, die Schriftart oder die Ausrichtung. Vorsicht bei Fülltexten: Sie sind nur bedingt formatierbar, da sie nur als Platzhalter fungieren sollen – so lassen sich z. B. keine einzelnen Wörter markieren.

Ein kleiner Trick: Klicken Sie mit ctrl oder Rechtsklick auf den Fülltext, und wählen Sie FELD ERWEITERN. Nun lassen sich auch einzelne Wörter anpassen.

3 Farbe des Textes ändern

Um Fülltexte mit einer anderen Textfarbe zu belegen, markieren Sie den Text ❽ mit dem Textcursor. Ohne das Farbe-Panel öffnen zu müssen, können Sie die Füllfarbe ❼ über die Kontextleiste einstellen. Sie können auf Farbfelder, Farbe und den Verlauf zugreifen. Mit der Pipette können Sie ebenfalls jede beliebige Farbe aus dem Layout oder außerhalb Ihres Dokuments aufnehmen.

Anmerkung: Affinity Designer ermöglicht keine doppelseitigen Dokumente. Sie können mit ArtBoards mehrere Seiten anlegen. Alternativ erkunden Sie Affinity Publisher.

Zeichenformatierung

Schriftarten und -größen leicht wechseln

Mit der Zeichenformatierung können Sie Textattribute für Zeichen gestalten. Zeichenattribute sind beispielsweise Schriftarten, Schriftgrößen, Zeichenabstände oder Grundlinien, die sich anheben oder absenken lassen. Sie können Attribute für einzelne Zeichen, einzelne Wörter, ganze Absätze oder sogar komplette Layouts festlegen. Markieren Sie mit dem Textcursor ein Wort oder einen Textbereich, können Sie Formatierungen per Kontextleiste vornehmen. Alternativ öffnen Sie das Menü FENSTER • TEXT • ZEICHEN.

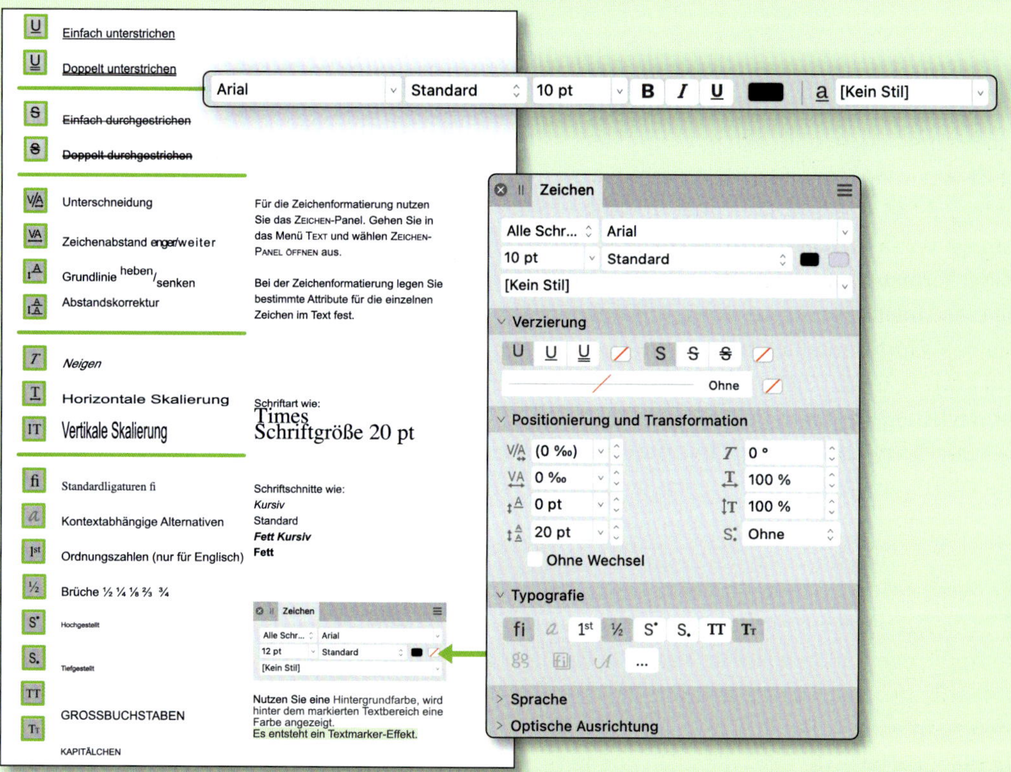

Neu in diesem Workshop

- Schriftart und -größe ändern
- Zeichenabstand und Grundlinie
- Ligaturen und Kapitälchen

**[Dateien: »Beispiel_9-4.afdesign«
»Beispiel_9-4_fertig.afdesign«]**

RAHMENTEXT
Textimport als Fließtext einfügen

1 Schriftart und -größe ändern

Öffnen Sie die Datei »Beispiel_9-4.afdesign«. Mit dem Werkzeug RAHMENTEXT ❻ können Sie in der rechten Spalte des Dokuments den Textbereich ❶ markieren. Wählen Sie für den blau hinterlegten Textbereich eine Schriftart ❷, z. B. die Times. Ändern Sie die Schriftgröße ❸ auf »20 pt«, und stellen Sie den Schriftschnitt auf FETT ❹. Die Zeilenzwischenräume werden daraufhin zu eng.

Um Zeilenabstände zu verändern, geben Sie bei ABSTANDSKORREKTUR ❺ einen anderen, größeren Wert ein.

2 Zeichenabstand und Grundlinie

Es gibt weitere wichtige Einstellungsmöglichkeiten im Panel ZEICHEN. Wenn Sie beispielsweise mit einer große Schrift arbeiten möchten, sollten Sie den ZEICHENABSTAND ❼ verringern; bei sehr kleinen Schriften sorgt ein größerer Zeichenabstand für eine bessere und angenehme Lesbarkeit.

Hilfreich ist es auch, Wörter oder Texte sauber an Objekten oder Hilfslinien auszurichten. Dazu senken oder heben Sie die GRUNDLINIE ❽, bis diese sich auf gleicher Höhe befindet.

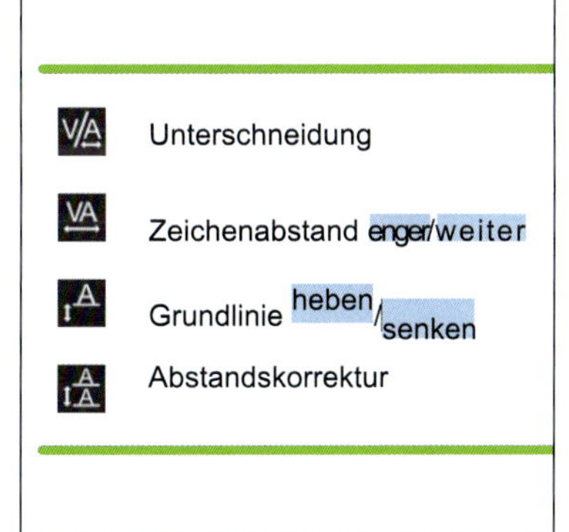

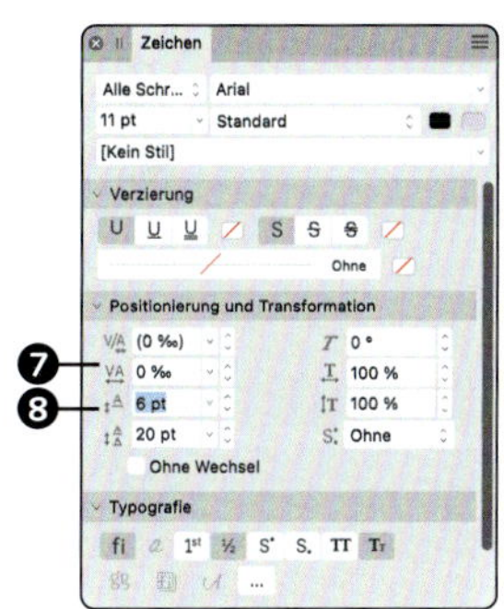

3 Ligaturen und Kapitälchen

Um Buchstabenkombinationen als Ligatur zu formatieren, markieren Sie z. B. die Zeichen »fi« ❾, und klicken Sie auf STANDARDLIGATUREN ⓫. Es entsteht eine Zeichenverbindung zwischen dem »f« und »i«.

Zur Festlegung von Kapitälchen markieren Sie das Wort »Kapitälchen« ⓬ im Text und klicken Sie die passende Funktion ❿. Formatieren Sie alle Begriffe der Beispieldatei adäquat und sehen Sie, wie die Schrift sich verändert.

Anmerkung: Drucken Sie das »Beispiel_9-4_fertig.afdesign«, so sehen Sie alle Funktionen in Aktion.

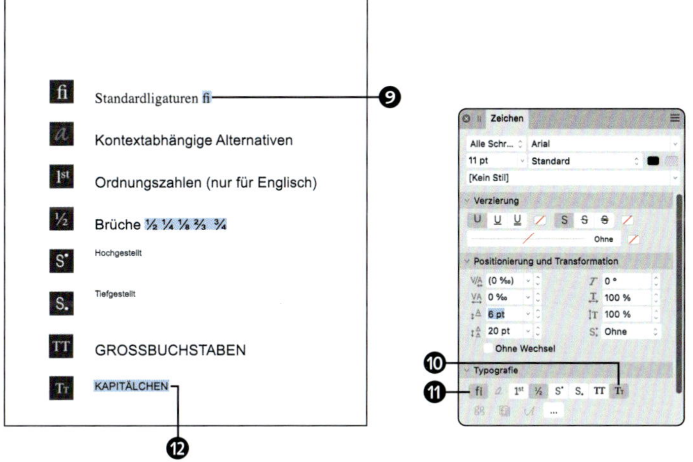

Absatzformatierung

Ausrichtung, Einzüge und Tabstopps bearbeiten

Mit der Absatzformatierung legen Sie Textattribute für größere Textbereiche, sprich »Absätze«, fest. Sie können lange Fließtexte durch Absätze mit Attributen wie Ausrichtungen, Einzügen oder Tabstopps, Blocksatz sowie Nummerierungen und Aufzählungen gestalten. Die Absatzformatierung ist hauptsächlich für den Rahmentext gedacht, kann aber ebenfalls für Grafiktexte eingesetzt werden. Sie öffnen das Absatz-Panel über FENSTER • TEXT • ABSATZ. Drucken Sie das »Beispiel_9-4_fertig.afdesign« aus, erhalten Sie eine hilfreiche Übersicht über die Absatzformatierungen.

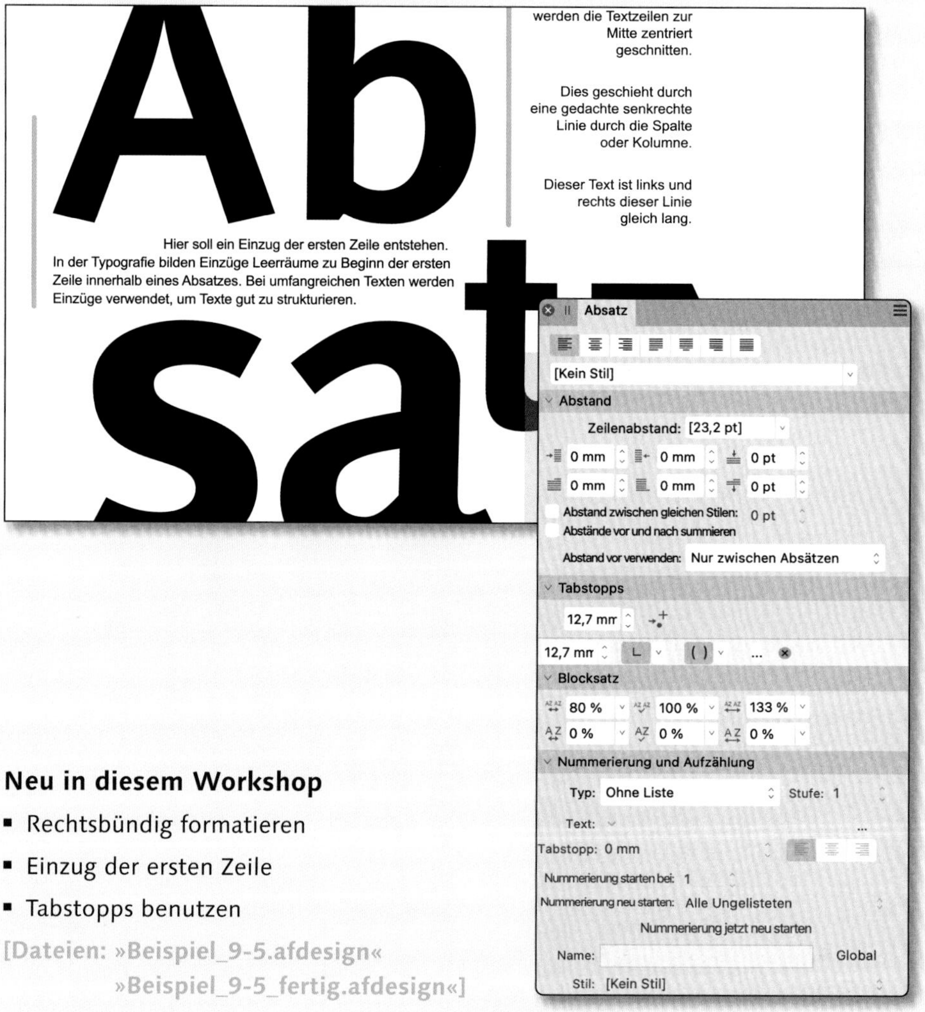

Neu in diesem Workshop

- Rechtsbündig formatieren
- Einzug der ersten Zeile
- Tabstopps benutzen

[Dateien: »Beispiel_9-5.afdesign«
»Beispiel_9-5_fertig.afdesign«]

1 Rechtsbündig

Öffnen Sie »Beispiel_9-5.afdesign« und das Absatz-Panel. Der Textabsatz ❶ ist zentriert ausgerichtet. Um ihn rechtsbündig auszurichten, wählen Sie das Werkzeug Rahmentext ❺ und markieren den Absatz. Klicken Sie auf Rechtsbündig ❷. Da unsere Leserichtung von links nach rechts läuft, bilden rechtsbündige Textausrichtungen eine besondere Designmöglichkeit. Erweitern Sie nun Abstand vor Absatz ❸ auf »3 pt« und Linker Einzug ❹ auf »1 mm«. Die unterste Textzeile verläuft jetzt bündig zum Grafiktext.

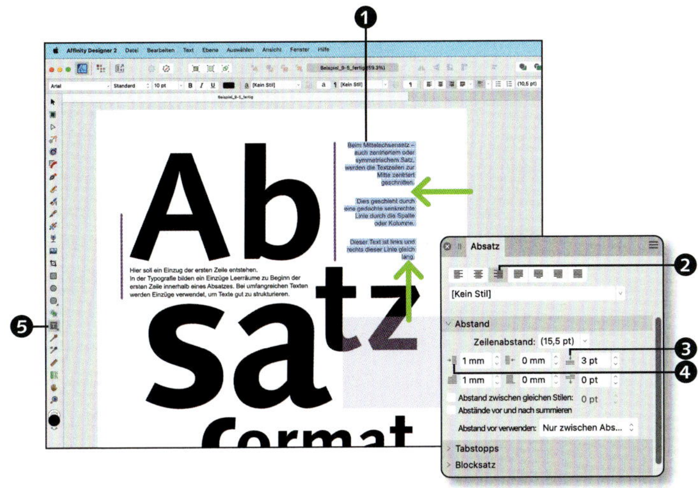

2 Einzug der ersten Zeile

Bei langen Texten sind Einzüge sehr zu empfehlen. Damit können Sie Texte strukturieren, ohne dass der Lesefluss unterbrochen wird, denn der Leser kann Absätze leicht erkennen. Markieren Sie mit dem Werkzeug Rahmentext den Absatz ❼ auf der linken Seite. Wählen Sie im Absatz-Panel »28 mm« für Einzug der ersten Zeile ❻.

Anmerkung: Sie können leicht Einzüge schrittweise vergrößern oder verkleinern, indem Sie auf den kleinen Pfeil nach oben oder unten klicken.

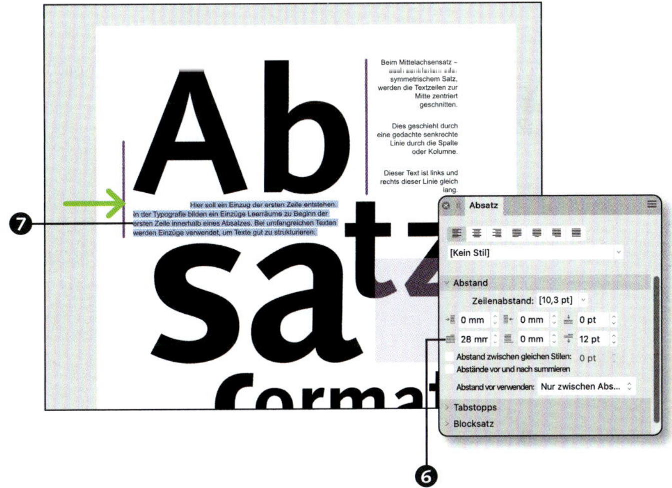

3 Tabstopps

Das Setzen von Tabstopps funktioniert in Affinity Designer ungewöhnlich, aber gut. Sie können Tabstopps bereits vor dem Einfügen von Text einstellen oder nachträglich. Stellen Sie den Textcursor an die Stelle, an der der Tab vergeben werden soll. Fügen Sie einen neuen Tabstopp durch Klick auf das kleine Pluszeichen ❽ hinzu, und vergeben Sie bei ❾ einen Abstand, z. B. »15 mm«. Sie können auch Füllzeichen verwenden oder den Tabstopp ausrichten. Drücken Sie nun auf [⇥], wird der fixe Abstand eingefügt. Tabstopps sind nachträglich änderbar, markieren Sie diese dazu in der Liste.

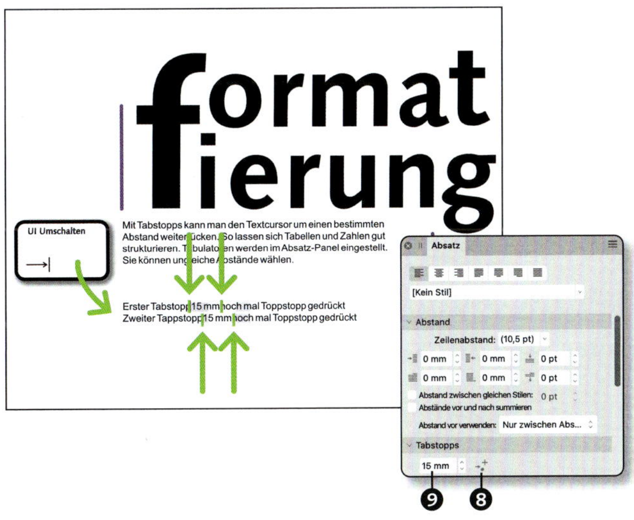

Eine Visitenkarte gestalten

Zeichen- und Absatzformatierung anwenden

Textformatierung sollte man am besten an einem Realbeispiel erlernen. Daher wollen wir in diesem Workshop eine Visitenkarte gestalten. Die Visitenkartendaten sind in der Beispieldatei bereits angelegt – sollten Sie aber bei null starten wollen, so legen Sie bitte eine neue Datei mit den Maßen 55×85 mm an, am besten mit der Vorlage PRINT (Druck) oder PRESS READY (DRUCKFERTIG). Ob Sie die Datei besser als RGB oder CMYK anlegen, erfragen Sie bitte in Ihrer Druckerei. Für den Fotodruck zu Hause wählen Sie in jedem Fall RGB. Wollen Sie die Visitenkarte am Ende ausdrucken, denken Sie daran, sich die Schnitt- und Passermarken im exportierten PDF anzeigen zu lassen.

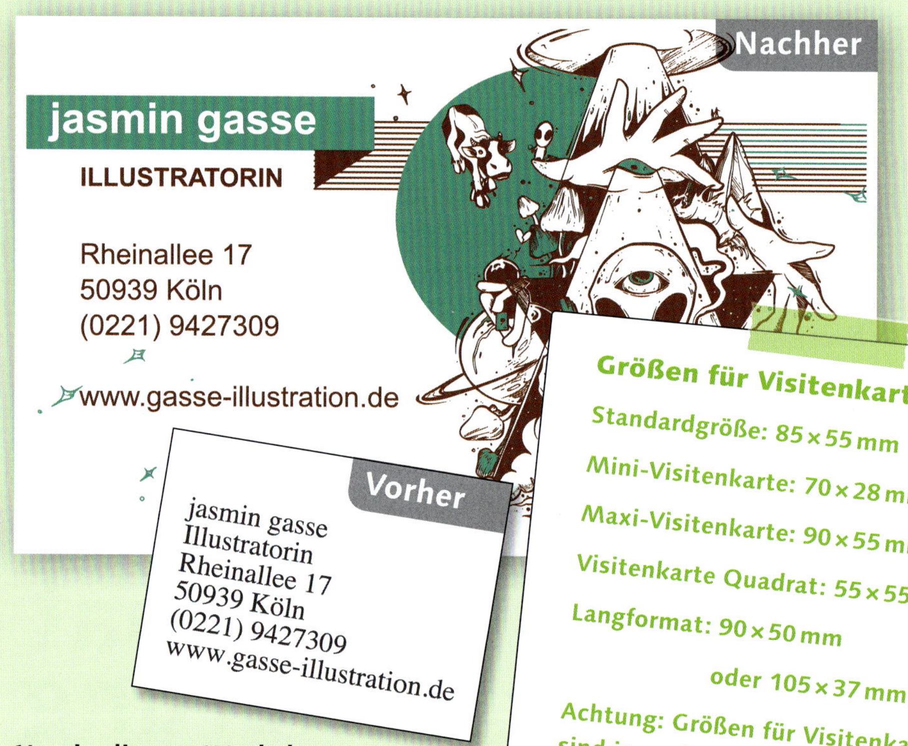

Nachher

jasmin gasse
ILLUSTRATORIN

Rheinallee 17
50939 Köln
(0221) 9427309

www.gasse-illustration.de

Vorher

jasmin gasse
Illustratorin
Rheinallee 17
50939 Köln
(0221) 9427309
www.gasse-illustration.de

Größen für Visitenkarten:

Standardgröße: 85×55 mm

Mini-Visitenkarte: 70×28 mm

Maxi-Visitenkarte: 90×55 mm

Visitenkarte Quadrat: 55×55 mm

Langformat: 90×50 mm

oder 105×37 mm

Achtung: Größen für Visitenkarten sind je nach Land und Branche ganz unterschiedlich.

Neu in diesem Workshop

- Visitenkarte formatieren
- Zeichenformatierung vornehmen
- Absatzformatierung vornehmen

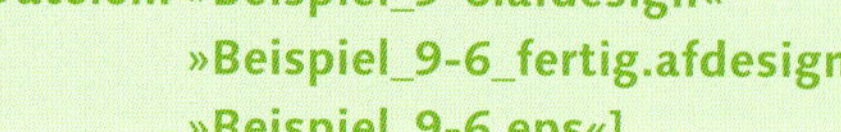
[Dateien: »Beispiel_9-6.afdesign«
»Beispiel_9-6_fertig.afdesign«
»Beispiel_9-6.eps«]

RAHMENTEXT
Textimport als Fließtext einfügen

1 Formatierung vornehmen

Öffnen Sie »Beispiel_9-6.afdesign«. Platzieren Sie die Illustration »Beispiel_9-6.eps« mittig ❸. Verschieben Sie die Illustration unter die Textebene ❺, und schützen Sie diese, um das Verschieben zu vermeiden. Der Text soll nun formatiert werden, um zur Illustration zu passen. Markieren Sie den Text mit dem Werkzeug Rahmentext. Wählen Sie Arial ❶ und eine linksbündige Ausrichtung ❹ aus. Weisen Sie dem Text Globale Farbe 1 ❻ zu. Der Name ❷ sollte weiß sein und mittig in die türkise Fläche verschoben werden.

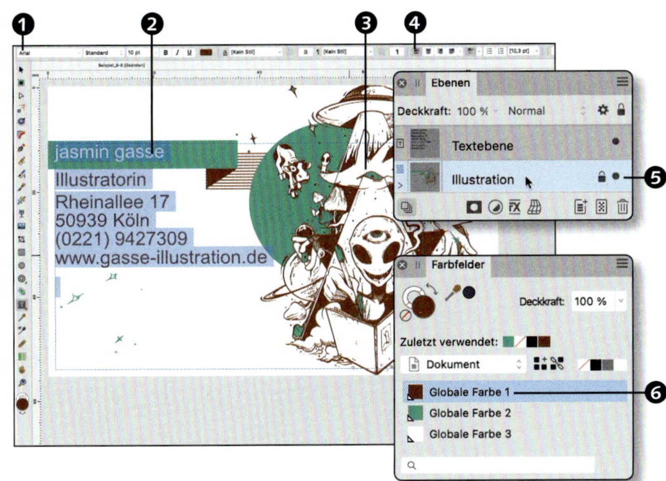

2 Zeichenformatierung vornehmen

Markieren Sie den Namen der Illustratorin. Bei der Schriftgröße geben Sie »12 pt« ein ❼ und wählen als Schriftschnitt Fett ❽. Die Berufsbezeichnung soll mit Kapitälchen hervorgehoben werden. Markieren Sie das Wort »Illustratorin«, und klicken Sie im Zeichen-Panel auf die Formatierung Kapitälchen ❾. Die Angaben zu Adresse und Website sind uns noch etwas zu groß – markieren Sie die letzten fünf Zeilen, und stellen Sie eine Schriftgröße von 8 pt ein.

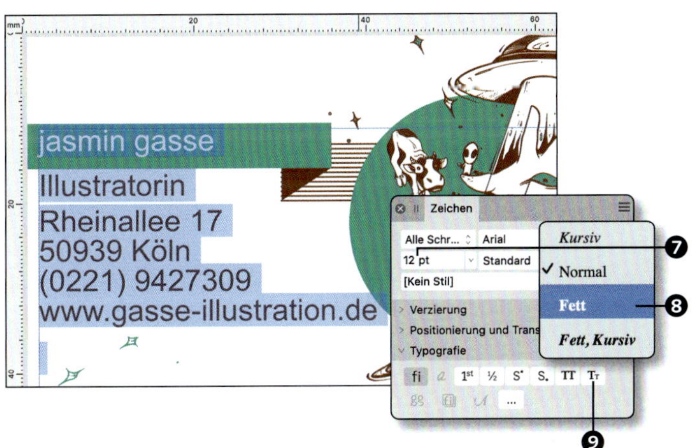

3 Absatzformatierung vornehmen

Noch steht der Text recht unmotiviert auf der Visitenkarte. Lassen Sie uns die Textzeilen strukturieren. Fügen Sie je einen Zeilenumbruch durch das Drücken der Enter-Taste hinter der Berufsbezeichnung »Illustratorin« und der Telefonnummer hinzu. Markieren Sie die unteren sieben Zeilen, und stellen Sie bei Abstandskorrektur ⓬ »6 pt« ein. Im Absatz-Panel geben Sie bei Linker Einzug und Einzug der ersten Zeile ⓫ »2 mm« ein. Bei Abstand nach Absatz ❿ stellen Sie einen größeren Wert, z. B. »12 pt«, ein. Die Zeilen und Absätze wandern nun nach unten.

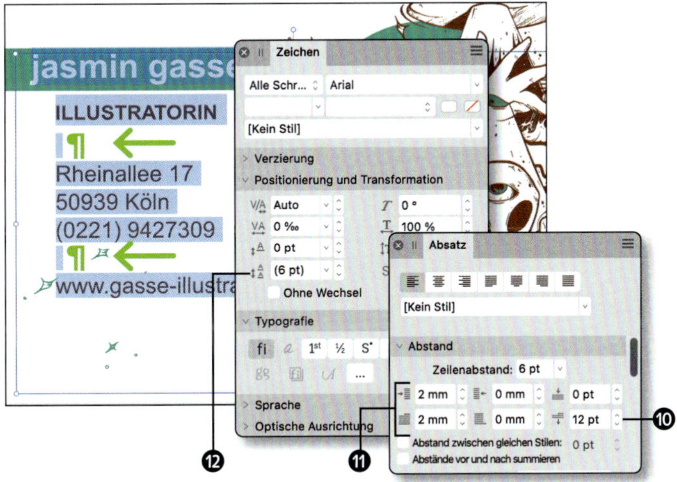

Eine Broschüre gestalten

Doppelseiten in Affinity Designer simulieren

Affinity Designer ist eine Grafikdesign-Software, die sich auf die Erstellung von Vektorgrafiken und Illustrationen spezialisiert hat. Im Gegensatz dazu ist Affinity Publisher eine Desktop-Publishing-Software, die für die Erstellung von mehrseitigen Layouts wie Broschüren, Magazinen und Büchern konzipiert ist. Affinity Designer bietet zwar einige Layoutfunktionen, ist aber nicht speziell für die Erstellung von mehrseitigen Dokumenten ausgelegt. Um trotzdem Doppelseiten zu erstellen, können Sie kreativ mit den Funktionen unter Datei • Neues Dokument wie Vorlagen, Seitenrändern, Anschnitt und mehreren ArtBoards sowie Linealen, Hilfslinien und Rastern arbeiten.

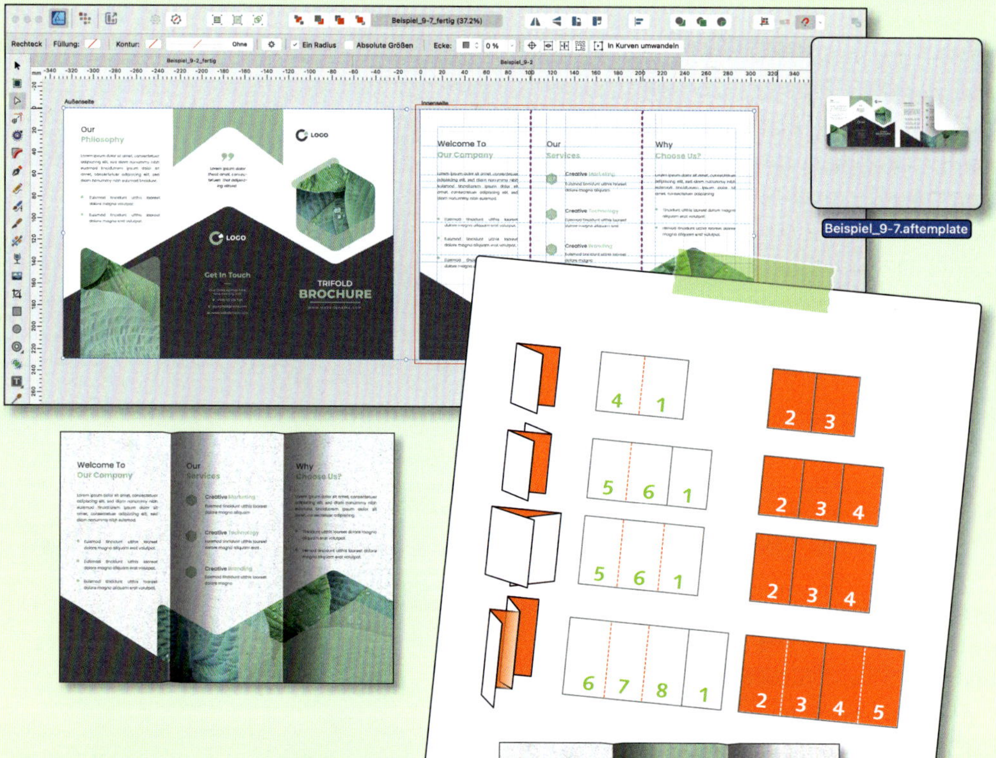

Template: oxurra, Freepik.com

Beispiel_9-7.aftemplate

Neu in diesem Workshop

- Vorlagen nutzen
- Doppelseiten simulieren
- Press Ready exportieren

[Dateien: »Beispiel_9-7.afdesign« »Beispiel_9-7.aftemplate«]

1 Vorlagen ».aftemplate« nutzen

Um komplexe Werke nicht immer wieder neu anlegen zu müssen, sollten Sie Dokumentvorlagen erstellen, die Seitengröße, Ausrichtung, Seitenränder, Anschnitt und Texte sowie Grafiken enthalten. Dokumentvorlagen lassen sich unter Datei • Als Vorlage exportieren sichern. Sie haben die Dateiendung ».aftemplate«. Zum Öffnen einer Vorlage klicken Sie im Dialog Neues Dokument ❶ auf Vorlagen ❺. Hier importieren Sie den Ordner »Beispiel_9-7« durch einen Klick auf Ordner hinzufügen ❹. Die Broschüre ❷ ist zu sehen.

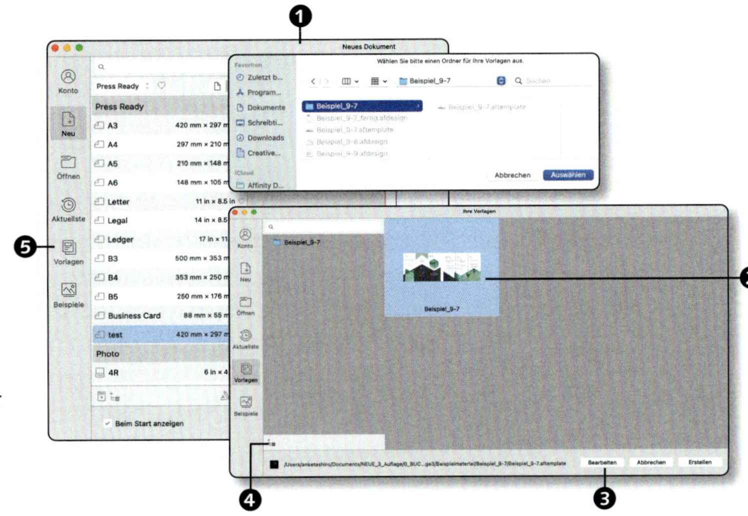

2 Doppelseiten simulieren

Öffnen Sie das »Beispiel_9-7« über Doppelklick oder Bearbeiten ❸. Zwei ArtBoards simulieren die Vorder- und Rückseite der Broschüre. In den Dokumenteneinstellungen im Menü Datei können Sie sich alle Voreinstellungen meiner Broschüre wie die Abmessungen, DPI-Werte oder das Farbformat ansehen. Ich habe sie als CMYK und mit 4 mm Anschnitt angelegt. Blenden Sie sich über die Ansicht alle Anschnittbereiche, Seitenränder, Hilfslinien, Raster und Lineale ein, um den Aufbau gut nachvollziehen zu können.

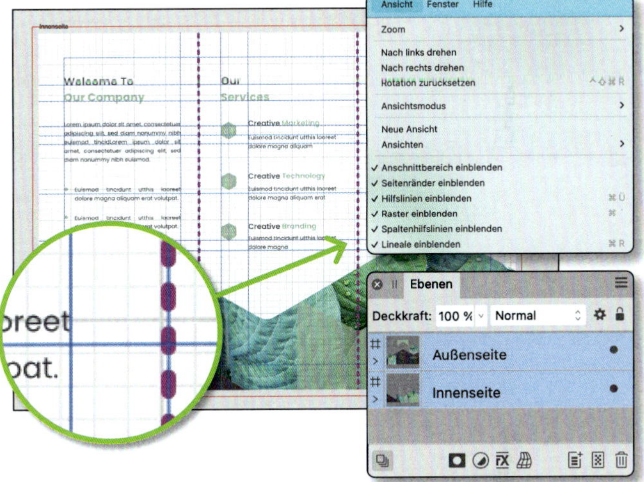

3 Press Ready exportieren

Beim PDF-Export dieser Broschüre mit Dreier-Falz sollten Sie das Design, die Farben ❻, den Anschnitt, die Druckmarken ❼ und die Falzung sorgfältig überprüfen. Fügen Sie einen ausreichenden Anschnitt und Druckmarken hinzu, und stellen Sie sicher, dass die Falzung korrekt positioniert ist. Überprüfen Sie die PDF-Datei gründlich, und fragen Sie die Druckerei nach ihren Vorgaben.

Anmerkung: Falz steht für das Falten von Materialien, um deren Größe oder Form zu ändern. Fragen Sie Ihre Druckerei, wie Sie eine korrekte Falz-Kontur anlegen.

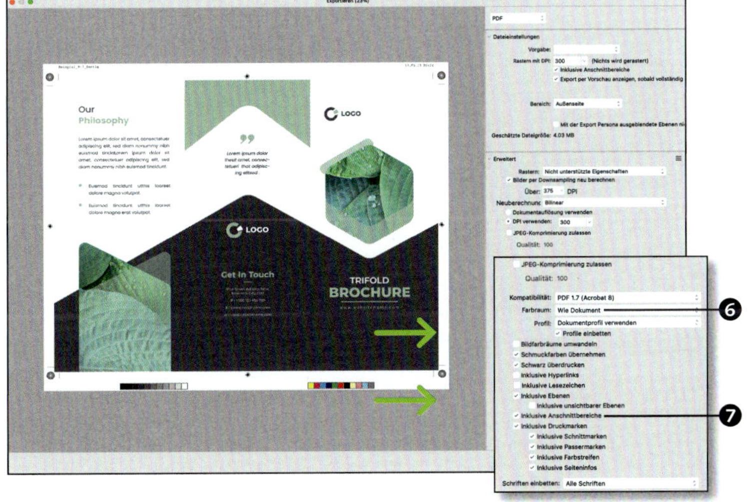

Textstile nutzen

Systematisches Arbeiten leicht gemacht mit Textstiltypen

Textstile heißen in anderen Programmen auch Textformate. Mit Textstilen können Sie Ihre Arbeit systematisieren: Sie können hiermit Formatierungen festlegen, die sich dann per Klick auf Texte anwenden lassen. Ändern Sie dann den Textstil, werden alle mit ihm formatierten Textstellen automatisch ebenfalls umformatiert. Sie können drei Textstiltypen nutzen: den Zeichenstil, den Absatzstil und den Gruppenstil. Um Eigenschaften auf Wörter, Zeilen oder Sätze anzuwenden, nutzen Sie den Zeichenstil. Um Eigenschaften auf einen Absatz zu übertragen, legen Sie einen Absatzstil fest. Um eine Gruppe von Textstilen festzulegen, definieren Sie entsprechend die Gruppenstile.

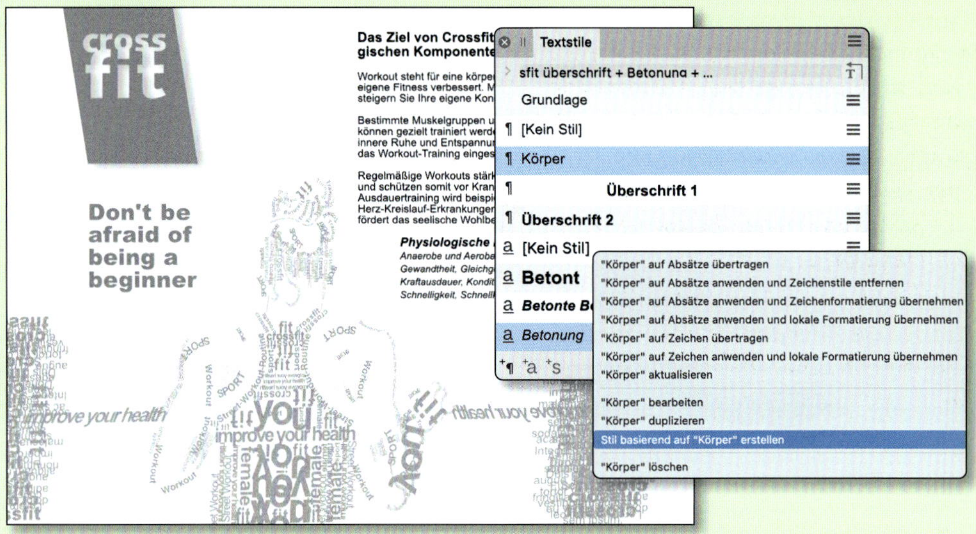

ABSATZSTIL ERSTELLEN
Neuer Textstil für Absätze

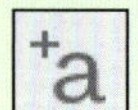
ZEICHENSTIL ERSTELLEN
Neuer Textstil für Zeichen

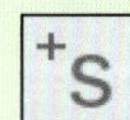
GRUPPENSTIL ERSTELLEN
Neuer Textstil für Gruppen

ABSATZSTIL AKTUALISIEREN
Überschreibt den Absatz.

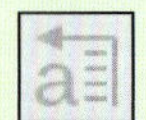
ZEICHENSTIL AKTUALISIEREN
Überschreibt Zeichen.

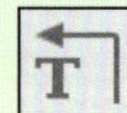
FORMATIERUNG ZURÜCKSETZEN
Entfernt Formatierungsänderung.

Neu in diesem Workshop

- Standardtextstile verwalten
- Textstile erstellen
- Textstile bearbeiten

[Datei: »Beispiel_9-8.afdesign«]

1 Textstile-Panel öffnen

Öffnen Sie die Datei »Beispiel_9-8.afdesign« und das Textstile-Panel (über Fenster • Text • Textstile). Hier liegen sowohl Absatzstile ❶ als auch Zeichenstile ❷. Zeichenstile formatieren grob gesagt einzelne Wörter, Absatzstile ganze Absätze. Sie finden für den Anfang die wichtigsten Standardstile voreingestellt, z. B. Überschrift, Körper für die Textschrift und Zeichenformate wie Betont und andere.

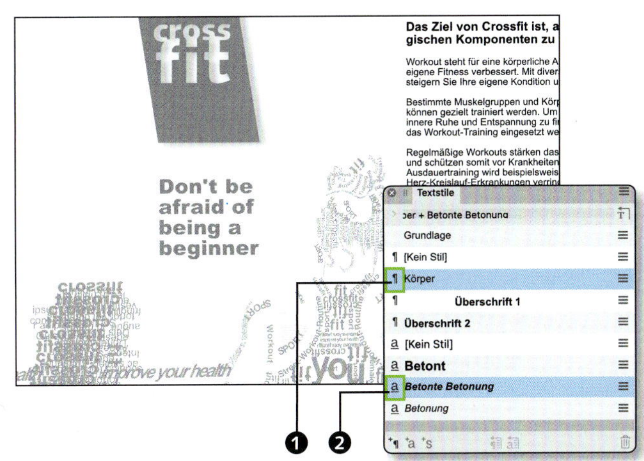

2 Standardtextstile anwenden

Sie können Textstile anwenden, bearbeiten oder entfernen. Markieren Sie mit dem Rahmentext eine Textstelle ❹. Um einen Stil zu übertragen oder zu aktualisieren, wählen Sie ihn per Klick im Panel Textstile aus. Sinnvoll ist die Sortierung Nach Typ sortieren aus dem Panelmenü ❸, da Ihnen dann Zeichen- und Absatzformate sortiert angezeigt werden.

Anmerkung: Sehr hilfreich ist die Option Nicht verwendete Stile löschen im Panelmenü ❸.

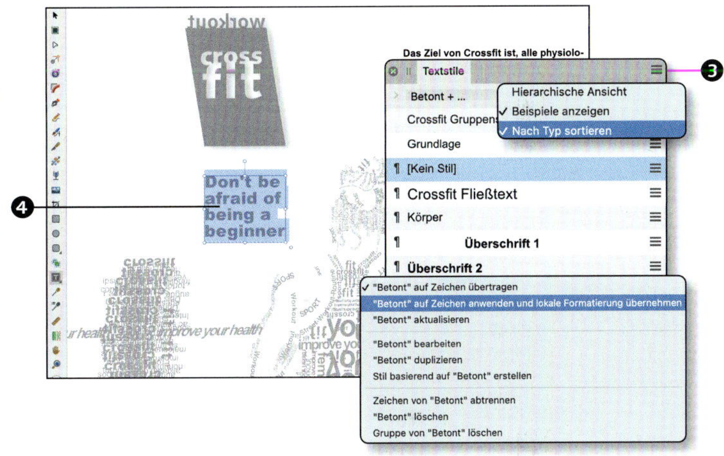

3 Dialogfeld »Textstil bearbeiten«

Um Zeichen- oder Absatzstile zu bearbeiten, doppelklicken Sie auf einen Stil im Textstile-Panel. Das Dialogfeld Textstil bearbeiten wird geöffnet. Auf der linken Seite finden Sie alle Formatierungen. Klicken Sie auf eine gewünschte Formatierung, wird diese blau und zeigt neue Einstellungen auf der rechten Seite. Sie können unter Schrift einen Stilnamen ❺ vergeben und die Zeichenschrift ❽ für einen Stil bearbeiten. Alle Stileinstellungen ❼ werden Ihnen unten systematisch zusammengefasst. Klicken Sie nun auf OK.

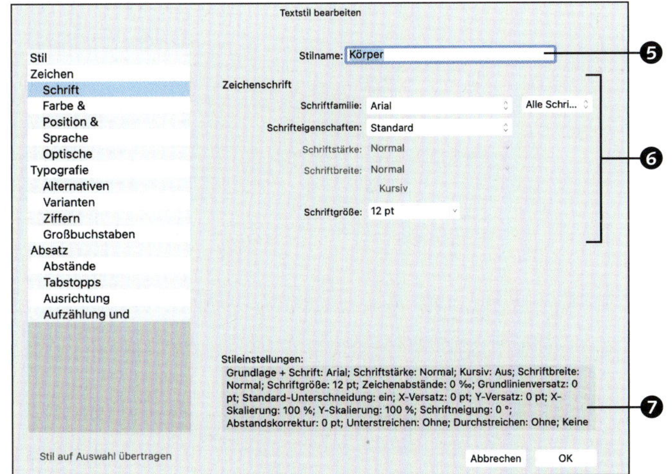

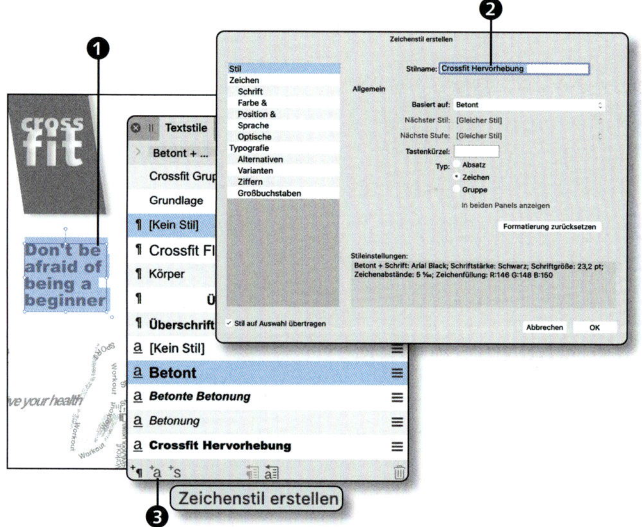

4 Zeichenstil neu anlegen

Haben Sie einen Text formatiert und wollen Sie diese Textformatierung häufiger anwenden, bietet es sich an, eigene Textstile anzulegen. Markieren Sie dazu den Textabschnitt ❶ mit dem Rahmentext-Werkzeug. Klicken Sie auf ZEICHENSTIL ERSTELLEN ❸. Im Dialogfeld ZEICHENSTIL BEARBEITEN vergeben Sie als STILNAME »Crossfit Hervorhebung« ❷ und stellen Ihre gewünschten Formatierungen ein. Nach einem Klick auf OK wird der neue Zeichenstil erstellt und sofort auf den Text übertragen.

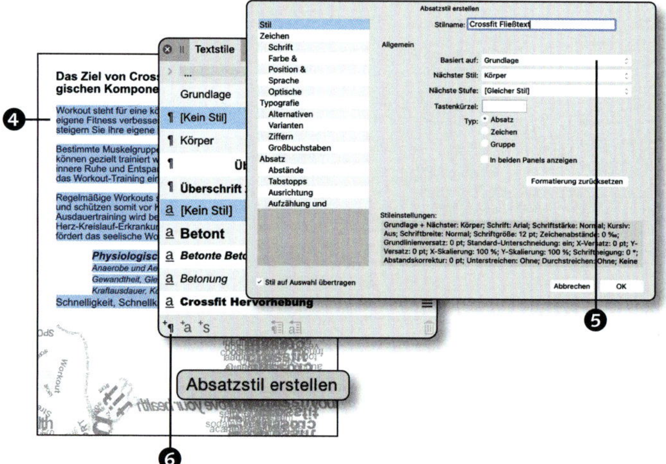

5 Absatzstil definieren

Sie markieren einen Fließtext ❹ mit dem Werkzeug RAHMENTEXT. Um diese Formatierung auf weitere Texte zu übertragen, erstellen Sie einen Absatzstil.

Klicken Sie im Textstile-Panel auf ABSATZSTIL ERSTELLEN ❻. Im Dialogfeld ABSATZSTIL BEARBEITEN vergeben Sie als STILNAME »Crossfit Fließtext«. Sie können unter BASIERT AUF festlegen, auf welchem Textstil der aktuelle Stil beruhen ❺ soll. Alle dort eingestellten Formatierungen werden automatisch für den neuen Textstil voreingestellt.

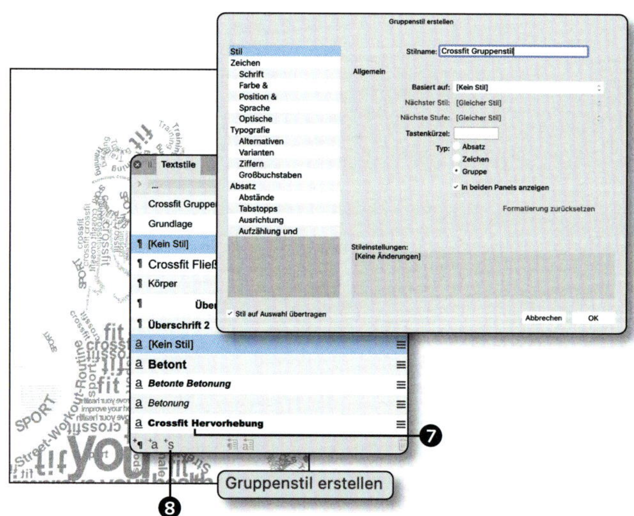

6 Gruppenstil erstellen

Wollen Sie einer Gruppe von Textstilen gleiche Attribute verleihen, z. B. die gleiche Schriftart einstellen, dann arbeiten Sie mit Gruppenstilen. So lassen sich Textstile hierarchisch aufbauen.

Sie erzeugen einen Gruppenstil ❽ im Textstile-Panel. Vergeben Sie den Namen »Crossfit Gruppenstil«. Bestätigen Sie mit OK. Doppelklicken Sie auf einen der zuvor erstellten Stile, z. B. CROSSFIT HERVORHEBUNG ❼. Der Gruppenstil wird jetzt im Dialog TEXTSTILE BEARBEITEN unter BASIERT AUF angewendet. Direkt auf Texte lassen sich Gruppenstile übrigens nicht übertragen.

7 Anderen Textstil vergeben

Wollen Sie Zeilen, Wörtern oder Absätzen einen anderen Stil zuweisen, aktualisieren Sie den betroffenen Textbereich. Der Begriff »aktualisieren« steht in diesem Fall für ersetzen. Wir wollen als Beispiel einen Zeichenstil ersetzen. Markieren Sie mit dem Textcursor die betroffene Textstelle ❾. Im Textstile-Panel wird der zuvor verwendete Stil, hier zunächst »Crossfit Hervorhebung«, angezeigt. Wählen Sie nun »Betont« als Zeichenstil aus ❿, und die voreingestellte Formatierung wird übernommen.

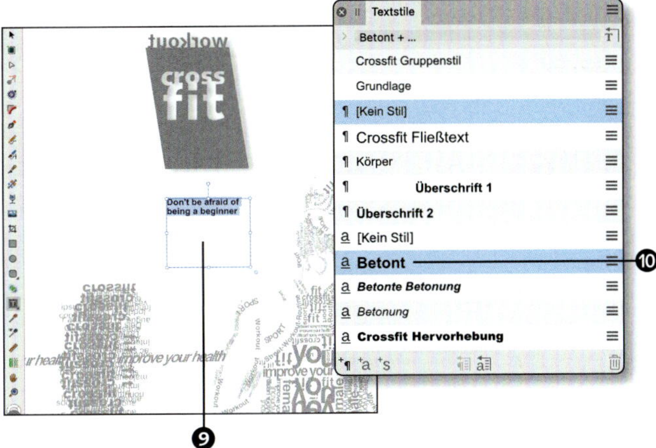

8 Textstile duplizieren

Sie können fertige Textstile duplizieren, um die Formatierungen etwas zu variieren, beispielsweise wenn es einen Fließtextstil mit Einrückung und einen Fließtextstil ohne Einrückung geben soll. Das erspart Ihnen viel Zeit. Klicken Sie im Textstile-Panel einen beliebigen Stil an, und wählen Sie im Optionsmenü ☰ ⓫ die Option "BETONT" DUPLIZIEREN ⓬ aus. Automatisch leitet Sie Affinity Designer wieder in das Dialogfeld TEXTSTIL BEARBEITEN. Sie geben dem kopierten Stil einen neuen Namen und nehmen weitere Formatierungen vor.

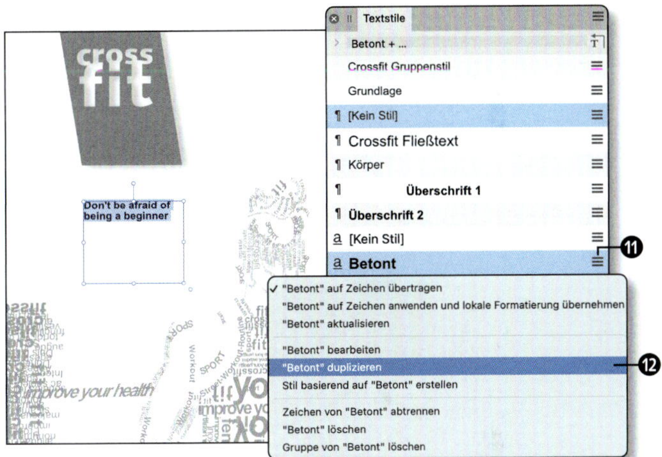

9 Textstile entfernen

Einen Stil oder Gruppenstil können Sie über das Optionsmenü ☰ ⓮ löschen.

Starten Sie mit einem neuen Projekt, bietet es sich an, alle vorhandenen Textstile einmal komplett zu löschen. So behalten Sie einen guten Überblick über Ihre Textstile und wenden nicht versehentlich falsche Schriftarten oder Formatierungen an. Klicken Sie dazu im Textstile-Panel einen beliebigen Stil an, und wählen Sie im Panelmenü ☰ ⓭ ABTRENNEN UND ALLE STILE LÖSCHEN.

Tipp: Sie können für einen Textstil ein Tastenkürzel vergeben.

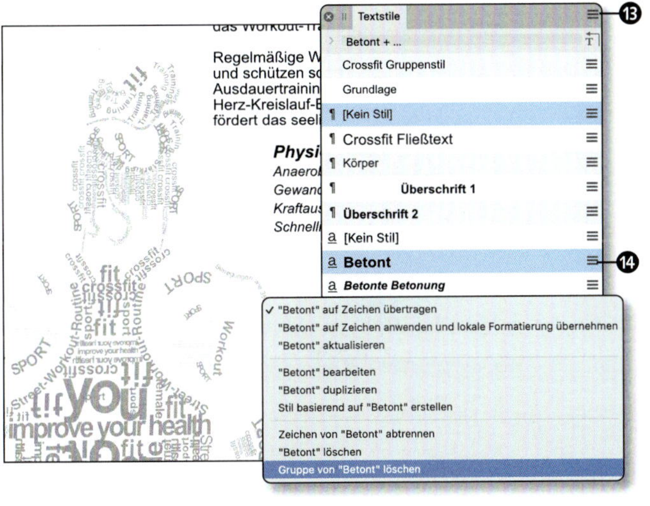

Ein Logo im Rundsatz

Text auf einen Pfad setzen und einer Form folgen lassen

Mit der Funktion IN TEXTPFAD UMWANDELN können Sie Grafiktexte an Linien, Kurven oder Umrisslinien von Objekten und Formen verlaufen lassen. Sie können Pfade aus jeder Linie, Kurve oder Form erstellen. Wollen Sie Texte auf Pfade legen, müssen Sie die gewünschte Linie, Kurve oder Form per ZEICHENSTIFT, VEKTORPINSEL, BLEISTIFT oder Formwerkzeug erzeugen. Wandeln Sie Pfade für Texte um, werden Linien, Kurven oder Formen unsichtbar. Möchten Sie diese Objekte zeigen, erstellen Sie vorher ein Duplikat von dem Objekt. Texte und Pfade können jederzeit verändert und bearbeitet werden.

ZEICHENSTIFT
Pfade erstellen

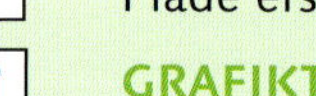

GRAFIKTEXT
Text auf Pfade setzen

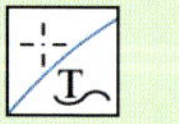
GEÄNDERTER MAUSZEIGER
Auswahl von Pfaden

VERSCHIEBEN-WERKZEUG
Pfade auswählen, verschieben

KNOTENWERKZEUG
Pfade bearbeiten

Neu in diesem Workshop

- Pfad für Grafiktext erstellen
- Grafiktext auf Pfade legen
- Ändern von Pfadtexten

[Datei: »Beispiel_9-9.afdesign«]

1 Pfad für Grafiktext erstellen

Öffnen Sie die Datei »Beispiel_9-9.afdesign«. Aktivieren Sie MAGNETISCHE AUSRICHTUNG ❶, und lassen Sie sich die Hilfslinien nun anzeigen.

Zunächst müssen wir einen Pfad erstellen, auf dem wir dann den Rundtext schreiben können. Einen Pfad können Sie per ZEICHENSTIFT, VEKTORPINSEL oder BLEISTIFT zeichnen. Hier aber ziehen Sie am besten mit dem Formwerkzeug ELLIPSE ❸ mithilfe von ⇧ und cmd/Strg aus dem Mittelpunkt einen Kreis auf ❷.

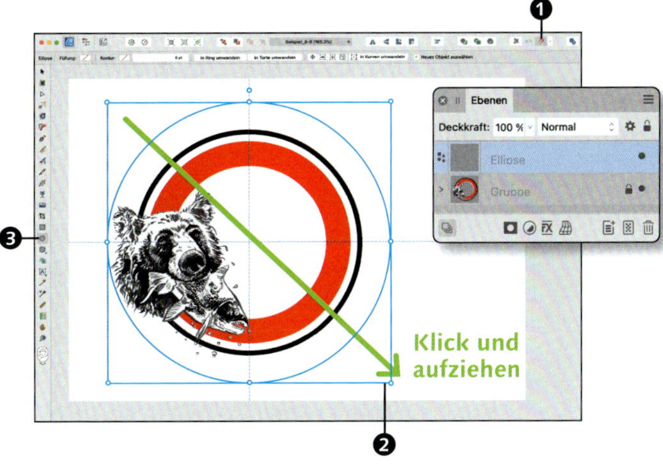

2 Grafiktext auf Pfade legen

Der Pfad kann nun mit dem Werkzeug GRAFIKTEXT angesteuert werden, um Schriften oder Texte auf den Pfad zu schreiben. Wählen Sie das Werkzeug GRAFIKTEXT ❻, und führen Sie Ihren Mauszeiger unten über den Pfad ❹ des zuvor aufgezogenen Kreises. Der Mauszeiger ändert seine Form. Stellen Sie im Panel FARBE die Farbe Schwarz ein. Klicken Sie auf den Pfad, wird der Mauszeiger sofort zum Textcursor ❺. Schreiben Sie das Wort »Fischmarkt«. Der Textcursor folgt dem Pfad.

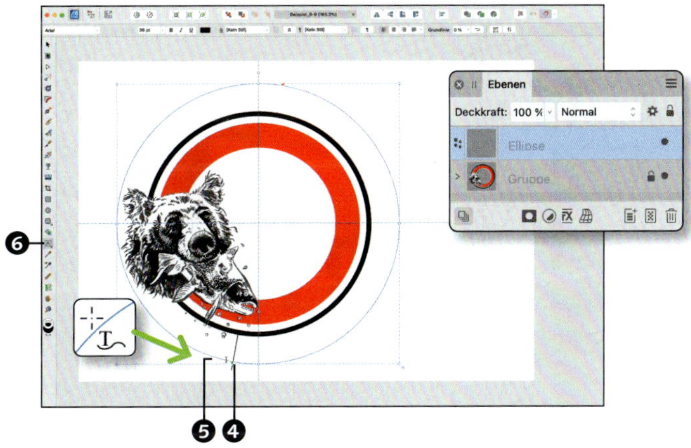

3 Ändern von Pfadtexten

Mit dem Textcursor können Sie Wörter markieren, um sie zu bearbeiten. Sollte eine Texteingabe zu lang sein, können Sie mit den Textwerkzeugen an den dreieckigen Endpunkten ❼ der Pfade klicken, um die Endpunkte nach rechts oder links zu drehen. In der Kontextleiste lässt sich die Schriftart und Größe ändern. Wollen Sie die Schrift außen auf dem Pfad laufen lassen, klicken Sie zunächst auf das Verschieben-Werkzeug und dann auf TEXTPFAD UMKEHREN. Mit dem Verschieben-Werkzeug können Sie den Pfad transformieren, per Knotenwerkzeug den Pfad direkt verformen.

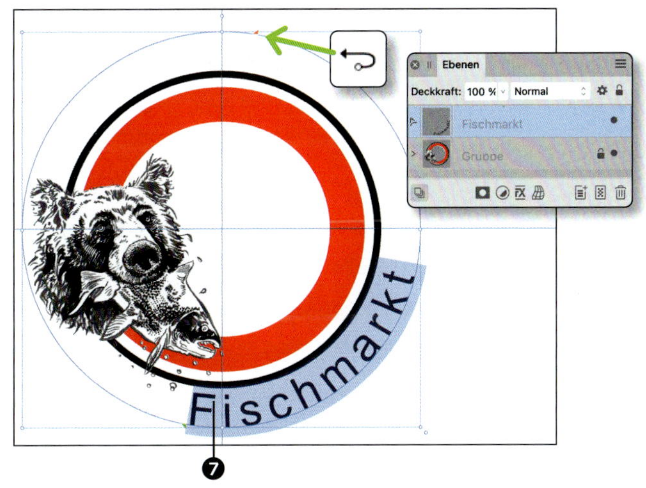

Formtexte erzeugen

Ein typografisches Poster gestalten

Sie erzeugen Formtexte, indem Sie Text in freihändig gezeichnete Formen, in geometrische Formen oder auf Vektorkurven platzieren. Um Kurven oder Formen für Formtext nutzen zu können, gehen Sie ins Menü EBENE und wählen IN TEXTRAHMEN UMWANDELN. Standardmäßig markieren Sie Kurven oder Formen und platzieren das Werkzeuge GRAFIKTEXT oder RAHMENTEXT. Der Mauszeiger ändert seine Form, und Sie können beliebige Formtexte gestalten. Klicken Sie einmal, um eine Einfügemarke zu platzieren. Sie können Texte eintippen, zuvor kopierte Texte hinzufügen oder Textdateien platzieren.

Nachher

Vorher

In Kurven umwandeln
In Textrahmen umwandeln
In Textpfad umwandeln

Transformieren
X: 273 mm B: 74 mm
Y: 132,3 mm H: 74 mm
R: 0 ° N: 0 °

Posterdesign

ist die kreative Gestaltung von Plakaten für Werbung, Information oder Dekoration.

Standardgrößen für Poster:

DIN A1, A2 oder A3

Gutes Posterdesign sollte in hoher Qualität/Auflösung gedruckt werden.

Neu in diesem Workshop

- Formtext in geometrischer Form
- Formtext auf Kurven
- Formtext durch Platzieren

[Dateien: »Beispiel_9-10.afdesign« »Beispiel_9-10_platzieren.rtf«]

RAHMENTEXT
Text in Formen oder auf Kurven

ELLIPSE
Kreisförmigen Formtext erzeugen

ZEICHENSTIFT
Textform in gezeichneten Kurven

Rechteck
Textform auf Textpfad legen

1 Formtext in geometrischer Form

Öffnen Sie »Beispiel_9-10.afdesign«. Kopieren Sie den ersten Absatz der Textvorlage ❸. Wir wollen nun eine kreisförmige Textform erzeugen ❹. Ziehen Sie mit dem Formwerkzeug ELLIPSE mithilfe von ⇧ und `cmd`/`Strg` einen gleichmäßigen Kreis in 47×47 mm auf. Gehen Sie in das Menü EBENE, und wählen Sie IN TEXTRAHMEN UMWANDELN. Mit RAHMENTEXT ❺ fügen Sie den kopierten Text ein. Nun markieren Sie den gesamten Text und verkleinern ihn ❶, bis er in den Kreis passt. Klicken Sie auf ZENTRIERT ❷.

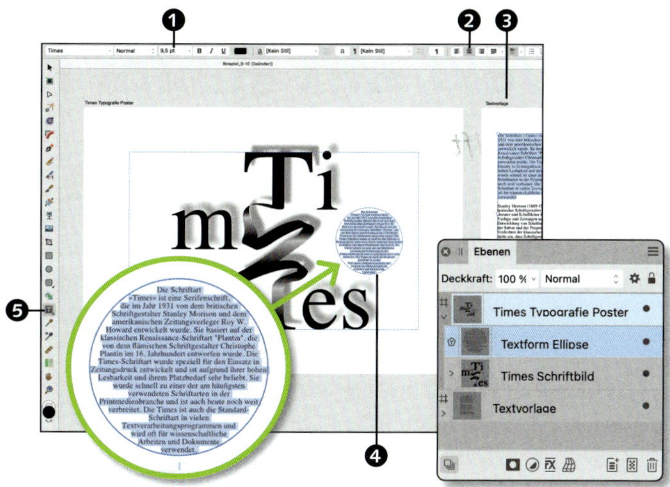

2 Formtext auf Kurven

Kopieren Sie den zweiten Absatz der Textvorlage. Gehen Sie ins Menü ANSICHT • SEITENRÄNDER EINBLENDEN. Zeichnen Sie nun mit dem Zeichenstift ❼ wie unter ❻ abgebildet eine Kurve. Klicken Sie diesmal Ihre Kurve mit einem rechten Mausklick an, können Sie ebenfalls die Option IN TEXTRAHMEN UMWANDELN anwenden. Fügen Sie nun den zuvor kopierten Absatz in den Textrahmen ein. Markieren Sie den gesamten Text. Stellen Sie die Schriftgröße so ein, dass der Text in der Kurve läuft, und klicken Sie auf RECHTSBÜNDIG.

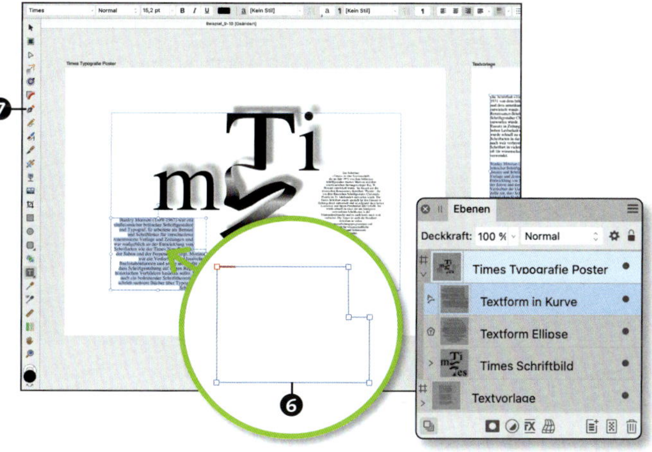

3 Formtext durch Platzieren

Kopieren Sie zum Schluss den letzten Absatz der Textvorlage. Wählen Sie das Werkzeug RECHTECK ❾ aus. Ziehen Sie ein Rechteck nahe den Seitenrändern des ArtBoards auf. So bildet der Text optisch einen Rand. Gehen Sie in das Menü EBENE, und wählen Sie IN TEXTPFAD UMWANDELN. Unter DATEI • PLATZIEREN öffnen Sie »Beispiel_9-10_platzieren.rtf«. Diesmal sollte die Schriftgröße 24 pt sein. Verschieben Sie die dreieckigen Marker ❽, können Sie die Schriftposition ändern.

Anmerkung: Achten Sie auf eine verständliche Benennung Ihrer Ebenen!

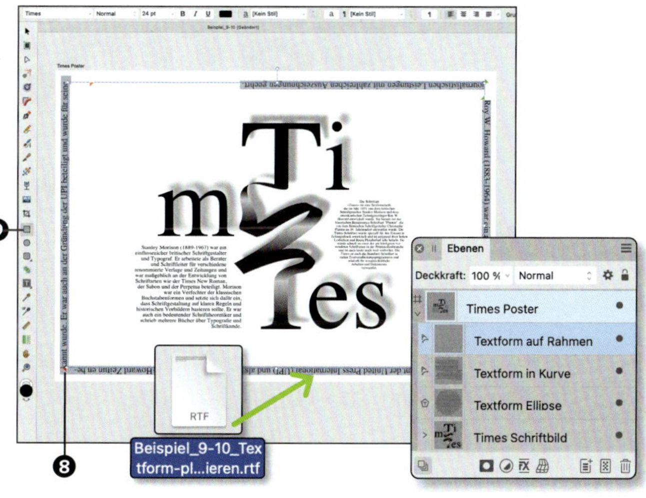

Text mit einem Bild füllen

Schrift in Pfade umwandeln

Sie können Buchstaben, Ziffern und Wörter oder Texte in Pfade umwandeln. Dies ermöglicht es Ihnen, Textobjekte zu bearbeiten, um beispielsweise Icons, Signets oder Logos zu entwickeln oder Schriften auszulasern. Ist ein Text einmal in Kurven umgewandelt, können Sie diesen nicht mehr mit dem Textwerkzeug bearbeiten. Bevor Sie die Option In Kurven umwandeln nutzen, sollten Sie alle gestalterischen Einstellungen wie Schriftgröße, Schriftart oder Schnitt vornehmen. Sind Schriften in Pfade umgewandelt, können Sie die booleschen Operationen nutzen, um Schriften und Objekte zu montieren.

Neu in diesem Workshop

- Textbearbeitung erhalten
- Schrift in Pfade umwandeln
- Schrift mit Textur

[Datei: »Beispiel_9-11.afdesign«]

Grafiktext
Text erzeugen oder bearbeiten

Verschieben-Werkzeug
Ebenen auswählen, verschieben

1 Textbearbeitung erhalten

Öffnen Sie die Datei »Beispiel_9-11.afdesign«. In diesem Workshop ist das Wort »patina« mit dem GRAFIKTEXT ❷ erstellt worden. Patina bezeichnet eine Oberfläche mit Abnutzungsspuren. Wir wollen nun dieses Wort in Kurven umwandeln und mit einem Foto füllen. Um weitere Textbearbeitungen vorzunehmen, klicken Sie zunächst auf die Textebene ❶, und duplizieren Sie sie über die rechte Maustaste oder `ctrl`. Sie haben nun zwei identische Textebenen. Blenden Sie die untere Textebene über den Kreis aus.

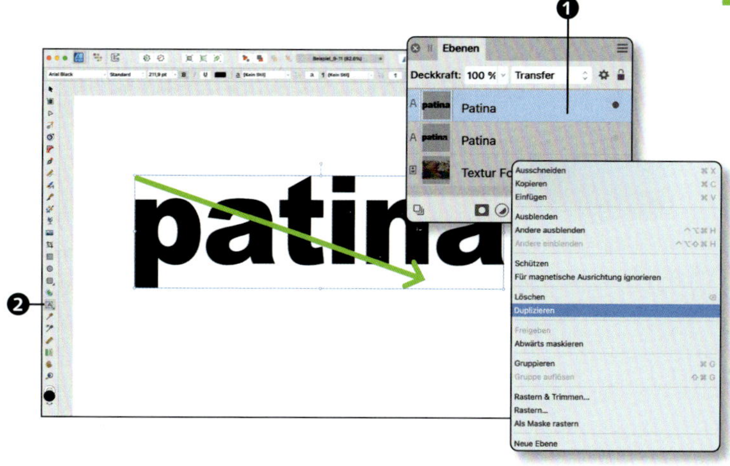

2 Schrift in Pfade umwandeln

Um Schriften in Pfade umzuwandeln, markieren Sie deren Ebene ❹. Sie können auch das Wort »patina« direkt mit dem Verschieben-Werkzeug anklicken. In der Kontextleiste klicken Sie auf IN KURVEN UMWANDELN ❸. Die Schrift wird in Kurven umgewandelt und ist nach einem Doppelklick mit dem Knotenwerkzeug veränderbar.

Noch ein Tipp: Um Spiegelschriften zu erzeugen, duplizieren Sie Schriften. Spiegeln Sie diese, und erzeugen Sie eine Transparenz.

3 Schrift mit Textur

Verschieben Sie die duplizierte Textebene ❼ im Ebenen-Panel ganz nach unten. Um das Foto zu sehen, blenden Sie die Ebene ❻ über den Kreis im Ebenen-Panel ein. Klicken Sie die Ebene ❺ ganz oben mit einem rechten Mausklick an, und wählen Sie ABWÄRTS MASKIEREN. Die Schrift wird als neue Maske ❽ abwärts mit dem Foto gefüllt, und das Foto ist nur noch in der Schrift ❾ zu sehen. Die Kurven der Schrift bilden die Begrenzung des Fotos. Die untere Textebene fungiert als Sicherheitskopie, in der Sie später Schrift und Größe nachsehen können.

Grafiktext mit Pinsel verändern

Schrift mit Pflanzen dekorieren

Sie können mit Pixelpinseln Ihre typografischen Arbeiten in der Pixel Persona kreativ und künstlerisch erweitern. Zuerst erzeugen Sie in der Designer Persona einzelne oder mehrere Buchstaben als Grafiktext und wandeln diese in Kurven um. Mit separat erzeugten Pixelebenen in der Pixel Persona können Sie dann Pinselstriche in Pflanzenform vor, hinter oder in den Buchstaben malen. Sollte Ihnen die Position der gemalten Blätter nicht gefallen, können Sie die Ebenen löschen oder Teile des Pinselstriches radieren. Das Arbeiten mit separaten Pinselebenen funktioniert zerstörungsfrei.

Neu in diesem Workshop

- Pinsel importieren
- Mit Pflanzenpinseln malen
- Pinselbereiche entfernen

[Dateien: »Beispiel_9-12.afdesign« »ULTRA-nature.afbrushes«]

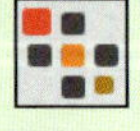

PIXEL PERSONA
Malen mit Pflanzenpinseln

MALPINSEL
Farnblätter zum Grafiktext malen

AUSWAHLRAHMEN RECHTECK
Farnblätter per Auswahl entfernen

1 Pinsel importieren

Öffnen Sie »Beispiel_9-12.afdesign«. Der Buchstabe »A« ist mit dem Grafiktext ❶ erstellt und in eine Kurve umgewandelt worden. Nun soll mit Pflanzenpinseln der Buchstabe illustratorisch verändert werden. Falls der Pinsel noch nicht importiert ist, wechseln Sie zur Pixel Persona, denn Pixelpinsel finden Sie nur dort. Öffnen Sie das Panel über Fenster • Pinsel. Wählen Sie über das Panelmenü ❷ Pinsel importieren, und öffnen Sie »ULTRA-nature.afbrushes« ❸. Aktivieren Sie einen der Pinsel, die wie Farn aussehen ❻.

2 Mit Pflanzen-Pinseln malen

Markieren Sie das Rechteck und aktivieren Sie Oben auf der Ebene einsetzen ❹, um mit dem Malpinsel mit Dunkelgrün und Weiß und verschiedenen Pinselgrößen hinter dem Buchstaben zu malen. Automatisch wird eine neue Pixelebene angelegt.

Fügen Sie nun eine weitere Pixelebene ❽ über dem A hinzu. Mit Weiß, Dunkelgrün und dem Grünton des Hintergrunds malen Sie über das A. Dazu müssen Sie In der Auswahl einsetzen ❺ anklicken.

3 Pinselbereiche entfernen

Um saubere Kanten des Farnpinsels zum Buchstaben zu erhalten, entfernen Sie unerwünschte Pinselbereiche. Ziehen Sie mit dem Auswahlrahmen eine Auswahl ❼ auf. Im Panel Ebenen wählen Sie die Ebene aus, auf der die unerwünschten Pinselbereiche sind. Drücken Sie nun die Löschtaste, wird der Farnpinsel innerhalb der Auswahl gelöscht. Sie können natürlich auch mit dem Radierer jederzeit störende Pinselbereiche radieren.

Mehr zum Thema Auswahl finden Sie ab Seite 216. Lesen Sie zudem ab Seite 208 mehr zum Thema »Pinsel selber gestalten«.

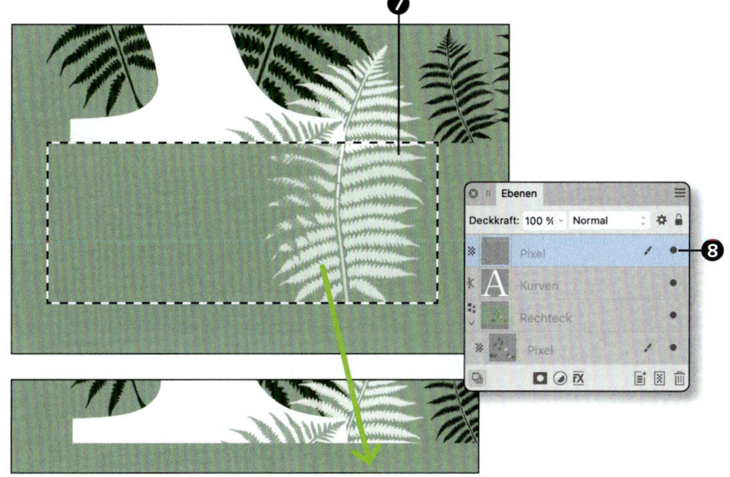

Text räumlich wirken lassen

Mit Kopien 3D-Effekte erzeugen

Grafiktext ist für Schmucktexte und Schriftdesign wie zum Beispiel Überschriften oder Zitate besonders gut geeignet. Mit dem kumulativen Duplizieren mithilfe von cmd/Strg + J können Sie Grafiktexten eine gewisse Räumlichkeit verleihen. Achten Sie bei der kumulativen Duplizierung darauf, dass saubere Kanten der Formen entstehen. Vermeiden Sie Treppeneffekte an Rundungen der Buchstaben. Über das Menü EBENE lässt sich der kopierte Grafiktext um dessen Kontur erweitern, um 3D-Effekte anzudeuten. Zusätzlich können Sie mit Ebeneneffekten Schatten erzielen.

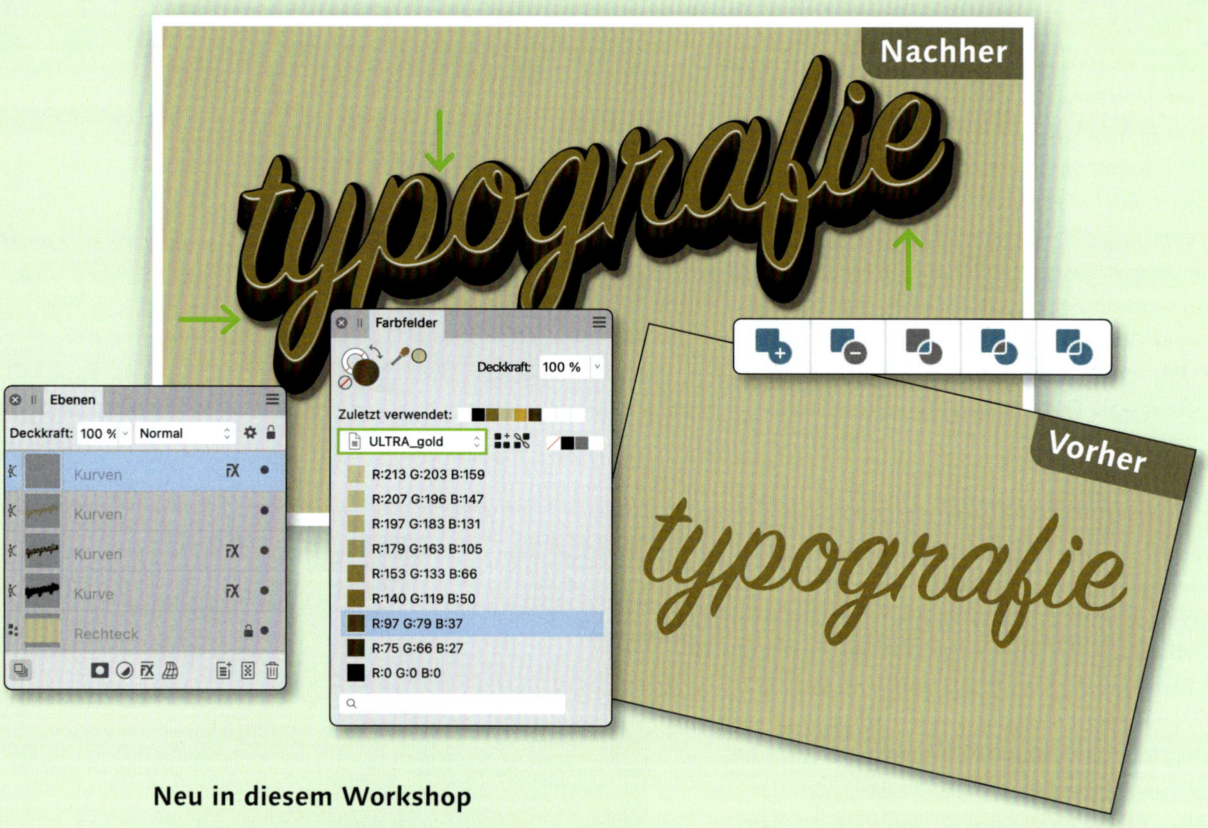

Neu in diesem Workshop

- Grafiktext kumulativ duplizieren
- Schwarze Kontur unten
- Weiße Kontur oben

**[Dateien: »Beispiel_9-13.afdesign«
»Beispiel_9-13_fertig.afdesign«]**

VERSCHIEBEN-WERKZEUG
Pfade auswählen, verschieben

1 Grafiktext kumulativ duplizieren

Markieren Sie den Grafiktext ❶ aus »Beispiel_9-13.afdesign«. Mit Alt klicken Sie und ziehen das Wort leicht nach unten rechts ❹. Drücken Sie danach 15-mal cmd / Strg + J, dadurch wird der Text versetzt dupliziert. Im Panel Ebenen markieren Sie die 15 oberen Kopien. Über Hinzufügen ❷ werden die Kopien zu einer Ebene, diese schieben Sie über das Rechteck ❸. Öffnen Sie im Panel Farbfelder die Palette »ULTRA-gold«, und vergeben Sie einen dunkleren Goldton für einen besseren 3D-Look.

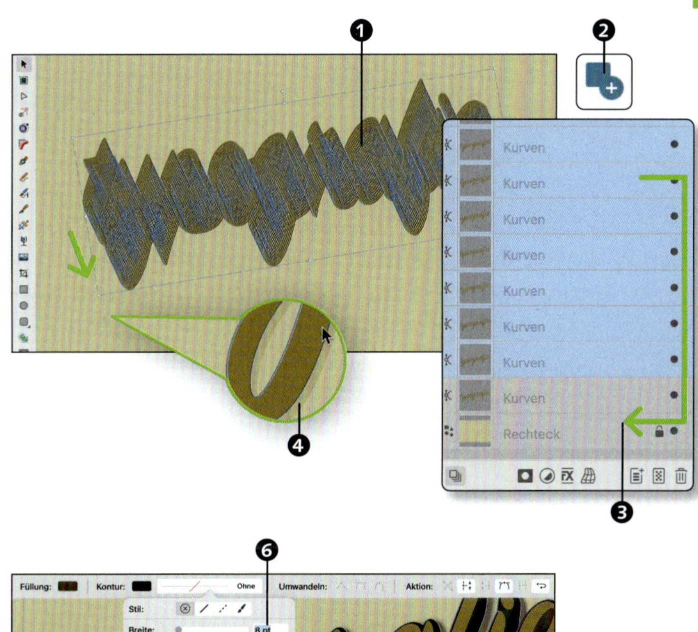

2 Schwarze Kontur unten

Lassen Sie den Text mit dem dunkleren Goldton markiert ❺. Wählen Sie das Knotenwerkzeug. Über die Kontextleiste stellen Sie nun eine schwarze Kontur mit der Breite von 8 pt ❻ ein. Wählen Sie Ebene • Kontur erweitern, so wird Ihre Kontur in eine Kurve umgewandelt. Verschieben Sie die Ebene der schwarzen Kurve nach unten über das Rechteck ❼. Wechseln Sie nun wieder zum Verschieben-Werkzeug zurück.

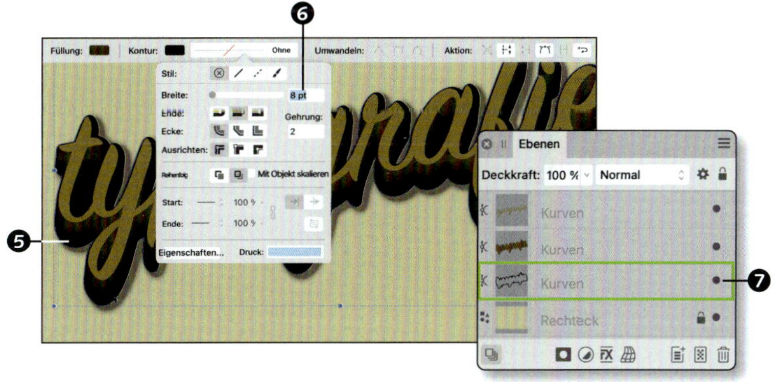

3 Weiße Kontur oben

Duplizieren Sie die oberste Ebene, und legen Sie eine Konturbreite von 1 pt fest ❽. Aktivieren Sie Umrisslinie aussen ausrichten und wählen Sie Ebene • Kontur erweitern. Markieren Sie die beiden oberen Ebenen, und klicken Sie auf Subtrahieren ❾. Geben Sie der Kontur eine weiße Farbe. Mit Alt klicken und ziehen Sie das Wort ganz leicht nach oben rechts ❿. Beachten Sie, dass die neue Ebene ganz oben ist. Markieren Sie erneut die beiden obersten Ebenen, und betätigen Sie ein letztes Mal Subtrahieren ❾.
Tipp: Testen Sie Ebeneneffekte wie hier die Gaussche Unschärfe auch für Schatten aus.

Farben automatisch ändern

Globale Farben wirken Wunder

Sie können Layoutarbeiten oder Illustrationen Globalfarben zuweisen. Sie haben beispielsweise bei einem komplexen Layout mit Texten, Vektorgrafiken und Fotos die gesamten Layoutelemente mit einer Globalfarbe designt. Nun können Sie die Globalfarbe einfach umfärben. Zeitgleich und automatisch werden nun alle Elemente mit umgefärbt, das erspart viel Zeit. Sie können globale Farben mit Dokumentpaletten exportieren und importieren.

Foto Nagasaki & Lunchbox: © Yuichiro Tashiro

Neu in diesem Workshop

- Globale Farbe hinzufügen
- Globale Farbe umfärben
- Sonderfarbe und Überdrucken

[Datei: »Beispiel_9-14.afdesign«]

PIPETTE IM PANEL FARBFELDER
Farben aufnehmen

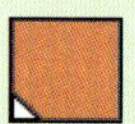

GLOBALE FARBE
Umfärben vieler Objekte

SCHMUCKFARBE
Sonderfarben im Druck

1 Globale Farbe hinzufügen

Öffnen Sie das »Beispiel_9-14.afdesign«. Generell ist das Layout fertig, der Flyer soll jedoch einheitlich in der Logofarbe ❶ gefärbt sein. Die Logofarbe soll dazu als globale Farbe angelegt werden. Im Panel FARBFELDER wählen Sie im Panelmenü ❷ GLOBALE FARBE HINZUFÜGEN. Im sich öffnenden Dialogfeld klicken Sie auf die Pipette ❸ und ziehen sie auf das Logo ❶ im Flyer. Erscheint in der Lupenansicht die gewünschte Farbe, lassen Sie die Lupe los. Per Doppelklick in das Farbfeld hinter der Pipette bestätigen Sie die Farbe.

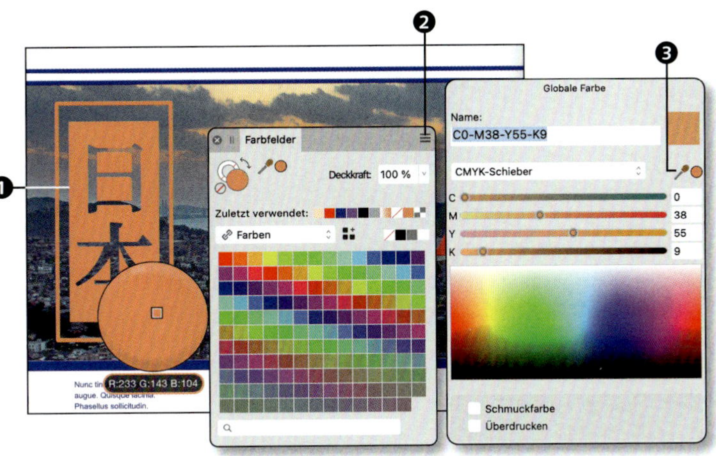

2 Globale Farbe vergeben

Die Farbe wird neben der Pipette angezeigt ❹. Benennen Sie die Farbe beispielsweise mit den CMYK-Werten, und klicken Sie auf HINZUFÜGEN. Globale Farben werden mit einem kleinen Dreieck versehen ❻ in der Dokumentpalette ❺ abgelegt. Sollte noch keine Dokumentpalette existieren, wird sie automatisch angelegt. Markieren Sie per Klick nacheinander alle rot oder blau eingefärbten Elemente und alle bereits in der Logofarbe gefärbten Elemente. Klicken Sie jeweils auf die neue globale Logofarbe.

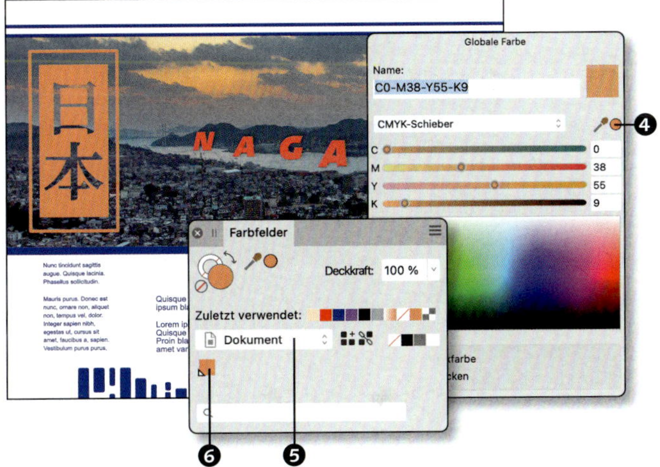

3 Globale Farben verändern

Die Logofarbe erscheint Ihnen jetzt doch zu blass. Mit wenigen Klicks können Sie die gesamten Elemente umfärben und so viel Zeit sparen. Um globale Farben zu verändern, doppelklicken Sie auf die globale Farbe ❻ im Panel FARBFELDER. Verändern Sie die Farbwerte über die Regler ❼, sehen Sie in der Live-Vorschau die Umfärbung. Sie können beispielsweise einen goldenen Ton mit C 0, M 10, Y 62, K 23 einstellen.

Sie können globale Farben ebenfalls mit RAUSCHEN ❽, Verläufen, Transparenzen sowie Mischmodi belegen.

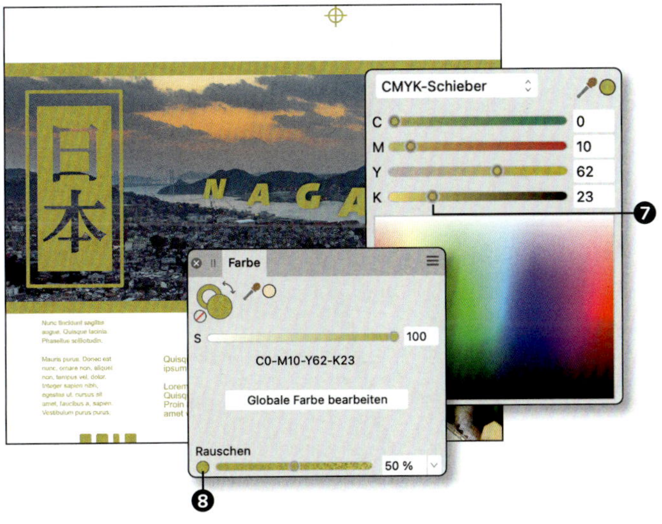

Responsives Webdesign

Foto: © UI STENCILS™

Dieses Kapitel beschreibt Wissenswertes über responsives Webdesign sowie UX- und UI-Design. Sie werden sehen, wie leicht die Formatvorgaben für Geräte in der Dokumenteinstellung funktionieren, wie Sie Logos webfreundlich anlegen können oder Favicons, Icons sowie Buttons erstellen. Erfahren Sie, wie Sie Symbole handhaben, Header aufbauen und Assets dazu nutzen, Ihren Workflow zu beschleunigen. Zudem werden Sie Muster designen, isometrische Projektionsebenen kennenlernen und Beschränkungen definieren.

Webdesign in Affinity Designer

Webseiteninhalte gestalten und responsiv skalieren

Affinity Designer erleichtert Ihnen die Gestaltung von responsiven Webinhalten. Responsives Webdesign beschreibt eine gestalterische und technische Methode zum Aufbau von Webseiten oder Applikationen. Dabei wird besonders auf die Eigenschaften der verwendeten Endgeräte wie Smartphones, Tablets und Computer Rücksicht genommen.

Der Aufbau von responsiven Webseiten ist abhängig von der Bildschirmgröße des Geräts. In Affinity Designer können Sie bereits beim Anlegen eines neuen Dokuments Bildschirmgrößen von Geräten einstellen. Für die Verwaltung, Anordnung und Darstellung von Webelementen stehen Ihnen die Panels Assets, Beschränkungen und Symbole zur Seite. Mit diesen Panels organisieren Sie Spalten, Texte, Icons, Buttons und Fotos oder Grafiken.

Das Panel »Assets«

Das Assets-Panel verwaltet Ihren Bilderspeicher. Sie können von jedem Dokument aus darauf zugreifen. Sie finden im Panel bereits standardmäßig einige Designelemente. Über das Panelmenü ❷ werden Kategorien ❶ und Unterkategorien ❺ erstellt sowie Assets importiert und auch exportiert.

Um Unterkategorien zu verschieben, umzubenennen oder zu löschen, nutzen Sie das Optionsmenü ❸ hinter der Unterkategorie. Einzelne Elemente ❹ sind verschiebbar.

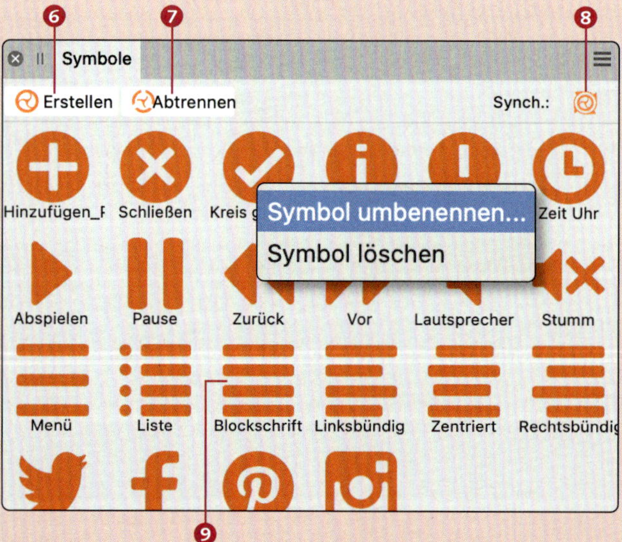

Das Panel »Symbole«

Sie können einzelne Objekte oder Gruppen ❾ über das Panel Symbole als Symbole erstellen ❻ und abspeichern. Erstellte Symbole werden direkt aus dem Panel gezogen und können beliebig oft im Dokument oder auf ArtBoards platziert werden.

Sie können markierte Symbole abtrennen ❼ oder synchronisieren ❽. Synchronisieren Sie ein Symbol, werden alle Änderungen automatisch auf alle platzierten Symbole übertragen. Das Abtrennen deaktiviert das Synchronisieren der Symbole. Weisen Sie Symbolen eine globale Farbe zu, werden Farbänderungen einfach.

Das Panel »Beschränkungen«

Das Panel Beschränkungen erleichtert responsives Webdesign. Hier definieren Sie, wie Objekte auf Größenänderungen reagieren:

- Der äußere Kasten ⑩ visualisiert übergeordnete Objekte, sprich Elternobjekte.
- Der kleine Kasten ⑪ steht für untergeordnete Objekte, sprich Kindobjekte.
- Schwarze Verankerungslinien ⑭ zeigen Verankerungen an.
- Schwarze Skalierungspfeile ⑬ zeigen Skalierungsrichtungen an.
- Gestrichelte graue Linien wie ⑫ und ⑮ zeigen an, dass die Skalierung und Verankerung aus ist.

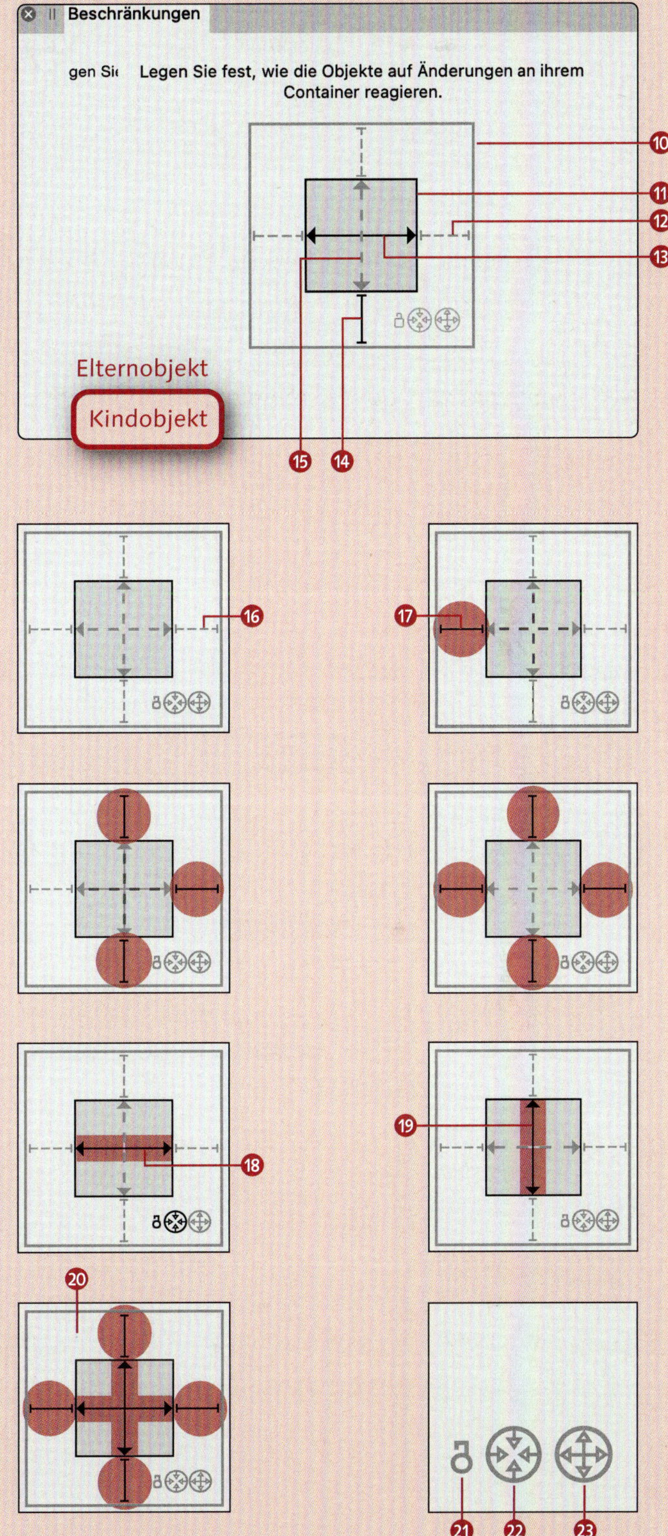

Kindobjekte müssen in Elternobjekten platziert sein. Um Kindobjekten ein Verhalten beim Transformieren des Elternobjekts zuzuweisen, markieren Sie das Objekt, und nehmen Sie Einstellungen im Beschränkungen-Panel vor.

Sie können Elternobjekte vergrößern, verkleinern oder verformen, die Kindobjekte reagieren entsprechend. Sind keine Verankerungslinien oder Skalierungspfeile ⑯ angeklickt, reagieren Kindobjekte dagegen nicht auf die Größenänderung des Elternobjekts, das ist die Standardeinstellung.

Klicken Sie auf eine Verankerungslinie ⑰, wird sie schwarz. Das Kindobjekt wird statisch an der Kante des Elternobjekts verankert. Sie können Kindobjekte an jeder Kante verankern. Sind alle Kanten verankert, bewegt sich das Kindobjekt nicht von seiner Position.

Sie können Kindobjekte horizontal ⑱ oder vertikal ⑲ skalieren. Auch Kombinationen ⑳ von Verankerung und Skalierung sind möglich. Sie können Seitenverhältnisse ㉑ schützen. Bei Minimal einpassen ㉒ passt das Kindobjekt ohne Verankerung immer in das Elternobjekt. Bei Maximal einpassen ㉓ kann das Kindobjekt Inhalte des Elternobjekts verdecken.

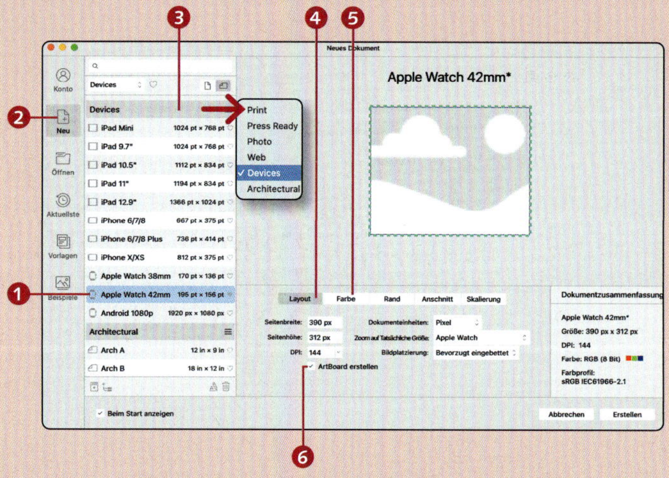

Bildschirmgrößen für Geräte einstellen

Wollen Sie Webinhalte beispielsweise für ein bestimmtes iPhone designen, können Sie vordefinierte Einstellungen nutzen.

Gehen Sie in das Menü DATEI • NEU ❷. Wählen Sie DEVICES ❸ aus. Sie können ein beliebiges Gerät ❶ verwenden, die Bildschirmauflösung, d.h. die DPI, wird unter LAYOUT ❹ automatisch an die Gerätevorgabe angepasst. Aktivieren Sie PIXEL, und aktivieren Sie nun im Reiter FARBE die RGB-Farben ❺. Statt eines Dokuments können Sie auch ein ARTBOARD ❻ erstellen; setzen Sie dazu den Haken.

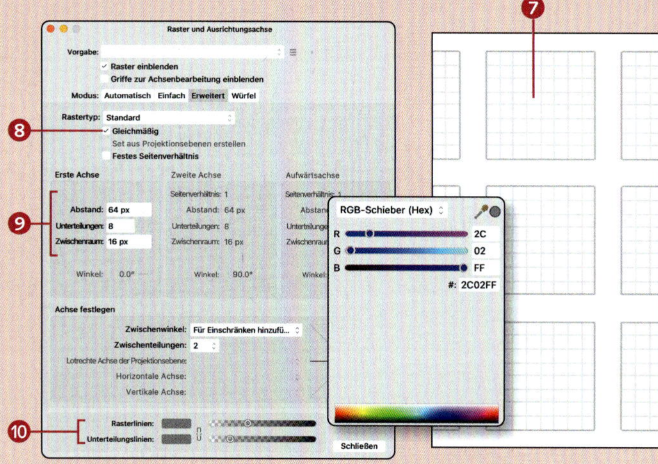

Rastereinstellungen für UI-Design & Icons

Icons werden in Größen wie 64 × 64 px ❼ erstellt. Im Nachhinein können Sie Icons vergrößern oder verkleinern.

Um Icons gleichmäßig zu designen, öffnen Sie über die ANSICHT • RASTER UND ACHSEN. Raster beruhen auf mathematischen Verhältnissen. Haben Sie beispielsweise ein Webdokument in 1 280 × 800 px (Verhältnis 16:10), erstellen Sie Ihr Raster GLEICHMÄSSIG ❽ mit einem ABSTAND von »64 px«, einer UNTERTEILUNG von »8« und dem ZWISCHENRAUM »16 px« ❾. Die Farben ❿ des Rasters können Sie dabei verändern.

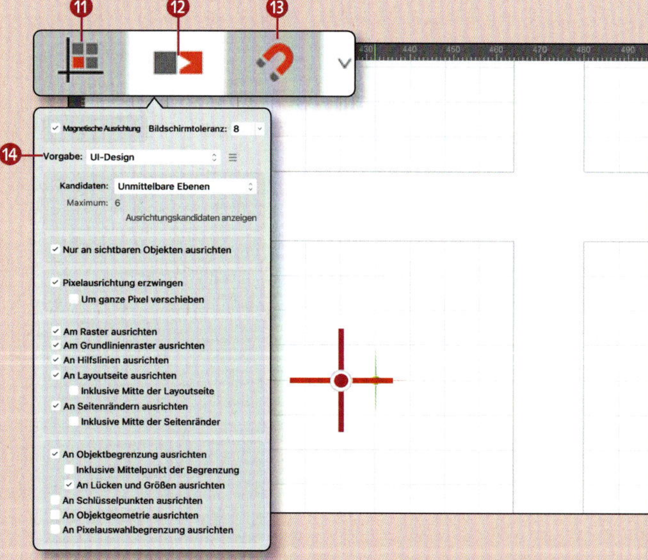

Pixelgenaue »Magnetische Ausrichtung«

Beim Webdesign ist akkurates Arbeiten sehr wichtig. Sie können sich das Designen erleichtern, wenn Sie die Symbole PIXELAUSRICHTUNG ERZWINGEN ⓫, UM GANZE PIXEL VERSCHIEBEN ⓬ und die MAGNETISCHE AUSRICHTUNG ⓭ anklicken. Hellgrau hinterlegte Symbole sind nicht aktiv.

Um Hilfslinien sehen zu können, blenden Sie diese über die ANSICHT ein. Über rote und grüne Linien werden Ihnen Positionen von Objekten oder Ankerpunkten zur Ausrichtung angezeigt. Nutzen Sie die VORGABE UI-DESIGN ⓮ für die MAGNETISCHE AUSRICHTUNG.

UI-Design mit dem Panel »Transformieren«

Das Panel TRANSFORMIEREN ist eine weitere Hilfe beim Erstellen von UI-Designelementen. Über dieses Panel können Sie Objekte sehr genau und gleichmäßig skalieren ⑯, platzieren, rotieren ⑱ und neigen ⑰.

Im Transformieren-Panel können Sie per Klick die Auswahl eines Ankerpunktes ⑮ ändern. Alle Transformationen werden von diesem Ankerpunkt aus berechnet. Über die X- und Y-Werte ändern Sie Positionen von Objekten. Der X-Wert bestimmt die horizontale Position, der Y-Wert entsprechend die vertikale Position.

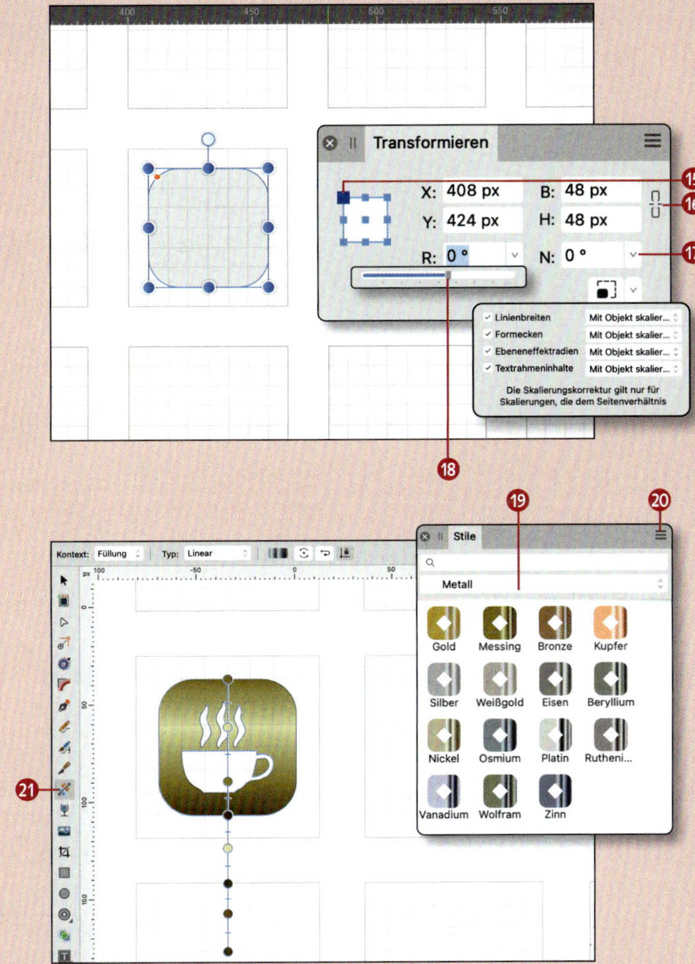

Objektstile für ein einheitliches UI-Design

Über das Stile-Panel können Sie Füllung ㉑, Effekte, Farben, Konturen und Eigenschaften von Objekten als Objektstile abspeichern. So können Sie diese gesicherten Stile schnell auf weitere Objekte übertragen.

Sie gestalten z. B. ein Icon mit Goldtönen und einem Verlauf. Markieren Sie dazu zunächst Ihr Objekt. Klicken Sie auf das Panelmenü ⑳, und erstellen Sie dann eine Kategorie ⑲, die Sie »Metall« nennen. Öffnen Sie erneut das Panelmenü, und klicken Sie die Option STIL AUS AUSWAHL HINZUFÜGEN an.

Einheitliche Webtexte mit Textstilen

Webauftritte sollten einheitlich aussehen, daher müssen Webinhalte ebenfalls gut durchdacht werden. Texte sollten mit einer oder höchstens zwei Schriftarten gestaltet sein. Zu viele Schriftarten erschweren das Lesen. Mit dem Textstile-Panel können Sie wiederkehrende Formatierungen von Überschriften, Teilüberschriften oder Absätzen abspeichern und schnell auf neue Texte übertragen. Nach der Gestaltung markieren Sie einen Textbereich ㉒. Drücken Sie auf ZEICHENSTIL ERSTELLEN [+a], ABSATZSTIL ERSTELLEN [+¶] oder GRUPPENSTIL ERSTELLEN [+s] (mehr zu den Textstilen ab Seite 252).

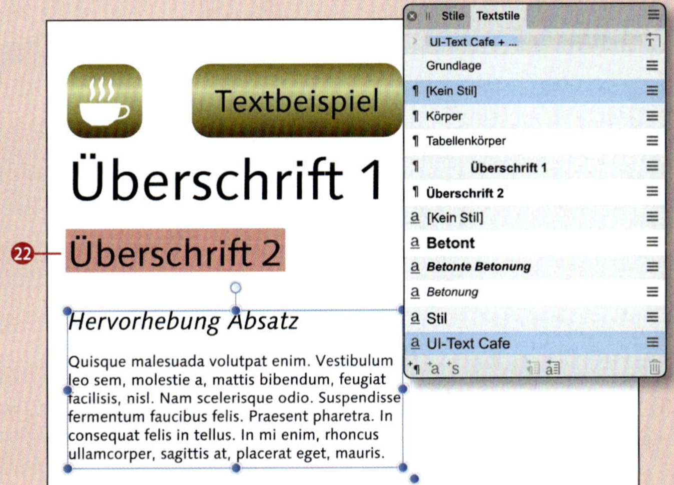

Einführung ins Webdesign

Praktisches Grundwissen für gute Webauftritte

Was sind die allgemeinen Anforderungen an das heutige Webdesign?

Besucher entscheiden innerhalb von Sekunden, ob sie auf einer Webseite bleiben oder nicht. Webseiten sollten barrierefrei sein, denn auch für Menschen mit körperlichen Einschränkungen muss der Zugriff auf das Internet problemlos gestaltet sein. Dieser Grundgedanke ist für das responsive Webdesign maßgeblich. Wilde Bewegtbilder, aufwendige Animationen oder laute Musik sind zu vermeiden.

Dieser Grundkurs beleuchtet ausschließlich den Designprozess mit Affinity Designer. Sie werden hier keine Ausführungen zu Webprogrammierung, HTML, PHP, CSS oder WordPress finden. Mehr Informationen zu diesen Themen bieten Ihnen diverse Fachbücher oder das Internet.

Wie funktioniert das mit der Nachfrage und dem Angebot für Webdesign?

Das Erstellen von Webseiten bedarf individueller Beratung, Recherche, Planung, Konzeption, Programmierung und Gestaltung sowie Betreuung. Gutes Webdesign ist umfangreich, zeitaufwendig und nicht billig. Ein Webdesign-Vertrag schützt beide Parteien und vereinbart Aufgaben, Serviceumfang, Pflichten, Termine, Ziele und Kosten.

Responsives Webdesign – Designelemente müssen an Bildschirmgrößen angepasst werden
Bildschirmgrößen sind abhängig vom jeweiligen Gerätetyp 1 und werden in Pixeln gemessen.

Was macht einen guten Webauftritt aus?

Ich möchte ein paar Themen ansprechen, über die Sie sich Gedanken machen sollten, wenn Sie mit einem Webdesign beginnen:

- Präsentieren Sie Ihre Inhalte zielgruppenorientiert.
- Achten Sie auf interessante Inhalte, Bilder und Grafiken.
- Aktualisieren und prüfen Sie Informationen, Links sowie alle Kontaktangaben.
- Verwenden Sie eindeutige Überschriften und Zwischenüberschriften. Unterteilen Sie Texte durch Absätze. Nutzen Sie einfache Satzstellungen wie »Hauptsatz und Nebensatz«. Vermeiden Sie Rechtschreibfehler.
- Benennen Sie Dateinamen ohne Sonderzeichen, so steigern Sie die Suchmaschinenoptimierung.
- Geben Sie den Dateityp und die Dateigröße für Downloads immer mit an.

Kleine Faustregeln für gute Webgestaltung

Sie sollten für alle Endgeräte ein einheitliches »Look & Feel« designen. Der Webinhalt sollte auf allen Geräten gleich sein und nicht gekürzt werden – das wirkt nur unvollständig.

Denken Sie auch an die typografische Gestaltung: Nutzen Sie Schriftarten, die mehrere Schriftschnitte aufweisen und über eine großzügige Laufweite verfügen, und wählen Sie Schriften ohne Serifen und kontrastreiche Farben. Das Menü und die Navigation sollten auf alle Gerätetypen zugeschnitten sein. Menüs sollten gleich strukturiert sein und gleiche Funktionsabläufe aufweisen.

Alle Navigationselemente für Mobilgeräte sollten leicht zu finden sein. Das Schließen muss jederzeit möglich sein. Navigationselemente sind oben links oder rechts anzuordnen. Nutzen Sie verständliche Symbole.

Fachbegriffe des Webdesigns

Favicon
Icon, Symbol oder Logo 16×6 oder 32×32 Pixel, zu finden in der Adresszeile eines Webbrowsers/vor einer URL

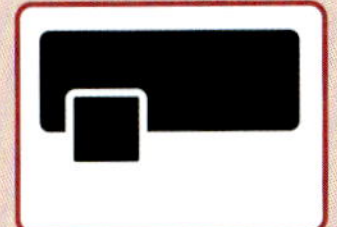

Header, »Kopf« für soziale Medien
Kopf einer Webseite, Fotos, Infografiken, Hintergrundbilder bei Profilen oder Kanälen

Button oder Schaltfläche
Bedienelement einer Benutzeroberfläche, Benutzer agieren über dieses Steuerelement.

Icon
Bestandteil einer grafischen Oberfläche, quadratische Größen: 16, 24, 32, 48, 64, 128, 256 Pixel

Desktop-Applikation
Anwendungsprogramm zur »Lösung von Benutzerproblemen«

Mock-up, »visueller Prototyp«
Grundgerüst der grafischen Bedienelemente ohne weitere Funktionalität

Wireframe, »Drahtmodell«
Konzeptioneller Entwurf einer Website oder Mobile App in Form eines Navigationsbaumes

Screendesign
Präsentationen von Inhalten auf Monitoren – Unterbereich des Grafik- und Interfacedesigns

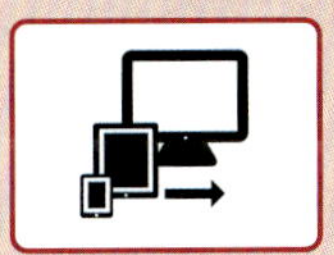

Responsives Webdesign (»reagieren«)
Anordnung und Darstellung einer Website auf verschiedenen Endgeräten wie iPad und Co.

Soziale Medien (»Social Media«)
In Medien wie Facebook und Co. tauschen Nutzer mediale Inhalte – soziales Marketing.

UX-Design und UI-Design

Von der Planung bis zum fertigen Weberlebnis

UX = User Experience: Nutzererlebnisse testen und Weberlebnisse erfinden
User Experience, kurz UX, steht für die Nutzererfahrung oder das Nutzererlebnis bei der Interaktion mit einem Produkt, einer Software, einer Website oder App. Ein Webprodukt muss funktionieren, barrierefrei zugänglich und intuitiv anwendbar sein. Der Begriff UX-Design vertritt somit komplexe Entwicklungsprozesse, Analysen, Tests, Befragungen, Prototypen-Design und Nutzungsszenarien von Webprodukten. Es gibt verschiedene UX-Methoden für die Auswertung und Optimierung von Webauftritten: Evaluation, UX-Befragungen, Wireframes, Card-Sorting, AB-Testing und vieles mehr.

UI-Design = User Interface Design: Schnittstelle zwischen Mensch und Maschine
UI-Design, auch Interfacedesign, ist eine Disziplin, die sich mit der Gestaltung von Benutzeroberflächen beschäftigt. Benutzeroberflächen werden visuell, anwendbar, hörbar, fühlbar und kommunikativ auf die Sinne des Menschen zugeschnitten.

Tipp: Die praktischen UI-Schablonen von dem Hersteller UI STENCILS™ finden Sie unter: *http://www.uistencils.com.* Die Website ist leider nur auf Englisch verfügbar.

Und noch ein Tipp: Sollten Sie die iPad-Version besitzen, können Sie sich die Unterschiede der Oberfläche ansehen und mit der Desktop-Version vergleichen.

UX Foto: © UI STENCILS ™

1

User Experience Design (UX-Design)
Einige Testpersonen werden in den Entwicklungsprozess einbezogen. Ziel ist es, mit Analysen ein verständliches Prototypdesign (1) zu erarbeiten.

UI Foto: © UI STENCILS ™

2 3

User Interface Design (UI-Design)
Benutzeroberflächen werden mit UI-Designelementen wie Icons (3), Buttons (2), Texten, Grafiken, Fotos und anderem aufgebaut.

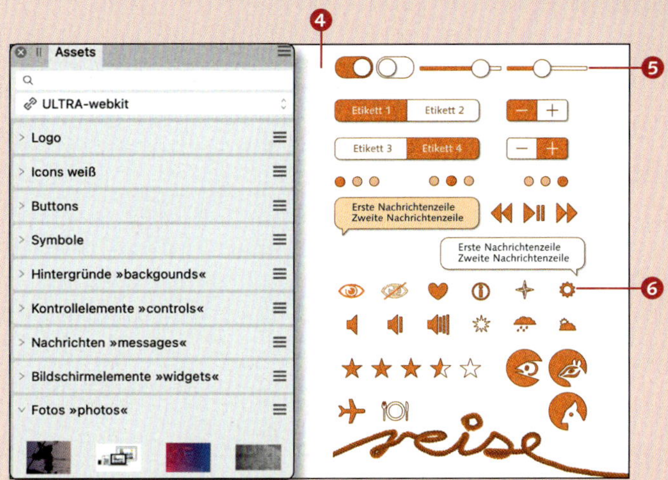

UI-Designelemente

UI-Designelemente oder auch »UI-Kits« ❹ umfassen diverse Interaktionshelfer wie Buttons, Schieber, Regler ❺, Formulare und Tabellen, außerdem auch UI- Bars, Mappen oder Icons ❻.

Im Internet finden Sie möglicherweise Kits zum freien Download. Achten Sie bitte stets auf die Urheberrechte und eine Genehmigung zur kommerziellen Verwendung. Nutzen Sie diese UI-Kits nur zur Anregung oder als Vorlage. Es ist immer ratsam, kommerziell seine eigene Arbeit anzubieten.

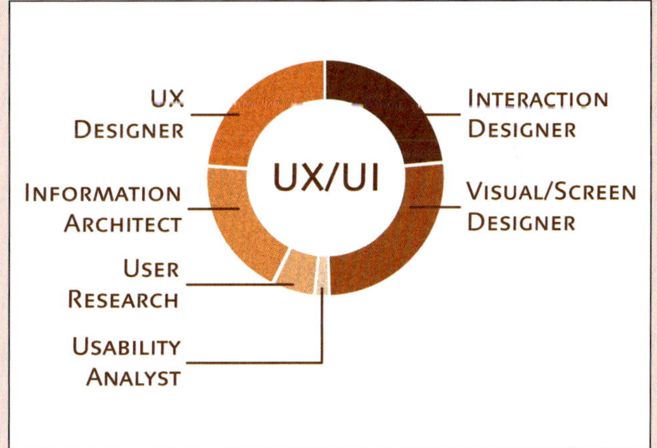

User Interface Designer

Grafikdesigner sind nicht wie User Interface Designer. Webprodukte müssen sehr komplexe Aufgaben erfüllen. Webseiten sind keine reinen Seiten mehr. Webprodukte sind Kommunikationsstrategien, soziale Medien, Applikationen und Netzwerke.

Der User Interface Designer sorgt dafür, dass die Interaktionshelfer ❹ wie Buttons, Regler, Formulare und vieles mehr mit der technischen Umsetzung in Wechselwirkung stehen. Welches Verhalten soll ein Regler haben, wenn ich ihn anfasse oder mit der Maus darüberfahre und ihn anklicke?

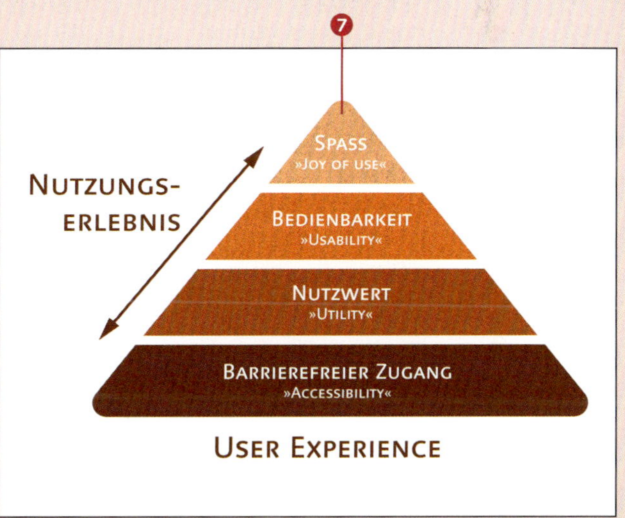

Das Nutzungserlebnis im Webverkehr

Wie können Sie Besucher dazu bewegen, sich länger auf einer Website zu bewegen oder intensiver mit einer App zu arbeiten?

Die Antwort ist einfach. Das Webprodukt muss Spaß ❼ machen! Es muss einen gewissen Nutzen für den Besucher erfüllen. Die Struktur und Gestaltung des Webinhalts sollte klar und einfach aufgebaut sein. Informationen und Kommunikationen dürfen nicht erschwert sein. UI-Designelemente müssen bekannte Erfahrungswerte der Nutzer widerspiegeln. Die Icons oder Symbole müssen verständlich und leicht erkennbar sein.

Formatvorgaben für Geräte

Dokumenteinstellung für iPhone, iPad und Co.

Um schnell responsives Webdesign zu realisieren, können Sie die Dokumenteinstellungen und Formatvorgaben für Geräte nutzen. So hat Ihr Dokument automatisch die richtige Bildschirmauflösung und Größe. Um UI-Designelemente leichter anlegen zu können, bietet Ihnen Affinity Designer viele Hilfsfunktionen. Sie können Ihr Dokument beispielsweise mit einem Raster unterteilen, eine Pixelausrichtung erzwingen und die Magnetische Ausrichtung für UI-Design aktivieren.

Abmessungen für Seitenvorgaben der Geräte:

Gerätetyp:	Breite:	Höhe:	Auflösung:
iPad Mini (Retina)	1 024 px	768 px	144 dpi
iPad 9.7" (Retina)	1 024 px	768 px	144 dpi
iPad 10.5" (Retina)	1 112 px	834 px	144 dpi
iPad 11" (Retina)	1 194 px	834 px	144 dpi
iPad 12.9" (Retina)	1 366 px	1 024 px	144 dpi
iPhone 6/7/8 (Retina)	667 px	375 px	144 dpi
iPhone 6/7/8 Plus (Retina)	736 px	414 px	216 dpi
iPhone X/XS (Retina)	812 px	375 px	216 dpi
iPhone 12 mini	2340 px	1080 px	476 dpi
iPhone 12/12 Pro	2532 px	1170 px	460 dpi
iPhone 12 Pro Max	2778 px	1284 px	458 dpi
iPhone 13 mini	2340 px	1080 px	476 dpi
iPhone 13/13 Pro	2532 px	1170 px	460 dpi
iPhone Pro Max	2778 px	1284 px	458 dpi
Apple Watch 38 mm	170 px	136 px	144 dpi
Apple Watch 40 mm	197 px	162 px	144 dpi
Apple Watch 42 mm	195 px	156 px	144 dpi
Apple Watch 44 mm	184 px	224 px	144 dpi
Android 1080p	1920 px	1080 px	72 dpi
Nexus 5	1920 px	1 080 px	445 dpi
Nexus 7 (2013)	1920 px	1 200 px	323 dpi
Kindle Fire HD7	1280 px	800 px	216 dpi
Kindle Fire HD8.9	1920 px	1 200 px	254 dpi
Galaxy S5	1920 px	1 080 px	432 dpi
Surface Pro 2	1920 px	108 px	208 dpi

Devices
Devices
iPad Mini 1024 pt × 768 pt
iPad 9.7" 1024 pt × 768 pt
iPad 10.5" 1112 pt × 834 pt
iPad 11" 1194 pt × 834 pt
iPad 12.9" 1366 pt × 1024 pt
iPhone 6/7/8 667 pt × 375 pt
iPhone 6/7/8 Plus 736 pt × 414 pt
iPhone X/XS 812 pt × 375 pt
Apple Watch 38mm 170 pt × 136 pt
Apple Watch 42mm 195 pt × 156 pt
Android 1080p 1920 px × 1080 px

Neu in diesem Workshop

- Neues Dokument für Geräte
- Hilfsfunktionen für UI-Design
- Dokument in ArtBoard wandeln

[Datei: »Beispiel_10-1_fertig.afdesign«]

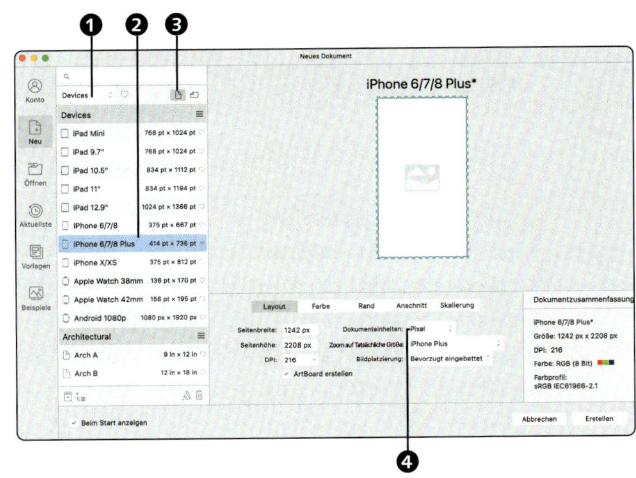

1 Neues Dokument für Geräte

Damit Ihr Webdesign auf einem Gerät richtig angezeigt werden kann, müssen Sie überlegen, für welches Gerät Sie Ihr Dokument anlegen wollen. Öffnen Sie das Dialogfeld Neues Dokument über Datei • Neu. Möchten Sie beispielsweise Ihr Weblayout für das iPhone 6/7/8 Plus (Retina) ❷ anlegen, wählen Sie es unter Devices ❶ aus. Stellen Sie für Webdesign generell Pixel ❹ als Dokumenteinheiten ein. Unter Layout sehen Sie die Abmessungen 1 242 × 2 208 px mit 216 dpi im Hochformat ❸.

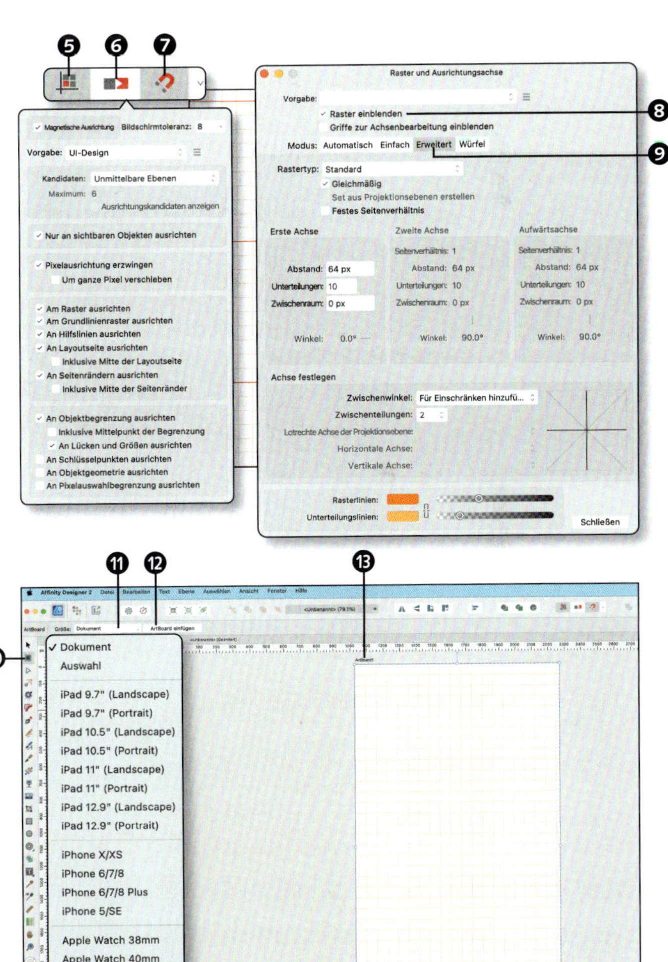

2 Hilfsfunktionen für UI-Design

Beim UI-Design sollten über Pixelausrichtung erzwingen ❺ alle Elemente an ganzen Pixeln ausgerichtet sein. Entscheiden Sie sich für Magnetische Ausrichtung ❼ und Um ganze Pixel verschieben ❻. Es ist sinnvoll, über Ansicht • Raster und Achsen ein Raster einzublenden. Setzen Sie ein Häkchen hier ❽. Im erweiterten Modus ❾ stellen Sie den Rastertyp Standard und Gleichmässig ein und wählen bei der ersten Achse als Abstand »64 px« und bei Unterteilungen »10«.

3 Dokument in ArtBoard wandeln

ArtBoards sind beim Webdesign sehr praktisch. Mit ArtBoards können Sie in einem Dokument mehrere Bildschirmgrößen darstellen und responsives Webdesign realisieren.

Wählen Sie dazu das ArtBoard-Werkzeug ❿ aus. Über die Kontextleiste können Sie die Grösse ⓫ für ArtBoards auswählen. Stellen Sie eine Größe, z. B. Apple Watch 42 mm, ein, und klicken Sie dann auf ArtBoard einfügen ⓬. Ihrem Dokument wird ein Apple-Watch-ArtBoard mit Raster ⓮ hinzugefügt. Klicken Sie mit dem Verschieben-Werkzeug auf den Namen des ArtBoards ⓭, können Sie es verschieben und transformieren.

Logo webfreundlich anlegen

Logo mit transparentem Hintergrund

Die digitale Umsetzung eines Logos in Affinity Designer gestaltet sich leichter, als Sie denken. Logoskizzen dienen der Visualisierung und der Präsentation vor Ihrem Kunden. Nach der Korrekturphase erteilt Ihnen Ihr Kunde beispielsweise die Freigabe zur digitalen Umsetzung des Logos. Sie können Ihre Skizzen auf dem Raster platzieren und mit dem Verschieben-Werkzeug anpassen. Nach der Fertigstellung des Logos weisen Sie Ihrem Dokument über die DOKUMENTEINSTELLUNGEN einen transparenten Hintergrund zu. Damit Sie Logos mit transparentem Hintergrund nutzen können, exportieren Sie eine PNG-Datei.

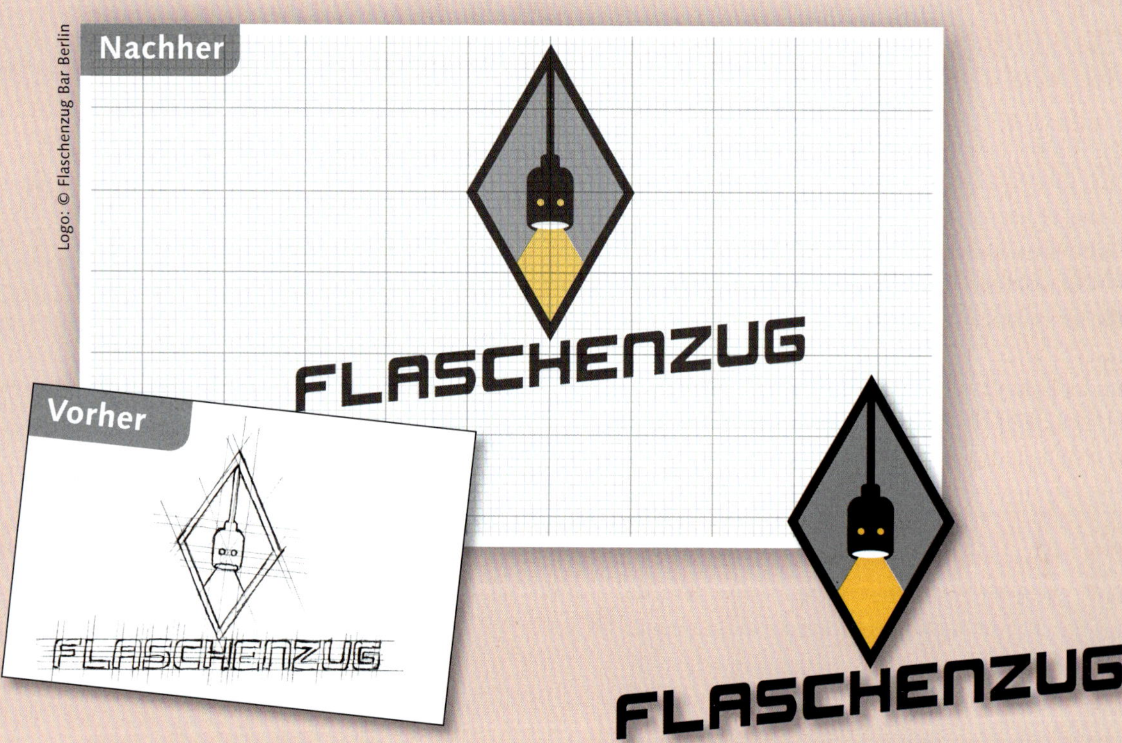

Logo: © Flaschenzug Bar Berlin

Neu in diesem Workshop

- Skizze auf dem Raster platzieren
- Logoskizze nachbauen
- Logo mit Slices exportieren

[Dateien: »Beispiel_10-2.afdesign«
»Beispiel_10-2_Logoskizze.jpg«
»Beispiel_10-2_fertig.afdesign«]

BILD PLATZIEREN
Logoskizze auf Raster

VERSCHIEBEN-WERKZEUG
Logoskizze am Raster ausrichten

SLICE-WERKZEUG
Exportauswahlbereich wählen

1 Skizze auf dem Raster platzieren

Öffnen Sie das »Beispiel_10-2.afdesign«, und blenden Sie über das Menü Ansicht das Raster ein. Nutzen Sie das Werkzeug Bild platzieren ❺, oder gehen Sie in das Menü Datei • Platzieren, und wählen Sie »Beispiel_10-2_Logoskizze.jpg«. Ändert sich der Mauszeiger, können Sie das JPG per Klick und Ziehbewegung platzieren. Stellen Sie jetzt im Ebenen-Panel die Deckkraft ❶ der Ebene ❸ auf »25 %«. Mit dem Verschieben-Werkzeug ❻ passen Sie die Skizze ❹ durch das Verformen am Raster an. Sperren Sie Ihre Skizze ❷.

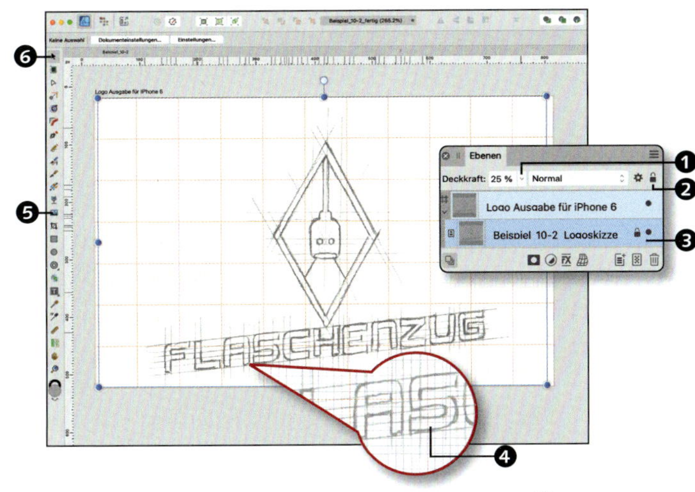

2 Logoskizze nachbauen

Um das Logo schnell nachbauen zu können, nutzen Sie für die Raute mit Lampe die praktischen Formwerkzeuge. Wollen Sie Schriften ❽ frei nachbauen, empfiehlt es sich, die Ausrichtungen ❼ per Klick auf die Symbole zu deaktivieren. So können Sie mit dem Zeichenstift ❾ und dem Knotenwerkzeug ❿ frei Vektoren erstellen, bearbeiten und verrücken. Gehen Sie zum Schluss im Menü Datei in die Dokumenteinstellungen. Im Dialogfeld klicken Sie auf Farbe und setzen ein Häkchen bei Transparenter Hintergrund.

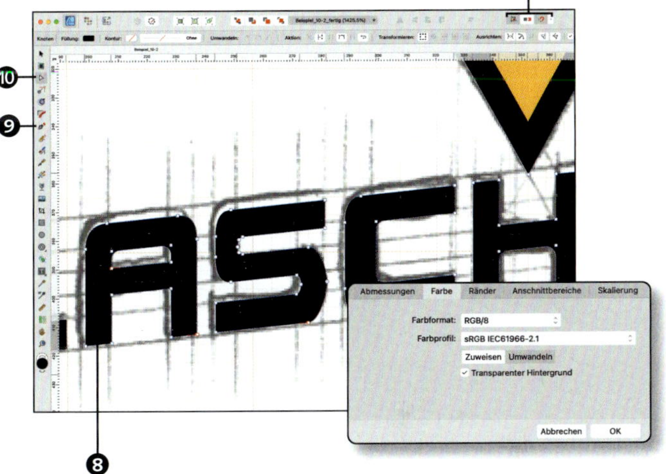

3 Logo mit Slices exportieren

Ist das Logo fertig, können Sie es in der Designer Persona im Menü Datei • Exportieren als PNG sichern. Mehr Exportmöglichkeiten bietet jedoch die Export Persona, in die Sie per Klick auf das Symbol wechseln.

Mit dem Slice-Werkzeug ⓮ können Sie einen Slice-Auswahlrahmen ⓫ per Klick und Ziehbewegung über das Logo ziehen. Im Panel Slices blenden Sie über das Symbol die Sliceoptionen ein. Drücken Sie das Plus ⓬, können Sie mehrere Formate einstellen, um diese anschließend gleichzeitig exportieren ⓭ zu lassen.

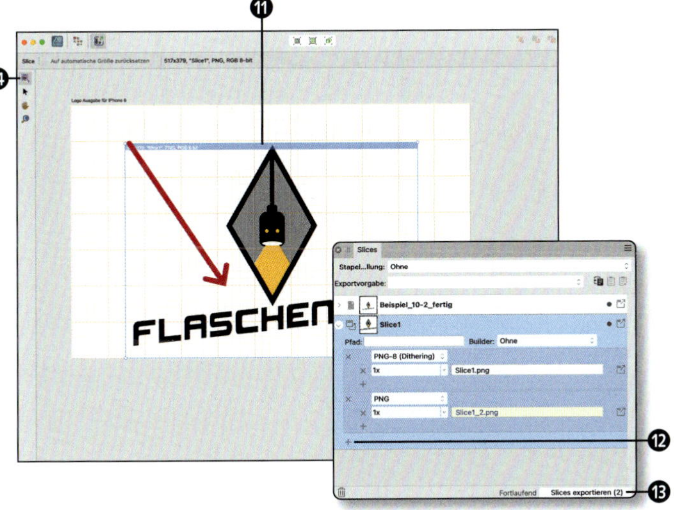

Favicon anfertigen

Wiedererkennung der Webseiten steigern

Ein Favicon kann ein kleines Icon, Symbol, Logo oder eine starke visuelle Vereinfachung des Logos sein. Es erhöht die Wiedererkennung einer Website und wird generell in der Adresszeile links vor der URL angezeigt, außerdem in der Favoriten-Lesezeichenliste, bei Registerkarten und beim Speichern einer Seite unter Windows. Favicons werden in der Größe von 16 × 16 oder 32 × 32 px designt, für die Webausgabe sind Favicons in RGB-Farben anzulegen. Sie werden ohne transparenten Hintergrund als PNG, JPEG oder GIF exportiert. So werden sie sauber in der URL gezeigt. Blenden Sie sich das Dokumentenraster über Ansicht • Raster und Achsen ein.

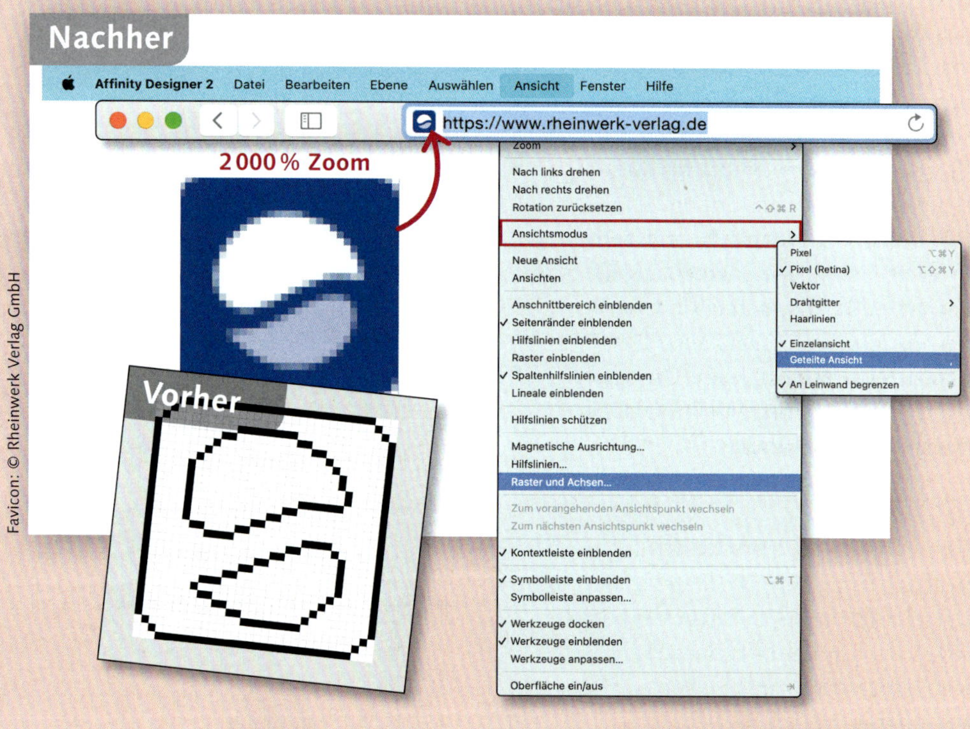

Favicon: © Rheinwerk Verlag GmbH

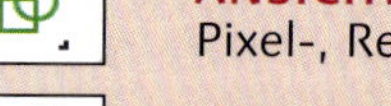

ANSICHTSMODI
Pixel-, Retinapixel- und Vektoransicht

PIXELWERKZEUG
Favicon mit Pixeln skizzieren

ZEICHENSTIFT
Favicon zeichnen

ZOOMWERKZEUG
Favicon zoomen

Neu in diesem Workshop

- Skizzieren in der Pixel Persona
- Favicon erstellen
- Favicon als JPG exportieren

[Datei: »Beispiel_10-3.afdesign«]

1 Skizzieren in der Pixel Persona

Die Datei »Beispiel_10-3.afdesign« ist mit den Abmessungen 32 × 32 px sehr klein. Damit Sie so kleine Favicons sauber erstellen können, bietet sich das Skizzieren mit dem Pixelwerkzeug ❹ in der Pixel Persona ❶ an. Die Pinselspitze des Pixelwerkzeugs ❷ ist quadratisch und exakt »1 px« groß. Am besten stellen Sie im Farbe-Panel als Farbe 1 Schwarz und als Farbe 2 Weiß ein, dann können Sie mit der Taste X zwischen den Farben hin- und herwechseln. Skizzieren Sie nun grob die Form ❸ des Favicons.

2 Favicon erstellen

Ist Ihre Skizze fertig, gehen Sie mit einem Klick auf das Symbol zurück in die Designer Persona. Erstellen Sie das finale Favicon jetzt mit den Formwerkzeugen ❻ oder dem Zeichenstift ❼. Überprüfen Sie abschließend die Ausgabe, indem Sie im Menü unter der Ansicht 100 % oder Tatsächliche Grösse auswählen. Das Favicon wird in der Größe 32 × 32 px ganz klein angezeigt. Sind die abgerundeten Ecken des blauen Quadrats gut erkennbar? Sind alle Abstände okay? Dann löschen Sie die Ebene ❺ der Skizze.

Ansicht • Ansichtsmodus • Geteilte Ansicht

3 Favicon als JPEG exportieren

Eine gute Überprüfung vor dem Exportieren sind die Ansichtsmodi. Klicken Sie auf den Ansichtsmodus Retina Pixel ❽.

Sollten Pixelkanten ❿ unsauber sein, bietet es sich an, das gesamte Favicon zu duplizieren, zu gruppieren und dann zu rastern (das Thema Rastern finden Sie ab Seite 142). Sie können gerasterte Pixelgrafiken in der Pixel Persona mit dem Pixelwerkzeug durch Übermalen ausbessern.

Ist das Favicon sauber, gehen Sie in das Menü Datei • Exportieren und wählen das Format JPEG ❾ aus. Das Favicon wird als JPG im Ordner Ihrer Wahl abgespeichert.

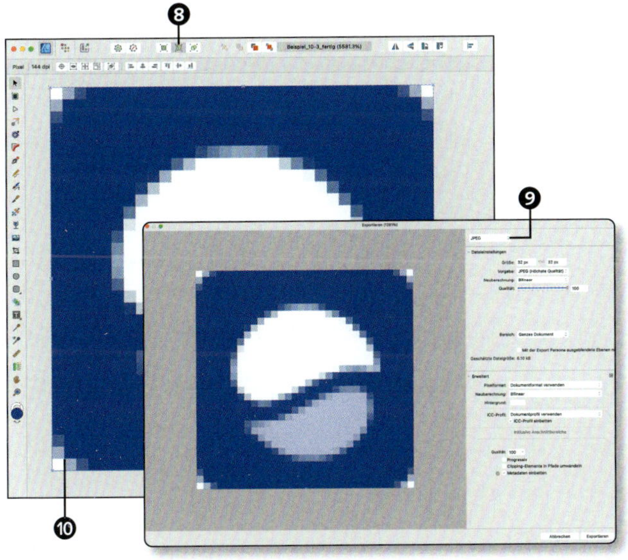

Icons erstellen

Einfache Symbole generieren

Ein Icon ist ein kleines Bild oder Piktogramm. Es stellt einen Bestandteil der grafischen Oberfläche dar. Icons können diverses Verhalten für Anwendungen oder Funktionen beinhalten. Sie werden oft in quadratischen Seitenverhältnissen angelegt. Allgemeine Standardgrößen sind dabei 16 × 16, 24 × 24, 32 × 32, 48 × 48, 64 × 64, 128 × 128 oder 256 × 256 px. Um einheitliche UI-Designelemente zu gewährleisten, können Sie Ihr Dokument mit einem RASTER unterteilen. Erstellte Icons können über das Panel SYMBOLE als spezielle Objekttypen hinzugefügt werden.

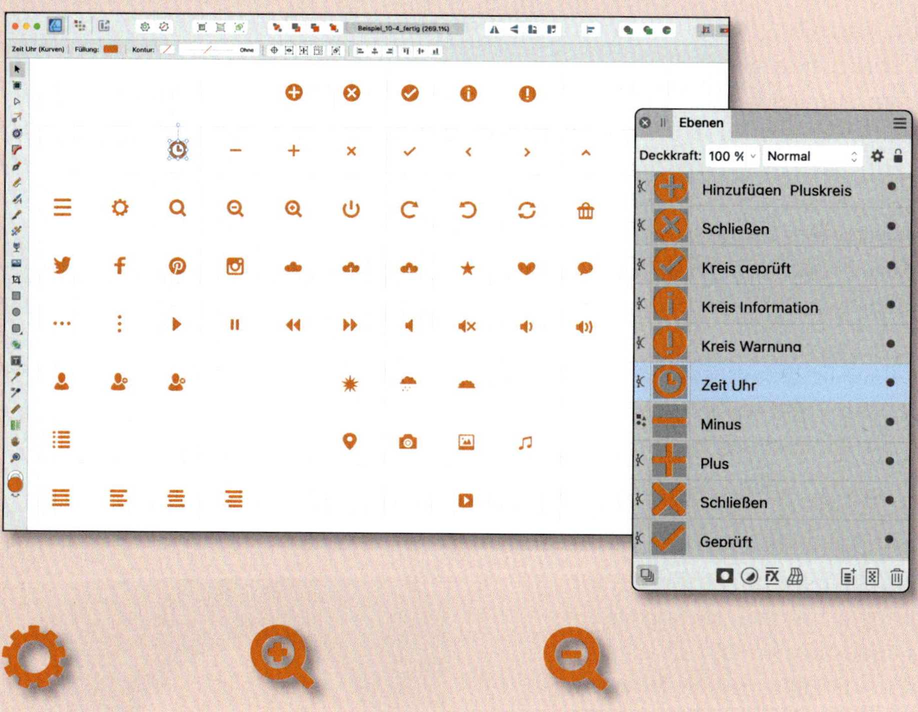

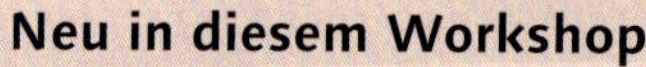

Neu in diesem Workshop

- Arbeitsblatt für Icons anlegen
- Icons erstellen
- Icons exportieren

[Datei: »Beispiel_10-4_fertig.afdesign«]

VERSCHIEBEN-WERKZEUG
Icon markieren

ZEICHENSTIFT
Icons designen

SLICE-WERKZEUG
Exportauswahlbereich wählen

1 »Arbeitsblatt« für Icons anlegen

Über Datei • Neu legen Sie ein neues Dokument fürs Web an. Wählen Sie die Seitenvorgabe WXGA 800 × 1 280 px, und überprüfen Sie, ob »72« bei DPI und RGB bei Farbformat unter Farbe eingestellt ist.

Legen Sie dann ein Raster für Icons an. Öffnen Sie dazu Ansicht • Raster und Achsen. Klicken Sie auf Raster einblenden ❶, und erstellen Sie im erweiterten Modus Ihr Raster Gleichmässig ❷ mit einem Abstand von »64 px« ❸, einer Unterteilung von »8« und einem Zwischenraum von »16 px«.

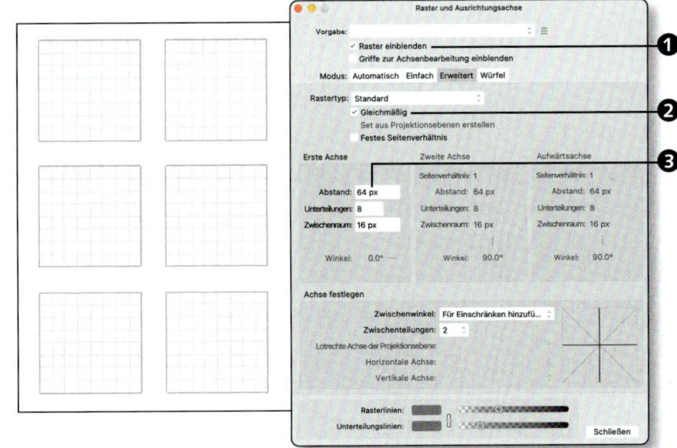

2 Icons erstellen

Nun sollen Sie Ihr eigenes Icon skizzieren. Zur Inspiration können Sie sich im Internet Icons ansehen. Blenden Sie im Menü Ansicht die Hilfslinien und Lineale ein, und ziehen Sie mit dem Verschieben-Werkzeug aus den Linealen Hilfslinien ❹ heraus. Icons werden mit Formen ❻, Schriften und dem Zeichenstift erstellt und mit dem Knotenwerkzeug verfeinert. Markieren Sie alle Iconteile, und verbinden Sie sie ❺, denn so können sie im Panel Symbole gut hinzugefügt und bearbeitet werden (siehe Seite 288).

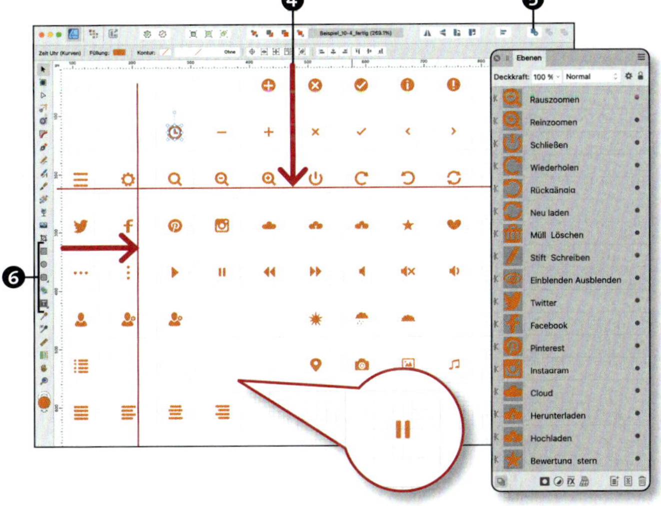

3 Icons exportieren

Öffnen Sie das »Beispiel_10-4_fertig.afdesign«, und wechseln Sie in die Export Persona ❼. Sie können alle 66 Icons oder einzelne exportieren. Wählen Sie im Ebenen-Panel eine Ebene oder über cmd/Strg + A alle Ebenen aus, und drücken Sie auf Slice erstellen ⓫. Wechseln Sie ins Slices-Panel, wo Ihre Slices erzeugt wurden. Hier klicken Sie ein Slice an ❾ oder markieren wieder mit cmd/Strg + A alle Slices. Jetzt wählen Sie das PNG-24-Format ❽ und drücken Slices exportieren ❿. Slices mit gleichen Namen werden übrigens nicht überschrieben.

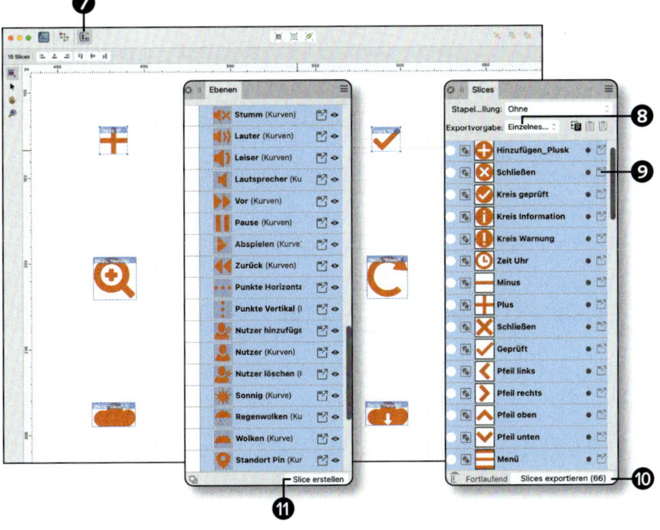

Buttons designen

Buttons und Banner aus Grundformen erzeugen

Die Begriffe Button und Banner beschreiben Bedienelemente oder Schaltflächen von grafischen Benutzeroberflächen. Sie ermöglichen Webnutzern, Aktionen im Webverkehr auszulösen. Sie können unterschiedlich groß, rechteckig oder rund sein und sind auf Webseiten und in Apps zu finden. Die Größenvarianten, Formsprachen, abgerundeten Ecken, Farbgebungen, Texturen, Effekte und Schriften sollten stets einheitlich sein. Beim Erstellen der Buttons sollten Sie darauf achten, das Licht von oben kommen und die Schatten unten erscheinen zu lassen, denn so ergibt sich eine natürliche Räumlichkeit.

Standardabmessungen für Buttons im Webdesign:

Gerätetyp:	Breite:	Höhe:
Mikro-Button	88 px	33 px
Button	120 px	60 px
Button	120 px	90 px
Kleiner Button	137 px	60 px
Großer Button	130 px	80 px
Quadratischer Button	125 px	125 px
Kleines Quadrat	75 px	75 px
Skyscraper	120 px	600 px
Breiter Skyscraper	160 px	600 px
Pop-up	250 px	250 px
Voll-Banner	468 px	60 px
Halb-Banner	234 px	60 px
Drittel-Banner	156 px	60 px
OMS-Banner	400 px	50 px
Vertikales Banner	120 px	240 px
Mittleres Rechteck	300 px	250 px
Vertikales Rechteck	240 px	400 px

Buttontext
Buttontext
Buttontext
Buttontext
Buttontext
Buttontext
Buttontext
Buttontext
Buttontext

Elternobjekt
Kindobjekt

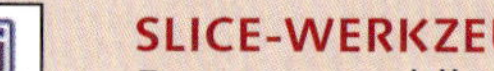

Neu in diesem Workshop

- Übergeordneter Button
- Untergeordneter Rahmentext
- Buttons per Slices exportieren

[Dateien »Beispiel_10-5.afdesign«
»Beispiel_10-5_fertig.afdesign«]

ABGERUNDETES RECHTECK
Button designen

RAHMENTEXT
Button-Text aufziehen

SLICE-WERKZEUG
Exportauswahlbereich wählen

1 Übergeordneter Button

Öffnen Sie das »Beispiel_10-5.afdesign« und die Panels FARBFELDER und EBENEN. Ziehen Sie ein abgerundetes Rechteck ❷ mit 200 × 45 px und grüner Farbe auf. Praktisch ist hier das Panel TRANSFORMIEREN, in dem Sie genaue Pixelgrößen einstellen können. Lassen Sie das Rechteck markiert, um die Funktion IN DER AUSWAHL EINSETZEN ❶ anklicken zu können. Setzen Sie jetzt Elemente in den Button-Körper, wird er zum übergeordneten Objekt. Untergeordnete Elemente für Buttons können Texte, Icons und Symbole sein.

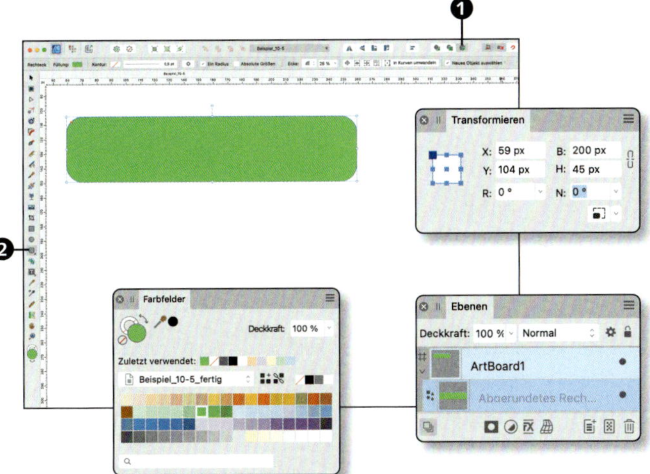

2 Untergeordneter Rahmentext

Ziehen Sie einen Textrahmen ❺ über den grünen Button-Körper. Da Sie zuvor die Funktion IN DER AUSWAHL EINSETZEN angeklickt hatten, sollte der Textrahmen ❸ innerhalb des Buttons eingesetzt sein.

Untergeordnete Objekte werden im Ebenen-Panel über den Einblendpfeil ❹ unterhalb des übergeordneten Objekts eingeblendet. Sie können über das Ebenen-Panel leicht angewählt werden.

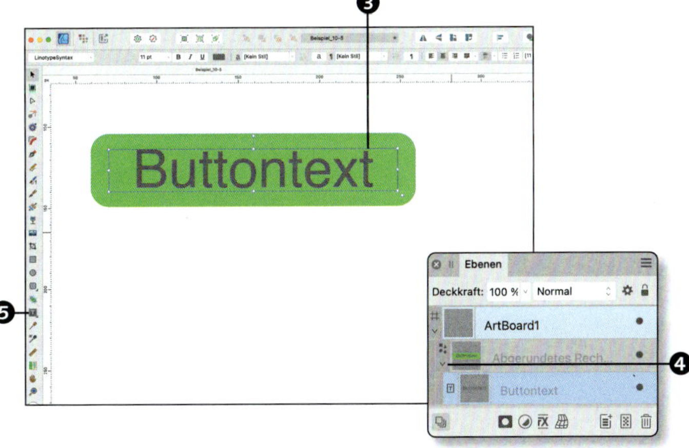

3 Buttons per Slices exportieren

Sie können nun Ihren Button oder die für Sie erstellten Buttons aus »Beispiel_10-5_fertig.afdesign« exportieren. Gehen Sie in die Export Persona ❻, und wählen Sie im Ebenen-Panel die gewünschten Ebenen mit gedrückter [⇧]-Taste aus. Klicken Sie auf SLICE ERSTELLEN ❾. Wechseln Sie ins Slices-Panel, und definieren Sie das PNG-Format ❼. Jetzt klicken Sie auf SLICES EXPORTIEREN ❽. Sie können zusätzliche Einstellungen zum Export über das Panel EXPORTOPTIONEN festlegen.

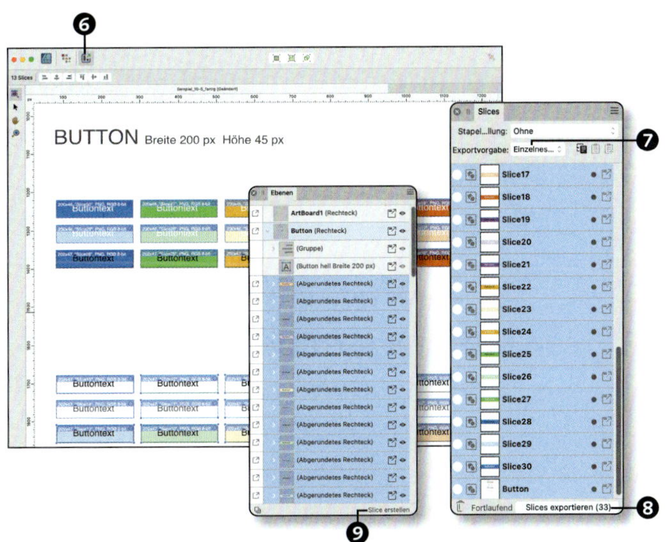

Symbole verwalten

Objekttypen mehrmals platzieren

Symbole bilden einen speziellen Objekttyp. Sie können Symbole beliebig oft platzieren und verknüpfen. Bearbeiten Sie ein platziertes Symbol, werden automatisch alle verknüpften Symbole geändert. Wollen Sie nur ein Symbol ändern, ohne die anderen verknüpften Symbole zu aktualisieren, können Sie es abtrennen. Sie können Gruppen und Objekte über das Panel SYMBOLE hinzufügen. Symbole werden im Ebenen-Panel per orangefarbenen Balken angezeigt. Ändern Sie Symbole im abgetrennten Modus, wird der Balken unsichtbar.

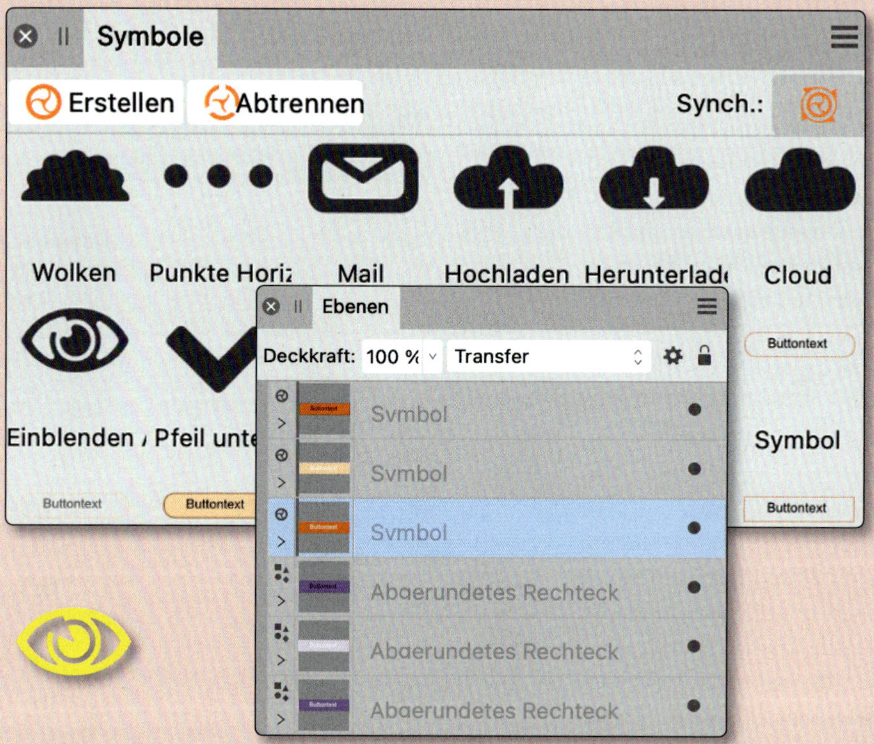

Neu in diesem Workshop

- Symbole erstellen
- Symbole platzieren und ändern
- Symbole abtrennen

[Datei: »Beispiel_10-6.afdesign«]

SYMBOLE ERSTELLEN
Objekt oder Gruppe als Symbol erstellen

SYMBOLE ABTRENNEN
Zurücksetzen auf Standardobjekt

SYMBOLE SYNCHRONISIEREN
Aktualisiert alle Änderungen eines Symbols.

1 Symbole hinzufügen

Öffnen Sie das »Beispiel_10-6.afdesign« und das Panel Symbole. Sie können einzelne Objekte, Logos, Texte, Gruppen oder Illustratorisches dem Symbole-Panel hinzufügen. Bei gedrückter ⇧-Taste markieren Sie mit dem Verschieben-Werkzeug ↖ mehrere Buttons ❶ oder Icons und klicken im Symbole-Panel auf Erstellen ❷. Das neue Symbol wird übernommen. Mit einem rechten Mausklick auf ein Symbol ❸ können Sie es umbenennen oder löschen.

2 Symbole platzieren und ändern

Um Symbole zu platzieren, klicken Sie ein Symbol ❹ an und ziehen es aus dem Panel. Lassen Sie den Mauszeiger los, wird das Symbol platziert. Kopieren Sie das Symbol und färben Sie es gelb, werden alle verknüpften Symbole synchronisiert.

Anmerkung: Ein Symbol, das aus mehreren Objekten besteht, wird standardmäßig zu einer Gruppe zusammengefasst. Um Änderungen auf alle platzierten Symbolinstanzen zu übertragen, müssen Sie Objekte innerhalb der Gruppe bearbeiten.

3 Symbol abtrennen

Wollen Sie nur ein Symbol ändern, ohne die anderen verknüpften Symbole zu aktualisieren, können Sie es abtrennen. Markieren Sie das Auge ❼, und klicken Sie auf Abtrennen ❻. Ändern Sie die Farbe ❺ über die Kontextleiste. Nur das eine abgetrennte Symbol (Auge) wird geändert.

Symbole sind dokumentabhängig. Sie sehen nur die Symbole im Panel, die Sie aus dem Dokument erstellt haben. Wollen Sie Designelemente dokumentunabhängig nutzen, fügen Sie die Elemente dem Panel Assets hinzu.

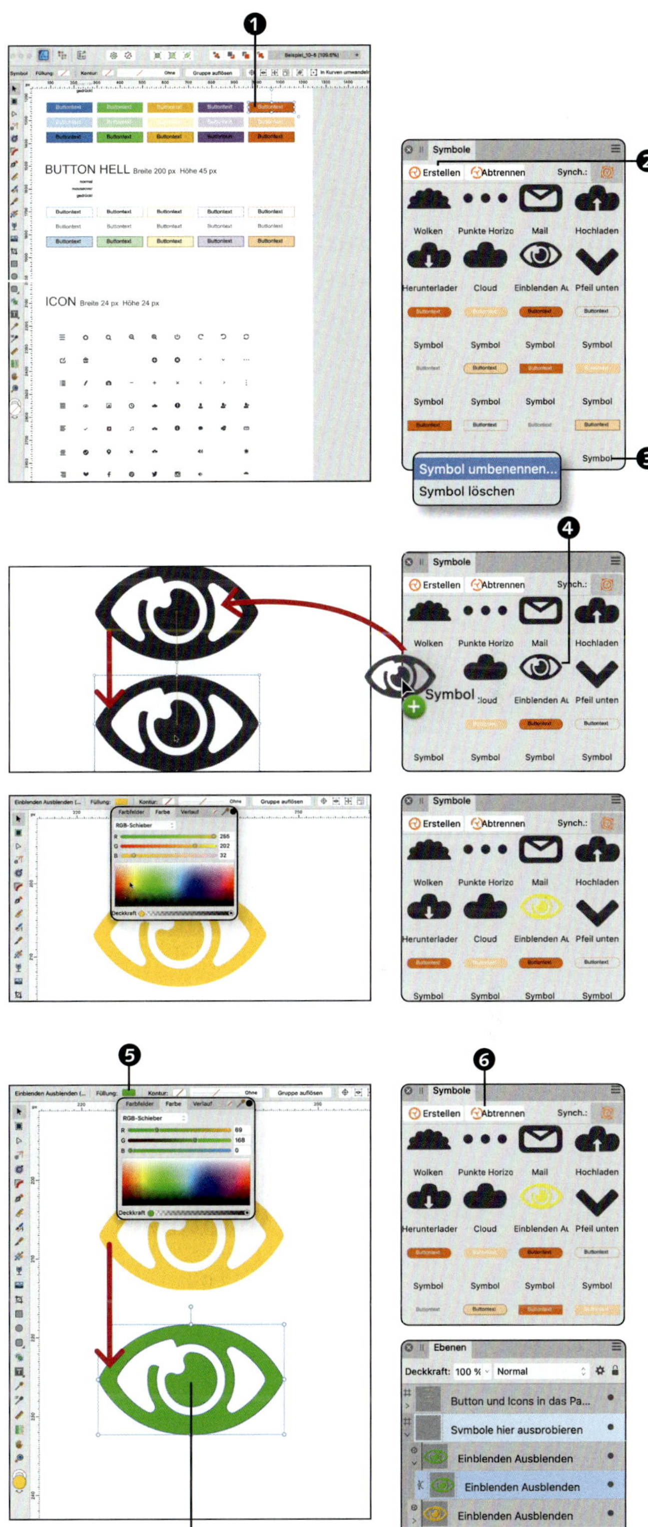

Header aufbauen

Header für einen Willkommensbildschirm gestalten

Wie das englische Wort bereits andeutet, steht Header für den Kopf der Website. Der Header ist ein Versprechen an den Leser, dass sich der Besuch lohnt. »Der erste Eindruck zählt« – innerhalb weniger Sekunden entscheiden Webbesucher, ob sie auf einer Seite bleiben oder diese sofort wieder verlassen. Ein Header stellt ein Thema, Produkt, einen Service oder eine App vor. Header beinhalten Logos, Videos, Fotos, Menüs, Navigationen, Grafiken und Icons oder Texte. In diesem Beispiel erstellen Sie einen Header für eine Profilanmeldung. Was sagt oder tut Ihr »Willkommensbildschirm«?

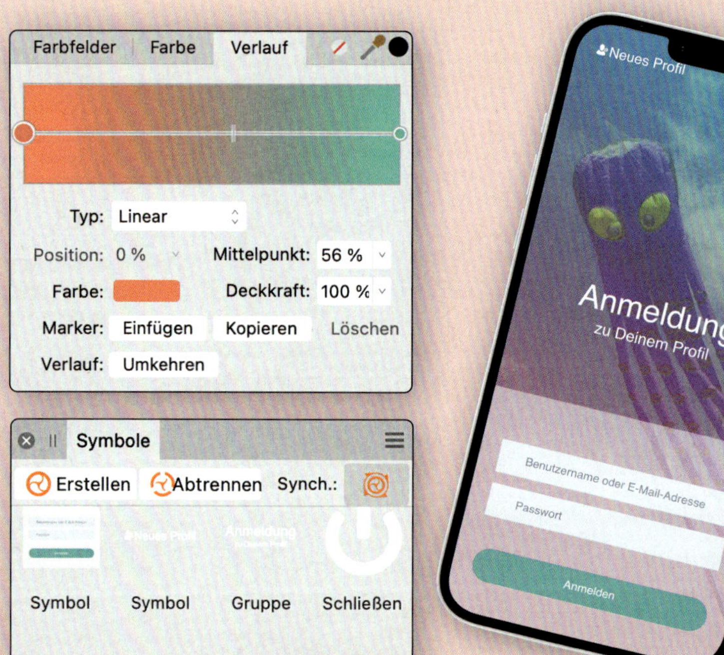

Hintergrundfoto: © Yuichiro Tashiro

Neu in diesem Workshop

- Foto für Header platzieren
- Verlauf über Header legen
- Symbole in Header einfügen

[Dateien: »Beispiel_10-7.afdesign«
»Beispiel_10-7_Foto.jpg«
»Beispiel_10-7_header.afdesign«]

BILD PLATZIEREN
Fotos oder Grafiken einfügen

VERSCHIEBEN-WERKZEUG
Symbole einfügen

FÜLLUNG
Verlauf anpassen

1 Foto für Header platzieren

Öffnen Sie das »Beispiel_10-7.afdesign«. Das Dokument ist für das iPhone 14 Plus angelegt. Für den Header soll der Hintergrund mit einem Foto gefüllt werden. Fotos für Header sollten groß im Querformat sein, um spätere Vergrößerungen für die Beschränkungen zu gewährleisten. Wählen Sie das Werkzeug Bild platzieren ❷ aus, oder öffnen Sie im Menü Datei • Platzieren die Datei »Beispiel_10-7_Foto.jpg«. Mit Klick und Ziehbewegung ❶ platzieren Sie das Foto. Der Drachen sollte rechts oben im Bild sein.

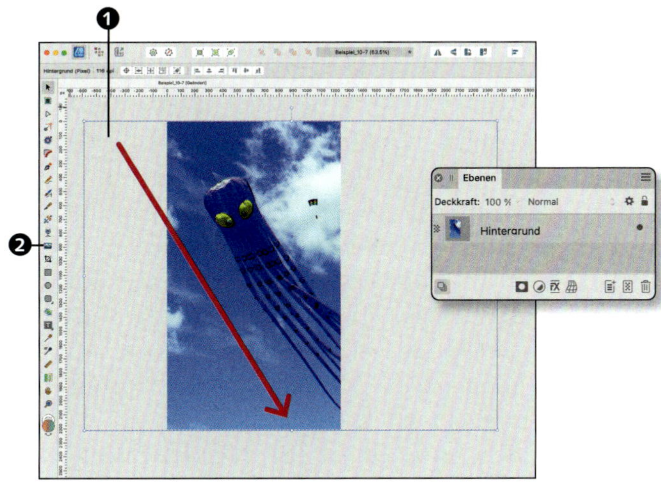

2 Verlauf über Header legen

Um UI-Designelemente gut auf Fotos sehen zu können, bieten sich Farbverläufe an. Sie überdecken sanft das Fotomotiv. Ziehen Sie mit dem Werkzeug Rechteck ❽ ein Rechteck in der Größe Ihres Dokuments auf. Per Kontextleiste können Sie der Füllung ❸ einen Verlauf zuweisen. Markieren Sie einen Punkt ❺, so können Sie dessen Farbe ❻ ändern. Mit dem Werkzeug Füllung ändern Sie die Verlaufsrichtung ❼. Stellen Sie bei der Deckkraft ❹ des Rechtecks im Ebenen-Panel »65 %« ein.

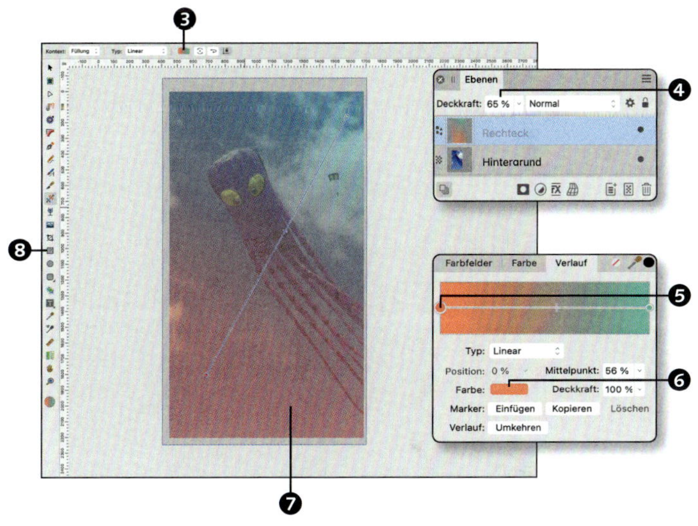

3 Symbole in Header einfügen

Sie können Weblayouts recht schnell erstellen, indem Sie zunächst UI-Designelemente entwerfen und diese dann im Symbole-Panel ablegen. Das vereinfacht Ihren Arbeitsfluss. Ziehen Sie das gewünschte Symbol ⓬ aus dem Panel in Ihr Dokument. Platzieren Sie das Symbol ❿ mittig, das Symbol ❾ oben rechts und zum Schluss das Symbol ⓫ oben links. Als Inspiration können Sie das »Beispiel_10-7_header.afdesign« öffnen.

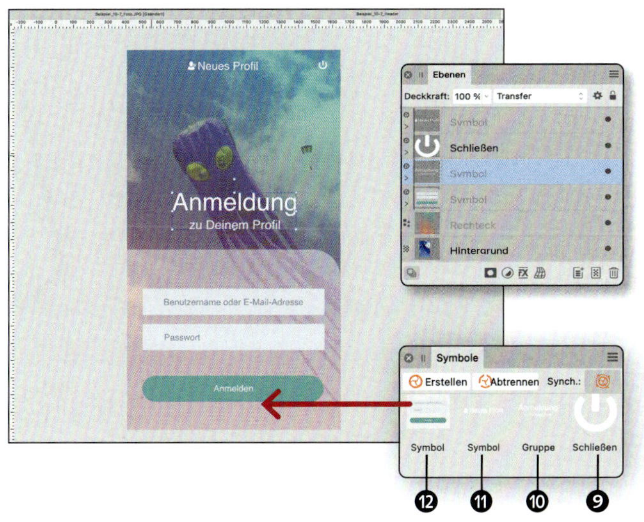

Assets nutzen

Auf Designelemente schnell zugreifen

Assets bezeichnen einen Bildspeicher. In diesem Panel können Sie Designelemente in Kategorien und Unterkategorien organisieren. Die Elemente werden in der Reihenfolge aufgelistet, in der Sie sie hinzugefügt haben. Sie können Elemente mit gedrückter `Alt`-Taste verschieben. Sie können auf die Assets aus jedem Dokument zugreifen. Sie können Assets exportieren und importieren, um diese mit Freunden zu teilen. Das Panel dieses Workshops ist bereits mit UI-Designelementen für iOS 10 gefüllt. Bitte beachten Sie die Copyrights, und nutzen Sie diese Elemente nicht für kommerzielle Zwecke.

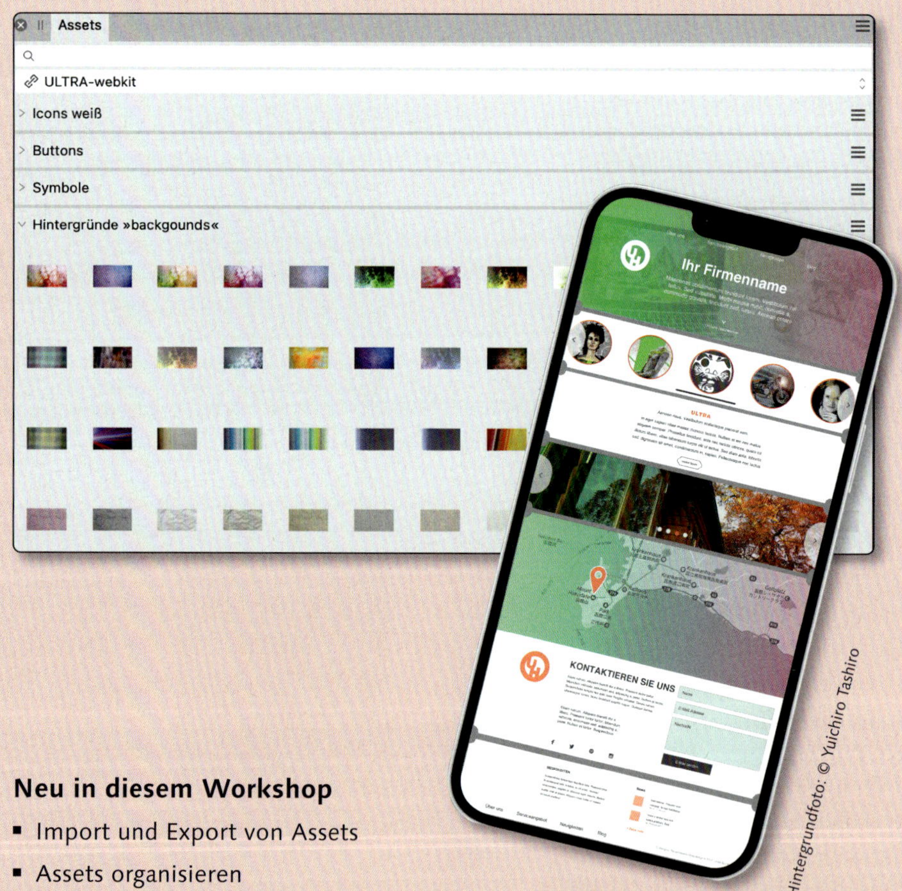

Hintergrundfoto: © Yuichiro Tashiro

Neu in diesem Workshop

- Import und Export von Assets
- Assets organisieren
- Assets verwenden

**[Dateien: »Beispiel_10-8.afdesign«
»ULTRA-webkit.afassets«]**

VERSCHIEBEN-WERKZEUG
Assets einfügen

1 Import und Export von Assets

Öffnen Sie das »Beispiel_10-8.afdesign« und über das Menü Fenster das Panel Assets. Importieren Sie dann das von mir erstellte »ULTRA-webkit.afassets« über das Panelmenü ❷. Assets fungieren als Bildspeicher. Sie können Designelemente ❶ aus Ihrem ArtBoard oder Dokument per Klick und einer Ziehbewegung im Panel als Assets ablegen.

Anmerkung: Nutzen Sie das von mir erstellte Webkit bitte nur als Inspiration und zu Übungszwecken.

2 Assets organisieren

Um Assets zu strukturieren, erstellen Sie über das Panelmenü danach eine neue Kategorie ❸ oder auch eine Unterkategorie. Sie können Unterkategorien umbenennen, löschen oder verschieben ❹. Über die Dreiecke ❻ blenden Sie Unterkategorien dann ein oder aus. Halten Sie den Mauszeiger länger auf einem Asset ❺, wird der Name angezeigt.

Ein Vorteil ist, dass Sie ebenfalls platzierte Symbole in Assets einfügen und dokumentunabhängig verwenden können.

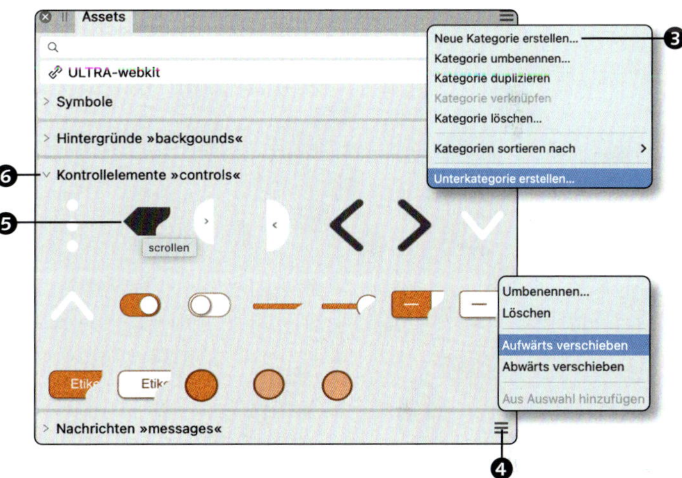

3 Assets verwenden

Sie können Assets aus dem Panel ziehen und in Dokumente einfügen. Blenden Sie die Unterkategorie »Beispiel Responsives Weblayout« ein. Halten Sie `cmd`/`Strg` gedrückt, und ziehen Sie das Asset ❼ an die oberste Stelle des linken ArtBoards. Es werden alle Beschränkungen im Dokument übernommen. Platzieren Sie auf die gleiche Weise das Asset ❽ an der untersten Stelle und das Asset ❾ in der Mitte. Wollen Sie Assets ohne Beschränkungen einfügen, ziehen Sie diese ohne Tastendruck nur in das Layout hinein (mehr zu Beschränkungen auf Seite 271 und Seite 298).

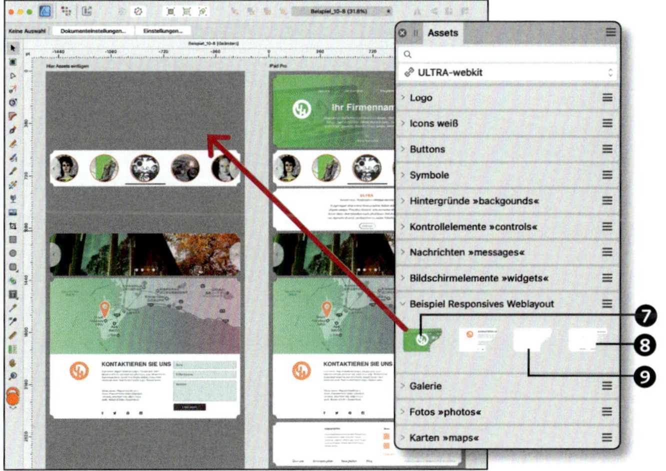

Muster über Symbole kreieren

Hintergründe oder Pattern schnell gestalten

Mit dem Panel Symbole können Sie Muster erstellen. Für die Gestaltung bietet sich das Arbeiten mit zwei ArtBoards und dem Panel Assets an. Auf dem kleineren quadratischen ArtBoard erzeugen Sie ein Quadrat. Aus dem erzeugten Quadrat erstellen Sie ein Symbol. Ziehen Sie Ihre Designelemente aus dem Panel Assets in das Symbol. Auf dem größeren zweiten ArtBoard fügen Sie Kopien Ihres Symbols hinzu. Affinity Designer erzeugt ein Muster. Überprüfen Sie mit der magnetischen Ausrichtung, ob die Symbole Kante an Kante platziert sind. Sehen Sie bei der Ansicht weiße Linien? Diese werden als »Ghostlines« bezeichnet und werden nicht gedruckt oder exportiert.

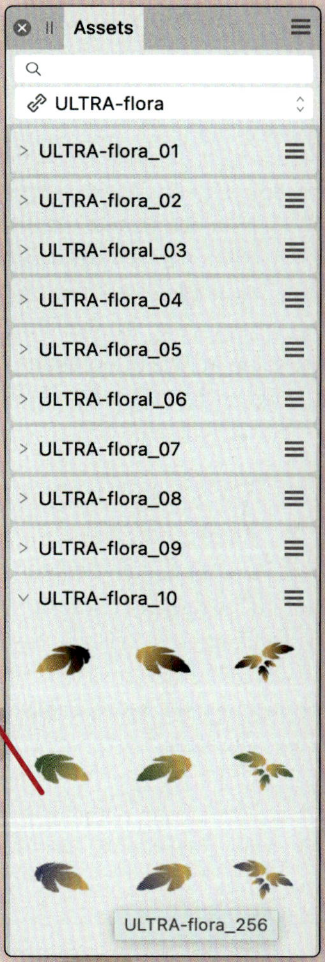

Neu in diesem Workshop

- ArtBoards anlegen
- Symbol und Assets verwenden
- Fertiges Muster beschneiden

[Dateien: »Beispiel_10-9_fertig.afdesign« »ULTRA-floral.afassets«]

1 ArtBoards anlegen

Legen Sie ein neues Dokument für PRINT ❶ an. Aktivieren Sie ARTBOARD ERSTELLEN ❸ und TRANSPARENTER HINTERGRUND im Reiter FARBE ❷. Vergeben Sie für die Breite und Höhe 100 mm. Klicken Sie mit dem VerschiebenWerkzeug [▶] und gedrückter [Alt]-Taste auf den Namen »ArtBoard1«, und ziehen Sie eine Kopie des ArtBoards heraus. Nennen Sie es »Artboard2«, und weisen Sie ihm über das Panel TRANSFORMIEREN eine Breite und Höhe von 200 mm ❹ zu. Quadratische Maße eignen sich gut beim Designen.

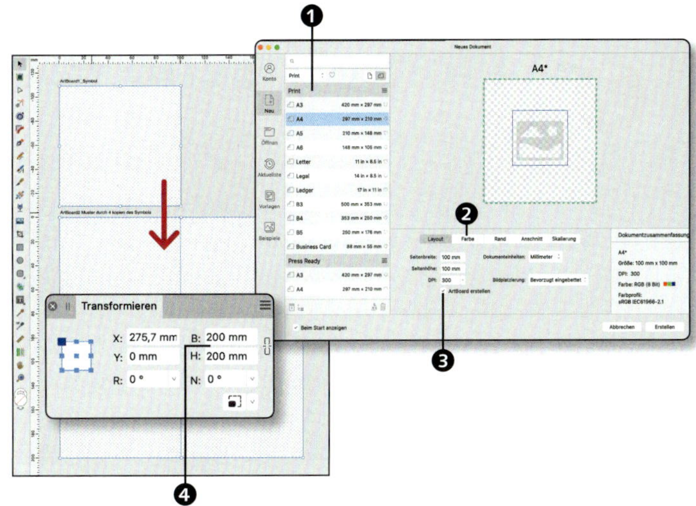

2 Symbol erstellen

Mit dem Rechteckwerkzeug ❽ ziehen Sie auf dem ArtBoard1 bei gedrückter [⇧]-Taste ein Quadrat von 100 × 100 mm auf. Klicken Sie im Panel SYMBOLE dann auf ERSTELLEN ❻. Importieren Sie über das Panelmenü ❺ »ULTRA-floral.afassets«, und ziehen Sie unter Verwendung von IN DER AUSWAHL EINSETZEN [◉] z. B. Grafiken aus den Kategorien Ultra-floral_08 und 10 in Ihr Symbol ❼. Sie erstellen Ihr Muster, indem Sie das gesamte Symbol ❼ kopieren und viermal Kante an Kante auf dem ArtBoard2 platzieren.

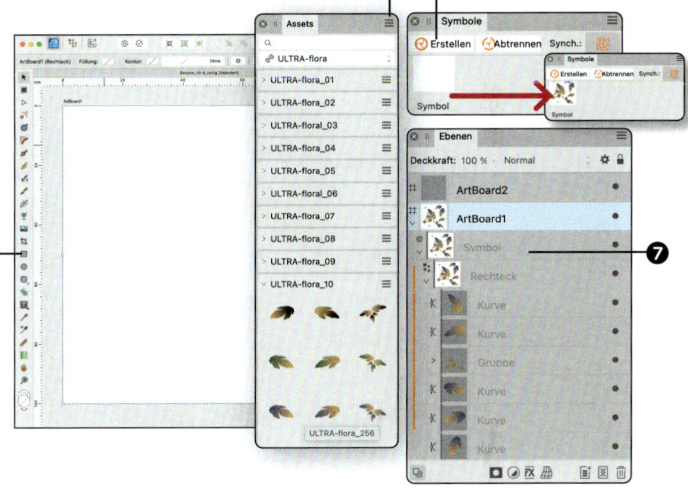

3 Fertiges Muster beschneiden

Sollten Designelemente über die Kanten des Symbols ragen, können Sie Ihr Muster über das Werkzeug VEKTORZUSCHNITT [⌗] beschneiden. Ihr Mauszeiger verändert seine Form ❾. Ziehen Sie den gewünschten Zuschnittbereich auf. Alle Designelemente außerhalb des Bereichs werden ausgeblendet. Sie können diesen Bereich jederzeit bearbeiten oder die Auswahl rückgängig machen. Wählen Sie erneut das Werkzeug mit der Ebene aus.

Sie können Muster erstellen, indem Sie über Ihr Symbol Formen und Pixelbilder legen oder in der Pixel Persona hineinzeichnen.

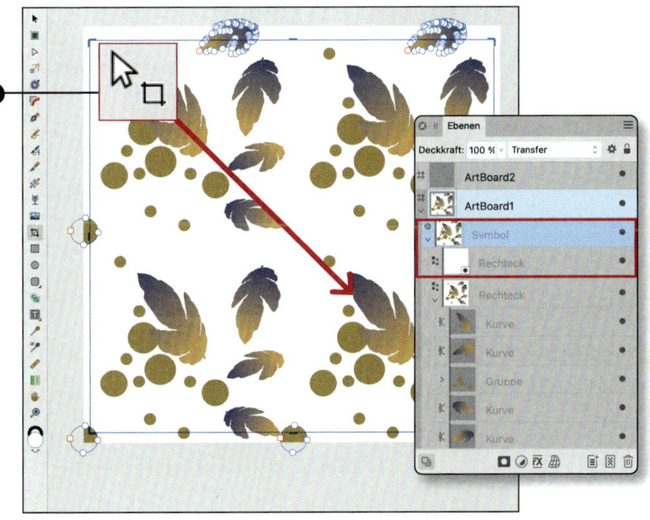

Isometrische Projektionsebene

Icons an isometrisches Raster anpassen

Isometrische und nach definierten Achsen ausgerichtete Raster zählen zu den parallelen Projektionen. Das bedeutet, dass die Rasterlinien nicht wie bei perspektivischen Projektionen in einem Fluchtpunkt zusammentreffen. Sie können im Panel ISOMETRISCH die Projektionsebenen wie VORDERANSICHT, SEITENANSICHT und DRAUFSICHT verwenden, um Objekten, Formen, Textelementen und Assets oder Symbolen sowie komplexen Illustrationen Räumlichkeit zu verleihen. Sollten Sie kein kompatibles Raster konfiguriert haben, gibt Affinity Designer Ihnen automatisch eine Fehlermeldung im Panel ISOMETRISCH an.

Neu in diesem Workshop

- An Projektionsebene anpassen
- In Projektionsebene bearbeiten
- In Projektionsebene drehen

[Dateien: »Beispiel_10-10.afdesign« »ULTRA-socialmedia.afassets«]

VERSCHIEBEN-WERKZEUG
Icons auswählen und transformieren

1 An Projektionsebene anpassen

Öffnen Sie »Beispiel_10-10.afdesign«, und importieren Sie »ULTRA-socialmedia.afassets« über das Panel Assets. Blenden Sie über Ansicht das Raster ein, und rufen Sie über Fenster • Isometrisch das gleichnamige Panel auf. Über Rastereinstellungen ❹ können Sie das Raster anpassen. Markieren Sie mit dem Verschieben-Werkzeug jetzt das Icon ❶. Aktivieren Sie Vorderansicht ❷ und dann An Projektionsebene anpassen ❸. Für beste Ergebnisse beim Zeichnen mit Rastern stellen Sie die Magnetische Ausrichtung ein.

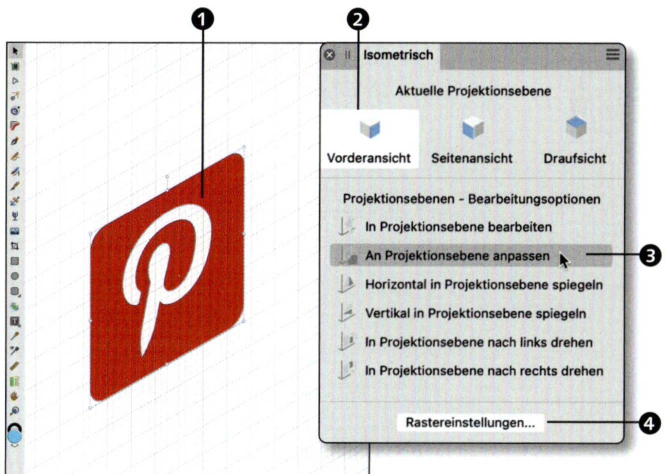

2 In Projektionsebene bearbeiten

Standardmäßig ist In Projektionsebene bearbeiten ❼ aktiviert. Zeichnen Sie Kurven auf Projektionsebenen, können Sie im Menü Auswählen die Funktion Auswahlbox umschalten aktivieren. Mit der Option An Projektionsebenen anpassen transformieren Sie nur die Auswahlbox der Kurve, nicht das Objekt. So lassen sich Kurven leichter am Raster ausrichten. Klicken Sie das Icon ❺ an. Aktivieren Sie die Draufsicht ❻, und klicken Sie wieder auf An Projektionsebene anpassen ❽.

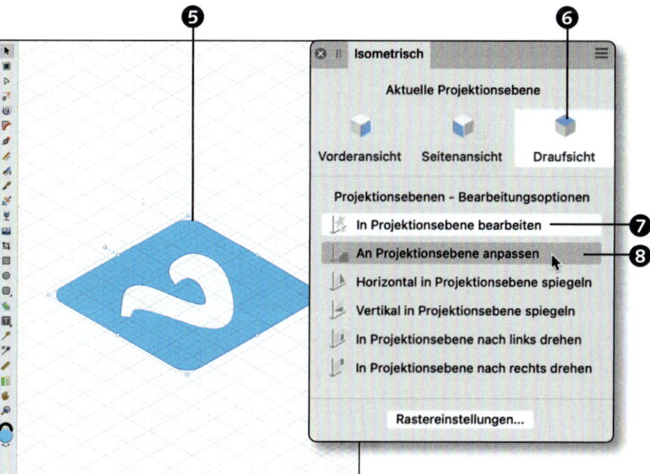

3 In Projektionsebene drehen

Klicken Sie das Icon ❾ an. Aktivieren Sie die Seitenansicht ❿, und klicken Sie ein letztes Mal An Projektionsebene anpassen ⓫ an. Sie können über das Panel Isometrisch nun das Icon ebenfalls drehen ⓬ oder spiegeln. Wenn Sie Text auf eine Projektionsebene legen möchten, müssen Sie den Grafiktext verwenden. Der Rahmentext ist unpräzise.

Anmerkung: Mit den Funktionen Isometrisch und Raster können Sie räumliche Welten illustrieren: *https://frankentoonstudio.com/product/isometric-affinity-designer/*

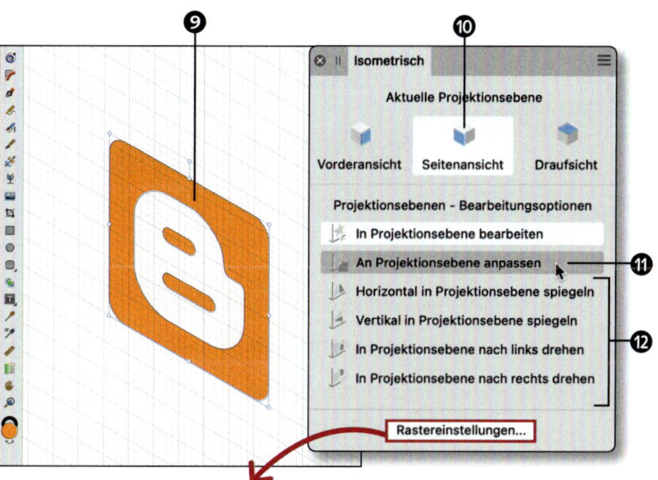

GRIFFE ZUR ACHSENBEARBEITUNG EINBLENDEN
Position der Achsen im Raster verschieben

Beschränkungen definieren

Skalierung und Verankerungen festlegen

Für responsives Webdesign müssen Sie die Größen Ihrer Designelemente jederzeit ändern können. Sie können unerwünschte Skalierung oder Verschiebungen mit dem Panel BESCHRÄNKUNGEN vermeiden. Mit diesem Panel legen Sie fest, wie Objekte skaliert oder verankert werden. Beschränkungen lassen sich nur für übergeordnete Objekte und ihre untergeordneten Objekte festlegen. Sie können ArtBoards, Objektgruppen, einzelne Objekte und Textrahmen im Ebenen-Panel zur Zielauswahl anklicken und beschränken.

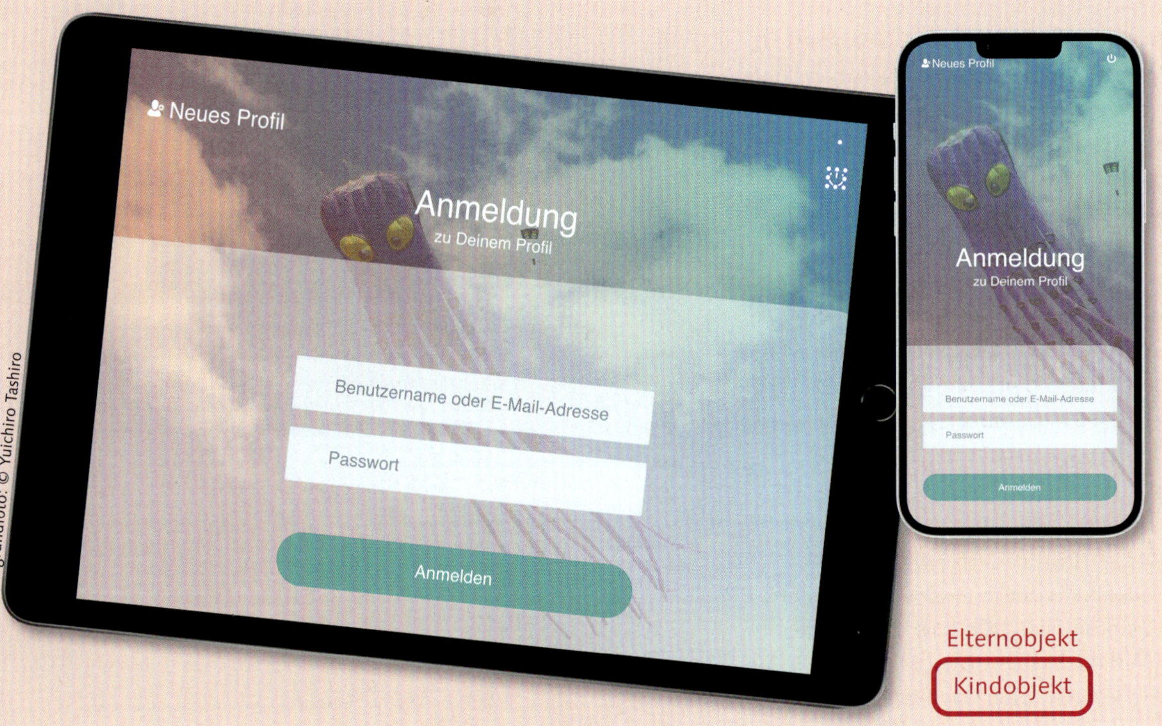

Neues Profil
Anmeldung
zu Deinem Profil
Benutzername oder E-Mail-Adresse
Passwort
Anmelden

Hintergrundfoto: © Yuichiro Tashiro

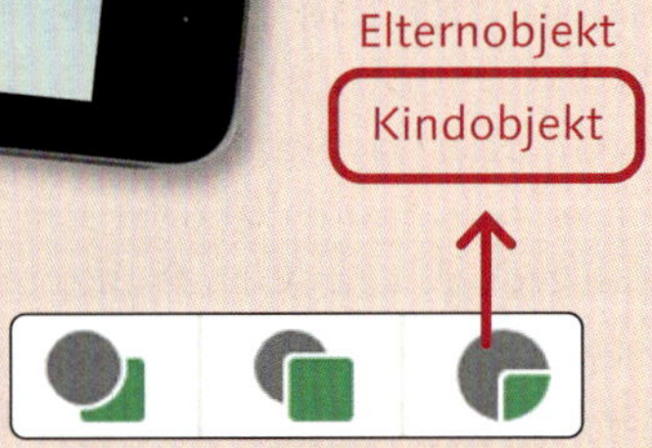

Elternobjekt
Kindobjekt

Neu in diesem Workshop

- Übergeordnete Ebenen beschränken
- Untergeordnete Ebenen skalieren
- Untergeordnete Ebenen verankern

[Dateien »Beispiel_10-11.afdesign« »Beispiel_10-11_fertig.afdesign«]

VERSCHIEBEN-WERKZEUG
Objekte auswählen und beschränken

1 Hintergrund maximal einpassen

Öffnen Sie das »Beispiel_10-11.afdesign«. Um Beschränkungen festzulegen, blenden Sie die Panels Beschränkungen und Ebenen ein. Klicken Sie zur Auswahl die übergeordnete Ebene »Hintergrund« ❶ an. Im Panel Beschränkungen aktivieren Sie per Klick auf das Symbol ❷ die maximale Einpassung. Klicken Sie beide Pfeile ❸ an, d. h. den vertikalen und den horizontalen. So legen Sie fest, dass der Hintergrund und alle untergeordneten Elemente maximal durch horizontales und vertikales Skalieren eingepasst werden sollen.

2 Hintergrundverlauf skalieren

Sie müssen für alle Unterebenen ebenfalls Beschränkungen definieren. Klicken Sie im Ebenen-Panel das Rechteck ❹ mit dem Farbverlauf an. Es soll ebenfalls horizontal und vertikal skaliert werden, wenn das ArtBoard vergrößert wird. Klicken Sie dazu im Panel Beschränkungen wieder beide Pfeile ❺ an. Dunkle Pfeile zeigen die aktive Skalierung an.

Anmerkung: Sie erzeugen untergeordnete Ebenen, indem Sie für ein Objekt In der Auswahl einsetzen wählen (siehe Seite 132).

3 Hintergrundfoto skalieren

Das Foto ist eine untergeordnete Ebene. Damit sich das Foto ebenfalls horizontal und vertikal vergrößert, müssen Sie dem Foto Skalierungen zuweisen. Klicken Sie die Ebene ❼ an. Aktivieren Sie die maximale Einpassung ❽ und das Skalieren ❾ in beiden Richtungen. Der gesamte Hintergrund ist nun responsiv eingestellt. Sie können die Beschränkungen kontrollieren, indem Sie auf den Namen des ArtBoards ❻ klicken und dann das ArtBoard ❿ vergrößern und verkeinern. Reagiert der Hintergrund? Machen Sie die Transformation rückgängig.

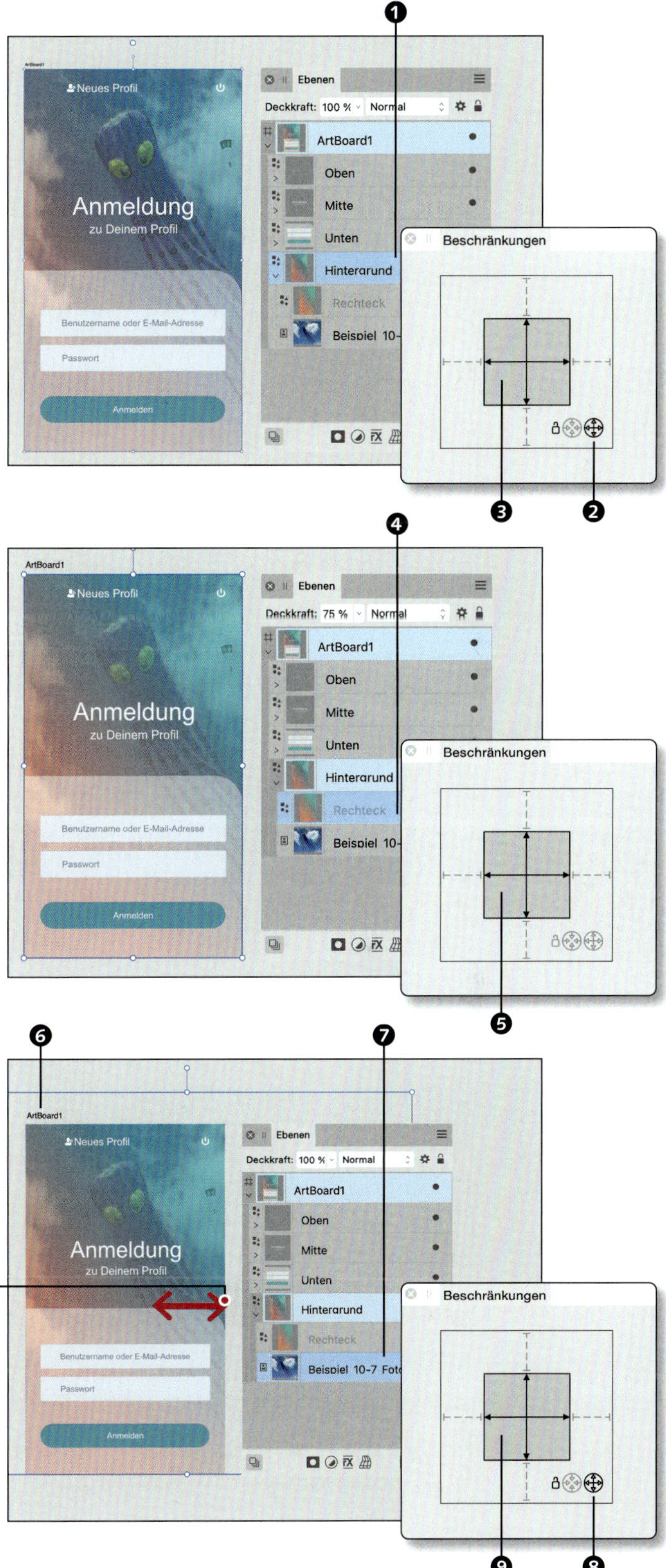

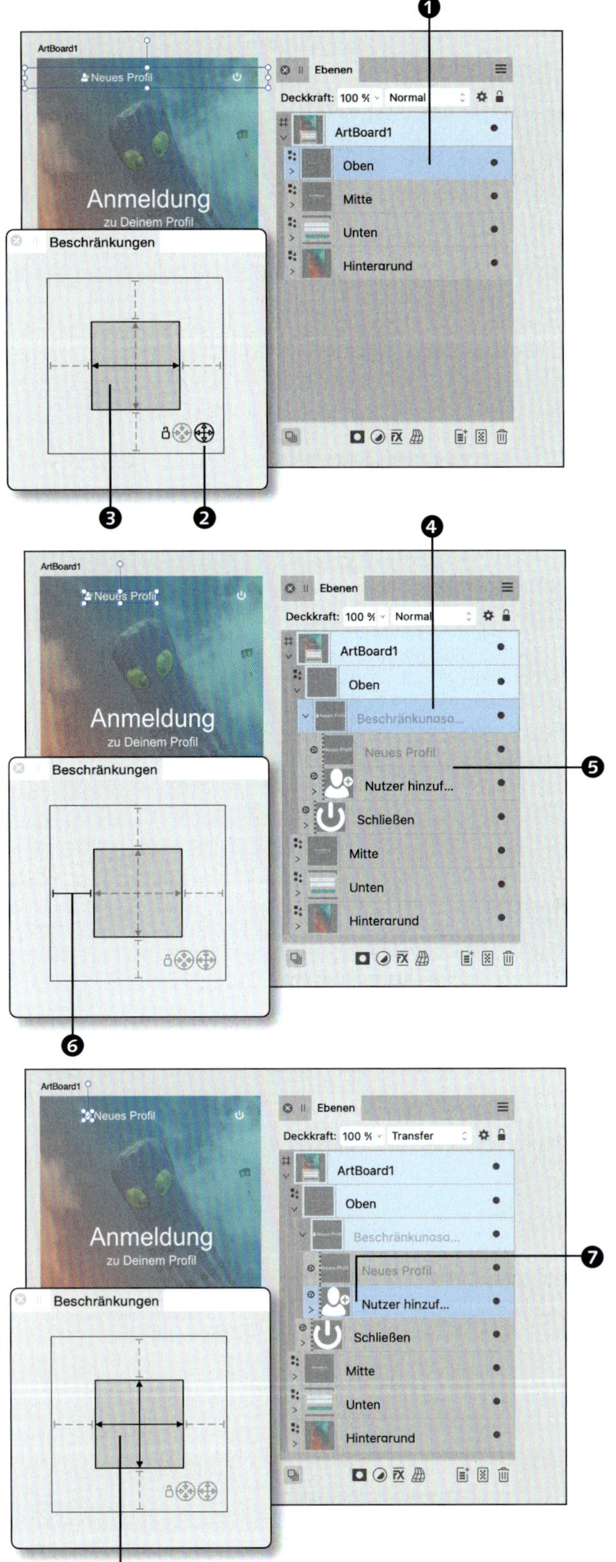

4 Kopfzeile skalieren

In der oberen Kopfzeile gibt es zwei Symbole und einen Text. Damit sich diese Elemente Größenveränderungen anpassen, müssen Sie der übergeordneten Ebene Beschränkungen zuweisen. Klicken Sie die übergeordnete Ebene »Oben« ❶ an. Im Panel BESCHRÄNKUNGEN aktivieren Sie die maximale Einpassung ❷ und das horizontale Skalieren ❸ mit nur einem Pfeil. Vergrößern Sie nun das ArtBoard, werden die Symbole und Texte ungeschickt verzerrt. Machen Sie die Transformation wieder rückgängig.

5 Verankerungen festlegen

Die Unterebenen müssen ebenfalls beschränkt werden. Sie blenden alle untergeordneten Ebenen über das Symbol [>] ein. Klicken Sie die Unterebene »Beschränkungsgruppe« ❹ an. Im Panel BESCHRÄNKUNGEN weisen Sie der Ebene eine Verankerung ❻ auf der linken Seite zu. Bei der Vergrößerung des ArtBoards werden die Symbole und Texte ihre Position auf der linken Seite nicht verlassen. Legen Sie ebenfalls eine linke Verankerung für die untergeordneten Ebenen »Neues Profil« und »Nutzer hinzufügen (Symbol)« ❺ fest.

6 Icons proportional skalieren

Damit sich die Icons nicht bei der Größenänderung des ArtBoards verzerren, müssen die Unterebenen von Icons ebenfalls beschränkt werden. Klicken Sie die Ebene »Nutzer hinzufügen (Kurven)« ❼ an. Im Panel BESCHRÄNKUNGEN aktivieren Sie beide Pfeile ❽ für eine proportionale Skalierung des Icons. Überprüfen Sie bitte auch hier die Beschränkungen, indem Sie Ihr ArtBoard transformieren. Um unproportionale Transformationen des ArtBoards zu vermeiden, sollten Sie zum Schluss immer [cmd]/[Strg]+[Z] drücken.

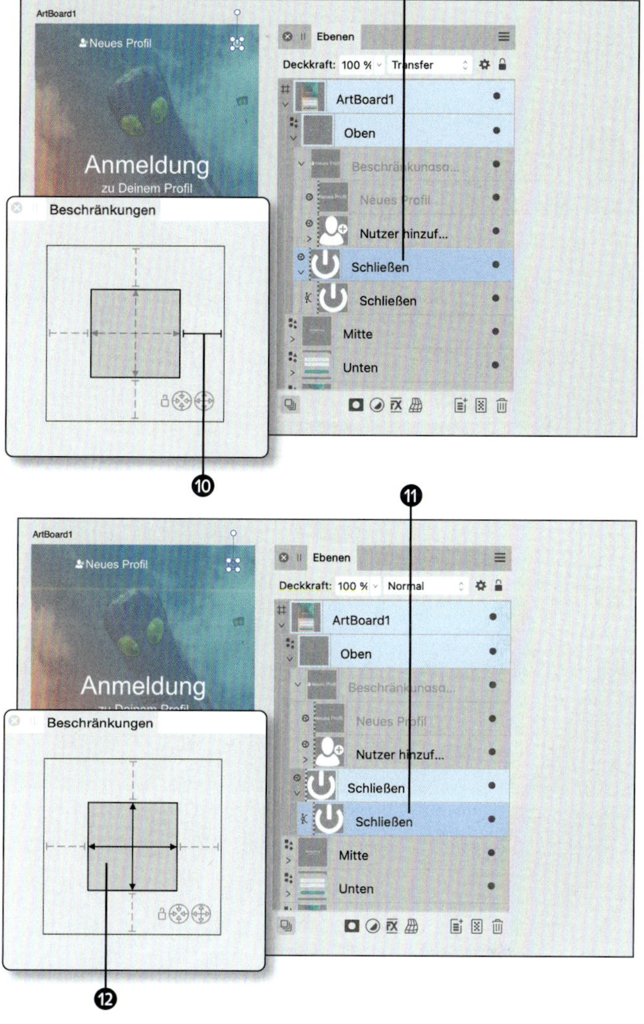

7 Symbole links verankern

Wenn Sie das ArtBoard vergrößern, wandert das Schließen-Symbol von seiner Position. Es soll sich aber nicht vom rechten Rand entfernen. Sie müssen das Symbol daher verankern. Klicken Sie die Ebene »Schließen (Symbol)« ❾ an. Im Panel Beschränkungen weisen Sie dem Symbol eine Verankerung ❿ auf der rechten Seite zu. Ändern Sie nun die Größe Ihres ArtBoards, bleibt der Abstand des Symbols zum rechten ArtBoard-Rand gleich.

8 Icon »Schließen« beschränken

Damit sich das Schließen-Icon nicht beim Transformieren des ArtBoards verzerrt, müssen Sie ihm eine Beschränkung zuweisen. Klicken Sie die Ebene »Schließen (Kurven)« ⓫ an. Im Panel Beschränkungen weisen Sie dem Icon eine horizontale und vertikale Skalierung zu. Markieren Sie per Klick auf beide Pfeile ⓬ die proportionale Skalierung. Überprüfen Sie erneut das Verhalten aller beschränkten Objekte, indem Sie das ArtBoard vergrößern und verkleinern. So lassen sich responsive Webseiten visualisieren.

9 Beschränkungen selber testen

Versuchen Sie bitte, für die übrigen übergeordneten Ebenen ⓭ und deren Unterebenen selber die Beschränkungen zu vergeben. Überlegen Sie sich, wie sich die Objekte bei der Transformation verhalten sollen: Sollen sie größer werden, weisen Sie Skalierungen zu; sollen sie sich nicht von der Stelle bewegen, weisen Sie Verankerungen zu. Sie können natürlich die Datei »Beispiel_10-11_fertig.afdesign« zu Hilfe nehmen und vergleichen. Das Arbeiten mit Beschränkungen ist anfangs ungewohnt. Durch viele Tests werden Sie aber Ihre Arbeitsweise finden.

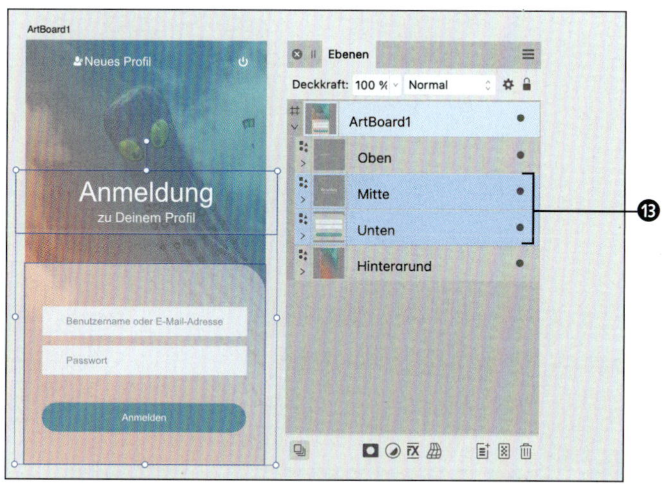

Affinity Designer auf dem iPad
Hilfslinien einblenden
Hilfslinien schützen

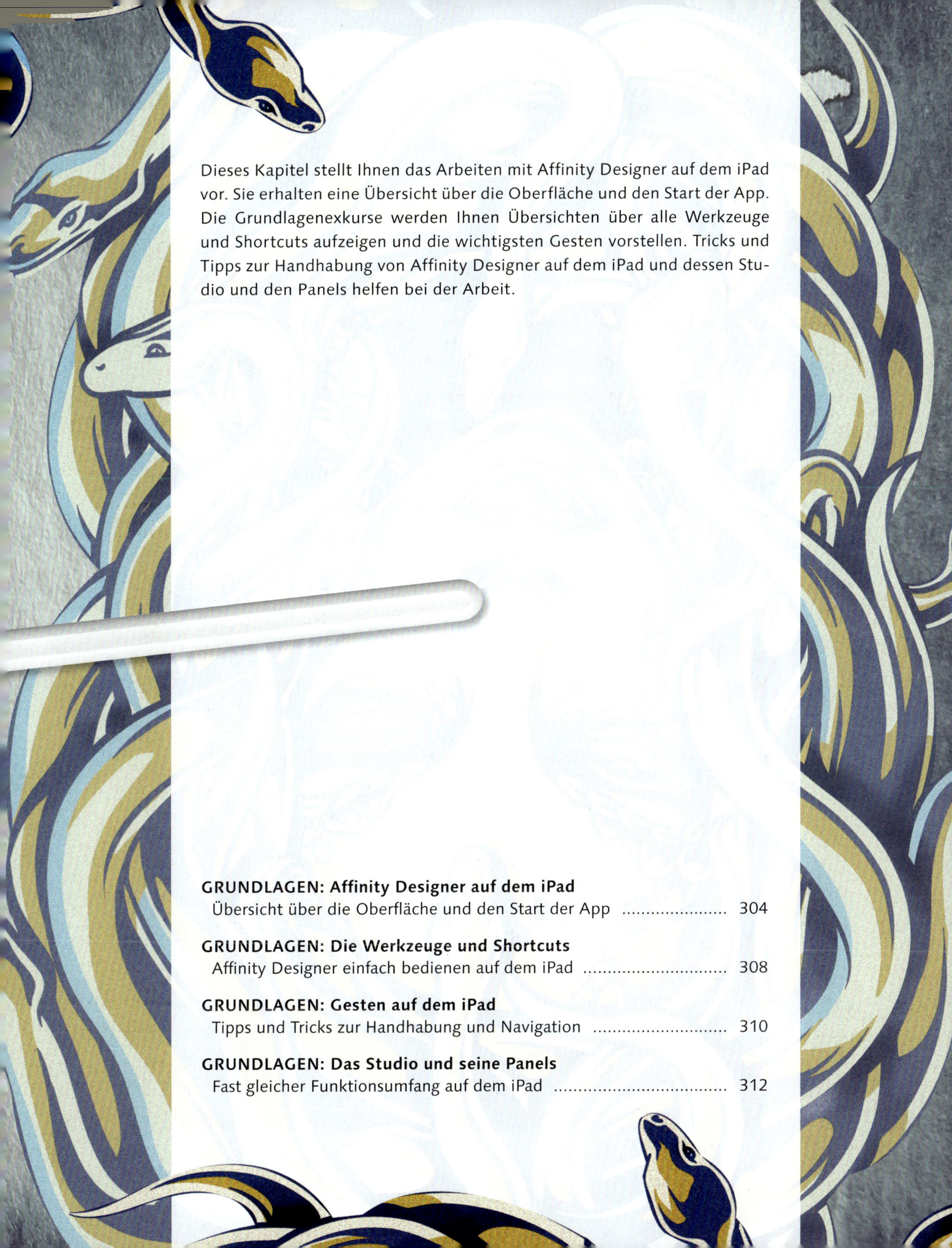

Dieses Kapitel stellt Ihnen das Arbeiten mit Affinity Designer auf dem iPad vor. Sie erhalten eine Übersicht über die Oberfläche und den Start der App. Die Grundlagenexkurse werden Ihnen Übersichten über alle Werkzeuge und Shortcuts aufzeigen und die wichtigsten Gesten vorstellen. Tricks und Tipps zur Handhabung von Affinity Designer auf dem iPad und dessen Studio und den Panels helfen bei der Arbeit.

Affinity Designer auf dem iPad

Übersicht über die Oberfläche und den Start der App

Nehmen Sie Affinity Designer mit!

Mit der App von Affinity Designer auf dem iPad können Sie überall kreativ werden. Dabei sind die App-Funktionen und deren Umfang fast identisch mit denen der Windows- oder Mac-Version. Sie können jetzt mit verschiedenen Geräten nahtlos an derselben Datei arbeiten und sie im Team teilen.

Es fallen Ihnen sicher direkt einige visuelle Unterschiede auf, denn natürlich unterscheidet sich die Handhabung eines iPads grundlegend von Desktop-Computern. Die iPad-Version von Affinity Designer ist im Aufbau unterschiedlich und dunkel gestaltet, aber trotzdem leistungsstark und leicht zu erfassen.

Überblick über die iPad-Oberfläche

Die Oberfläche ist sehr logisch aufgebaut. Oben links finden Sie die Menüs Home ❶, Persona ❷, Dokument ❸ und Bearbeiten ❹. Auf der rechten Seite ist das Studio ❽ mit Panels wie Farbe und Ebene. Darunter befinden sich die Optionen Rückgängig und Wiederholen ❾. Links sehen Sie die Werkzeuge ⓭ mit ihrer oben angeordneten Kontextleiste ❺. Sie können löschen ⓫, eine Auswahl aufheben ⓬ oder das Studio ❼ ein- und ausblenden. Halten Sie länger den Finger auf Hilfe ❿, werden alle Symbole erklärt. Oben rechts ❻ finden Sie den Zoom, die Vorschau sowie die magnetische Ausrichtung.

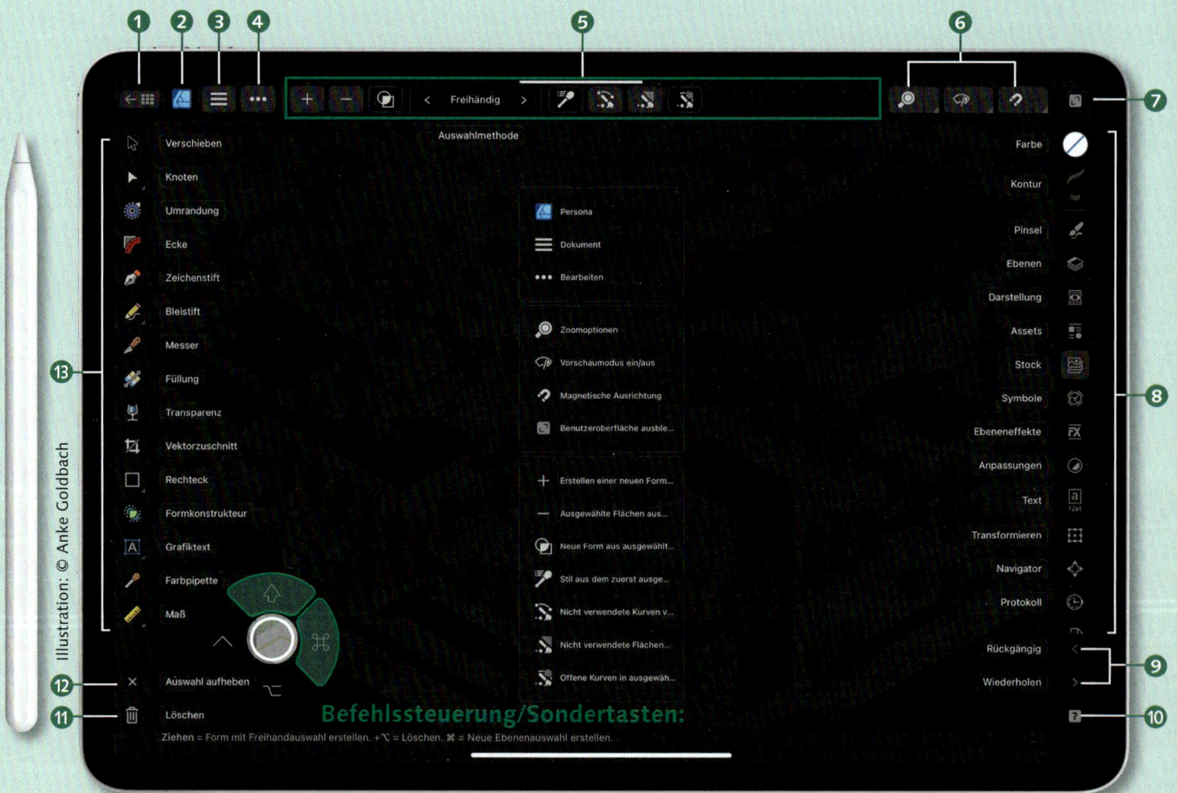

Affinity Designer auf dem iPad starten

Auf dem Home-Screen ❶ werden nach dem Öffnen der App standardmäßig aktive ⓴, sprich offene Dokumente angezeigt. Sie können aktive Dokumente schließen ⓮ und speichern ⓯. Tippen Sie mit Ihrem Finger auf das Vorschaubild, wird Ihr aktives Dokument in Affinity Designer zum Bearbeiten geöffnet. Um die App an Ihre Bedürfnisse anzupassen, gehen Sie in die EINSTELLUNGEN ⓰. Zu Ihrem Affinity-Konto gelangen Sie unter KONTO ⓱. Über ⓲ rufen Sie die Hilfe auf. Und unter BEISPIELE ⓳ finden Sie tolle Arbeiten; bitte beachten Sie die Urheberrechte.

Tipp: Halten Sie Ihr iPad hoch oder quer, passt sich die Oberfläche an.

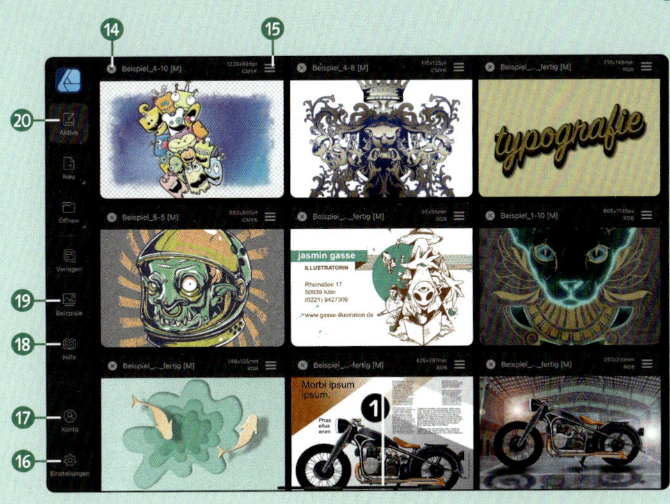

Dokumente auf dem iPad öffnen

Um Dokumente auf dem iPad zu öffnen, stehen Ihnen die Optionen NEU ㉓, ÖFFNEN ㉒ oder VORLAGEN ㉑ zur Verfügung:

- Sie können ein komplett neues Dokument anlegen.
- Kopieren Sie eine Datei, können Sie die Option NEU AUS ZWISCHENABLAGE nutzen.
- Persönliche Dateien lassen sich über DOKUMENT IMPORTIEREN öffnen.
- Zum Verarbeiten von Fotos bietet sich die Option AUS FOTOS IMPORTIEREN an.
- Oder Sie öffnen Dokumente aus Vorlagen.

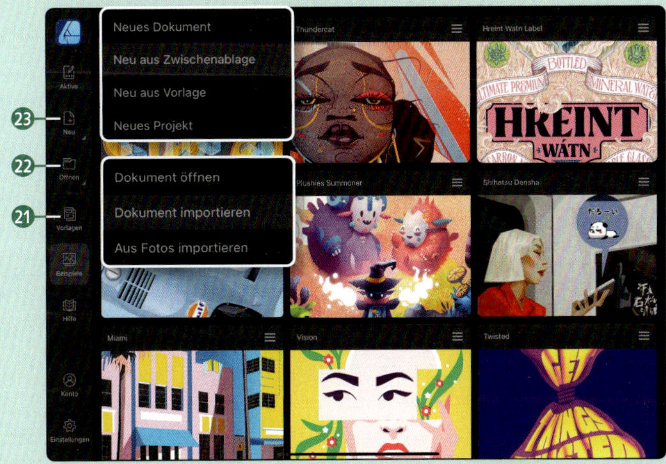

Die Hilfe zu Affinity Designer aufrufen

Sie können in der App auf das Symbol ❿ für die Hilfe tippen oder im Home-Screen unter ⓲. Auf der linken Seite können Sie dann alle Themen strukturiert aufgelistet erkunden. Im oberen rechten Bereich der iPad-Version springen Sie in den Themen vor [>] oder zurück [<] und können die Hilfe schnell wieder schließen [X].

Anmerkung: Weitere Tipps und Hilfestellungen bietet Serif unter *www.youtube.com/@AffinityDesignerOfficial*.

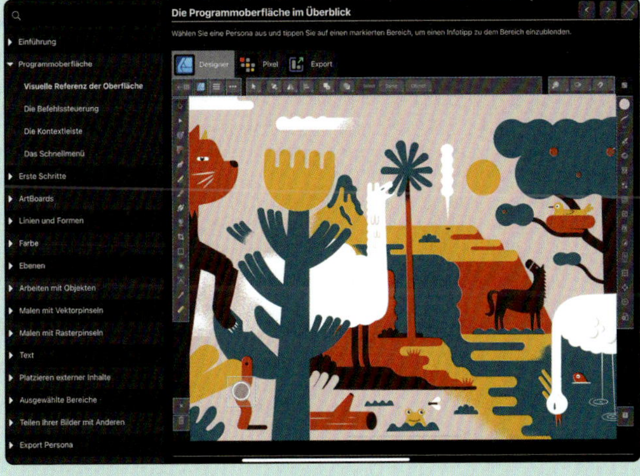

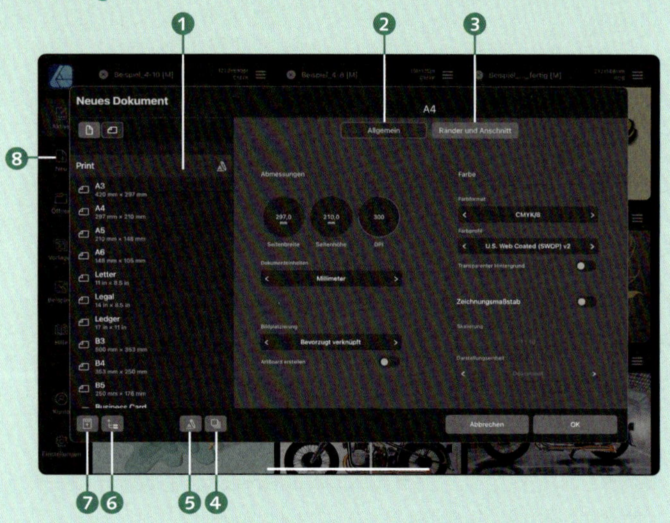

Neues Dokument auf dem iPad anlegen

Im Home-Screen tippen Sie auf NEU ❽. Wie in der Desktop-Version finden Sie Vorgaben ❶ für PRINT, PRESS READY, PHOTO, WEB, DEVICES und ARCHITECTURAL. Unter ALLGEMEIN ❷ können Sie Abmessungen, DPI, Dokumenteinheiten, die Bildplatzierung, ArtBoards sowie Farbformate bestimmen. Auch ein transparenter Hintergrund lässt sich hier anlegen. Es stehen Ihnen RÄNDER UND ANSCHNITTE ❸ zur Verfügung. Sie können Vorgaben/Kategorien löschen ❹, umbenennen ❺, neue Kategorien erzeugen ❻ oder neue Vorgaben anlegen ❼, um Ihre Dokumentvorlagen zu organisieren.

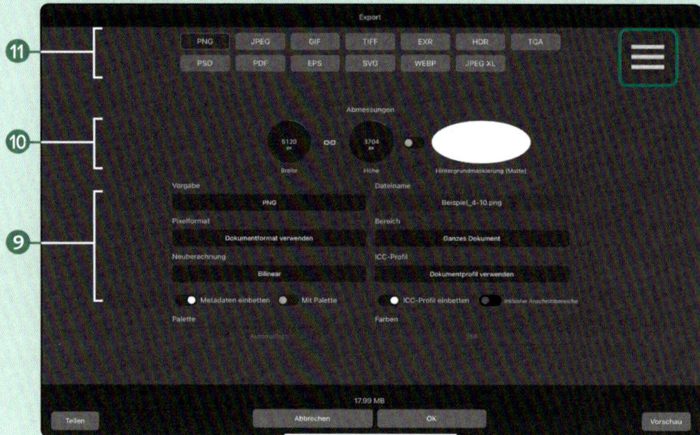

Export auf dem iPad

Über das Menü DOKUMENT ☰ und einen anschließenden Tipp auf EXPORT können Sie Ihr Affinity-Designer-Dokument in Ihrer Cloud oder auf dem iPad in einem Ordner Ihrer Wahl ablegen. Im oberen Bereich ⓫ sehen Sie die bereits aus der Desktop-Version bekannten Exportformate. Wählen Sie beispielsweise das Format PNG aus, können Sie unter ABMESSUNGEN ❿ die BREITE und HÖHE prüfen. Des Weiteren können Sie das Pixelformat und die Neuberechnung definieren ❾. Standardmäßig wird der Name Ihrer Datei automatisch übernommen.

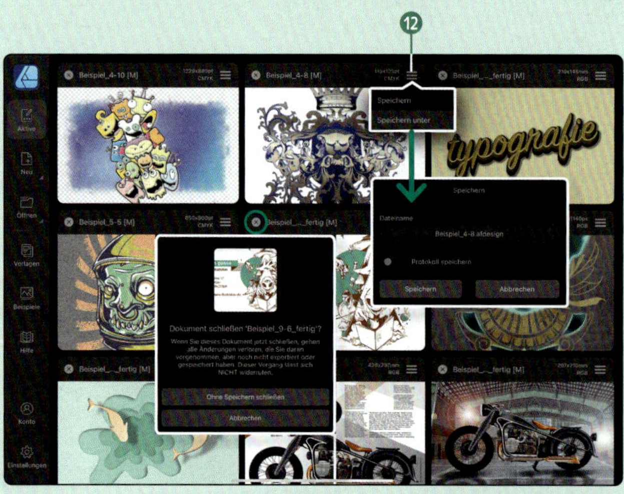

Dokumente auf dem iPad schließen

Affinity Designer speichert Ihr Dokument intervallmäßig automatisch ab, wobei es auf dem Home-Screen abgelegt wird. Daher ist es nicht nötig, unter DOKUMENT ⓬ den Befehl SPEICHERN zu drücken. Möchten Sie ein Dokument erstmals speichern, tippen Sie im Home-Screen auf das Einblendmenü ☰. Um Dokumente oder Projekte zu löschen, tippen Sie auf das Symbol SCHLIESSEN ⊠ oben links. Schließen Sie Dokumente ohne Speichern oder vorherigen Export, gehen wie üblich alle Änderungen verloren. Achtung, dieser Vorgang ist nicht widerrufbar!

Das Menü »Dokument« auf dem iPad

Um die App richtig erkunden zu können, öffnen Sie die Datei »Beerenbummel.afdesign«. Mit einer geöffneten Datei lassen sich alle Werkzeuge und Studio sowie deren Funktionen besser ansteuern. Tippen Sie auf das Symbol DOKUMENT ⓭ links oben in der App. Im Menü DOKUMENT können Sie Ihr Dokument umwandeln, dessen Größe ändern, Dokumente exportieren, als Vorlagen exportieren, drucken, Bilder platzieren, ArtBoards verwenden, die Leinwand anpassen oder Rechtschreiboptionen sowie die Befehlssteuerung öffnen. Unter LEINWAND gibt es zusätzlich ein Einblendmenü ▶ für die Optionen AN LEINWAND BEGRENZEN, um Objekte außerhalb des Dokuments sehen zu können, und TRANSPARENTE LEINWAND. Unter STANDARDWERTE gibt es zusätzlich ein Einblendmenü ▶ für die Optionen MIT AUSWAHL SYNCHRONISIEREN, SPEICHERN, ZURÜCKSETZEN sowie AUF INSTALLATIONSWERTE ZURÜCKSETZEN. Unter DOKUMENT können Sie ebenfalls den ASSISTENTEN finden.

Das Menü »Bearbeiten« auf dem iPad

Das Symbol BEARBEITEN ⓮ befindet sich rechts neben dem Symbol DOKUMENT ⓭. Um Bearbeitungsbefehle ausführen zu können, müssen Sie mit dem Verschieben-Werkzeug ▶ oder über das Panel EBENEN eine Auswahl von Objekten oder Ebenen festlegen. Es gibt vier Hauptschwerpunkte unter BEARBEITEN: ZWISCHENABLAGE, GEZIELTES PLATZIEREN, BEFEHLE und FÜLLMODUS. Unter ZWISCHENABLAGE können Sie duplizieren, ausschneiden und einfügen, kopieren, innerhalb sowie ohne Format einfügen und Effekte oder Stile übertragen. Unter GEZIELTES PLATZIEREN lassen sich Objekte dahinter, oben und innen einsetzen. Bei BEFEHLE können Sie alles markieren, Gruppen verwalten, in Kurven umwandeln, zusammenlegen, separieren, schneiden oder Löcher füllen. Bei FÜLLMODUS finden Sie die Optionen ABWECHSELND und GEWUNDEN. Probieren Sie am besten alle Funktionen bei markierten Objekten oder Ebenen aus, um deren Wirkung direkt sehen zu können.

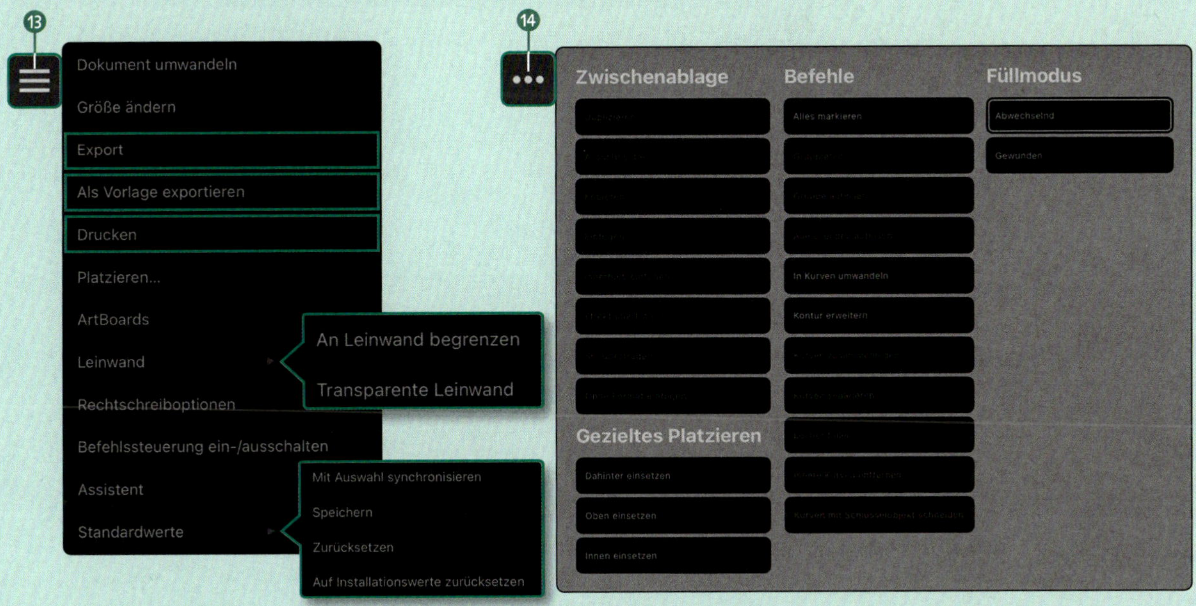

DOKUMENT
Dokument konfigurieren

BEARBEITEN
Bearbeitungen an ausgewählten Objekten/Ebenen

Die Werkzeuge und Shortcuts

Affinity Designer einfach bedienen auf dem iPad

Designer Persona	Pixel Persona	Export Persona
Verschieben V	Verschieben V	Slice-Werkzeug S
Knotenwerkzeug A	Malpinsel B	Slice-Auswahl L
Punkttransformation F	Radierer E	
Umrandung O	Pixelwerkzeug B	
Ecke C	Verwischen	
Zeichenstift P	Bereich füllen G	
Bleistift N	Smart-Auswahlpinsel W	
Vektorpinsel B	Freihandauswahl L	
Messer K	Auswahlrahmen – Rechteck M	
Füllung G	Bereich auswählen W	
Transparenz Y	Ausgewählte Farbe markieren W	
Vektorzuschnitt	Farbpipette I	
Rechteck M u. a.		
Formkonstrukteur S		
Rahmentext T		
Grafiktext T		
Farbpipette I		
Maß		
Fläche		

Auswahlrahmen - Rechteck
Auswahlrahmen - Ellipse
Auswahlrahmen - Zeilen
Auswahlrahmen - Spalten

Anmerkung: Ausgewählte Werkzeuge werden mit dunklem Hintergrund gezeigt. Um Unteroptionen eines Werkzeugs zu öffnen, halten Sie Ihren Finger oder Stift auf das Dreieck rechts unten, und wischen Sie nach rechts. Einige Werkzeuge haben Slider für feinere Anwendungen.

Kontextleiste 1 zum ausgewählten Malpinsel-Werkzeug
Die Kontextleiste beinhaltet Optionen für das verwendete Werkzeug. Sie können Werte antippen oder durch Hoch- und Runterwischen ändern.

Hilfreiche Aktionen	Shortcuts iPad
Neue Vektorebene	cmd + ⇧ + N
Alle Vektorobjekte markieren	cmd + A
Alles markieren	cmd + Alt + A
Auswahl aufheben	cmd + D
Auswahl umkehren	cmd + ⇧ + I
Auswahl aus Ebene	cmd + ⇧ + O
Auswahl duplizieren	cmd + J
Dokument speichern	cmd + S
Kopie speichern	cmd + ⇧ + S
Exportieren	cmd + Alt + ⇧ + S
Drucken	cmd + P
Rückgängig	cmd + Z
Wiederholen	cmd + ⇧ + Z
Ausschneiden	cmd + X
Kopieren	cmd + C
Einfügen	cmd + V
Text unterstreichen	cmd + U
Text kursiv	cmd + I
Text fett	cmd + B
Stil übertragen	cmd + ⇧ + V
Objekt schrittweise verschieben	↑ ↓ ← →
Eins nach vorne verschieben	cmd +]
Eins nach hinten verschieben	cmd + [
Ganz nach vorne verschieben	cmd + ⇧ +]
Ganz nach hinten verschieben	cmd + ⇧ + [
Gruppieren	cmd + G
Gruppierung aufheben	cmd + ⇧ + G
Dokument minimieren	cmd + W
App minimieren	cmd + H

Anmerkung: Mit einem Smart Keyboard ❷, das separat für das iPad erhältlich ist, können Sie Ihren Workflow mit Shortcuts beschleunigen. In der Tabelle links sehen Sie einige Tastaturkürzel. Bei anderen Länder- und Spracheinstellungen kann es zu Abweichungen kommen, die an dieser Stelle leider nicht berücksichtigt werden können. Durch Wischen mit drei Fingern nach unten in der Dokumentansicht wird das konfigurierbare Schnellmenü angezeigt, das oft verwendete Befehle griffbereit hält.

Verknüpfen Sie Ihren Mac und Ihr iPad mithilfe von Sidecar. Sidecar ermöglicht es, den Desktop Ihres Macs auf dem Display des iPads darzustellen, zu erweitern oder zu spiegeln. Sie können mit dem Apple Pencil auf Ihrem iPad zeichnen und Dokumente in Ihren Affinity-Apps für Mac bearbeiten.

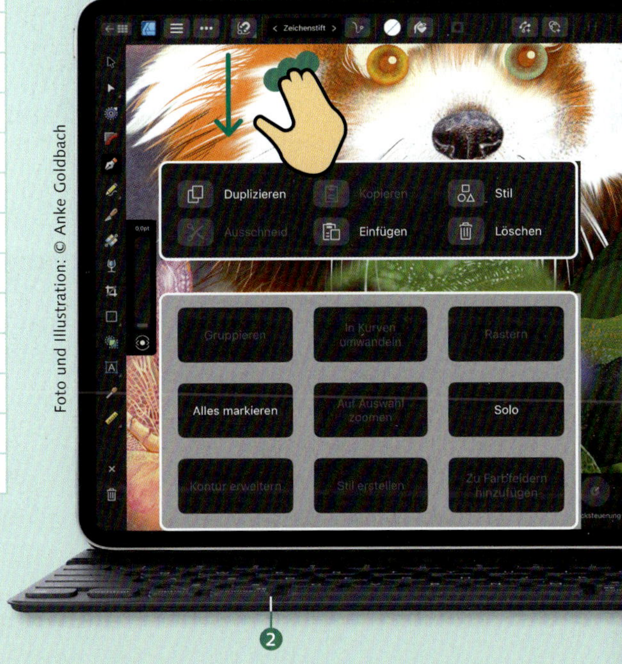

Foto und Illustration: © Anke Goldbach

Gesten auf dem iPad

Tipps und Tricks zur Handhabung und Navigation

Einstellungen der Touch-Gesten optimieren

Um in die Einstellungen zu gelangen, drücken Sie im Home-Screen auf Einstellungen ❽. Tippen Sie Werkzeuge ❹ an. Aktivieren Sie Touch nur für Gesten, um Berührungen der Handflächen auf dem Screen zu ignorieren. Stellen Sie Leinwandrotation bei allen Werkzeugen erlauben an, können Sie jederzeit die Leinwand drehen. Zudem können Sie zusätzlich Werkzeuge zwischen Dokumenten synchronisieren antippen, um Ihren Workflow zu verbessern. Unter Allgemein ❶ können Sie Ihr Rückgängig-Limit erhöhen, um mehrere Schritte in Ihrem Dokument zurückzugehen, und Sie können hier Ihre gewünschte Sprache für Ihre App konfigurieren. Unter Oberfläche ❷ wird der praktische Linkshänder-Modus aktiviert. Hier können Sie auch die Funktion Graustufe für Hintergrund nutzen, um einen helleren Hintergrund der Leinwand zu bekommen, oder auch Monochrome Symbole verwenden einstellen. Unter Farbe ❸ können Sie diverse Farbprofile hinterlegen oder importieren. Unter Bleistift ❺ lässt sich der Druck des Stiftes definieren. Schriften lassen sich unter ❻ laden, bitte beachten Sie dabei die Urheberrechte und mögliche Lizenzen.

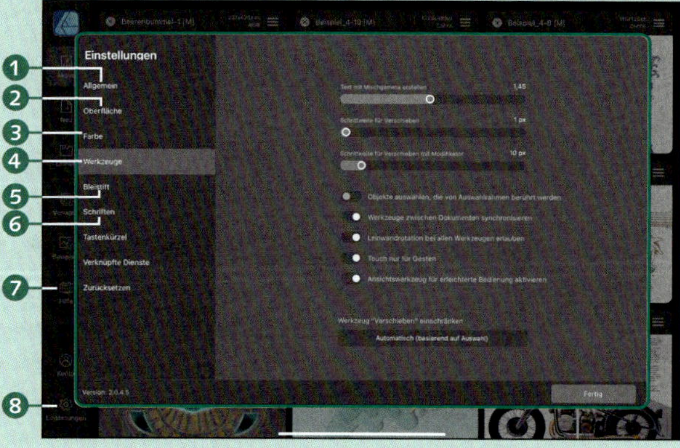

Befehlssteuerung/Sondertasten

Über die Befehlssteuerung ist es möglich, auf alternative Funktionsweisen von Werkzeugen und Objekten zuzugreifen. Im Menü Dokument kann sie durch Tippen auf den Eintrag Befehlssteuerung ein-/ausschalten aktiviert werden.

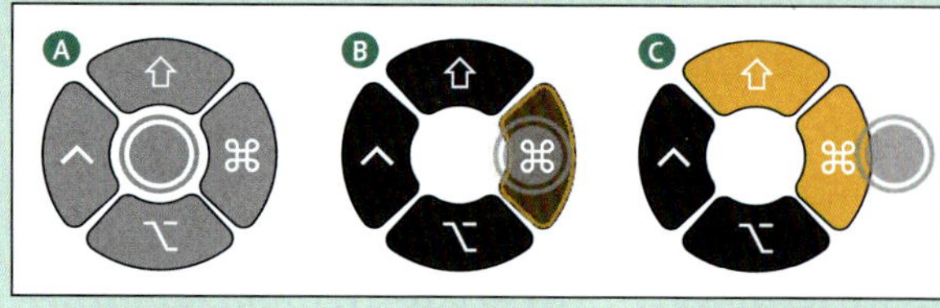

Befehlssteuerung ohne Sondertasten
Inaktiv: keine Sondertasten
Kurzfristig: Mitteltaste über Sondertaste halten
Permanente Nutzung: zwei Sondertasten arretieren

Mithilfe der Sondertasten, die den Tasten [cmd]/[Strg], [⇧], [Alt] und [ctrl] bzw. der rechten Maustaste entsprechen, können Aktionen beeinflusst werden, indem die Mitteltaste darübergezogen und so lange gedrückt gehalten wird, wie sie benötigt wird. Alternativ kann die Mitteltaste auf die Außenkante einer Sondertaste gezogen und losgelassen werden, um die Sondertaste in der aktiven Position zu arretieren.

Zum Beispiel schränkt die Sondertaste [⇧] (oben) das Seitenverhältnis eines Objekts ein, während es erstellt oder transformiert wird. Die Sondertaste [^] (links) dreht ein Objekt um den entgegengesetzten Griff, und die Sondertaste [⌥] (unten) deaktiviert kurzzeitig die magnetische Ausrichtung.

Die Befehlssteuerung kann an einer beliebigen Stelle platziert werden. Hierfür muss die Mitte gedrückt und bis zum Pulsieren gehalten werden, bevor die Steuerung an die gewünschte Position gezogen wird. Mehr finden Sie in der Hilfe ❼.

Affinity Designer ist gemacht für das iPad

Touchgesten stellen Bewegungen Ihrer Finger dar, die bestimmte Verhalten eines Werkzeugs oder einer Funktion auf dem iPad steuern. Halten Sie einen Finger länger auf dem Screen gedrückt, wird unter Ihrem Finger ein bläulicher Kreis auf dem Screen eingeblendet. Jeder bläuliche Kreis unter Ihrem Finger visualisiert die verwendete Geste eines Werkzeugs oder einer Funktion auf Ihrem iPad. Sie können Touchgesten wie Antippen, Kneifen und Wischen mit beiden Händen verwenden – unabhängig davon, ob Sie Rechts- oder Linkshänder sind. Linkshänder aktivieren unter ❼ den LINKSHÄNDER-MODUS, um passende Gesten nutzen zu können.

Ein-, Zwei- oder Drei-Finger-Modifier

Wie kann man ohne Tastatur auf dem iPad die Optionen der Tasten `cmd`/`Strg` und `⇧` oder `Alt` nutzen? Statt dieser Tasten nutzen Sie Ein-Finger-Modifier ❾, Zwei-Finger-Modifier ❿ und Drei-Finger-Modifier ⓫. Wie sieht das in der Praxis aus? Ziehen Sie beispielsweise eine Ellipse auf, ist die Ellipse frei transformierbar und skalierbar. Tippen Sie mit einem Finger der anderen Hand auf den Screen und halten ihn, können Sie nun einen sauberen Kreis aufziehen.

Der Ein-Finger-Modifier entspricht etwa der `Alt`-Taste. Erzeugen Sie mit dem Zeichenstift Ankerpunkte, können Sie per Zwei-Finger-Modifier einen Anker um 45 Grad versetzen. Testen Sie am besten alle Finger-Modifier mit diversen Werkzeugen aus!

Anmerkung: Schauen Sie sich das Tutorial zu den Gesten an: *https://affinity.serif.com/de/tutorials/designer/ipad/video/273643227*.

Gesten auf dem iPad

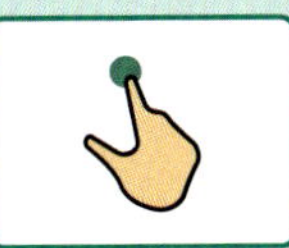

Kontextmenü *je Persona/Werkzeug anders*

Halten Sie einen Finger länger auf dem Screen, öffnet sich je nach Werkzeug und Persona ein variables Menü.

Rückgängig

Tippen Sie kurz mit zwei Fingern den Screen an, können Sie Bearbeitungsschritte rückgängig machen.

Wiederholen

Tippen Sie kurz mit drei Fingern den Screen an, können Sie Bearbeitungsschritte wiederholen.

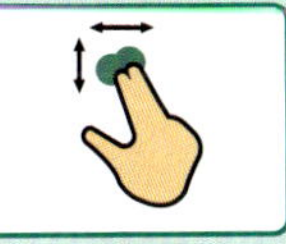

Schwenken der Leinwand

Drücken Sie zwei Finger auf den Screen und wischen hin und her, können Sie Ihr Dokument schwenken.

Zoomen *(Ebenen gruppieren/Gruppierung auflösen)*

⊕ Ziehen Sie Daumen + Zeigefinger auseinander.

⊖ Kneifen Sie Daumen + Zeigefinger zusammen.

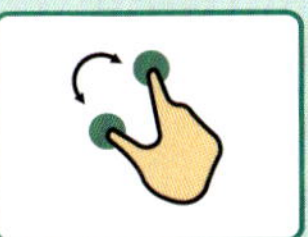

Rotation der Leinwand

Drücken Sie Daumen + Zeigefinger auf den Screen und drehen Sie mit beiden nach rechts oder links.

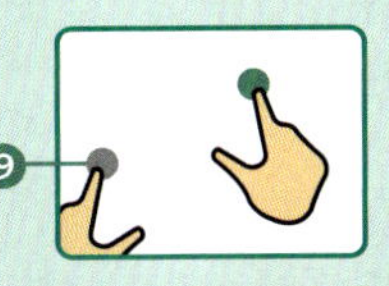

Ein-Finger-Modifier *je Persona/Werkzeug anders*

Halten Sie zusätzlich einen Finger gedrückt, können Sie gleichmäßig transformieren und skalieren.

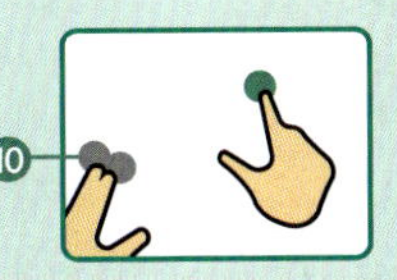

Zwei-Finger-Modifier *je Persona/Werkzeug anders*

Bei der Verwendung eines Werkzeugs halten Sie für weitere Funktionen zusätzlich zwei Finger gedrückt.

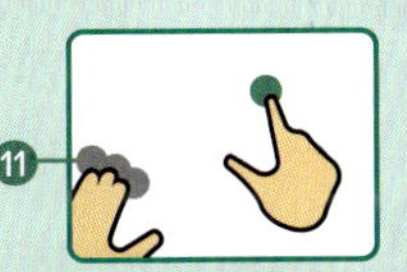

Drei-Finger-Modifier *je Persona/Werkzeug anders*

Bei der Verwendung eines Werkzeugs halten Sie für weitere Funktionen zusätzlich drei Finger gedrückt.

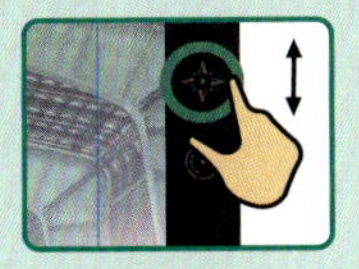

Navigator, Text und Pinsel im Studio wischen

Drücken Sie im Studio beispielsweise auf den Navigator und wischen hoch und runter, wird direkt gezoomt.

Das Studio und seine Panels

Fast gleicher Funktionsumfang auf dem iPad

Das Studio mit den Panels finden Sie auf der rechten Seite. Um den Platz optimal auszunutzen, werden die Panels zunächst nur als Icons **1** angezeigt. Durch einen Tipp darauf öffnet sich das entsprechende Panel, bei einem Tipp auf ein anderes Panel wird das erste wieder geschlossen. Um weitere Optionen zu öffnen, tippen Sie auf das Menü ≡ oder die Pfeile **2** für vor > oder zurück <.

Designer
Persona

- Studio ein- und ausblenden
- Farbe/Farbfelder
- Kontur
- Pinsel (Vektor)
- Ebenen (Vektor)
- Darstellung
- Assets
- Stock
- Symbole
- Ebeneneffekte/Stile
- Anpassungen
- Text
- Transformieren/Ausrichten
- Navigator/Leinwandrotation
- Protokolle/Snapshots
- Ressourcenverwaltung

Pixel
Persona

- Studio ein- und ausblenden
- Farbe/Farbfelder
- Kontur
- Pinsel (Pixel)
- Ebenen (Pixel)
- Assets
- Symbole
- Ebeneneffekte/Stile
- Anpassungen
- Text
- Transformieren/Beschränken
- Navigator/Ansichtsmodus
- Protokolle/Snapshots
- Ressourcenverwaltung

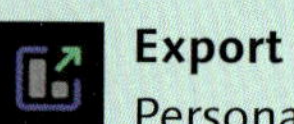

Export
Persona

- Studio ein- und ausblenden
- Slices
- Ebenen
- Transformationen
- Protokolle/Snapshots

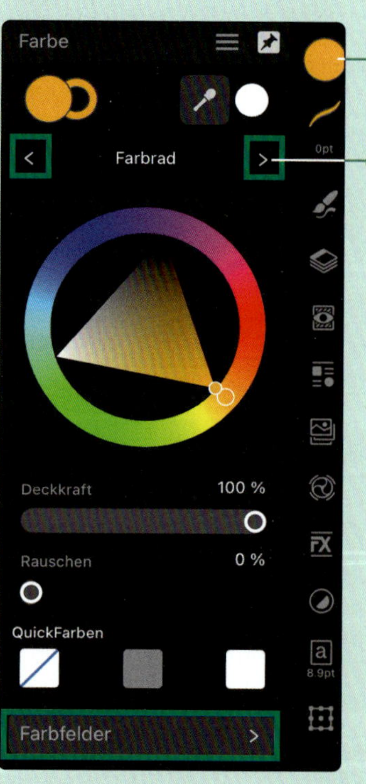

Farbe und Farbfelder auf dem iPad

Haben Sie das Farbe-Panel geöffnet, wechseln Sie über die Pfeile ❷ zwischen den Farbprofilen. Tätigen Sie eine seitliche Wischgeste über Füllung und Kontur ❸, um zwischen beiden zu wechseln. Hoch- und Runterwischen schaltet die Farbe aus. Tippen Sie die Pipette ❹ an und ziehen Ihren Finger auf eine Farbe, wird sie durch Antippen ❺ übertragen. Wechseln Sie zu Farbfelder ❾, gelangen Sie zu Paletten oder Pantone ❻.

Sie können sich Farbfelder als Liste oder Kreise ❽ anzeigen lassen. Drücken Sie den Pin ❼, um das Panel Farbe dauerhaft einzublenden.

Kontur auf dem iPad einstellen

Legen Sie einen Finger auf die Kontur ⓭, und wischen Sie hoch und runter. So können Sie die Größe der Kontur einstellen, ohne das Studio zu öffnen. Sie finden oben im Panel diverse Konturoptionen ❿. Die Konturgröße kann über Regler oder Zahlenwerte eingestellt werden. Sie können den Druck ⓫ Ihrer Kontur definieren, indem Sie die Kreise versetzen; das ermöglicht tolle Linien beim Illustrieren. Um Pfeile ⓬, die Konturreihenfolge oder Mit Objekt skalieren zu nutzen, scrollen Sie im Panel nach unten.

Darstellung auf dem iPad

Im Studio Darstellung vergeben Sie für ein Objekt mehrere Füllungen und Konturen. Markieren Sie beispielsweise eine Ellipse, können Sie ihr mehrere Konturen ⓮ oder Füllungen ⓯ zuweisen oder diese löschen ⓰. Das Anpassen der Füllung und Kontur erfolgt über die entsprechenden Studios Farbe und Kontur. Sie können über kleine Punkte ⓲ die Füllung oder Kontur ein- und ausblenden. Drücken Sie auf das Icon Optionen ⓳, kommen Sie zu den Mischmodi der Farben. Tippen Sie auf den Kreis ⓱, um Farbprofile auszuwählen oder zu konfigurieren.

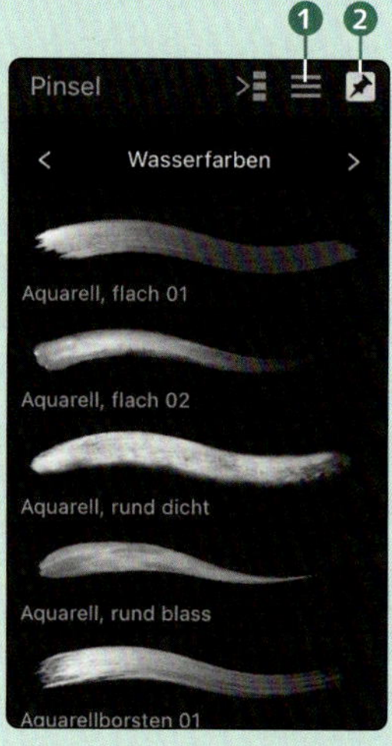

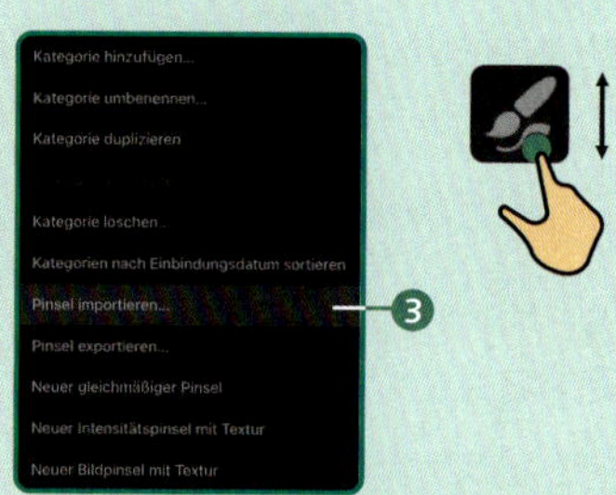

»DAUBMiniPack-2.afbrushes«
»ULTRA-kohle.afbrushes«
»ULTRA-acryl.afbrushes«
»ULTRA-nature.afbrushes«

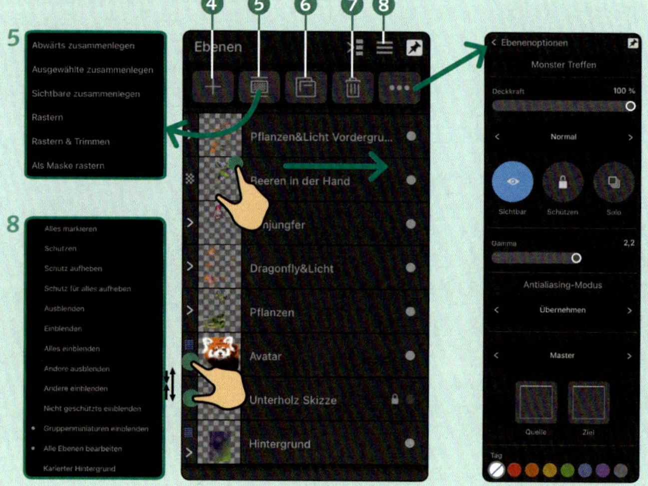

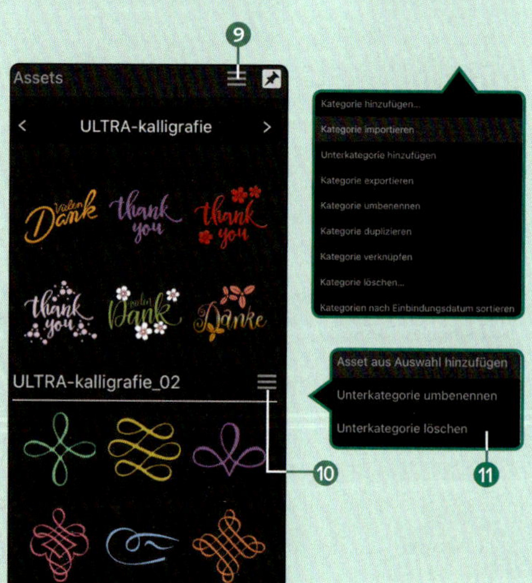

Mit Pinseln auf dem iPad arbeiten

Halten Sie den Finger auf dem Icon Pinsel gedrückt, und wischen Sie hoch und runter. So können Sie die Größe des Pinsels einstellen, ohne das Panel Pinsel zu öffnen. Wollen Sie schnell zwischen Pinselstrichen wechseln, drücken Sie Anpinnen ❷; so bleibt das Panel Pinsel eingeblendet. Tippen Sie auf das Panelmenü ❶, können Sie Pinsel kategorisieren, umbenennen und entfernen oder importieren ❸, exportieren sowie neue eigene Pinsel gestalten (Näheres zu Pinseln ab Seite 188 unter der Desktop-Version).

Ebenen auf dem iPad verwalten

Tippen und wischen Sie von links nach rechts über eine Ebene, ist diese ausgewählt. Ein erneutes Wischen hebt die Auswahl auf. Um viele Ebenen zu markieren, tippen Sie mit einem Finger die erste und mit zwei Fingern die unterste Ebene an. Mehrere markierte Ebenen lassen sich durch eine zusammenkneifende Geste gruppieren. Die gegensätzliche Geste hebt die Gruppierung wieder auf.

Weitere Optionen im Ebenen-Panel sind Hinzufügen ❹, Zusammenlegen/Rastern ❺, Gruppieren/Verformen ❻ und Entfernen ❼. Über ❽ öffnen Sie das Panelmenü.

Assets in die iPad-Version laden

Das Panel Assets bildet Ihre Bilderbibliothek. Über das Panelmenü ❾ können Sie Ihre Kategorien verwalten und Assets durch Kategorie importieren hinzufügen. Tippen Sie auf ein Asset im Panel, wird ein Kontextmenü ⓫ zum Einfügen, Umbenennen oder Löschen des Assets angezeigt. Wollen Sie eigene Grafiken oder Elemente hinzufügen, drücken Sie auf das Optionsmenü ❿ in der Unterkategorie. Alle Assets der Desktop-Version funktionieren auch auf dem iPad (siehe Seite 302)!

Anmerkung: Importieren Sie die neuesten Assets: »ULTRA-kalligrafie.afassets« und »ULTRA-streifen.afassets«.

Symbole auf dem iPad erstellen

Tippen Sie das Panel Symbole an. Sie können Symbole beliebig oft in Ihrem Dokument einfügen. Bearbeiten Sie ein eingefügtes Symbol, werden alle synchronisierten Symbole ⑬ automatisch geändert. Möchten Sie nur ein Symbol ändern, ohne die anderen zu aktualisieren, drücken Sie im Panelmenü ⑫ Symbole in Auswahl abtrennen. Um ein Element als Symbol hinzuzufügen, markieren Sie es. Tippen Sie dann das Panelmenü ⑫ an, und wählen Sie Symbol aus Auswahl hinzufügen. Tippen Sie ein Symbol ⑭ im Panel an, um es einzufügen.

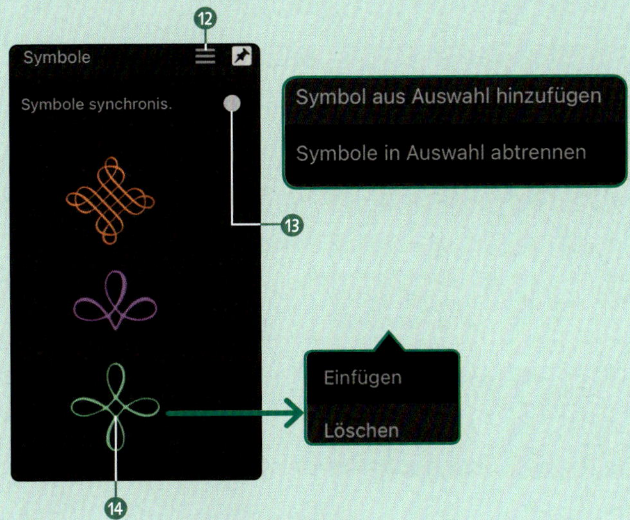

Ebeneneffekte und Stile auf dem iPad

Tippen Sie das Panel Ebeneneffekte an. Um einen Effekt, z. B. 3D ⑯, anzuwenden, markieren Sie zuvor das gewünschte Element. Um Ebeneneffekte einzustellen, bedienen Sie sich der Slider neben den Werkzeugen. Hier verstecken sich diverse Regler, die Sie aus der Desktop-Version kennen, denn die drei Regler sind mehrfach belegt. Zum Wechseln zwischen den Reglern tippen Sie auf die unteren Symbole. Aktivieren Sie Mit Objekt skalieren ⑮, werden bei Transformationen alle Effekte mit dem Objekt skaliert. Für weitere Optionen tippen Sie auf Stile ganz unten.

Anmerkung: Möchten Sie Effekte erneut anwenden, speichern Sie diese als Stile ab.

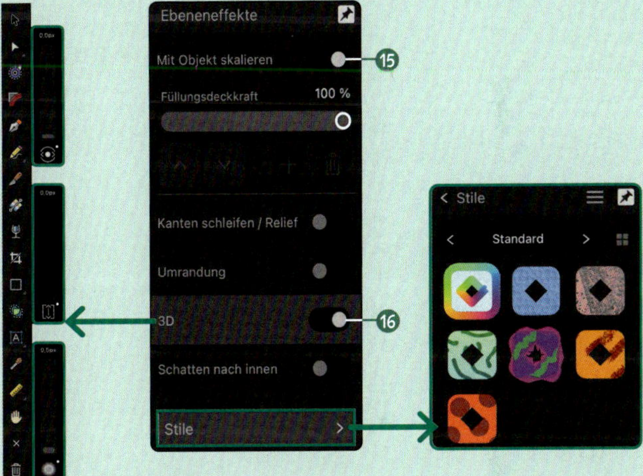

Anpassungen auf dem iPad

Klicken Sie in der App auf das Panel für die Anpassungen. Sie können Objekten, Gruppen oder Ebenen Anpassungen zuweisen. Markieren Sie dazu die Elemente, und wählen Sie z. B. die Anpassung Schatten/Lichter ⑰ aus. Sie können genau wie bei den Ebeneneffekten weitere Einstellungen über die Kontextleiste oder Slider vornehmen.

Achtung: Im Panel sehen Sie keine Hinweise, welche Anpassung aktiv ist, im Ebenen-Panel wird aber das Icon der Anpassung angezeigt.

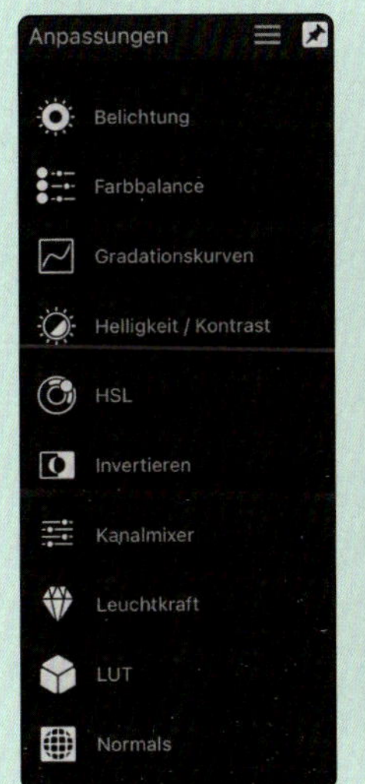

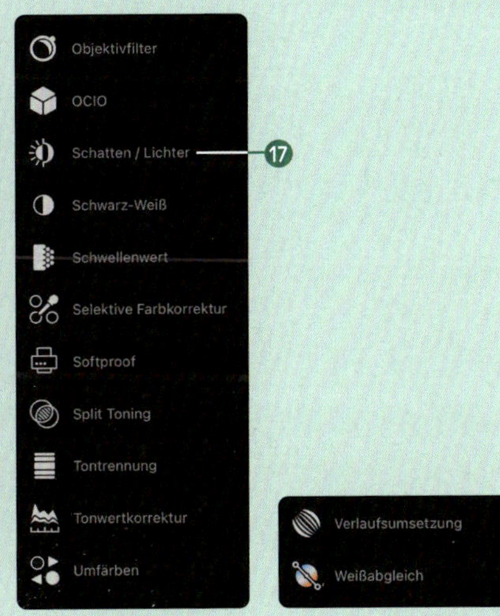

Text auf dem iPad gestalten

Legen Sie den Finger auf das Panel Text, und wischen Sie hoch und runter. So stellen Sie die Schriftgröße ein, ohne das Panel zu öffnen. Im oberen Bereich ❷ können Sie Schriftart, Farbe und Schriftschnitte ❸ ändern. Für weitere Textgestaltungen tippen Sie auf die kleinen Pfeile, um in die Panels Textstile ❶, Zeichen ❸, Blocksatz/Fluss ❹, Nummerierung und Aufzählung ❺ und Einzüge ❻ oder Abstände ❼ sowie in den Glyphen-Browser ❽ zu gelangen. Im Panel Zeichen ❸ finden Sie die Einstellungen für Kapitälchen, OpenType, Positionierung, Sprache sowie für die optische Ausrichtung.

Transformieren auf dem iPad

Im Panel Transformieren finden Sie zusätzlich die Optionen Ausrichtung und Beschränkungen. Sie wechseln zwischen den Optionen durch Drücken der Pfeile. Um Objekte, Ebenen oder Gruppen zu transformieren ❾, auszurichten ❿ oder zu beschränken ⓫, müssen Sie diese vorher markieren. Beachten Sie die Kontextleiste, die entsprechend variiert (mehr zum Transformieren und Ausrichten in Kapitel 4 und zu Beschränkungen auf Seite 298 bis Seite 301).

Navigation auf dem iPad

Halten Sie den Finger auf das Panel Navigator, und wischen Sie hoch und runter. So zoomen Sie ein und aus, ohne das Panel zu öffnen. Im Navigator finden Sie den geteilten Ansichtsmodus mit Vektor und Drahtgitter. Zum Wechseln drücken Sie die Pfeile für vor oder zurück. Bei der iPad-Version lässt sich die Linie des geteilten Ansichtsmodus nicht verschieben, stattdessen schieben Sie das Dokument nach rechts und links. Tippen Sie zweimal auf die Vorschau ⓬, zoomen Sie passend. Sie können die Rotation der Leinwand ⓭ temporär sperren.

Protokoll und Snapshot auf dem iPad

Im Panel Protokoll sind alle Arbeitsschritte aufgelistet und per Regler ⑯ steuerbar. Über das Panelmenü ⑭ können Sie das Protokoll löschen. Dieser Vorgang ist unwiderruflich, bietet sich aber an, um die Größe der Datei zu verkleinern oder Arbeitsprozesse zu verbergen.

Sie können hier zu den Snapshots wechseln. Snapshots sind Momentaufnahmen eines Arbeitsprozesses. Drücken Sie das Plus, wird ein Snapshot hinzugefügt. Markieren Sie einen Snapshots ⑮, können Sie ihn über das Minus wieder löschen.

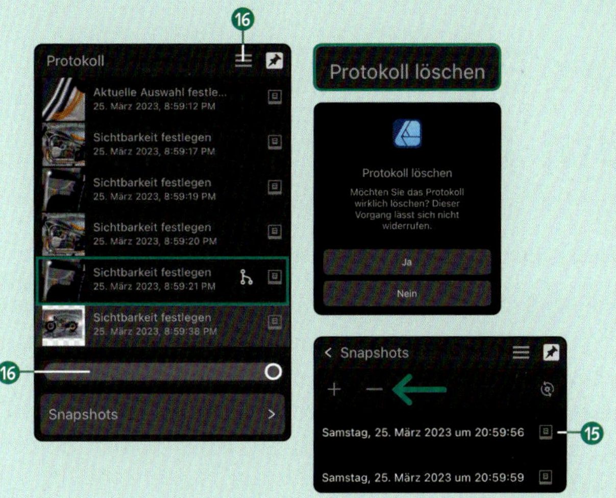

Slice auf dem iPad erstellen

In der Export Persona tippen Sie auf das Studio Slices. Mit dem Slice-Werkzeug können Sie beliebige Bereiche aus Ihrem Dokument auswählen, um diese schnell zu exportieren. Slices sind besonders praktisch für UI-Design wie Icons und Buttons. Im Panel Slices können Sie Slices ⑲ ausblenden sowie einzeln markierte Slices direkt exportieren ⑱. Blenden Sie sich die Slice-Optionen ⑳ ein, um gewünschte Exportoptionen für das markierte Slice festzulegen. Drücken Sie das Panelmenü ⑰, können Sie einen Exportordner wählen.

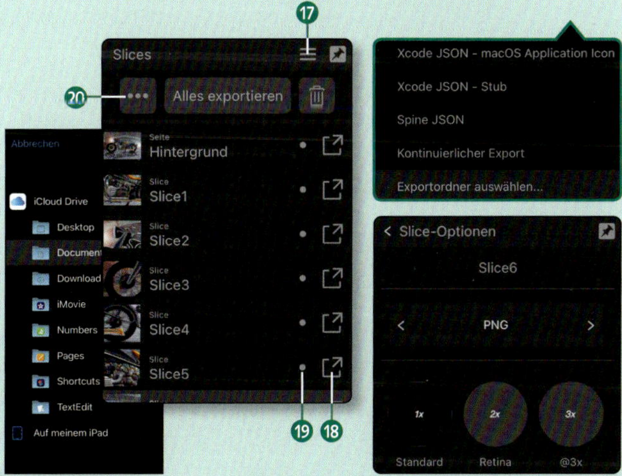

Assistent auf dem iPad

Klicken Sie in der App auf das Symbol Dokument, und öffnen Sie den Assistenten. Sie können den Assistenten ㉒ aktivieren oder deaktivieren, je nachdem, ob Sie automatische Aktionen wünschen. Um ungestört zu arbeiten, können Sie die Benachrichtigungen des Assistenten ㉑ ausstellen. Um alle Ihre Pinselspitzen zu teilen, können Sie diese unter Gemeinsam genutzte Pinselwerkzeuge verwalten. Für Einsteiger ist empfehlenswert, Anpassungen als Unterebenen automatisch vom Assistenten einrücken zu lassen.

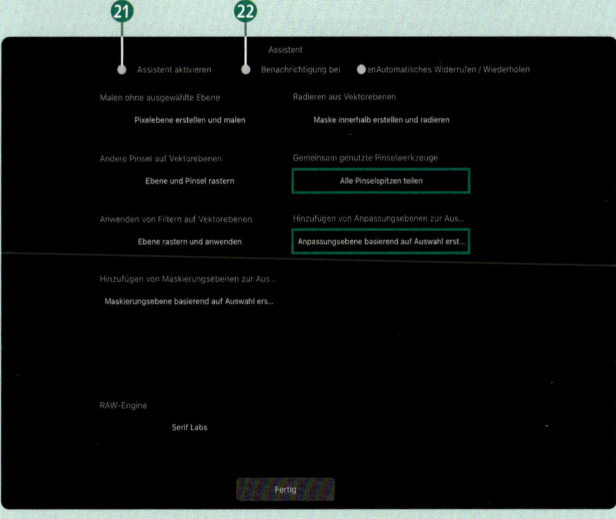

Das Beispielmaterial zum Buch

Um die Workshops des Buchs nachverfolgen zu können, benötigen Sie die in den Workshops benannten Beispieldateien. Diese stehen Ihnen im Internet zum Download bereit.

Scrollen Sie auf der Katalogseite zu diesem Buch unter *www.rheinwerk-verlag.de/5708* bis zum ersten Kasten und klicken Sie dort auf »Materialien«. Bitte halten Sie Ihr Buchexemplar bereit, damit Sie die Materialien freischalten können, denn Ihr Buch enthält Materialien, die wir aus lizenzrechtlichen Gründen nicht öffentlich zugänglich machen dürfen, sondern ausschließlich Ihnen als Käufer des Buchs zur Verfügung stellen.

Welches Bild zu welchem Workshop gehört, wird Ihnen im Buch in der Einleitung jedes Workshops in eckigen Klammern angezeigt.

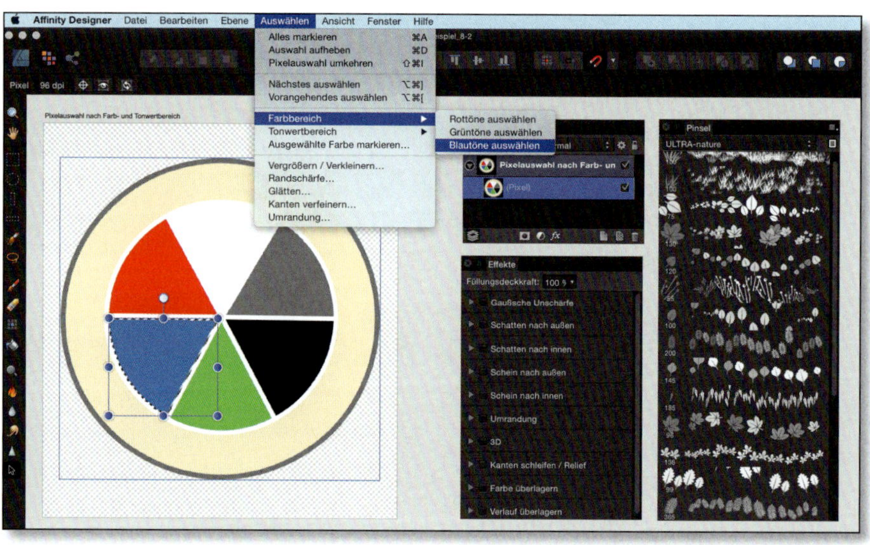

Bearbeitungsschritte

- Farbbereich auswählen
- Tonwertbereich auswählen
- Pixelauswahl umkehren

[Datei: »Beispiel_8-2.afdesign«]

Index

B

C

D

E

F

G

H

I

K

L

M

N

O

P

Q

R

S

T

U

V

W

X

Z

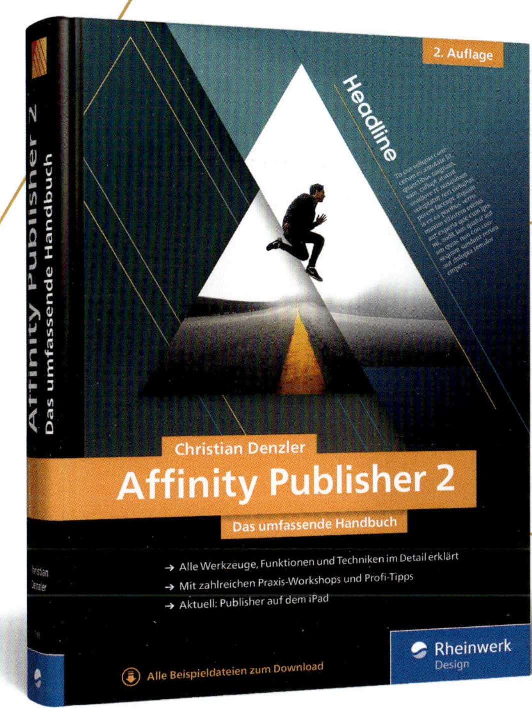

»Professionelle Layouts entwerfen und gestalten«

636 Seiten, gebunden, 44,90 Euro
ISBN 978-3-8362-8968-9
www.rheinwerk-verlag.de/5518

Affinity Photo von A bis Z!

834 Seiten, 6. Auflage, gebunden, 49,90 Euro
ISBN 978-3-8362-9519-2
www.rheinwerk-verlag.de/5707

CORPORATE DESIGN
CORPORATE
DESIGN
Das umfassende
Handbuch
Grundlagen, Planung,
Gestaltung
Mit zahlreichen
Corporate-Design-
Beispielen
Redesign, CD-Manuals,
rechtliche Aspekte
Désirée Berger
Rheinwerk
Design

Werbemittel gestalten – für Nicht-Designer

319 Seiten, 2. Auflage, 29,90 Euro
ISBN 978-3-8362-6731-1
www.rheinwerk-verlag.de/4806

Praxisnaher Einstieg ins Webdesign!

480 Seiten, 3. Auflage, 29,90 Euro
ISBN 978-3-8362-9349-5
www.rheinwerk-verlag.de/5648

»Sehen und zeichnen lernen – am Beispiel erklärt mit Photoshop und Apps«

319 Seiten, gebunden, 39,90 Euro
ISBN 978-3-8362-7868-3
www.rheinwerk-verlag.de/5181

»Das Lehrbuch von Profi und Hochschuldozent Peter Hoffmann«

432 Seiten, gebunden, 39,90 Euro
ISBN 978-3-8362-5648-3
www.rheinwerk-verlag.de/4435

HORIZONT ERWEITERN, IDEEN ENTDECKEN

»Die Entdeckungsreise zur eigenen Kreativität«

303 Seiten, 2. Auflage, 29,90 Euro
ISBN 978-3-8362-7807-2
www.rheinwerk-verlag.de/5165

»Über die Geheimnisse guter Werbung!«

267 Seiten, gebunden, 29,90 Euro
ISBN 978-3-8362-5672-8
www.rheinwerk-verlag.de/4451

Wir hoffen, dass Sie Freude an diesem Buch haben und sich Ihre Erwartungen erfüllen. Ihre Anregungen und Kommentare sind uns jederzeit willkommen. Bitte bewerten Sie doch das Buch auf unserer Website unter **www.rheinwerk-verlag.de/feedback**.

An diesem Buch haben viele mitgewirkt, insbesondere:

Lektorat Ruth Lahres

Korrektorat Petra Bromand, Düsseldorf

Herstellung Denis Schaal

Einbandgestaltung Bastian Illerhaus

Coverbilder Shutterstock: 158280236 © solarseven, 497505523 ©Kelvin Degree, 457531228 © MoreVector, 378064603 © d1sk

Satz Anke Goldbach, Berlin; Denis Schaal

Druck Firmengruppe Appl, Wemding

Dieses Buch wurde gesetzt aus der Syntax Next (9 pt/13 pt) in Adobe InDesign. Gedruckt wurde dieses Buch mit mineralölfreien Farben auf matt gestrichenem, FSC®-zertifiziertem Bilderdruckpapier (115 g/m²). Hergestellt in Deutschland.

Bibliografische Information der Deutschen Nationalbibliothek:
Die Deutsche Nationalbibliothek verzeichnet diese Publikation in der Deutschen Nationalbibliografie; detaillierte bibliografische Daten sind im Internet über *http://dnb.dnb.de* abrufbar.

ISBN 978-3-8362-9524-6

3., aktualisierte und überarbeitete Auflage 2023

Informationen zu unserem Verlag und Kontaktmöglichkeiten finden Sie auf unserer Verlagswebsite **www.rheinwerk-verlag.de**. Dort können Sie sich auch umfassend über unser aktuelles Programm informieren und unsere Bücher und E-Books bestellen.